1994

Jahrbuch der Werbung
The Advertiser's Annual

31

Willi Schalk, Helmut Thoma

Jahrbuch der Werbung
in Deutschland, Österreich und der Schweiz
31. Band 1994

The Advertiser's Annual
for Germany, Austria and Switzerland
31st Volume 1994

ECON Verlag
Düsseldorf · Wien · New York · Moskau

CIP-Titelaufnahme der Deutschen Bibliothek

Jahrbuch der Werbung in Deutschland, Österreich und der Schweiz:
The Advertiser's annual . . . – Düsseldorf; Wien; New York; Moskau: ECON Verl. erscheint jährl. –
Aufnahme nach 24. 1987.
Bis 23. 1986 u. d. T.: Jahrbuch der Werbung.
ISSN 0932-0251
NE: PT
24. 1987

Gründungsherausgeber: Prof. Wolfgang Sprang, Frankfurt am Main
Prof. Eckhard Neumann, Frankfurt am Main

Einbandgestaltung: Jutta Schneider, Frankfurt am Main

Copyright © 1994 by ECON Verlag GmbH, Düsseldorf, Wien, New York und Moskau.
Alle Rechte der Verbreitung, auch durch Film, Funk und Fernsehen,
fotomechanische Wiedergabe, Tonträger jeder Art, auszugsweisen
Nachdruck oder Einspeicherung und Rückgewinnung
in Datenverarbeitungsanlagen aller Art, sind vorbehalten.
Lithos: Kirschbaum-Laserscan GmbH, Düsseldorf
Schrift: Imago Buch der Berthold AG, Berlin
Satz: Dörlemann-Satz, Lemförde
Druck: Druckhaus B. Kühlen, Mönchengladbach
Gedruckt auf: PHOENO-MATT **Scheufelen**
holzfrei matt
spezialgestrichen Bilderdruck, 100% chlorfrei
115 g/qm der Papierfabrik Scheufelen, Lenningen
Bindearbeiten: Buchbinderei Hollmann, Darmstadt
Printed in Germany
ISBN 3-430-17099-0
ISSN 0932-6251

Inhalt

Kolumne der Herausgeber **7**

Vorwort **9**

Die Newcomer-Agentur des Jahres 1993

Peter Strahlendorf
Die ›Newcomer-Agentur des Jahres 1994‹ heißt Huth + Wenzel in Frankfurt am Main **12**

Kampagnen des Jahres

Das erste ›Sieger-Megaphon‹ für die Kampagne ›Ellen-Betrix – The Care Company‹ von der Agentur Michael Conrad & Leo Burnett **18**

Das zweite ›Sieger-Megaphon‹ für die Siemens-Unternehmenskampagne von der Agentur Publicis MCD **20**

Das dritte ›Sieger-Megaphon‹ für die ›Twingo‹-Einführungskampagne von der Agentur Publicis-FCB **22**

Das ›Sonder-Megaphon‹ für die TV-Kampagne ›Brot für die Welt‹ von der Agentur BBDO Düsseldorf **24**

Themen des Jahres

Chronologie der Ereignisse

Thomas Voigt
Das Werbejahr 1993 in Deutschland oder Die Krise des Dr. Schwechtersheimer **28**

Peter Muzik
Das Werbejahr 1993 in Österreich **38**

Sarah Rieder
Das Werbejahr 1993 in der Schweiz **47**

Zahlen, Daten, Fakten

Burckhard Brandes
Zahlen, Daten, Fakten zum Werbejahr 1993
Werbemärkte, Werbeinvestitionen der Unternehmen
Werbeumsätze der Medien **60**

Agenturporträt

Harald Nebel
»Ohne Bier sind wir keine richtige Agentur«
Eine sehr subjektive Sicht der Werbeagentur Baader, Lang, Behnken, Hamburg **66**

Werbepersönlichkeiten

Claudia Jaekel
Seine Ideale sollte man nie verraten: Thomas Rempen. Ein Porträt **72**

Peter Strahlendorf
Gute Arbeit leisten.
Das einfache und überzeugende Credo des Gerd Simon **77**

Kommunikationsplatz

Markus Zürcher
Kommunikationsplatz Zürich
Das Werbedorf der Schweiz **82**

Schwerpunktthema

Georg Baums
Social Marketing aus der Sicht der Agenturen **88**

Dieter Schweickhardt
Warum der GWA sich für die ›Aktion Gemeinsinn‹ engagiert
Bürgersinn + Gemeingeist = Gemeinsinn
Hier denkt der Werber mit dem Kopf und fühlt mit dem Herzen **93**

Wolfgang Fürstner
Die Rolle der Medien im ›Social Marketing/Social Advertising‹ **97**

Wolfgang Bergmann und Peter Podpera
Caritas und Eggert.
Ein Beispiel erfolgreicher Kommunikationsarbeit im Non-Profit-Bereich **104**

Heidemarie Glück
Der ORF als Pionier des modernen ›Social Advertising‹
Neue Dimensionen des ›Humanitarian Broadcasting‹ am Beispiel von ›Nachbar in Not‹ **109**

Jürg Schaub
Stoppt Aids –
Erfolgreiche Kommunikationsarbeit in der Schweiz **115**

Hans-Peter Esser, Evelyn C. Froh, Reinhard Mintert-Froh
»Es gibt nichts Gutes, außer man tut es«
Eine unveröffentlichte Kinderschutzbund-Kampagne der Düsseldorfer Agentur Hildmann, Simon, Rempen & Schmitz **119**

Kampagnen

Bereich Verbrauchsgüter

Nahrung **123**

Getränke **143**

Tabakwaren **179**

Reinigungsmittel und Körperpflege **187**

Kosmetik **195**

OTC-Pharma **205**

Gebrauchsgüter

Kfz und Zubehör **215**

Haushaltswaren und -geräte **249**

Einrichtung (Möbel/Haustextilien) **261**

Persönliche elektronische Geräte **273**

Persönlicher Bedarf (Uhren, Schmuck, Schreibgeräte) **281**

Kleidung **307**

Foto/Film/Optik **327**

Bereich Dienstleistungen/Medien

Tourismus/Verkehr **337**

Finanzen (Banken, Versicherungen, Bausparkassen) **355**

Handel **379**

Versorgung (Strom, Gas, Wasser, Treibstoff) **397**

Post/Telekommunikation **407**

Medien-Fachwerbung **415**

Medien-Publikumswerbung **437**

Verpackungen **455**

Gastronomie/Sonst. Dienstleistungen **463**

Bereich Business-Kommunikation

Unternehmens-Image **477**

Bürokommunikation **487**

EDV/Computer **499**

Bauwirtschaft **513**

Maschinenbau **535**

Pharmazie (Ethische Produkte) **545**

Investitionsgüter **553**

Messen **567**

Personalwerbung **575**

Bereich Gesellschaft/Social Marketing

Kultur/Verbände **585**

Öffentliche und staatliche Institutionen **595**

Die Register

Register der Kunden **615**

Register der Agenturen **619**

Register der Filmproduktionen **625**

Register der Mitarbeiter **627**

Autoren

Autorenverzeichnis **638**

Willi Schalk, Helmut Thoma

Kolumne der Herausgeber

Social Marketing – ein Schwerpunkt für die Werbebranche

Das Thema Fremdenfeindlichkeit hat auch 1993 die öffentliche Diskussion beherrscht. In den Medien gab es ausführliche Berichte, Reportagen und Kommentare – leider schon fast ein Pflichtprogramm. Was jedoch noch ein wenig überraschte, waren die zahlreichen Kampagnen der Werbewirtschaft: Anzeigen, Spots oder Veranstaltungen, mit denen unterschiedliche Initiatoren ein demonstratives Zeichen gegen Ausländerhaß gesetzt haben.

Das Thema Fremdenfeindlichkeit ist nur ein Beispiel für den brandaktuellen Schwerpunkt dieses Bandes: Social Marketing hat sich inzwischen zum festen Bestandteil einer ganzheitlichen Strategie vieler Unternehmen entwickelt. Nicht mehr nur spontane ›Ad-hoc-Entscheidungen‹, sondern feste Posten im Kommunikationsbudget kennzeichnen den Wandel. Umwelt, Gesundheit, Kultur, Sport oder Familie – allesamt gesellschaftliche Felder, in denen die Wirtschaft ihre soziale Kompetenz unter Beweis stellen kann.

Social Marketing ist nicht nur ein vorübergehendes Phänomen, sondern vielmehr eine dauerhafte soziale Aufgabe auch nichtöffentlicher Einrichtungen. Diesen Zusammenhang will das *Jahrbuch der Werbung* in seiner aktuellen Ausgabe dokumentieren – und zwar aus der spezifischen Sicht der einzelnen Beteiligten. Denn auch die Vertreter der Kommunikationsbranche – egal, ob Agenturen oder Medien – sind in diesem Prozeß nicht allein Mittler von fremden Botschaften. Schließlich haben gerade sie viele Kampagnen – etwa gegen Fremdenfeindlichkeit – initiiert.

Die Aktivitäten des Social Marketings zeigen einen weiteren grundsätzlichen Zusammenhang: Marktwirtschaft und Sozialverantwortung bilden keine krassen Gegensätze, sondern immer mehr eine geradezu organische Einheit. Selten läßt sich die Harmonie zwischen Einzel- und Gemeinwohl so lehrbuchhaft nachvollziehen wie bei einer gelungenen Social-Kampagne. Da muß es den Kenner der Werbeszene einfach zuversichtlich stimmen, wenn er den steigenden Anteil des Social Marketings in den Mediaetats der Unternehmen beobachtet.

Neben diesem Schwerpunktthema gibt die Ausgabe 1994 einen gewohnt professionellen Überblick über das Werbegeschehen des abgelaufenen Jahres in den deutschsprachigen Ländern. Unsere Empfehlung gilt auch diesmal wieder den von unserer Jury ausgezeichneten Kampagnen – und natürlich den Porträts bekannter Branchennamen. Unseren Lesern können wir gleichermaßen einen schnellen Überblick wie auch interessante Hintergründe garantieren. Allen Mitwirkenden des Bandes ein herzliches Dankeschön für ihr Engagement.

Peter Strahlendorf

Vorwort

Mit der vorliegenden 31. Ausgabe blickt das *Jahrbuch der Werbung* auf ein Jahr zurück, in dem auch der Sektor Werbewirtschaft von der Rezession im deutschsprachigen Raum in Mitleidenschaft gezogen worden ist.

Das *Jahrbuch der Werbung* konnte seine Rolle als maßgebendes Werk für die Kommunikationsbranche des gesamten deutschsprachigen Raumes weiter ausbauen. Die gut besuchten Präsentationen der Sieger-Kampagnen und der Newcomer-Agenturen in Düsseldorf und in Zürich sowie die umfangreiche Berichterstattung in der Wirtschafts- bzw. Kommunikationsfachpresse belegen dies in eindrucksvoller Weise.

Die Jury für die Kampagnen des Jahres und die Newcomer-Agentur des Jahres

Eine aus acht unabhängigen Experten bestehende Jury kürte nach eingehender Begutachtung der eingereichten Arbeiten die Sieger-Kampagnen und die Newcomer-Agentur des Jahres. Mitglieder der Jury für das *Jahrbuch der Werbung 1994* waren:

- Rolf W. Eggert, Gründer und langjähriger geschäftsführender Gesellschafter der Agentur R. W. Eggert (heute Euro RSCG) in Düsseldorf und in Wien;
- Dr. Hero Kind, Geschäftsführer der ECON Verlagsgruppe in Düsseldorf;
- Dr. Gisela Küll, Gründerin und langjährige geschäftsführende Gesellschafterin der Imparc Werbeagentur (heute DMB&B Imparc) in Düsseldorf;
- Dr. Peter Muzik, Chefredakteur des Wirtschaftsmagazins *trend* in Wien;
- Helmut Raithel, langjähriger Redakteur beim *manager magazin* in Hamburg;
- Willi Schalk, Mitglied des Vorstandes der Axel Springer Verlags AG in Hamburg/Berlin und Mitherausgeber des *Jahrbuchs der Werbung*;
- Gebi Schregenberger, ehemaliger langjähriger geschäftsführender Gesellschafter der Agentur Gisler & Gisler/BBDO (heute Aebi/BBDO) in Zürich;
- Thomas Voigt, Chefredakteur der Fachzeitung Horizont in Frankfurt am Main.

Alle Jury-Mitglieder sind oder waren beruflich mit dem Instrument der Werbung/Kommunikation in Deutschland, Österreich und der Schweiz vertraut, sind aber derzeit nicht selber für die Kreation der zu bewertenden Kampagnen verantwortlich. Dadurch war ein Höchstmaß an Kompetenz, Neutralität und Unabhängigkeit für die JdW-Jury gewährleistet.

Die Bewertungskriterien der JdW-Jury

Jede Kampagne wurde von der achtköpfigen Jury auf einer Punkteskala bewertet, die zehn Punkte umfaßte. Dabei vergab jedes Jury-Mitglied seine Punkte gemäß seiner persönlichen Einschätzung der jeweilig eingereichten Arbeit. Zehn Punkte waren dann Ausdruck höchster Wertschätzung.

Pro Kampagne wurden alle vergebenen Punkte addiert, und somit konnte dann, entsprechend der Summen pro Kategorie, der jeweilige Branchensieger ermittelt werden. Aus den Kategoriegewinnern wurde anschließend für die fünf großen Bereiche Verbrauchsgüter, Gebrauchsgüter, Dienstleistungen/Medien, Business-Kommunikation und Social Kommunikation/Gesellschaft je ein Bereichssieger ermittelt und zugleich auch die Kampagnen des Jahres gekürt.

Die Kandidaten für den Titel »Newcomer-Agentur des Jahres« wurden nach gleichem Muster analysiert.

Zunächst sichtete die Jury die eingereichten Unterlagen, und dann erfolgte die Bewertung anhand der 10-Punkte-Skala. Für die Entscheidung wurden allerdings nicht nur die Kampagnen der Newcomer-Agenturen herangezogen, sondern zusätzlich noch deren Eigenwerbeaktivitäten bzw. deren Pressearbeit sowie ihre wirtschaftliche Performance.

Der Dokumentationscharakter des *Jahrbuchs der Werbung*

Das *Jahrbuch der Werbung* hat sich zum Ziel gesetzt, die wichtigsten Ereignisse und Trends aus dem Wirtschaftsbereich Werbung/Kommunikation eines Jahres aus dem gesamten deutschsprachigen Raum zu dokumentieren. Das gilt sowohl für den redaktionellen als auch für den Kampagnenpart. Aus diesem Grunde gelten als Aufnahmekriterien nicht nur Kreativität oder Effektivität, sondern auch der beispielhafte Charakter einer Kampagne für den Werbeauftritt einer bestimmten Branche.

Im vorliegenden Jahrbuch wird dies unter anderem an der Fülle der Schwarzweißkampagnen bzw. der Kampagnen mit einer Zusatzfarbe deutlich. Aufgrund der Kostenproblematik kamen mehr Kampagnen dieser Art zum Einsatz und somit auch in das *Jahrbuch der Werbung*.

Insgesamt ging die Zahl der Einsendungen für das *Jahrbuch der Werbung 1994* leicht zurück. Nach über 800 Kampagnen für 1993 wurden diesmal rund 750 Arbeiten aus Deutschland, Österreich, der Schweiz sowie Südtirol eingereicht. Etwas weniger als die Hälfte davon, also rund 350, finden sich in der vorliegenden Ausgabe wieder.

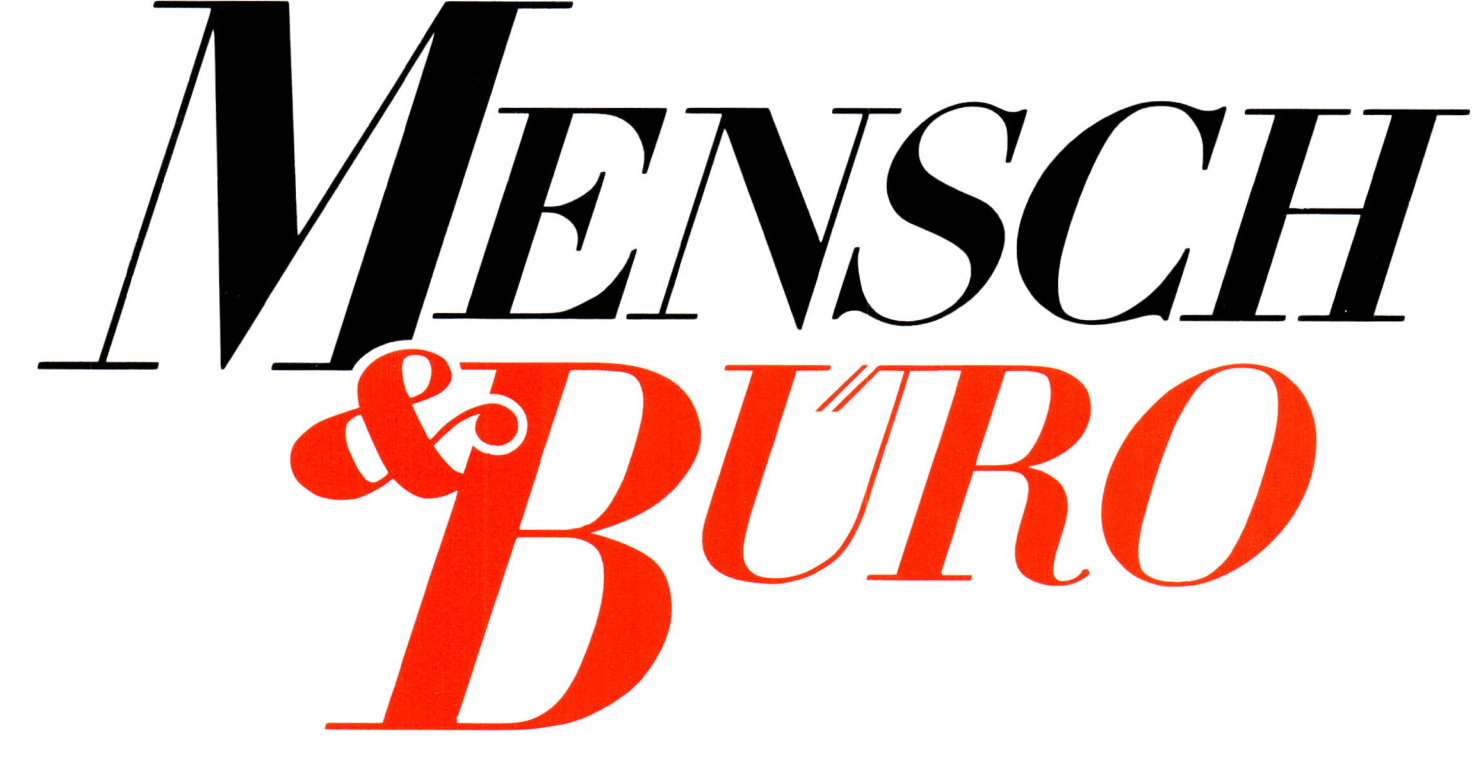

ist die Zukunft im Büro

MENSCH & BÜRO macht Märkte, ist kritischer Meinungsbildner. Die Formulierungen aus dem redaktionellen MENSCH & BÜRO-Sprachgebrauch sind branchendominant geworden. Priorität hat die Leser-/Blattbindung, weil dem Inserenten nur dient, was auch gelesen wird. Was kostenlos ist, taugt meist nichts. Und da die Probleme von heute nicht mit den Mitteln von gestern angegangen werden können, bedient sich MENSCH & BÜRO der exklusiven Mithilfe der qualifiziertesten (und teuersten) Experten. In MENSCH & BÜRO setzen meinungsbildende Akzente Autoren wie Dr. Franz Alt, Roman Antonoff, Prof. Manfred Bues, Fritjoff Capra, Peter F. Drucker, Prof. Michael Erlhoff, Prof. Gertrud Höhler, Gerd Gerken, Werner Hungenberg, Prof. Peter Kern, Prof. Wolfgang Laubersheimer, Prof. Rüdiger Lutz, Prof. Bernhard Meyer. Und, und, und ......

Kostenloses Probeexemplar anfordern bei:
MENSCH & BÜRO Verlags GmbH
Postfach 2247
D-76492 Baden-Baden
Telefon: 0 72 21-2 24 16/2 24 17
Telefax: 0 72 21-2 66 84

Service war bei uns schon immer Trend.

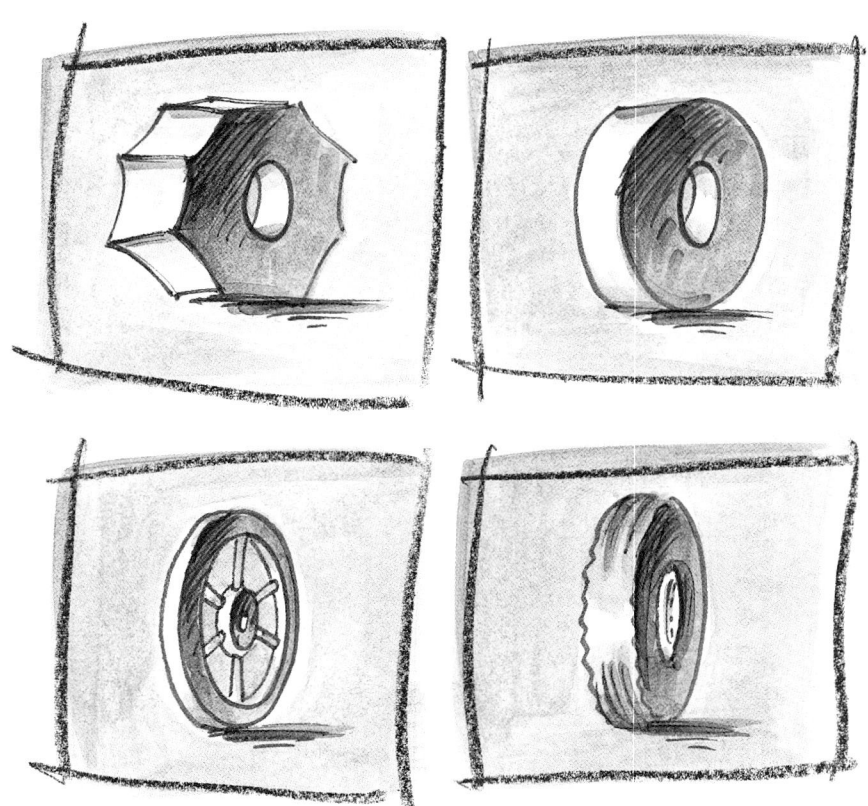

Und Trends sind heute auch Teil unseres Services.

Wir haben vielleicht nicht gerade das Rad erfunden. Aber Trendforschung ist für einen Verband, der Trendsetter in seiner Branche ist, in jedem Falle eine runde Sache. Und darum auch ein Teil unseres großen Angebotes.

Mitgliedschaft im zuständigen Berufsverband ist nicht nur Ausweis eigener Professionalität, sondern bietet auch viele Vorteile wie z.B. breite Information und persönliche Weiterbildung, fachlichen Kontakt, Erfahrungsaustausch und den Service einer Berufsvereinigung von mehr als 4.400 Mitgliedern.

Deutscher Kommunikationsverband BDW e.V.
Königswinterer Straße 552
53227 Bonn
Telefon 02 28 / 44 45 60 + 61
Telefax 02 28 / 44 45 03

DEUTSCHER KOMMUNIKATIONSVERBAND BDW eV

Informations-Coupon

einfach faxen (0 89) 35 22 86 oder per Post senden an:
verlag moderne industrie AG, Ingolstädter Str. 20, 80807 München
Stichwort: Business-Combi

Senden Sie mir bitte unverbindlich Ihre Broschüre über die Business-Combination.

Name: _____ Vorname: _____

Firma: _____

Straße: _____ PLZ/Wohnort: _____

 **verlag moderne industrie**

Business Combi · Business Combi · Business Combi

Entscheidendes für Media-Entscheider

DER NOVUM- »KREATIV-TEST«

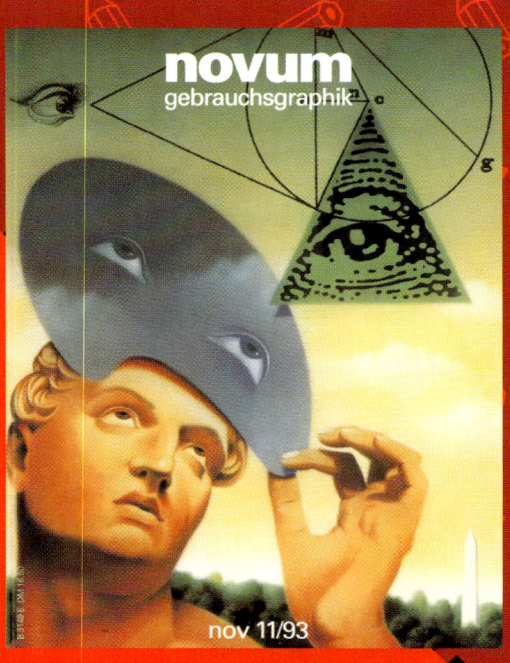

Testen Sie jetzt das kreative Spektrum eines führenden Magazins für Kommunikationsdesign. Unverbindlich und kostenlos.

Bestellcoupon für ein Gratisexemplar novum
Bitte senden Sie mir ein kostenloses Probeheft novum

Name, Vorname_____
Straße_____
PLZ, Ort_____
_____

Bitte einsenden an: Zenit Pressevertrieb GmbH
Postfach 810640, 70523 Stuttgart
Code Nr. JDW094

AUSFÜLLEN
AUSSCHNEIDEN
ABSENDEN

Bruckmann Verlag

"Um Ihre Frage nach dem heutigen Stand zu beantworten, Herr Gutenberg: von insgesamt 1700 preisgekrönten Büchern der Stiftung Buchkunst wurden allein 719 auf Scheufelen-Papier gedruckt..."

Die Pracht von Prestel's Reinhold Metz *Don*
<small>Phoenix-Imperial, originalgestrichen Kunstdruck, halbmatt, naturweiß, 100% chlorfrei</small>
Quixote verlangte nach einem prächtigen Papier: Phoenix-Imperial von Scheufelen. Der Deutsche
<small>Erste deutsche Kunstdruck-Papierfabrik</small>
Sparkassenverlag ließ sich seinen Plakatband *Wer*
<small>Phoenix-Imperial, originalgestrichen Kunstdruck, halbmatt, naturweiß, 100% chlorfrei</small>
den Pfennig nicht ehrt... etwas kosten. Als weiterer Buchkunst-Gewinner erschien die *Klinische Endokrinologie für Frauenärzte* im Springer-Verlag.
<small>BVS matt, gestrichen Bilderdruck, holzfrei, weiß</small>
Die Qualität des Papiers entsprach auch hier den hohen Anforderungen wissenschaftlicher Akribie.

Papierfabrik Scheufelen, 73 252 Lenningen

"Wie kann man zu außergewöhnlichen Ideen kommen, ohne zu wissen, welche Wege andere schon gegangen sind?"

☐ Bitte senden Sie mir ab der nächsterreichbaren Ausgabe Lürzer´s Archiv im Jahresabonnement (6 Ausgaben) zum z.Z. gültigen Vorzugspreis von DM 135,- frei Haus. (Ausland DM 141,-) Abonnement für Studenten: (gegen Vorlage einer gültigen Bescheinigung) jährlich DM 114,- (inkl. Mwst. und Porto).*

☐ Bitte senden Sie mir die aktuelle Ausgabe Lürzer´s Archiv zum Einzelpreis von DM 23,- (inkl. Mwst., zzgl. Porto).

Name/Vorname

Firma

Straße

PLZ/Ort

Datum/Unterschrift

* Widerrufsgarantie: Diese Bestellung kann innerhalb einer Woche (rechtzeitige Absendung genügt) schriftlich beim Verlag widerrufen werden:
Lürzer GmbH, Hamburger Allee 45,
D-60486 Frankfurt am Main.
Ich bestätige die Kenntnisnahme.

Datum/2. Unterschrift

Coupon bitte einsenden an:
Lürzer´s Archiv, Hamburger Allee 45,
D-60486 Frankfurt am Main,
Fax 069/24 77 17 60

**Nur eine Zeitschrift zeigt Ihnen
alle zwei Monate herausragende Werbung aus aller Welt.**

Die ›Newcomer-Agentur des Jahres 1993‹ heißt Huth+Wenzel in Frankfurt am Main

Der dritte Wettbewerb um den Titel ›Newcomer-Agentur des Jahres‹ endete mit einem klaren Sieger: Huth+Wenzel in Frankfurt am Main. Die Jury begutachtete auf ihrer Sitzung am 4. November 1993 die eingereichten Bewerbungen aus Deutschland, Österreich und der Schweiz und vergab anschließend ihre Punkte nach folgenden drei Kriterien:

1. Qualität der werblichen Arbeit für die Kunden der Agentur,
2. wirtschaftlicher Erfolg der Agentur,
3. Qualität der Eigenwerbung/Pressearbeit der Agentur.

Bei allen drei Kriterien lag Huth+Wenzel eindeutig vor den Mitbewerbern. Dies bestätigte auch die anschließende Diskussion der Punktewertung.

Wettbewerbsmodus und Konkurrenzumfeld

Der Wettbewerb ›Newcomer-Agentur des Jahres‹ ist vom *Jahrbuch der Werbung* erstmals 1991 ausgeschrieben worden und hat sofort in der Fach- und Wirtschaftswelt ein außergewöhnlich großes Echo gefunden. Selbst in Deutschlands Nachrichtenmagazin Nr. 1, dem *Spiegel*, ist dieser Wettbewerb erwähnt worden. Newcomer-Agenturen sind in vielfältiger Form das ›Salz in der Suppe‹. Sie greifen oft zu ungewöhnlichen Maßnahmen und bringen außerordentliche Werbeaktivitäten hervor, um sich zu etablieren. In wirtschaftlich schwierigen Zeiten gilt das um so mehr, denn die werbungtreibende Wirtschaft setzt dann vor allem auf Sicherheit.

Mit dem Newcomer-Wettbewerb verfolgt das *Jahrbuch der Werbung* zwei Ziele. Einerseits soll der werbungtreibenden Wirtschaft ein Überblick über die engagierten Newcomer-Agenturen gegeben werden, andererseits wird den Newcomer-Agenturen selbst eine Plattform geboten, auf der sie ihre Kreativ-Power und ihre wirtschaftliche Leistungskraft mit anderen messen können.

Der Titel ›Newcomer-Agentur des Jahres‹ ist bislang drei Agenturen zuteil geworden: 1991 siegte die Agentur Tostmann, Domann, Holzwarth, und 1992 gab es ein Siegerdoppel: Jung/von Matt in Hamburg sowie Weber, Hodel, Schmid in Basel und Zürich. Sowohl die kreative als auch die wirtschaftliche Entwicklung dieser drei Preisträger zeigt deutlich, daß die Jury keine Eintagsfliegen gekürt hat. So ist die heute als Tostmann & Domann firmierende Agentur ebenso wie im letzten Jahr zu einem der Branchensieger gekürt worden. Die Kampagne für Windsor setzte sich gegenüber den Mitbewerbern in der Branche Kleidung klar durch.

Konrad Wenzel (links), Heinz Huth (rechts)

Die Newcomer-Agentur Huth + Wenzel

Am 1. Juli 1992 gingen Heinz Huth und Konrad Wenzel mit fünf Mitarbeitern und einem Stammkapital in Höhe von 120 000 Mark im Frankfurter Westend an den Start. Zwar stand ein guter Stern (Mercedes-Benz) im Grüneburgweg 12 Pate, aber die Basis für den Erfolg der beiden Werbeprofis dürfte neben dem jeweiligen Know-how von Heinz Huth und Konrad Wenzel vor allem das gegenseitige Vertrauen sein. Immerhin arbeiten die beiden schon seit mehr als fünfzehn Jahren eng zusammen. Das Bemerkenswerte an dieser langdauernden Partnerschaft ist die Tatsache, daß hier mit Konrad Wenzel ein Kreativer und mit Heinz Huth ein Berater zusammen reüssieren.

Die ›Newcomer-Agentur des Jahres 1993‹ heißt Huth+Wenzel in Frankfurt am Main

Vor dem Start in die Selbständigkeit waren beide drei Jahre bei der renommierten Hamburger Kreativ-Agentur Springer & Jacoby. Dort haben sie die Unit 6 als Geschäftsführer aufgebaut und unter anderem Kunden wie eben Mercedes-Benz, wie Miele & Cie und Bernd Berger Mode betreut. TBWA in Frankfurt und GGK in Düsseldorf waren weitere wichtige Stationen in ihrem beruflichen Werbeleben.

Als Geschäftsführende Gesellschafter bei Springer & Jacoby zählten beide bereits zu den angesehensten Figuren der Werbewelt, doch private Gründe ließen sie von den wohlgepolsterten Sesseln Abschied nehmen. Es war ein Abschied, der nicht nur in ausgesprochener Harmonie vonstatten ging, sondern sogar von dritter Seite ›vergoldet‹ wurde: Ende Juni 1992 erhielten beide die Nachricht, daß die von ihnen und ihrem Team entwickelte Mercedes-Benz-Kampagne mit einem ›Goldenen Effie‹ ausgezeichnet worden war. Und auf das Effie-Gold folgte schnell das ADC-Gold.

Mit diesem guten Stern und mit dem goldenen Lorbeer vom Gesamtverband der Werbeagenturen im Rücken erfolgte im Frankfurter Westend ein Blitzstart, wie er bislang noch von keiner Agentur hingelegt worden ist. Am Dienstag, dem 30. Juni 1992, flogen beide aus Hamburg ein und starteten am nächsten Morgen, dem 1. Juli, ihre Agentur, zusammen mit fünf Mitarbeitern sowie zehn Zimmern zuviel.

Die Mitarbeiter sind auf den aus Hamburg importierten Arbeitsstil – »einfach, einfallsreich und exakt« – eingeschworen. Damit ist auch in der Mainmetropole ein Stück der attraktiven S&J-Kultur entstanden. Der Frankfurter Personalmarkt reagierte außerordentlich positiv und signalisierte spontan so großes Interesse, daß es überhaupt keine Probleme bei der Suche nach engagierten Mitstreitern gab.

Eine solch beneidenswerte Ausgangslage ist zwar schön, doch kann sie auch zu einer enormen Hypothek werden, wenn sich der angestrebte Erfolg nicht schnell genug realisieren läßt. Diese Hürde konnten Heinz Huth und Konrad Wenzel allerdings mit Bravour nehmen. Bereits acht Wochen nach dem Start konnte der erste Akquisitionserfolg gemeldet werden: Die deutsche Tochter des US-Computer-Anbieters Dell legte sein gut siebenstelliges Etatvolumen in die werbliche Obhut der Frankfurter Newcomer.

Ende September setzte sich dann die Mannschaft um Huth und Wenzel in einer stark umkämpften Wettbewerbspräsentation um den Werbeetat für die Mercedes-Benz- Nutzfahrzeuge gegen hochkarätige Konkurrenten durch und gewannen den auf über 20 Millionen Mark geschätzten Etat. Mit im Rennen waren so renommierte Mitbewerber wie Jung/von Matt aus Hamburg, Hildmann, Simon, Rempen & Schmitz aus Düsseldorf, Baader, Lang, Behnken aus Hamburg sowie der Altbetreuer Schellenberg aus Stuttgart mit dem Mercedes-Intimus Hanspaul Schellenberg an der Spitze.

Anfang November erfolgte der nächste Paukenschlag: Huth+Wenzel holten sich den achtstelligen TV-Etat der Dresdner Bank. Die kreative Leistung für den Bankriesen kann sich allemal sehen lassen: Die Jury des *Jahrbuchs der Werbung* kürte die TV-Kampagne für die Dresdner Bank zu einem der Branchensieger. Damit sind Heinz Huth und Konrad Wenzel ihrem Ziel, mit ihrem Team die beste Kreativ-Agentur im Rhein-Main-Gebiet zu werden, schon mal einen Schritt näher gekommen.

Der Hamburger Branchendienst *Der Kontakter* bescheinigte den beiden Agenturgründern denn auch »einen astreinen Hattrick«. Drei Blue Chips mit jeweils satten sieben- bzw. achtstelligen Etatvolumina innerhalb

Die ›Newcomer-Agentur des Jahres 1993‹ heißt Huth+Wenzel in Frankfurt am Main

von rund vier Monaten zu gewinnen – das ist in der Tat eine Leistung, die selbst bestens ausgestattete Großagenturen kaum schaffen.

Den Jahreswechsel 1992/93 feierte die Agentur mit den Biermarken der traditionsreichen Familienbrauerei Eder aus Großostheim, die zu den fünfzig größten Brauereien in Deutschland zählt. Diesen neuen Kunden hat die Agentur ohne Wettbewerbspräsentation gewonnen. Bei der bayerischen Brauerei hatten Heinz Huth und Konrad Wenzel bereits 1991, noch während ihrer Zeit bei Springer & Jacoby, angeklopft und seinerzeit einen so guten Eindruck hinterlassen, daß ihnen nun die gesamte Produktrange des Hauses Eder anvertraut wurde.

Im ersten Halbjahr 1993 verlängerte sich die Liste der

betreuten Werbebudgets noch um folgende Etats: Caparol Farben, Sony Music und *Tagesspiegel* in Berlin. Gut in Form war Huth+Wenzel offensichtlich auch bei dem Kunden Porsche-Design, der als nächster die Klientenliste schmückte. Zusammen ergibt das dann eine Bilanz, die den Titel ›Newcomer-Agentur des Jahres‹ allemal rechtfertigt. Zum Einsendeschluß im Herbst 1993, also rund fünfzehn Monate nach Gründung, betreuen 25 Mitarbeiter ein Werbevolumen von mehr als 40 Millionen Mark. Auf der Kundenliste stehen neun renommierte Firmennamen mit nicht minder attraktiven Marken, während die Zahl der betreuten Etats bei vierzehn liegt. Statistisch gesehen, wurde so fast jeden Monat seit Bestehen ein Etat hinzugeholt.

Im vorliegenden *Jahrbuch* ist die Agentur bereits mit einer Reihe von Arbeiten vertreten. In der Kategorie Finanzen (Banken, Versicherungen, Bausparkassen) wurde, wie bereits erwähnt, die Kampagne von Huth+Wenzel zum Branchensieger gekürt (s. Seite 357). In der Kategorie Computer überzeugte die Agentur mit der Dell-Kampagne (s. Seite 502), in der Kategorie Getränke mit der Eder-Kampagne (s. Seite 153) und in der Kategorie Unternehmensimage mit der Werbung für den Startkunden Mercedes-Benz (s. Seite 482).

Der qualitative Standard dieser Kampagnen zeigt mehr als deutlich: Die Agentur Huth+Wenzel hat ihren Zenit bei weitem noch nicht erreicht. Der Titel ›Newcomer-Agentur des Jahres‹ ist mit Sicherheit nicht die letzte Auszeichnung, die dieser Agentur zuteil werden wird.

Weitere Newcomer-Agenturen mit hohem Leistungsstandard

Nachfolgende Newcomer-Agenturen haben ebenfalls mit überzeugenden Arbeiten am 93er Wettbewerb teilgenommen:

Nautscheff & Lorenz Werbeagentur OHG, In Hofwiesen 20, 70794 Filderstadt

Lehmann & Fritz Werbeagentur GmbH, Klenzestraße 42, 80469 München

Agentur+Leven+Hermann, Gesellschaft für Kommunikation im Marketing, Bonner Straße 77, 50677 Köln

Kampagnen des Jahres 17

Das erste ›Sieger-Megaphon‹ für die Kampagne ›Ellen Betrix – The Care Company‹ von der Agentur Michael Conrad & Leo Burnett

Das erste ›Sieger-Megaphon‹ 1993 erhält die Agentur Michael Conrad & Leo Burnett in Frankfurt am Main für den werblichen Gesamtauftritt der Marke ›Ellen Betrix – The Care Company‹. Diese Entscheidung der Jury des *Jahrbuchs der Werbung* fiel nach intensiver Diskussion sowohl über die kreative Leistung als auch über den effektiven Markterfolg. Bei beiden Faktoren wurden Zeichen gesetzt, die inzwischen weit über die Grenzen des deutschsprachigen Raumes hinausgehen.

Der Grundstein für den ›neuen‹ Erfolg von Ellen Betrix wurde durch die Übernahme der Betrix Cosmetic GmbH durch Procter & Gamble gelegt. Im Zuge der Eingliederung in die P&G-Hemisphäre vollzog sich auch Anfang 1992 ein Wechsel bei den betreuenden Werbeagenturen. Die Frankfurter Agentur Michael Conrad & Leo Burnett, die international für eine Reihe von Marken aus dem P&G-Portefeuille tätig ist, wurde zum neuen Etathalter auserkoren.

Zu diesem Zeitpunkt war Ellen Betrix eine gut bekannte, solide Kosmetikmarke, der allerdings die Aktualität fehlte, die für ein überproportionales Wachstum in einem stagnierenden Gesamtmarkt nötig ist. Zudem gab es zwar eine gering ausgeprägte Distribution in einigen europäischen Ländern, doch der Hauptabsatzmarkt lag und liegt in Deutschland.

Diese Ausgangslage vor Augen, erhielt Michael Conrad & Leo Burnett die Aufgabe, die Marke Ellen Betrix zu revitalisieren und wieder auf den Wachstumskurs zurückzuführen, und zwar in einem stagnierenden Markt. Als weiteres Ziel wurde die Entwicklung eines Dachmarken-Konzeptes festgelegt, in dem das gesamte Sortiment zusammengefaßt werden sollte, das die Produktbereiche Gesichtspflege, dekorative Kosmetik, Körperpflege sowie Sonnenpflegemittel umfaßt.

Die Pflegereputation der Marke Ellen Betrix, die sich durch die Marktforschung in mehreren Tests bestätigte, wurde zur Basis für die Konzeptentwicklung gewählt. Nun mußte allerdings die Frage gelöst werden, wie man dieses an sich gegnerische Versprechen unique machen kann und eindeutig mit der Marke Ellen Betrix verknüpft.

Den Ansatzpunkt lieferten die Aussagen der Frauen, die bei den Untersuchungen zu Beginn der Neukonzeption befragt wurden. Der Trend war eindeutig: Frauen wollen ihre Haut schützen – wörtlich und im übertragenen Sinne. Daraus entstand bei Michael Conrad & Leo Burnett der Gedanke, daß es eine Firma geben sollte, die sich zuständig fühlt zu schützen, zu bewahren und verantwortungsvoll mit dem kostbaren Gut Haut umzugehen. Da es im Deutschen für einen solchen Schutz und eine solche Haltung kein treffendes Wort gibt und weil darüber hinaus auch der Aspekt der Internationalität berücksichtigt werden sollte, wählte man den Begriff ›Care‹.

Gemäß dieser Überlegungen kam das Agenturteam schnell auf den übergeordneten Begriff ›Care Company‹. Dahinter steckt ein großes Versprechen, aber auch eine große Verpflichtung den Verbrauchern gegenüber. Der hohe Anspruch muß sich überall niederschlagen – sowohl in der Kommunikation als auch in den ›Superior Products‹, die ja ein Teil der P&G-Philosophie sind.

Bei der Umsetzung dieses Konzeptes spielt die Erfindung von ›The Care Company‹ eine entscheidende Rolle. Es gilt, Geschichten über die Haut zu erzählen. Zugleich wird ›nah rangegangen‹ – entsteht der Close-up-Look in allen Werbemitteln. Es wird gezeigt, was die Produkte tun – so entsteht die Art, mit Symbolen zu arbeiten.

Für die Anti-Stress-Cream werden beispielsweise Streßsymbole auf die Haut projiziert, die dann durch die Creme verschwinden. Für das Produkt Lip Sensation läßt man in Symbolen einen Apfel, eine Tasse, einen Mann über die Lippen wandern, die klar zeigen, wie lange die Farbe auf den Lippen hält.

Über dieser Kommunikation für die Einzelprodukte steht als Dach ein Imagefilm, der die grundsätzliche Idee der ›Care Company‹ klarmacht. Ein Kleideretikett auf der Haut sagt: »Pflegen Sie sich sorgfältig, pflegen Sie sich schön.« Die Aussage dieses Spots ist der Grundgedanke, der hinter allen Kommunikationsmaßnahmen steht: »Sie haben nur eine Haut. Die Care Company ist sich dessen bewußt.«

Um sich in dem stagnierenden Markt insbesondere gegen die Wettbewerber im unteren Premium-Segment durchzusetzen, bedarf es nicht nur einer erfolgversprechenden Positionierung und einer entsprechenden Kampagne, sondern auch einem attraktiven Budget. Das vorherige Werbevolumen wurde deshalb im April 1992, mit dem Start der neuen Kampagne, vervierfacht. Bis zum Sommer 1993 entstanden dann insgesamt acht TV-Spots und acht Printmotive für die ›Care Company‹.

Der Erfolg ließ nicht lange auf sich warten und übertraf die gesetzten Erwartungen. Nach nur zwei Monaten assoziierten bereits 21 Prozent der Verbraucherinnen den Begriff ›The Care Company‹ mit Ellen Betrix. Auch inhaltlich wirkte sich die Vorgehensweise auf das Image von Ellen Betrix außerordentlich positiv aus.

Aber auch die Absatz- und Umsatzzahlen haben sich überdurchschnittlich gut entwickelt. Das gilt insbesondere für die jeweiligen Hero-Produkte. Im Pflegebereich hat sich die beworbene Anti-Stress-Cream als Shootingstar präsentiert – mit einem Index von 250 im Vergleich zum Vorjahr. Die ganze Sensitive-Serie, zu der die Anti-

Trend Colors 93/94:
Wild Rose.

Ein Märchen von Pflege und Farbe.
Jetzt zum Wachküssen.

Stress-Cream gehört, wurde ebenfalls deutlich nach oben gezogen – auf den Indexwert 150.

Im extrem hart umkämpften Dekobereich kann Lip Sensation damit aufwarten, die erfolgreichste Einführung zu sein, die es je in Deutschland gegeben hat. Innerhalb von sechs Monaten wurden hiervon über eine Million Etuis verkauft.

Diese Absatzzahlen sind um so bemerkenswerter, wenn man bedenkt, daß für die gerelaunchten Serien ein Preisanstieg von 10 bis 15 Prozent durchgesetzt werden konnte. Angesichts dieses großen Erfolges in Deutschland wurde die Kampagne auch in weiteren europäischen Ländern gestartet – ebenfalls mit überraschendem Erfolg.

Obwohl Ellen Betrix in den USA als Marke nicht distribuiert ist, gelang der Kampagne quasi als krönender Abschluß der Sprung über den großen Teich. Basierend auf den europäischen Erfolgen, ließ Procter & Gamble das Konzept und die Kampagne ausführlich bei amerikanischen Verbraucherinnen testen. Beide Punkte schnitten vor allem bei den über 25jährigen Verbraucherinnen hervorragend ab. Inzwischen ist die Kampagne für die amerikanische Kosmetikmarke Clarion adaptiert worden.

Die außergewöhnliche Qualität bei allen Werbemitteln, die in der Tat langfristig und multinational angelegte Kommunikation sowie der überraschend schnelle Markterfolg haben die Jury überzeugt und darin bestätigt, mit der Dachmarken-Kampagne ›Ellen Betrix – The Care Company‹ einen würdigen Gewinner für das Sieger-Megaphon gekürt zu haben.

Das zweite ›Sieger-Megaphon‹ für die Siemens-Unternehmenskampagne von der Agentur Publicis MCD

Das zweite ›Sieger-Megaphon‹ 1993 geht an die Publicis MCD Werbeagentur in München für die neue Unternehmens-Kampagne der Siemens AG. Dieser Werbeauftritt fügt sich einerseits problemlos in den vielfältig bekannten Stil der technisch orientierten Siemens-Kampagnen ein, ist andererseits aber deutlich emotionaler. Diese zielsichere Auflösung des Spannungsfeldes zwischen technischen und emotionalen Werten bei gleichzeitiger Weiterführung der bekannten Kampagnenlinie würdigte die Jury des *Jahrbuchs der Werbung* mit dem zweiten ›Sieger-Megaphon‹.

Konzipiert und gestaltet wurde, wie gesagt, die Kampagne von der Publicis MCD Werbeagentur, die aus der ehemaligen Siemens-Hausagentur bzw. Siemens-Werbeabteilung hervorgegangen ist. Durch diese Historie ist die Publicis-MCD-Mannschaft mit dem Siemens-Geist engstens vertraut, doch bei der Kampagnenkonzeption mußten auch die Werbeauftritte berücksichtigt werden, deren Handschrift durch externe Agenturen wie Hildmann, Simon, Rempen & Schmitz oder Wüschner, Rohwer, Albrecht geprägt wurden. Nach Meinung der Jury haben die Kreativen um den Publicis-MCD-Geschäftsführer Dietmar Blum für diese Problemstellung überraschende Lösungen gefunden.

Der Anstoß zu dieser neuen Unternehmens-Kampagne kam über die Marktforschung zustande. Image-Balance-Untersuchungen belegten: Marktstärke und technologische Kompetenz von Siemens sind unbestritten. Siemens gilt als starkes, weltweit operierendes Unternehmen, das sowohl innovativ als auch qualitätsbewußt im Sinne seiner Tradition ist. Hingegen schneidet das Haus Siemens bei den emotionalen Werten nicht ganz so gut ab. Bei Werten wie Kreativität und Engagement für den Kunden zeigten sich Defizite, die kommunikativ angegangen werden mußten.

Um hier positive Änderungen herbeizuführen, war eine Einbeziehung des gesamten Entscheidungsumfeldes in die Kommunikation erforderlich. Denn heute wird weder in der Industrie noch in der Verwaltung kaum eine Entscheidung gefällt, ohne daß zuvor nicht das direkt oder das indirekt betroffene Umfeld konsultiert wird. Für Siemens als Unternehmen mit äußerst vielseitigen Kontakten und Interessen ist es deshalb notwendig, nicht nur mit den direkten Entscheidern zu kommunizieren, sondern auch das entsprechende Umfeld mit in die Kommunikationsaktivitäten einzubeziehen.

Die Konsequenz aus diesen Erkenntnissen war der Auftrag an Publicis MCD, eine Stärkung des Markenprofils ›Siemens‹ durch die Kreation einer neuen Unternehmens-Kampagne vorzunehmen. Die Kernpunkte des Auftrages lauteten:

1. die technologische Kompetenz von Siemens durch Situationen des Alltags zu verdeutlichen und breiter verständlich zu machen;
2. neben der Kernzielgruppe, bestehend aus Entscheidern in Wirtschaft, Verwaltung, Politik und Medien, auch eine breitere Öffentlichkeit mit einzubeziehen.

Das Haus Siemens hat in diesem Sinne eine besondere Zielgruppe definiert, die als ›Qualifizierte Öffentlichkeit‹ definiert ist. Zu dieser ›Qualifizierten Öffentlichkeit‹ zählen die formellen und informellen Opinion Leader, die durch ihr Verhalten und ihre Meinung sowohl direkt als auch indirekt die Entwicklung in der Gesellschaft beeinflussen – indem sie beispielsweise Infrastrukturentscheidungen steuern. Die Kernzielgruppe ›Entscheider‹ ist somit ein wichtiger Teil dieser ›Qualifizierten Öffentlichkeit‹. Wenn nun ein Unternehmen in der ›Qualifizierten Öffentlichkeit‹ ausreichend Fuß gefaßt hat, kann es grundsätzlich mit einem Basis-Goodwill rechnen, der bei einer Auftragsvergabe vorentscheidend sein kann.

Gemäß dieser geschäftspolitischen Überlegungen machte sich die Kreation von Publicis MCD ans Werk. Als Kernansatz für den neuen Werbeauftritt wählten sie ›die menschliche Sicht der Dinge‹. Tagtäglich kommen Menschen nämlich mit Produkten oder Leistungen des Hauses Siemens in Berührung, ohne daß es ihnen bewußt ist. Diese ›Unwissenheit‹ greift die neue Kampagne auf und nutzt sie in vielfachen Darstellungen. Jedes Motiv präsentiert Siemens als hilfreichen Partner im Alltag.

Die Kampagne spricht dabei nicht vordergründig über Technik, sondern über den Nutzen der Technik für den einzelnen Menschen. Nicht der technologische Einsatz von Bits und Bytes in der Medizintechnik ist das Thema der Kampagne, sondern der Vorteil der Siemens-Medizintechnik für den Arzt und den Patienten steht im Mittelpunkt der Kommunikation.

Für den Kreativ-Geschäftsführer Dietmar Blum und seine Kollegen galt bei der Umsetzung folgender Leitsatz: »Je offener und überraschender die Siemens-Arbeitsfelder (Energie, Verkehr, Gesundheit, Kommunikation, Arbeitswelt, Haus & Wohnen) dabei präsentiert werden, desto interessanter sind die Botschaften für die Öffentlichkeit.«

Gemäß diesem Leitsatz wurden dann einfache, aber überraschende Anzeigenmotive kreiert, getreu der altbekannten Devise: »Wer wirbt, will auffallen, denn er muß sich gegen den Wettbewerb durchsetzen.« Daher startete die neue Siemens-Unternehmens-Kampagne mit einer neuen Optik (die sich aber konsequent an die strengen CI-Richtlinien des Hauses Siemens halten mußte), mit

Hintere Reihe von links nach rechts:
Christian Böltz (GF Beratung)
Martin Fuchs (Texter)
Dietmar Blum (GF Kreation)
Axel Bürgler (AD)

Vordere Reihe von links nach rechts:
Das Team von Siemens Firmenwerbung:
Heinrich Holzmeier
Sabine von Sengbusch
Fritz Schneider

neuen Perspektiven und einer neuen Sprache, die emotional zupackt und bekannte Bildwelten neu interpretiert. Getragen wird die Kampagne von der technischen Kompetenz des Hauses Siemens, auch wenn sie nicht im Vordergrund steht. Ein kleines ›Technikbild‹ dient der Stärkung dieses Rückgrats. Die Kampagne kommt in nahezu allen meinungsbildenden Printmedien zum Einsatz. Dazu zählen die Wochenbeilagen der großen Zeitungen wie *Zeit*, *Frankfurter Allgemeine Zeitung* und *Süddeutsche Zeitung* sowie die beiden Wochenmagazine *Stern* und *Focus*. Darüber hinaus werden auch spezielle Monatstitel wie *GEO*, *manager magazin* und *Merian* belegt.

Mit der Kampagne wird nicht nur die ›qualifizierte Öffentlichkeit‹ in der Bundesrepublik Deutschland angesprochen, sondern in der gesamten Welt. Beim Auftritt in den internationalen Medien wie Time, Newsweek und Business Week wird das Verhältnis zwischen Kompetenz- und Sympathieteil etwas zugunsten der technischen Kompetenz verändert. Zwar bleibt die Dominanz des emotionalen Bildes, aber das Technikbild tritt stärker hervor, die Leistungsfelder von Siemens werden breiter dargestellt. Anders als in Deutschland werden im internationalen Bereich primär das mittlere und das obere Management angesprochen.

Das dritte ›Sieger-Megaphon‹ für die ›Twingo‹-Einführungs-Kampagne von der Agentur Publicis-FCB

DAS PUBLICIS TWINGO TEAM (V.L.N.R.):

PETIT ROULET, ANDREAS ELLERBECK, THOMAS STERN, CRISTINA CALBETÓ HENRICH, KARSTEN FRICK, GERD NEUMANN, FRANCIS DE LIGT, RONALD SCHÖTTES, VOLKER SCHRADER, SILVIA BACHMANN, NATALIE SCHOMMLER

Das dritte ›Sieger-Megaphon‹ 1993 erhält die Publicis-FCB Werbeagentur in Frankfurt am Main für die Kampagne, mit dem der neue Renault Twingo eingeführt wurde. Die Jury des *Jahrbuchs der Werbung* würdigte den für die Automobilwerbung ungewöhnlichen Auftritt sowie seine einheitliche Umsetzung in gedruckten und elektronischen Medien.

Entstanden ist die Idee dieser Twingo-Kampagne im europäischen Publicis-Netz, das den Automobilhersteller Renault in ganz Europa betreut. Die Ideenfindung sowie die Umsetzung dieser Kampagne nahmen insgesamt fast zwei Jahre Zeit in Anspruch. Allein an dieser Zeitspanne wird deutlich, mit welcher Sorgfalt die Kommunikation vorbereitet wurde und welche Bedeutung ihr hinsichtlich des Markterfolges für den Twingo beigemessen wird.

Da der Twingo in mehreren europäischen Ländern eingeführt werden sollte, wurden die jeweils betreuenden Agenturen aus dem Publicis-Netz aufgefordert, entsprechende Kampagnenvorschläge zu erarbeiten. Ziel dieser Kampagnenvorschläge sollte sein, die Einzigartigkeit, die Frechheit, die Witzigkeit und die Provokanz des Twingo aufzugreifen und dann sympathisch und aufmerksamkeitsstark umzusetzen.

Im Rahmen diverser und umfangreicher Präsentations- und Testrunden erwiesen sich die Gestaltungselemente von Publicis Paris mit den Comic-Zeichnungen des Künstlers Petit Roulet und der Musik von Bobby McFerrin (›Hush‹) am erfolgversprechendsten. Sie bildeten demzufolge auch die Grundlage für die Entwicklung der kompletten Kommunikationslinie.

Basierend auf den vorgegebenen gestalterischen Elementen wurden dann in den jeweiligen Ländern, in denen die Twingo-Einführung anstand, landesspezifische Konzeptionen erarbeitet und für die unterschiedlichen Medien ausgefeilt.

Darüber hinaus wurde für die neue Twingo-Kampagne eigens eine Typographie entwickelt, die europaweit verbindlich ist. Damit soll die Eigenständigkeit dieses neuartigen Automobils zusätzlich unterstrichen werden.

Bei Publicis-FCB in Frankfurt machte sich ein siebenköpfiges Kernteam an die Arbeit. Dazu zählten auf der Kreativseite Gerd Neumann (Kreativ-Geschäftsführer),

Karsten Frick (Creative Director), Volker Schrader (Art Director), Natalie Schommler (Junior Art Director) und Sylvia Bachmann (Texterin), und seitens der Beratung waren Andreas Ellerbeck als Geschäftsführer Beratung Renault sowie Ronald Schöttes als Kundenberater mit von der Partie.

In individueller Überarbeitung der europaweit festgelegten Gestaltungsmerkmale entwickelte die Mannschaft um Kreativ-Geschäftsführer Gerd Neumann und Beratungs-Geschäftsführer Andreas Ellerbeck die für Deutschland vorgesehenen Werbemittel. Für das Medium Fernsehen entstanden Spots von 45 und 30 Sekunden Länge, und für das Medium Print wurden auf Basis des anvisierten Doppelseitenauftritts Texte und Layouts für insgesamt fünf Anzeigenmotive konzipiert.

Der Claim, der für die deutsche Kampagne entwickelt wurde, lautet: »Twingo – der macht die Welt verrückt.« Der Kampagnenstapellauf erfolgte zusammen mit der Deutschland-Premiere des Twingo im Spätsommer 1993. Zum Einsatz kamen die Medien Print, Fernsehen und Kino.

Vorbereitet wurde die Deutschland-Premiere des Twingo mit einer mehrwöchigen Vorverkaufsphase. Diese stand unter dem Motto »Sind Sie reif für den Twingo?« und bereitete die anvisierte Zielgruppe unter anderem durch einen massiven Einsatz von Funkspots auf das Eintreffen des neuen provokant-frechen Kleinwagens vor.

Die Einführungs-Kampagne mit ihren aufmerksamkeitsstarken Comic-Elementen in den Medien Print und TV wird bis in das Jahr 1994 fortgesetzt. Massive Promotionsaktivitäten bei den Renault-Händlern runden den werblichen Twingo-Auftritt ab.

Nach Meinung der Jury des *Jahrbuchs der Werbung* ist die Twingo-Kampagne ein Musterbeispiel für die künftige Euro-Kommunikation im gemeinsamen Binnenmarkt. Über alle Sprachbarrieren hinweg verständliche Gestaltungselemente – in diesem Fall Comics – werden in die jeweilig nationale Welt übersetzt.

Der oben beschriebene organisatorische Ablauf- und Entscheidungsprozeß und seine anschließende Umsetzung werden in den nächsten Jahren mit Sicherheit noch eine Vielzahl von Kampagnen hervorbringen, die einerseits die jeweilige nationale Werbelandschaft prägen und andererseits eine neue Ebene von Kommunikation schaffen, nämlich die Euro-Kommunikation.

Das ›Sonder-Megaphon‹ für die TV-Kampagne ›Brot für die Welt‹ von der Agentur BBDO Düsseldorf

Von links: Johannes Röhr, Hans-Georg Knichel, Dieter Groll, Günter Olbrich

Mit einem ›Sonder-Megaphon‹ würdigt die Jury des *Jahrbuchs der Werbung* den TV-Spot ›Brot für die Welt‹, der von der Agentur BBDO Düsseldorf für das Diakonische Werk der Evangelischen Kirchen in Deutschland e. V. gestaltet wurde. Dieser Spot greift den stets aktuellen und daher leider auch ›gewohnten‹ Stoff von Hunger und Elend in der Dritten Welt in einer aggressiven, aber dennoch versöhnlichen Form auf.

Mit der erstmaligen Vergabe des ›Sonder-Megaphons‹ hebt die Jury eine kommunikative Leistung hervor, die dem redaktionellen Schwerpunktthema dieser Ausgabe des *Jahrbuchs der Werbung* entspricht. Nach Meinung der Jury dokumentiert dieser Spot in maßgeblicher Form, wie sich Werbung erfolgreich ›sozial‹ engagieren kann.

Tag für Tag wird der Durchschnittsbürger mit einer Fülle von Botschaften redaktioneller und werblicher Natur überschüttet. Not und Elend sind dabei keineswegs herzrührende Ausnahmen, sondern eher von abstumpfender Häufigkeit. Zusätzlich sorgt die wirtschaftlich ungewisse Zukunft für eine überproportionale Zurückhaltung bei der Spendenfreudigkeit.

Bei einer solchen Ausgangssituation sind die konventionellen Kommunikationsmethoden und -techniken nicht allzu erfolgversprechend. Ein einfacher Spendenaufruf zugunsten armer Menschen, verbunden mit dem üblichen ›Dankeschön‹, wird, so die Ansicht des Macherteams von BBDO Düsseldorf, im kommunikativen Trommelfeuer untergehen.

Aus diesem Grunde griffen die Konzeptioner Georg Knichel, Günter Olbrich und Dieter Groll, unterstützt von dem Producer Jürgen Heide und dem Berater Johannes Röhr, zu einer Mischung aus journalistischer Faktendarstellung und werblichen Kombinationsmethoden. Das Ergebnis war ein Rohspot im Stil einer modernen TV-Dokumentation. Wochenlang wurde in internationalen Archiven nach Bildmaterial gefahndet, das anschließend der in Frankreich lebende Regisseur und Producer Richard Huber und sein Partner Gerrad Benkel zu einem spannenden und eindrucksvollen Film verarbeiteten.

Alte Zeichnungen und Stiche wurden mit neuem Bildmaterial in ungewöhnlicher Form montiert und mit einem packenden, aggressiven Text unterlegt. Die Bilder wecken Interesse, die Worte machen betroffen. Was noch fehlte, war eine dramatische Musik, um die akustische Wirkung mit der visuellen Wirkung zu kombinieren.

Mit der Rohfassung des Films begab sich das BBDO-Team auf die Suche und fand in dem Rockstar Peter Gabriel einen Partner, dem der engagierte visuelle und verbale Auftritt gefiel. Peter Gabriel stellte daraufhin seine Musik ›Zaar‹ kostenlos zur Verfügung.

Nun konnte Herbert G. Hassold vom Diakonischen Werk der Evangelischen Kirchen in Deutschland e. V. einen Spot in Empfang nehmen, der sich innerhalb der Werbeblöcke eindrucksvoll abhebt und in Szene setzt.

Die Fachpresse hat diesen seit Anfang 1993 eingesetzten TV-Spot ob seiner Gestaltung bereits ausdrücklich gewürdigt und seine außergewöhnliche sowie offensive Ansprache hervorgehoben. Diese Komponenten haben auch die Jury des *Jahrbuchs der Werbung* veranlaßt, mit einem ›Sonder-Megaphon‹ die Aufmerksamkeit der Kommunikationswelt auf den neuen TV-Spot für ›Brot für die Welt‹ zu lenken.

Es ist dick, bunt und unterhaltsam. Und drin ist das Beste aus der deutschen Reklame. Und es kommt diesmal noch vor den Sommerferien raus. Bei einem neuen Verlag. Bestellen Sie das neue ADC Annual 1994 für 168 Mark telefonisch oder per Fax bei: Universitätsdruckerei und Verlag Hermann Schmidt Mainz, Robert-Koch-Straße 8, 55129 Mainz, Telefon 0 61 31 - 50 60 0, Fax 0 61 31 - 50 60 70. Ältere Jahrbücher gibt es jetzt zu taschengeldgerechten Sonderpreisen.

Erfolg, wo die klassische Werbung endet

WERBEARTIKEL WIRTSCHAFT
Die Fachzeitschrift für den Entscheidungsträger aus Industrie, Handel und Gewerbe.

Werbung zum Anfassen: Marketing-Präzision und Markt-Informationen für Profis.

WERBEARTIKEL WIRTSCHAFT
Erscheinungsweise: 4 x jährlich
Vertriebsauflage: 14.400 Expl.

Gegenständliche Werbemittel haben **immer Konjunktur.**

WA Verlag GmbH

Am Ringofen 6 - 41334 Nettetal
Tel.: 02157/132071
Fax: 02157/3729

Die „Edition DER KONTAKTER"

Für unsere Pappenheimer.

▶ Praktisch: in diese 44x33x5 cm paßt alles rein, was mit nach Hause muß – und wieder zurück ins Büro.

▶ Sicher: 72x52x5 cm für die Euphorie auf dem Hinweg und die Korrekturen auf dem Rückweg.

▶ Einmalig: 63,5x47x5 cm zum Aufschlagen, Arretieren und Präsentieren der mitgebrachten Layouts. Einfacher geht's nimmer!

FRAHM UND WANDELT

▶ Coupon ausfüllen und einsenden an: DER KONTAKTER, Große Elbstraße 14, 22767 Hamburg oder einfach per Fax an 040/31 66 58.

Papperlapapp!

▶ Ich möchte die „Edition DER KONTAKTER" sofort mein eigen nennen und bestelle hiermit

☐ kleine Mappe(n) (44x33x5 cm) à DM 48,–

☐ Präsentationsmappe(n) (63,5x47x5 cm) à DM 98,–

☐ große Mappe(n) (72x52x5 cm) à DM 89,–

☐ komplette Edition(en) à DM 210,–.

(Alle Preise zzgl. MwSt. und Versandkosten.)
Ich zahle nach Erhalt der Rechnung.

Neue PLZ / Ort

Name / Vorname   Telefon

Straße / Nr.   Datum   Unterschrift

▶ Schick, praktisch und voll im Trend: Die Mappen aus der „Edition DER KONTAKTER". Alle in elegantem Schwarz und aus 100% Altpapier. Die kleine für den Weg ins Büro, die mittlere als Chart-Halter für die Präsentation beim Kunden (siehe oben) und die große für Fotos, Reinzeichnungen und Lithos. Funktionell und strapazierfähig – damit Sie auch in Zukunft noch den einen oder anderen Etat einsacken können.

▶ Die drei Mappen gibt's exklusiv vom KONTAKTER. Einzeln oder als Set zum Vorzugspreis. Bestellen Sie einfach per Coupon – und schon können Sie sich jederzeit beim Kunden sehen lassen.

Der Kontakter
Die Dienst-Leistung

Aktuelle Daten und Fakten für die Werbeplanung

HANDLICH PRAKTISCH GUT

Immer gut für eine schnelle Entscheidung

Der Deutsche Werbekalender ist das aktuelle Taschenbuch für Marketingentscheider und Werbepraktiker.

Klein im Format und riesig im Nutzen. Über 300 prallgefüllte Seiten zu Anzeigen, Austellungs- und Messewerbung, Direktmarketing, Drucksachen, Funk- und Fernsehen, Kino, Lesezirkel, Plakat, Verkehrsmittel, Zeitschriften und Zeitungen. Von Nielsen 1 bis Nielsen 7. Und weitere Werbemittel. Von A wie Adreßbuch bis Z wie Zündholzwerbung.

Alles inklusive: Planungsdaten, Kosten und Gebühren, Werberecht, Fachliteratur und wichtige Anschriften aus ganz Deutschland sowie der Terminkalender zur übersichtlichen Tages- und Wochenplanung.

Verlagsgruppe Handelsblatt GmbH, Vertrieb DWK,
Postfach 10 27 17, 40018 Düsseldorf, Telefon: 0211/8 87 -17 72-6, Telefax 02 11/8 87-17 70

COMSTOCK FOTOAGENTUR GmbH, Berlin

MM Maschinenmarkt • Konstruktionspraxis • KIM
Industrie Meister • Zulieferer • Elektrotechnik • Pronic
Elektronikpraxis • Elektronik Direkt • Elektromarkt • Kfz-Betrieb
Autofachmann • Autokaufmann • Automobil Industrie
Agrartechnik • Chip • Win • Business Computing
TeleCom • Deutsches Ingenieurblatt • LaborPraxis
Bänder Bleche Rohre • Drahtwelt • Transfer • Industrie
Promotion • Export Channel • Europa 93 • BioTec
Umweltmagazin • Wireworld • Process • Bildungspraxis

Partnerschaft verbindet. Kommunikation im Dienst der Technik heißt für den Vogel Verlag: Informationen transportieren, Know-how vermitteln, Kontakte schaffen.

Damit Partner zusammenkommen regional, national, international (siehe Bild).

Damit es zu Kontakten kommt - Werbung in Fachzeitschriften und Magazinen. Von Vogel.

VOGEL

Vogel Verlag und Druck KG
97064 Würzburg
Tel. (09 31) 4 18-24 51, Fax (09 31) 4 18-27 17

Themen des Jahres 27

Thomas Voigt

Das Werbejahr 1993 in Deutschland
oder
Die Krise des Dr. Schwechtersheimer

Kann man eigentlich genug klagen über dieses Jahr 1993? Die Lamoryanz bewegte die deutsche Volksseele. Marketing- und Werbefachleute sind auch nur Menschen. »Und siehe, es geschah in jenen fast schon 365 Tagen des Jahres 1993, daß ein großes Heulen quasi trendmäßig coll durchs Land waberte, und ein jeder weinte an dem Platz, an den Gott ihn gestellt hatte oder der Wähler oder das Schicksal oder ein privater Fernsehsender«. Klagen wir also mit Michael Jürgs, dem Tempo-Chefredakteur, der diese Zeilen zum Jahresende 1993 verfaßte.

War es wirklich so schlimm 1993? Sechzig Kriege, oder wie es im Amtsdeutsch heißt: bewaffnete Konflikte werden weltweit gezählt. Die Schreckensbilder vom Morden und Brandschatzen in Bosnien und Georgien, Burundi und Armenien sind zur TV-Routine geworden. Deutsche Soldaten üben in Somalia und Kambodscha den Blauhelmeinsatz. Deutsche Neonazis verbrennen in Solingen türkische Frauen und feiern in Fulda öffentlich den Geburtstag von Hitler-Stellvertreter Rudolf Heß. Die deutsche Bewerbung Berlins um Olympia 2000 platzt. Der deutschen Politiker ist man überdrüssig. Deutsche Arbeiter bangen wie nie zuvor um ihre Arbeitsplätze. Das deutsche Wort des Jahres heißt Sozialabbau. Und das Sturmtief »Victoria« bringt Deutschland zu Weihnachten das Hochwasser des Jahrhunderts. Ist das nicht alles zum Klagen?

»Ich kann die Lamoryanz der Deutschen nicht mehr ertragen«, schimpft Dr. Schwechtersheimer und schlägt dabei heftig auf den Tisch. Ja, es ist wieder unser Dr. Schwechtersheimer, der natürlich rein fiktive European Marketing Manager eines Lebensmittelmultis, den die Leser des Jahrbuchs der Werbung bereits aus den letzten beiden Jahren kennen. Dr. Schwechtersheimer ist richtig erregt. Natürlich könne man über die Kriege in der Welt lamentieren. Er, Schwechtersheimer, habe sich aber genauso über den Händedruck des israelischen Ministerpräsidenten Jitzhak Rabin mit dem Palästinenserführer Jassir Arafat im September 1993 gefreut. Und natürlich ließe sich trefflich über die tiefste Wirtschaftskrise im Nachkriegsdeutschland jammern – das Bruttoinlandsprodukt sank um 1,3 Prozent, der private Verbrauch stagnierte –, doch Dr. Schwechtersheimer appelliert trotzig an die psychologische Komponente von Krisen. Willi Schalk habe am Anfang des Jahres 1993 so treffend die Frage formuliert, daß man eine herbeigeredete Rezession schließlich auch wieder wegreden können müsse.

Marketing und Werbung boten ein disparates Bild

Das regt zur differenzierten Betrachtung jener Größen an, die das Werbejahr 1993 in Deutschland bestimmten. Denn während etliche Branchen wie Handel und Foodmarkt noch prächtige Umsätze verbuchen konnten, fraßen Vermarkter von Automobilen (Absatzminus: 20 Prozent) oder Investitionsgüter per Exempel Kreide. Ein ähnlich disparates Bild ergeben die Bruttowerbeinvestitionen in den klassischen Medien. Denn hinter dem immer noch respektablen Gesamtplus von 8,4 Prozent verbergen sich Gewinner und Verlierer. Während die Branche angesichts erheblicher Werbespurts der Autovermarkter (plus 13,4 Prozent auf 2,01 Milliarden Mark) schon über den Trend zu antizyklischer Werbung frohlockte, paßten andere Werbetreibende, etwa in der Investitionsgüterindustrie, ihre Kommunikationsbudgets der Umsatzentwicklung an. Und das hieß: Showdown. Ergo hatten die Werbetreibenden und im Gefolge die Dienstleiter aus Agenturen und Medien 1993 mit den Folgen einer differenzierten Entwicklung zu tun. Das ist schwierig, doch allein kein Grund zum Klagen.

Nun war aber vielen zum Klagen, Jammern und manchen sogar zum Heulen zumute. »Krisensymptome« nennt das unser Dr. Schwechtersheimer und in einem für einen gestählten Manager wie ihn ungewöhnlichen Moment des Zweifels bekennt Schwechtersheimer, ein paar Mal im vergangenen Jahr selbst ins Grübeln gekommen zu sein. Denn während der vielgerühmte Verbraucher (warum sagt man nicht auch Ge-braucher?), kurzum: während also der vielgerühmte deutsche Menscch sich gar nicht so krisengebeutelt benahm – die Spareinlagen stiegen nicht wie üblich in der Krise, von »Kaufrausch« schreibt der »Stern« –, wurde in den Unternehmen radikal gespart und infrage gestellt. Zeitzeichen I: Reihenweise entließen Großunternehmen, Schwerpunkt: Automobilindustrie, Maschinenbau, Elektronik und Chemie, Menschen. Daimler-Benz 13 700, Volkswagen 16 000, Siemens 13 000, Thyssen 11 200, Krupp/Hoesch 12 700, wie die Frankfurter Allgemeine Zeitung ermittelte. Zeitzeichen II: Die Affäre um den GM-Manager José Ignacio López, der im März als Vorstand Einkauf und Produktion zu VW wechselte. Fast hätte der unter dem Verdacht der Industriespionage stehende Piech-Vertraute das Vertrauen der Amerikaner in deutschen Anstand aufs Spiel gesetzt. Wichtiger jedoch: López gilt als ausgebuffter Kosteneinsparer – intern wie bei den Lieferanten.

Lópezmania, Lean Management und Entlassungen

Der Stellenabbau und der unter dem Begriff der Lópezmania in die Annalen der Wirtschaftsgeschichte eingehende Kostendruck bestimmten denn auch die Diskussionen in Marketing und Werbung. »Lean Management«, ursprünglich als Formel für integriertes und damit integratives Management geboren, wurde zum Synonym für Abteilungs- und Mitarbeiterabbau. In den werbetreibenden Unternehmen wurden bis dato selbst erbrachte Leistungen an Dienstleister ausgelagert. Prominentestes Beispiel ist die Schließung der einstigen Oetker-Hausagentur Omnia in Bielefeld. In den Agenturen sprach man offen von betriebsbedingten Entlassungen. Prominentestes Beispiel war die Agentur Saatchi & Saatchi in Frankfurt. Und in den Verlagshäusern und Sendeanstalten langte man eher unbemerkt zu.

Doch noch viel bedeutender war wohl jene Lópezmania. Der Druck auf die Kosten und der damit einhergehende Rechtfertigungszwang packte die verantwortlichen Marketingmanager in den Unternehmen und mit ihnen die in Agenturen und Medien. Aus der Diskussion über Effizienzoptimierung eingesetzter Kommunikationsgelder ist »plattes Schachern um Honorare und Rabatte geworden«, sagt Dr. Schwechtersheimer. Äußeres Zeichen war 1993 die Forderung des Arbeitskreises Werbefernsehen der deutschen Wirtschaft (AKW) um die sogenannte nachschüssige Zahlung von Mediageldern. Die Verhandlungen führten die Verbandsoberen direkt mit den Medien. Prompt schreckte der Agenturverband GWA auf und sorgte sich öffentlich um die Rechtsstellung der Werbeagenturen als Kommissionär der Kundengelder. Schon erklärten selbst Mediaagenturchefs, daß sie sich durchaus direkte Geschäftsbeziehungen zwischen werbetreibender Wirtschaft und Medien vorstellen können. Fällt damit das Provisionssystem?

»Für vordergründige und rasche Kostenvorteile werden bewährte Prinzipien über Bord geworfen«, ärgert sich Markus Pfeil. Er, der natürlich ebenso fiktive Chief Executive Officer einer internationalen Agenturgruppe, ist zu uns an den Tisch gekommen. »Hätte es keinen anderen Treffpunkt geben können, verehrter Herr Dr. Schwechtersheimer?«, fragt er sogleich schnippisch. Tatsächlich kam die Idee von Schwechtersheimer, uns nicht im Bou Ravelle zu treffen, dem Lieblingslokal von Agenturchef Pfeil, sondern hier: am Stammtisch der Berliner Eckkneipe zum »Röhrenden Hirschen«. »Back to basics, verehrter Herr Pfeil«, zischte Schwechtersheimer sodann zurück, »gerade Ihnen als Agenturwerber tut es doch ganz gut, mal Volkes Stimme zu hören.« Während also aus dem Vereinszimmer Wortfetzen einer Republikaner-Versammlung herüberdröhnen, versuchen Schwechtersheimer, Agenturmann Pfeil und Axel Grätzmann über das Werbejahr 1993 in Deutschland zu diskutieren. Ach ja, Axel Grätzmann ist gerade zum Vorstand Marketing eines bedeutenden Hamburger Verlagshauses berufen worden. Eigentlich sollte er pensioniert werden, wie Leser des Jahrbuchs der Werbung wissen, doch der Verlag bat Grätzmann, weitere zwei Jahre zur Verfügung zu stehen. Gerade in diesen schwierigen Zeiten seien zukunftsweisende Umstrukturierungen nötig, da brauche man erfahrene Fahrensleute.

Vergessen Sie doch Europa, Öko, Werbeforschung

Wir greifen die zukunftsweisenden Umstrukturierungen Grätzmanns auf und fragen, was sich denn in Sachen der um ein Jahr verschobenen Europäischen Union und des nun vollendeten Europäischen Wirtschaftsraums, was sich denn in Sachen Ökologie und dem in die Enge gekommenen Grünen Punkt oder was sich denn in Sachen Forschung so Neues ereignet hat. »Vergessen Sie doch diese Themen«, schallt es uns von den drei Herren unisono entgegen, »es ging 1993 vor allem um die Kosten und darum, seinen Job zu behalten«. Unwillkürlich kommen die »Nieten in Nadelstreifen« in den Sinn, jenes Buch des Wirtschaftsjournalisten Ogger, das die Jahresbestsellerliste 1993 anführte. Was wiederum den Verdacht nährt, daß die hektische Betriebsamkeit in der Branche keinen Yota mehr an Qualität erzeugt hat. Oder, um es mit den Worten des konservativen Kulturkritikers Virilio zu sagen, daß in Deutschland »rasender Stillstand« herrschte.

Begeben wir uns in den Zeitschriften und Zeitungen, den Fernseh- und Hörfunksendern sowie auf Plakatwänden auf Spurensuche nach den neuen, großen Werbeideen. Spielen fängt mit Playskool an. Die Geschichte der Menstruation ist eine Geschichte voller Mißverständnisse, sagt o. b. Wick Hustenbonbons schmecken zum Beißen gut. Sparkassen-Vertreter müssen draußen bleiben. Ariel Supra ist günstig, behauptet die alte Clementine. Bebe spielt bei junger Haut die Hauptrolle. Leipzig kommt. Der VW-Golf hat ein Happy End. Die Deutsche Bank läßt ihr Geld groß und stark werden. Eurocard ist Deutschlands »meiste« Kreditkarte. Die Bayerische Vereinsbank kommt mit Werber Menzel als Model. Camel ruft mit Indiana Jones »Taste The Adventure«. Porsche staunt mit dem neuen 911er »Heilig's Blechle«. Asbach probiert es mit Après Ski. Rodd ist die Innovation der Hose. Mit dem BHW lös' ich die Rentenfrage selbst. Im Erascorant schmeckt's uns am besten. Und Windsor kommt mit einer Kampagne, die wie nach Joop aussieht. Oder umgekehrt.

Wir sollten weitersuchen. Die Fachzeitschrift w&v lobt C&A mit dem alljährlich vergebenen Preis der Preise. Der »Stern« lachte 1993 am meisten über die TV-Spots für Aral (»Fahrschule«), für den Spiegel (»The Band«) und – aus 1992 – für Toyota (»Affen«). Agenturchef Jean-Remy von Matt, von der Werbefachzeitung Horizont mit seinem Partner Jung zum Agentur-»Mann des Jahres« gekürt, lobt in Max die Kampagnen für Nike, Absolut Vodka und für Benetton. Und er übt dabei heftig Selbstkritik an der Branche: »Wir murkeln hier brav an unseren Kampagnen rum, wir geben unser Bestes – die Akzente setzen andere.« Die Ausländer, schon wieder.

Anzufügen wären da vielleicht die Coca-Cola-Spots von CCA, die Beerdigung einer Levi's Jeans (von BBH) und die Megaphon-Kampagne für Twingo von Publicis. Und anzumerken wäre die bemerkenswerte Einführung der neuen, fünfstelligen Postleitzahlen, die am Ende des Jahres von 96 Prozent der Versender eingehalten werden. Das ist ein typisch deutscher Rekord.

Die Schicker Benetton, Media Markt und Otto Kern

Doch der kreative Output war eigentlich zum Klagen, Jammern, Heulen. Und eigentlich bräuchte man sich in einem solch faden Umfeld als Unternehmen doch nicht so schockmäßig zu gerieren, um Aufmerksamkeit zu erheischen. Doch das war gewiß ein Trend in 1993. Benetton zeigte Genitalien und später nackte Leiber mit dem Stempel »H.I.V. positive«, der Media Markt ließ Predigersprüche los, und der Modeschneider Otto Kern erregte Aufsehen durch nachgestellte Bibelszenen, insbesondere

Das Werbejahr 1993 in Deutschland

Mit Tabuthemen versuchen Unternehmen – hier Otto Kern mit einer Anspielung auf das Abendmahl – Aufmerksamkeit zu erreichen.

einem Abendmahlsmotiv mit barbusigen Jünger(inne)n. Das brachte die Kirche auf die Palme, die werblich eher bieder um den eigenen USP warb. Man darf gespannt sein, ob es 1994 überhaupt noch Tabus gibt, die den werbetreibenden Unternehmen den erhofften PR-Effekt ermöglichen. Der Deutsche Werberat protestierte derweil.

Cum grano salis war 1993 mithin ein eher mageres Jahr. Aber wenn die Krise denn schon keine konstruktive Kritik an der real existierenden Werbung verhieß und sie folglich auch nicht beförderte, was war denn nun im Marketing so spannend, daß es sich der Nachwelt zu berichten lohnte, Herr Schwechtersheimer?

Markenmythos versus Handelsmarken

Beeindruckt sei er vom Marketingtag im Herbst gewesen, den die Veranstalter unter dem Leitmotiv »Magie des Marken-Mythos« gestellt hatten. Angesichts der aufkeimenden Handelsmarken von u. a. Edeka, Rewe, Spar und Tengelmann sei der Appell zur konsequenten Markenpflege dringend notwendig, sagt Schwechtersheimer. Und Kontinuität bedeute eben auch ständige Weiterentwicklung, um radikale Markenverjüngungen – 1993 von Marken wie Asbach, Doornkaat und Berentzen in Angriff genommen – zu vermeiden.

Überhaupt sei der Verbraucher wieder konservativer geworden, suche er doch verstärkt nach traditionellen Werten wie Qualität, Sicherheit, Geborgenheit und ein überzeugendes Preis-Leistungsverhältnis. Die Unternehmen müßten da zum »Sozialpartner« werden, sagt Dr. Schwechtersheimer.

Und schon kommt unserem Schwechtersheimer die Störfallserie bei Hoechst in Frankfurt in den Sinn. »Da sind viele Fehler gemacht worden«, sagt Schwechtersheimer mit einem Kopfschütteln, »technisch und vor allem kommunikativ«. Vorstandschef Hilger mußte auch deshalb seinen Hut bei Hoechst nehmen. »Das macht deutlich«, sagt Schwechtersheimer, »wie bedeutend heute die Kommunikation geworden ist«.

Und schon schweift unser Marketingverantwortlicher wieder zu jenen Themen ab, die ihm nun wirklich am Herzen liegen. »Wie kann unser Vorstand ein Senkung des Marketingetats um ...«. Aber das hatten wir schon.

»Das sind aber die wirklichen Probleme«, bestätigt Markus Pfeil beherzt. Seine Agenturgruppe habe von internationalen Neueinführungen in diesem Jahr profitieren können, aber, sagt Pfeil, »schauen Sie sich mal bei den vielen kleinen Agenturen um, da stehen viele auf der Kippe«. Und die großen Wellenbewegungen blieben in diesem Jahr 1993 sowieso aus. Die Omnicom-Holding übernimmt TBWA, IPG die SMS, Publicis/FCB die FCA, Carat schnappt sich Deutschlands größte Mediaagenturgruppe HMS ganz, BDDP macht für den Kunden BMW eine Deutschlandfiliale bei Frankfurt auf, die Reste der von der GGT-Group übernommenen GGK in Deutschland fusioniert mit der Frankfurter Agentur New York Communications, die Daimler-Benz-Tochter Debis gibt das Mediabusiness in die Hände der Agentur GFMO, das Kreativbusiness in die von Godenrath, Preiswerk und Partner, vormals: Wündrich-Meissen, die aktiven Scholz & Friends-Gesellschafter verkaufen sukzessive ihre Anteile an die Saatchi-Group und der Schwaben-Turbo Eberhard P. Wensauer versilberte seine restlichen Anteile am deutschen Stamm der Wensauer-DDB-Needham-Gruppe für geschätzte 36 Millionen Mark in toto.

Der Verfall der guten Sitten

Dramatische Ereignisse? »Business as usual«, sagt Markus Pfeil lapidar. Da hätte ihn schon mehr das bewegt, was er den »Verfall der guten Sitten« nennt. Wobei Pfeil weniger an das Honorargeschacher denke oder an beinharte Präsentationen, sondern mehr an jene öffentlich ausgetragenen Auseinandersetzungen. Denken Sie an den Zoff zwischen Rolf Homann und seinem Arbeitgeber MWI bei seinem Wechsel zu Ayer, an den von Thomas Rempen bei seinem Ausstieg bei HSR&S in die Selbständigkeit, an den von Reinhard Abels bei seinem Ausstieg bei Spiess, Ermisch, Abels in die neue Formation Abels & Grey, an den von Rolf Körner und Wolfgang Fetzer bei ihrem Umstieg von BMZ zu Wensauer-DDB Needham. Fetzer schwor der Agentur noch die Treue, um wenige Tage später doch das BMZ-Boot zu verlassen. Komprimitierende anonyme Faxe begleiteten die Agenturneugründung von Reinhard Abels, und Thomas Rempen sprach mit seinen langjährigen Partnern von HSR&S nur noch über die Rechtsanwälte. »Das wirft ja auch kein gutes Licht auf die Agenturbranche«, gibt Dr. Schwechtersheimer zu bedenken.

Zumal sich diese Ereignisse gedanklich mit jenem Skandal bei der Telekom verknüpfte, bei dem Mitarbeiter sich über Konten bedient haben sollen, die von der Münchener Direktmarketingagentur HM1, gerade von der Agenturgruppe BBDO übernommen, verwaltet wurden. Kurzfristig waren deren Geschäftsführer sogar in Untersuchungshaft. Eine abschließende Bewertung der Ereignisse stand bis Redaktionsschluß dieses Beitrags aus. Doch allein der Verdacht der Unkorrektheit klebt der Agenturbranche weiter wie ein Bonbon im Hemd.

Und schon wurde über jene Vorteile diskutiert, die die Medienhäuser den Auftraggebern, Agenturen und werbetreibenden Unternehmen eben angedeihen lassen: von den kleinen Aufmerksamkeiten bis hin zum kostenfreien Mediaplanungsseminar auf den Malediven. »Im Vergleich zu früheren Zeiten hat das sehr, sehr nachgelassen«, nimmt Axel Grätzmann sich und seine Medienkollegen sogleich in Schutz. Das Geschäft sei eben härter, aber pragmatischer geworden.

Wettbewerb und Dynamik im Medienmarkt

Die Medienbranche im Jahr 1993 war denn vor allem von hartem Wettbewerb und einer ungeheuren Dynamik geprägt. Das galt vor allem, aber nicht allein für den Bereich der elektronischen Medien. Neun öffentlich-rechtliche und zwölf private Sender buhlten um die Gunst des Publikums und verstärkt um die der Werbekundschaft, wobei das Fernsehen erstmals in der Geschichte Tageszeitungen und Zeitschriften als umsatzstärkste Werbeträger überholten. Mit dabei waren die Spartenkanäle N-TV, Vox und das Deutsche Sportfernsehen. Wobei Vox sich mit seinem hohen Anspruch als »Ereignisfernsehen« nicht durchsetzen konnte. Erst mit einem populistischen Unterhaltungskonzept kam man der angepeilten Zwei-Prozent-Marktanteilsmarke näher. Anders konnte der CLT-Sproß RTL 2 sich auf Anhieb als jugendlicher Mainstream-Sender durchsetzen. Der große Gewinner beim privaten Fernsehen hieß, kurz vor seinem zehnten Geburtstag, aber erneut RTL. Als größter europäischer Werbeträger zog er, was die durchschnittlichen Marktanteile bei den Zuschauern anbetrifft, an den großen öffentlich-rechtlichen Sendern vorbei.

Insofern sind die privaten Sender die Werbegewinnler 1993. Wenn da nicht die Wächter der Landesmedienanstalten wären. Begleitet von einer einmaligen Debatte über Gewalt, Sex und Kinderbeeinflussung auf den (Privat-)Kanälen, verabschiedeten die Landesmedienanstalten neue Werberichtlinien, die die Einschränkung von Unterbrecherwerbung in Spielfilmen, dem Sponsoring und bei Kinderprogrammen vorsahen. Trotz heftiger Gegenattacken der Sender, trotz der bewußten Mißachtung der Regeln, wurden die Sender von den Medienwächtern an die Kandare genommen. Nun befürchten sie Verluste in Höhe von brutto 400 Millionen Mark. Und schmerzlich wird den Sendern bewußt, daß der Tag nicht mehr als 24 Stunden hat, um Werbung zu plazieren. Auch so ließe sich klagen.

Doch schon werden am Medienhorizont Konturen einer interaktiven und vernetzten Kommunikationszukunft sichtbar. Der »Communications Highway«, grinst unser Herr Grätzmann, weil das das Lieblingswort des Verlegers Dr. Hubert Burda geworden ist. Konkret werden allerdings nur kleine Schritte. RTL testet in einem Pilotprojekt interaktives Fernsehen, die Kirch-Gruppe will Europa gemeinsam mit dem australischen Medienzar Rupert Murdoch mit Pay-TV-Kanälen beglücken. Und selbst bei den Printmedien macht sich die Elektronik breit.

»FAZ« und »Spiegel« publizieren auf CD-ROM, »Focus« gibt seine Meldungen online heraus. Und selbst Fachzeitungen wie HORIZONT sind über Datenbanken online anzuzapfen. »Wenn die Fachverlage keine Märkte verlieren wollen, müssen sie ihr Programm um elektronische Produkte ergänzen«, betonte dazu Klaus Kottmeier, Geschäftsführer des Deutschen Fachverlags und Sprecher der deutschen Fachpresse.

Doch bevor die schöne neue Welt uns erfaßt hat, kämpfen die Verlage mit papierenen Produkten um Leser und Anzeigenkunden. Dabei blieben 1993 Titel wie »Country« (Jahreszeiten-Verlag), »Neue Mode« (Bauer) und »TV Guide« (Verlagsgruppe Milchstraße) auf der Strecke. Doch das kann den Erfolg neuer Zeitungen und Zeitschriften nicht schmälern. Hervorzuheben ist die Wochenzeitung »Die Woche« aus dem Dunstkreis des Jahreszeitenverlags und natürlich das »moderne« Nachrichtenmagazin »Focus« aus dem Hause Burda.

Kaum einer der Branchenauguren hat dem Verleger Dr. Hubert Burda und seinem neuen Publizistikpart Helmut Markwort zugetraut, ein Nachrichtenmagazin gegen oder neben dem »Spiegel« zu positionieren. Doch die Dynamik im Markt der gehobenen Zielgruppen wurde unterschätzt. Mit einem neuen optischen Konzept, wiefem Verlagsmarketing (»Wir erreichen die Info-Elite«) und einer blendenden Werbekampagne erreichte »Focus« innerhalb eines Jahres eine verkaufte Auflage von knapp 500 000 Exemplaren wöchentlich und ein Anzeigengeschäft von knapp 3700 Seiten. Folgerichtig wurde Focus-Chef Helmut Markwort von einer Jury der Fachzeitung Horizont mit dem Titel Medien-Mann des Jahres bedacht.

Das sollte selbst den anderen Verlagen Mut machen,

Mit dem Nachrichtenmagazin Focus feierten Verleger Dr. Hubert Burda und Macher Helmut Markwort – hier bei der Ehrung zum Horizont-Medienmann des Jahres – Erfolge.

selbst dem »Spiegel«, der trotz heftigen Layout-Make-ups am Jahresende Anzeigeneinbußen von rund 1000 Seiten hinnehmen mußte.

»Leider«, sagt unser Verlagsexperte Axel Grätzmann, hat das die Verluste anderer Titel nicht auffangen können. Richtig. Die Vertriebs- und Anzeigenbilanz der Zeitschriften weist Stagnation aus. Was zu heftigen Diskussionen innerhalb der Verlage führte, wie sich durch Konzentration, Innovation und neuen Strukturen – das neue Verlegermodell bei Gruner + Jahr zum Beispiel – der Wettbewerb besser bestehen läßt.

Da nicken unsere drei Gesprächspartner Dr. Schwechtersheimer, Markus Pfeil und Axel Grätzmann ganz heftig. »An die Arbeit«, lautet die Devise für 1994, wohlwissend, daß sich bei allen neuen Herausforderungen in einem gewiß noch schwierigerem Superwahljahr das Klagen allein nicht rentiert. »Möglicherweise«, sagt Dr. Schwechtersheimer, werde im kommenden Jahr ja wieder mehr über Qualität als über Kosten geredet. Aber das ist eine vage Hoffnung in einem Land, in dem die Lamoryanz regiert. Und wo Marketer, Werber und Medienleute doch auch nur Menschen sind.

Top-Personalien 1993

Reinhard Abels verläßt die Agentur Spiess, Ermisch, Abels, Düsseldorf, und macht sich gemeinsam mit der Agenturgruppe Grey und mit einer »Corporate Mission Agency« Abels & Grey selbständig.

Werner Bittner macht sich gemeinsam mit Hartmut Grün und Horst Kern von DMB&B davon, um die neue Deutschland-Filiale der Agenturgruppe BDDP bei Frankfurt aufzubauen und von dort aus den frisch gewonnenen BMW-Etat zu betreuen.

Josef Brauner löst überraschend Klaus Zimmermann als Geschäftsführer von Sony Deutschland ab.

Dieter Gorny wechselt von der Popkomm-Spitze als Geschäftsführer zum neuen deutschen Musikkanal Viva TV, der an Weihnachten an den Start geht.

Hans Grimm wird Geschäftsführungsvorsitzender des Privatsenders Sat 1 und Nachfolger von Werner E. Klatten. Mit Grimm, bis dato Finanzchef der Agenturgruppe Lowe & Partners in Deutschland, führt der erste Finanzmann einen Deutschen Sender.

Torsten Hoffmann, Markus Reiser und Ulrich Schalt steigen als Geschäftsführer der GGK Frankfurt aus, um sich selbständig zu machen.

Rolf Homann, einst geschäftsführender kreativer Kopf der Hamburger Agentur MWI (heute: FCB), löst Niels Grothgar als Chairman von Ayer Deutschland ab. Grothgar macht sich selbständig.

Michael Jäschke, 38, löst Media-Altmeister Jacobi bei der Lintas-Tochter Initiativ Media als Managing Director ab.

Hemjö Klein, Vorstandsmitglied der Deutschen Bahnen, hebt von der Schiene in die Luft ab. Der Marketingprofi übernimmt im Sommer von Adrian von Dörnberg Vertrieb und Marketing der Lufthansa.

Thomas Rempen, Mitgründer und Mitgesellschafter der zur SMS-Gruppe gehörenden Agentur Hildmann, Simon, Rempen & Schmitz in Düsseldorf, verläßt mit heftigem Getöse das Haus und macht sich mit etlichen Kollegen und Kunden selbständig. Bei HSR&S übernimmt Conquest-Chef Dominique Simonin das Managing-Ruder.

Hans Riedel, Leiter des Zentralen Marketing bei BMW, wechselt nach nur neunmonatiger Amtszeit in den Vorstand von Porsche. Aufgabengebiet: Vertrieb und Marketing.

Willi Schalk sorgt wohl für die Top-Personalie des Jahres. Der 53jährige Ex-Top-Agenturmann und Vorsitzende der Verlagsgruppe DuMont-Schauberg in Köln, wechselt als Zeitungsvorstand und prospektiver stellvertretender Vorstandsvorsitzender in den Axel Springer Verlag. Doch bereits zwei Monate später, nach dem Tod des Springer-Vorstandschefs Günter Wille, beruft der Aufsichtsrat Dr. Jürgen Richter ab Mai zum Vorstand Zeitungen. Schalk geht.

Bernd Schiphorst, Geschäftsführer der Ufa, übernimmt die Geschäfte des kränkelnden neuen Privatsenders Vox.

Beate Wedekind, Chefredakteurin von Burdas Bunte, geht in Kur und wird im Mai von ihrem Vorgänger Franz-Josef Wagner abgelöst. Doch auch bei ihrem neuen Job, der Chefredaktion des neuen Gruner+Jahr-Titels »People«, muß sie das Handtuch »aus gesundheitlichen Gründen« werfen.

Eberhard P. Wensauer versilbert seine Anteile an der Agenturgruppe Wensauer-DDB Needham und bleibt der Agentur in einem »Beirat« erhalten. Seine Chairman-Funktion übernimmt der von BMZ wechselnde Rolf D. Körner.

Günter Wille erliegt im November einem Krebsleiden. Die Branche trauert um den einstigen Philip-Morris-Chef, der mit großen Ambitionen den Vorstandsvorsitz des Axel-Springer-Verlags übernommen hatte. Als Nachfolge präsentiert der Aufsichtsrat Anfang 1994 einen Dreierpack. Bis Ende Juli wird Günter Prinz den Vorsitz übernehmen, danach Springer-Veteran Dr. Horst Keiser, dem dann der neuberufene Zeitungsvorstand Dr. Jürgen Richter (zuletzt: Medien-Union Verlagsgruppe Schaub) folgen soll.

Gunnar Wilmot leitet als neuer Chairman die Geschicke der Agenturgruppe McCann-Erickson in Deutschland. Der Amerikaner folgt damit seinem Landsmann Richard van den Bosch, der von Frankfurt aus vorerst für Osteuropa zuständig bleibt.

Jochen Zeitz übernimmt im Mai als jüngster deutscher Vorstandschef die Führung von Puma. Der 30jährige soll das gebeutelte Herzogenauracher Unternehmen vom altväterlichen Image befreien.

Facts & Figures 1993*

Januar

▶ **Warsteiner-Ausstieg:** Die größte Privatbrauerei Deutschlands zieht sich aus TV-Werbung zurück.
▶ **VW fährt mit Europa:** Zum Binnenmarkt setzt sich der Wolfsburger Konzern mit einer Europa-Kampagne für ein Golf-Modell in Szene.
▶ **Benetton:** Luciano Benetton läßt für eine Kleidersammel-Aktion in Zeitungsanzeigen die Hosen runter.
▶ **Verlust:** Nach mehr als 20jähriger Zusammenarbeit kündigt Ferrero Etats in Höhe von geschätzten 50 Millionen bei Ogilvy & Mather. O&M hatte europaweit Milkas Lila Pause gewonnen.
▶ **Isostar wechselt Lead-agency:** Young & Rubicam tritt an die Stelle von Saatchi & Saatchi.
▶ **Bündelung:** Debis Marketing Services und G.F.M.O. Gesellschaft für Mediaoptimierung legen ihre Mediaaktivitäten zusammen.
▶ **Sixt is back:** Sixt kehrt nach einem Jahr KNS zu Jung v. Matt zurück.
▶ **Vox geht auf Sendung:** Das »Ereignisfernsehen« versprüht Optimismus. Die Buchungen für 1993 haben die 100-Millionen-Mark-Grenze überschritten.
▶ **Neue Titel zuhauf:** 200 Seiten stark ist das erste Heft von »Focus«, 87 Seiten davon sind bezahlte Anzeigen. Der Bauer-Verlag bringt »Mach mal Pause« als Adaption des englischen »Take a break« mit einer Druckauflage von 1,5 Millionen Exemplaren auf den Markt.
▶ **Forschungs-Fortschritt:** Burda, RTL und Ipa gründen die Typologie der Wünsche Mediagesellschaft (TdW). Gesellschaftszweck ist die Fusion von GfK- und Konsumdaten.

* Quelle: Horizont

Februar

▶ **Coke wirbt multioptional:** Unter dem Slogan »Always Coca-Cola« startet eine globale TV-Kampagne mit 25 Spots (Produktion: Creative Artists Agency, Kreation: McCann-Erickson).
▶ **Tetra Pak in TV:** Das unter Druck geratene Unternehmen will über TV-Werbung die Kartonverpackung als Markenartikel aufbauen.
▶ **Öko-Pfad:** Die Henkel KGaA stellt ihr Zugpferd Persil auf die neue Tensid-Generation Plantaren um.
▶ **Zenith kommt:** Saatchi & Saatchi gibt sämtliche europäischen Mediaaktivitäten in die Hände der Saatchi-Tochter Zenith Media.
▶ **Wochenblätter ringen um Aufmerksamkeit:** Der Jahreszeiten-Verlag bringt die »Woche« früher als ursprünglich vorgesehen heraus. Die »Wochenpost« ist nicht untätig und präsentiert eine eigene Kampagne.
▶ **Bewegung beim Hörfunk Ost:** Antenne Thüringen sendet nach langen Verzögerungen seit Anfang des Monats. In Sachsen machen sich Antenne Sachsen und eine Lokalfunkkette mit vier Stadtsendern startklar. In Mecklenburg-Vorpommern hat Antenne Mecklenburg-Vorpommern eine Lizenz erhalten.
▶ **Krise der Öffentlich-Rechtlichen:** ZDF-Intendant Dieter Stolte geht in die Offensive. Im Haus wird eine Stabsstelle Effektivitätssteigerung eingerichtet, drastische Einsparungen sind vorgesehen.
▶ **Konkurrenz bei qualitativer Forschung:** Der Axel-Springer-Verlag, Bauer, Sat 1 und Pro 7 schließen sich zusammen und wollen mit der VA + TV qualitative Fernsehdaten auf den Markt bringen.
▶ **Aufatmen bei den Verlegern:** Die Bundespost nimmt ihre Erhöhungen im Postzeitungsdienst teilweise zurück. Den Zeitschriftenverlagen bringt das 37 Millionen Mark ein, die westdeutschen Zeitungen müssen fünf Millionen Mark weniger ausgeben.
▶ **Regional-TV kommt:** IA Brandenburg erhält als erstes regionales Vollprogramm eine Lizenz von der Landesmedienanstalt Berlin-Brandenburg.

März

▶ **Camel back to the roots:** Künftig ohne Dromedare wirbt die R. J. Reynolds Tobacco GmbH für Camel.
▶ **Partner-Logos:** Europaweit setzt US-Konzern Intel seine Lizenzpartner-Werbung in Print fort.
▶ **Sega-Attacke:** Der Computerspielehersteller startet eine 30-Millionen-Mark-Kampagne.
▶ **Drittes Network:** Die Omnicom-Gruppe übernimmt TBWA und verfügt damit nach BBDO und DDB Needham über ein drittes Network.
▶ **Kirschen:** TBWA gewinnt Mon Chéri, Ferrero.
▶ **Gebeutelt:** Die durch den Weggang von Rolf Homann gebeutelte MWI (heute FCB Hamburg) verliert den Eurocard-Etat.
▶ **TV-Newcomer startet:** RTL 2 geht nach etlichen Verzögerungen wegen Uneinigkeit hinsichtlich der Gesellschafterstruktur an den Start.
▶ **Sportsender fusionieren:** Das Deutsche Sportfernsehen DSF hat für Konkurrenz gesorgt. Eurosport und der Sportkanal schließen sich zusammen.

Zeitschriftenverlage mit den meisten Anzeigen						
Rang	Verlag	Anzahl der Titel 1992 1993	Anzeigen- seiten 1993	1992	Differenz in Seiten	in %
1 (1)	Gruner + Jahr	24 (23)	22 147,2	22 221,3	−74,1	−0,3
2 (3)	Burda	17 (17)	20 095,5	17 237,2	2 858,3	16,6
3 (2)	Heinrich Bauer Verlag	27 (29)	17 967,6	18 968,5	−1 000,9	−5,3
4 (4)	Axel Springer Verlag	16 (16)	14 166,4	15 168,1	−1 001,7	−6,6
5 (5)	Vereinigte Motor-Verlage	14 (14)	14 033,7	15 121,7	−1 088,0	−7,2
6 (6)	Jahreszeitenverlag	11 (11)	8 600,6	8 924,7	576,4	7,7
7 (6)	Holtzbrinck	6 (6)	8 490,6	9 101,9	−611,9	6,7
8 (9)	WAZ	10 (10)	8 086,4	7 914,2	172,2	2,2
9 (7)	Spiegel-Verlag	2 (2)	7 817,6	9 227,5	−1 409,5	−15,3
10 (10)	Gong-Gruppe	12 (10)	5 142,7	6 072,3	−929,6	−15,3
11 (13)	Verlagsgruppe Milchstraße	5 (4)	4 926,9	3 982,7	944,2	23,7
12 (11)	Delius-Klasing & Co.	6 (7)	4 806,6	4 933,6	−127,0	−2,6
13 (12)	MUG (Jürg-Marquard-Gruppe)	7 (8)	3 628,9	4 342,8	−713,9	−16,4
14 (18)	Verlag Heinz Heise	3 (2)	5 238,4	2 258,5	758,5	31,8
15 (14)	Atlas Verlag	5 (5)	2 869,2	3 093,1	−223,9	−7,2
16 (21)	PC Welt Magazine GmbH	2 (0)	2 813,0	2 217,0	596,0	26,9
17 (15)	Jahr Verlag	5 (6)	2 799,1	2 003,0	10,7	0,1
18 (26)	DMU	3 (1)	2 765,0	1 820,8	74,1	51,9
19 (16)	UF Verlag	3 (4)	2 415,1	2 666,0	−250,9	−9,4
20 (22)	Dt. Supplement-Verlag	2 (2)	2 357,7	2 190,7	167,0	7,6
Summe der Top 20 Verlage		180 (177)	158 954,0	159 407,1	−453,1	−0,3

Basis: VDZ-Zeitschriftenanzeigenstatistik 12.93 plus Verlagsangaben. Tochterverlagen sind jeweils eingerechnet; Burda, inklusive Aenne Burda Verlag. Joint Ventures wurden wie folgt zugeordnet: Max: Verlagsgruppe Milchstraße, Coupe + Blitz, Illu: Heinrich Bauer Verlag, Super-TV: Gong-Gruppe, Super Illu: Burda, Ambiente: Atlas Verlag.
Quelle: VDZ-Anzeigendienst, Verlage. Auswertung: PBM-Datenbank/Peter Turi
Aus: HORIZONT

April

▶ **Adidas-Promotion:** In Hamburg startet die »Adidas Streetball Challenge German Tour«, unterstützt von Sony und Lufthansa.

▶ **Minolta positioniert sich neu:** Verjüngung soll der Auftritt (Agentur: Jung v. Matt) für die neue Autofocus-Spiegelreflexkamera Dynax bringen.

▶ **Klementine lebt:** Nach zehn Jahren aktiviert Procter & Gamble wieder ihre Klementine alias Johanna König für die neue Ariel-Kampagne.

▶ **Seat emotional:** Mediterraner Charakter und deutsche Tugenden prägen die neue Markenkampagne für Seat (Kreation: BBDO, Düsseldorf).

▶ **Sprudelnd:** J. Walter Thompson gewinnt den Gerolsteiner-Etat.

▶ **BMW entscheidet:** Nach monatelangem Pitch vergibt die BMW AG, München, ihren Deutschlandetat an BBDP.

▶ **Verlust:** Trust verliert die Bayerische Vereinsbank an Baader, Lang, Behnken.

▶ **Kehrtwende:** Eduscho kehrt nach nur halbjähriger Zusammenarbeit von Saatchi zu BBDO zurück.

▶ **Aus für das Berliner Inforadio:** Die Mehrheitsgesellschafter Radio Schleswig-Holstein (RSH) und die Holtzbrinck-Gruppe geben trotz guter Zuhörerakzeptanz auf.

▶ **Neue Verlagsstrategie:** Unter dem Motto Jalag 2000 stellt der Hamburger Jahreszeitenverlag die Weichen für die Zukunft. Christian Schlottau, Unternehmensbereichsleiter Anzeigen, verläßt wegen unterschiedlicher Auffassungen das Haus.

Mai

▶ **Tabakindustrie agiert:** Eine weitere Selbstbeschränkung in der Werbung sagt der Verband der Cigarettenindustrie dem Bundesgesundheitsministerium zu. Verzichtet wird auf Plakatwerbung im 100-Meter-Umkreis von Schulen und Jugendzentren, auf Gratispackungen sowie Gemeinschaftswerbung.

▶ **MiniDisk-Aktion:** Auf Schienen und am Flughafen wirbt Sony für eine neue MiniDisk-Generation.

▶ **DG-Bank:** Mit dem »Wir-Prinzip« (Agentur: BSB, Frankfurt) wird ein neues Image gesucht.

▶ **Aids-Logo:** Die Deutsche Aids-Hilfe initiiert einen Fonds für Social Marketing. Erster Partner: Benetton.

▶ **Big business:** Nissan und Spiess, Ermisch, Abels trennen sich (Etathöhe 31 Millionen Mark – später zu TBWA). Eine Woche später wird bekannt, daß die Agentur den Audi-Etat – 50 Millionen – übernimmt.

▶ **46. Weltkongreß der Zeitungen:** Zeitungsleute aus aller Welt treffen sich in Berlin. Immer wieder im Fokus sind die jungen Nachwuchsleser.

▶ **Werberichtlinien beschlossen:** Die Landesmedienanstalten machen Nägel mit Köpfen und segnen die neuen Werberichtlinien für TV ab. Sie gelten ab dem 1. Oktober.

Juni

▶ **VW-Dach:** Im Stil der 50er Jahre startet VW eine neue Dachmarkenkampagne (Agentur: Wensauer-DDB Needham, Düsseldorf).

▶ **Baby-Benz:** Mit massiver Werbung führt Mercedes-Benz die neue C-Klasse ein (Agentur: Springer & Jacoby, Hamburg).

▶ **Neues Marktsegment:** Philip Morris und Reynolds launchen fast zeitgleich ihre Marken Marlboro und Camel in einer Medium-Version.

▶ **Ministerin als Modell:** Modemacher Otto Kern wirbt mit der Ex-Breenpeace-Chefin und heutigen niedersächsischen Umweltministerin Monika Griefahn.

▶ **Postleitzahlen:** Mit Count-dowon-Motiven der Hamburger Agentur Lintas will die Deutsche Bundespost auf die Umstellung der Postleitzahlen vorbereiten. Für Aufmerksamkeit sorgt darüberhinaus die Comicfigur »Rolf«, die von der Münchner Lizenzagentur EM Entertainment vermarktet wird.

▶ **Big challenge:** Das bisherige Frankfurter DMB&B-Führungstrio (Werner Bittner, Hartmut Grün, Horst Kern) baut mit BMW im Rücken die neue BDDP-Filiale, Sulzbach bei Frankfurt, auf.

▶ **Lancaster selektiert:** Die Koblenzer Agentur Select kommt als internationale Leadagency für Lancaster ins Gespräch, nachdem Lancaster unter anderem seiner langjährigen Agentur Damm die Duftrange entzogen hat.

▶ **Führungslos:** Die Geschäftsführer der GGK Frankfurt Markus Reiser, Ulrich Schalt und Thorsten Hoffmann verlassen die Agentur.

▶ **Rückverkauf:** Die aktiven Gesellschafter von Scholz & Friends geben den schrittweisen Verkauf ihrer restlichen Anteile an das Saatchi-Netz bekannt.

▶ **Geplatzt:** Der geplante Umzug des Filmhauses München scheitert: Die Treuhand fordert die von Filmhaus-Chef Hans-Joachim Berndt übernommene Dokfilm Potsdam-Babelsberg zurück.

▶ **Fusion:** GGK International fusioniert mit der englischen Kreativagentur Gold, Greenless, Trott.

▶ **Hertie geht:** Kaufhaus Hertie trennt sich von seinem langjährigen Betreuer Lintas, Frankfurt, und teilt das Budget zwischen Boebel, Adam/BBDO und Blum & Ufer auf.

▶ **Ernüchternd:** Das Festival in Cannes bringt wenig Gold für deutsche Werber und wenig neue kreative Trends.

▶ **Frischer Wind bei Vox:** Klaus Klenke übernimmt den Posten des Programmdirektors beim ins Trudeln gekommenen Privatsender Vox und löst Ruprecht Eser ab. Ufa-Geschäftsführer Bernd Schiphorst steigt als Geschäftsführer ein.

▶ **Springer behält Fachtitel:** Die Axel-Springer-Tochter Top-Special-Verlag wird nicht wie geplant verkauft. Der Verlag wird unter dem Konzerndach als selbständige Einheit mit weitgehenden operativen Freiheiten weitergeführt.

Die 20 kreativsten Agenturen 1993

Rang	Agentur	Punktzahl
1	Springer & Jacoby	273
2	Knopf, Nägeli, Schnakenberg	164
3	Scholz & Friends	126
4	Ogilvy & Mather	123
5	Jung v. Matt	101
6	Heye & Partner	97
7	HRS&S/SMS	75
8	Grey	65
9	Lintas, Hamburg	62
10	DMB&B, Frankfurt	44
11	FCB (früher MWI)	38
12	Baader, Lang, Behnken	37
	Leonhard & Kern	37
14	Kreutz & Partner	32
15	Büro X	30
	Young & Rubicam	30
17	Maksimovic & Partners	28
18	BMZ	24
19	MC&LB	21
20	Serviceplan	17

Basis: Bewertung der Medaillenränge bei Kreativwettbewerben 1992/93
Bewertung und Quelle: HORIZONT

▶ **ARD geht in die Offensive:** Auf ihrem 13. Werbetreff präsentiert die ARD eine Tausend-Kontakt-Preis-Garantie. Erklärtes Ziel ist, im Vorabend wieder zum unangefochtenen Marktführer zu werden.

▶ **Die MA 93 kommt heraus:** Erstmals sind die Medientranchen gesamtdeutsch erhoben – wenn auch noch nicht alle Bereiche voll vergleichbar sind.

Juli

▶ **Erivan Haub geehrt:** Für sein ökologisches Handeln wird der Chef der deutschen Tengelmann-Gruppe in New York mit dem Earth Day International Award ausgezeichnet.

▶ **DSD speckt ab:** Um 20 Millionen Mark reduziert die angeschlagene Duale System Deutschland GmbH ihr ursprünglich für 1993 in Höhe von 40 Millionen Mark geplantes Werbebudget. Eingestellt werden die Print- und Funkkampagne.

▶ **Spar-Auftritt:** Ein gestrafftes und neu strukturiertes Eigenmarkenkonzept unterstützt die Deutsche Spar Handelsgesellschaft mit nationaler Print- und Funkwerbung. Ziel: Stärkung der Eigenmarken und Behauptung im Discountwettbewerb.

▶ **Apollinaris:** Auf mehr Emotionalität setzt das Tafelwasser im neuen TV-Auftritt (S&J, Hamburg).

▶ **Hausagentur:** Oetker schließt seine Media-Hausagentur Omnia. Die 130 Media-Millionen des Konzerns gehen an Media Direction, Düsseldorf.

▶ **Aufatmen:** Die Londoner Agentur Leagas Delaney kann den Adidas-Etat gegen Saatchi & Saatchi verteidigen.

▶ **Etatbrocken:** TBWA gewinnt den auf 25 Millionen Mark geschätzten Eurocard-Etat.
▶ **Wechsel:** Lindt & Sprüngli wechselt von Michael Conrad & Leo Burnett, Frankfurt, zu BBDO, Düsseldorf.
▶ **Aufatmen II:** Scholz & Friends kann die Reemtsma-Marke Stuyvesant verteidigen.
▶ **Umstritten:** Die Predigerkampagne für den Media-Markt von Knopf, Nägeli, Schnakenberg, Hamburg, sorgt für Furore. Proteste von Kirchenvertretern richten sich vor allem gegen die Verwendung von Bibelzitaten.
▶ **Media-Millionen:** Mediahaus Ströbel erhält für den Herbst Mediaeinkauf und -planung von Audi. VW entscheidet sich für HMS.
▶ **RTL 2 will nach Bayern:** Die Gesellschaftsversammlung des Kölner Senders RTL 2 fällt die Entscheidung, ab Jahresmitte 1994 von München aus zu senden.
▶ **Zeitungs-Deal:** Der Süddeutsche Verlag, München, bietet dem Verlag Moderne Industrie, Landsberg, 100 Millionen zum Kauf an.
▶ **»Der Spiegel« wird moderner:** Das Hamburger Nachrichtenmagazin stellt ein behutsam verändertes Layout vor. Das Heft wird farbiger und erscheint ab sofort mit schlankeren Schrifttypen.
▶ **AGF verlängert GfK-Vertrag:** Die Arbeitsgemeinschaft Fernsehforschung (AGF) entscheidet sich, die TV-Forschung von 1995 bis 2000 in den Händen der GfK, Nürnberg zu belassen.

August

▶ **Der »neue Mann«:** Für die neue Boss-Herrenserie wurde der Mann der 90er Jahre erforscht. Der hat Sehnsucht und durchläuft einen Wandel vom Ich- zum Wir-Gefühl.
▶ **Swatch:** »BeepUp«, die Uhr, die erstmals Funknachrichten überträgt, wird auf der IFA in Berlin auf eine Riesenleinwand projiziert.
▶ **Schokolade:** Ferrero vergibt Nutella und Hanuta an Borsch, Stengel & Partner, Radzyminksi betreut künftig Rocher (10 Mio.).
▶ **Wackelt:** Wensauer-DDB Needham mußte um die 100 Kaufhof-Millionen bangen. Kaufhof-Marketingleiter Klaus Jonas führt Gespräche mit Springer & Jacoby, bleibt aber letztlich Wensauer treu.
▶ **Skandal:** Der Telekom-Skandal wird ruchbar. Marketingleute des Staatsunternehmens haben ein Konto bei der Münchener Direktmarketing-Agentur HM1 für persönliche Zwecke benutzt. Die HM1-Geschäftsführer Uwe Middeke und Manfred Heuser werden vorübergehend inhaftiert.
▶ **Big deal:** Eberhard P. Wensauer zieht sich als Chef von Wensauer-DDB Needham zurück, überläßt das Ruder Rolf Körner und verkauft seine restlichen Anteile an Omnicom. Geschätzter Erlös: 36 Millionen Mark. Die Branche spricht von einem der größten Deals in der Geschichte der Agenturen.
▶ **Rettungsanker:** In Frankfurt wird die Fusion von GGK und New York Communications bekanntgegeben.
▶ **DSF mit neuem Outfit:** Der Münchener Sender Deutsches Sportfernsehen (DSF) sendet unter einem neuen Logo. Gleichzeitig weht auch im Programm ein frischer Wind. Unterhaltungssendungen werden zugunsten von mehr Sportprogrammen gekippt.

September

▶ **Audi mit neuem Logo:** Nur noch die vier Ringe sollen den Aufbruch der Marke Audi in die neue alte Aluminium-Technik sowie die neue Eigenständigkeit im Vertrieb symbolisieren.
▶ **Lancaster gibt Stoff:** Mit dem Pflegeprodukt »Skin Therapy« kommt ein neuartiges Kosmetikkonzept auf den Markt.
▶ **Nike:** Das weltgrößte Sportartikelunternehmen will mit seiner zweiten Europa-Kampagne vor allem Verbraucher ab 20 Jahren zu »Just do it« ermuntern.
▶ **DKV:** Europas größte private Krankenversicherung orientiert sich am Kunden und rüstet sich mit seiner ersten bundesweiten Imagekampagne für den EG-Markt.
▶ **IAA:** Absatzeinbrüche in der Branche und der »Autokrieg« zwischen Opel und VW überschatten die größte Automobilschau Deutschlands.
▶ **Eduscho:** Neuer Markenauftritt mit BBDO-»Future Woman«.
▶ **VW:** Informationskampagne gegen schlechte López-Berichterstattung.
▶ **Lufthansa:** Die neue Lufthansa-Werbelinie von Young & Rubicam, Frankfurt, führt weg von der Preisargumentation zurück zum Image. Mit neuer Markenstrategie will der Kranich zum Überflieger werden.
▶ **Reemtsma:** »Ein neues Kapitel in der Geschichte der Rauchkultur« will New West ohne Parfum, Acetat, Alupapier und Cellophan eröffnen – und wird von der Konkurrenz abgebremst.
▶ **WM 1994:** 19 deutsche Sponsoren bezahlen über 200 Millionen Mark für Marketingrechte.
▶ **»Neue Zeit« wird relauncht:** Die in Berlin herausgegebene überregionale Tageszeitung »Neue Zeit« erscheint ab 3. September in neuem Layout und auf blauem Papier. Kurz darauf wird die Zeitung mit einer einstweiligen Verfügung durch »Die Zeit« gezwungen, ihren Titelkopf zu ändern. Die Quadriga wandert von der Zeilenmitte nach links.
▶ **»Wirtschaftswoche« vereinigt sich:** Die Verlagsgruppe Handelsblatt, Düsseldorf, fällt die Entscheidung, ab 1994 keine ostdeutsche Ausgabe der »Wirtschaftswoche« mehr zu publizieren. Begründung: Die Informationsinteressen der Ost- und West-Entscheidungsträger seien weitgehend angeglichen.
▶ **»Boom« startet durch:** Mit einer Auflage von 90 000 Exemplaren geht das Musikmagazin »Boom« an den Kiosk. Zielgruppe sind die 18- bis 25jährigen »jungen, urbanen Szenegänger«.
▶ **Dirk Manthey plant Wellness-Titel:** Die Verlagsgruppe Milchstraße stellt die Nullnummer ihres neuen Titels »Fit for Fun« vor, der im März 1994 an den Start gehen soll.

Oktober

▶ **Disney-Store:** Disney-Konzern gibt Startschuß zur Eröffnung einer Kaufhauskette in Frankfurt.
▶ **C&A verkauft Musik:** Immer mehr Werbesongs finden sich in den Hitparaden wieder. Auf seiner ersten CD vertreibt C&A die Musik seiner Werbefilme.
▶ **Frankfurter Buchmesse:** Das Fazit lautete Stagna-

tion, Marketing-Defizite bei den Verlagen und Neugier auf Multimedia.

▶ **Allianz:** Mit aggressiver Werbung (Euro RSCG, Düsseldorf) geht der Versicherer an die Grenze des Erträglichen und bereitet sich auf den 1994 bevorstehenden Andrang ausländischer Konkurrenten vor.

▶ **Anuga:** Optimismus auf der weltgrößten Ernährungsmesse. Klassiker und Ethnik-Food sind im Kommen, die Light-Welle rollt weiter.

▶ **Bayerische Vereinsbank:** Mit einer neuen Imagekampagne betont das Institut Kundennähe.

▶ **ITT:** Mischkonzern strukturiert um und kommuniziert die neuen Unternehmensbereiche in einer Imagekampagne.

▶ **Konsequenz:** Jochen Holtkamp zieht die Konsequenz aus der Etablierung von BDDP Sulbach. Er und seine Mitgeschäftsführer kaufen ihre Anteile zurück.

▶ **Zusammen:** Publicis/FCB und FCA fusionieren europaweit.

▶ **Übernahme:** Die Carat-Holding übernimmt auch die restlichen 49 Prozent der HMS. Gleichzeitig wird bekannt, daß Omnicom neun Prozent der Carat-Holding Aegis aufgekauft hat.

▶ **IBM-Entscheidung:** Europaweit geht das IBM-PC-Budget an DDB Needham, Paris. Noch ist offen, inwieweit diese Entscheidung auch Deutschland – Etathalter Lintas und S&J – betreffen wird.

▶ **»Country« gibt auf:** Dem 1988 aus »Architektur&Wohnen« hervorgegangenen Special-Interest-Titel fehlen für eine langfristige Perspektive die Anzeigenkunden. Der Jalag entschließt sich, »Country« ab 94 wieder in das ursprüngliche Mitterblatt zu integrieren.

November

▶ **Mobiltelefon-Networks klotzen:** Englische Mobilfunk-Anbieter investieren diesen Herbst rund 30 Millionen Pfund in die Werbung.

▶ **Fiat Punto:** Als die Einführung des Jahrzehnts betrachtet Fiat sein jüngstes Automodell und Uno-Nachfolger.

▶ **Tchibo:** Furore mit Instant-Spezialitätenkaffee-Sortiment Picco.

▶ **Apple:** Multimedia-Festivals und Kinospots soll Multimedia-Technologie den Kunden näher bringen.

▶ **Berlin 2000:** Die Marketing GmbH, die für die Bewerbung um die Olympischen Spiele zuständig war, kümmert sich jetzt um das Image von Berlin.

▶ **Lang erwartet:** Nach zweijährigen Verhandlungen verkauft WPP die SMS-Agenturen an die Agenturgruppe Lowe, eine Tochter der Interpublic Group. Ausgenommen sind die SMS-Agenturen in Deutschland, den Niederlanden und Brasilien.

▶ **Private werden zur Kasse gebeten:** Erste Bußgeldbescheide ergehen an Fernsehsender, die die neuen Werberichtlinien nicht eingehalten haben.

▶ **Eins plus feiert Abschied:** Am 30. November schaltet sich der ARD-Kultursender ab. Teile des Programms gehen in die Sendergemeinschaft von SRG, ORF und ZDF – 3Sat – über.

Dezember

▶ **BMW:** Kündigt auf der Basis des 316i Konkurrenz für den Golf an.

▶ **Procter & Gamble goes shopping:** Von VP-Schikedanz werden Bess, Camelia und Tempo übernommen.

▶ **ASllianz:** Das Mediahaus Ströbel geht in Hamburg eine strategische Allianz mit der Ayer-Mediatochter Media Satel ein.

▶ **Etatschacher:** Mit Michelin, einem Teiletat von Hasbro und Hertz kann BDDP Sulzbach nach Polaroid drei weitere internationale BDDP-Etats für sich verbuchen.

▶ **Strategiewechsel:** Mit dem Gewinn des Microsoft-PR-Etats ändert Leipziger & Partner seine Agenturstrategie: Aus der pharmaorientierten soll eine High-Tech-orientierte Agentur werden.

▶ **Melitta-Mann:** Künftig verleiht Lintas, Hamburg, dem Melitta-Mann seine Konturen und nicht mehr die Düsseldorfer Schwesteragenturen Grey und Gramm.

▶ **Abverkauf:** Nachdem Debis im Mediabereich mit G.F.M.O. kooperiert, überläßt sie – gegen Beteiligung – ihre Kreativdienstleistungen an Wündrich-Meissen, die in GPP umfirmiert.

▶ **Einsparungen bei Vox:** Von den 365 Beschäftigten sollen 95 im ausgegliederten Sendezentrum Köln weiterarbeiten. Von den verbliebenen Stellen werden 100 abgebaut. Weiter soll das Budget des Senders im kommenden Jahr zehn bis 15 Prozent unter dem des laufenden Jahres liegen.

▶ **GWP vermarktet N-TV:** Die Gesellschaft für Wirtschaftspublizistik (GWP) hat sich zum Ziel gesetzt, bei der Vermarktung des Berliner Senders in Zukunft weniger auf den TV-Markt als auf die Zielgruppe der Entscheider zu setzen.

Peter Muzik

Das Werbejahr 1993 in Österreich

Jetzt ist es endgültig zur bitteren Gewißheit geworden: Die österreichische Werbebranche sieht rot. Die Stoppsignale auf der einst endlosen Straße des Erfolgs sind zwar nicht gänzlich unerwartet aufgetaucht, dennoch blieb der allgemeine Schock nicht aus. Im Zuge des konjunkturellen Rückschlags hat – erstmals seit langem – auch die Kreativszene einiges abbekommen. Auch wenn das Geschäft nicht für alle gleichermaßen schlecht lief – manche dürfen sich zweifellos als Krisengewinner fühlen –, hat sich die Stimmung in der überaus sensiblen Branche praktisch über Nacht ins Gegenteil verkehrt: Unter den ehemaligen Sunnyboys machte sich ein beinahe leicht depressiver Pessimismus breit. Der zum Teil brutal gewordene Kampf um Etats schien manch zartbesaiteten Künstlernaturen selbst die Lust am Job zu rauben. Agenturen, die noch niemals magere Zeiten erlebt haben, und solche, für die Begriffe wie Kosten und Sparen immer noch exotische Fremdworte sind, traf es erwartungsgemäß besonders rauh.

Doch nun zu den harten Fakten – eine Rezension der Rezession: Österreichs Wirtschaft gab im Jahr 1993 laut Media Research-Abteilung der A. C. Nielsen Company in Wien für die klassische Medienwerbung insgesamt 13,67 Milliarden Schilling aus, umgerechnet fast zwei Milliarden Mark. Das bedeutete ein nominelles Plus von drei Prozent, real aber Stagnation bei plus minus null. Zum Vergleich: 1992 war bei Gesamtausgaben von 13,3 Milliarden Schilling noch ein nomineller Zuwachs von 13,6 Prozent möglich gewesen, was einem winzigen realen Plus von 0,22 Prozent entsprochen hatte.

Die Sieger des Werbejahres waren diesmal eindeutig die Printmedien: Die Tagespresse, die traditionellerweise an der Spitze liegt, konnte sich über Einnahmen in Höhe von 4,4 Milliarden Schilling freuen und ihren Anteil am Gesamtkuchen von zuletzt 30,9 auf 31,9 Prozent ausbauen. Die Zeitschriften – erstmals wurde die spektakuläre Neugründung »News« erfaßt – erlösten in diesem turbulenten Jahr, in dem Preistreue nicht besonders groß geschrieben war, alles in allem 2,1 Milliarden Schilling und vergrößerten ihren Marktanteil von 14,3 auf 15,4 Prozent. Auch für die Wochenzeitungen, die sich anteilsmäßig auf 7,4 Prozent verbessern konnten, lief es recht günstig: Sie verdankten der Werbung rund eine Milliarde Schilling.

Während die Printmedien nominell zwischen 6 Prozent (Tageszeitungen) und 11 Prozent (Magazine) zulegten, mußten die elektronischen und die Plakatierer schmerzhafte Rückgänge verkraften: Die Werbung im Fernsehen beispielsweise schrumpfte wertmäßig um zwei Prozent, die Reklame im Radio ging sogar um drei Prozent zurück.

Obzwar der Österreichische Rundfunk (ORF) die stattliche Summe von 5,3 Milliarden Schilling an Werbegeldern verzeichnete – für 3,6 Milliarden sorgten die beiden TV-Programme, der Rest entfiel auf den Hörfunk –, war die staatliche Monopolanstalt, die 1992 noch blendend abgeschnitten hatte, diesmal der große Verlierer. Auf das Fernsehen entfielen anteilsmäßig übrigens nur 26,1 Prozent, die Radio-Werbung sackte auf einen Marktanteil von 12,7 Prozent ab.

Die wundersame Werbe-Statistik

Die folgenden Tabellen auf Seite 39 zeigen, wie hoch die EINNAHMEN der einzelnen Werbeträger in den Jahren 1993 und 1992 gewesen sind und wie ihre nominellen ZUWÄCHSE in diesen beiden Jahren ausgesehen haben.

Ein gelernter Österreicher hat indes so gut wie keine Schwierigkeit, mit trostlosen Zahlen wie den genannten halbwegs zu Rande zu kommen: Denn in schlechteren Zeiten braucht man eben lediglich eine bessere Statistik – und schon sehen die Resultate erfreulicher aus als die Realität. Im Klartext heißt das: Obzwar die Nielsen-Leute genaugenommen vom Gesamtvolumen, also den 13,7 Milliarden, einiges hätten abziehen müssen – schließlich machten die von den Verlagen gewährten Rabatte laut ihren eigenen Untersuchungen etwa bei Tageszeitungen durchschnittlich 16 Prozent aus, anderswo noch deutlich mehr –, zogen sie nichts ab, sondern addierten vielmehr etwas dazu: Erstmals fanden nämlich in ihrem Zahlenwerk nicht bloß die geschätzten 2,2 Milliarden Schilling Niederschlag, die als Overflow aus deutschen Medien in Österreich wirksam werden, sondern auch andere Posten, wie zum Beispiel die Ausgaben für regionale Hörfunkschaltungen, die Flugblattwerbung, die Aufwendungen für Personalberateranzeigen oder die Eigenwerbung der Printmedien – und siehe da: Die Endsumme betrug plötzlich rund 19 Milliarden Schilling, was erstens als Sensation und zweitens als absoluter Österreich-Rekord zu gelten hat. Damit die rot-weiß-rote Euphorie halbwegs unter Kontrolle bleibt, sei an dieser Stelle allerdings vermerkt, daß Österreich schon ganz schöne Tricks benötigt, um werbestatistisch einen einzigen deutschen Fernsehkanal zu übertreffen: Das TV-Wunder RTL, dessen Chef Helmut Thoma wenigstens Österreicher ist, lukriert als Europas Reklametrommel Nummer eins aus der Werbung bereits fast zwei Milliarden Mark – und das noch dazu ganz im Alleingang.

Doch zurück zu profaneren Dingen: Das Werbejahr 1993 brachte den Betroffenen in Österreich ein perma-

		Werbe- einnahmen '93	Werbe- einnahmen '92
		in Milliarden öS	
1.	Tagespresse	4,35	4,17
2.	Fernsehen	3,57	3,64
3.	Zeitschriften/Magazine	2,11	1,87
4.	Hörfunk	1,74	1,79
5.	Wochenzeitungen	1,01	0,91
6.	Plakat	0,87	0,88

		Entwick- lung '93 zu '92	Entwick- lung '92 zu '91
		nominell	
1.	Tagespresse	+ 6 %	+ 6,0 %
2.	Fernsehen	− 2 %	+ 19,5 %
3.	Zeitschriften/Illustrierte	+ 11 %	+ 10,5 %
4.	Hörfunk	− 3 %	+ 25,3 %
5.	Wochenzeitungen	+ 8 %	+ 21,1 %
6.	Plakat	± 0	+ 7,1 %

Die Marktanteile sahen in den vergangenen zwei Jahren so aus:		
	1993	1992
Printmedien	54,7 %	52,3 %
davon		
Tagespresse	31,9 %	30,9 %
Wochenzeitungen	7,4 %	7,1 %
Zeitschriften/ Magazine/ Illustrierte	15,4 %	14,3 %
TV	26,1 %	27,5 %
Radio	12,7 %	13,5 %
Plakat	6,5 %	6,7 %

Quelle: Nielsen Media Research

nentes Auf und Ab. Der Start war zum Beispiel ungemein enttäuschend: Schon im Februar war deutlich spürbar, daß vor allem die Werber der Sparten Haushaltspflege, Nahrungs-/Genußmittel, Kosmetik/Körperpflege und Investitions-/Gebrauchsgüter eisern auf der Bremse standen. Der Handel indes war praktisch genauso aktiv wie ein Jahr zuvor, mehr Geld machten bloß einige antizyklische Werbe- und Agenturchefs aus den Bereichen Pharmazie, Textilien/Bekleidung und Industrie locker. Insgesamt gab es ein nominelles Plus von einem Prozent, was einem realen Minus von zwei Prozent entsprach. Während die Verleger der Illustrierten bzw. Magazine sowie die Eigentümer der Wochenzeitungen dennoch Grund zur Freude fanden, erlebten die Hörfunk- und TV-Leute aufgrund eines 6- bzw. 8prozentigen Rückschlags keine allzu lustige Phase.

Im März indes kam es zur längst erhofften Trendwende: Bei einem Zuwachs von nominell 6,9 Prozent (real: 3,6 %) konnten mit Ausnahme der Plakatfirmen, die real um minus 26 Prozent absackten, alle über gute Geschäfte jubeln, am meisten die zuständigen Anzeigen-Manager bei den Wochen- und Tageszeitungen. Im April war bei nominell plus 3 Prozent real die Null-Linie erreicht, im Mai ging es mit plus 2,2 Prozent real bereits runter, doch weitaus schöner sah das Ergebnis vom Juni aus, als 1,2 Milliarden Werbe-Schilling geflossen sind – keine Rede also von werblichem Sommer-Loch: Ein nomineller Anstieg um 8,5 Prozent (real: 5,2 %) wirkte sich nicht nur auf die Print-, sondern auch auf die elektronischen Medien positiv aus.

Die Bilanz zur Jahresmitte '93 deutete bereits ziemlich präzise an, wie die Endabrechnung aussehen könnte: Der Zuwachs von nominell 3,5 Prozent (real: plus 0,28 %) war möglich, weil bloß vier Werbebereiche, und zwar der Handel sowie die Sparten Textil/Bekleidung, Nahrungs-/Genußmittel und Investitions-/Gebrauchsgüter, weniger für Werbemaßnahmen ausgegeben hatten als im ersten Halbjahr '92. In allen übrigen Wirtschaftsbereichen war dagegen eine Zunahme der werblichen Aktivitäten zu registrieren, wobei sich die Pharmaziebranche mit plus 18,7 Prozent besonders positiv hervorzutun vermochte.

Auch Österreichs Top-Werber ließen sich aufgrund ihres werblichen Auftritts in den ersten sechs Monaten des Jahres 1993 unschwer in zwei Kategorien einteilen: Während die einen – etwa die Konzerne Billa, Henkel, Spar, Julius Meinl oder Raiffeisen – ein mehr oder minder klares Minus bei ihren Werbeetats nicht verbergen konnten, warteten andere laut Nielsen-Erhebungen mit unübersehbaren Steigerungsraten auf: Der Elektrodiskonter Media Markt etwa legte um 68 Prozent mehr aus, die Austria Tabakwerke gaben 58 Prozent mehr aus, Porsche Austria erhöhte seinen Werbedruck um 46 Prozent, der Möbelgigant Kika/Leiner warb immerhin um 28 Prozent mehr, die Österreichische Brau AG steckte schließlich 26 Prozent mehr in die Werbung.

Im August '93 war für die Branche indes ein bitterer Absturz zu verzeichnen: Das nominelle Minus von 6,1 Prozent (real: minus 9 %) markierte allseits den absoluten Tiefpunkt. Die verzweifeltsten Gesichter waren damals beim Fernsehen zu orten, aber auch den Plakatierern schien sogar jeglicher Galgenhumor zu deplaziert zu sein. Nicht so mies erging es den Zeitungsmenschen: Ein Prozent büßten zwar die Zeitschriftenverlage ein, aber dafür holten Tages- und Wochenblätter so um die zwei Prozent Zuwachs heraus. In der Branchenwertung schnitt die Kfz/Mineralöl-Werbung im August mit minus 36 Prozent am schlechtesten ab, doch wesentlich besser lief es auch bei den Pharmazie- und Kosmetikfirmen nicht.

Die Kosmetikanbieter legten dafür im September wieder ordentlich zu und schafften mit 19,5 Prozent den stärksten Zuwachs aller Sparten. Real mehr als 10 Prozent Anstieg schafften auch die Handelswerber, die Nahrungs-/Genußmittelfirmen sowie die Industrie. Insgesamt brachte der September mit einem nominellen Zuwachs von 10,8 Prozent (real: 7,4 %) wieder eine Trendwende: Der flotte Höhenflug kam diesmal dem TV am stärksten zugute, das um 13,7 Prozent zulegen konnte. Die im abgelaufenen Jahr alles andere als erfolgreichen Plakatfirmen durften sich erstmals nicht beklagen; für die Printmedien lief es ebenfalls durchaus passabel.

Allerdings handelte es sich bloß um ein Zwischenhoch: Der Oktober brachte nämlich mit einem Rückschlag von real minus 0,3 Prozent keine schöne Bescherung – und bis zum Jahresende wollte sich keine rechte Freude mehr einstellen: Im November war zwar ein reales Plus von 1,4 Prozent zu verzeichnen und im weihnachtlichen Dezember betrug der echte Zuwachs sogar 2,6 Prozent – doch im Vergleich zu früheren Jahren waren dies nur relativ bescheidene Erfolgserlebnisse für die bisweilen etwas unbescheiden gewordenen Werbe- und Medienmenschen.

Die Bilanz der Baisse

Die eindeutig übersetzte Branche – auch in jüngster Zeit drängen immer mehr Mini-Firmen auf den Markt – muß also nach einer goldenen Expansionsphase erstmals mit dem ungewohnten Phänomen Stagnation fertig werden: Im Hinblick auf die müde Konjunkturlage haben etliche Unternehmen ihr Werbebudget gekürzt, manche sogar beträchtliche Streichungen vorgenommen. Der Konkurrenzkampf ist daher härter geworden, oft auch brutaler, der Preis wurde noch stärker zur zentralen Frage, und bisweilen ist dabei die Qualität auf der Strecke geblieben.

Ein anderes Kernproblem besteht darin, daß es in Österreich viel zu viele Werbeagenturen, aber keine besonders tolle Klientel gibt.

Die etwa 250 Agenturen, die in der Alpenrepublik im weitesten Sinn mitmischen, spüren speziell in der momentanen Baisse den Nachteil, daß es in dem kleinen Land nur wenige Großkunden à la Unilever, Procter & Gamble oder Henkel gibt – Unternehmen also, die absolute Top-Etats vergeben und das Werbeklima des Landes entscheidend mitprägen. Das Gros der Klienten indes verteilt Budgets, die in einer vergleichsweise bescheidenen Größenordnung liegen, beginnend bei ein paar hunderttausend Schilling bis zu fünf, sechs, maximal zehn Millionen. Doch was bedeutet das in der Praxis?

Wenn beispielsweise in der Bundesrepublik wesentlich mehr absolut fettere Etats vorhanden sind als hierzulande, so heißt das, daß eine deutsche Agentur bei solchen Kunden für dieselbe Leistung – wenn man so eine will: für dieselbe Idee – automatisch mehr verdient als eine österreichische, bisweilen sogar ein Vielfaches. Und exakt diese Tatsache führt dazu, daß Österreichs Werbebranche gerne als etwas provinziell eingestuft wird – was zweifellos ungerecht ist: Denn auch wenn Primitiv-Slogans wie »*Österreich kauft bei Hofer*« hierzulande immer noch sehr verbreitet sind, wenn sich sogenannte »Schweinebauch-Inserate« bei Handelsfirmen von A wie Adeg bis Z wie Zgonc, denen es halt primär auf Preisangaben ankommt, nach wie vor beachtlicher Beliebtheit erfreuen, und auch wenn beileibe noch nicht überall, wo Werbung draufsteht, auch Werbung drin ist, kann sich die österreichische Agenturszene durchaus sehen lassen – auch im internationalen Vergleich. Sie konnte in den letzten Jahren, generell betrachtet, enorm aufholen, was primär ein Verdienst der führenden Agenturen war, aber ebenso mit den vielfältigen Anstrengungen auf breiter Basis zu tun hatte.

Die Top-Agenturen, die laut Lintas-Chef Ernst Zekely, »was Ideenreichtum und Durchsetzungskraft anlangt, längst europareif sind«, stellen – mehrfach unübersehbar – ihr internationales Format unter Beweis. Die heimischen Kreativen finden mit ihren Arbeiten im Ausland zusehends Beachtung, was nicht zuletzt in Form von Preisen und Auszeichnungen meßbar ist.

Die Elite unter den Creative Directors – zum Beispiel ein Tibor Bárci, ein Georg Beer, ein Edi Keck, ein Günter Lebisch, ein Edmund Petri, ein Christian Satek und etliche andere – kann bei jedem Vergleich zweifellos mithalten.

Österreichs Werber gewannen in jüngster Zeit immer häufiger internationale Etats, was nicht nur für renommierte Agenturen wie Demner & Merlicek gilt, sondern auch für relativ unbekannte Größen wie die Linzer Trademark. Das kreative Potential hierzulande wird jenseits der Grenzen eben in zunehmendem Maß anerkannt und geschätzt.

Die Agenturbosse legen schließlich auch auf verstärkte Präsenz im Ausland wert und errichten nicht nur im ehemaligen Ostblock einen Stützpunkt um den andern, sondern auch in westlichen Nachbarländern. Diese Feststellung trifft wiederum keinesfalls bloß auf die arrivierte Prominenz zu, sondern auch durchaus auf kleinere Mitbewerber wie den Vorarlberger Lokalmatador Heinz-Dieter Konzett, der neben Wien auch in München und St. Gallen eine Filiale unterhält.

Trotzdem ist eines sicher: Leicht haben es die meisten Agenturen mit den meisten Auftraggebern nicht unbedingt – wofür es eine breite Palette an Gründen gibt:

Die ärgsten Kunden sind solche, die alles besser zu wissen vermeinen, daher überall immer mitreden wollen, der Agentur so gut wie jeden Spaß an der Arbeit nehmen und schließlich mit traumwandlerischer Sicherheit auch noch alle tollen Einfälle killen, um sich für die werbliche Massenware zu entscheiden.

Die schrecklichsten Kunden sind solche, die keinen Wert auf eine kontinuierliche Kooperation legen, sondern sich praktisch unentwegt auf Agentursuche befinden und – ohne Rücksicht auf eine klare Werbelinie – andauernd den werblichen Berater auswechseln möchten.

Die furchtbarsten Kunden sind solche, die gleich zig Werbefirmen gleichzeitig Ideen präsentieren lassen, wobei dieser Schwachsinn immer öfter mit der Unsitte verbunden ist, den Verlierern nicht einmal ein Abstandshonorar zu zahlen.

Die unangenehmsten Kunden schließlich sind solche, die nicht auf Qualität achten, sondern fast exklusiv auf den Preis. Diese notorischen Preisdrücker zwingen die Agenturen zusehends, auf Teufel komm raus die Hose runterzulassen. Sie vergessen dabei nur eines: Es ist glatter Selbstbetrug, wenn man Prozente fordert statt guter Arbeit...

Die Spitze war stabil

Die zwei wichtigsten Branchen-Zeitschriften fanden – so hart ihre Rivalität auch sonst sein mochte – zu einem friedvollen Ergebnis: Das vom »Extradienst« des Christian W. Mucha veröffentlichte Agentur-Ranking wartete Ende 1993 mit ebensowenig Sensationen auf wie die alljährliche Werber-Parade in dem von Hans-Jörgen Manstein verlegten »Bestseller«. Fazit: In der österreichischen Agenturbranche hatte es zuletzt zwar ohne Zweifel kleinere Verschiebungen in dieser oder jener Hinsicht gegeben – dramatische Umbrüche blieben allerdings restlos aus.

Und so rangierte in beiden Rankings wie gehabt jene Agentur auf Platz eins, die auch für das Ereignis des Jahres gesorgt hatte: Die GGK Wien, die bereits im Juni 1992 ihre damalige Muttergesellschaft in der Schweiz samt elf Töchtern, sechs Linzenznehmern und sieben Kooperationspartnern übernommen hat, wartete mit dem nächsten Coup auf. GGK-Boß Hans Schmid unterschrieb im Juni '93 mit der britischen Agentur GGT (Gold Greenless Trott) einen Joint-venture-Vertrag zwecks Gründung einer gemeinsamen Firma, die den Engländern den lang ersehnten Auftritt am kontinentaleuropäischen Markt und der GGK den heißbegehrten Zugriff auf die englischsprachigen Märkte ermöglicht hat.

Hinter dem ewigen Branchenführer GGK, der trotz nicht gerade optimaler Rahmenbedingungen rund eine Milliarde Schilling an Billings vorweisen konnte, belegte laut »Extradienst« die bis heute rein österreichisch gebliebene Sloganfabrik Demner & Merlicek, die primär mit ihrer EG-Kampagne – den einen positiv, den anderen negativ – aufgefallen ist, den zweiten Platz. Die durchweg in ausländischer Hand befindlichen Fixsterne Dr. Puttner & BSB, Saatchi & Saatchi, Young & Rubicam, Lintas, McCann-Erickson, Ogilvy & Mather, Publicis FCB und Euro RSCG landeten auf den Rängen dahinter.

Ein paar große Agenturen – z. B. Dr. Puttner, Saatchi & Saatchi oder Schretter & Comp. – gaben geringfügige, selten empfindliche Rückschläge zu; andere wiederum wollen indes zugelegt haben, so z. B. McCann-Erickson oder Haupt-Stummer/JWT. Ein paar Plätze nach vorn gerückt – was durchaus auf ein erfolgreiches Jahr 1993 schließen läßt – sind in der »Extradienst«-Reihung u. a. EuroRSCG, die BZW, DDB Needham Heye & Partner, die Welser C + M oder Bárci & Partner. Eindeutig Aufwind schien auch Die Hager zu spüren, der Neogeschäftsführer Theodor Mautner-Markhof zu ungewohnter Dynamik verholfen hatte; bei Haslinger, Keck, die ihre Grazer Filiale wieder zusperrten, kletterten sämtliche Zahlen so um die zehn Prozent nach oben; die CCP, die unter Experten als *der* Geheimtip gehandelt wurde, schaffte erstmals den Sprung unter die ersten 30; und die Linzer Trademark hat sich im benachbarten Ausland erstklassig behaupten können, weshalb ihr 50-Prozent-Chef Roland Klement umgehend die Parole ausgab, daß er sich demnächst österreichweit unter den Top-10-Agenturen zu sehen wünsche.

In der vom »Bestseller« erstellten Top 50-Agenturparade katapultierte sich die Trademark mit 27 Prozent Plus beim Gross Income bereits auf Rang 11 vor. Die Linzer zählten damit neben DDB Needham Heye & Partner, die diesmal Platz 6 erobern konnten, und der oberösterreichischen Agentur Sery, der der Sprung an die 20. Stelle gelang, zu den großen Siegern des Jahres. Ausgezeichnet hatten sich außerdem die in Wels und Wien beheimatete Connex, der Direkt Marketing-Spezialist Palla, Koblinger & Partner, die auf die Pharmabranche spezialisierte Agentur Welldone, die als absoluter Geheimtip geltende CCP sowie die Salzburger Kreativfirma Grill & Gull geschlagen. Auf kein besonders gutes Jahr hingegen können etwa die Agenturen Schratter & Comp., Bozell, CAA oder Rock & Partner zurückblicken, bei denen es merkliche Rückschläge setzte.

Das Etat-Karussell

Die folgende Chronik der laufenden Ereignisse skizziert, wie sehr die österreichische Werbeszene im Jahr 1993 in Bewegung geraten ist und welche Agenturwechsel besonders wichtig waren:

Januar

Für einige Agenturen war es ein Jahresanfang so ganz nach Wunsch: Dr. Puttner & BSB blieb beim Tauziehen um die Werbemillionen von Schrack-Telecom gegen Gruber & Comp., Brandstetter & Feldner sowie den langjährigen Etathalter Young & Rubicam erfolgreich. Active Communications machte sich im Dienste der Raiffeisen Versicherung an die Arbeit, die bis dahin ebenfalls von Young & Rubicam betreut worden war. Joe Ofenböck nahm sich mit seiner CAA des gesamten Büromaschinenetats von Canon Österreich an. Die Linzer Trademark, die bereits einige Erfolge in Deutschland feiern durfte, bekam bei einem 5-Millionen-DM-Etat von Hettlage den Zuschlag. Im Ausland konnten auch Hofbauer, Wejwar & Partner punkten: Als Etathalter für Steyr-Trucks haben sie auch die eidgenössische Steyr Nutzfahrzeuge AG erobern können.

Februar

Der fetteste Fisch zappelte in diesem Monat an der Angel von Demner & Merlicek: Die Wiener Top-Kreativen, die einst den Möbel-Marktleader Kika betreut hatten, gingen mit dem aggressiven Verfolger Möbel Lutz, dessen Budget rund 100 Millionen Schilling ausmacht, eine Partnerschaft ein. Motto der Kampagne: »Was hat der Lutz, was ich nicht habe?« Bei Young & Rubicam sind die Etats von Cosmos und der Suchard-Marke Finessa gelandet – nach den schmerzlichen Verlusten im Januar zwei namhafte Trostpflaster. Unique Marketing holte das bislang von der GGK Wien beworbene Motoröl Castrol, Haupt-Stummer/JWT wurde von der Unilever-Tochter Kuner für Lipton-Tee auserkoren, und die Salzburger Grill & Gull gingen bei dem von der Wirtschaftskammer veranstalteten Massenauftrieb aus 60 Bewerbern als Sieger hervor – sie durften der Unternehmerlobby ein zeitgemäßes Corporate Design verpassen.

März

Mit einer Ausnahme – McCann-Erickson behielt gegen massive deutsche Konkurrenz Tauziehen um den Siemens-Nixdorf-Etat die Oberhand – wurden in diesem Monat keine allzu monströsen Etats vergeben: Saatchi & Saatchi etwa flog auf den Wiener Airport, der Connex flatterte ein zweistelliger Millionen-Etat von Vogel & Noot Wärmetechnik ins Haus, und die Wiener Jungagentur Gruber & Comp. erwies sich bei der Spielwarenkette Toys R Us als unschlagbar. Die Hager, die sich längst nicht mehr so gemächlich präsentierte wie vor zwei, drei Jahren, kam bei der Wiener Handelskammer zum Zug, um deren Sektion Gewerbe und Handwerk etwas frischen Schwung zu verleihen; die Linzer Kreativschmiede Haslinger, Keck holten sich den Auftrag, die Computermarke Zenith neu zu positionieren, und bei der Salzburger P.C.S., die gerade ihren 20. Geburtstag feierte, stellte sich der italienische Espressohersteller Segafredo als Neukunde ein.

April

Für die dramatischste Geschichte in diesem Monat sorgte Adeg: Die Lebensmittelkette hatte ihren mehr als 100 Millionen schweren Etat neu ausgeschrieben, damit in der Branche beinahe für eine Massenhysterie gesorgt und fünf Agenturen in eine wilde Präsentationsschlacht gehetzt. Ergebnis? Der Etathalter Bárci & Partner hatte erneut die Nase vorn, die vier Mitbewerber hingegen – Promota, Connex, C. S. und Euro RSCG – hatten das Nachsehen. Eine relativ langwierige, aber ziemlich klare Sache war auch die Entscheidung des Gesundheitsministeriums, die Aids-Kampagne an die Agentur Marat zu vergeben. Lintas wiederum sicherte sich den Delial-Etat der Firma Bayer Österreich, die ihr auch schon andere Produkte anvertraut hat.

Mai

Die Agentur Unique machte sich an eine interessante Aufgabe: Sie gestaltete eine Kampagne zum – übrigens bestens gelungenen – Relaunch der Tageszeitung »Die Presse«. Die GGK Salzburg konnte mit Swarovski Optik einen prominenten Neuzugang verbuchen – neu auf die Referenzliste kamen u. a. bereits Lenzing und Laevosan Pharma. Saatchi & Saatchi punktete beim Verband der holzverarbeitenden Unternehmen und konnte den achtstelligen Pro-Holz-Etat in einer Wettbewerbspräsentation gegen Bozell, Dupont und die GGK Salzburg an Land ziehen.

Aufregung um den Maresi-Etat: Die Agentur Wirz, die beim Duell Dr. Puttner vs. Y & R nicht mehr angetreten ist, verlor ihn letztendlich an den Hamburger Newcomer Sievers, Schwarz, Scheer – aber schon ein paar Monate später kehrten die Maresi-Leute reumütig zu Wirz zurück.

Juni/Juli

Der Sommer '93 war für die Werbebranche mit Sicherheit keine Sauregurkenzeit: Am laufenden Band wurden etliche recht interessante Etats vergeben. Dr. Kossdorff bewies beim Wettrennen gegen 18 Konkurrenten die beste Kondition und wurde wohl zu Recht mit der Anti-Raucher-Kampagne des Gesundheitsministeriums betraut. Ogilvy & Mather konnte sich bei einer Wettbewerbspräsentation den Etat der Bundesländer Versicherung sichern. Rock & Partner, wo man bereits um das Werbebudget von Spar zu trauern begann, kam bei der Elin Energieversorgung zum Zug. Das Duo Burian & Wallner nahm sich nach Escada einer weiteren Top-Nobelmarke an und betreut seither Chevignon. Schilling Communications wurde von der US-Autofirma Sauber beauftragt, über eine Einführungskampagne für Österreich nachzudenken. Die Publicis-FCB gewann das Vertrauen des Club Mediterranée, und Mang/DMB & B durfte bei der Firma Haribo ein schönes Werbezuckerl in Empfang nehmen.

August

Das Ereignis des Monats war die mit Spannung erwartete Neuvergabe des Spar-Etats: Nach monatelanger Verzögerung und heftigen Interventionen hinter den Kulissen ging die Agentur Wirz als Nummer eins über die Ziellinie. Die Wirz-Mannen, die Ende '93 eine neue Werbelinie starten sollten, haben damit anderen Agenturen beträchtliche Enttäuschungen beschert – nicht nur dem früheren Spar-Betreuer Peter Rock von Rock & Partner, sondern naturgemäß auch jenen, die so wie Demner & Merlicek im Finale waren, aber letzten Endes leer ausgegangen sind. Im Vergleich zu diesem Mega-Ereignis mußte zwar der Erfolg einer jungen Linzer Agentur einigermaßen verblassen, doch für Fölser + Schernhuber ist der Gewinn des achtstelligen Etats der Schuhgruppe Högl-Oswald zweifellos ein gewaltiger Triumph gewesen. Und sonst – keine allzu weltbewegenden Dinge: Die GGK Wien kam beim fashionablen Hotel Steigenberger in Bad Waltersdorf zum Zug, und bei Demner & Merlicek zerbrach man sich über die bevorstehende Einführungskampagne für den neuen »Kurier« die Köpfe.

September

Die Sensation schlechthin schaffte die CCP, die um den Nissan-Etat angetreten war, aber im letzten Moment ausstieg, um bei der koreanischen Marke Hyundai das Rennen zu gewinnen. Saatchi & Saatchi wiederum blieb bei der Süßwarenfirma Manner siegreich, die allerdings auch die Plus Werbung weiter beschäftigte.

Ansonsten gab es nach dem flotten Sommer keine besonderen Vorkommnisse. Die drei wichtigsten Etatvergaben sind rasch aufgezählt: Team/BBDO übernahm von Ogilvy & Mather den begehrten Etat der Mehl Union – »Brot und Gebäck«. Zum Ausgleich feierte die neue O & M-Chefin Elisabeth Ondrak ein Erfolgserlebnis, denn sie gewann immerhin gegen DDB Needham und Lintas den Rindfleisch-Etat der neuformierten Agrar-Markt-Austria. Bei Smolej & Friends landete der Kotanyi-Etat, der die längste Zeit über in Händen von Mang/DMB & B gelegen hatte. Die Gewürzfirma will im Osten, wo sie sich stark engagiert hat, werblich präsenter sein. Schaltagentur blieb weiterhin Mang/DMB & B.

Oktober

Die Agentur des Monats war Reichl & Partner: Die Linzer, die auch in Wien ein Büro haben, bremsten sieben Mitbewerber aus und wurden, zum Leidwesen des bisherigen Etathalters BZW, neuer Betreuer von Honda. Ihre Kampagne startete Anfang 1994. Der CAA gelang wiederum das Kunststück, den Verbrauchermarkt Huma samt seinem 40-Millionen-Budget an sich zu binden. Was sonst noch gelaufen ist? Ach ja, die 1NS, eine Kärnter Agentur für Wirtschaftskommunikation, nahm sich der Biermarke Hirter an, die GGK Salzburg setzte auf den Sitzmöbelhersteller Wiesner Hager, und ihr lokaler Mitbewerber Creativ konnte den Österreich-Etat des Stuttgarter Fenster- und Türenherstellers Weru für sich verbuchen.

Der monatelange Krieg der Agenturen um die Gunst des Bundesheeres – es wäre dabei um gut und gern 30 Millionen Schilling gegangen – entpuppte sich als sinnloses Gefecht: Die fünf Firmen, die im Laufe eines Jahres aus 50 Agenturen (!) ausgewählt wurden und in die engere Wahl kamen – nämlich die Austria 3/TBWA, Schretter & Comp., Ogilvy & Mather, Saatchi & Saatchi sowie New Advertising –, konnten die Angelegenheit aus ziemlich unerfindlichen Gründen wieder vergessen. Alle bekamen ein Abstandshonorar – und was mit dem Auftrag passieren soll, das war bei Redaktionsschluß noch nicht bekannt.

November

Die Agentur Krupp & Reischer konnte sich nach dem sensationellen Gewinn des Nissan-Etats erneut in Szene setzen: Sie wurde von der Münchner Carrera Optic zwecks werblicher Betreuung von Ski- und Sonnenbrillen engagiert. Fast zeitgleich nahm sie die Arbeit für das Sanitärunternehmen Geberit auf. McCann-Erickson, bislang schon beim Presse- und Informationsdienst der Stadt Wien, bei UPS und Air Canada gelandet, konnte nunmehr über den Gewinn des Etats von Toni's Freilandeiern lautstark gackern und weiters mit dem prestigeträchtigen Neokunden Parker-Pen, neuerdings Teil der Gillette-Gruppe, handelseins werden. Auch bei Young & Rubicam war Freude angesagt, weil die neue Kampagne für die Elektrofirma Cosmos nach Deutschland exportiert werden sollte, weil die Cosmos-Mutter ProMarkt in Mannheim auf die Wiener Kreativen aufmerksam geworden ist. Im Gegenzug entging den Österreichern ein riesiger Happen: Der dm-Etat (Drogerie-Markt) ist bei Young & Rubicam Frankfurt am Main gelandet.

Dezember

Der Coup des Monats: Die Agentur Mang/DMB & B konnte sich einen langgehegten Wunschtraum erfüllen – und der Lintas nach monatelangen Bemühungen den begehrten Fiat-Etat wegschnappen. Wirz erhielt den Auftrag, die Marmeladenmarke Pomona rundum zu betreuen. Haupt-Stummer/JWT durfte auf den österreichischen Campari-Etat anstoßen, der zuvor von Dr. Puttner & BSB verwaltet worden war. Die Puttnerianer gewannen dafür als kleine Entschädigung Fabrini, eine Schmuck- und Uhren-Kette, als neuen Kunden. McCann-Erickson konnte Nesquik und Friskies neben anderen Nestlé-Produkten auf die Referenzliste setzen. Und das Geschwisterpaar (Andrea) Preiss & (Robert) Preiss durfte sich glücklich schätzen, den Elektrohändler Köck weiterhin betreuen zu dürfen.

Eine Sensation wurde schließlich aus Salzburg gemeldet: Die Edeka, eine aus mehr als 11 000 selbständigen Lebensmittelhändlern bestehende deutsche Gruppe, betraute die Lintas-Tochter P.C.S. mit den Werbeaktivitäten im südbayerischen Raum – der Einstieg von Edeka in Österreich wird vorbereitet.

Der Jahrmarkt der Eitelkeiten

Trophäen, Urkunden und sonstige Auszeichnungen in Gold, Silber und Bronze sind in der Agenturszene stets beliebte Sammelobjekte. In einer Branche, die »ununterbrochen mit sich selber beschäftigt ist« (Mariusz J. Demner), waren Auszeichnungen jeglicher Art naturgemäß auch im Jahr 1993 in höchstem Maße begehrt. Der Traum ging indes nur für relativ wenige in Erfüllung, was ein paar einschlägige Wettbewerbe unschwer belegen:

- Die *Goldene Venus*, das alljährlich vom Creativ Club Austria (CCA) vergebene Adelsprädikat für kreative Köpfe, wurde im Rahmen einer Gala im Austria Center Vienna u. a. zweimal an Demner & Merlicek und einmal an die GGK Wien verliehen.
- Die *Staatspreise für Werbung* gingen, grosso modo gesehen, ebenfalls an Demner & Merlicek und die GGK Wien.

Wer seit 1972 wie viele Staatspreise für Werbung gewonnen hat*			
	Staats-preise	Anerken-nungen	Total
1. GGK Wien	10	22	32
2. Demner & Merlicek	14	15	29
3. Dr. Puttner & BSB	4	10	14
4. McCann-Erickson	3	9	12
5. Ogilvy & Mather	2	6	8
6. Gould, Cargill & Cie	3	3	6
7. Eggert	2	3	5
CC	2	3	5
9. Lintas	1	4	5
Weinberger	1	4	5

* *Reihung nach Gesamtergebnis*

- Der *Print Oscar*, der dem Zeitungsherausgeberverband zum elften Mal eine Fete wert war, wurde der GGK Wien bzw. Demner & Merlicek für die besten Farb- bzw. Schwarzweißinserate zugesprochen. In der Sonderkategorie Social Advertising blieb DDB Needham, Heye & Partner siegreich.
- Der *Werbe-EDward* der Branchenpostille »Extradienst« rückte wieder einmal die GGK Wien ins Rampenlicht – als »Top of the Year '92« –, doch Demner & Merlicek (2. Gesamtrang) und DDB Needham (3. Platz) gingen ebensowenig leer aus wie Dr. Puttner & BSB, McCann-Erickson sowie der Jungwerber Harald Betke – alle hatten sie in irgendeiner Preiskategorie die Nase vorn.
- Der *Goldene Werbehahn*, der 1993 im Dienste des ORF zum siebenten Mal krähte, landete dank des gekürten Mercedes-Spots bei der Agentur Dr. Puttner & BSB.
- Der *Printissimo*, von der Papierindustrie gestiftet, ging wiederum an die GGK Wien, in deren Schatten sich drei Agenturen aus Oberösterreich, darunter die Linzer CreaTeam, mitfreuen durften, weil sie ebenfalls irgendwas gewonnen haben.
- Der *Effie* schließlich, der in den letzten Jahren alle anderen Trophäen image- und bedeutungsmäßig überrundet haben dürfte, wurde am 15. Juni im Wiener Palais Ferstl gleich viermal in goldener und dreimal in silberner Ausfertigung an die Herren von Demner & Merlicek – wem sonst? – übergeben. Auf Platz zwei landete überraschenderweise Team/BBDO mit einem Gold- und einem Silber-Effie. Als Dritter im Bunde durfte die GGK Wien mit einem goldenen im Scheinwerferlicht stehen.

Wer seit 1984 wie viele Effies gewonnen hat*				
	Gold	Silber	Bronze	Total
1. Demner & Merlicek	8	14	7	29
2. Team/BBDO	5	5	4	14
3. Young & Rubicam	4	6	4	14
4. Euro RSCG	4	2	5	11
5. Ogilvy & Mather	1	3	7	11
6. GGK Wien	1	3	3	7
McCann-Erickson	1	3	3	7
8. Haupt-Stummer/JWT	2	1	2	5
9. Eggert	–	1	6	7
10. Dr. Puttner & BSB	–	1	4	5

* Reihung nach Gesamtergebnis

Fazit: Es scheinen offenbar immer nur jene Agenturen zu gewinnen, die schon immer gewonnen haben und das unermüdliche Siegen offenbar als Teil des Eigenmarketing verstehen.

In der Tat war es auch 1993 kaum zu übersehen, daß etwa der notorische Dauer-Preisträger Demner & Merlicek enorm häufig mit einschlägigen Meldungen in unterschiedlichen Printmedien auftauchte. Mit der Zeit muß daher wohl selbst der hartnäckigste Ignorant begreifen, daß es sich dabei nur um eine absolute Überdrüber-Super-In-Top-Agentur handeln könne. Im Keller, teilweise auch im Foyer und in den Konferenzräumen des Hauses Wiener Lehárgasse Nr. 9–11, wo Demner & Merlicek samt Mitarbeitern residieren, lagern denn auch die Trophäen en gros: Agenturchef Mariusz J. Demner hat seine 85 Mitarbeiter starke Truppe als höchstdekorierte heimische Ideenwerkstatt im Alpenland profilieren können, was ihm nicht zuletzt die Branchenzeitschrift »A3 Boom« allmonatlich per penibler Punktewertung bestätigt. Demner selbst betrachtet diese Triumphe am Jahrmarkt der Eitelkeiten als »Möglichkeit, sich im Gespräch zu halten«, will die Angelegenheit ansonsten aber »handwerklich sehen: So wie beim Hobeln Späne abfallen, so fallen bei unserer Arbeit auch hie und da Preise ab – also nützlicher, wiederverwertbarer Abfall«.

1993 sind bei Demner & Merlicek mehr als hundert solcher Preise, die eine Art Vorzugszeugnis für Werber darstellen, angelangt, darunter gleich elf Auszeichnungen, für die der Art Directors Club in New York verantwortlich zeichnet, ein Andy Award, eine Goldmedaille sowie vier Auszeichnungen, die dem New York Festival zuzuschreiben sind, vier goldene Effies, ein Print Oscar, vier Staatspreise sowie die Goldene Reisekutsche aus Darmstadt. Wenn das in ähnlichem Karacho weitergeht, dann werden die Demnerianer 1994 wohl wieder locker eine neue Rekordmarke schaffen.

Das Jahr der Frauen

Was Personalangelegenheiten anlangt, hat sich 1993 in Österreichs Werbebranche eine Menge Neues ereignet. Zum einen haben sich einige Agenturchefs entschieden, aus dem hektischen Business auszusteigen: Werner Kaubisch etwa, Gründer der GGK Salzburg, zog sich am 1. Juli nach fast drei Jahrzehnten Werbung mit 57 Jahren zurück. Gerd Ramsauer, 18 Jahre lang Generaldirektor der IWG-Gruppe, trat mit Jahresende in den verdienten Ruhestand – zu seinen Nachfolgern wurden der Ex-IBM-Pressesprecher Dr. Gerhard Feltl sowie der ehemalige Kammer-Beamte Herbert Retter bestellt – nomen est omen? Gerhard Eppelein, Gründungsmitglied und Geschäftsführender Gesellschafter der zum GGK-Imperium zählenden Werbeagentur Multi, schied Ende Dezember ebenfalls, und zwar programmgemäß zum Fünfziger, aus. Der prominenteste Aussteiger war jedoch Ernst Haupt-Stummer, zweifellos einer der Pioniere der österreichischen Kommunikationsbranche, der sich bereits 1958 in einem billigen Untermietzimmer selbständig gemacht hatte und nach einer markanten geschäftlichen Berg-und-Talfahrt 1989 an die Londoner WPP-Group verkauft und mit der Wiener J. W. Thompson-Filiale fusioniert hat. Mit dem allseits als Sir geschätzten Baron, dessen logischer Nachfolger Walter Holiczki längst aufgebaut wurde, verließ eine weitere Persönlichkeit aus der Gründergeneration die österreichische Werbebühne.

Dr. Hans Heinrich, ein recht erfahrener Werbefuchs, der einst bei J. W. Thompson und der Lintas gedient und sich dann mit der Agentur Heinrich & Kammler selbständig gemacht hat, darf indes mit 48 von der Pensionierung bloß träumen. Er steht für jene, die es mit der Selbständigkeit versucht haben. Nachdem sein erster Versuch scheitern mußte, versuchte er es im nächsten Anlauf ab Januar '93 mit der Agentur Dr. Heinrich & Partner – Motto: »Wir bieten Full Service, aber à la carte.«

Die ehemaligen Kompagnons Rudolf Kotschever und Johannes Köb traten ebenfalls zum zweiten Mal an – jeder auf eigene Faust: Nach dem Scheitern ihrer Partnerschaft glaubten beide, daß sie es auf getrennten Wegen weiterbringen würden als im Duett – man wird ja sehen. Als Einzelkämpfer nahm auch Gerhard Schlögl seine Chance wahr: Er war insgesamt acht Jahre für McCann-Erickson tätig gewesen, zuletzt als Client Service Director und Mitglied der Geschäftsleitung, und begann nach seiner ziemlich abrupten Verabschiedung als selbständiger Managementberater. Rudi Kobza hat sich nach seinem etwas uneleganten Abgang bei Haupt-Stummer/JWT ebenfalls selbständig gemacht und tritt seither unter dem Firmennamen Kobza Communications auf. Stefan Schmertzing wiederum, vor mehr als zwei Jahren nach Deutschland auf Wanderschaft gegangen, kehrte mit einigem Know-how zurück und übernahm die Werbeagentur Tell als geschäftsführender Gesellschafter. Dr. Andreas Kössler hingegen, der nach seinem Ausscheiden bei O & M mit 1. Juli zunächst ins Unternehmerdasein wechselte, feierte schon ein paar Monate später wieder ein Comeback als Angestellter – er wurde neuer Chef bei der Young-&-Rubicam-Tochter Wunderman Cato Johnson.

Jetzt zu den Karrieresprüngen, für die im Jahr 1993 auffällig viele Ladys zuständig waren: Im April schaffte

Die Kunden zum Herzeigen

Auf welche Etats Österreichs Agenturen besonders stolz sein können*.

Austria 3/TBWA
Alpquell, Beiersdorf (Nivea), Henkel (z. B. Pril, Substral), Leiner, Regina Küchen

Bárci & Partner
Adeg, Grazer Wechselseitige, Der Standard

Brandstetter & Feldner
Atomic, Dynamic, Hom (Triumph), Puch G, Volksbanken

CAA
Canon (Kopierer, Fax), Chiquita, Donauland, Huma, Tungsram

Connex, Wels/Wien
Bender + Co, De Beukelaer, Küppersbusch, Reininghaus/Steirerbrau

C + M, Wels
C & A, Elite Möbel, Giesswein, Gröbl, Hartlauer, Recheis

CCP – Czerny, Celand, Plakolm
Donauzentrum, Investkredit, Quester, Victor Schmidt & Söhne (Ildefonso), Wittmann

DDB Needham Heye & Partner
3 M, EA Generali, Grundig, Konsum, McDonald's, Mobil, PSK, Swarovski (Silver Crystal)

Demner & Merlicek
CA, Darbo, Eurocard, Kastner & Öhler, Kurier, Mazda, Media Markt, Möbel Lutz, Rhenus AG (BRD), Rupp-Käse, Silhouette, Solvay, Zürich-Kosmos

Euro RSCG
Bensdorf (z. B. Benco), Citroën, Diners Club, Hewlett Packard, Kaindl, Peugeot

GGK Wien
Bank Austria, Felix Austria, IBM, Kapsch, Kika, Licona, Österr. Lotto/Toto, Ottakringer, Palmers, Porsche Austria, Porsche Design, Römerquelle

Grey Austria
Eduscho, Masterfoods (Balisto, Fanfare, Frolic etc.), Procter & Gamble (Camay, Mr. Propper u. a.), Smithkline Beecham (Odol etc.)

Die Hager
Ferrero (z. B. Mon Cherie, Nutella), Henkel (Persil, Silan u. a.), Mautner Markhof (Senf, Essig, Bouchet etc.)

Haslinger, Keck, Linz/Wien/Graz
AEG, Bundeskammer (Teiletat), Hagan Ski, Olympus Austria, Stadt Linz

Haupt-Stummer/J. W. Thompson
Bosch, De Beers, Gerngross, Inzersdorfer, Jacobs Kaffee (z. B. Monarch), Kellogg's, Löwa, Münze Österreich, Rolex

Krupp & Reischer
Nissan, Oberbank, Panasonic (Teiletat), SAS Palais Hotel

Lintas: Österreich
Eskimo, Fiat, Iglo (div. Etats), Kuner (z. B. Becel, Bona, Rama), Lever (Cif, Omo, Rexona etc.), Memphis (Austria Tabak), Nestlé (After Eight, KitKat u. a.)

Mang/DMB & B
Almdudler, Aral Austria, Fiat, Gorenje, Masterfoods (z. B. Mars, Bounty, Snickers), Oetker, Procter & Gamble

McCann-Erickson
Coca-Cola (div. Etats), Esso, General Motors Austria, L'Oreal (mehrere Etats), Nestlé (z. B. Maggi, Nesquik), Unifrost (z. B. Cornetto)

Ogilvy & Mather
American Express, Ford, Lauda Air, Raiffeisen Zentralbank, Shell Austria, Touropa

Preiss & Preiss
Alvorada, Daihatsu, Köck, Schöps

Publicis-FCB
Club Med, Ikea, Nestlé (z. B. Nescafé), Renault

Dr. Puttner & BSB/CC
Anker Brot, Austrian Airlines, Billa, Erste Österreichische, Kitekat, Kronen Zeitung, ÖBB, Schrack, Shopping City Süd, Visa, Wiener Städtische

Rock & Partner
Afri Cola, Panasonic, Red Bull, Regio Kaffee, Subaru

Saatchi & Saatchi
Gervais Danone (div. Etats), Johnson & Johnson (z. B. o.b., Fenjal), KGM-Märkte, Procter & Gamble (z. B. Ariel, Pampers), Zipfer Bier (Ö. Brau AG)

Schretter & Comp.
Funkberater, Julius Meinl, Mitsubishi (Denzel), Pampam, Sony

Team/BBDO
Apple, Austria Tabak (Milde Sorte), Dan Küchen, Gillette, Henkel Austria (Fewa u. a.), Pago, Pepsi Cola, Teekanne

Wirz
Adler, Bacardi, Certina, Interspar, Kaiser Bier, Longines, Schlumberger, Spar, Swatch, Triumph International

Young & Rubicam
BMW, Cosmos, Colgate-Palmolive, Delka, Expo '96/Budapest Finessa, GiroCredit, Kodak, Merkur, Revlon, Rowenta

* Diese Auflistung erhebt naturgemäß keinen Anspruch auf Vollständigkeit – sowohl was die Agenturen als auch was die Klienten anlangt.

zum Beispiel Dr. Elisabeth Ondrak den Sprung an die Spitze von Ogilvy & Mather. Karin Grünsteidl wiederum hat es in knapp drei Jahren vom Account Director zur Agenturleiterin der Promota gebracht. Die emsige GGK-Lady Karin Keglevich wurde im September neben Gerd Babits zur zweiten Geschäftsführerin der C. S. bestellt. Christa Vergnes, zuvor Werbeleiterin der Firma Miele, übersiedelte als Agenturleiterin zur Salzburger Denkwerkstatt Grill & Gull. Und Claudia Tomes, bis dahin guter Geist bei Bárci & Partner, tauschte im Oktober ihre frühere Position mit dem Chefjob bei der Heimatwerbung, wo sie für 50 000 Plakatstellen verantwortlich ist.

Neben den vielbeachteten Revirements der Damen fielen die maskulinen Aufsteiger kaum auf: Im Januar stieg Puttner-Manager Jürgen Colombini zur kleinen, aber schlagkräftigen Unique Marketing um, deren Geschäfte er seither führt. Peter Dollansky, der bereits zwei Jahrzehnte lang in der Werbebranche werkt und zuletzt ebenfalls bei Puttner war, ließ sich zum Agenturleiter der Imprima befördern. Bei der EuroRSCG übernahmen im Zuge einer internen Umstrukturierung Albert L. Essenther und Franz Halmer das Kommando, was einer Aufwertung gleichkam, weil sich Oberboß Prof. Armin Fehle seit damals als übergeordneter Chairman der gesamten Gruppe betätigt. Schließlich fand auch bei der GGK Wien eine nicht unwichtige Weichenstellung statt: Geri Aebi, der aus der Schweiz stammende Creative Director, avancierte mit 1. Dezember überraschenderweise zum Co-Geschäftsführer und damit zur Nummer zwei hinter Hans Schmid.

DIE TOP 25
Österreichs größte Agenturen auf einen Blick

Rang	Agentur	Gross Income 1993	Equivalent Billing 1993
		in Mio. öS	
1.	GGK Wien/Salzburg	149	995
2.	Demner & Merlicek, Wien	141	941
3.	Young & Rubicam, Wien	128	857
4.	Wirz, Wien	125	834
5.	Saatchi & Saatchi, Wien	112	747
6.	DDB Needham Heye & Partner, Wien	86	574
7.	Haupt-Stummer/JWT, Wien	78	524
8.	Team/BBDO, Wien	78	523
9.	McCann-Erickson, Wien	76	507
10.	MMS, Linz	59	393
11.	Trademark, Linz	58	388
12.	Publicis FCB, Wien	57	384
13.	C + M, Wels	51	339
14.	Austria 3/TBWA, Wien	49	330
15.	Connex, Wels/Wien	49	325
16.	AtGams, Wien	48	323
17.	Haslinger, Keck, Linz/Wien	48	319
18.	Freund, Linz	47	317
19.	Schretter & Comp., Wien	47	316
20.	Sery, Linz	45	300
21.	Baumgartner, Kufstein/Linz/Graz/Wien/Solingen	39	259
22.	BZW, Wien	38	253
23.	ProMota, Wien	37	245
24.	Mang/DMB & B, Wien	36	240
25.	Lebisch, Wien	31	207

Quelle: »Bestseller« 1/94, Wien

Sarah Rieder

Das Werbejahr 1993 in der Schweiz

Auch wenn das letzte Quartal des Jahres 1993 erstmals seit 1990 ein positives Wachstum der Schweizer Wirtschaft zeigt – allerdings von bloß einem halben Prozent –, rechnet die Kommunikationsbranche kaum mit einem schnellen Wiederaufschwung. Zu lange und zu einschneidend wirkt sich die bisher längste Rezession der Nachkriegszeit gerade auch in dieser Branche aus. Während KOF, die Konjunkturforschungsstelle der Eidgenössischen Technischen Hochschule, bis Ende 1994 mit einem spürbaren gesamtwirtschaftlichen Wachstum von eineinhalb Prozent rechnet, planen die Agenturen und Medien weiterhin mit stagnierenden Budgets und Märkten. Eine Kurzumfrage bei Werbeagenturen zeigt, daß die Auftraggeber ihre Werbebudgets auch 1994 nicht erhöhen. Wollen Agenturmanager künftig mehr verdienen, müssen sie Verbesserungen somit weiterhin an den kreativen Leistungen und den eigenen Betriebsstrukturen ansetzen.

Werbeagenturen: mehr Leistung – weniger Geld

Auch der Werbejahrgang 1993 ist weiterhin stagnierend bis leicht rückläufig. Bei den im BSW, Bund Schweizer Werbeagenturen, zusammengeschlossenen wichtigsten Agenturen verzeichnen vor allem die mittelgroßen bis kleinen Agenturen Umsatzverluste. Mit Advico Young & Rubicam ist jetzt wieder eine BSW-Agentur Agenturleader, nachdem diese Position die verbandslose GGK jahrelang innehatte. Doch mit dem Verlust des internationalen Swissair-Etats, verbunden mit dem Austritt von Hermann Strittmatter und der anschließenden Schließung »seiner« Küsnachter Filiale, muß GGK mit einem Bruttoeinnahmenverlust von rund 20 Prozent fertig werden. Zu den BSW-Agenturen sind die rund 70 kleineren in der ASW, Allianz Schweizer Werbeagenturen, organisierten Agenturen zu rechnen, deren Bruttobetriebseinnahmen rund 35 Millionen sFr. betragen.

Weder spektakuläre Fusionen noch Konkurse sind zu verzeichnen. Einzig die Werbeagentur Heinz Heimann, Genf, Sitten und Zürich, ging nach dreijähriger Zusammenarbeit mit dem internationalen Netzwerk DMB&B eine Minderheitsbeteiligung ein, weil im letzten Dezember Fiat Schweiz – ein internationaler Kunde von DMB&B – von Lintas zu Heimann wechselte. Und die im Dezember erfolgte Fusion zwischen GBBS und TBWA betrifft nur die beiden lokalen Agenturen in Zürich, tangiert also das internationale Netz nicht. Diese Ehe dürfte beiden dienen: GBBS braucht für die internationale Swissair Werbebetreuung dringend Anschluß an ein weltweites Agenturnetz, TBWA Schweiz dagegen kann ihre Strukturprobleme durch den Zusammenschluß am GBBS-Domizil rascher lösen. Und wenn auch keine namhaften Neugründungen zu verzeichnen sind, macht sich doch ein Trend deutlich bemerkbar: Immer mehr kleine Spezialagenturen schließen sich in Bürogemeinschaften zu umfassenden Kommunikations-Konglomeraten zusammen und ziehen immer größere Budgetfische an Land. Gefragt sind heute wie in Zukunft vor allem gute Köpfe und Konzepte. Im allgemeinen dürfte sich der Personalbestand weiter verringert haben; Abgänge werden jedoch in dieser vergleichsweise kleinen Branche statistisch nicht erfaßt.

Auftraggeber wissen die Situation geschickt auszunutzen, indem sie fürs gleiche Geld immer mehr Leistung fordern – und diese auch bekommen! Die Produktivität in den Agenturen muß daher weiter zunehmen, was mehr Nervosität und Aggressivität auslöst und ganz allgemein zu einem gereizteren Arbeitsklima führt. Gesicherte Arbeitsplätze, Traumsaläre und sündhaft teure Agentursitze sind eindeutig Vergangenheit. Nervosität dominiert auch das Neugeschäft, welches zu akquirieren immer aggressiver wird. Unsichere Auftraggeber lassen des öfteren präsentieren, und verunsicherte Agenturen lassen sich vermehrt zu Konkurrenzpräsentationen einladen. Doch in guten wie schlechten Zeiten sei eine kompetente und optimale Betreuung bestehender Kunden und das Wachsen mit ihnen noch immer einfacher und profitabler, meint Bruno Widmer, Mitinhaber der größten Agenturgruppe der Schweiz, Advico Young & Rubicam. Trotzdem sind es nicht etwa kleine Unternehmen, die es dieses Jahr wieder einmal wissen wollten: Bally, Club Méd, IBM, Schweppes, Procter & Gamble, Rivella – alles internationale Etats – wechselten ihre Agentur aufgrund von Konkurrenzpräsentationen.

Resistente PR-Branche

Kaum Arbeitsplatzverluste verzeichnet die PR-Branche, doch hält sich ihr jährliches Wachstum bei wenigen Prozenten ebenfalls auf Sparflamme. Das stabile Gesamtbild darf nicht über die Tatsache hinwegtäuschen, daß auch in dieser Kommunikationssparte Wachstum nur durch Verdrängung erzielt werden kann, was nun auch diese Branche kurz- und schnellebiger werden läßt. Die PR-Agentur-Ehe Atag, Ernst & Young mit der Dr. Erwin Bischof AG, die zur Nummer drei in der Schweiz führte, dauerte nur gerade acht Monate. Noch immer hält Trimedia vor Dr. Rudolf Farner und Wirz die Spitze der 25 im BPRA organisierten PR-Agenturen, die insgesamt 75 Prozent des schweizerischen PR-Honorarvolumens einnehmen.

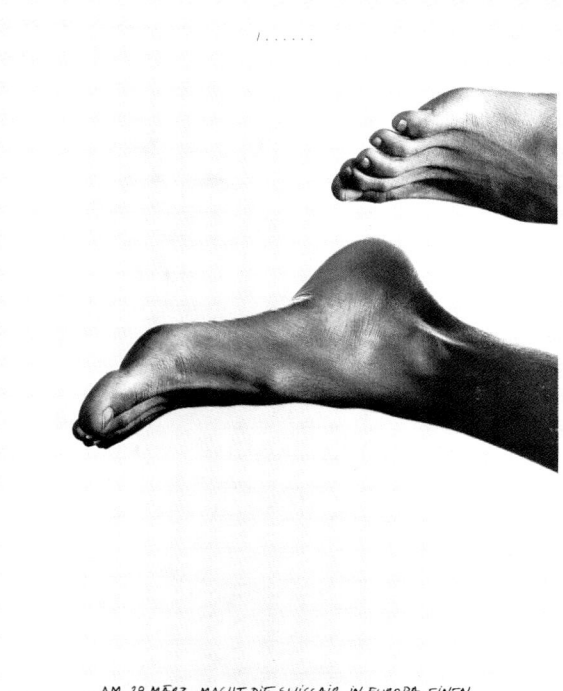

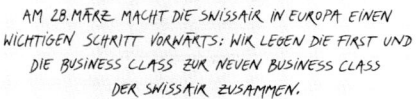

Die spektakuläre Einführungskampagne der neuen Swissair-Business-Class für Europa von GGBS Zürich, Düsseldorf und New York. Im Bild: 2 der 7 Farbanzeigen

Verschiebung im Medienbereich?

1993 ist kein Erhebungsjahr der Stiftung Werbestatistik Schweiz. Doch dürfte sich das Verhältnis der klassischen gegenüber nichtklassischer Werbung des rund 5,5 Milliarden umfassenden Werbemarktes bei 60 : 40 eingependelt haben. Fortschreitende Inserateverluste (insgesamt 20 000 Anzeigenseiten) führten zu weiteren Zeitungszusammenschlüssen in Form von neuen Werbeträgerkombinationen, wobei »Swiss Pool« mit sieben führenden Tageszeitungen die wichtigste ist. Damit hat die Schweizer Verlagsszene einen neuen Fixpunkt bekommen, denn alle weiteren Kombinationen erklären sich jeweils als Ergänzung zu dieser Leaderkombination. Immerhin hat dieser Konzentrationsschub zu einer besseren Tarifharmonisierung geführt, was Mediaprofis in den Agenturen ja schon längst verlangten.

Auf der Leserseite sind insgesamt keine Verluste, höchstens einzelne Verschiebungen auszumachen. Die Rangordnung der auflagenstärksten Zeitungen und Zeitschriften bleibt weitgehend gewahrt, wie die auf 30 000 Interviews basierende MACH 93, Media Analyse CH, zeigt. Der alles dominierende Printmarkt dürfte auch weiterhin stagnieren, wogegen die Schweiz vor einer offensichtlichen Belebung des Fernsehgeschäftes steht. Nach den ersten Liberalisierungsmaßnahmen, die seit dem 1. 4. 1992 mit den Sponsoringmöglichkeiten eingeläutet worden sind, bringen der zweite Landessender »S plus« und das RTL-Werbefenster Leben in die Schweizer TV-Werbung. Neben einigen bereits bestehenden Regionalsendern wollen jetzt auch die drei größten Verlage, Curti, Ringier und Tages-Anzeiger, ins Schweizer TV-Geschäft einsteigen, wobei Ringier bereits über den Spielfilmkanal Teleclub im TV-Geschäft mitmischt. Künftig dürften wohl mehr Werbegelder ins Fernsehen abfließen – Mediaspezialisten rechnen mit einer Zunahme von heute knapp sechs auf gut zehn Prozent. An große Verlagerungen wie in südlichen Ländern oder den USA glaubt in der Schweiz jedoch niemand.

Auch bei der Kinowerbung gehört das gesamtschweizerische Monopol von Central Film (CEFI) der Vergangenheit an. Mit DigitalCinefilm, dessen Hauptaktionär der deutsche Wolfgang Göthel ist, gibt's endlich Konkurrenz und damit Preisvergleiche bei diesem Sekundärmedium.

Trotz EWR-Nein vermehrte CH-Tätigkeiten im Ausland

Seit dem Volksnein zum EWR am 6. Dezember 1992 muß dieser Tag immer und überall für Zögerer, Verunsicherte oder gar Mißerfolge herhalten. Trotzdem haben 1993 schweizerische Medienexpansionen ins Ausland weiter zugenommen. Allen voran baut der größte Medienkonzern Ringier seine Osteuropapräsenz Schlag um Schlag aus: Nach den tschechischen und slowakischen Republiken wird das Wirtschaftsmagazin »Cash« nun auch in Polen und Bulgarien lanciert, und ihr tschechisches Boulevardblatt »Blesk« wird mit einer Sonntagszeitung »Nedelini Blesk« ergänzt.

Selbst die kleine Plakatfirma Plakanda International diversifiziert erfolgreich gen Osten. Nach Polen, wo sie heute der größte Plakatflächenanbieter ist, werden jetzt Slowakei, Tschechei und Ungarn mit Plakatnetzen versehen – ganz zur Freude internationaler Markenartikler, die ebenfalls in Ostmärkte investieren. Den Schritt über die Grenze wagte auch ihre »große Schwester«, die Allgemeine Plakatgesellschaft (APG) mit ihrer Beteiligungsgesellschaft Impacta. Sie übernahm in Stuttgart einen Teil der Wartehallen der Verkehrsbetriebe und bietet mit zwölf Plakatfirmen aus zwölf europäischen Ländern das paneuropäische Plakatnetz »Europanel City Light« im Format B200 an. Der Werbeträger Plakat bekommt die Rezession erstmals zu spüren und ist um 1,8 Prozent geschrumpft.

Der AT-Verlag des Aargauer Tagblattes lanciert mit dem deutschen Atlas-Verlag den kombinierten Special-interest-Titel »Velo Radsport-Report« im ganzen deutschsprachigen Raum Europas.

Nachfolgend die wichtigsten Ereignisse in der Schweizer Werbeszene 1993:

Januar

Kaum Überraschungen an der diesjährigen ADC-Preisverleihung. Die Newcomer-Agentur (Jahrbuch 1993) Weber, Hodel, Schmid sahnte ab: dreimal Gold, fünfmal Silber, 35mal Bronze. Beinahe so erfolgreich ist die »Werbeagentur des Jahres 1992« Advico Young & Rubicam (AY&R) mit ihrem CD Hansjörg Zürcher, der 1992 auch »Werber des Jahres« geworden ist: zweimal Gold, achtmal Silber und zehnmal Bronze. Je einmal Gold erhielten weiter die Zürcher Agenturen Comsult/AY&R, Bosch & Butz, Edelweiß, Farner Publicis sowie Lesch+Frei.

Der größte Schweizer Verlag Ringier übernimmt die Aktienmehrheit der traditionsreichen Berner Tageszeitung »Der Bund« (Verlag und Druckerei). Mit einem blauen Auge ist dabei die Werbegesellschaft Publicitas als Pächterin davongekommen, denn das Verlagsunternehmen stand nahe am finanziellen Ruin. In der Person von Christian Müller wird beim Berner »Bund« ein altgedienter Ringier-Statthalter neuer Verlagsleiter. Mit dieser Übernahme festigt Ringier neben »Blick« und »Luzerner Neuste Nachrichten« ihre Präsenz im schweizerischen Zeitungsmarkt. Darauf reagiert die Nummer zwei, die Tages-Anzeiger AG, kurzerhand mit dem Rauswurf der Luzerner Nachrichten aus der Anzeigenkombination »Swiss-Combi«, die dadurch auseinanderfällt (der Tages-Anzeiger besitzt in Bern die »Berner Zeitung«, die ihrerseits 40 Prozent am Berner Privatradio »ExtraBern« hält). Kurze Zeit darauf übernimmt übrigens »Der Bund« die Mehrheit des zweiten Berner Privatradios »Förderband« – in der Schweizer Medienlandschaft vielfach die Regel, daß Lokalradios im Verbund mit Zeitungsverlegern leben müssen.

Nach den neu in Kraft getretenen Sponsoringrichtlinien der Schweizerischen Radio- und Fernsehgesellschaft SRG baut die AG für das Werbefernsehen ihre Infrastruktur rund um die neuen Kommunikationsformen in den Schweizer Fernseh- und Radioprogrammen aus. Die bisherige Direktorin des Swiss Ski Pools, Pia Cueni, übernimmt die Leitung dieser neuen Serviceabteilung.

Nach eineinhalbjähriger Planungsphase steht das neue Plakatkonzept »GK 92« für die Stadt Zürich, welches das Bauamt der Stadt erstmals gemeinsam mit acht Plakatunternehmen unter der Federführung des größten, der Allgemeinen Plakatgesellschaft (APG), erarbeitet hat. Dabei wurden nicht nur rund 30 Prozent der Plakatflächen abgebaut, sondern zahlreiche Flächen auch umgebaut und umplaziert, wobei städtebauliche wie werbetechnische Kriterien berücksichtigt worden sind. Fazit: weniger, aber qualitativ bessere Plakatstellen in der Stadt Zürich, was bereits Interessierte anderer Städte, auch aus dem Ausland, angezogen habe.

Februar

Ab 1. Februar geht das Schweizer Fernsehen mit dem neuen Tagesprogramm TAF täglich sieben Stunden länger auf Sendung. Mittelfristig plant die SRG damit einen Marktanteil von 30 Prozent zu erobern.

Auf Initiative des Filmproduzenten Georg Reinhardt und Verlegers Walter Keller ist in Winterthur das erste Foto-Museum der Deutschschweiz für nationale und internationale Fotografie eröffnet worden.

Zwei neue Statussymbole beherrschen jetzt in den Neunzigern die junge »Fun-Generation«: Snowboards und Mountainbikes. Die Parallelen sind augenfällig: beide Sportarten kommen aus den Staaten, Motor des neuen Booms ist die aufstrebende Rennszene. Kein Wunder, wenn kleine Verleger hier Marktnischen wittern. Mit der neuen Zweirad-Zeitschrift »Move« und dem »Swiss Snowboard Magazin« lanciert der Gasser-Verlag Chur somit bereits drei neue Freizeitmagazine innerhalb fünf Jahren.

Völlig neue Wege im Angebot, im Marketing und in der Kommunikation geht Swissair mit der von Hermann Strittmatter (ex GGK) neu gebildeten Agenturgruppe GBBS (Graf Bertel Buzcek Strittmatter) in Zürich, Düsseldorf und New York. Sie führt die zur Zeit beste Business class – entstanden aus der bisherigen First class und Business class – in Europa ein. Anhand einer nackten, renaissanceähnlichen Männerfigur, die den Zielgruppen körperstückweise in sechs Anzeigen mit einer doppelseitigen Endauflösung präsentiert wird: »Jetzt gibt es in Europa die neue Business class der Swissair – da freut sich der Mensch von Kopf bis Fuß«.

März

Am 8. März erscheint das Buch »Medien zwischen Geld und Geist« zum 100. Geburtstag der größten überregionalen Zürcher Tageszeitung »Tages-Anzeiger«, das in der ganzen Branche viel zu reden gibt. In einem kontroversen Report zeigt der freie Journalist Werner Catrina darin offen auf, wie die Übergriffe des Managements auf die Redaktion den Chefredakteur Viktor Schlumpf zerrieben und zu dessen Entlassung führten. Doch die Verlegerfamilie Coninx zog die Lehren daraus und beendete die unrühmliche Heinrich-Hächler-Managerära. Unter einem neuen Management und dem neuen Chefredakteur Roger de Weck ist die redaktionelle Autonomie rasch wieder hergestellt. Zudem lanciert der zweitgrößte Verlag der Schweiz ein Novum: die Jugendzeitschrift »Code« auf Video, ein 45-Minuten-Programm auf einer 180er Videokassette für sFr. 12.90. Doch obwohl die »Code«-Redaktion selbst in der Jugendszene verkehrt, das neue Projekt werblich tüchtig unterstützt (Print und Kino) worden und unter den 16- bis 24jährigen fast eine halbe Million Videogeräte auszumachen ist, wurde »Code« zum Flop und mußte ein halbes Jahr später eingestellt werden.

Mit jährlich 270 Millionen sFr. gibt die Autobranche in der Schweiz nach wie vor am meisten Werbegelder aus, obwohl auch hier der Autoabsatz hapert. 1993 sind noch 262 000 Neuwagen oder 11 Prozent weniger abgesetzt worden. In diesem Markt liefern sich insgesamt 37 Anbieter einen harten Verdrängungskampf. Ob dabei Fiat mit ihrer völlig neuen Rabattmethode »Für 800 sFr. kostenlos tanken beim Kauf eines Fiat« Verluste wettmachen kann, muß die Zeit erst zeigen. Einen Gewinn hat sie bereits: Der betreffende TV-Spot wurde zum Knüller und von der Branche ausgezeichnet.

Ganz nach dem Vorbild des deutschen Verlages Gruner + Jahr, welcher mit einer eigenständigen Abteilung in Paris auch in Frankreich sehr erfolgreich ist, hat sich Ringier Lausanne von seinem Mutterhaus in Zürich als selbständige Niederlassung abgenabelt und vom Genfer Verleger Nicole die Fernsehzeitschrift »TV 8« abgekauft. Zusammen mit ihrer Familienzeitschrift »L'Illustré« und der Wochenzeitschrift »L'Hebdo« bietet Ringier für diese drei Zeitschriften, die im Welschland eine Reichweite von 40,3 Prozent erlangen, das »Romandie-Combi« mit 10 Prozent Anzeigenrabatt.

April

Am 1. April bekommt die Schweiz ein neues Markenschutzgesetz. Wichtigste Neuerung ist dabei neben zahlreichen »technischen« Änderungen die Möglichkeit, Dienstleistungen, dreidimensionale und akustische Produkte als Marken eintragen und damit schützen zu lassen. Banken und Versicherungen dürften die ersten Nutznießer sein. Ebenfalls zum 1. April diversifiziert die Wirz-Gruppe mit der Wirz Identity AG in den Corporate-Identity- und Corporate-Design-Bereich. Obwohl das Werbeagenturgeschäft stagniert, kann die Gruppe Jahr für Jahr mit einem Wachstum brillieren (1992: + 7,4 %).

Die Umstrukturierung beim renommiertesten Schweizer Schuh, bei Bally, ermöglicht drei Ex-Bally-Managern ein Buyout der 24 Bally-Geschäftstypen »Arola«. Diese werden in »Pasito« umbenannt und führen ein mittelständisches Angebot für die ganze Familie. Die Einführungswerbung besorgen die Zürcher Sulzer, Sutter, die den internationalen Bally-Etat in einer Konkurrenzpräsentation an Seiler DDB Needham abtreten müssen.

Im jüngsten Kanton der Schweiz, dem Jura, müssen die beiden Tageszeitungen »Le Pays« und »Le Démocrate« aus finanziellen Problemen zum »Le Quotidien Jurassien« fusionieren. Unter strengster Geheimhaltung entstand die größte Werbeträgerkombination, welche die Schweizer Presse je gesehen hat. Sechs Verleger mit sieben großen Tageszeitungen schließen sich zum »Swiss Pool« zusammen: »Basler-Zeitung«, »Berner Zeitung«, »Luzerner Zei-

▣ Sbrinz, dr Urschwiizer.

Ab 11.9. gibt's Sbrinz!

Erstens auf der Krienseregg. Zweitens in Ihrem Geschäft. Bitte umblättern.

Daß der Emmentaler Käse aus Emmental, der Greyerzer Käse aus Greyerz stammt, weiß in der Schweiz jedes Kind. Doch woher stammt der dritte im Bunde, der Sbrinz? Rund um diese Frage veranstaltete die Newcomer-Agentur Weber, Hodel, Schmid vom Frühjahr bis Spätherbst 1993 ein umfassendes Medienspektakel mit allen klassischen und unklassischen Methoden (im Bild Straßenplakate) – eingeleitet mit dem großen Publikumswettbewerb – aufgehört mit der Gründung der Alp Sbrinz auf der Krienseregg bei Luzern. Selbst Bundespräsident Adolf Ogi richtete eine Grußadresse nach Sbrinz.

tung«, »St. Galler Tagblatt« und der Zürcher »Tages-Anzeiger« in der deutschen, »Tribune de Genève« und »24 heures« in der französischen Schweiz. Darauf reagierten erste Regionalblätter mit Kooperationen im Anzeigen- wie redaktionellen Bereich: das Aargauer, Oltener und Zofinger Tagblatt schlossen sich zur »Mittelland-Zeitung« zusammen.

Die nach dem ersten Jahr erreichten TV-Sponsoring-Einkünfte stellen für die SRG lediglich ein Bonbon dar: In der deutschen Schweiz haben nahezu 30, in der französischen Schweiz 16 Unternehmen den Weg auf die SRG-Bildschirme gefunden und dafür insgesamt neun Millionen sFr. investiert.

Mai

Ab 1. Mai firmieren die fusionierten Werbegesellschaften Assa, Publicitas und Orell Füssli je nach Standort entwe-

Das Werbejahr 1993 in der Schweiz 51

Der Sbrinz ist nicht mehr heimatlos. Die Abstimmung hat ergeben: Die Krienseregg am Pilatus soll fortan seine Heimat sein. Dort wird am 11. September mit einem grossen Fest ein Gründungsdenkmal enthüllt. Das kündigen wir mit Plakaten und Inseraten in der ganzen Schweiz an. Und zur Feier des Tages soll es überall Sbrinz-Möckli zum Degustieren geben. Damit alle Leute den gemöckelten Sbrinz gratis kennenlernen können. Also auch bei Ihnen. Mit dem untenstehenden Gutschein können Sie darum bei Ihrem Grossisten kostenlos ein Degustationsset und 1 kg Sbrinz beziehen.

Das Werbejahr 1993 in der Schweiz

Warum wir Verpackungen aufs Nötigste reduzieren.

Warum sich unsere Produkte ökologisch gemausert haben.

Mit solchen Straßenplakaten und doppelseitigen Inseraten manifestiert Migros, die Nummer eins im schweizerischen Detailhandel, ihr ökologisches Verhalten. Impuls Saatchi & Saatchi Zürich hat dieses imagebildende Umweltkommunikationskonzept mit dem aussterbenden Eisvogelsymbol und der Aufforderung »Tragen wir Sorge zur Umwelt« entwickelt und als langfristige Kampagne lanciert.

der unter der Bezeichnung P oder ofa; Assa verschwindet somit vom Markt. In rezessiven Zeiten steigt das Bedürfnis auf Aus- und Weiterbildung. Gleich zwei neue Institute machen dem SAWI in Biel Konkurrenz: das von Professor Dr. Richard Kühn, Direktor des IMB, Institut für Marketing und Unternehmensführung der Universität Bern, ins Leben gerufene berufsbegleitende Marketingleiterseminar GfM-IMB (in Kooperation mit der GfM, Gesellschaft für Marketing) in Bern und die Spok Zürich, die als praxisorientierte Kommunikationsschule Werbeassistenten auf die eidgenössische Berufsprüfung vorbereiten will. Ferner ist die Kommunikationsbranche um einen neuen Beruf reicher geworden: Erste Absolventen des Lehrganges Audiovision schließen ihre berufsbegleitende Ausbildung zum/zur AAV-Assistent/in mit Diplom ab.

Das Wirtschaftsmagazin »Bilanz«, das sich sonst mit Banken- und Anlage-Ratings abgibt, hat erstmals ein Agentur-Rating, das 19 verschiedene Kriterien beinhaltet, durchgeführt. Die Rangliste führt Advico Young & Rubicam vor Farner Publicis und GGK an.

Neuer Schulterschluß Curti Medien, Zürich, und Verlag Basler Zeitung: Die Basler verschaffen sich bei den Zürchern eine 35prozentige Beteiligung, jene der Zürcher

Das Werbejahr 1993 in der Schweiz

Citterio. Ein Salami schreibt Geschichten. (Die dritte.)

Warum es auf der ganzen Welt nur ein einziges Haus gibt, in dem ein Citterio so gut wird, wie ein Citterio werden muss.

Es war im Jahre 1878, als Giuseppe Citterio in Rho den Grundstein zu seinem Haus legte, in dem bis heute der beste Salami der Welt reift. In diesem Haus, inmitten der fruchtbaren Ebenen der Lombardei, liegt das Erfolgsrezept von Citterio. Es liegt genauer gesagt in den Lagerkellern, wo seit 115 Jahren die Zeit für den Citterio-Salami arbeitet. Wo er nämlich so lange reifen kann, bis er seinen typischen weissen Schimmel und seinen typischen Geschmack bekommt.

Dass dort ein Citterio so gut wird, wie ein Citterio werden muss, ist aber nicht nur diesem Fleckchen Erde und dem günstigen Klima zu verdanken, sondern auch dem Pioniergeist von Giuseppe Citterio. Schon 1879 gelang ihm die erste Erfindung, die den anderen Wurstmachern um Mailand tüchtig auf den Magen schlug. Giuseppe Citterio war es gelungen, auch während den warmen Monaten Salami zu machen, ohne dass sein Fleisch verdarb.

Und das ging so. Hinter seiner Fabrik liess er riesige Wasserkessel aufstellen, in denen sich in den kalten Winternächten Eis bildete. Diese Eisklötze lagerte er in grossen Mengen in natürlichen Grotten und kühlte damit im Frühling und Sommer seine Produktionsräume und Lagerkeller.

Und dann, anfangs des neuen Jahrhunderts, verstummte das dumpfe Stampfen der Dampfmaschinen im Citterio-Haus. Giuseppe Citterio hatte 1900 als erster Italiener eine elektrische Eismaschine aus England eingeführt. Mit dem Strom, der den Kompressor speiste, wurde übrigens auch die Kirche von Rho erleuchtet.

Fortan konnte er doppelt soviel Eis und doppelt soviel Salami machen. Und das war gut so, denn die Leute hatten gemerkt, dass der Salami aus dem Hause Citterio besser schmeckte als die anderen Salami. Jeder Citterio, den Sie heute kaufen, kommt noch immer aus diesem Haus. Und das ist nicht die einzige Tradition, der Citterio treu geblieben ist. Noch immer wird der Citterio-Salami von Hand verschnürt. Und die Salaminetze werden von Leuten geknüpft, deren Väter und Grossväter schon Salaminetze für Citterio geknüpft haben.

Die Erfahrung hat nämlich die Salamimacher bei Citterio gelehrt, dass moderne Maschinen und gute Zutaten allein noch lange keinen Citterio machen. Und deshalb wird auch für die nächsten 115 Jahre im Citterio-Haus im Prinzip alles beim alten bleiben.

Für Salami Citterio schreibt die Züricher Advico Young & Rubicam in ganzseitigen Farbanzeigen wundersame Geschichten. Über Giuseppe Citterio und seine geniale Erfindung vor hundert Jahren.

Mit dieser eigenständigen Kampagne von Wirz Zürich konnte Nikon Schweiz im gesättigten Markt der Spiegelreflexkameras den Marktanteil um 5 Prozent steigern. Die Kampagne wurde mit einem »Effie Silber« ausgezeichnet.

soll in Basel jedoch sehr gering sein. Außerdem räumten sich die beiden Verlage gegenseitig Vorkaufsrechte ein.

Mit dem neugewählten Präsidenten des BSW, Bund Schweizer Werbeagenturen, dem Agenturmitinhaber Peter Kettiger (Zogg.Kettiger.Gasser, Zürich) setzt der BSW strengere Maßstäbe. Eine Folge davon wird das Ausscheiden von Mitgliedern sein, die den Kriterien nicht genügen.

Juni

Die wegweisenden Umweltanstrengungen von Migros, der Nummer eins im schweizerischen Detailhandel, sind auch im internationalen Vergleich vorbildlich. Ihr Umweltschutzleitbild wurde bereits 1984 formuliert, 1990 aktualisiert und seither laufend umgesetzt. Mit umfassenden Aktivitäten startet Migros eine langfristig angelegte Kampagne mit dem Symbol Eisvogel, einer einheimischen, bedrohten Vogelart. Umgesetzt und gestaltet von Impuls Saatchi & Saatchi, die den Mehrmillionenetat in einer Konkurrenzpräsentation zu Farner Publicis und Comsult gewannen. Die Kampagne zeigt bewußt keine Produkte oder Dienstleistungen, sondern Schritte und Maßnahmen des Unternehmens Migros als »Beitrag an die Umwelt«.

Interessanterweise gab es bereits vor 20 Jahren Schweizer Werber, die sich auf Umweltkommunikation spezialisierten. Beispielsweise der Bündner Gaudenz Tscharner, der seine Agentur 1973 in Zürich gründete und im gleichen Jahr den ersten Stromspartag für den Bund lancierte. Es folgten Informationskampagnen zur Luftreinhalteverordnung, zur Treibstoffkampagne »Energie 2000« und zum Umsteigen auf den öffentlichen Verkehr inklusive einem beträchtlichen Sozialmarketingengagement für verschiedene Hilfswerke. Diesbezüglich ein Novum vor 20 Jahren war auch Robert C. Baier, der 1973 die erste Media-Agentur der Schweiz gründete und bis in die achtziger Jahre konkurrenzlos blieb.

An der Jurierung des ADC of Europe sahnen Weber, Hodel, Schmid einmal mehr ab, und zwar zweimal Gold für die EWR-Abstimmungskampagne und ein Kunden-Mailing. In der Kategorie Promotion wurde ein Give away einer Sextelefonlinie von Texter-Konzepter Marco Lehner mit Silber ausgezeichnet. Und in Cannes kann die Schweiz am Print-&-Poster-Festival einen Achtungserfolg verbuchen: Bronzene Löwen erhielten GGK für eine VW-Anzeige und Farner Publicis für ein Schweppes-Plakat; in der Kategorie Werbefilm muß sich die Schweiz mit einem bronzenen Löwen für die tanzende Milchkuh von Advico Young & Rubicam begnügen. Dem ADC war dieser Spot Gold wert, und in New York gab's von Clio einen Award.

Juli/August

Den ganzen Sommer über bewegte die Medien- und Kommunikationslandschaft nur ein Thema: die sogenannten Zwillingsinitiativen, die zur Verminderung des Alkohol- und Tabakmißbrauchs jegliche Werbung künftig verbieten möchten. Dadurch würden der Branche jährlich rund 150 Millionen sFr. an Werbeaufträgen verlorengehen. Doch die Initiative schaffte die Regierungshürde nicht: Sowohl der Stände- wie auch der Nationalrat wollten von einem Tabak- und Alkohol-Werbeverbot nichts wissen. Nun gilt es noch, am 28. November die Volkshürde zu schaffen. Mit einer informativen gemeinsamen Kampagne von Gewerbe, Werbeschaffenden und Medien werden vor allem auch ausländische Beispiele herangezogen, die zeigen, wie wenig bisher Werbeverbote gegen Suchtprobleme auszurichten vermochten.

Mit der Unterzeichnung eines Joint-venture-Vertrages mit GGT London ist der Wiener GGK-Eigner Hans Schmid endlich am Ziel seiner Wünsche angelangt. Die Loslösung aus dem Trimediadebakel stellte GGK auf eine harte Probe. Mit einer 60-Prozent-Beteiligung sichert sich Schmid den weiteren Einfluß auf die GGK-Agenturen.

Im Sommerloch haben sich die Werber Bootz und Grolimund von der gleichnamigen Zürcher Werbeagentur eine sinnvolle Aufschwungwerbung einfallen lassen. »Aufschwung beginnt im Kopf. Zuerst in Deinem.« lautet ihre Devise. Und damit diese auch nach allen Seiten wirkt, machten sich die Werber gleich selbst auf die Socken und bettelten im ganzen Land um kostenlose Plazierung. Und siehe da, vom Lokalradio über Tageszeitungen, Zeitschriften und Plakatfirmen bis zum Fernsehen machten ungezählte Medienunternehmen mit und druckten oder berichteten über die Botschaft. Vorgängig fand man auch die Lithographen und Druckereien, die die Vorproduktion kostenlos umsetzten. Ein wirtschaftlicher Aufschwung geht uns alle an, mußten sich wohl all die spontanen Mitläufer gesagt haben. Die Aktion stieß tatsächlich schweizweit auf ein großes, breites Echo über die nächsten Monate hinweg.

Als Alternative zum Streuprospekt haben sich 15 Gratiszeitungen in einer freien Kombination zusammengetan und bieten die »integrierte Beilage« im Umfang von vier Zeitungsseiten.

September

cR Basel, die Werbeagentur, die seit 1986 vor allem durch ihre hervorragenden Präventionskampagnen »Stop Aids« über die Landesgrenzen hinaus bekannt geworden ist, feiert ihr 25jähriges Jubiläum. 1968, mitten in den Studentenunruhen, vom heute 59jährigen Gestalter Jürg Schaub gegründet, denkt dieser mitnichten an seine Nachfolge. In Bern sind es Werner Lang und Peter Knoll von der gleichnamigen Werbeagentur, die dort ihr 15jähriges Bestehen feiern. Lang + Knoll haben sich vor allem für Food-Werbung (Kartoffeln, Kambly oder Migros) einen Namen gemacht. Und im Berner Vorort Ittigen feierten F+W Communications, im Bereich touristischer Kommunikation absoluter Marktführer, den zehnten Geburtstag.

Rechtzeitig auf das »Jahr der Familie«, das am 1. 1. 1994 beginnt, geht die Familienzeitschrift »Schweizer Familie« mit den Schweizerischen Bundesbahnen ein Sponsoring-Programm ein. Für nur 150 000 sFr. ließ die Zeitschrift sechs SBB-Wagen in Kinderspielplätze umrüsten und außen mit witzigen Comics bemalen. Lego sponsert Bausteine, Carlit+Ravensburg Kinderbücher. Natürlich liegen dort auch die »Schweizer Familie« jede Woche und das vom gleichen Verlag herausgegebene Jugendmagazin »Spick« jeden Monat neu auf. Für Wartung und Reinigung sollen jährlich rund 100 000 sFr. anfallen.

Die Billiguhr Swatch rettete einst die Schweizer Uhrenindustrie. Seither hat die Plastikuhr schon manche Nachahmer gefunden, aus Stein, aus Holz usw. Die neueste stammt vom ehemaligen Hotelier Robert W. Wohlfahrt: die Crash-Uhr aus rezikIierten Dosen – pro Uhr braucht es eine. Außer dem ETA-Uhrwerk ist alles aus Abfall gefertigt, 24 verschiedene Modelle. In den ersten drei Monaten gingen rund 80 000 Uhren zu 75 sFr. über den Ladentisch.

Ende des Monats geht der zweite Landessender »S plus« auf Sendung – und enttäuscht schon bald weit und breit. Mit zu wenig monetären Mitteln wollte man in zu kurzer Zeit zuviel.

Oktober

Mit der Auflösung des Lebensversicherungskartells am 1. Oktober kommt Leben in die konservative Branche. Eine Anzahl neuer Produkte verlangt nach mehr Kundennähe und entsprechender Kommunikation, was zahlreiche Versicherer zu mehr Zusammenarbeit mit Werbeagenturen führt.

Die internationale Mediazentrale von Euro RSCG präsentiert eine europäische Plakatstudie, wonach sich die Schweiz als Plakatland schlechthin auszeichnet. Mit 34,4 Ecu pro Kopf der Bevölkerung wird in der Schweiz doppelt soviel Geld in das Medium Plakat investiert wie in den nachfolgenden Ländern Holland und Frankreich. Auf 1000 Einwohner kommen 23 Plakatflächen, in Österreich nur 16,5 und in Deutschland gar bloß 4,2. Der Anteil am gesamten Werbevolumen ist mit 13,6 Prozent in Belgien am höchsten, gefolgt von der Schweiz mit 12,5. In Österreich sind es 6,6, in Deutschland 2,7.

Eine Anzeigenkombination in der Größenordnung des »Swiss Pool« haben sieben Zeitungen rund um Basel in der Schweiz, Deutschland und Frankreich unter der Bezeichnung »EuroPresse« formiert mit einer Gesamtauflage von 770 000 Exemplaren.

November

Das schweizerische Lokalradio ist zehnjährig geworden und nennt sich heute lieber Privatradio. In der deutschen Schweiz kommen die Privatradios auf einen Marktanteil von 34 Prozent (SRG 56 Prozent, ausländische 10 Prozent), in der französischen Schweiz auf 17 Prozent (SRG 52 Prozent, ausländische 31 Prozent) und im Tessin auf 9 Prozent (SRG 74 Prozent, ausländische 17 Prozent). Mit einem Anteil von 1,9 Prozent am gesamtschweizerischen Werbevolumen stellen sie noch immer eine Werbenische dar. Von Jahr zu Jahr aber läßt sich eine bessere Akzeptanz feststellen, und selbst im rezessionsgeplagten 1993 vermelden Privatradios steigende Werbeeinnahmen, wofür vor allem die Automobilbranche verantwortlich ist, die das Radio als neuen Werbeträger entdeckt zu haben scheint. Mit konstanten Preisen und Angeboten gehen

1992 gegründet, seit 1993 für Swissair International u. a. m. geworben, im Dezember 1993 mit TBWA Zürich fusioniert – das der kurze Steckbrief von Ex-GGK-Manager Hermann Strittmatters Werbeagentur, der GBBS TBWA Zürich, die zur »Werbeagentur des Jahres 1993« gewählt worden ist. Im Bild: Hermann Strittmatter (r.) mit seinem CD Victor Zahn (Foto: Sabine Dreher).

die 25 Privatradiosender auch 1994 in den Äther, denn solange das Bundesamt für Kommunikation keine definitiven Konzessionen erteilt, bleiben alle Stationen in Abwartestellung.

Bis Ende November stößt der CH-Sender »S plus« auf wenig rühmliche Kritik in den Medien. Ringier-Boß Michael Ringier gibt ihm unter dem SRG-Dach keine Chance und schlägt vor, den Sender in eine Aktiengesellschaft umzuwandeln und 50 Prozent der Aktien in private Hände zu übergeben. Daß Ringier daran größtes Interesse hat, geht aus der Tatsache hervor, daß sein »Cash-Wirtschafts-TV« bloß für zwei Jahre zur Ausstrahlung auf »S plus« vorgesehen ist.

Demgegenüber bekommt RTL in der Schweiz Aufwind, indem es RTL-Boß Helmut Thoma gelungen ist, gleich mehrere Schweizer Verleger für sein schweizerisches Programmfenster zu gewinnen: Tages-Anzeiger Zürich, Basler Zeitung und Luzerner Zeitung werden sich bei Erteilung einer Konzession an der RTL Schweiz AG beteiligen, die bisher zu 30 Prozent der RTL Deutschland und zu 70 Prozent der Curti-Medien AG gehört. Thoma ist überzeugt, daß die Schweiz reif für einen Wechsel in ein duales System mit öffentlich-rechtlichen und privaten Fernsehanbietern ist. RTL Schweiz budgetiert in den ersten beiden Jahren Verluste von knapp vier Millionen sFr., doch bereits im dritten Jahr soll ein leichter Gewinn resultieren. Dazu braucht es weiterhin Werbeinseln im regulären Programm und eine Verdoppelung der diesjährigen Werbeeinnahmen von 12 Millionen sFr.

Mit 75 : 25 hat sich das Schweizer Volk am 28. November ganz klar gegen Werbeverbote für Alkohol und Tabak ausgesprochen, was Werber wie betroffene Industrien aufatmen läßt.

Dezember

»Effie« für »Effizienz in der Werbung« muß in diesem Jahr ohne Gold auskommen. Die Jury kann lediglich dreimal Silber an Advico, Young & Rubicam (Mazda), GGK (Sega Videogames) und Bosch & Butz (Philip Morris) sowie zweimal Bronze an Wirz (Nikon) und Bosch & Butz (Bankgesellschaft) übergeben. In der Schweiz wird der »Effie« seit 1985 alle zwei Jahre verliehen. Mit je sechs Auszeichnungen sind Bosch & Butz mit Wirz die effizientesten Werbeagenturen.

Nach dem Saus-und-Braus-Jahrzehnt steht in den neunziger Jahren jetzt die Gesundheit an erster Stelle. Diesen Trend will Urs Muggli als gelernter Koch mit einem neuen Magazin nutzen. Zuerst gründete der Einzelkämpfer in Baden ein vegetarisches Restaurant, einige Zeit später eine Vollwertbäckerei. Und jetzt will er sein Knowhow über die Vollwerternährung im »Vegi vital« an die Frau oder den Mann bringen. Darin dürfen wohl Inserate, nicht aber PR plaziert werden.

Vor wenigen Jahren noch undenkbar, heute mehr und mehr auf dem noch reichweitenschwachen Sendekanal »S plus« möglich: gesponserte Info-Sendungen. Auf »Cash-TV« für die Wirtschaft folgten »MAXI« für die Senioren (Fortuna Versicherungen) und neuerdings eine von den Automobilimporteuren gesponserte 25minütige »MotorShow«. Offensichtlich sind diese TV-Sendungen ein Geschäft für alle – außer für das Publikum. Die weltweite Fußball-Sponsoring-Vermarktung kommt aus der Schweiz von der ISL Marketing Luzern. Dort freut man sich über die Qualifikation der Schweizer Fußball-Nationalmannschaft für die WM 1994 in den USA.

GBBS Zürich wird vom Branchenblatt »persönlich« zur »Agentur des Jahres 1993« auserkoren. Vor gut einem Jahr nahm der jahrelange GGK-Werber Hermann Strittmatter, der die GGK Basel zuerst in Zürich, später auch in Genf und Küsnacht weiter ausbaute, Abschied, um sich mit 56 Jahren in Zürich noch selbständig zu machen. Das Swissair-Budget ließ nicht lange auf sich warten, so daß sich Strittmatter mit Hubert Graf in New York, welcher in den Staaten schon lange für Swissair wirbt, sowie Bertel Schmidt und Dieter Buczek in Düsseldorf zur GBBS zusammenschloß. Ihre Werbung darf in diesem Jahr mit Recht als beispielhaft bezeichnet werden, wozu Swissair-Marketingchef Paul Reutlinger natürlich seinen Teil beigetragen hat. Die eigenständige Swissair-Werbung brachten ihnen rasch weitere internationale Kunden, u. a. Ermenegildo Zegna Milano, den größten Herrenkonfektionär der Oberklasse. Mehr oder weniger alle Mitarbeiterinnen und Mitarbeiter sowie Kunden von GGK Küsnacht folgten Strittmatter (GGK Küsnacht wurde geschlossen). Und zu guter Letzt folgte am Ende des Jahres noch die Fusion von TBWA Zürich, die nun unter dem nicht einfachen Kürzel GGBS TBWA Zürich am GBBS-Domizil die Kunden und die meisten Mitarbeiter zusammenführt. Damit dürfte diese junge Agentur bereits unter die Top 15 in der Schweiz vorstoßen.

Zahlen, Daten, Fakten 59

Burckhard Brandes

Zahlen, Daten, Fakten zum Werbejahr 1993
Werbemärkte/Werbeinvestitionen der Unternehmen
Werbeumsätze der Medien

Marktanteile der Medien verändern sich

Auch im Werbejahr 1993 steigen die Werbeinvestitionen weiter an. Allerdings liegt die Zuwachsrate mit 7,4 Prozent nur noch halb so hoch wie im Vorjahr. Insgesamt steigen die Bruttowerbeeinnahmen der von der Nielsen Werbeforschung S+P beobachteten klassischen Medien, Funk, Fernsehen, Fach- und Publikumszeitschriften sowie der Tageszeitungen und der Großflächenplakate im vergangenen Jahr von 19,8 (1992) auf 21,3 Milliarden Mark.

Während die elektronischen Medien weiter starke Zuwächse verzeichnen konnten – im Hörfunk stiegen die Bruttoeinnahmen um 15,6, im Fernsehen um 14,9 Prozent –, mußten die Zeitschriften insgesamt erstmals seit Jahren Verluste hinnehmen. Die Publikumszeitschriften verloren im letzten Jahr 2,4 Prozent der Einnahmen. Noch härter traf es die Fachzeitschriften, die summa summarum auf 4,1 Prozent ihrer Bruttoeinnahmen verzichten mußten. Gewinner im Printbereich waren lediglich die Tageszeitungen: ihre Einnahmen stiegen binnen Jahresfrist um 8 Prozent, im Vorjahr hatte die Zuwachsrate bei fast 20 Prozent gelegen.

Diese Ergebnisse wirken sich auf die Marktanteile der unterschiedlichen Mediengattungen am gesamten Werbeaufkommen aus. Das Fernsehen liegt dabei zum zweiten Mal mit 33,9 Prozent Marktanteil (1992: 31,9 Prozent) an erster Stelle vor den Publikumszeitschriften, deren Marktanteil von 30,3 Prozent im Jahre 1992 auf 27,2 Prozent im vergangenen Jahr sank. Rund ein Viertel der Bruttowerbeeinnahmen entfällt weiterhin auf die Tageszeitungen. Der Hörfunk verzeichnet 7 Prozent Marktanteil, gefolgt von Fachzeitschriften und Großflächenplakaten.

Just die kleinste erfaßte Mediengattung, die Großfläche, konnte mit 44,4 Prozent Einnahmeplus im vergangenen Jahr die höchste Zuwachsrate verzeichnen. Sie erlöste insgesamt knapp 455 Millionen Mark. Erstmals hat die Nielsen Werbeforschung S+P 1993 neben der Großfläche auch andere Außenwerbeträger, die Ganzsäule (13,5 Millionen Mark) und die City-Light-Poster (188 Millionen Mark Bruttowerbeeinnahmen), erfaßt. Da hierzu naturgemäß Vorjahresvergleiche fehlen, ist in der folgenden Tabelle, die die Basiswerte der Mediengattungen 1993 zusammenfaßt, nur die Großfläche ausgewiesen.

Publikumszeitschriften: Erstmals im Minus

Die Publikumszeitschriften mußten 1993 erstmals Verluste bei den Bruttowerbeeinnahmen hinnehmen. Waren

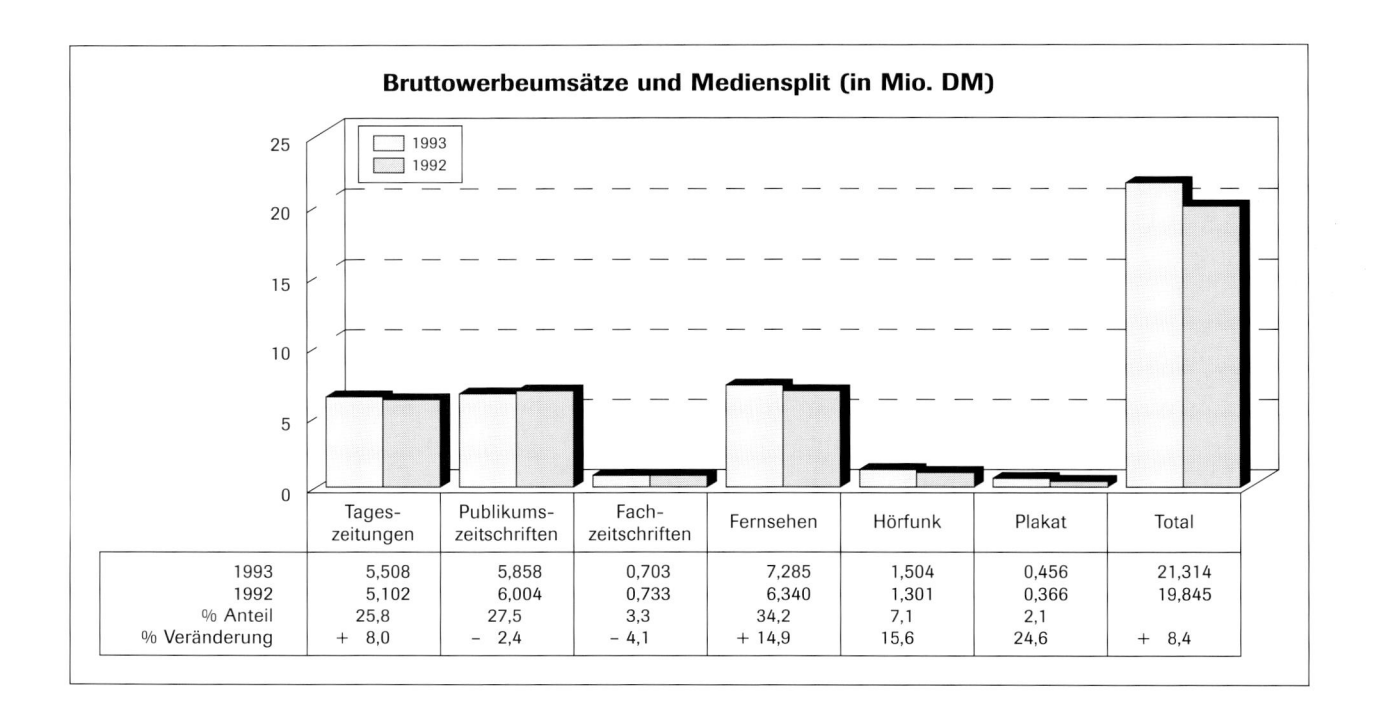

Bruttowerbeumsätze und Mediensplit (in Mio. DM)

	Tageszeitungen	Publikumszeitschriften	Fachzeitschriften	Fernsehen	Hörfunk	Plakat	Total
1993	5,508	5,858	0,703	7,285	1,504	0,456	21,314
1992	5,102	6,004	0,733	6,340	1,301	0,366	19,845
% Anteil	25,8	27,5	3,3	34,2	7,1	2,1	
% Veränderung	+ 8,0	− 2,4	− 4,1	+ 14,9	15,6	24,6	+ 8,4

sie bis 1991 noch Marktführer unter den Mediengattungen, müssen sie sich nunmehr im zweiten Jahr mit dem zweiten Platz hinter dem Fernsehen begnügen, das seinen Vorsprung noch weiter ausbauen konnte.

Zwar verlieren die Publikumszeitschriften »nur« 2,4 Prozent ihrer Bruttowerbeeinnahmen. Betrachtet man statt den Einnahmen aber die Zahl der Anzeigenseiten, wird das Ausmaß der Verluste noch deutlicher: Mit 4716 Anzeigenseiten in 1993 (1992: 6153) verlieren die Publikumszeitschriften 23,4 Prozent und damit fast jede vierte Anzeigenseite.

Frauenzeitschriften

Gegen den Trend können die Frauenzeitschriften bei den Bruttowerbeeinnahmen ein Plus von 2,2 Prozent verbuchen. Die nach Anzeigenumsätzen größte Frauenzeitschrift »Brigitte« konnte 8,5 Prozent Mehreinnahmen verbuchen und schiebt sich in der Rangreihe der umsatzstärksten Publikumszeitschriften damit auf Platz vier vor. Während die klassischen Frauenzeitschriften fast alle überdurchschnittlich zulegen konnten, sanken die Anzeigenerlöse der höherpreisigen Hochglanzmagazine.

Programmpresse

Die Programmzeitschriften verlieren 1993 gegenüber dem Vorjahr 2,2 Prozent ihrer Bruttowerbeeinnahmen. Allerdings muß man bedenken, daß diese Gattung 1992 – vor allem bedingt durch Zeitschriftengründungen – mit 10 Prozent enorme Zuwächse zu verzeichnen hatte. Die großen etablierten Programmzeitschriften haben jetzt fast alle zugunsten der Neulinge zweistellig verloren (Ausnahme: »Auf einen Blick« mit 30 Prozent Zuwachs).

Aktuelle Illustrierte

Unter den Publikumszeitschriften trifft das Ergebnis der Werbestatistik 1993 die Gattung der aktuellen Illustrierten am härtesten. Sie verlieren 15,4 Prozent ihrer Bruttowerbeeinnahmen. Der »stern« bleibt trotz Verluste nach Bruttowerbeeinnahmen zweitstärkste Publikumszeitschrift.

Nachrichten- und Wirtschaftsmagazine

Die Nachrichten- und Wirtschaftsmagazine können nach 5 Prozent 1992 auch 1993 noch 4,5 Prozent Zuwachs verbuchen. Während das Wachstum im vergangenen Jahr fast ausschließlich durch Erhöhung der Anzeigenpreise begründet war, ist das Plus in 1993 vor allem einem Neuzugang, »Focus«, zu verdanken. Der »Spiegel« verliert zwar 12,8 Prozent seiner Bruttowerbeeinnahmen, bleibt aber mit fast 412 Millionen Mark unangefochten die einnahmenstärkste Publikumszeitschrift.

Auto-/Motorrad-Titel

Die Auto- und Motorrad-Titel zeigten sich im vergangenen Jahr relativ stabil, verloren nur ein Prozent ihrer Bruttowerbeeinnahmen. Während die großen Autozeitschriften bis auf die »ADAC-Motorwelt« (plus 6,8 Prozent) fast alle Verluste hinnehmen müssen, kann »Das Motorrad«, die größte Publikumszeitschrift für Zweiräder, brutto 9,5 Prozent Mehrerlös verzeichnen.

Zeitschriftenmagazine, Supplements

Plus minus null heißt die 1993er Bilanz für diese Gattung. Während die Flaggschiffe der Zeitungsmagazine zweistellig ins Minus rutschen, können die Programmsupplements zum Teil noch erhebliche Zuwächse bei den Bruttowerbeeinnahmen verbuchen. So legt »Tele Prisma« 27,1 Prozent, »rtv« 14,2 Prozent zu.

Sport-/Freizeittitel

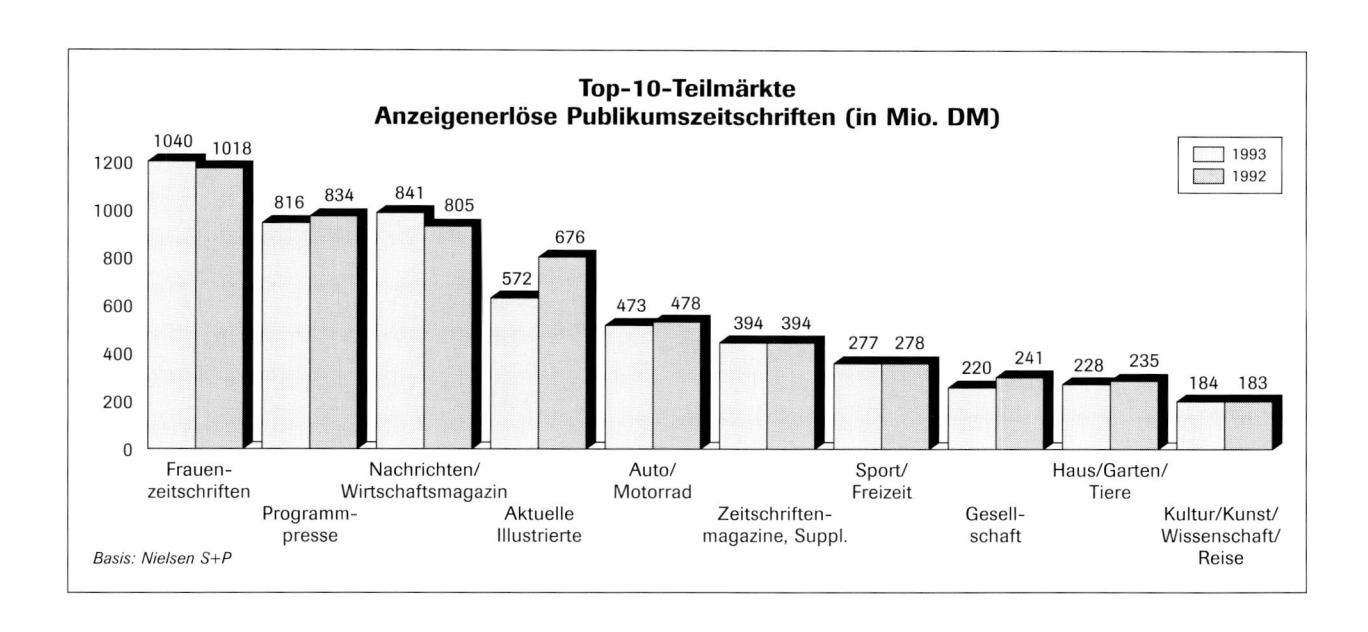

Die Gesamtbetrachtung dieser aus sehr unterschiedlichen Titeln zusammengefaßten Gattung zeigt mit 0,4 Prozent minus bei den Bruttowerbeeinnahmen in der Gesamtbetrachtung kaum Veränderungen. Die nach Interessen wie Tennis, Segeln oder Golf segmentierten Zielgruppen lassen einen direkten Vergleich unangebracht erscheinen, zumal der Mediaplanung in einigen Teilbereichen ohnehin wenig Spielraum bleibt.

Gesellschaftsmagazine

Die Gesellschaftsmagazine sind – nach den aktuellen Illustrierten – von den Rückgängen im Anzeigengeschäft mit einem Verlust von 8,7 Prozent am härtesten betroffen.

Im Männermarkt kann der noch junge Titel »Max« seine Spitzenposition halten und schafft mit fast 29 Millionen Mark Bruttowerbeeinnahmen den Sprung in die Top-Fifty der deutschen Publikumszeitschriften.

Unter den Gesellschaftsmagazinen für Frauen geht der Zweikampf zwischen »Vogue« mit Bruttowerbeeinnahmen von 46,7 Millionen Mark und »Elle« (46,3 Millionen Mark) weiter.

Haus-, Garten- und Tierzeitschriften

Fast 50 Werbeträger werden in dieser Gattung bewertet, die 1993 insgesamt 3 Prozent ihrer Bruttowerbeeinnahmen verliert. Marktführer dieses sehr heterogenen Segments bleibt trotz Verlusten »Schöner Wohnen«, das mit 41,8 Millionen Mark auf Platz 35 der einnahmestärksten Publikumszeitschriften zu finden ist.

Verlagsbilanz

Fast alle Verlage müssen 1993 Verluste bei den Bruttowerbeeinnahmen hinnehmen. Lediglich der Jahreszeitenverlag mit seiner Spezialzeitschriftenpalette kann noch 1,3 Prozent Wachstum verbuchen. Die Bruttowerbeeinnahmen der Verlagsgruppe Bauer stagnieren bei plus 0,1 Prozent. Alle anderen Verlage verlieren, drei Häuser sogar zweistellig.

Tageszeitungen: Wachstum geht weiter

Die Tageszeitungen sind der Gewinner unter den Printmedien. Mit 8 Prozent plus bei den Bruttowerbeeinnahmen 1993 können sie das Vorjahreswachstum von fast 20 Prozent, das sehr stark aus Zuwächsen in den neuen Bundesländern resultierte, allerdings nicht erreichen. Die Liste der einnahmestärksten Zeitungen führt die WAZ-Gruppe an, gefolgt von »Bild« gesamt. Auf den Plätzen drei und vier liegen die beiden Kontrahenten »Süddeutsche Zeitung« und »Frankfurter Allgemeine«.

Werbefernsehen: Zuwachs bei den Privaten

Nachdem es im vergangenen Jahr erstmals die Publikumszeitschriften ablöste, etabliert sich das Fernsehen mit einem Zuwachs von 14,9 Prozent als größter Werbeträger. Die Zeiten der ganz großen Zuwächse – 1992 waren es noch plus 27,2 Prozent – scheinen vorbei zu sein. Rang das Fernsehen bisher eher zu Lasten von Zeitschriften um Marktanteile, verschärft sich jetzt der Verteilungskampf zwischen den TV-Sendern.

Während die privaten Sender zum Teil noch erheblich zulegen konnten (RTL um 28,2, Sat.1 um 18,6 und Pro 7 um 62,2 Prozent), mußten die öffentlich-rechtlichen Anstalten herbe Verluste hinnehmen. Das ZDF fällt in der

Rangfolge Publikumszeitschriften Anzeigenumsatz in Mio. DM

Titel	1992	1993	% Verän.
1. Spiegel	472,0	411,7	– 12,8
2. Stern	460,0	398,4	– 13,4
3. Bild am Sonntag	228,0	205,1	– 10,0
4. Brigitte	179,5	194,8	+ 8,5
5. Hörzu	224,6	185,9	– 17,2
6. Freundin	134,0	139,4	+ 4,0
7. ADAC Motorwelt	122,7	131,0	+ 6,8
8. TV Hören u. Sehen	138,2	120,0	– 13,2
9. Auto/Motor/Sport	124,9	119,9	– 4,0
10. Focus		108,7	
11. Bunte	107,6	99,4	– 7,6
12. Für Sie	97,1	93,0	– 4,2
13. Wirtschaftswoche	90,1	85,7	– 4,9
14. TV Spielfilm		83,3	
15. Auto Bild	85,9	81,6	– 5,0
16. Fernsehwoche	82,7	78,2	– 5,4
17. Tina	76,0	72,1	– 5,1
18. Capital Hauptausgabe	67,1	65,3	– 2,7
19. TV Movie			
20. Auf einen Blick	49,4	64,2	+ 30,0
21. RTV Ost	58,6	63,2	+ 7,9
22. Bild der Frau	61,5	59,3	– 3,6
23. Petra	50,2	57,9	+ 15,3
24. Eltern	57,8	57,7	– 0,2
25. Funk Uhr	62,7	53,2	– 15,2
26. Cosmopolitan	57,6	52,8	– 8,3
27. Tele Prisma	41,4	52,6	+ 27,1
28. RTV	45,7	52,2	+ 14,1
29. Vogue	51,1	46,7	– 8,6
30. Elle	47,8	46,3	– 3,1
31. Gong	53,7	46,3	– 13,8
32. Prisma	47,6	43,8	– 8,0
33. FAZ Magazin	48,2	42,2	– 12,5
34. Journal f. d. Frau	40,3	42,0	+ 4,2
35. Schöner Wohnen	47,5	41,8	– 12,0
36. Bild und Funk	51,5	40,0	– 22,3
37. Zeit Magazin	47,7	39,3	– 17,6
38. Sport Bild	39,7	38,7	– 2,5
39. Bravo	34,1	37,8	+ 10,9
40. Chip	38,4	37,2	– 3,1
41. Das Beste	40,7	37,0	– 9,1
42. Manager Magazin	40,6	36,9	– 9,1
43. Das Motorrad	30,5	33,4	+ 9,5
44. Super TV	55,1	32,7	– 40,7
45. Freizeit Revue	32,9	31,8	– 3,3
46. Geo	31,6	30,2	– 4,4
47. Max	19,0	28,8	+ 51,6
48. Madame	30,3	28,7	– 5,3
49. Reise Journal	20,8	28,6	+ 37,5
50. Marie Claire	27,1	28,5	+ 5,2

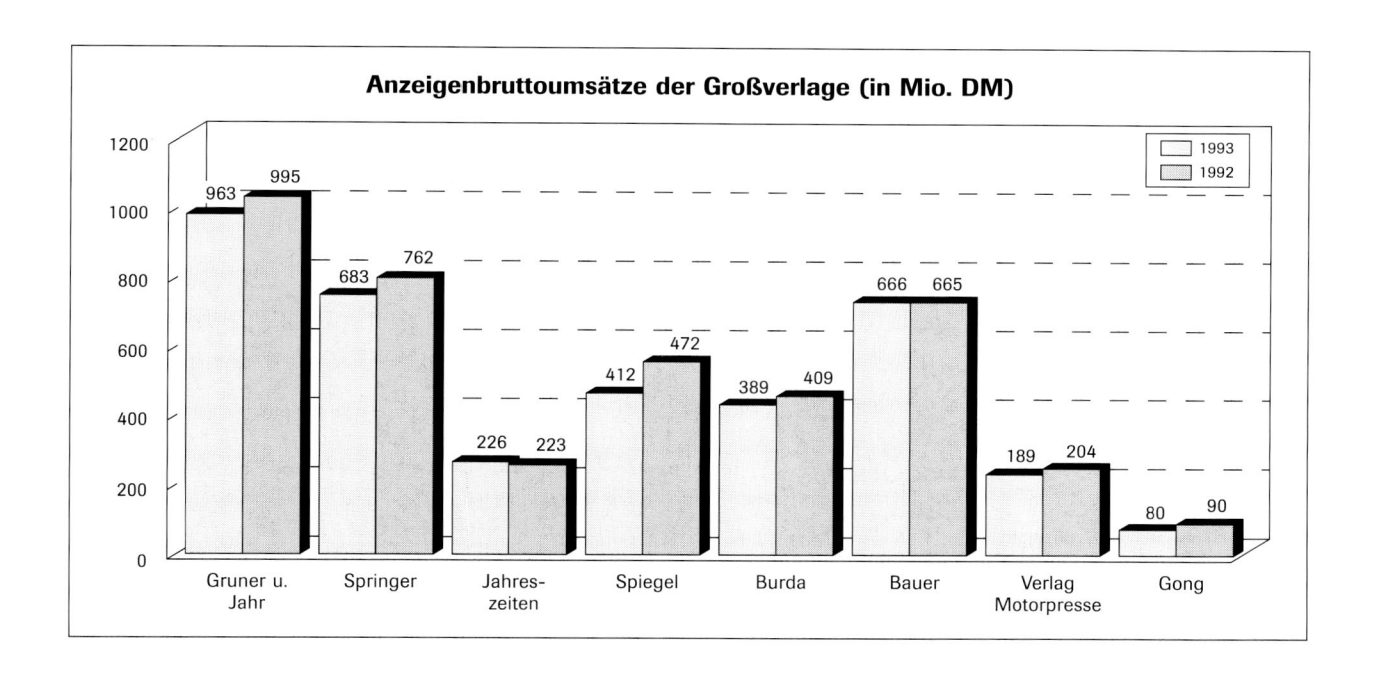

Anzeigenbruttoumsätze der Großverlage (in Mio. DM)

Verlag	1993	1992
Gruner u. Jahr	963	995
Springer	683	762
Jahreszeiten	226	223
Spiegel	412	472
Burda	389	409
Bauer	666	665
Verlag Motorpresse	189	204
Gong	80	90

Bilanz der Bruttowerbeeinnahmen 1993 nach Verlusten von fast 45 Prozent mit 506 Millionen Mark hinter die ARD zurück, die noch 534 Millionen Mark (minus 35,7 Prozent) verzeichnen kann.

Die werbeintensivsten Branchen im Fernsehen sind wie im vergangenen Jahr die Spezialversender sowie die Süßwarenhersteller. Von Platz vier auf Platz drei schieben sich die Spielwarenhändler vor, was zum einen durch das steigende Angebot kindgerechter Programmumfelder, zum anderen durch den Boom bei Computer- und Videospielen zu erklären ist. Neu in den Top 10 der stärksten TV-Kunden sind die Massenmedien (Platz 7), die Publikumswerbung für pharmazeutische Produkte (Platz 9) sowie die Werbung für Mundpflegeprodukte.

Werbefernsehen Top-10-Werbemärkte

1. Spezialversender
2. Schokolade/Süßwaren
3. Spielzeug
4. Waschmittel
5. Kaffee, Tee, Kakao
6. Automarkt
7. Massenmedien
8. Milchprodukte
9. Pharmazie, Publikumswerbung
10. Mundpflege

Hörfunk: größter Zuwachs gegenüber Vorjahr

Rund 1,5 Milliarden Mark Bruttowerbeeinnahmen verzeichnet die Nielsen Werbeforschung S+P im vergangenen Jahr für den Hörfunk. Das entspricht einer Steigerung von 15,6 Prozent. Unter den zehn einnahmestärksten Sendern finden sich vier private und sechs öffentlich-rechtliche Programme. Angeführt wird die Liste von Radio NRW, gefolgt von SWF 3 und Antenne Bayern.

Betrachtet man Branchen, die am intensivsten im Hörfunk werben, so stellt man fest, daß der Automarkt erneut die Top 10 anführt. Die Massenmedien (1992 auf Platz 3) schieben sich auf platz zwei vor, während die Bild- und Tonträger von Platz zwei auf Platz fünf abfallen.

Hörfunk: Top-10-Werbemärkte

1. Automarkt
2. Massenmedien
3. Bier
4. Handelsorganisationen
5. Bild + Tonträger
6. AFG
7. Waschmittel
8. Möbel u. Einrichtung
9. Schokolade/Süßwaren
10. Versicherungen

Branchenbilanz

Im Ranking der 15 größten werbungtreibenden Branchen hat sich 1993 nicht sehr viel geändert. Der Automarkt führt mit jetzt über zwei Milliarden Mark Werbeaufkommen weiterhin vor den Handelsorganisationen, den Massenmedien, den Süßwarenherstellern, der Pharmaindustrie sowie den Banken und Sparkassen. Auffällig sind die Steigerungen bei den Spezialversendern, die ihr Werbebudget um 19 Prozent auf 608 Millionen Mark steigerten und damit von Platz 13 auf Platz 7 der Top-Werbungtreibenden aufrückten.

Werbungtreibende Unternehmen

Die Rangliste der werbungtreibenden Unternehmen wird 1993 wieder von Procter & Gamble angeführt. 397 Millionen Mark investierte der Konzern in die klassische Werbung seiner Marken wie Ariel, Lenor, Pampers und Dash, was einer Steigerung gegenüber 1992 von fast 15 Prozent entspricht. Allerdings haben auch vier der zehn größten werbungtreibenden Unternehmen – wenn auch in unterschiedlichem Umfang – ihre Werbeinvestitionen reduziert.

Fazit

Während die Steigerung der Werbeaufwendungen (1992 plus 15,6 Prozent) bisher allen Medien Zuwächse sicherte, reicht der Zuwachs in diesem Jahr erstmals nicht

Top-15-Branchen 1993 (in Mio. DM)

Branche	Mio. DM
Automarkt	2078
Handelsorganisationen	1869
Massenmedien	1244
Schokolade/Süßwaren	835
Pharmazie	770
Banken/Sparkassen	642
Spezialversender	608
EDV Hard-/Software	581
Bier	565
Kaffee/Tee/Kakao	498
Waschmittel	480
Körperschaften	432
AFG	361
Milchprodukte	360
Versicherungen	341

Top 20 – werbungtreibende Unternehmen (in Mio. DM)

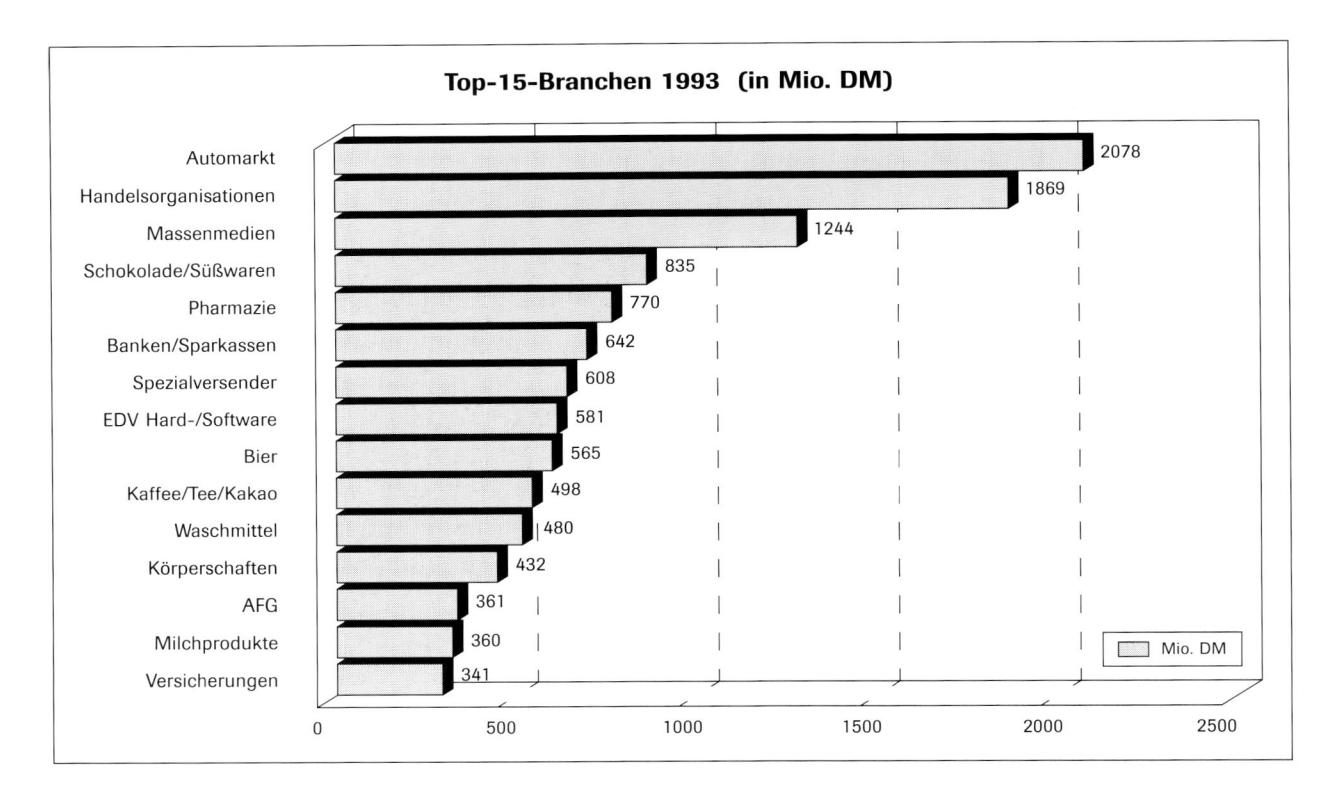

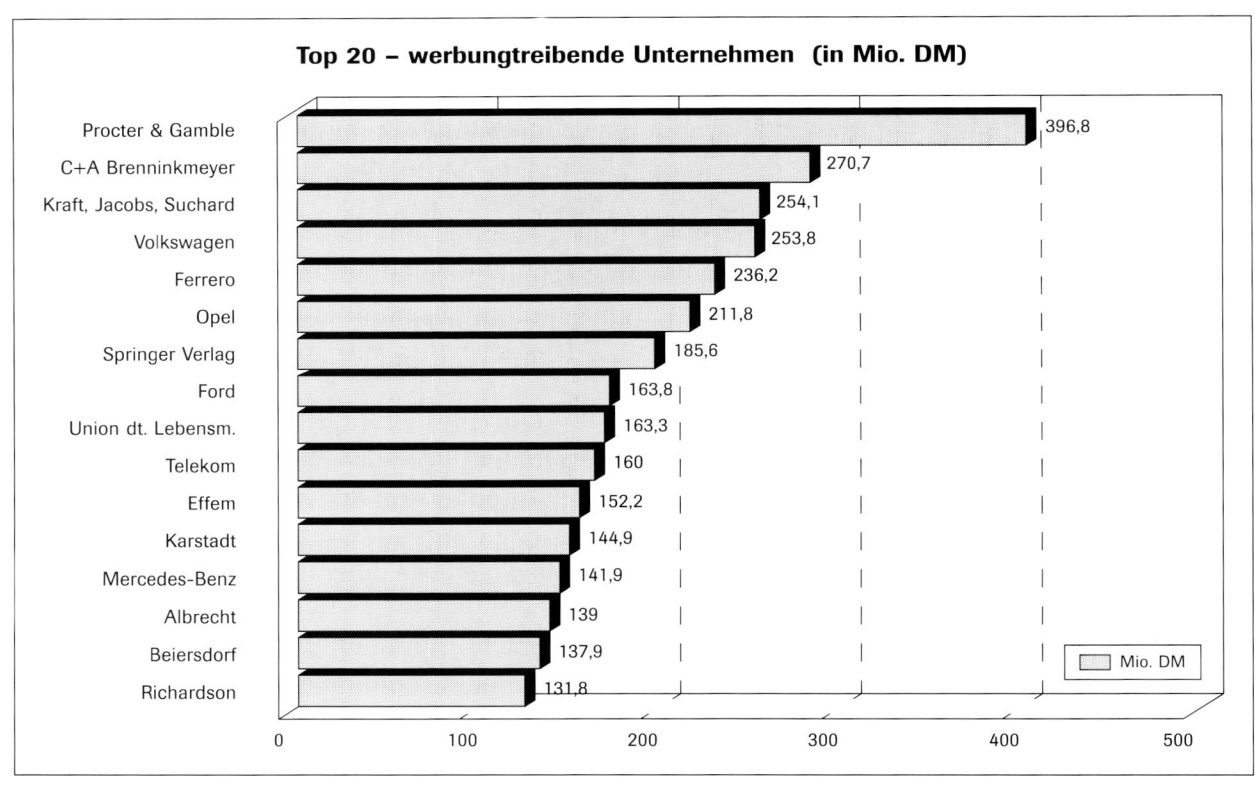

Unternehmen	Mio. DM
Procter & Gamble	396,8
C+A Brenninkmeyer	270,7
Kraft, Jacobs, Suchard	254,1
Volkswagen	253,8
Ferrero	236,2
Opel	211,8
Springer Verlag	185,6
Ford	163,8
Union dt. Lebensm.	163,3
Telekom	160
Effem	152,2
Karstadt	144,9
Mercedes-Benz	141,9
Albrecht	139
Beiersdorf	137,9
Richardson	131,8

mehr aus, um allen Medien mehr Bruttowerbeeinnahmen zu gewähren. Der Mediensplit hat sich deutlich verlagert. Während die elektronischen Medien, die Tageszeitungen und die Außenwerbung auch 1993 mehr Werbegelder verbuchen können, verlieren die Publikumszeitschriften und die Fachzeitschriften erstmals an Werbeeinnahmen.

Branchenbefürchtungen zum Trotz aber stiegen – wenn auch gebremst – die Bruttowerbeeinnahmen auch 1993 weiter und überschritten mit einem Zuwachs von 7,4 Prozent und einem Gesamtaufkommen von 21,5 Milliarden Mark erstmals und deutlich die 20-Milliarden-Grenze.

„Wollen Sie mit Ihrem Produkt wirklich eine Rolle in Cannes spielen...?"

Günther Granzow
Anzeigen-Objektleitung NEUE REVUE

Oder möchten Sie eine Hauptrolle besetzen auf dem deutschen Absatzmarkt? Wenn Ihre Zielgruppe identisch ist mit der Leserschaft der neuen NEUE REVUE, dann können Sie sich das Ticket nach Cannes getrost sparen! Falls nicht, dann buchen Sie bitte einen Flug in der 1. Klasse! Weil Sie auf den Kontakt zum Volke ja keinen Wert legen. Oder...?

DIE NEUE

NEUE REVUE
NEUE REVUE
NEUE REVUE
NEUE REVUE

...sieh' mal einer an!

Die AGD bietet ihren
Mitgliedern **Sicherheit**
in Vergütungs- und
Urheberrechtsfragen,
Beratung im betriebs-
wirtschaftlichen und
im kaufmännischen
Bereich, sie liefert die
notwendigen **Informa-
tionen** für die berufs-
wirtschaftliche Praxis
selbständiger Designer.

AGD
Allianz deutscher
Designer
38100 Braunschweig
Güldenstraße 10
Telefon 0531 - 1 67 57
Fax 1 69 89

AGD
Wir bringen Sie weiter!

Verbandsunabhängig, redaktionell und überparteilich:

Die Deutsche Agenturlandschaft

▶ Es soll angeblich Agenturporträtbücher geben, die in irgendeiner Form ge- oder verbunden sind und gesellschaftlichen Verpflichtungen nachgehen müssen. Naja, was soll's. Wir freuen uns jedenfalls, Ihnen ein Jahrbuch zu präsentieren, das erstmals nicht nur selbstdarstellerisch, sondern auch redaktionell einen vollständigen Gesamteindruck über die wichtigsten Agenturen hierzulande bietet. Mit konkreten Daten und Fakten, z. B. als Entscheidungshilfe für die werbungtreibende Wirtschaft – auf dem aktuellsten Stand, versteht sich.

▶ Wenn Sie Wert auf ein Höchstmaß an Objektivität und werbefachlicher Information legen (ohne vorher den Verbandskasten aus dem Auto holen zu müssen), dann sollten Sie schnellstens zugreifen. Wir haben vorsichtshalber schon mal einen Erste-Hilfe-Fax-Coupon unten rechts für Sie vorbereitet. Kurz ausfüllen, und schon in wenigen Tagen liegt Ihnen DIE DEUTSCHE AGENTURLANDSCHAFT zu Füßen. Diese Sofortmaßnahme gilt allerdings nur, solange der Vorrat reicht.

DER KONTAKTER · Postfach 50 10 60 · 22710 Hamburg · Tel 040/31 16 51-0 · Fax 31 66 58

Erste-Hilfe-Fax-Coupon

Ja, ich möchte diese Sofortmaßnahme ergreifen und DIE DEUTSCHE AGENTURLANDSCHAFT noch heute bestellen. Schicken Sie mir bitte das Jahrbuch zum Preis von DM 178,– (zzgl. Versand und 7% MwSt.) an folgende Adresse:

Firma

Name

Straße/Nr.

Neue PLZ/Ort

Telefon

Der Kontakter
Die Dienst-Leistung

**Kommen Sie auf den Geschmack.
Testen Sie drei Monate
die absatzwirtschaft
mit den besten Rezepten
für Ihr Marketing-Mix**

Dieses Angebot wird allen, die im Marketing das Sagen haben, gut bekommen: Testen Sie die nächsten drei Ausgaben der absatzwirtschaft zum Mini-Abo-Preis. Da kommt kein Marketing-Thema zu kurz. Und keins zu lang. Mit direktem Nutzen für die Arbeit und Ihre persönliche Karriere. Kommen Sie jetzt auf den Geschmack!

Als kleines Dankeschön für Ihr Interesse reserviert: Das Rezept-Booklet mit acht original absatzwirtschaft Marketing-Mix-Drinks.

Verlagsgruppe
Handelsblatt GmbH
asw Leser-Service
Postfach 10 27 53, 40018 Düsseldorf

absatzwirtschaft
Zeitschrift für Marketing

Geschmackstest

Senden Sie mir die absatzwirtschaft zunächst für drei Monate zum Probierpreis von DM 40,50 frei Haus. Als kleines Dankeschön erhalte ich zudem das original asw-Rezept-Booklet.
Dieses Präsent und die drei Hefte kann ich in jedem Fall behalten. Erst spätestens zehn Tage nach Erhalt des zweiten Heftes und eingehender Prüfung entscheide ich endgültig, ob ich die absatzwirtschaft zum Jahresvorzugspreis von DM 162,- (inkl. jährlicher Sondernummer) weiterlesen möchte. Falls nicht, schreibe ich Ihnen formlos und die Sache ist für mich erledigt.

Datum   1. Unterschrift

Name   Vorname

Firma   Abteilung

Straße   Postfach

PLZ   Ort

Widerrufsgarantie: Diese Vereinbarung kann innerhalb einer Frist von 10 Tagen nach Unterzeichnung bei der Verlagsgruppe Handelsblatt GmbH, Vertrieb, Postfach 10 27 16, 40018 Düsseldorf, widerrufen werden. Zur Wahrung der Frist genügt die rechtzeitige Absendung des Widerrufs.

JBW

Datum   2. Unterschrift

Fax 02 11 / 13 35 22

Widerrufsgarantie: Diese Vereinbarung kann innerhalb einer Frist von 10 Tagen nach Unterzeichnung bei der Verlagsgruppe Handelsblatt GmbH, Vertrieb, Postfach 10 2716, 40018 Düsseldorf, widerrufen werden. Zur Wahrung der Frist genügt die rechtzeitige Absendung des Widerrufs.

Wer Ideen hat, weiß Ideen zu schätzen.

Lassen Sie hören.

Mit guten Leuten kommt man schneller ins Geschäft: Wer für die Entwicklung eines Unternehmens einsteht, sucht immer gute Ideen.

Ideen, die bei unseren Lesern zünden, haben weitreichende Folgen. Denn diese Leser treffen weitreichende Entscheidungen. Sprechen Sie also mit den Leuten, die das Sagen haben: Unter 0211/61 88-150 erfahren Sie mehr.

Zielgruppe Kopf.

»Ohne Bier sind wir keine richtige Agentur«

Eine sehr subjektive Sicht der Werbeagentur Baader, Lang, Behnken, Hamburg

Von links nach rechts:
Fred Baader, Wolfgang Behnken, Uwe Lang

Baader, Lang, Behnken – das ist eine Werbeagentur, die etwas bewegt hat. Mit dieser Vorlage schickte mich Peter Strahlendorf los, Näheres herauszufinden. Die Frage, ob diese These denn auch stimmt, kann seriös erst am Ende der Geschichte beantwortet werden. Dies mag dann jeder für sich selbst entscheiden. Nur soviel vorweg: Es hat Spaß gemacht, und man lernt einiges dazu. Was, das werden wir jetzt sehen.

Drei Namen – drei Typen

Baader, Lang, Behnken – das sind die drei Agenturinhaber, von denen man nur zwei kennt. Fred Baader steht nicht in erster Linie vorne, weil der Firmenname das so will, sondern weil er vor der Branchenöffentlichkeit die dominierende Rolle spielt: professionell, souverän, kaltschnäuzig. Und was ihn so wohltuend vom Durchschnitt unterscheidet: kein bißchen schönfärberisch. Der Mann weiß, daß er und seine Agentur morgen um so schlechter aussehen würden, je mehr er den Pfad der Wahrheit verließe – auch wenn es ihm heute zunächst gelingen könnte, den Journalisten ein X für ein U vorzumachen.

Wolfgang Behnken ist der andere, den jeder kennt. Und daß er zu der Spezies der Kreativen gehört, versucht er erst gar nicht zu verbergen (Baader ist im übrigen auch Kreativer, aber bei dem sieht man's nicht so). Bei Behnken fragt man sich immer wieder tief beeindruckt, wie der bloß jeden Morgen aufs neue dieses wohlgeordnete Durcheinander hinkriegt, daß er statt einer Frisur trägt. Es muß doch etwas dran sein an der von vielen Leuten insbesondere aus dem Werbebusiness geteilten Auffassung, daß gute Kreative auch immer ein bißchen irre sind.

Uwe Lang ist weniger bekannt. Allerdings nicht, weil er lang-weilig wäre. Im Gegenteil, er hat es eigentlich am faustdicksten hinter den Ohren, wie ein Blick auf seine Vita verrät. Aber was vorher noch wichtig ist zu betonen: »So einen muß es in jeder Firma geben, das ist nämlich derjenige, der die Arbeit macht«, tippt spontan Frau K. Das ist witzigerweise gar nicht ironisch gemeint und nebenbei auch noch richtig, denn Baader bestätigt: »Diese Interpretation stimmt.«

Und wie war das mit Langs Vita? Der Mann ist so etwas wie ein Serientäter in Sachen Drei-Sterne-Agenturen und war Jahre vor seiner Unternehmung mit Baader und Behnken schon einmal Mitglied einer Dreierbande von Agenturgründern. Seine Partner damals, man höre und staune: die Überflieger Jürgen Scholz und Michael Menzel. Ihre gemeinsame Firma hieß Scholz & Friends, und die machte bekanntlich eine atemberaubende Karriere. Mittlerweile allerdings, da keiner der drei Urheber mehr an Bord ist, wird Scholz & Friends glattgeschliffen bis zur Stromlinienform fürs Reportingsystem des internationalen BSB-Networks.

Kreativ, cool, erfolgreich

Baader, Lang, Behnken – das ist eine Agentur, die zweifellos zu den Kreativwerkstätten der trendsetzenden deutschen Kommunikationshauptstadt Hamburg gehört. Sie rangiert aber nicht unter den ganz heißen Läden in der mitunter bis zur Hektik umtriebigen Szene zwischen Alster und Elbe.

Es hat Phasen gegeben, da fehlte beispielsweise die erst recht kurze Zeit am Markt operierende Agentur Jung/ von Matt in so gut wie keinem Wettbewerb um mehr oder weniger prominente Markenetats. Ähnlich stressige Perioden hat Knopf, Nägeli, Schnakenberg, auch aus Hamburg, durchgemacht. (Die aktuelle In-Agentur zum Zeitpunkt, da diese Zeilen geschrieben werden, ist übrigens Heye & Partner München, frei nach dem Motto: McHeye ist einfach gut . . .)

Baader, Lang, Behnken hat versucht, sich aus solchen Konjunkturen immer rauszuhalten. Vielleicht liegt es daran, daß die drei Steuermänner eine GGK/Scholz-&-

PC für Joschka.

Friends- bzw. BBDO/Scholz-&-Friends-Vergangenheit haben und nicht von diesem unbändigen New-Business-um-fast-jeden-Preis-Ehrgeiz befallen sind wie beispielsweise die Jungs aus der Springer-&-Jacoby-Schule.

Baader, Lang, Behnken – das ist eine Agentur, die trotz dieser Zurückhaltung mit reichlich Erfolg aufwarten kann. Das zeigt ein Blick auf die Kundenliste. Dort finden sich mit Flötotto-Einrichtungssystemen, Gruner + Jahr und dem Otto Versand drei, die seit der Gründung dabei sind. Zählt man die Deutsche Lada, Radio Hamburg und Philips (Lampen, Leuchten, Batterien) mit, die bald darauf hinzukamen, dann ist die Strahlendorf-These, die Agentur hätte etwas bewegt, vermutlich bereits ausreichend belegt. Für diese Unternehmen muß Baader, Lang, Behnken schon einiges bewegt haben, sonst wäre sie nicht mehr deren Werbeberater. So einfach kann man das sehen.

Die dumme Geschichte mit dem Bier

Denkste, meint dazu Fred Baader und hält seine eigene Meßlatte dagegen, wonach eine Werbefirma erst dann zu einer »richtigen Agentur« wird, wenn sie ein Auto, ein Bier und eine Zigarette in ihrem Portfolio hat. Und was fehlt bei BLB? Richtig, das Bier! Autos hat die Agentur mittlerweile sogar schon zwei, nach dem russischen Lada jetzt auch den südkoreanischen Kia; die Zigarette ist ein dänischer Prinz oder auch Prince Denmark. Da würde beispielsweise tschechisches Bier gut passen, aber bislang hat's noch nicht mal mit deutschem auf Dauer geklappt.

Das Bremer Haake-Beck Pils aus dem Hause Becks ist längst Episode, und die Berliner Traditionsmarke Schultheiss schmeckte schon schal, bevor die frisch vom BLB-Kreativfaß gezapfte Kampagne angestoßen werden konnte. Die Zusammenarbeit endete abrupt. Also, da muß noch einiges bewegt werden. Wenn's auch für den Sprung ins *Jahrbuch der Werbung* ohne Bier reicht, so doch noch lange nicht für den selbstgestellten Qualitätsanspruch.

Otto glänzt mit Motto, Viva stirbt in Schönheit

Baader, Lang, Behnken – das ist eine Agentur, die dennoch nicht gerade verzweifeln muß. Daß die Firma eine echte Werbeagentur ist und sicher keine schlechte, davon legen die Kampagnen aus ihrer Feder ein beredtes Zeugnis ab. Die findet nämlich nicht nur Otto gut. Wer wie Fred Baader für den Otto Versand einen derartigen Jahrhundertslogan textet, der hat sich damit nicht nur selbst ein Denkmal gesetzt, sondern lockt auch diverse andere Interessenten an. So wird die geniale, weil in ihrer Schlichtheit so eindringliche Idee zu einer Art Lebensversicherung für Baader und seine Leute.

Wahrscheinlich ist es die Scholzsche Schule, aus der solche Meisterleistungen resultieren – der selbst hat ja für Reemtsma mit »Ich rauche gern« ein ähnliches Staatsstück abgeliefert. Wenn man die Kampagne für den Otto Versand vielleicht als die glatteste – weil rundum gelungen hinsichtlich Kreativität, Effizienz und, und, und – aus der BLB-Feder einordnen kann, so fällt die Rolle der schönsten, weil unter anderem auch tragischsten, an die Arbeiten für *Viva*, eine Lifestyle-Illustrierte von Gruner + Jahr.

Die Motive waren sensationell: intelligent, frech, aggressiv und wunderschön in Szene gesetzt. Sie gingen die

Brigitte zeigt nicht den Schafspelz. Brigitte zeigt den Wolf.

Jetzt im Heft: Wolf Biermann über seine Lieder, seine Kinder, seine Frauen.

DER LADA-FAHRER BEHÄLT DIE HOSEN AN.

Gestatten Sie, daß wir Sie zunächst mit den beiden Herren hier im Bild bekannt machen.

Rechts sehen Sie Mike Frenzel. Der junge Mann ist aufgeweckt und strebsam, entscheidet des öfteren aus dem Bauch heraus und hat – seine Freunde wissen das – einen latenten Hang zum Übertreiben. Deswegen hat er sich auch für einen Sportwagen aus der luxuriösen Shadow-Edition entschieden, mit lederbezogenem Schalthebelknauf, satten 250 PS und einem Spritverbrauch von weniger als 25 Litern. Daß er sich für diese Anschaffung dem Geldberater seiner Bank verpflichten mußte, wußten allerdings bisher nur wenige.

Ganz anders Wilhelm Kassata, links im Bild. Frei von Emotionen, angemessen gekleidet bleibt er stets abgeklärt und souverän. Kein Wunder also, daß seine Wahl auf den neuen Lada Samara mit wohlgeformter Karosserie, wirtschaftlichem 4-Zylinder-Reihen-aggregat und dezent beleuchtetem Motorraum fiel. Die 11.285 Mark dafür konnte er selbstverständlich bar, quasi aus dem Handgelenk, bezahlen.

Als aufmerksamer Leser dieser Anzeige werden Sie sicher die richtigen *Schlüsse* daraus ziehen. Das heißt, sofern Ihnen Ihre Hosen lieb sind.

LADA

Zielgruppe frontal an, und die ging auch ordentlich mit. Schade nur, daß die Anzeigenkunden das Angebot nicht ausreichend zu würdigen wußten. Das Objekt wurde mangels Erfolg eingestellt und damit logischerweise – und hier kommt die Tragik rein – auch die Kampagne.

Fair, aber hart

Baader, Lang, Behnken – das ist eine Agentur, die sich ebenso wie jede andere nach außen mit ihren kreativen Arbeiten darstellt, aber selbstverständlich wie jede andere auch eine ganz eigene Kultur innerhalb der vier Firmenwände entwickelt hat. Von Extra-Motivationsveranstaltungen oder anderen Incentives, um die lieben Mitarbeiter bei Laune zu halten, hält Fred Baader überhaupt nichts. Statt dessen stellt er einen weiteren Qualitätsanspruch an sich und seine Partner: das Arbeiten für sämtliche Leute im Hause BLB so einzurichten, daß es Spaß macht.

Wenn man den aufgeschnappten Stimmen und Stimmungen tief aus dem Mittelschiff des Agenturgebäudes trauen darf, dann scheint diese Kardinalbedingung für gute Arbeitsergebnisse im großen und ganzen hergestellt zu sein. Die Mannschaft ist organisch abgestimmt aufgebaut worden, schallt es nicht etwa als Selbstlob aus der Chefetage, sondern aus ebendieser Mannschaft selbst. Es gäbe keine glattgebügelten Heiopeis im supercoolen Einheitslook und einfach nur unglaublich hip. Man sei lediglich in einem einzigen Punkt gleichgepolt, nämlich unter dem Maßstab, der für alle ohne Einschränkung gilt: »richtig gute Arbeit« abzuliefern.

Genau! Spätestens an dieser Stelle ist tiefstes Mißtrauen angesagt, wenn man noch einigermaßen bei Verstand ist. Aber keine Angst, es gibt ihn, den Pferdefuß. Nicht zu überhören sind Klagen über allzu lange Arbeitszeiten. Wenn diverse Wochenenden nicht mehr frei sind und beispielsweise so sehr geschätzte Fitnesstrainings ausfallen müssen, dann droht auch der Spaß den Bach runterzugehen. Also, watch out, Fred Baader!

Mutterkomplex

Baader, Lang, Behnken – das ist die Agentur, die eigentlich zum Werbekonzern Lintas gehört, und zwar mit einer imponierenden Anteilsmehrheit von 70 Prozent. Das war freilich nicht immer so. Angefangen hatte es einst mit einer Minderheitsbeteiligung, die dann nach und nach, im großen und ganzen unbemerkt von der Fachpresse, immer mehr wurde. Bis eines Tages der zweitbeste Hamburger Branchendienst bei seinem jährlichen Ranking der größten deutschen Werbeagenturen die Firma Baader, Lang, Behnken mir nichts, dir nichts in den Zahlen und Daten der großen Lintas-Gruppe auf- und damit gewissermaßen ihre Eigenständigkeit untergehen ließ.

Mann o Mann, war Fred Baader da sauer. Dabei kann man den Kollegen gar nicht vorwerfen, sie hätten mit dieser Maßnahme gegen die Regeln verstoßen. Das glatte Gegenteil ist der Fall. Üblich ist es, ab einer Beteiligung von 51 Prozent die Tochtergesellschaft entsprechend diesem Anteil in die Bilanz der Mutter zu integrieren. Allein, man hatte dies Verfahren im Falle Baader, Lang, Behnken während der Jahre zuvor nie in Anschlag gebracht – und

„Seid ihr ein Blatt für Intellektuelle?"

„Nur, wenn sie Minis tragen."

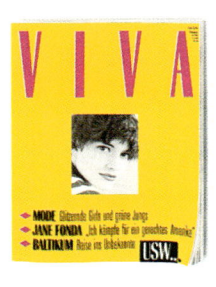

dann plötzlich aus heiterem Himmel doch. Und außerdem noch, was Baader am meisten ärgerte, ohne jegliche Vorwarnung. Ganz schön empfindlich . . .

Baader, Lang, Behnken – das ist eine Agentur, die in ihrer Reaktion auf dieses Ereignis ein gutes Stück von ihrem USP preisgibt. Fred Baader legte flugs seinen Schafspelz mit Namen Gelassenheit ab und holte das Wolfsgebiß hervor. Damit biß er dann kräftig zurück, allerdings, streng nach BLB-Manier, professionell, gezielt, kaltschnäuzig. Und obendrein erläuterte er zur Klarstellung gegenüber dem anderen Hamburger Branchendienst, ohne Rücksicht auf Ingo Zuberbier oder irgendeine Konzernräson, welche praktische Verlaufsform die Majorität von Lintas in seinem Hause angenommen hat: »Lintas? Viermal pro Jahr kriegen die einen Forecast über den Verlauf der Geschäfte, einmal Geld, und dann gehe ich noch zu deren Weihnachtsfeier. Das war's auch schon.«

Mutterliebe

Baader, Lang, Behnken – das ist nämlich eine Agentur, die ihren Aufstieg unter die Top 50 aus eigener Kraft geschafft hat. Schließlich ging es dem Trio bei Gründung seiner eigenen Firma »schlicht um die freie Bestimmbarkeit der Werbung«. Und die lassen sie sich nicht nehmen. Auch nicht von der allmächtigen Lintas mit ihrer Majorität an Anteilen. So tut es denn natürlich unheimlich gut, wenn ein lokaler Wettbewerber mit unbestrittener Kompetenz für kreative Werbung wie Springer & Jacoby in seiner Selbstdarstellungsbroschüre Baader, Lang, Behnken in

eine Reihe stellt etwa mit Hildmann, Simon, Rempen & Schmitz in Düsseldorf sowie der Stuttgarter Kultagentur Leonhardt & Kern und diese Auswahl als jene seltene Spezies der Branche feiert, die sich im Kampf um den etwas besseren Teil der deutschen Werbung verdient gemacht hat.

So weit, so gut, liebe Leute, aber wozu braucht ihr dann eigentlich noch Lintas? Die Antwort ist verblüffend einfach: »Zu uns kommen Auftraggeber, die zwar nie im Leben dieses internationale Netzwerk nutzen wollen, die aber trotzdem sagen: Habt ihr denn überhaupt internationale Präsenz, sonst können wir euch nicht mit in den Wettbewerb nehmen?«. Außerdem ist es natürlich auch ein nicht zu unterschätzender Vorteil für die Nerven, eine große Organisation im Kreuz zu haben, »von der wir Buchhaltung, Computersysteme, Software und Marktforschung beziehen können«. Und dann gibt's da ja auch noch die Bruderhilfe der zu Lintas gehörenden Initiativ Media. Das muß man Lintas lassen – allem Anschein nach bietet sie all diesen Service, ohne auf dem gleichen Wege ihre Philosophie und Kultur transportieren oder gar schlechter noch: anderen aufzwingen zu wollen.

Verstärkungen mit Perspektive . . .

Baader, Lang, Behnken – das ist eine Agentur, die – Lintas hin, selbstbestimmte Werbung her – nicht nur mit neuen Kunden und Etats gewachsen ist. Die Firma hat inzwischen ein Gebäude geentert, das einem Schiff von stattlicher Größe nachempfunden ist, und sie hat die Zahl ihrer Steuermänner auf fünf erhöht. Zunächst schlicht als

*Von links nach rechts:
Fred Baader, Thomas Witt,
Uwe Lang, Dr. Oliver Hermes,
Wolfgang Behnken*

Geschäftsführer, aber doch auch gleich mit der ernsthaften Perspektive auf eine Beteiligung als Gesellschafter haben Thomas Witt und Dr. Oliver Hermes die Kommandobrücke erklommen.

Daß die beiden Neuen und ihr Status aus berufenem Munde immer wieder in einem Atemzug als so gut wie sichere Partner in spe genannt werden, kann man getrost als Lehre interpretieren, die Baader & Co. aus dem Verlust ihres einstigen Kollegen Rainer Henselek gezogen haben. Der war nämlich als BLB-Geschäftsführer ohne Firmenanteile Hals über Kopf zum Ortsrivalen Knopf, Nägeli, Schnakenberg übergelaufen, weil er sich dort vom Start weg als Gesellschafter einkaufen konnte. Also wenn denn nichts dazwischenkommen sollte, dann kriegen Witt und Hermes anders als Henselek Anteile aus dem Topf von Lintas (70 %) oder den drei Gründern (30 %).

Dann wären sie also fünf Partner statt drei. Daß die beiden Nachkömmlinge allerdings gleichzeitig auch ihren Namen ins Firmenschild heben können, diese Perspektive darf man getrost vergessen. Da ist die Marke Baader, Lang, Behnken einfach zu organisch gewachsen und zu rund im Profil, als daß man sie so mir nichts, dir nichts und vor allem ohne schädliche Nebenwirkungen durch eine andere ersetzen könnte.

. . . und mit Vorgeschichte

Wer sind denn nun die beiden Neuen? Als erster kam Thomas Witt und übernahm eine der drei Beratungsgruppen im Hause Baader, Lang, Behnken. Der gelernte Verlagskaufmann hatte schon einiges auf dem Buckel, als er diesen Posten antrat: Marktforschung bei Gruner + Jahr, Kundenberatung bei der Hamburger Traditionsagentur Economia und nicht zuletzt Advertising Management im Marketing des bis zum Staunen erfolgreichen italienischen Süßwarenmultis Ferrero.

Der andere, Dr. Oliver Hermes, stieß als letzter hinzu, und zwar um die Lücke des schon erwähnten Rainer Henselek wieder zu schließen. Mit Hermes hat sich die Agentur nicht in erster Linie einen Hauch vom akademischen Olymp zum Firmensitz auf St. Pauli heruntergeholt, sondern zuallererst ihren vorherigen Gesprächspartner auf seiten des Otto Versands. Dort war Hermes nicht gerade der Götterbote, aber immerhin doch der von Versandhauschef Michael Otto und als solcher für klassische Werbung und Verkaufsförderung zuständig.

Wiewohl Fred Baader nie zu betonen vergißt, daß ihm jeder Kunde erstens lieb ist und zweitens genauso lieb wie all die anderen, darf man als Externer schon feststellen, daß Otto aus den verschiedensten Gründen den Rang des unumstrittenen Parade- und Vorzeigeexemplars behauptet. Nicht von ungefähr hat sich die Agentur für dessen Bedienung mit Hermes eine ganze Menge zusätzlichen Know-hows aus der Originalquelle zugelegt. Man kann den drei Partnern zu dieser Akquisition daher nur gratulieren. Das haben sie ziemlich schlau angefangen, zumal der Transfer im vollen Einvernehmen mit dem Otto-Management erfolgte.

Trost statt Prost

Baader, Lang, Behnken – das ist eine Agentur, bei der wir es jetzt also nicht mehr mit einem Triumvirat von Chefs zu tun haben, sondern in der ein kräftiger Fünferpack die Fäden zieht. Und der besteht allem Anschein nach aus den verschiedensten Charakteren und Qualifikationen. Summa summarum also eine gute Mischung, wie es aussieht. Und das ist vielleicht so etwas wie ein Resümee zum guten Schluß, das Peter Strahlendorf so gerne sehen würde.

Mir persönlich gefiele allerdings dies hier besser: Baader, Lang, Behnken – das sind die drei Macher einer Agentur, von denen einer nicht ganz bei Trost sein kann, wenn er behauptet, seine Firma sei noch gar keine ordentliche Agentur, weil und insofern in ihrem Portfolio eine Biermarke fehle. Andererseits, wie kann einer, wenn auch nicht alleine, sondern im Zusammenspiel mit seinen Partnern, ein so erfolgreiches und mit guten Arbeiten im Markt präsentes Unternehmen aufbauen, der nicht ganz bei Trost ist? Aber vielleicht ist das mit der notwendigen Dreieinigkeit von Auto, Bier und Zigarette am Ende ja doch nicht so ernst gemeint . . .?

Werbepersönlichkeiten 71

Claudia Jaekel

Seine Ideale sollte man nie verraten: Thomas Rempen. Ein Porträt

Er ist umtriebig, unduldsam und unbequem. Als Perfektionist ist er chronisch unzufrieden und deshalb auch »bisweilen rüde.« Fordernd im Umgang mit anderen – »das gilt für Mitarbeiter wie für Kunden« –, fordernd im Umgang mit sich selbst, wird Thomas Rempen getrieben von »schwäbischer Sorgfaltspflicht« und dem Gefühl, »daß man eigentlich alles noch etwas besser machen könnte«. Die Leidenschaft, mit der Thomas Rempen seiner Arbeit verfallen ist, geht über den Beruf hinaus und ist schon mehr Berufung. Nahezu seit einem Vierteljahrhundert ist er inzwischen in der Werbung und kann sich kaum vorstellen, etwas anderes zu machen.

Und doch bedurfte es eines – zugegebenermaßen kleinen – Umweges, der ihn in die Werbung führen sollte. Zunächst wollte Thomas Rempen, Jahrgang 1945, nämlich Mathematiker werden. Nachdem er jedoch in München, der Universität seiner Wahl, keinen Studienplatz bekommen hatte, besann er sich eben auf seine musischen Talente (mit denen er reichlich gesegnet ist), schrieb sich kurzerhand an der Stuttgarter Kunstakademie ein und widmete sich dem Studium generale mit Malerei, Grafik und Lithografie. Der Weg in die schönen Künste war Thomas Rempen schon allein durch seine Eltern vorgezeichnet. Daß die Mutter auch Pianistin war, hielt den Sohn nicht nur dazu an, sich in Klavier, Gitarre und Schlagzeug zu üben. Er komponierte als Schüler gleich eine ganze Symphonie, die »auch aufgeführt wurde«, beteiligte sich am Wettbewerb »Jugend musiziert« und kam prompt unter die ersten Zehn. Sein Vater, der Zeit seines Lebens ein Faible für Architektur und Inneneinrichtung gehabt hatte, hatte dem Filius das Interesse für formale Gestaltung in die Wiege gelegt, und so nimmt es kaum wunder, daß Rempen schon während der Schulzeit zwar keine Häuser, dafür Tapeten und Stoffmuster entwarf, was ihm bei der Mailänder Textilausstellung, »wo niemand wußte, wer ich überhaupt bin«, einen Preis einbrachte.

Von daher lag es trotz der ausgeprägten naturwissenschaftlichen Neigungen nah, wenn sich Thomas Rempen durchaus vorstellen konnte, daß ihm sein kreatives Potential eine berufliche Perspektive bieten könnte. »Fragte sich nur, welche.« Schließlich gibt er zu Protokoll, sich »eigentlich aus schierer Verzweiflung« der Malerei gewidmet zu haben, weil er nicht genau wußte, wo sein »Platz in der Kunst sein« würde. Er sollte ihn bald finden. Denn viel interessanter als die »Frage, ob das Aktmodell vom letzten Mal auch in dieser Woche wiederkommen würde« waren für Rempen plötzlich die Vorträge von Kurt Weidemann, der bemüht war, seine Studenten mit dem aktuellen Geschehen in der Fotografie, der Blattmacher- und Werbeszene vertrautzumachen. Auf einmal entdeckte Thomas Rempen, daß die »Werbung das Synonym für die Kultur einer Gesellschaft« ist, was er speziell an den Kampagnen für VW und o.b. ausmachen konnte. »Die waren so anständig gemacht, daß man das Gefühl hatte, die Werbung könnte sogar noch einen kulturellen Beitrag leisten.« Infiziert vom »Virus Werbung«, sagte Rempen der Kunstakademie ade und ging zu Albrecht Ade an die Werkkunstschule nach Wuppertal, seinerzeit einer der wenigen Plätze, wo man »das Handwerk lernen konnte«. Mit seiner Kampagne für ›Deutschland in Amerika‹ gewann Rempen den ›Lucas-Preis‹. Dem WDR war's ein Beitrag in *Hier und Heute* wert, und am Tag nach der Sendung machte Thomas Rempen seine Runde durch die Düsseldorfer Agenturen. »Damals wußte ich noch nicht, daß zu dem Zeitpunkt, an dem die Sendung ausgestrahlt wird – am frühen Abend nämlich –, in den Agenturen noch gearbeitet wird. Ich dachte, alle hätten's gesehen. Dem war zwar nicht so, aber trotzdem hatte es sich rumgesprochen, daß ich in *Hier und Heute* war. So gesehen ging die Rechnung doch noch auf.« (Nur bei GGK nicht. Obwohl Rempen immer gern bei Wolf Rogowski gearbeitet hätte, wollte der ihn nie einstellen.)

Aus der Mistecke in die erste Reihe

Dafür hatte er, »auch nicht schlecht«, schon ein Semester vor Abschluß einen Vertrag bei DDB in der Tasche und fing 1969 gleich als Art Director an. Viel hatte er von dem Titel allerdings nicht, denn »wie das so ist, fühlte ich mich erst einmal boykottiert; ich fing an, mich zu langweilen, und fiel dann irgendwann einmal unangenehm auf, weil ich die Klappe nicht halten konnte«. Ohne Jobs, die ihn richtig gefordert hätten, fand sich Thomas Rempen im Promotion Departement bei DDB »in der sogenannten Mistecke wieder«, besserte sein Gehalt mit ›17 und 4‹ auf – »damit habe ich fast zwei Jahre lang gelebt« – und war dennoch in bester Gesellschaft. Denn in jener »Mistecke« saßen damals unter anderem auch Martin Merkel, Anton Hildmann und Gerd Simon. Als DDB die Tochter Promotion Plus ins Leben rief, für die sich natürlich keiner der gestandenen Kreativen starkmachen wollte – »Promotions galten damals so ziemlich als das Letzte« –, griffen die ›Misteckler‹ zu und erwirtschafteten gleich im ersten Jahr einen ordentlichen Profit. Beflügelt von diesem Erfolg, gründeten Anton Hildmann als Kundenmann, Gerd Simon als Texter und Thomas Rempen als Gestalter anno 1972 ihre eigene Agentur HSR – ohne auch nur einen Kunden zu haben. »Wir dachten, das klappt schon irgendwie, denn jetzt reißen wir der Welt mal den Arsch auf. Das war leider ein Irrtum.« Nur einen Tag nach der Gründung verlor das Trio die erste Präsentation, schneller als vermutet fand man sich auf dem harten Boden der Tatsachen wieder, und zwei Jahre lang nahm niemand groß Notiz von der Existenz der jungen Agentur. Doch dann kamen mit Plantur und bioNorm die ersten Erfolge, und vor allem kam auch Helmut Schmitz, der sich schon zu DDB-Zeiten scherzhaft erkundigt hatte, ob er sich nicht an der neuen Agentur beteiligen könne. Er machte ernst, und auch für HSR&S, wie die Firmierung nun lautete, wurde es fortan ernst. Es gab die ersten Medaillen in Gold (viele sollten noch folgen), Kampagnen für Gruner + Jahr, den Stern, Pierre Cardin, Veltins und Erco entstanden, die Kreativschmiede boomte, und am zehnten Geburtstag wurden 45 Mitarbeiter gezählt und 50 Millionen Mark an Billings.

Grund genug für HRS&S, die nationale Werbesache zur internationalen machen zu wollen und sich mit den New Yorkern von Scali, McCabe, Sloves Inc. (SMS) zusammenzutun. Eingebunden in dieses Network, sollte vor allem auch im Hinblick auf den europäischen Markt greifen, was Thomas Rempen als »gute Werbung« versteht. Und das ist weit entfernt von vordergründigem Schielen nach Medaillen und jeglicher Effekthascherei. »Natürlich habe ich mich über jede Auszeichnung gefreut. Doch war nie mein Ziel, nur spektakuläre Werbung zu machen. Ich wollte immer gute Werbung machen, Werbung, die dem Verbraucher dient, dem Hersteller und auch dem Handel. Werbung, die auch der Vertreter abends seiner Frau zeigen will, weil er sie toll findet. Werbung also, auf die alle Beteiligten in diesem Zirkel stolz sein können und die sie sich auch nach zehn Jahren gern angucken möchten. Kontinuität, die ja von manchen Kollegen in der Branche fälschlicherweise mit Einfallslosigkeit gleichgesetzt wird, ist aus meiner Sicht ein ganz wesentliches Kriterium für den Erfolg einer Marke, der immer Vorrang vor dem Erfolg der Agentur haben sollte, auch wenn in der Branche von so manchem die Meinung vertreten wird, Werbung könne nicht verkaufen. Außerdem hat mich in der Vergangenheit immer wieder gefreut, daß wir mit unseren Arbeiten Verkaufserfolge keineswegs behindert haben; das ist doch auch schon was wert.«

Kontinuität ist für Thomas Rempen aber nicht nur eine marketing- und kommunikationsstrategische Entscheidung. »Kontinuität steht auch für Solidität«, und die Basis für diese Solidität ist auch »eine Frage des Handwerks: eine saubere Typografie, schöne Texte, die man auch später noch gern liest, gerechte Fotos, die immer state of the art sind und nicht langweilig, eine gute Produktion, die neben dem Optischen auch das Haptische einbezieht . . .«

Seine Ideale sollte man nie verraten: Thomas Rempen. Ein Porträt

ES GIBT WERTE,
FÜR DIE ES KEINE ZAHLEN GIBT.

Schwarz auf weiß treten sie auf. Und wo sie stehen, da stehen sie unzweideutig fest – die Zahlen.
Nicht selten ersetzen sie Worte. Und immer öfter sind sie das Maß, an dem der Erfolg eines Unternehmens gemessen und abgelesen wird.
Dann nennen sie sich Erfolgszahlen und sind oft genug die einzige Grundlage für die Beurteilung eines ganzen Unternehmens.
Leider.
Denn auch wenn diese Zahlen vieles sagen: Mehr noch verschweigen sie.
Ungesehen und unerkannt bleiben die Werte, die ein Unternehmen auszeichnen und letztendlich sogar all die Erfolgszahlen ausmachen.
Zu diesen Werten gehört der Mut, den man braucht, um Ideen in die Tat umzusetzen oder zuweilen sogar zurück in die Schublade zu legen, weil ihre Zeit noch nicht gekommen ist.
Dazu gehören genauso Geduld und Zuversicht, die man braucht, will man mit aller Kraft in all die Ideen investieren, die viel Zeit brauchen, bis sie sich auszahlen.
Und dazu gehört auch der unternehmerische Weitblick, der da gefordert ist und sich da zeigt, wo langfristig gedacht, geplant und agiert wird. Und nicht kurzfristig reagiert, um schnell mal irgendetwas Neues auf den Markt zu bringen.
All das sind Werte, die in ihrer Summe den Geist und die Größe eines Unternehmens kennzeichnen.
Und es sind Werte, die für sein Selbstbewußtsein stehen, wenn es sich auf sie verläßt und sich zu ihnen bekennt.
Wenn Sie jetzt mehr über diese Werte wissen wollen oder einfach mal sehen möchten, wie sie Form angenommen haben und was Sie davon haben, dann schreiben Sie uns oder rufen Sie uns an. Wir schicken Ihnen, was Sie brauchen und was wir haben: Alles für die moderne Fertigung.

MAHO

MAHO Aktiengesellschaft
Tiroler Straße 85
W-8962 Pfronten
Telefon: (08363) 89-0

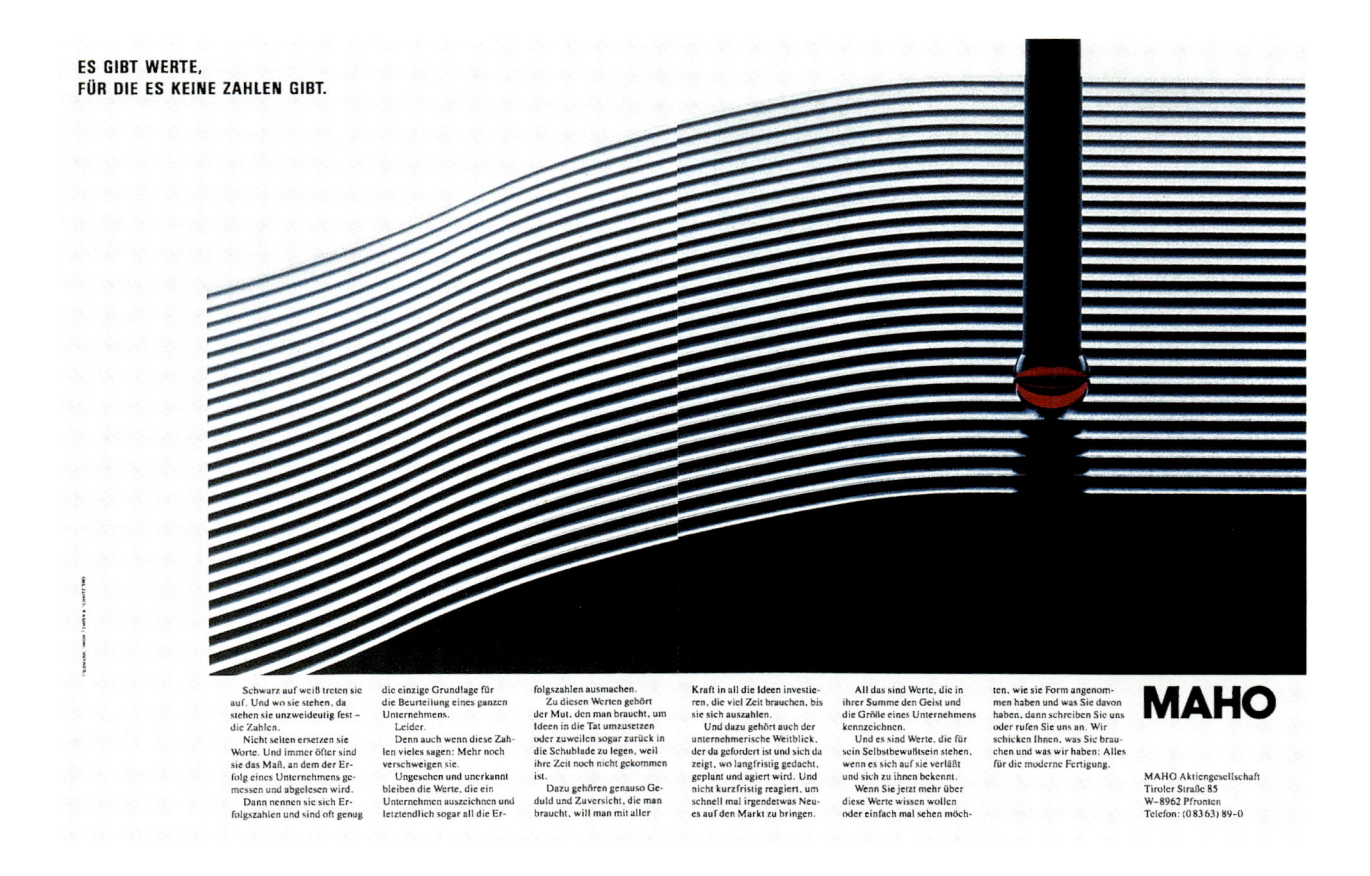

Neugier ist die wichtigste Triebfeder

Schließlich ist nicht zuletzt die Verpackung das Medium, die ein Produkt zuallererst verkauft, und darum spricht sich Thomas Rempen auch für den Generalisten aus. »Ein guter Texter versteht etwas von Gestaltung, ein guter Gestalter ist in der Lage, gute Headlines zu schreiben. Und er weiß nicht nur, für ein Produkt die richtige Anzeige oder das richtige Plakat zu machen oder einen spannenden Film, sondern auch die richtige Verpackung.« Daß Thomas Rempen in diesem Kontext Akribie nicht etwa als positive Randerscheinung gelten lassen will, sondern als unabdingbare Voraussetzung, versteht sich wohl von selbst. Aufgrund der ihm eigenen und schon zitierten ›schwäbischen Gründlichkeit‹ ärgert er sich »maßlos, wenn die Ästhetik einer Headline nicht stimmig ist, das verwendete Foto häßlich oder aber, und das ist das schlimmste, die Umsetzung nicht auf dem Punkt. Gute kreative Arbeit kann nur aus gründlicher Recherche entstehen, und Neugier ist die wichtigste Triebfeder. Die Neugier, alles zu lernen über ein Produkt, wie es gemacht wird, wie es funktioniert, wie es verkauft wird. Nur so kann man das Geheimnis einer Marke entdecken, um letztlich dann die Qualität einer Ware, Marke oder Dienstleistung qua Werbung sichtbar zu machen.« Von daher schätzt Rempen, was die Ideenfindung anbelangt, auch die »sogenannten Kreativen, die, an Designertischen sitzend, Rauchringe in die Luft blasen und immer wieder in einer alten Ideenschublade kramen« weitaus weniger als jene, die mit »ausgebeulten Hosen« daherkommen. Denn sie tun das, was er Zeit seines Arbeitslebens immer gemacht hat: sich in die Sache reinknien. Auch, als er nach dem Weggang von Anton Hildmann Mitte der 80er Jahre und später, nach dem Ausscheiden von Helmut Schmitz, bei HSR&S mehr und mehr in die Position des Agenturmanagers gedrängt wurde – Thomas Rempen konnte es nie lassen, selbst Hand an Kampagnen zu legen. »Ich hatte immer abgewetzte Knie an meinen Hosen, weil ich zwischendurch einfach runter muß auf den Boden, wo die Pappen liegen, und gucken muß, wie das Zeug aussieht. Im Grunde meines Herzens bin ich Grafiker und kein Manager.«

Gleichwohl ist er auch als Manager erfolgreich gewesen. Unter seiner Ägide prosperierte die Agentur – Anfang der 90er war die Mitarbeiterzahl auf stattliche 120 gewachsen. Kunden wie Kaldewei, Daimler Benz, Hoechst, Nikon, Osram, Bosch, Siemens, Erco, Veltins, Loewe, Rewe, Granini, die Dresdner Bank oder Microsoft fanden sich [unter anderem] auf der Liste der Auftraggeber. »Managing kann auch großen Spaß machen«, räumt der von der Fachzeitschrift Horizont 1989 zum »Werbemann des Jahres« gekürte Grafiker Rempen ein. »Das gehört mit zum Geschäft und zu dem Klima, aus dem heraus die Arbeit dann wirklich entsteht. Man ist da ja auch in der Position des Moderators, eine ganz wichtige Funktion in einer Agentur.« Als er indes feststellen mußte, daß er mehr als ein Drittel seiner Arbeitszeit »mit Rechtsanwälten und Reisen« verbrachte, waren es ihm dann doch »zuviel Miles und zuviel More«. Vor allem, weil er insbesondere in den letzten drei Jahren diese Zeit in nervenaufreibende Verhandlungen um die Zukunft »seiner« Agentur investierte und letztlich zu dem Schluß kam, daß all seine Bemühungen für »Unabhängigkeit und Qualität« nicht fruchteten.

Seine Ideale sollte man nie verraten: Thomas Rempen. Ein Porträt

»Als wir damals die Mehrheit der Anteile an SMS verkauft hatten, konnten wir hervorragend damit leben. Wir haben uns prächtig verstanden, die haben sich nicht eingemischt, und wir konnten so weitermachen, wie wir wollten. Doch dann wurde SMS von WPP übernommen und stand zum Verkauf. Plötzlich änderte sich das Szenario, weil über lange Zeit nicht klar war, wer unser neuer Partner sein würde. Was bedeutete, daß viele Entscheidungen, kleine wie große, immer wieder verschoben werden mußten.« Thomas Rempen, der mit der Agentur noch »allerhand vorhatte, was die interne Struktur betrifft«, suchte seinerseits die Paralyse zu beenden und bemühte sich, zu seinen Shares auch noch die Mehrheitsanteile – immerhin 63,4 Prozent – wieder zurückzukaufen. »Für mich die einzige Möglichkeit, die Agentur, ihre Erfolge und Ziele zu sichern.«

Es blieb beim Versuch – Rempen sollte an den finanziellen Forderungen von WPP-Chef Martin Sorell scheitern. Er zog die Konsequenz und stieg wie angekündigt aus. Leicht ist ihm der Abschied nicht gefallen – zwanzig Jahre sind eine lange Zeit, eine »wundervolle«, wie er rückblickend sagt. »Die Agentur war mein erstes Zuhause und meine zweite Familie. Hier habe ich viele Freundschaften gefunden, und hier habe ich meine jetzige Frau kennengelernt. Ich habe meine Medaillen mit der Agentur verdient und meine Knete. Und ich würde mich freuen, wenn ich auf die Marke HSR&S noch lange stolz sein kann. Sie trägt ja meinen Namen.« Das allerdings wird Thomas Rempen aus der Distanz beobachten, denn seit dem 1. Januar 1994 hat er sich auf zu neuen Ufern gemacht. Rempen & Partner heißt die neue Agentur, in der

er neben der Devise »kreatives Marketing und kreative Werbung« zusammen mit AD Ingo Heintzen, Monika Knuth und Stefan Telegdy (beide Text) den Kooperationsgedanken leben will. »Ich glaube, Werbeagenturen funktionieren heute nur gut, wenn sie so ähnlich organisiert sind wie eine Sozietät. Eine moderne Werbeagentur, die effizient, kreativ, aber auch freizügig arbeiten will, kann man nur gut aufbauen und führen – vor allem auch wirtschaftlich interessant führen –, wenn sie Antriebe hat, die aus vielen Richtungen kommen. So entstehen neue Impulse, aber auch ein anderes Tempo, eine andere Schnelligkeit. Diejenigen, die Qualität und Tempo vormachen und bestimmen, sollten auch als echte Partner am Geschäft teilhaben, indem sie die Chance zu mehr Verantwortung und, wenn man so will, auch zu mehr Reichtum haben.«

Mit jeder Kampagne versuchen, einen Wurf zu landen

Vor Reichtum, Ruhm und Ehr' steht für Thomas Rempen jedoch der Anspruch, »seinen Idealen treu zu bleiben«. Bezogen auf die Arbeit in einem Team, heißt das, ein Klima zu schaffen, in dem sich jeder verwirklichen kann und die Möglichkeit hat, Dinge aus sich selbst heraus zu entwickeln. Bezogen auf die Zusammenarbeit mit Kunden, bedeutet dieses Credo, »erst einmal darüber nachzudenken, was der Kunde braucht – nicht was er will, sondern was er braucht«. Schließlich ist Werbung für Rempen noch immer »das Zugpferd schlechthin«, das die Industrie vor alle Bemühungen im Hinblick auf eine Marke spannen kann. »Werbung ist immer auch Selffulling Prophecy. An

Die weiße Geliebte.

keinem Indikator läßt sich so genau ablesen, in welcher Verfassung ein Unternehmen oder eine Marke ist, wie an der Werbung. Darum lohnt es auch, lange an den Dingen zu feilen.« Womit Thomas Rempen (der dem Designbeirat von Siemens angehört und überdies im Vorstand des Designzentrums Nordrhein-Westfalen ist) bei seinen Idealen in Sachen Werbung wäre, und das ist zum einen die »Designkultur, die eine Kampagne auszeichnen sollte«, ist zum anderen »der Mehrwert«. Der Anspruch, jene »Übereinkunft zwischen Gestaltung und Intention einer Ware schaffen, die der Kommunikation einen zusätzlichen Wert verleiht, das Extrastück Zuneigung, das der Betrachter entwickeln kann und das seine Aufmerksamkeit weckt«. Um Mißverständnissen gleich vorzubeugen: Mit dem Zeitgeist, der nach »Fun« oder »vordergründigem Unterhaltungswert« verlangt und »sowieso schneller ist als jeder Druckunterlagenschluß«, steht Thomas Rempen eher auf Kriegsfuß. Für ihn ist das Prädikat Evergreen noch immer das »tollste Kompliment, das es für eine Kampagne gibt«, und folglich steht hinter jeder seiner Arbeiten das Bemühen, »einen Wurf zu landen« und damit den Grundstein für das zu legen, was später vielleicht ein Evergreen werden könnte.

Die Voraussetzung ist allemal das besagte Reinknien, denn der Zufall gebiert noch in den seltensten Fällen die gute Idee. Dafür muß um sie hart gerungen werden, stunden- und tagelang mit vielen frustrierend langen Phasen des Leerlaufs. »Scheinbar ist der Leerlauf notwendig, damit sich der Kopf durch das diffuse Wirrwarr einen Weg bahnen kann. Man quält sich schier endlos, und doch sieht man den wirklich guten Arbeiten diese Qual nicht an. Der Prozeß der Reduktion ist schwierig, und die Qual liegt darin, die Katharsis herbeizudenken. Wenn dieser Punkt mal erreicht ist, entstehen die besten Sachen mit einer Leichtigkeit, die mühelos wirkt.« Obwohl auch Thomas Rempen nolens volens vor dem Leerlauf kapitulieren muß und obwohl für ihn (wie für viele in dieser Branche) die Vorstellung eines Acht-Stunden-Tages einer Utopie gleichkommt, kann er sich mit dem Begriff des Workaholic nicht so recht anfreunden. Eher fühlt er sich den Werbeleuten zugehörig, »die man zu den Verrückten zählt. Die arbeiten rund um die Uhr, schrecken nachts aus dem Schlaf, weil ihnen eine Idee gekommen ist, die sie sofort notieren müssen. Am Wochenende, wenn andere mit der Familie beim Kaffee sitzen, brüten sie über Skizzen und feilen an Sätzen. In der Freizeit gucken sie die neuesten Rollen an, am liebsten die, die noch keiner gesehen hat. Sie sind gnadenlose Handwerker und unerbittliche Perfektionisten, wollen immer alles besser machen, sind rastlos und ruhelos«. Besessene also, wohingegen Workaholics für Thomas Rempen »Leute sind, die sich zwar stundenlang mit einer Sache beschäftigen können, was aber nicht zwangsläufig am Ende Effektivität bedeuten muß«. Die steht jedoch auf der Werteskala ganz vorn. Für Werber, die meinen, Werbung für sich »und für die eigene Profilneurose« machen zu müssen, hat Rempen wenig Verständnis. Nachdem Werbung inzwischen »Chefsache« geworden ist, die Kunden ohnehin »eine ganze Menge von dem Job verstehen, den die Agentur leisten muß«, ist heute »eine andere Qualität von Werbung« gefragt. Nämlich die, die »die Sache wirklich ernst nimmt«, sich darum bemüht, die Qualität einer Ware, Dienstleistung oder Marke sichtbar zu machen und die auf eine Weise kommuniziert, die »vor allem den Verbraucher ernst nimmt. Gute Werbung verkauft den Konsumenten weder für dumm, indem sie ihm irgendeinen Quatsch erzählt, noch würde sie sich gestatten, den Verbraucher zu langweilen. Werbung ist ja eigentlich das Kabarett des Konsums, das Theater, die Bühne. Hier wird die Konsumgesellschaft aufgeführt. Die Kultur dieser Konsumgesellschaft ist ablesbar an der Qualität, der Form, die die Werbung für die Waren schafft. Sie ist Spiegel wie Beitrag zur Kultur des Marktes. Und das sollte doch Ansporn genug sein. Doch davon mal ganz abgesehen – alle großen Werbe- und Marketingleistungen sind nicht nur mit dem Verstand entstanden, sondern mit dem Instinkt. Mit dem Instinkt, zur richtigen Zeit das Richtige zu machen. Auch eine Herausforderung«.

Peter Strahlendorf

Gute Arbeit leisten.
Das schlichte und überzeugende Credo
des Gerd Simon

Eine Monatsfahrkarte für die Straßenbahn von Meerbusch nach Düsseldorf, ein Haus im Grünen, zwei Hunde und einmal in der Woche ein Spanischkurs an der Volkshochschule – geradezu unglaublich banale Facetten aus dem Leben eines Mannes, der Mitbegründer und Mitinhaber einer der erfolgreichsten deutschen Werbeagenturen ist.

Der Mann heißt Gerd Simon und hat in seinem Berufsleben eine bemerkenswerte Karriere gemacht. Die Agentur heißt Hildmann, Simon, Rempen & Schmitz und hat der deutschen Werbelandschaft in den letzten zwei Jahrzehnten maßgebliche Kampagnen beschert.

Von sich selbst macht Gerd Simon wenig Aufhebens. Ein Büro mit Blick auf den Rhein im Hochparterre eines alten Patrizierhauses am Rathausufer in Düsseldorf: Die Tür zum Flur steht meistens offen; kein Sekretariat bewacht den Zugang. Die üblichen Statussymbole, die jemandem in seiner Position nicht nur zustehen, sondern auch fast immer genutzt werden, sind ihm fremd. Gerd Simon genießt seinen beruflichen Erfolg auf eine geradezu beneidenswert bescheidene Art und Weise.

Der gebürtige Dortmunder (Jahrgang 1942), Sohn einer Holländerin und eines Westfalen, wuchs als jüngstes von sieben Kindern auf. Obwohl er während seiner Schulzeit keineswegs zu den ›Leuchten‹ zählte, fiel die Entscheidung, einen werblichen Beruf zu ergreifen, bereits sehr früh. Rein zufällig sah der Direktor der Kaufmännischen Handelsschule die Bilder, die Gerd Simon in seine Schulhefte gemalt hatte, und empfahl ihm einen künstlerischen Berufsweg.

Folglich wollte er nach Abschluß der Handelsschule bei einem grafischen Betrieb in die Lehre gehen. Mangels

Gute Arbeit leisten. Das schlichte und überzeugende Credo des Gerd Simon

Am Anfang war das Licht.

Es fiel durch das Klosterfenster auf ein Stück Papier, das Pater Kögel irgendwann einmal dort abgelegt und mit einem Kreuz beschwert hatte.

Als er das Papier nun eines Tages wieder in die Hand nahm, entdeckte er darauf, deutlich sichtbar, das Zeichen des Kreuzes.

„Mein Gott", dachte er, „was heißt das?"

Die Sonne hatte das Papier „belichtet" und damit ausgebleicht, während der bedeckte „unbelichtete" Teil unverändert blieb.

Eine Offenbarung.

Eine Offenbarung, die Pater Kögel nach weiteren Versuchen der Firma Kalle in Biebrich, einer Hoechst Tochter, von der er Chemikalien für seine fototechnischen Experimente bezog, mitteilte.

Ein paar Jahre danach, 1923, brachte Kalle das erste Trockenlichtpauspapier der Welt auf den Markt: ®Ozalid.

Damit begann eine neue Epoche in der Zeichnungsvervielfältigung. Die Erfahrungen, die auf diesem Gebiet gesammelt wurden, führten zu weiteren bedeutenden Entwicklungen in der Informationstechnik: auf den Gebieten Mikrofilm, Elektronik, Bürokopie und Druck.

Die Offset-Idee setzt sicht durch.

Zunächst entwickelte Kalle ®Ozasol Platten, die wesentlich dazu beigetragen haben, daß sich in der Druckindustrie die Offset-Idee so schnell durchsetzen konnte.

Dann folgte die vorbeschichtete elektrofotografische Ozasol Druckplatte, die keine Filmvorlage mehr benötigt, da eine Klebemontage mittels Kamera direkt übertragen werden kann.

Das bislang letzte Kapitel in der Druckformenherstellung ist die gemeinsam mit der amerikanischen Hoechst Tochter entwickelte ®Laserite Anlage. Sie überträgt den Klebeumbruch mit einem computergesteuerten Lese- und Schreib-Laser auf die Ozasol Druckplatte.

Dieses System wird heute bereits bei Zeitungsdruckereien eingesetzt. Aber auch in vielen Büros wird mit Geräten von Hoechst gearbeitet:

Ein großer Teil der Normalpapier-Kopierer in Europa sind ®infotec-Geräte.

Und auf dem Gebiet der Fernkopierer stammen die schnelleren Geräte fast alle aus dem infotec-Programm.

Mikroelektronik durch die Chemie.

Bei Hoechst wurde auch der erste positivarbeitende Fotoresist entwickelt – ein lichtempfindliches Material, mit dessen Hilfe mikroskopisch feine Strukturen auf Halbleiterscheiben, den Chips, erzeugt werden können.

Mit diesen millimeterkleinen Chips, die als „Hirn" bereits in allen möglichen Gegenständen des täglichen Bedarfs zu finden sind, stehen wir am Anfang einer neuen technischen Revolution.

Und angefangen hat alles damit, daß Pater Kögel ein Licht aufging. War das nicht ein Geschenk des Himmels?

Hoechst AG, VFW
6230 Frankfurt/M.80

Hoechst

Wer uns auf die Idee mit der Lichtpause brachte.

Angebot kam es aber wieder anders. Gerd Simon, der heute zu den besten Textern in Deutschland zählt, wurde für einen beruflichen Werdegang in Richtung Schaufensterdekoration ausgebildet. Werbung zwar im weitesten Sinne, aber bestimmt nicht das, was er wollte. Da reizte ihn z. B. die Folkwangschule in Essen schon mehr. Oder auch die Werkkunstschule in Dortmund, die sein früherer Kunstlehrer vom Max-Planck-Gymnasium leitete.

Enschieden hat er sich dann doch für die Werbefachschule. Und danach rief die Bundeswehr.

Für achtzehn Monate mußte er nach Varel in Ostfriesland zu den Panzergrenadieren. Aufgrund seiner Ausbildung kam er dort sofort in die Schreibstube, wo er sich intensiver mit der Thematik Werbung auseinandersetzen konnte. Nach der Lektüre des Buches *Geständnisse eines Werbemannes* von David Ogilvy stand sein Berufsziel endgültig fest: Er wollte Texter werden. Aber wo und mit was sollte er sich bewerben?

Während seine Bundeswehrkameraden das Pils aus dem ostfriesischen Jever und andere Sorten ausprobierten, dachte sich Gerd Simon Werbeaufgaben aus und strickte dazu dann die entsprechenden Anzeigen.

Mit diesen ›Arbeitsproben‹ begab er sich nach dem Ende seiner Bundeswehrzeit in Düsseldorf auf Jobsuche. Er klapperte die Agenturen ab und präsentierte seine ›Arbeiten‹. Rolf W. Eggert, Inhaber der gleichnamigen Agentur, ließ sich von Gerd Simons Engagement überzeugen und stellte ihn als Texter unter Günter F. Thiele für ein Monatsgehalt von 750 Mark ein. Aufgrund atmosphärischer Probleme verließ Gerd Simon die Agentur aber bereits nach einem Jahr und versuchte sein Glück bei Zernisch. Da er hier jedoch vom ›leichten Regen‹ in die sprichwörtliche ›Traufe‹ kam, geriet dieses Engagement lediglich zu einer halbjährigen Stippvisite.

Eine Stellenanzeige, die er während eines Fluges in den Urlaub las, brachte dann die entscheidende Wende. Es war eine Stellenanzeige der Agentur DDB, die damals der Traum eines jeden Kreativen war. Das Stellenangebot war in Form eines VW-Layouts gestaltet, enthielt jedoch anstelle der Headline und des Textes den Hinweis: »Wenn Sie dies ausfüllen können, dann füllen Sie bitte den Coupon aus.«

Gerd Simon nahm die Herausforderung an, füllte jedoch nicht den Coupon aus, sondern schrieb einen Text in das vorgegebene Layout und schickte es an DDB. Dabei hatte er nur seinen Namen, nicht jedoch seine Adresse angegeben. Bei DDB war man sehr angetan und wollte den ›unbekannten‹ Texter näher kennenlernen. Glücklicherweise erinnerte sich ein früherer Kollege an ihn, und so kam es zum Vorstellungsgespräch und zur Einstellung.

Der kreative Nährboden bei DDB ließ Gerd Simon im wahrsten Sinne des Wortes aufblühen. Hier traf er auf zwei seiner späteren Partner, den Kundenberater Anton Hildmann und den Art Director Thomas Rempen, den er irgendwann später dort eingestellt hatte. Ihre gemeinsame Leistungsfähigkeit konnten die drei dann bei der DBB-Spezialtocher »Promotion Plus« unter Beweis stellen.

Die gestandenen Kreativen und Top-Berater überließen den Nachwuchsleuten bereitwillig das ungeliebte Terrain der Promotions. Die drei beschränkten sich jedoch keineswegs nur auf die Promotionstätigkeit, sondern betreuten sehr schnell ihre Kunden im Full-Service. Mit gutem Erfolg, denn bereits im ersten Jahr erzielte ›Promotion Plus‹ einen achtbaren Profit.

Ermuntert durch diesen schnellen Erfolg und auf die eigenen Fähigkeiten vertrauend, nahm der Gedanke Gestalt an, sich komplett auf eigene Beine zu stellen. Am 1. November 1972 war es soweit. Die Agentur HSR erblickte das Licht der Welt. Allerdings trat der erhoffte Erfolg erst nach einer fast zweijährigen Durststrecke ein.

Dann ging es allerdings Schlag auf Schlag. Helmut Schmitz, der beim DDB-Abschied mehr im Scherz gefragt hatte, ob er sich an der neuen Agentur beteiligen könne, stieg als Partner ein. Blue-Chip-Kunden, tolle Kampagnen und Medaillen wechselten sich ab. HSR&S wuchs und gedieh. Die Agentur blieb ihrem schlichten Credo, gute Arbeit zu leisten, in jeder Hinsicht treu.

Zehn Jahre nach der Gründung kam es zur internationalen Verbindung mit der New Yorker Kreativschmiede Scali-McCabe, Sloves, und aus den zuvor vier Kürzeln wurde HSR&S/SMS. Der Erfolg blieb den vier Machern treu. Dennoch blieb die Zeit nicht stehen – die gute und erfolgreiche Partnerschaft zeigte Ermüdungserscheinungen. So kam es 1985 zum Ausstieg von Anton Hildmann, ein Jahr darauf folgte Helmut Schmitz, und auch Gerd Simon dachte immer stärker daran, mal etwas Neues anzufangen.

Gerade zu dem Zeitpunkt, als sich sein Entscheidungsprozeß dem Ende zuneigte, als die vertraglichen Kriterien für das Ausscheiden zu Papier gebracht werden sollten, kam es zu einer Entwicklung, die Gerd Simon veranlaßten, sich nicht zurückzuziehen, sondern als ›letzter Mohikaner‹ die Agentur HSR&S weiterzuführen. Dies, so sagt er, war er den Mitarbeitern und sich selbst schuldig.

Doch zunächst zu den Fakten: Einige Zeit nach dem SMS-Einstieg bei HSR&S, die die Mehrheitsanteile an der Düsseldorfer Agentur erworben hatten, wurde ihrerseits SMS, die bekanntlich zu Ogilvy gehörte, von WPP übernommen. Dann verhandelte die englische Holding WPP später mit der amerikanischen Holding Interpublic über einen Verkauf von SMS, um sich finanziell zu entlasten. Im Zuge dieser Gespräche wurden auch für HSR&S verschiedene Optionen durchgespielt.

Simon-Partner Rempen wollte die SMS-Anteile wieder zurückkaufen, konnte sich jedoch mit den WPP-Managern auf einen für beide Seiten akzeptablen Abfindungspreis nicht einigen. Daraus zog er die Konsequenzen, stieg mit sofortiger Wirkung aus und kündigte, allen Verträgen zum Trotz, die Gründung einer eigenen Agentur an.

Mit dieser Situation konfrontiert, konnte Gerd Simon seinen Plan, etwas anderes zu machen, nicht weiterverfolgen. Der Schaden für die Agentur wäre beim Ausstieg beider Partner extrem groß gewesen. Deshalb gab er seine Pläne auf und setzte nun alles daran, Mitarbeitern und Kunden Sicherheit zu vermitteln.

So wird man ihn also noch so manchen Morgen in der sogenannten K-Bahn antreffen, wo er seit Jahr und Tag die *Süddeutsche* liest. Zu Hause, am Frühstückstisch, war bereits die *Rheinische Post* an der Reihe, die ihm mit der Stellenanzeige im VW-Layout die entscheidende Wende im Berufsleben bescherte.

Gerd Simon bedauert seine neue ›Verpflichtung‹ keineswegs – für ihn ist das eine weitere Herausforderung, die er mit der ihm eigenen Beharrlichkeit und Verläßlichkeit angehen wird. Die Kraft dazu findet er in seiner Familie (drei Töchter und zwei Hunde).

Der Werbearbeiter Gerd Simon versteht es nämlich, Privates und Berufliches harmonisch miteinander zu verbinden. Einmal in der Woche geht er zum Tennis, ein weiteres Mal mittags anstatt zum Essen eine Stunde zum Schwimmen, und dann gibt es noch, wenn die Zeit es erlaubt, das Mittwochabendtraining vom Oskrather Sportverein.

In Gerd Simons Leben scheinen sich die Dinge irgendwie passend zueinander zu entwickeln. So verbrachte die Familie ihren Urlaub dreizehn Jahre lang auf Sylt, bis sie einmal der Wunsch nach mehr Wärme auf die balearische Insel Mallorca trieb. Hier fühlten sich alle sehr wohl, und so wurde dort ein Häuschen erworben.

Auf Mallorca ist Spanisch angesagt, wenn man sich mit den Einheimischen verständigen möchte. Folglich machte sich Familie Simon daran, Spanisch zu lernen. Eine der drei Töchter verbrachte sogar ein Jahr an einer angesehenen Universität in Salamanca. Die Wochenendausgabe der Tageszeitung *El Pais* hat Gerd Simon sogar in Deutschland abonniert, um immer wieder frisch mit dem Spanischen in Berührung zu kommen.

Zwei Dinge sind noch anzumerken, die Gerd Simon kennzeichnen. Zunächst ist da seine Liebe zur Musik. Bis vor acht Jahren hat er regelmäßig Gitarre und 5-String-Banjo in einer Band gespielt und einige beachtliche Erfolge (Marlboro-Festivalsieger, Auftritte im WDR) erzielt, die ihn als Semiprofi ausweisen. Um hier mehr zu erreichen, wäre jedoch ein größerer zeitlicher Einsatz nötig gewesen. Der wäre ausschließlich zu Lasten der Familie gegangen, die wegen seiner Musikleidenschaft ohnehin schon zu leiden hatte.

Darüber hinaus ist Gerd Simon ein treuer SPIEGEL-Leser, der seit rund zwanzig Jahren jede Ausgabe sammelt. Zwar hat er kaum noch die Zeit zu lesen, doch aufgrund der Archivierung bleibt ihm die Sicherheit, irgendwann jeden Artikel lesen zu können, wenn er es möchte.

Den Abschluß dieser Personenskizze soll eine Geschichte bilden, die nachvollziehen läßt, wie damals alles mit dem vollgemalten Schulheft angefangen hat: Bei der Entwicklung der Hoechst-Imagekampagne, für die Gerd Simon als Texter verantwortlich war, scribbelte er seinem damaligen Art Direktor zum besseren Verständnis eine Idee aufs Papier, wie er sich die Erfindung der Lichtpause in etwa vorstellte. Dieses Scribbel gefiel dem Kunden so gut, daß es ohne Änderung veröffentlicht wurde.

Frankfurter Allgemeine Magazin

Faszination für kluge Köpfe

SWA

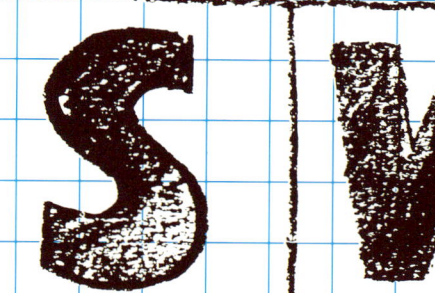

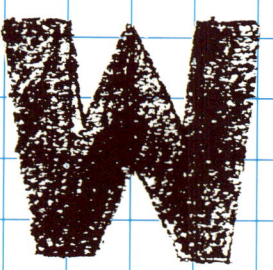

Unter dem Patronat von:
BSW, ASW, SIV, SAWI,
SPRG, VSW, SAWA,
Stiftung Werbestatistik
Schweiz, SZV, SVD, SAV

Schweizer Werbe-Agenda

Jedes Jahr neu und aktuell.

Unentbehrlich als Arbeitsinstrument für jeden Werbeschaffenden, weil alles drin ist:

- Zielgruppenmarketing: ADAMOS®-Zielgruppendatei
- Basisinformationen: Primär- und Sekundärforschung
- Beratung/Konzeption: Werbeberatung, PR und Marketing
- Kreation/Realisation/Produktion: Text, Übersetzungen, Grafik, Foto, Satz, Repro, Papier, Druck
- Direktmarketing
- Aussenwerbung, POS, Promotion, Eventmarketing, Verpackung, Werbeartikel
- Stand- und Messebau
- AV-Medien: Audiotex, POS-Video, Film, TV, Videotex, Teletext, Kino, Radio
- Basistarife und technische Daten der Schweizer Printmedien
- Demographie und Werberecht

MOSSE ADRESS
Mit einem Griff die richtige Adresse.

Die Gelben Seiten®
Adress- und Branchenbücher
Die Gelben Seiten®-Adressen
Direktmarketing
Die sprechenden Gelben Seiten®

Basel • Genf • Lamone • Lausanne • Zürich

MOSSE ADRESS AG, Räffelstrasse 25, Postfach, 8045 Zürich, Telefon 01/463 77 00, Telefax 01/461 67 50

Kommunikationsplatz 81

Markus Zürcher

Kommunikationsplatz Zürich

Das Werbedorf der Schweiz

Natürlich sind nicht sämtliche Medienunternehmen und Werbeagenturen der Schweiz in Zürich zu Hause. Gewiß aber die größten und wichtigsten. Das arbeitsame und tüchtige Wirtschaftszentrum Zürich, zugleich Bankenplatz der Nation, ist die Werbehauptstadt der Schweiz. Das hören die Agentur- und Verlagsbosse in Genf, Bern, Luzern oder Basel natürlich gar nicht gern. Man ist empfindlich gegenüber Größe und Vormachtstreben in diesem Land. Tatsache bleibt jedoch: Alles konzentriert sich auf Zürich, denn hier lockt die große Anziehungskraft des Geldes. In der Limmat-Stadt sind namhafte Werbeauftraggeber beheimatet, hier erscheinen die bedeutendsten und auflagenstärksten Zeitungen Helvetiens. Es erstaunt deshalb nicht, daß sämtliche der zehn größten Werbeagenturen der Schweiz in Zürich – oder aber in einem idyllischen Vorort wie Glockhausen oder Zollikerberg – zu finden sind. Oft handelt es sich dabei allerdings um Zweigstellen von Agenturen, die ihren Sitz, historisch betrachtet, in anderen Städten haben. In der Regel überflügeln aber diese Zürcher Ableger das auswärtige Stammhaus in Sachen Erfolg schon nach kurzer Zeit. Dies trifft auf die Basler Agentur *Weber, Hodel, Schmid* zu, die nahezu sämtliches New Business in Zürich bearbeitet, ebenso auf die einst in Basel gegründete *GGK*, die zweitgrößte Werbeagenturgruppe in der Schweiz. Auch ausländische Agenturnetze wie *McCann-Erickson* oder *Lintas* haben beim Aufbau der überragenden Bedeutung der Werbemetropole Zürich tatkräftig mitgeholfen.

Dörflicher Limmat-Charme

Dank seiner Medienvielfalt verschafft sich Zürich eine kulturelle Präsenz wie keine andere Stadt der Eidgenossenschaft. Vergessen wir jedoch nicht, daß die kleine Stadt am Zürichsee, die sich tatsächlich eines blühenden Kulturlebens und einer noch reicheren Kulturvergangenheit – von Dada bis Lenin – rühmen kann und die unverdrossen um den Rang einer Weltstadt wetteifert, vergessen wir nicht, daß diese Stadt eigentlich ein Dorf geblieben ist. Das gilt besonders für die Kommunikationsszene, die trotz Anhäufung von Talenten auf engem Raum recht überschaubar geblieben ist und sich den Charme eines dörflichen Marktplatzes erhalten hat. Sogar einen eigenen Fußballclub hat dieses tüchtige Werbedorf hervorgebracht. Doch mehr davon später.

Wirz, ein traditioneller Zürcher Wert

»Zürich ist nicht mehr rückgängig zu machen. Zürich ist etwas geworden, das nicht recht ins schweizerische Bild paßt. Zürich ist groß geworden. Zum Schweizerischen gehört aber das Kleinsein. Das helvetische Kleinsein ist nicht eine Frage der Zahl, sondern des Verhaltens.« Mit diesen Worten beschreibt der Zürcher Schriftsteller *Hugo Loetscher* das Dilemma seiner Geburtsstadt. Freilich, keine andere Stadt der Schweiz hat so viele Kritiker unter ihren Bürgern. Ihnen ist Zürich zu groß, zu laut, zu reich, zu selbstgerecht, zu kalt, zu provinziell. Solche Attribute, so darf man vermuten, beschreiben andererseits geradezu den idealen Humus für das erfolgreiche Gedeihen von Werbeagenturen.

Ein prägendes Kapitel der Zürcher Werbegeschichte wurde von *Adolf Wirz* geschrieben. Vor mehr als sechzig Jahren eröffnete er ein Reklamebüro in der Innenstadt. Daraus hat sich im Laufe der Jahrzehnte die *Wirz Partner Holding* entwickelt, die größte, sich ausschließlich in Schweizer Besitz befindende Kommunikationsgruppe und landesweit die Nummer drei. Die älteste Zürcher Agentur vereint unter einem Firmendach die verschiedenen Kommunikationsdisziplinen Werbeberatung, Public Relations, Direktwerbung, Design, Editorial Services, Sponsoring und Unternehmensberatung. Adolf Wirz, der über achtzigjährige Doyen der Schweizer Werbung, beschäftigt sich auch heute noch als Buchautor und Berater mit Kommunikationsfragen. An der Spitze der wirtschaftsnahen Gruppe steht jedoch *Jost Wirz*, Sohn des Firmengründers. *Hansueli Schweizer*, Geschäftsleitungsvorsitzender der Wirz Werbeberatung, ist meines Wissens einer der wenigen Werber, die als Mitglied einer Zunft am Zürcher Sechseläuten, dem traditionsreichen Frühlingsfest der Bourgeoisie, mitmarschieren.

Das Unternehmen ist am Fuße des Zürcher Hausbergs Uetliberg in einem unförmigen, cremefarbenen Hochhaus eingemietet. Vom Sitzungszimmer im obersten Stockwerk genießt man eine wunderbare Aussicht auf die Stadt, die sich sanft zwischen Hügeln und rund um das Seebecken bettet. Selbstredend kommen Kunden wie Zürich Versicherungen, Feldschlößchen oder Toyota-Importeur Walter Frey nicht nur wegen der schönen Aussicht zur Agentur Wirz. Sie suchen konstante Qualität, seriöse und überzeugende Werbung. In der Branche frozzelt man natürlich über die manchmal etwas behäbige Art der Wirzer und nennt die Agentur wenig schmeichelhaft »Amt für Werbung«. Das stört die Macher am Uetliberg allerdings wenig.

Nur gerade einen Steinwurf entfernt liegen die Geschäftsräume des *Jean Frey* Verlages. Das Unternehmen wurde, nachdem es turbulente Zeiten unter der Herrschaft des Pleitiers Werner K. Rey durchlebte, von den *Curti Medien* übernommen. Flaggschiffe des Verlags sind das Wirtschaftsmagazin *Bilanz* und die Wochenzeitung *Weltwoche*.

Verlage machen zaghaft Fernsehen

Doch zurück zum Wirz-Hochhaus, von wo wir unseren Fernblick auf das Seebecken wenden. Dort, wo die Limmat den See verläßt, in unmittelbarer Nähe von Bellevue und Opernhaus, erkennen wir das ehrwürdige Haus der *Neuen Zürcher Zeitung*, besser unter dem Kürzel *NZZ* bekannt. Die *NZZ* ist eine der ältesten Kundenbeziehungen, die Wirz pflegt. Das Wahrzeichen liberaler Journalismus und anachronistischen Zeitungslayouts hat unlängst das Medium Fernsehen entdeckt und produziert in eigener Regie die Sendung *NZZ Format*, die sowohl über den Kanal Vox als auch über die neue vierte Schweizer Sendekette S Plus ausgestrahlt wird.

Nur wenige Schritte von den Redaktionsräumen der *NZZ* entfernt, finden wir an der Dufourstrasse das rostrote *Ringier* Pressehaus, Machtzentrale des größten Schweizer Medienunternehmens. Hier wird die auflagenstärkste Tageszeitung der Schweiz, das Boulevardblatt *Blick*, gemacht. Ringier hat ferner starken Einfluß auf die Zeitungsmärkte Luzern (*Luzerner Neueste Nachrichten*) und Bern (*Der Bund*). Auf Ringiers Konto geht auch eine der wenigen und erst noch erfolgreichen Zeitungsneugründungen der letzten Jahre: die Wirtschaftszeitung *Cash*. Das Familienunternehmen Ringier hegt Fernsehpläne. Dank geschickter Verhandlungstaktik wird das selbstproduzierte Wirtschaftsmagazin *Cash-TV* auf der ersten (öffentlich-rechtlichen) Sendekette ausgestrahlt und auf S Plus zweitverwertet. Ein Lokalfernsehprojekt ist in der Pipeline. Wenn es nach dem Willen von Verwaltungsratspräsident *Michael Ringier* ginge, sollte S Plus den Klauen der SRG entrungen und vollständig privatisiert werden. Allerdings dürfte inzwischen in den meisten Verlagen die Einsicht gedämmert haben – und das nicht erst seit dem kläglichen Scheitern von Margrit Trappes Tell-TV –, daß ein eigenes Privatfernsehen in der Schweiz so ziemlich chancenlos ist.

Unlängst haben sich der Tages Anzeiger, die Luzerner Zeitung sowie die Basler Zeitung mit dem Lebensmittelhändler und Verleger *Beat Curti* zusammengetan, um gemeinsam ein Schweizer Programmfenster auf RTL zu öffnen. Fernsehen mit minimalem Risiko, könnte man sagen. Die bundesrätliche Konzession für die tägliche Sendestunde auf RTL steht noch aus.

Unverwüstliches Seefeld

Doch lassen wir Fernsehträume Träume bleiben und setzen unseren Rundgang durch den Kommunikationsplatz Zürich fort. Die Dufourstrasse führt uns quer durch das Seefeld-Quartier, einst die eigentliche Hochburg der Werbung. An der Querstraße Kreuzstrasse finden sich die *Condor Films* von Martin Fueter, die bereits mehr als 1800 TV- und Kinospots produziert haben, sowie das wirtschaftsfreundliche Lokalradio *Radio Z*. Hier ist auch die Firma *IPA-Plus* domiziliert, die kostbare Schweizer Werbegelder durch das Werbefenster auf RTL ins Ausland abfließen läßt. Auch die Branchenzeitung *WerbeWoche* hat ihre Zelte im Quartier aufgeschlagen. An der Forchstrasse, die das Seefeld gegen Norden begrenzt, haben sich zwei weitere namhafte Werbefilmproduzenten niedergelassen. An der Hausnummer 58 prangt das Firmenschild *Wirz+Fraefel Productions*. Regisseur *Ernst Wirz*, das Schweizer Naturtalent in Sachen Commercials, glaubt an die Zukunft des Schweizer Werbefilmschaffens: »Wir haben mit zahlreichen internationalen Auszeichnungen gezeigt, daß man in der Schweiz Werbefilme von internationaler Top-Qualität unter Einhaltung relativ bescheidener Schweizer Budgets realisieren kann.« Dies trifft auch auf die Arbeiten von *G.L.A.S.S.* an der Forchstrasse 370 zu. Die vielbeschäftigten Regisseure *Reto Salimbeni,* Ruedi Lienhard und Marcello Schnyder sind allerdings selten in Zürich anzutreffen. Sie drehen viel im Ausland (Salimbeni am liebsten in Amerika). Deshalb wird G.L.A.S.S. demnächst in kleinere Büros umziehen.

Böse Zungen behaupten, das Seefeld sei definitiv out. Zahlreiche, vorwiegend kleinere Agenturen und Beratungsunternehmen haben jedoch dem Seefeld die Treue gehalten. Zu schön ist eben dieser Stadtkreis mit der bezaubernden Seepromenade, wo man sich an heißen Sommertagen mit einem Bad im See köstlich erfrischen kann. Hier finden wir Namen wie *Facts, Korolnyk und Horak, Lacher Dumas, Alexandre Ott* oder *Grünbaum*. Daß das Seefeld immer noch seinen Reiz hat, beweisen neugegründete Agenturen, die sich hier niederlassen. Beispielsweise die Newcomer *Honegger/von Matt*, die sich in einem eigenartigen Kellerraum in einer kleinen Seitenstraße eingemietet haben. Oder die Werbeagentur *GBBS* des langjährigen GGK-Kämpen und charismatischen, scharfzüngigen Lästermauls *Hermann Strittmatter*, der mit einem unbekleideten, fliegendes Wohlbehagen ausdrückenden Männerkörper für die Business Class unserer Airline so trefflich geworben hat. GBBS hat sich auf dem Areal der Mühle Tiefenbrunnen an der Seefeldstrasse eingerichtet. Im Dezember hat sich TBWA zusammengetan und firmiert jetzt als GBBS&TBWA. (Sprechen Sie das mal nach!) Die am Stadtrand gelegene »Mühle«, wie sie in Insiderkreisen genannt wird, ist ein kleines Kulturzentrum mit Galerien, Theater, Vinothek, Tanzschule, Fitneßcenter und einem vorzüglichen Restaurant, der ›Blauen Ente‹. Die *Blaue Ente* gilt unter Werbern nach wie vor als sehr beliebte Verköstigungsstätte. Unter den gleißenden Drahtlämpchen sitzen aufstrebende oder bereits arrivierte Züricherinnen mit En-Soie-Halstuch. Die Herren tragen Anzüge mit Krawatten von Fabric Frontline, dem trendigen Stoffdesignstudio der Stadt.

Fußballclub mit Stammtisch in der ›Kronenhalle‹

Das Seefeld-Quartier hat einem bereits zur Legende gewordenen Fußballclub den Namen verliehen: dem *FC Frischauf Seefeld*. Dieser etwas andere FC wurde 1969 von *Walter Bosch*, damals noch Journalist, heute Mitinhaber der Werbeagentur Bosch&Butz, zusammen mit weiteren Gesinnungsgenossen gegründet. Die ideologische Färbung des Clubs klang im damaligen Namen nach: Rote Lokomotive Sellenbüren. Im Laufe der Clubgeschichte wurde der Name auf Frischauf Seefeld geändert, und seit 1980 stehen fast ausschließlich Werber-Fußballtalente auf der Spielerliste. Heute sind es Branchenexponenten wie *Peter Marti* (Marti, Ogilvy & Mather), *Peter Lesch* (Lesch + Frei), *Frank Baumann* (Edelweiss) und natürlich Walter Bosch und *Theophil Butz*, die auf dem Feld bestechende Spiellaune entwickeln. Prinzipiell werden nur Mannschaften als Gegner ausgewählt, die man mit hoher Wahrscheinlichkeit auch besiegen kann. Auswärtsspiele,

Die Spieler des legendären FC Frischauf Seefeld sorgen nicht nur für Werbeglanz in Zürich sondern setzen auch fußballtechnische Highlights (hintere Reihe v. l.: Peter Marti, Walter Bosch, Robert Blancpain, Peter Lesch, Peter Blaser, Dave Brüllmann; vorne: Ruedi Jungi, Bernhard Struchen, Christian Rintelen, Peter Hauser, Peter Kieweg). (Foto: D. Preisig)

besonders die im Ausland, sind sehr beliebt. Die jüngste Partie gegen den Angstgegner »Schweizer Illustrierte« endete jedenfalls zugunsten von Frischauf Seefeld. Die Warteliste für Aspiranten dieser elitären Sportvereinigung soll angeblich länger sein als die Aufnahmeliste für das Telefonbuch der Stadt Zürich.

Peter Lesch, drahtiger und wendiger Mittelfeldspieler, weist auf die attraktiven Möglichkeiten für Sponsoren hin: »Da wir uns in der Regel nicht besonders schnell bewegen, bleibt der Schriftzug auf unserem Tenue stets gut lesbar.«

Jeden Dienstag, im Anschluß an das Training, treffen sich die Fußballer in der *Kronenhalle*. Traditionsgemäß ist der Tisch Nummer 11 für sie reserviert. Beobachter vermuten, daß dort nicht nur über verpaßte Bälle und Abseitsfallen debattiert wird, denn der Vorstand von Frischauf Seefeld ist nahezu identisch mit dem Vorstand des *Art Directors Club* Schweiz. Hartnäckige Gerüchte besagen, daß am Tisch 11 jeweils die Vergabe der ADC-Goldwürfel, die höchste Weihe kreativer Anerkennung, ausgehandelt wird.

Das Restaurant ›Kronenhalle‹ am Bellevue-Platz und die gleichnamige Bar zählen zu den beliebten Treffpunkten der Agenturbosse. *Reinhold Weber*, Shooting-Star der Werbeszene (Weber, Hodel, Schmid, wurde 1993 zur Newcomer-Agentur des Jahres gewählt) und Hermann Strittmatter, Epigone des Turbo-Marketing, sind oft und gern gesehene Gäste. Obschon sündhaft teuer, muß man einfach hin. Vorzugsweise bucht man im vorderen Teil des berühmtesten Restaurants von Zürich. Dort kann man Originalgemälde von Matisse, Chagall, Varlin und Miró bewundern und nach Prominenten Ausschau halten. Oder sich vorstellen, wie sich James Joyce wohl gefühlt haben mag, als er sich hier für seine aufreibende Arbeit am *Ulysses* etwas stärkte. Meist auf Pump übrigens.

Zürich plakatiert anders

Gleich um die Ecke hat sich, in prestigeträchtiger Lage an der Theaterstrasse beim Bellevue, die Agentur *Farner Publicis FCB* niedergelassen. Beidseits der Limmat erstreckt sich flußabwärts bis zum Hauptbahnhof die City mit ihrem Altstadtkern. In diesen geschichtsträchtigen Gefilden werden wir allerdings kaum Werbeagenturen antreffen. Die Mietpreise sind bei den zusehends schmaler werdenden Gewinnmargen, die das Werbegeschäft bietet, kaum mehr erschwinglich. An der renommierten Bahnhofstrasse finden sich zwar teure Fachgeschäfte, Boutiquen und Banken, aber bestimmt keine Werbeagentur. Die Innenstadt ist von einer beispiellosen Renovierungswelle erfaßt worden. Unübersehbar ragen die Baukräne in den Himmel – trotz Rezession.

Dem Flaneur, gewohnt an dem vorherrschenden Plakatwirrwarr anderer Großstädte, werden die normierten Plakatstellen in der Innenstadt angenehm auffallen. Die rote Stadtregierung hat sich intensiv mit der Frage der

Plakatierung auf öffentlichem Grund auseinandergesetzt und das wegweisende Konzept »Zürich plakatiert anders« realisiert. Damit wurde dem wilden Plakatdschungel ein Ende bereitet, denn das neue Konzept legt großen Wert auf die Erfüllung ästhetischer und städtebaulicher Kriterien.

Die Stadtregierung versucht außerdem, mit baulichen Maßnahmen etwas Ordnung in den Verkehr zu bringen, und erhitzt damit immer wieder die Gemüter der automobilen Pendler, die täglich in die Stadt zur Arbeit fahren. Betonschwellen in der Fahrbahn und Eisenpfosten auf dem Gehsteig schrecken fahrende bzw. parkende Autos ab.

Apropos Parkplatz: Das Zürcher Parkplatzproblem am überzeugendsten gelöst hat die Werbeagentur *Aebi/BBDO*. An ihrem prunkvollen, mehrstöckigen Geschäftssitz an der Rotbuchstrasse im Quartier Unterstrass wurde gleich eine geräumige Tiefgarage eingebaut. Überhaupt scheint dieses Haus für größere Zwecke errichtet worden zu sein. Es ist auch kein Geheimnis, daß nach dem rezessionsbedingten Gesundschrumpfungsprozeß bei Aebi einige Büroräume leerstehen und kräftig auf die Ertragslage drücken. Aber was bedeutet schon Schrumpfung: Aebi ist umsatzmäßig immer noch die Nummer 5 in der Schweiz. Jean Etienne Aebi, Architekt einer der größten Agentur-Mega-Merger im Lande, hat zu seinem Handwerk, der kreativen Werbung, zurückgefunden. An der Rotbuchstrasse sind mit Honda und Volvo gleich zwei Automobiletats parkiert. Daneben pflegt Aebi/BBDO noch heute auf intelligente Weise die Marke Toni-Joghurt (»das im Glas«) – eine Marke, die ihre Kraft offenbar immer noch von der Verpackung und nicht vom Inhalt bezieht.

Reizvolles Theater und eine prächtige Villa am See

Doch zurück ans Zürcher Bellevue. Wir setzen unsere Fahrt durch den Kommunikationsplatz Zürich entlang der anderen Seite des Seebeckens fort. Etwa auf halbem Weg zur Stadtgrenze stoßen wir auf die Landiwiese. Hier findet jeweils Ende Sommer in verschiedenen Zelten das große Theaterspektakel statt. Mit hoher Wahrscheinlichkeit wird man in der Menschenmenge das eine oder andere bekannte Werbergesicht wiedererkennen. Hier trifft sich die Szene in gelöster Stimmung. Und wenn man keine Karten für die Vorstellungen kriegt, ist das nur halb so schlimm. Die kulinarische Zeltstadt ist mindestens so interessant.

Ganz in der Nähe der Stadtgrenze liegt an der Seestrasse 513 der Zürcher Sitz der *GGK*. Standesgemäß residiert die traditionsreiche Basler Agentur in einer prächtigen Villa direkt am See. Der moderne Innenausbau ein Hauch von schwarzem High-Tech. Wer bei GGK arbeitet, ist – zumindest räumlich – zu beneiden. Das Team von *Fredy Weisser*, das im vergangenen Jahr den Verlust des Prestigeetats Swissair zu verkraften hatte, arbeitet heute für Kunden wie die Schweizerische Bundesbahn Laudis&Gyr, den *Tages-Anzeiger* oder das Magazin *Der Beobachter* der Curti-Medien. Eine weitere Agentur, welche die Ruhe des Wohnquartiers Wollishofen schätzt, ist *Rügg, Fontana, Heiderich* an der Bellariastrasse.

Das Enfant terrible in Aussersihl

Wenden wir nun unseren Blick den von Insidern als aufstrebende Gegenden bezeichneten Quartieren Aussersihl und Industriequartier zu. Den Namen des einen Stadtteils prägte der Fluß Sihl. Jenseits der Sihl lagen einst die traditionellen Arbeiterquartiere. Heute hat sich hier eine vielversprechende Mischung aus multikulturellen Lebensgewohnheiten von Ausländern, linken Bürgerkindern, Hausbesetzern, Künstlern und Gewerben der horizontalen sowie anderer Ausrichtung entwickelt.

Gleich an der Werdstrasse fällt das Gebäude der *TA-Media-Gruppe* ins Auge, die Zürichs größte Zeitung mit gesamtschweizerischer Ausstrahlung herausgibt: den *Tages-Anzeiger*. Zwar war dem Verlags- und Druckunternehmen der Familie Coninx mit der Lancierung der *Sonntags-Zeitung* ein Erfolg beschieden, aber zur Zeit sieht die Ertragslage der TA-Media AG bei stark rückläufigem Umsatz nicht mehr besonders rosig aus. In den kommenden zwei Jahren sollen im Rahmen eines Impulsprogrammes an der Werdstrasse über 12 Prozent der Arbeitsplätze abgebaut werden.

In unmittelbarer Nähe des Friedhofs Sihlfeld hat sich *Weber, Hodel, Schmid*, in einem renovierten Fabrikgebäude an der Aemtlerstrasse eingemietet. Reini Weber macht nicht nur mit auffälliger und vom Kreativclub ADC hochgelobter Werbung von sich reden – er hat auch die Naivität und den Mut, immer wieder mal einen Schritt zu weit zu gehen. Wie unlängst, als er mit einer Anzeige zum Tode des linken Schriftstellers Niklaus Meienberg (die als geschmacklose Eigenwerbung qualifiziert wurde) Protestgeheul in der ganzen Branche auslöste. Das sagt eigentlich schon viel aus über den Kommunikationsplatz Zürich.

Auf der gegenüberliegenden Seite des Friedhofs, an der Durchfahrtsachse Gutstrasse, befinden sich übrigens die Räume der Agentur *EuroRSCG*. Seit kurzem sorgt dort der Kreativdirektor *Roland Lacher* für frischen Wind.

Drogenelend verdüstert Werbeglanz

Hinter dem Hauptbahnhof, jenseits der Geleise, beginnt das Industriequartier. Hier werden ganze ehemalige Fabrikareale einer neuen Nutzung zugeführt. Neue Wohnungen und Kulturstätten entstehen, so etwa Zürichs größter Kinokomplex, *Cinemax*, mit zehn Sälen.

Gleich hinter dem Bahnhof, an der Ausstellungsstrasse, ist die Kunstgewerbeschule angesiedelt; nur wenige Schritte entfernt die Agentur *Matter Galbucci Leo Burnett*; ein paar Straßen weiter dann *B,T&V*. An der Limmatstrasse hat der private Zürcher Stadtsender *Radio 24* von Lokalradiopionier *Roger Schawinski* unlängst hochmoderne Studios errichtet. Der Klangteppich des einstigen Piratensenders, der die Hörgewohnheiten der Schweizer Radiokonsumenten nachhaltig prägte, ist heute nicht mehr aus dem Stadtalltag wegzudenken. Das Unternehmen, das auch das Stadtmagazin *Bonus* herausgibt, rentiert sich offenbar prächtig. Radio 24 ist stets hautnah an den Themen dran, die die Stadt bewegen. Zum Beispiel am Zürcher Drogenelend, das sich in nächster Nähe, beim alten Bahnhof Letten an der Limmat, abspielt. Auswirkungen der Drogenbeschaffungskriminalität bekommt auch Urs Eberhardt zu spüren. In seiner Agentur *Cash* auf der anderen Seite der Limmat wurde schon mehrmals eingebrochen.

Nächtliche Hochstimmung in der »Kaufleuten«-Bar.

Verblüffende Dramatisierungen aus Gockhausen

Doch wir wollen unseren Rundgang nicht in der Hoffnungslosigkeit des Zürcher Drogenproblems beenden. Machen wir zum Schluß einen Abstecher bei der größten, in den letzten Jahren überaus erfolgreichen und mehrfach ausgezeichneten Agentur der Schweiz: *Advico Young & Rubicam*. Vom dicht bewaldeten Adlisberg von der Hektik der Stadt gut abgeschirmt, stoßen wir im idyllischländlichen Vorort Gockhausen auf ein Gebäude, das architektonisch stark an eine Mittelschule aus den 60er Jahren erinnert. Dies ist das kreative Biotop von *Hansjörg Zürcher*, einem der führenden Köpfe der Schweizer Fernsehwerbung. Er hat der Milchkuh das Stepptanzen beigebracht und damit in Cannes immerhin einen ›Bronzenen Löwen‹ geholt. Beliebt sind auch seine Filme für die Migros. Zürcher, der den Titel ›Werber des Jahres‹ trägt, glaubt an die Kraft intelligenter Werbung. Intelligente Werbung setzt eine gute Werbeidee voraus. Was aber ist eine gute Werbeidee? Zürcher: »Die verblüffende Dramatisierung eines Verbrauchernutzens.«

Was man in Gockhausen und in den Agenturen des Werbedorfes Zürich darunter versteht, können die Konsumentinnen und Konsumenten in der ganzen Schweiz dann täglich in den Medien nachvollziehen. Oder eben auch nicht.

Nächtliche Szenentreffpunkte

Die aktuellen In-Plätze, an denen sich die Kommunikationsszene in Zürich nach getaner Arbeit trifft, sind praktisch an einer Hand abzuzählen. Die In-Crowd ist überschaubar: ein knappes Hundert aufstrebende AD's, Assistentinnen, Journalisten, Designerinnen, Models – man kennt sich. Beginnen wir mit dem zur Zeit trendigsten Szenetreffpunkt, dem ›Kaufleuten‹ (Pelikanplatz, in der Nähe des Paradeplatzes). Die ›Kaufleuten‹-Bar bietet robusten Charme und ausreichend Stehplätze an der langen Theke. Vor Mitternacht stehen da die Schönen und Schwarzgewandeten beiderlei Geschlechts dichtgedrängt. Wundern Sie sich nicht, wenn Sie keine neuen Bekanntschaften schließen. Es gehört in Zürich zum guten Ton, fremde Gesichter mit einer kühlen Prise Hochnäsigkeit und Arroganz zu ignorieren. Ignorieren Sie einfach zurück!

Gleich neben der Bar das gleichnamige Restaurant. Charakteristisch für den (für Zürcher Verhältnisse) großen Raum: Kein Stuhl sieht aus wie der andere. Die Küche ist ganz passabel, die Preise angenehm. Neben dem kulinarischen Lokalstandard ›Züri-Geschnetzeltes‹ werden auch frische Sushi aufgetischt. Wenn sich das Restaurant füllt, kann der Lärmpegel leicht unangenehme Ausmaße annehmen. Platzreservation empfehlenswert. Kernstück des ›Kaufleuten‹ ist jedoch der großartig ausstaffierte Partysaal, in dem Konzerte, Shows, Discos über die Bühne gehen. *Prince* hat hier letzten Sommer vor völlig perplexem Szenenvolk eines seiner legendären spontanen Clubkonzerte gegeben. Übrigens: Die ADC-Mitglieder feiern im ›Kaufleuten‹ immer ihr großes Jahresfest. Alles in allem: Das ›Kaufleuten‹ tut Zürich gut.

Weitere Highlights der Werbegastronomie

Als chic gelten auch die beiden Restaurants ›Latino‹ und ›Kreis 6‹. Das ›*Latino*‹ (Seefeldstrasse) bietet zeitgenössische Eßkultur: ein heller Raum, enge Bestuhlung, hübsches Servierpersonal. Es wird eine leichte, italienische Cuisine du Marché zubereitet. Vernünftige Preise. Im ›*Kreis 6*‹ (Scheuchzerstrasse 65) trifft man das Zürcher Ästhetenpotential, dem sich bekanntlich auch die Werber zugehörig fühlen. Die zwei holzgetäfelten Räume mit Deckengewölbe schaffen ein heiteres Ambiente. Die leichte Marché-Küche schmeckt, die Bedienung ist fröhlich-aufgestellt.

Wer indessen eine der besten und kreativsten Küchen der Stadt genießen will, der begebe sich in das verrufene Altstadtgäßchen Schneggengasse, das parallel zur Niederdorfstrasse, Zürichs dumpfer Vergnügungsmeile, verläuft. Im ›*Tübli*‹ läßt man sich so richtig verwöhnen. Das Vegetariermenü ist ein Erlebnis. Gute Weine aus Italien. Die Preise? Na ja, Leistung hat eben ihren Preis. Zum Stammpublikum von Urs Wehrli, einst selber in der Werbung tätig, gehören zahlreiche der früheren Branchenkollegen.

Es kann nie schaden, sich abends auch mal schnell in der ›*Commercio-Bar*‹ (Mühlebachstrasse 2), deren Fotos an der Wand zeigen, wer in der Szene dazugehört, und in der ›*Reithalle*‹ (Gessnerallee 8) zu zeigen. In der ›Reithalle‹ standen früher tatsächlich Militärgäule vor Futtertrögen; heute findet sich hier ein buntgemischtes, freakiges Jungvolk ein. Eine ausgezeichnete Adresse für themenorientierte Partys und Dance-Grooves bis in die frühen Morgenstunden ist das ›Palais Xtra‹ (Hardturmstrasse 166), mitten im Industriequartier.

Persönlich ziehe ich es vor, die Nacht in der ›*Splendid-Bar*‹ (Rosengasse 5, im Niederdorf) ausklingen zu lassen. In der Gesellschaft schöner und ausdrucksvoller Gesichter, bei verhaltener Piano-Barmusik, ohne aufdringliches Gelaber in den Ohren, entspannt eine Margerita schlürfend und über die Frage sinnierend, wie lange man wohl der Werbung, die in Zürich gemacht wird, das auf den ersten Blick auch ansehen wird.

ox krzzt iong llrrglt*

*Wir wissen nicht, wie Kommunikation im Jahr 3000 aussehen wird. Aber was heute und morgen in Marketing, Werbung und Medien läuft, steht jede Woche in HORIZONT.

JA! Ich will jede Woche die News aus der Marketingkommunikation lesen und abonniere HORIZONT für mindestens 1 Jahr und anschließend bis auf Widerruf zum jährlichen Bezugspreis (inkl. Versand + MwSt.).

☐ Inland   DM 174,00
☐ Ausland   DM 226,00
☐ Studenten Inland   DM 103,00
   (gegen Bescheinigung)
☐ Studenten Ausland   DM 158,50
   (gegen Bescheinigung)

Meine Anschrift:

Name / Vorname

Firma / Telefon

Funktion

Straße/Postfach

PLZ, Ort

Datum / Unterschrift

Widerrufsrecht: Ich weiß, daß ich diese Bestellung schriftlich innerhalb von einer Woche nach Eingang gegenüber Deutscher Fachverlag GmbH, 60264 Frankfurt/Main, widerrufen kann. Zur Wahrung der Frist genügt das rechtzeitige Absenden.

Datum / Unterschrift für Widerrufsrecht

Coupon ausfüllen und ab damit an: HORIZONT-Abonnentenservice, 60264 Frankfurt/Main. Für Eilige: Telefon 069/7595-1954 oder Fax 069/7595-1760.

HORIZONT
Zeitung für Marketing, Werbung und Medien

InSight
KOMMUNIKATION

Nummer 2
Februar 1994
Z 11960 E
DM 12

Herausgeber: Deutscher Kommunikationsverband BDW Bonn/Berlin · Verlag Rommerskirchen, Rolandseck

BLICKPUNKT

ÖKOndome im Kompost
Umweltlügen in der Werbung

Die Firma London wirbt damit, daß ihre Kondome biologisch abbaubar sind. Eine absurde Idee? Ja, aber vor allem ein Schwindel. Wie Werber mit Öko-Lügen ihre eigene Glaubwürdigkeit demontieren, steht in diesem Heft.

DIRECT RESPONSE

Keine Gewinnspiele zu den Wahlen
Günter Verheugen über Parteienwerbung

NACHGEFRAGT

Ganz innen ein „Au ja!"
Thomas Rempen zwischen zwei Agenturen

▶ »Eine echte Alternative zu den etablierten und angerosteten Werbegazetten.«

*Hans-Remigius de Pâle**

* Ein ganz unbekannter süddeutscher Agenturlehrling

Probe lesen: 02228 / 931 - 140

Verlag Rommerskirchen · Rolandshof · 53 424 Remagen-Rolandseck

Es ist wichtig, Herr Direktor, wo Sie stehen.

Besonders beim Ausblick auf neue Märkte und starke Kunden – und den Weg dorthin! Die sensible Markt–Kommunikation – Visitenkarte des Unternehmens und existenzsichernder Auftritt im harten Konkurrenzkampf – gehört in die Hände echter Profis. Printkampagnen, TV–Spots, DM, Event/Promotion, Design, Messen, PR usw. müssen vor dem kritischen Auge immer anspruchsvollerer Kunden bestehen.

Mit den neuen **Porträts Schweizer Werbeagenturen und Kommunikationswirtschaft '94** bauen Sie auf Fakten: kein "Man-könnte-doch" und "Auch-schon-gehört", sondern die verlässliche, verifizierbare Brancheninformation zum Schweizer Kommunikations–Macher–Markt: Verbal, visuell und authentisch. Kein anderes Werk bietet Ihnen die handfesten, überprüfbaren Auswahlkriterien in Wort und Bild zu Ihren externen Kommunikationspartnern: Macher, Kampagnen, Auftraggeber – Agenturporträts, 100 000 Basisdaten und 5400 aktuelle, farbbrillante Arbeitsproben.

Dieses Evaluationsinstrument legt allen Marketingverantwortlichen für das harte Wirtschaftsjahr '94 festen Boden unter die Füsse: Egal, wie gross Ihr Budget '94 ist: Investieren Sie die 140.– Fr. in satte 1200 Seiten Marketingpraxis. Und Sie bekommen freie Sicht auf die besten Profis aus 31 Kommunikationsbranchen. Per Coupon, Telefon oder Fax erhalten Sie sofort:

Porträts '94, total neu, 1200 S.,Fr. 140.–

Hotline:
Tel. 01-251 17 02
Fax 01-251 16 14

ABA

Bertschi Annoncen AG, Fachbereich Buch
Schoffelgasse 7, CH-8001 Zürich

Coupon

☐ Porträts '94 Doppelband, 1200 Seiten, Fr. 140.–

☐ Abonnement, jährlich sofort nach Erscheinen à Fr. 90.–

Name
Firma
Strasse
PLZ/Ort
Datum/Unterschrift

Coupon einsenden an: Bertschi Annoncen AG, Fachbereich Buch, Schoffelgasse 7, CH-8001 Zürich, Tel. 01-251 17 02, Fax 01-251 16 14

Schwerpunktthema 87

Social Marketing aus der Sicht der Agenturen

Es gab einmal ein ›Königreich Biafra‹, eingezeichnet auf alten Karten, die weiße Forscher von der afrikanischen Westküste gemacht hatten. Heute weiß niemand mehr von diesem Königreich, seinen Gesetzen, Künsten und Handwerken. Heute weiß niemand mehr von seinen Königen und Königinnen.

Es gab einmal eine ›Republik Biafra‹. Sie hatte mehr Einwohner als Norwegen und Irland zusammen. Im Mai 1967 erklärte sie ihre Unabhängigkeit. Und unterwarf sich am 17. Juni 1970 bedingungslos der Nation, von der sie sich abspalten wollte: Nigeria.

Die ›Republik Biafra‹ hatte wenig Freunde in der Welt. Und die meisten redeten am liebsten nur von einem ›Stamm‹.

Es ist über zwanzig Jahre her, daß die Bilder dieses verhungernden Volkes um die Welt gingen: Tote. Und lebende Knochengestelle. Niemand, der diese Bilder damals sah, sollte sie je wieder vergessen.

Erstmals in der medialen Historie, im beginnenden Zeitalter der weltweiten Kommunikation, stand die Welt sprachlos und ohnmächtig vor ihrer Katastrophe. Biafra hatte keine Freunde, doch hätte es welche gehabt, die Welt wäre um eine Schande ärmer.

Die soziale Verantwortung der Kommunikation

Für viele, die heute von der sozialen Verantwortung der Kommunikation und der Werbung sprechen, waren vielleicht diese Bilder und die Ohnmacht, die sie hervorriefen, so etwas wie ein Auslöser. Seither – wenngleich mancher einen anderen Fixpunkt setzen mag – hat Kommunikation ein soziales Gewissen. Seither trägt Kommunikation soziale Verantwortung. Ja, seither halten wir den Gedanken wach, daß Kommunikation mehr verkaufen kann als Produkte und Lifestyle, nämlich Verständnis und Hoffnung, Verantwortung und Hilfsbereitschaft.

Der Mensch wird an seinen Taten gemessen und nicht an dem, was er wollte, nicht an dem, was er glaubte, oder dem, was er zu wollen glaubte. Und so ist es sekundär, ob ein Unternehmen seine Bekanntheit steigert oder sein Image poliert, wenn die Tat, die es tut, und die Botschaft, die es verkündet, gut ist.

Der Begriff von Philip Kotler

Der Moralkodex der Gesellschaft und ihre ethischen Grundzüge haben sich in der Kommunikation unter dem Stichwort des ›Social Marketing‹ gebündelt. Erstmals in die Literatur eingeführt wurde der Terminus von Philip Kotler. Vor zwanzig Jahren.

Er bezeichnet im Grunde und zuallererst nichts anderes als das Eintreten für eine gute Sache. Im Begriff selbst dagegen schwingen zweifellos heikle Assoziationen mit, da er ›Kommerz‹ und ›Absatzstrategien‹ impliziert. Seien wir also vorsichtig und sagen wir: Social Marketing bedeutet, daß ein Unternehmen, eine Organisation oder ein Verband seine Umweltbeziehungen gestaltet und Marketingmechanismen in diesen Beziehungen zur Gesellschaft Eingang finden.

Verstanden als Promotion gesellschaftlicher Anliegen im Bereich des Gemeinwohls, ist das Produkt, im Sinne Philip Kotlers, hier keine Ware oder Dienstleistung. Der Kommunikationskern liegt in der Vermittlung einer Idee bis zu ihrer möglichst umfassenden Akzeptanz durch die Gesellschaft. Mit einem Wort: Beim Social Marketing geht es um die Bewältigung des sozialen Wandels und sozialer Probleme mit den Mitteln des Marketings. Es kann eine Änderung des Verhaltens bewirken.

Spontane Aktionen gegen Ausländerhaß

Social Marketing ist der Reflex der Wirtschaft auf gesellschaftliche Probleme. In den Brennpunkt geriet es 1992 vor allem durch die diversen Kampagnen gegen Ausländerhaß. Allein neunzehn Unternehmen, darunter Sony, Neckermann und Microsoft, brachten ihre Bestürzung über Solingen in einer gemeinsamen, doppelseitigen Anzeige zum Ausdruck. »Ein Marketingtrick«, so Prof. Manfred Bruhn von der European Business School, »läßt sich bei dieser spontanen Opferbereitschaft nicht unbedingt erkennen.«

Doch selbst wenn es einer gewesen wäre, dann wäre es immer noch gut gewesen. Die Tat allein ist es, die zählt. Wenn es allein nach den Motiven ginge oder nach der kategorisch geforderten Übereinstimmung von Handlung und Motiv – die Welt wäre ärmer der guten Taten. Und wer wollte darüber entscheiden?

Als Opel 50 000 Mark für die Familien der Solinger Opfer spendete und obendrein 100 000 Mark als Belohnung für Hinweise zur Ergreifung der Täter aussetzte, mußte Vorstand Horst P. Borghs der Öffentlichkeit die ›rechten‹ Motive nachliefern: »Wir wollen als verantwortungsvolles Unternehmen und als Teil der Gesellschaft gesehen werden und nicht auf diesem Wege mehr Autos verkaufen.« Bertelsmann, ein anderes Beispiel, spendete in diesem Zusammenhang einem deutsch-türkischen Jugendwerk 1 Million Mark.

Amerikanische Unternehmen investieren jährlich über 120 Milliarden Dollar in Social-Marketing-Maßnahmen, Sponsoring-Aktivitäten eingeschlossen.

Nachholbedarf deutscher Unternehmen

Während US-Unternehmen selbst Themen wie die Steuerreform zum Anlaß nehmen, werblich Stellung zu beziehen, sind deutsche Unternehmen in der Regel bisher scheu und zurückhaltend mit der eigenen Kraft und Meinung. Sie zögern häufig, sich an gesellschaftlichen Diskussionen zu beteiligen und sich zu aktuellen Themen öffentlich zu äußern.

Social Marketing – verstanden als Planung, Organisation, Durchführung und Kontrolle von Marketingstrategien ursprünglich nichtkommerzieller Organisationen und direkt oder indirekt auf die Lösung sozialer Aufgaben gerichtet –, Social Marketing ist eine, wie Umfragen belegen, in der Bevölkerung durchweg akzeptierte Kommunikationsform. Es erreicht Zielgruppen, die sich klassischen Mitteln (und Medien) oftmals entziehen, es spricht Menschen auf einer emotionalen Ebene an. Und es beruhigt das Gewissen der Menschen.

Die Macher haben die Welt verändert. Jetzt kommt es darauf an, sie zu verschonen. Social Marketing ist und kann kein Surrogat für Sozialpolitik sein. Damit wäre einerseits dieses Kommunikationsinstrument überfordert, andererseits der Staat seiner Verantwortung enthoben. Richtig ist allerdings auch – und schon im Grundgesetz verankert –, daß Eigentum verpflichtet.

Denn praktiziertes Marketing im Gesundheits- und Sozialbereich bedeutet eben nicht, ethische Grundsätze sozialen Handelns zugunsten einer Marktorientierung aufzugeben, sondern es bedeutet, die Ethik sozialen Handelns in einen neuen Zusammenhang zu stellen.

Aids-Aufklärung – ein Musterbeispiel

Die seit Jahren laufende Aids-Kampagne ist hierfür das augenfälligste Beispiel und zugleich eines der erfolgreichsten. Die Kampagne ›Gib Aids keine Chance‹ wurde 1990 für nachgewiesene Wirksamkeit mit einem ›Silber-Effie‹ ausgezeichnet.

Kaum irgendwo müssen Werbeagenturen ein derartig sensibles Fingerspitzengefühl an den Tag legen wie im Social Marketing. Als Probe aufs Exempel gilt oftmals die Frage, ob der Spender oder Kommunikator bereit wäre, sich anonym zu engagieren wie ein Mäzen im klassischen Sinne. Allerdings beruht dieser Ansatz auf der Unterstellung, es sei wichtiger, *warum*, nicht *daß* man etwas tut. Und am Ende muß die Frage erlaubt sein, ob ein Engagement ohne Publizität nicht in etlichen Fällen einem unehrlicheren Ansatz gehorcht. Es mag eine Frage wert sein, ob sich das Thematisieren brisanter sozialer Fragen für Unternehmen verbietet, wenn im Ursprung kein moralisch oder ethisch reiner Gedanke zugrunde gelegt werden kann. Es muß die Frage gestellt werden, ob Leute, denen mit Social Marketing geholfen wird, das interessiert!

Und als moralische Kategorie, mit der Kritiker Social Marketing als klammheimliches Mittel des Zynismus entlarven wollen, taugt es schon gar nicht: Viele Unternehmen engagieren sich unter Ausschluß der Öffentlichkeit – entweder aus Prinzip oder weil sie in keine öffentliche Diskussion gezogen werden wollen.

Generell gilt: Weitaus mehr Unternehmen engagieren sich im Social Marketing, als seine Kritiker wahrhaben wollen. Es ist längst ein etabliertes Instrument im Kommunikations-Mix. Es ist eines der umstrittensten Instrumente, eines der heikelsten. Die Liste der Versäumnisse ist ebenso lang wie die Liste der Erfolge. Die Möglichkeiten, Profil zu gewinnen, sind ebenso groß wie die Möglichkeiten, es zu verlieren.

Wenn eine Brauerei deutschen Soldaten in Somalia Bier spendet, so mag dies angehen, bleibt jedoch ein Beispiel mit schalem Beigeschmack. Wer die Spielregeln des Social Marketing verletzt, kann sich auf böse Überraschungen gefaßt machen. Sponsoren und Unternehmen sollten sich auf wenige soziale Schwerpunkte konzentrieren. Wer soziale Themen einzig auf ihre aktuelle Publizität hin besetzt, wirkt sehr bald unglaubwürdig. Glaubwürdigkeit ist die unabdingbare Basis, auf der eine Partnerschaft und ein Engagement aufgebaut sein muß.

Unglaubwürdigkeit – das Todesurteil

Je souveräner die Partner, je stärker der gegenseitige Nutzen, je professioneller die Vorgehensweise, desto problemloser und erfolgreicher die Zusammenarbeit. ›Unglaubwürdigkeit‹ ist das Todesurteil für Social Marketing.

Social Marketing wirkt als Kommunikationsfaktor in zwei Richtungen: Es berührt bestenfalls die Gesellschaft, immer aber das eigene Unternehmen, die eigenen Mitarbeiter. Gerade ehrgeizigen und innovativen Unternehmen stellt sich das Problem hochqualifizierten Nachwuchses immer dringlicher. Sie werden auch daran gemessen, ob

Das multikulturelle Unternehmen. Ein Beispiel zahlreicher spontaner Aktivitäten gegen Ausländerhaß in den Jahren 1992/93.

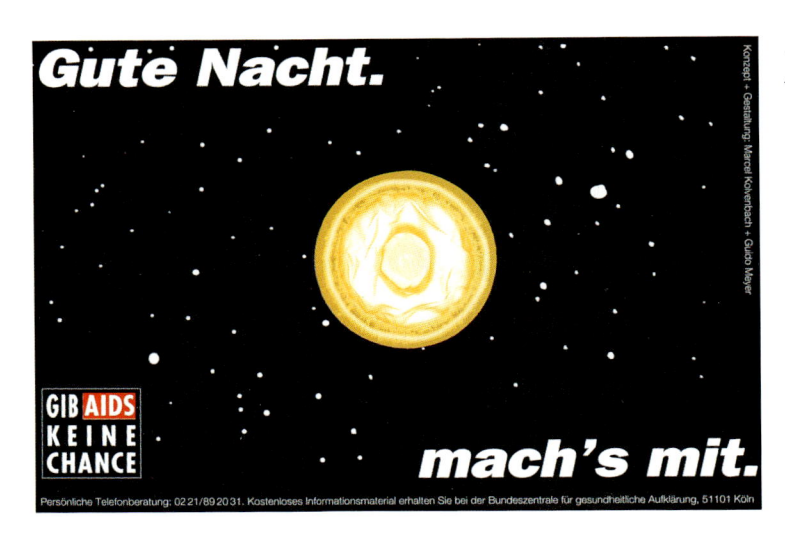

Der Mond als Kondom. Ein Anzeigenmotiv der langjährigen Aufklärungskampagne gegen Aids mit vielfältigen und mutigen Ideen.

und in welchem Maße sie sich ihrer sozialen Verantwortung stellen. Bewerber erkundigen sich immer häufiger, ob die Philosophie eines Unternehmens nur auf einem Blatt Papier steht oder ob es auch danach handelt.

Die Qualität eines Unternehmens wird von den Aktionären an seiner Rendite, in der Öffentlichkeit aber mehr und mehr an dem Verantwortungsbewußtsein gegenüber der Umwelt und der Gesellschaft gemessen.

Wie auch immer ein Unternehmen dieser sozialen Verantwortung – die sich über seine Mitarbeiterschaft und in die Gesellschaft hinein erstreckt – gerecht wird, läßt sich pauschal nicht beantworten. Ob es auf aktuelle Probleme wie Ausländerhaß eingeht oder soziale Einrichtungen unterstützt, ist ihm anheimgestellt. Welchen Weg auch immer ein Unternehmen wählt – vordringlich ist die Qualität des unterstützten Projektes, die Tonality der Kommunikation und die Kontinuität der Aktivitäten. Je mehr Social Marketing in den Fokus der Öffentlichkeit gerät, desto größer sollte der Mut von Unternehmen und ihren Agenturen sein, der Mut, mit Teilerfolgen zu leben, der Mut, offensiv vorzugehen, der Mut, das Mögliche zu tun.

Und wenn nur ein Produkt von 99 eines Sortiments den Anspruch an Umweltverträglichkeit erfüllt, so sollte dieser USP kommuniziert werden – auf die Gefahr hin, für die 98 anderen Produkte kritisiert zu werden, ja, selbst auf die Gefahr hin, von seinen Kritikern als ›Heuchler‹ bezeichnet zu werden. Dies ist der Mut, den Unternehmen und Agenturen beweisen müssen. Ohne diesen Mut zur Konfrontation sind Social-Marketing-Strategien zum Scheitern verurteilt. Social Marketing ist kein Federkissen. Es soll, und zwar in erster Linie, Bewußtsein und Verhalten der Bevölkerung ändern.

Soziale Probleme werden größer werden

Unternehmen und Agenturen müssen sich klar darüber sein, daß Social Marketing nicht zu einer Modeerscheinung degenerieren wird, sondern in großem Maße an Bedeutung gewinnt. Wir müssen damit rechnen, daß soziale Probleme und Spannungen in Zukunft weitaus größer sein werden als heute.

Setzt man voraus, daß der Wille, mit Social Marketing Aufmerksamkeit und Image zu erreichen, mindestens so ehrenvoll ist wie die Befriedigung der Eitelkeit oder des Gewissens durch stilles Mäzenatentum, so stellt sich die Frage nach der Meßbarkeit dieses Kommunikationsinstrumentes: Es existieren keine betriebswirtschaftlichen Größen, mit denen Social Marketing unter dem Aspekt Gewinn/Verlust rechenbar ist.

Andererseits ist eine Wirkung des Social Marketing unumstritten. Wie es wirkt, zeigen aktuelle Untersuchungen der begleitenden Marktforschung. Die Möglichkeiten der Erfassung von Erfolg oder Mißerfolg eines Social-Marketing-Konzeptes oder -Projektes sind jedoch äußerst vielfältig und gehen weit über die quantitative Analyse der Medienresonanz hinaus. Langfristig angelegt, entfalten durchdachte Konzepte ihre Wirkung oft erst nach Jahren. Unternehmen und Agenturen brauchen einen langen Atem.

Telefon- oder Vor-Ort-Umfragen, die Erhebung der Bekanntheit in der Bevölkerung oder bei bestimmten Zielgruppen wie auch die Formulierung spezifischer Imagewerte zählen gleichfalls zu den Instrumenten, mit deren Hilfe der Erfolg oder Mißerfolg einer Kampagne gemessen wird. Parameter also existieren. Kaum indes eine Rechnung in Mark und Pfennig.

Ein Problem liegt sicherlich darin, daß Social Marketing – gemessen am gesamten Werbevolumen – noch eine verschwindend geringe Bedeutung hat. Weil größere Etats eher die Ausnahme als die Regel sind, war es in der Vergangenheit zumeist unvermeidlich, daß sich nur wenige Spitzenleute in Unternehmen und Agenturen dieses Themas annahmen. Noch sind qualifizierte Fachleute, die die komplizierten Prozesse des Social Marketing beherrschen, dünn gesät, und es fehlt vielerorts an Erfahrungen.

Herausforderung für die Kreativen

Dabei stellen gerade soziale Anliegen den Kreativen vor große Herausforderungen – Herausforderungen, denen er mit den klassischen Instrumenten oftmals nicht gewachsen sein wird. Allzuoft verfehlen Spendenaufrufe, gesundheitliche oder politische Botschaften ihre Empfänger. Leser blättern weiter, Plakate werden ignoriert, aufgerüttelt aber wird nur selten.

Im Ausland, vornehmlich in den USA, verfügt das Social Marketing über einige Jahre Vorsprung. Kampagnen für die Verkehrssicherheit in Belgien, amerikanische Drogenaufklärungs-Kampagnen und spanische Aids-Informationen – alle erschienen viel früher als in Deutschland, alle gingen mit ungeheurer Deutlichkeit und teilweise drastischer Offenheit zu Werke. Die hintergründige Aussage fehlte nicht. Das bescheidene Bild deutschen Social Marketings steht in Widerspruch zu den Werbeinvestitionen in diesem Sektor: Sie lagen schon 1987 bei über 300 Millionen Mark und sind weiter gestiegen. Sie sind aber nur eine Prise dessen, was möglich und nötig wäre.

Doch der Blick ins Ausland führt auch nicht weiter. Aufgabe der Agenturen wird sein, ihre Auftraggeber zu ermutigen, langfristig Profil, Engagement und Professionalität zu zeigen (über die Hälfte der Unternehmen, die sich im Bereich Social Marketing engagieren, verfügen über keine schriftlich fixierte Planung!) – trotz aller Probleme, daß es Verbänden und Organisationen an Geld, öffentlichen Auftraggebern an politischem Mut mangelt.

Zwei Beispiele sollen unterschiedliche Ansätze des Social Marketing illustrieren.

Relaunch der Aktion Sorgenkind

Die jahrzehntelange ›Aktion Sorgenkind‹ litt unter erheblichem Schwund in diversen Bereichen: Die Zeiten haben sich geändert, ohne daß die Aktion Sorgenkind sich gewandelt hatte. Das Spendenaufkommen stagnierte, dann reduzierte es sich drastisch.

Die Probleme der Aktion Sorgenkind standen im Zusammenhang mit der sie tragenden ZDF-Fernsehshow *Der große Preis*. Nach dem Wechsel von Wim Thoelke zu Hans-Joachim Kulenkampff kam es redaktionell und später in der Presse zu Unstimmigkeiten. Beim Verbraucher löste die öffentliche Diskussion Unsicherheit aus.

Vor diesem Hintergrund ging es für den Kunden und die Agentur vordringlich darum, das veraltete Erscheinungsbild der ›Aktion Sorgenkind‹ zu ändern, das ›Produkt‹ richtig zu kommunizieren und die Distributionsmöglichkeiten für den Losverkauf transparenter zu machen.

Das soziale Thema in unserer Gesellschaft äußert sich vor diesem Hintergrund in Einstellungen und Verhalten und wird entsprechend kommuniziert.

Einstellungen:
- wachsende Verantwortung für eigenes Verhalten sowie gegenüber Umwelt und Mitmenschen;
- Besinnung auf innere Werte.

Verhalten:
- generell aktiveres Handeln;
- wachsende Hilfe;
- hohe Sensibilität für soziale Themen;
- aktive Informationssuche.

Kommunikation:
- die Vermittlung des Gefühls zu helfen und das Richtige zu tun;
- die Schaffung eines Anreizes durch aktivere Spielvarianten;
- die Belohnung durch Gewinne.

Um die Kommunikationsziele zu erreichen, wurde das ›Gewinnen/Spielen‹ in den Vordergrund gestellt, weil die Erzielung von Spendengeldern absolute Priorität besaß. Deshalb konzentrierte man sich kurzfristig nur auf das Produkt als solches. ›Gewinnen‹ stand damit klar im Vordergrund. Um dieses Kernziel kurz-, mittel- und langfristig zu erreichen und die Einspielergebnisse zu erhöhen, griff die Agentur zur dynamischen und aktionsbetonten Positionierung des Loses (›Garantierter Gewinn‹).

Der Verbrauchernutzen bestand darin, daß ihm auf Plakaten, im Hörfunk und in Anzeigen das Gefühl vermittelt werden konnte, ›etwas Richtiges zu tun‹, ›sinnvoll zu helfen‹ und eine ›seriöse, ehrliche Institution zu unterstützen‹. Dafür wurden ihm ›rational‹ schlüssige Argumente geliefert: geringster Lospreis aller Soziallotterien, garantiert ein Millionengewinn und die Eliminierung ›vagabundierender‹ Lose. Als Testimonial aktivierte die Agentur im Rahmen einer Übergangskampagne die Zeichentrickfigur ›Wum‹. Aus guten Gründen: Er steht symbolisch für die ›Aktion Sorgenkind‹, wird auch von jüngeren Zielgruppen in dieser Funktion identifiziert und trägt zur sofortigen Erkennung des Absenders bei.

Gänzlich anders stellt sich ein Social-Marketing-Konzept für eine Umweltorganisation wie Greenpeace dar.

Event Marketing von Greenpeace

Mit dem Terminus ›Marketing‹ haben die Umweltschützer einige Probleme. Als nichtkommerzielle Anbieter nennen sie ihre Aktionen lieber Spendensammlung bzw. Fundraising.

Das Vertrauen der Öffentlichkeit in eine Organisation wie Greenpeace beruht in erster Linie auf der Akzeptanz ihrer unterschiedlichen Aktionen, die in etlichen Fällen kommunikativ entweder unzureichend oder überhaupt nicht begleitet wurden. Allerdings verfügen fast sämtliche Greenpeace-Aktionen – und das unterscheidet sie von ihrer Konkurrenz – über einen zumeist entscheidenden strategischen Kniff: den virtuosen Umgang mit der Medien*wirkung*.

Wenn ein Greenpeace-Schiff über die Ozeane dampft, um Ölverklapper oder Walfänger zu stören und zu behindern, dann wird das Schiff in seiner Ausstattung und Bemalung so ausgerichtet, daß es gleichzeitig effektiv, aber auch aufmerksamkeitsstark ist. Um ein Beispiel zu nennen: Wenn eine Aktion im Herbst bei trübem Wetter stattfindet und Interesse von der Tagespresse vermutet wird, dann wird Greenpeace die Aktion bzw. das Schiff so herrichten, daß wirkungsvolle Fotos in Schwarzweiß geschossen werden können.

Das Vertrauen der Gesellschaft in eine solche Umweltorganisation beruht erst in zweiter oder dritter Linie auf ihren Kommunikationsinstrumenten. Sie erfüllen lediglich den Zweck, vorhandenes Vertrauen zu festigen und zu stärken. All dies bedeutet nicht, daß Greenpeace unprofessionelles Marketing betreiben würde. Im Gegenteil. Die Organisation testet und überwacht permanent die unterschiedlichsten Instrumente, Anzeigen, Mailings und selbst Kinospots. Gerade ein dramaturgisch professioneller und technisch hervorragend exekutierter Spot jedoch ließ in den Augen der Verantwortlichen zu wünschen übrig: Das Thema wurde erinnert, der Name ›Greenpeace‹ jedoch nicht. Ein didaktischer Film wäre, selbst für eine so junge und dynamische Organisation wie Greenpeace, vermutlich erfolgreicher gewesen.

Werbung als Warnung. Aktuelle Greenpeace-Anzeige über die Gefahren durch Chlor-Produkte.

Fundraising durch Direktmarketing

Ähnliches gilt für den Bereich Direktmarketing: Mailings entfalteten immer dann eine große Effizienz, sobald sie in ihrer Anmutung konservativer, seriöser und textlich ausführlicher waren. Bunte, attraktive und hochmoderne Mailings dagegen blieben in ihrer Wirksamkeit beschränkt. Das heißt nicht, Umweltkommunikation müsse altbacken und in Jute gehüllt daherkommen. Ohne intelligente Botschaften, die von Schärfe in der Aussage getragen sind, erzielt man kaum Aufmerksamkeit, geschweige denn Bewußtseins- und Verhaltensänderung. Generell gilt: Je kleiner und spezifischer die Zielgruppe, desto eher eignen sich Direktmarketing-Maßnahmen für das Social Marketing.

So wird eine breitgestreute Kampagne, die Themen wie ›Kinderfreundliche Gesellschaft‹ und ›Schwangerschaftsabbruch‹ thematisiert, von Mailings flankiert – beispielsweise an Ärzte, Apotheker und Beratungsstellen.

Für alle Unternehmen oder Organisationen, die sich im Bereich Umwelt engagieren, gilt: Ein (Umwelt-)Problem allein genügt nicht – dem Verbraucher muß ein Lösungsansatz und eine originelle Idee geliefert werden. Gleichfalls ist erfolgreiches Fundraising in vielen Fällen Teil einer Gesamtstrategie, die auch über klar verständliche, strategisch entwickelte Symbole verfügen sollte.

Für Umweltschutz- und Hilfsorganisationen gelten oftmals – und das ist ein nicht zu vernachlässigender Nebeneffekt – andere Kommunikationskriterien als für ›kommerzielle‹ Unternehmen: Anzeigenraum wird ihnen häufig kostenlos zur Verfügung gestellt. Das heißt, eine Couponanzeige, mit der Infomaterial angefordert werden kann, sollte, aber *muß* nicht unbedingt erfolgreich arbeiten – schließlich wurde der Anzeigenraum kostenlos zur Verfügung gestellt. Während die Anforderung von Infomaterial lediglich als Nebeneffekt in Betracht gezogen wird, bekommt Greenpeace in diesen Anzeigen Gelegenheit, Image zu machen.

Social Marketing braucht Professionalität

Jedes Unternehmen, das sich im Social Marketing engagiert oder engagieren will, jede Agentur muß sich darüber im klaren sein, daß Social Marketing stets und unter allen Umständen professionell und sensibel entwickelt und umgesetzt werden muß. So sind Organisationen gut beraten, eine Agentur zu verpflichten, die nicht nur Fundraising-Erfahrungen besitzt, sondern vor allem das gesamte ›kommerzielle‹ Instrumentarium der Werbung beherrscht und über kreative Spitzenkräfte verfügt.

Jedes Unternehmen, das sich im Social Marketing engagiert, und jede Agentur, die Menschen bewegen will, muß *zu* den Menschen. Nicht allein der Test oder ein langwieriger hierarchischer Prozeß kann ein Social-Marketing-Konzept auf die Reise schicken – es wird niemand wirklich bewegen können. Es braucht vor allem Imagination, es braucht Mut und Engagement.

Sowohl die Gesellschaft als auch die Kunden und die Agenturen selbst werden auf Dauer immun gegen die schönsten Formulierungen und eindringlichsten Bilder. Auf beiden Seiten werden deshalb immer stärkere Reize nötig. Die Gefahr besteht durchaus, daß serienmäßig Köder gelegt werden, die höher und höher dosiert sind. Wollte man den ›Klang‹ des gegenwärtigen bundesdeutschen Social Marketing beschreiben, so scheint er vergleichbar dem Klang eines Instrumentes, dem sich die Wirtschaft nur vorsichtig, wie auf Zehenspitzen, nähert und das sie mit großer Behutsamkeit spielt.

Social Marketing kann als Konsequenz aus der Erkenntnis begriffen werden, daß wir nicht allein auf der Welt sind. Marketing und Werbung sind kein *Closed Shop*, kein geschlossener Regelkreis. Wenn wir mit den Techniken und Talenten der Marketingkommunikation einen Beitrag zur Lösung der sozialen Probleme leisten können, so soll damit nicht das Gewissen beruhigt oder die Kritiker beschwichtigt, sondern ein Stück Verantwortung wahrgenommen werden. Es ist ein gutes Zeichen, daß viele Agenturen Interesse haben, sich für solche Aufgaben auch zu reduzierten Honoraren zu engagieren. Und für die Unternehmen bedeutet Social Marketing die Chance, für ihre guten Taten etwas zurückzubekommen, nämlich eine Aufwertung und Aktualisierung ihres Images.

Es ist zu wünschen, daß sich Unternehmen und Agenturen verstärkt dieses Instrumentes der Öffentlichkeitsarbeit annehmen, durchaus mit Fingerspitzengefühl, aber mit mehr Mut und Engagement.

Dieter Schweickhardt

Warum der GWA sich für die ›Aktion Gemeinsinn‹ engagiert
Bürgersinn + Gemeingeist = Gemeinsinn

Hier denkt der Werber mit dem Kopf und fühlt mit dem Herzen

Seien wir ehrlich: Der Name ›Aktion Gemeinsinn‹ klingt zunächst ein wenig verstaubt, nicht eben zeitgemäß. Lassen Sie sich im folgenden vom Gegenteil überzeugen. Die ›Aktion Gemeinsinn‹ war ihrer Zeit immer ein gutes Stück voraus. »Sie war – als das Wort praktisch noch gar nicht bekannt war –«, so steht es in der Festschrift zum 25jährigen Bestehen, »die erste Bürgerinitiative überhaupt.« Weiter heißt es: »Sie hat den Gedanken, daß Bürger selber tatkräftig im Sinne des Gemeinwohls wirken, in dieser Form und mit solcher Breitenwirkung überhaupt erstmals unter das bundesrepublikanische, das damalige Wirtschaftswunder-Volk gebracht.«

Am Beispiel der ›Aktion Gemeinsinn‹ wird deutlich, wie der Einsatz von Werbung und PR zum Zwecke des Gemeinwohls noch eine weitere Entwicklung entscheidend förderte, ja sogar beschleunigte: In steigendem Maße werden heute öffentliche Anliegen von Behörden, Organisationen oder Verbänden gezielt mit Anzeigen oder Spots bezahlt oder unbezahlt beworben. Für die ›Aktion Gemeinsinn‹ gilt dabei der Grundsatz, daß sie bezahlten Kampagnen oder Themen, die eine finanzielle Trägerschaft finden, selbstverständlich keine Konkurrenz macht. Und zwar weil die ›Aktion Gemeinsinn‹ – einziger Initiator nichtcaritativer Kampagnen für Anliegen des Gemeinwohls – von einer ›Vereinigung unabhängiger Bürger‹ und nicht von Staats-, Behörden- oder Organisationsinteresse getragen wird. Mit einem Wort: Sie thematisiert Probleme, für die es keine private oder staatliche Lobby gibt.

Was wissen wir wirklich über die Ausländer in Deutschland?

Gewalt ist Unrecht. Setzen Sie Herz und Verstand gegen Fäuste und Haß. Sagen Sie „Halt! Keine Gewalt". Helfen Sie mit, das friedliche Zusammenleben in Deutschland zu erhalten - wir wollen ein ausländerfreundliches Land bleiben.

Natürlich können nicht alle aufgenommen werden, die zu uns kommen möchten. Umso wichtiger ist es, weltweit bei der Überwindung von Not und Gewalt mitzuarbeiten. Damit niemand mehr seine eigene Heimat aus diesen Gründen verlassen muß.

HALT! Keine Gewalt

Informationsbroschüre „Die neuen Nachbarn" zum Thema Ausländer jetzt kostenfrei anfordern:

Aktion Gemeinsinn e.V.
Postfach 750, 5300 Bonn 1

Mitunterzeichner des Aufrufs:
„Fremde brauchen Freunde. Wir auch."

Das Alter darf nicht abseits stehen!

Daß unser Lebensabend einmal schön und harmonisch verlaufen soll, wünschen wir uns alle. Wie aber sieht er für die Alten aus, die heute unter uns und mit uns leben? Neben unserer persönlichen Anteilnahme brauchen unsere alten Mitbürger:

Moderne Altenwohnungen, Begegnungsstätten und Altenklubs, wo sie sich wohl fühlen und Anregung finden.

Das Kuratorium Deutsche Altershilfe hat sich das Ziel gesetzt, beispielhafte Einrichtungen dieser Art zu fördern. Helfen Sie mit, dieses Ziel zu verwirklichen. Beteiligen auch Sie sich an der großen

Fernsehlotterie
Miteinander-Füreinander

zugunsten des Kuratoriums Deutsche Altershilfe durch Einzahlung von DM 5.— auf Postscheckkonto Hamburg 105. (Vorgedruckte Zahlkarten kostenlos bei allen Postämtern.)

Machen Sie mit - helfen Sie mit!

AKTION GEMEINSINN

Bad Godesberg
Veröffentlicht für das Kuratorium Deutsche Altershilfe von Aktion Gemeinsinn e. V. Dieser Anzeigenraum wurde vom Verlag kostenlos zur Verfügung gestellt.

Drei Gründe, warum sich der GWA für die ›Aktion Gemeinsinn‹ engagiert

Im wesentlichen spielen drei Gründe eine Rolle, warum der GWA die ›Aktion Gemeinsinn‹ unterstützt.

1. An erster Stelle ist hier die gesellschaftliche Verantwortung und Verpflichtung zu nennen, denen sich Werber generell in ihrer Arbeit gegenübersehen. Anders als der Großteil der Gesellschaft setzt sich der Werber Tag für Tag in seiner Agentur mit gesellschaftlichen und öffentlichen Anliegen auseinander. Er ist sensibilisiert für die Wirkung der Interessen, Empfindungen und Wertvorstellungen der Verbraucher, der Menschen. Das ist sein täglich Brot.
2. Natürlich zieht ein solches Engagement eines Verbandes wie des GWA auch PR- und Imagekomponenten mit in Betracht. Es wäre nicht lauter, dieses Motiv zu unterschlagen. Die Identifikation mit gemeinnützigen Aufgaben, wie sie die ›Aktion Gemeinsinn‹ zum Programm erhebt, kann in erheblichem Maße dazu beitragen, Imageschwächen zu beheben. Diese Aspekte gelten sowohl für Verbände als auch für Unternehmen.
3. Nicht zuletzt hat sich ein dritter Grund herauskristallisiert, nachdem der GWA – bzw. seinerzeit noch die Gesellschaft Werbeagenturen – bereits geraume Zeit für die Aktion Gemeinsinn aktiv war: Sowohl Kreative als auch Berater, ja Werber schlechthin zeigen eine große Begeisterungsfähigkeit, wenn es um Themen geht, die eine seltene oder einmalige Konstellation von Intellekt, Herz und Bauch verlangen – eine Konstellation, die eine klassische Produktwerbung nur zuweilen hervorbringt. Hier denkt der Werber mit dem Kopf und fühlt mit dem Herzen.

**Ihrer Zeit häufig voraus:
Die ›Aktion Gemeinsinn‹ und die Werber**

Die ›Aktion Gemeinsinn‹ setzt sich aus einer Reihe kluger ›Köpfe‹ aus den unterschiedlichsten Bereichen von Gesellschaft und Wirtschaft zusammen. Da gibt es kirchliche Institutionen, Medien oder gesellschaftspolitische Einrichtungen, die sich beispielsweise im Sozialbereich engagieren. Die vielschichtigen Facetten machen die Entscheidung über die Ausgestaltung von Kampagnen nicht immer einfach. Anderseits aber entwickeln sie ein sicheres Gespür für aktuelle Themen und Probleme: Sie werden meistens bereits schon dann diskutiert, bevor sie eine breite öffentliche Akzeptanz gefunden haben. Denn die ›Aktion Gemeinsinn‹ will, kann und darf sich nicht auf kleine intellektuelle Zielgruppen kaprizieren und Kampagnen entwickeln, die keine breite Resonanz entwickeln.

Dieser Instinkt für das richtige Timing, wann man welche Probleme zu thematisieren hat, sind ein ausschlaggebender Faktor für den Erfolg der Aktion Gemeinsinn.

So wurde zum Beispiel schon 1978 eine Kampagne zur

besseren Integration von Gastarbeitern und 1992 eine Kampagne gegen Ausländerfeindlichkeit gestartet. Bereits 1972 rief die ›Aktion Gemeinsinn‹ unter dem Slogan »Tu etwas. Umweltschutz« die Bürger zur Reinhaltung ihrer Umwelt auf.

Die vielschichtige Struktur des Arbeitsausschusses, seine intellektuelle Flexibilität und die lebhaft geführten Diskussionen führen meistens dazu, daß ein Überschuß an Ideen produziert wird.

Dies birgt wiederum die Gefahr, Kampagnen zu kurz zu terminieren. Ein besonderes Gespür für den richtigen Zeitrahmen und die Fähigkeit zur Durchsetzung hat seit jeher vor allem der frühere Chef der Werbeagentur Ted Bates, Ralf Goll, bewiesen, der sich schon seit vielen Jahren in der ›Aktion Gemeinsinn‹ engagiert.

Von der Idee zur Kampagne

Hat sich der Arbeitsausschuß auf ein Thema festgelegt, gilt es, eine Agentur zu finden – eine Aufgabe, der sich von Anfang an der GWA unterzogen hat und die nicht immer leicht ist. Zwar ist die Bereitschaft der GWA-Agenturen, sich für die ›Aktion Gemeinsinn‹ zu engagieren, wie eingangs erwähnt, sehr hoch und ein Antichambrieren nicht erforderlich. Aber klar muß sein – und das ist unabdingbar –, daß sich die Agentur ehrenamtlich engagiert, genauso wie die Medien die von ihr entwickelten Kampagnen dann später kostenlos schalten. Bei der Auswahl der anzusprechenden Agenturen steht neben der Ehrenamtlichkeit die Affinität zum Thema und natürlich auch der Kapazitätsgrad der Agentur im Mittelpunkt der Recherche. In der Regel führt die GWA-Geschäftsstelle Vorgespräche mit vier bis sechs Agenturen, von denen dann eine oder zwei erste Konzeptionen entwickeln.

Eine ungewöhnliche, aber auch eine spannende und aufregende Aufgabe. Denn statt eines Briefings gibt es oftmals nur eine Idee, die sich aus einer Vielzahl von unterschiedlichsten Ansätzen entwickelt hat. Hieraus muß die Agentur dann ihr eigenes Briefing formulieren!

Dies ist eventuell vergleichbar mit folgender Situation: Eine Agentur wird mit einem Kunden konfrontiert, der über keine Marketingstrategie verfügt, sondern nur mehr oder minder bestimmte Vorstellungen hat, die aus den unterschiedlichsten Ressorts des Unternehmens kommen.

Doch damit nicht genug. Wenn die Agentur schließlich vor dem Arbeitsausschuß präsentiert, muß sie sich in der Regel warm anziehen – und sie sollte auch ein dickes Fell mitbringen. Spätestens hier greift nämlich der Vergleich der Kunden- bzw. Agenturbeziehungen nicht mehr. Denn hier sitzen Leute, die zwar bestimmte Grundideen sehr eindeutig vertreten, aber keine oder kaum Werbe- oder Marketingerfahrung mitbringen. Diese Situation verlangt von der Agentur oftmals ein immenses Pensum Überzeugungsarbeit, um das, was sie als Umsetzungskonzeption völlig logisch und marketinggerecht entwickelt hat, im Bewußtsein derjenigen zu verankern, die dann letztlich den Daumen heben oder senken.

Die Funktion der Medien

Nun obliegt es den Medien, die nach dem beschriebenen Procedere gestaltete und formulierte Kampagne ›unter's Volk‹ zu bringen. Und auch hier hat die ›Aktion Gemeinsinn‹, ebenso wie mit den Agenturen, nur gute Erfahrungen gemacht.

Die Bereitschaft der Verlage und Anzeigenleitungen, die Kampagnen kostenlos zu veröffentlichen, ist immer groß. Der Einschaltwert der Anzeigen erreicht in jedem Fall ein- und zweistellige Millionenhöhe.

Werber fanden es immer reizvoll, sich in der ›Aktion Gemeinsinn‹ zu engagieren. Das liegt nahe, weil es deren geborene Aufgabe ist, gesellschaftliche Trends zu erspüren und umzusetzen. Dieses Engagement gilt nicht nur für Agenturen, die einzelne Kampagnen entwickeln. Das gilt genauso für Persönlichkeiten der Werbung, die sich über die Jahre in den Gremien der ›Aktion Gemeinsinn‹ engagierten. So liest sich denn auch die Liste der ›Aktivisten‹ wie ein ›Who's Who‹ der Werbung: Von der ersten Stunde an waren es, neben anderen, Hubert Strauf, Hubert Trost, Peter Gilow und Rudolf Stilcken. Später sind, teilweise bis heute, beispielsweise Theo Breidenbach und Ralf Goll hinzugekommen. Zu nennen ist auch Kurt Schwarz, der bis zum heutigen Tag Gestaltung und Produktion der Veröffentlichungen steuert, die als Ergebnis der Kampagnen von der ›Aktion Gemeinsinn‹ in hoher Auflage abgefordert werden.

Denn das ist ja das wesentliche Resultat: Kampagnen zu einem Thema können nur den Anstoß geben, sich damit auseinanderzusetzen. Die thematische Aufbereitung erfolgt in von Experten (übrigens auch ehrenamtlich) geschriebenen Broschüren, neuerdings auch durch Veranstaltungen – ein durchaus reizvolles Momentum für die Agentur, denn durch die Quote der Abforderungen solcher Zusatzinformationen ergibt sich auch ein gewisser direkter Erfolgsnachweis über die Wirksamkeit einer Kampagne.

Neue Bundesländer – neue Dimension

Durch die Wiedervereinigung erhielt die Arbeit der ›Aktion Gemeinsinn‹ eine neue Dimension, galt es doch, die Botschaften auch in den neuen Bundesländern zu verbreiten. Hinzu mußten die Gremien, so gut und schnell es ging, paritätisch besetzt werden. So wurde ein zweites Standbein geschaffen: Während in den ersten dreißig Jahren des Bestehens der ›Aktion Gemeinsinn‹ ausschließlich Zwei-Jahres-Kampagnen zu übergeordneten Themen im Mittelpunkt standen, kam jetzt die Durchführung von Tagungen in den neuen Bundesländern und mit ihren Vertretern zu aktuellen Problemen des neuen Deutschlands hinzu. In diesem Zusammenhang einige Themenbeispiele: »Nationales Selbstverständnis der Deutschen unter besonderer Berücksichtigung der zunehmenden Ausländerfeindlichkeit und des politischen Radikalismus in den neuen Bundesländern« (Rostock, August 1991); »Vergangenheitsbewältigung in Deutschland nach 40jähriger Teilung« (Eisenach, Februar 1992); »Sprache und Politik« (Reichstag zu Berlin, Mai 1992); »Gemeinsame Vergangenheit – gemeinsame Gegenwart« (Leipzig, September 1992) und »Jugendliche Gewaltbereitschaft und Rechtsextremismus – Ursachen, Formen, Therapien« (Halle/Saale, März 1993).

Im Mittelpunkt der Kampagne im Zuge der Wiedervereinigung stand der Slogan: »Wir sind gleicher, als wir denken.« Vier traurig schauende Dackel – Waldi aus

Kinder in Gefahr –
Herrn Ohnemichel ist das egal

...auch als Autofahrer denkt er nur an sich; er fühlt sich niemals mitverantwortlich.
Herrn Ohnemichel fehlt eben, was den guten Bürger, den sympathischen Mitmenschen ausmacht – ihm **fehlt Gemeinsinn**

Unter dem Motto „Miteinander–Füreinander" wirbt in der AKTION GEMEINSINN eine Gruppe unabhängiger Bürger auch um Ihre freiwillige Mitarbeit.

Bonn, Karlchen aus Potsdam, Wurzel aus Leipzig und Alois aus München –, röhrende Hirsche in Ost und West, Sofakissen mit ›Schlag an der richtigen Stelle‹, also alles, was als typisch deutsch gilt, waren Bestandteil der zweistufigen Anzeigenkampagne, die wie viele andere vom Bundespräsidenten unterstützt wurde.

Bürgersinn + Gemeingeist = Gemeinsinn

In dieser Globalbetrachtung sei noch ein Blick auf die Vergangenheit und die Zukunft geworfen. 1958, vor 35 Jahren, ging Dr. Dr. Eberhard Müller, Leiter der Evangelischen Akademie Bad Boll, in einer Tagung über ›Werbung und Ethik‹ der Frage nach, ob es Möglichkeiten gäbe, das Instrument Werbung auch für Ziele des Gemeinwohls einzusetzen, für Ziele also, die aus dem Bewußtsein der modernen Konsumgesellschaft in unheilvoller Weise verdrängt würden.

Etwa zur gleichen Zeit wurde Prof. Dr. C. C. Schweitzer, damals Mitarbeiter der deutschen ›Bundeszentrale für Heimatdienst‹ (heute ›Bundeszentrale für politische Bildung‹), auf den amerikanischen ›Advertising-Council‹ aufmerksam. Diesem war es gelungen, seit dem Zweiten Weltkrieg die US-Werbewirtschaft und die Massenmedien in regelmäßigen Abständen zur kostenlosen Werbung für das Gemeinwohl zu gewinnen. Auf Initiative Schweitzers referierte der Vizepräsident des ›Ad Councils‹ auf einer weiteren Tagung in Bad Boll: Es wurde die Geburtsstunde der ›Aktion Gemeinsinn‹.

Schon durch ihren Namen (nicht der Absender, das Ziel steht im Mittelpunkt) unterscheidet sich die ›Aktion Gemeinsinn‹ allerdings in erheblichem Maße von ihrem amerikanischen Vorbild: Der ›Ad Council‹, der ›Anzeigenrat‹, war bewußt nur auf Werbung projiziert, von ihr getragen. Die Voraussetzungen in der Bundesrepublik waren und sind andere. Aktionen für den Gemeinsinn müssen daher anders geplant, anders gedacht, anders konzipiert werden – und sie gehorchen einem anderen Wirkungsmechanismus.

Der Name ›Aktion Gemeinsinn‹ entstammt übrigens indirekt einer Schrift des Reichsfreiherrn Heinrich Friedrich Karl vom und zum Stein. Er war einer der wenigen Theoretiker und Praktiker einer in der Tradition der Aufklärung stehenden ›politischen Kultur‹ in Deutschland. Aus Steins Nassauer Denkschrift von 1806 wurden von den Gründern der ›Aktion‹ die beiden Begriffe ›Bürgersinn‹ und ›Gemeingeist‹ zusammengezogen. Heute ist das Wort ›Gemeinsinn‹ in unserer Sprache zum ganz selbstverständlichen Begriff geworden.

Europa nicht außen vor lassen

In Zukunft stellen sich der ›Aktion Gemeinsinn‹ verstärkt auch ›europäische‹ Aufgaben – übrigens auch kein neues Thema. Das bedeutet nicht, daß wir morgen eine europäische ›Aktion Gemeinsinn‹ installieren müßten – so etwas kann sich nur langsam aus der Thematik entwickeln. Doch sollten wir uns verstärkt Themen oder Fragen widmen, die beispielsweise die ›Maastrichter Verträge‹ mit sich bringen oder die sich auf die erschreckende Passivität der EG-Europäer gegenüber den furchtbaren Ereignissen vor ihrer Haustür beziehen. Es sind eine ganze Reihe von Themen vorstellbar, für die man die gesamte europäische Bevölkerung sensibilisieren muß. Gut denkbar, daß die ›Aktion Gemeinsinn‹, erweitert durch internationale ›Köpfe‹, diese Aufgaben in Deutschland initiiert und über die Grenzen trägt.

Wolfgang Fürstner

Die Rolle der Medien im ›Social Marketing/Social Advertising‹

Wenn Bundespräsident Richard von Weizsäcker am 10. Oktober 1993 in den *Tagesthemen* der ARD davon spricht, daß in Afrika Menschen dem Hungertod ausgeliefert seien, weil ihnen Vitamine und Eiweißstoffe fehlten, bei uns jedoch ein Überfluß an Eiweiß herrsche und wir den Menschen helfen sollten, denkt man an Social Marketing. Dies um so mehr, wenn ein Moderator anschließend berichtet, die ›Welthungerhilfe‹ habe über 90 Millionen DM für Hilfsaktionen zur Verfügung gestellt, die Hälfte davon durch Spenden.

Marketingexperten werden das Geschehen vielleicht ganz anders beschreiben: Wenn eine hochangesehene Persönlichkeit in der Peak-Time durch Agenda-Setting an einem institutionalisierten Tag bei einem für dieses Medium größten Seherpublikum in den mittleren und unteren sozialen Schichten kostenlos vor einem alle werblichen Maßnahmen verbindenden Welthungerhilfelogo die konzipierte Idee vorträgt – die sie auch teilt –, so werden durch die emotionale Disposition des Akteurs beim Seher vorhandene kognitive Dissonanzen leicht abgebaut, vor allem aber positive Gefühle zugunsten des angestrebten Zieles freigesetzt und letzte Anstöße zur Spendenbereitschaft gegeben.

Wirft der Interessierte danach noch einen Blick auf die 1992 in Publikumszeitschriften ganz oder ganz überwiegend kostenlos veröffentlichten Anzeigen für die ›Deutsche Welthungerhilfe‹, erfährt er, daß mit einem scheinbaren Anzeigenetat von 1,7 Millionen DM die zweithöchste Spendenaktion des Mediums Zeitschrift stattgefunden hatte. Der ›Etat‹ in Tageszeitungen erreichte 1,5 Millionen DM. Das alles spricht für professionelles Marketing, für ›Social Marketing‹.

Begriff und Wesen des ›Social Marketing‹

›Social Marketing‹ existiert begrifflich als Sonderzweig des ›Klassischen Marketing‹ erst seit 1971. Es wurde im *Journal of Marketing* durch die beiden Autoren Kotler und Zaltmann geboren: »Social Marketing: An Approach to Planned Social Change.« Danach wurde über den ›Zugang zum geplanten Wechsel‹ überwiegend in den 70er und den frühen 80er Jahren in der Literatur berichtet.

Beide Marketingbereiche stellen einen Gedanken in den Vordergrund: Nicht die Produktion eines Produktes, einer sozialen Idee, eines politischen Programmes oder einer Rechtsverordnung, sondern das Bedürfnis des Individuums, also des Mitmenschen, das mit dem Angebot ausgelöst werden kann, ist wichtig.

Dabei ist das ›Social Marketing‹ keineswegs zur Abstinenz von wirtschaftlichen Zielen verurteilt. Es gibt zahlreiche Organisationen, deren Aktivität zugleich auf das Erlangen eines finanziellen Nutzens ausgerichtet ist (›Aktion Sorgenkind‹, Rotes Kreuz, Unicef, Greenpeace u. a.). Ihr Erfolg kann sogar eine Voraussetzung für weitere Erfolge der Idee sein.

›Social Marketing‹ ist also generell nicht dem ›Profit-‹ oder ›Non-Profit-Marketing‹ zuzuordnen. Das Erzielen von Gewinn bedeutet beim ›Produktmarketing‹ ein ›Muß‹, beim ›Social Marketing‹ jedoch, fallbezogen, ein ›Kann‹ oder ein ›Muß‹.

Daran müssen wir (etwas einschränkend) denken, wenn wir eine originelle, in den 70er Jahren von Marketingexperten eines großen Hamburger Lebensmittelkonzerns kreierte Definition näher betrachten: »Marketing ist das Suchen nach Problemen, mit dem Ziel, diese mit größtmöglichem wirtschaftlichen Nutzen zu lösen.« Gemeint sind die Probleme und Bedürfnisse des Individuums, die vom Marketing zu lösen sind. Kurz und prägnant. Barometer des Gelingens ist der wirtschaftliche Nutzen des Unternehmens – für ›Kann‹-Unternehmungen der anders ausgedrückte Grad der Zustimmung, beziehungsweise die Höhe des Spendenaufkommens.

Marketing unterscheidet sich klar von einer ›absatzwirtschaftlichen Verkaufspolitik‹. Bei ihr steht das Produkt im Mittelpunkt, ob der potentielle Käufer es nun will oder nicht. Sie übersieht gern, daß »Märkte nicht aus Computern, sondern aus Menschen mit individuellen Bedürfnissen bestehen«. Produkte, Ideen, Programme, Verordnungen »müssen durch entsprechenden Druck dem Markt verkauft werden«, meint sie.

»Bedürfnisse sind im üblichen Verständnis subjektiv empfundene Mangelzustände, verbunden mit dem Wunsch, diesen Mangel zu beseitigen. Tragen Produkte zur Beseitigung derartiger Mangelzustände bei, kann man sie . . . als Problemlöser auffassen« (F. Unger, *Taschenbuch für Marketing*, Heidelberg 1987, S. 15). Dabei wird nicht nur das substantielle Produkt als Gegenstand des Marketing gesehen, sondern darüber hinaus sein gesamtes, auch psychologisches Umfeld, das des Sichwohl-Fühlens, des Besitzstolzes, der Selbstbestätigung, der Entspannung, des Gefühls, eine Meinungsführerschaft zu gründen oder eine gute Tat zu vollbringen – alles Motivationen, die auch auf Anliegen des ›Social Marketing‹ zutreffen können.

Apropos ›Gute Tat‹: Ein solches Denken sollte manche Behörde durchdringen und ihre Informationen dem Marketing anvertrauen, dem ›Institutionellen Marketing‹. Das Problem: Behörden sehen ihre Informationen an die Bürger oft im Lichte von »Abholpflicht« und »Verständnispflicht« (Dr. Ingo Zuberbier, »*Institutionelle Werbung –*

Marketingbereich	Veranstalter	Unternehmensziel	Empfängerziel Art der Bedürfnisbefriedigung
Produktmarketing oder Unternehmensmarketing	Private Unternehmen oder öffentliche Unternehmen im Wettbewerb mit privaten	Gewinn	Durch Produkte oder Dienstleistungen *und* deren psychologisches Leistungsumfeld
Institutionelles Marketing	Öffentliche Monopolunternehmen ohne direkten Wettbewerb Öffentliche Verwaltung Nichtkommerzielle staatliche bzw. staatlich kontrollierte Institutionen Kulturelle oder religiöse Institutionen	Information, Akzeptanz und Unterstützung	Durch sachlich-sprachliches Verständnis Persönlicher Nutzen beim Ausschöpfen von Vorteilen Psychologischer Nutzen aus ideeller Unterstützung (z. B. von Parteienarbeit)
Social Marketing	Stiftungen, Vereine Private Initiativen Kulturelle oder religiöse Vereinigungen	Information Einstellungs- oder Verhaltensänderung mit oder ohne Spendenabsicht	Durch Erkenntnis Ideelle und/oder materielle Unterstützung Durch psychologisches Bestätigungsumfeld (Geltung oder Akzeptanz)

Möglichkeiten und Chancen«, in: ZV+ZV 20–21/79). Jedenfalls hat es zumindest den Anschein, daß Millionen von Broschüren, die jährlich gedruckt werden, den Bürger nie erreichen und, falls das dennoch geschieht, manche Broschüre eine Sprache spricht, die der Bürger nicht oder nur unvollkommen versteht.

Die von sehr vielen Behörden gewählte Verteilungs- und/oder Sprachregelung entspricht genau dem Gegenteil dessen, was mit Marketing verstanden wird – ihr ›Informationsmonopol‹ dekretiert. Anders verhalten sich hingegen manchmal Behörden oder Institutionen (z. B. die Post), die im Wettbewerb mit anderen Unternehmen Produkte oder Dienstleistungen anbieten.

Ähnliche Beobachtungen eines gewissen autoritären Verhaltens stellen Bürger bei politischen Parteien fest. Diese reden, statt zunächst einmal zuzuhören, was das Individuum Bürger zu sagen wünscht, welche Bedürfnisse es artikuliert. Die daraus entstehende Diskrepanz zeitigt dann manchmal Ergebnisse, die so, und zwar von allen Beteiligten, nicht erwartet worden sind. Stichwort: Wahl der Hamburger ›Statt Partei‹. An diesem Beispiel wird einerseits deutlich, auf welcher hohen hierarchischen Ebene Entscheidungen für ein effizientes Marketing angesiedelt sein müssen, andererseits aber auch, welcher Wegstrecken es bedarf, solches Denken in vielen Ebenen zum Nutzen der Institutionen und der Bürger umzusetzen.

Abgrenzung der Marketingbereiche

Die Grenzen zwischen ›Social‹ und ›Institutionellem Marketing‹ verlaufen weniger konturenstark als zwischen ›Institutionellem‹ und ›Produktmarketing‹. Manche Autoren sehen im ›Institutionellen‹ sogar eine Überschrift zum ›Social Marketing‹, andere umgekehrt.

Auffälligste Unterschiede treten bei den Veranstaltern zutage, wobei hinter ›Institutionellem Marketing‹ öffentliche oder halböffentliche, hinter ›Social Marketing‹ und ›Produktmarketing‹ überwiegend private Veranstalter stehen. Auch Unternehmensziele und Empfängerziele (die der Kunden oder Bürger) variieren.

Für die Rolle der Medien im ›Social Marketing‹ sind Abgrenzungen für Finanzierungsfragen und damit verknüpfte Gestaltungsspielräume für Entscheidungen zum Media-Mix wichtig.

Die Rolle der Medien als Impulsgeber für Inhalte und Ziele

Nahziel des ›Social Marketing‹ ist im Sinne des »Zugangs zum geplanten Wechsel eines Zustandes, eines Verhaltens oder einer Einstellung« (Kotler und Zaltmann), Probleme anzusprechen, deren Lösung bei sinnvoll gerichteter Handhabung durch Mitmenschen (Zielpersonen)

1. für diese *selbst* eine Befriedigung offener oder latenter Bedürfnisse bewirken,
2. für *andere* Personen, Personengruppen, aber auch für Natur oder Kultur zum positiven Wechsel der Lebens- oder Überlebensbedingungen führen können.

Die Medien tragen durch Berichte über Schwachstellen der sozialen und kulturellen Entwicklung zur Meinungsbildung bei. Sie geben hierdurch Impulse für Inhalte des ›Social Marketing‹ (Input). Danach werden sie zu Kommunikatoren der Initiativen bei der Umsetzung deren Konzepte (Output).

Die Ziele des ›Institutionellen Marketing‹, Problemlösungen, die durch Gesetze, Verordnungen oder andere Maßnahmen herbeigeführt werden sollen, bekannt zu machen und für Zustimmung oder Unterstützung zu werben, finden hingegen in einigen Medien, vornehmlich elektronischen, eher (vorsichtig ausgedrückt) zurückhaltende Resonanz. Entweder gehen die Lösungen zu weit oder nicht weit genug – oder es wird sich hinter dem Einwand verschanzt, andere wüßten mehr und besser über die Problematik Bescheid.

Das ›Institutionelle Marketing‹ wird deshalb besonderes Gewicht auf Werbung legen (›Social Advertising‹), für die die gleiche Meinungsfreiheit gilt wie für redaktionelle Arbeit. Da der Bürger ein Anrecht darauf hat, daß die Institutionen den Weg zu ihm finden und ausreichende Etats aus den von ihm gegebenen Vorleistungen bereitstellen, und da gerade der Deutsche ein eifriger Zeitschriftenleser ist, sollten die entsprechenden Institutionen das Marketing als Impuls für das Erreichen ihrer Ziele verstehen.

Die Rolle der Medien im Marketing-Mix des ›Social Marketing‹

Der Marketing-Mix bedient sich bekanntlich dreier Instrumente: Produkt, Distribution und Kommunikation. Das Produkt ist, wie gesagt, im ›Social Marketing‹ das ›Problem‹ oder, genauer gesagt, die ›Idee dazu‹, wie dieses in Teilen oder vielleicht auch ganz gelöst werden könnte. Dazu gehört nach Marketingauffassung der Nutzen, den diese Lösung für die individuellen Bedürfnisse des Produktempfängers haben wird oder zumindest haben könnte, auch solche der Selbstbestätigung, des Dazugehörens, des Eine-gute-Tat-vollbracht-Habens und so weiter (›Selbstverstärker‹ genannt; Raffée/Wiedmann/Abel 1983).

Die Rolle der ›Distribution‹ übernehmen die klassischen Medien, jedoch auch Broschüren und Vorträge. Die Rolle der ›Kommunikation‹ fällt vor allem den klassischen Medien zu, und zwar in geteilter, zweikanaliger Weise: durch Anzeigen, Funk- oder Fernsehspots und durch Redaktionsarbeit.

Kanal Nummer eins nennen wir Werbung. Das eingangs geschilderte Beispiel der ›Welthungerhilfe‹ in den *Tagesthemen* vom 10. Oktober 1993 steht für den zweiten Kanal: Öffentlichkeitsarbeit.

Der Umgang mit beiden Kanälen unterliegt allerdings diversen Auflagen, die aus Artikel 5,1 des Grundgesetzes abgeleitet sind, in dem die Freiheit der Meinung und der Presse gewährleistet wird. Eine der Auflagen betrifft die klare Trennung von Redaktions- und Anzeigenteil und die damit verbundene Kennzeichnungspflicht von Werbung durch das Wort ›Anzeige‹, falls der Leser nicht direkt erkennen kann, ob es sich hier um Werbung handelt oder nicht. Nun wird bei Anzeigen im Zusammenhang mit ›Social Marketing‹ die Entgeltlichkeit selten eine Rolle spielen. Das Prinzip aber besteht.

Das institutionalisierte Marketing-Mix stellt die Weichen

- für das Produkt, hier also für das spezielle soziale Problem und dessen kommunikative Lösung; der Weg führt direkt in die Kreativabteilung einer Agentur für integrierte Kommunikation;
- für die Distribution, an deren Ende die Kommunikation mit den Mitmenschen steht; der Weg führt in die strategische Planung der Agentur für Öffentlichkeitsarbeit und für Werbung.

Bevor wir uns den beiden Kanälen gesondert zuwenden, können wir festhalten: Die Medien sind an allen drei Instrumenten des Marketing-Mix beteiligt – zum einen durch Informationen zum Erkennen von Problemen und deren Ausmaße sowie durch intellektuelle Beiträge zur Problemlösung, sprich zum ›Produkt‹, zum anderen durch ›Distribution‹ der von einer Institution oder Initiative (hier als Sammelbegriff für Aktionen verschiedener Art verstanden) konzipierten Idee zu den Mitbürgern, schließlich durch die den beiden Kanälen eigene Art von ›Kommunikation‹.

Die Rolle der Medien für die Öffentlichkeitsarbeit im Marketing-Mix

Es geht hier also um den konzeptionsgerechten Output einer Initiative oder Institution, und zwar durch Distribution und Kommunikation. Die Distribution stellt eine Art Grundnutzen der Medienleistung dar, den Transport von der Initiative zum Mitmenschen. Die ›Kommunikation‹ enthält als Zusatznutzen der Medien ihre qualitative Eigenheit durch die Ansprache der Mitmenschen.

Die ›Distribution‹ umfaßt auch alle Vorbereitungen und Absprachen, deren es beispielsweise bedarf, den zitierten Appell zur ›Welthungerhilfe‹ auf die Agenda der *Tagesthemen* – und zwar eines ganz bestimmten Tages – setzen zu lassen (›Agenda Setting‹ genannt).

Von den Medien (hier stellvertretend der Fernsehredaktion) wurde das Angebot der ›Welthungerhilfe‹, einen Beitrag des Bundespräsidenten zur Verfügung zu stellen, als Themenerweiterung der *Tagesthemen* gewertet. Die Redakteure konnten ein größeres Themeninteresse ihrer Zuschauer außer in der Person in dem schon vorhandenen hohen Spendenaufkommen erkennen.

Die ›Kommunikation‹ sollte nach dem Wunsch der Initiatoren speziell hierzu einen weiteren Impuls vermitteln, und zwar durch ein Aktivieren des Wissens über die Konsequenzen schlechter Ernährung (genannt Kognation) über die gefühlsmäßige Bewertung der Folgen (genannt Affektion) und durch Erhöhen der Bereitschaft zur Spende (genannt Konation). Das hohe Ansehen, das das Staatsoberhaupt genießt, unterstützt dabei ›die positive Disposition‹ des Zuhörers (Susanne Fejer, »Zur Veränderung des Verbraucherverhaltens durch Social Marketing«, Duisburg 1990). Wird kein fertiger Spot geliefert, so unterliegen alle veröffentlichten Inhalte der Autorität und Verantwortung des Redakteurs.

Der Beitrag in den *Tagesthemen* signalisiert nur die Spitze professioneller Öffentlichkeitsarbeit. Seinerzeit veröffentlichten die Redaktionen von Zeitungen und Zeitschriften eigene Beiträge zur ›Welthungerhilfe‹ oder machten den Aufruf des Bundespräsidenten zum Gegenstand ihrer Meldung, so beispielsweise die Tageszeitung *Die Welt* am 11. Oktober.

Die Rolle der Medien für die Werbung im Marketing-Mix

Ganz anders die Rolle der Medien für die Werbung, für das ›Social Advertising‹. Zwar fehlt ihr die Autorität des Redakteurs, dafür steht der Werbung offen,

1. die Inhalte entsprechend den Vorgaben eines kreativen Konzeptes und die Art der Präsentation zu bestimmen;
2. den zeitlichen Verlauf und die Häufigkeit des Erscheinens von Impulsen festzulegen;
3. Medien auszuwählen, die zu Mitmenschen gelangen, deren Mitwirken für die Problemlösung bedeutsam sind, und
4. Formate, Farbigkeit und Spotlängen zu fixieren.

An dieser Stelle begegnen wir einer Zäsur, nämlich beim Unterscheiden zwischen den finanziellen Möglichkeiten von initiativer und institutioneller Werbung.

Die Werbung des ›Social Marketing‹ im engeren Sinne verfügt über wesentlich kleinere Ressourcen. Sie verleiten zu der zunächst naheliegenden Idee, sogenannte Bettelbriefe zu versenden, die bei den Verlagen überwiegend in der Zeit zwischen Oktober und März in Mengen eingehen.

Auch wenn hierdurch 1992 allein in Zeitschriften Anzeigen im Werte von 20 Millionen DM ganz oder überwiegend kostenlos geschaltet wurden, stellt sich zunächst für die Absender eine Frage: Ist damit der Effizienz zum Erreichen der Problemlösungen wirklich am besten gedient?

Wir greifen hier schon mediastrategischen Gedanken vor, die später anzustellen sein werden. Zunächst besagt aber die Erfahrung, daß kleinformatige Anzeigen eine wesentlich größere Chance besitzen, kostenlos geschaltet zu werden als großformatige.

Nun werden Kleinanzeigen durchaus intensiv gelesen – manche Zeitschriften betrachten sie sogar als Bestandteil des redaktionellen Konzeptes. Aber auf so kleinen Formaten lassen sich komplexe Probleme und ihre Lösungsvorstellungen nicht ausführlich genug darstellen. Auch passen auf Millimeter verkleinerte Prominentenköpfe selten in das Umfeld.

Die Lösung könnte eine professionell entwickelte Basiskampagne bieten, deren großformatige Anzeigen (z. B. mit halben Seiten) bezahlt werden. An diese würden sich viele Kleinanzeigen – als ›Reminder‹ – anlehnen. Das heißt aber für das institutionalisierte Marketing-Mix, bereits an dieser Stelle eine Entscheidung zugunsten einer solchen Basiskampagne treffen zu müssen – möglicherweise zu Lasten anderer Ausgaben.

Umgekehrt fragen sich nämlich auch die Zeitschriften, welche Rückwirkungen 5000 Kleinanzeigen im Jahr auf die Glaubwürdigkeit, Anmutung und das daraus resultierende Image ihrer Titel haben, wenn viele von ihnen eine konzeptionelle Ordnung und die gestaltende Hand vermissen lassen. ›Gut gemeint‹ reicht eben oft nicht, weder für die Initiative noch für die Zeitschrift.

Die Werbung des ›Institutionellen Marketing‹, also das institutionelle Advertising, leidet hingegen unter der Last andersartiger Probleme. Hier geht es weniger um Etathöhen (um diese natürlich manchmal auch), hier geht es um den Media-Mix.

Die Rolle der Medien für das Social Advertising im Media-Mix

›Social Advertising‹ wird im Sprachgebrauch sowohl für die Werbung des ›Social Marketing‹ als auch für die des ›Institutional Marketing‹ verwendet.

Die aktive Rolle der Medien beginnt bereits durch das Bereitstellen von mehreren Millionen Daten über Leser, Seher und Hörer, deren Einstellungen, Erwartungen, Meinungen, Absichten, Soziodemographie, vor allem aber auch über deren Mediennutzung.

Die passive Rolle der Medien beginnt mit der Einschätzung der Strategen, ob für die Information der Idee eine Bringschuld seitens der Institution oder Initiative oder eine Holschuld der Mitmenschen (Zielgruppen) vorliegt.

Im letzteren Falle werden sich später vielleicht Hunderttausende von Broschüren auf den Schreibtischen von Amtsstuben stapeln und danach, sorgfältig archiviert, in Behördenarchiven lagern. Möglicherweise werden auch einige bei Vorträgen abgesetzt. Schulen betrachten sich hingegen nur vereinzelt – und themenabhängig – zuständig, wenn es um das Verteilen von Informationen geht.

Sollte von den Strategen eine Bringschuld angenommen werden – und das ist bei Initiativen meistens der Fall, bei Institutionen als Absender seltener –, bieten sich dem Mediastrategen sowohl quantitative Daten (z. B. über den Aufbau einer Reichweite nach einer bestimmten Anzahl geschalteter Anzeigen, ›Kumulation‹ genannt) als auch qualitative Daten (z. B. über die mutmaßliche Erinnerung von Informationen beim Einsatz von Anzeigen oder Fernsehspots, ›Aktiver Bekanntheitsgrad‹ genannt). Auch liegen dem Strategen Daten über das Sowohl-als-auch-Nutzen von Zeitschriften und Fernsehen oder Zeitschriften und Hörfunk (›Überschneidung‹ genannt) vor.

Die Rolle der Medien bemißt sich an den Leistungen und Eigenschaften, die sie nach dem Willen der Strategen für die bestmögliche Distribution und Kommunikation einsetzen sollen. Dabei spielt allerdings der Finanzierungsrahmen eine wichtige Rolle, insbesondere wenn das Medium Fernsehen mit Werbespots genutzt wird.

Zeitschriftenkampagnen kosten mit ganzseitigen Vierfarbanzeigen bei Reichweitenzielen von bundesweit 70 Prozent nur Bruchteile von Fernsehkampagnen. Das hat – neben den um etwa 90 Prozent niedrigeren Herstellungskosten von Anzeigen gegenüber Werbespots – im wesentlichen drei Gründe:

1. Die Leserreichweite von Zeitschriften beginnt mit der ersten Einschaltung relativ hoch, während ihr Reichweitenzuwachs relativ flach verläuft. Die Seherreichweite des Fernsehens beginnt relativ niedrig, während ihr Zuwachs hingegen steiler verläuft (Quelle: AGMA).
2. Daraus folgt, daß bei sechs bis acht Einschaltungen pro Medium bei Zeitschriften mehr Leser öfter als einmal erreicht werden als Seher beim Werbefernsehen. Die Häufigkeit, mit der die Leser/Seher erreicht werden, ist in ›Kontaktklassen‹ (z. B. 1–12 Kontakte, 13–24 Kontakte, mehr als 25 Kontakte) erfaßbar (Quelle: AGMA).
3. Die spontane (›aktive‹) Erinnerung an Marken liegt nach einer Untersuchung von 43 Kampagnen, in denen sowohl Fernsehen als auch Zeitschriften vertreten waren, bei Personen, die ausschließlich durch das eine

oder andere Medium erreicht wurden, für Zeitschriftenleser, die zwischen ein- und zwölfmal erreicht wurden, um 58 Prozent höher als für Fernsehseher. (»Media-Mix und Werbewirkung«, *Hörzu/Funk Uhr* 1989). Erst bei 25 und mehr Kontakten pro erreichter Person sinkt der Unterschied auf 1 Prozent. Daraus folgt, daß Fernsehkampagnen vielfach höhere Frequenzen benötigen.

Nun werden in Untersuchungen Zeitschriften stärkere Informationskraft und Glaubwürdigkeit, dem Fernsehen größere Emotionalität zugeordnet. Deshalb empfehlen Mediastrategen beispielsweise, eine Basis-Zeitschriften-Kampagne mit ausführlichen Informationen durch emotionale ›Reminder-Kurzspots‹ (7 Sekunden) zu ergänzen. Die Medien treten hier dann nicht solistenhaft, sondern konzertant auf.

Die Rolle der Medien im operativen Geschehen des ›Social Advertising‹

In der letzten Phase vor der direkten Distribution der Werbung richtet sich das Interesse auf die Auswahl der einzelnen Tageszeitungen, Zeitschriften oder Sender. Selektionskriterien sind Beschreibungen der Leser/Seher/Hörer, die Thematik des redaktionellen Umfeldes, die Anmutung der Zeitschrift, die Erwartungen, die die Leser in die Zeitschrift setzen und die dem Kampagnenkonzept der strategischen Planung am ehesten entsprechen. Das gilt sowohl für Basiskampagnen der Initiativenwerbung als auch für die Kampagnen der institutionellen Werbung. Die Verlagshäuser stellen hierzu bei Beratungsbedarf ihre Experten zur Verfügung (das geht bis zur Empfehlung von Streuplänen).

Den Kampagnen des ›Social Advertising‹ wird auch beim Einplanen von Anzeigenplätzen die gleiche Sorgfalt zuteil wie den Kunden des Produkt-Advertising. Ziel ist immer die größtmögliche Kontaktchance.

Anders verhält es sich bei kostenlos geschalteten ›Reminder‹-Anzeigen. Da Anzeigenräume in der Regel in einer gewissen Relation zum Heftumfang bereitgestellt werden, genießen bezahlte Anzeigen selbstverständlich Vorrang. Ferner müssen Anzeigen mit ihren Formaten in den vorgegebenen Rahmen passen. Natürlich können Anzeigen solcher Art meist nicht in der festlegenden Frequenz eines Planes geschaltet werden. Das ist vor dem Hintergrund größerformatiger bezahlter Basisanzeigen mit den Vorteilen nicht nur von der Planbarkeit, sondern auch von der Durchsetzbarkeit strategisch vertretbar. Bei ›Kampagnen‹, die ausschließlich auf Kleinanzeigen beruhen, bestehen außer räumlich bedingten inhaltlichen Vorbehalten auch Zweifel an der mediastrategischen Effektivität im Sinne der Zielsetzung.

Dimensionen des Engagements und vermeintlicher oder tatsächlicher Umsätze der Medien für ›Social Advertising‹

Die Zahl der Initiativen in der Bundesrepublik ist unbekannt, zumal die meisten das lokale Geschehen betreffen. Für deren Anliegen stehen Tageszeitungen und lokale Rundfunksender im Blickpunkt des Interesses.

Initiativen mit überregionaler Verbreitung (unter diesem Begriff werden im folgenden auch gemeinnützige Stiftungen oder Aktionen wie ›Aktion Sorgenkind‹, die ›Deutsche Welthungerhilfe‹ oder der ›Bund für Umwelt und Naturschutz‹ verstanden) wenden sich häufig an die Anzeigenabteilungen von Tageszeitungen, Zeitschriften und Fachzeitschriften.

Obwohl die Tageszeitungen 1992 im ›Social Marketing‹ den höchsten geldwerten Anteil der Einschaltungen für Anzeigen und Werbespots hatten, etwa 75 Prozent, waren die Zeitschriften mit etwa 21 Prozent das stärkste Medium, gemessen an den verfügbaren Heftausgaben: Rund 300maligem Erscheinen einer Zeitung standen maximal etwa 50maliges Erscheinen einer Zeitschrift gegenüber. Das Werbefernsehen wiederum verzeichnete 3 Prozent, die Fachzeitschriften 1 Prozent und der Hörfunk blieb unter 1 Prozent (Quelle: Nielsen Werbeforschung S+P).

Inwieweit der zur Verfügung gestellte Anzeigenraum von Tageszeitungen und Fachzeitschriften kostenlos ver-

Themenkreise der Initiativen Tenor: Das jeweilige Thema betrifft ...	Beispiele für Initiativen
... mich oder könnte mich selbst eines Tages betreffen 13 Initiativen	Deutsche Arthrose-Hilfe, Arbeitskreis Organspende, Deutsche Krebshilfe, Verkehrswacht, Deutscher Sportbund
... Kinder 13 Initiativen	Aktion Sorgenkind, SOS Kinderdorf, UNICEF Kinderhilfswerk, Deutscher Kinderschutzbund
... andere Mitmenschen, spezielle Gruppen 15 Initiativen	Hilfe zur Selbsthilfe, Keine Macht den Drogen, Lebenshilfe für geistig Behinderte, Weißer Ring
... Menschen anderer Länder 20 Initiativen	Deutsche Welthungerhilfe, amnesty international, Ich bin ein Ausländer, Pro Asyl
... Umwelt und Natur 18 Initiativen	Bund für Umwelt und Naturschutz, Deutscher Naturschutzbund, Stiftung Wald in Not, Greenpeace
... Kultur 4 Initiativen	Deutscher Denkmalschutz, Deutsche Stiftung Musikleben, Stiftung deutsche Wissenschaft, Aktion Gemeinsinn

**Ganz oder überwiegend kostenlos geschaltete Anzeigen
in Publikumszeitschriften für Initiativen beim ›Social Marketing‹ im Jahre 1992
(ohne ›Institutionelles Marketing‹).**

Themenkreise der Initiativen Tenor: Das jeweilige Thema betrifft ...	Anzahl der Initiativen zum Themenkreis	Größte Zahl der an einer Initiative teilnehmenden Titel	Durchschnittliche Zahl der an den Initiativen teilnehmenden Titel pro Themenkreis	Einschaltungen der Titel gesamt im Themenkreis	Durchschnittliche Zahl der an den Initiativen teilnehmenden Einschaltungen pro Initiative und Themenkreis	Anzeigenseiten pro Themenkreis, ganz oder überwiegend kostenlos	Bruttowert der Anzeigenseiten pro Themenkreis TDM
... mich oder könnte mich eines Tages selbst betreffen	13	61	21	1118	86	165	3263
... Kinder	13	38	13	563	43	125	4379
... andere Mitmenschen, spezielle Gruppen	15	34	8	485	32	62	1234
... Menschen anderer Länder	20	78	15	1225	61	223	5137
... Umwelt und Natur	18	80	20	1531	85	286	4261
... Kultur	4	8	7	66	16	43	683
... alle Bereiche	83	80	14	4987	41	904	18957

Daten-Quelle: Nielsen Werbeforschung S + P

geben wurde, ist nicht bekannt. Wie bei Publikumszeitschriften kann dieses aber wohl für die anderen Printmedien angenommen werden. Über das Verhalten von Werbefernsehen und Werbefunk liegen keine Informationen vor.

In Publikumszeitschriften wurden 1992 insgesamt 83 überregionale Initiativen registriert. Nicht alle verdienen das Prädikat eines professionellen ›Social Marketing‹, werden hier jedoch wertfrei zugerechnet.

Da Marketing die *Bedürfnisse* der Zielgruppe in den Mittelpunkt stellt, die durch ein ›Produkt‹ – hier ein ›Problem‹ oder die ›Idee zur Lösung‹ – zu befriedigen sind, werden nachstehend die 83 Initiativen in Themenkreisen zusammengefaßt, die die Mitbürger als Zielpersonen selbst, andere Personen oder Sachthemen betreffen, die eigentlich alle Bürger angehen: Umwelt, Natur und Kultur.

Die obenstehende Tabelle gibt einen Überblick über das Engagement der Publikumszeitschriften beim ›Social Marketing‹.

Der Gesamtbruttowert der ganz oder ganz überwiegend kostenlos gewährten Anzeigenräume betrug also für die genannten 83 Initiativen knapp 19 Millionen DM. Da nicht alle Initiativen erfaßt werden konnten, wird der Gesamtwert der Anzeigen auf etwa 20 Millionen DM geschätzt. Zum Vergleich: Die Summe überstieg sogar die des Gesamtanzeigengeschäftes mit bezahlten Anzeigen so renommierter Zeitschriften wie *Frau im Spiegel* oder *Essen und Trinken*.

25 Initiativen (30 %) mobilisierten mehr als 50 Belegungen für ihre Anliegen und erlangten mit insgesamt 653 Anzeigenseiten 72 Prozent des gesamten, überwiegend kostenlosen Anzeigenvolumens aller 83 Initiativen. Das liegt zum Teil an der Resonanz eines Themas in den Verlagen, aber natürlich auch an der Art der Anfrage und der Qualität der Anzeigen.

Angesichts der enormen Anzeigeneinschaltkosten stellt sich für den einzelnen Verlag oft die Frage, ob das Engagement des Verlages wirtschaftlich vertretbar ist. Immerhin kostete 1993 eine einfarbige Anzeigenseite in der *Hör Zu* 64 970 DM, im *Stern* 56 480 DM, in der *TV hören und sehen* 52 420 DM und in der *Bunte* 35 520 DM (entsprechende Formate für eine Achtelseite erfordern zwischen 8770 und 4440 DM.

Wie schon weiter oben erläutert, sollte die Nutzung von Kleinanzeigenformaten außer im Lichte finanzieller Aspekte auch unter den Gesichtspunkten der Effizienz (wegen der eingeschränkten Darstellungsmöglichkeiten von Problemen und deren Lösungen) und darüber hinaus unter solchen der Imagebildung für die Zeitschrift gesehen werden. Die geldwerten Anteile der Medien ändern sich, wenn die Social-Etats mit den Institutionenetats zu einer Größe des ›Social Advertising‹ zusammengefaßt werden. Hauptauftraggeber der Institutionenwerbung sind übrigens Ministerien, Verbände und Parteien, die alle als zahlende Kunden gelten. Von 1984 bis 1992 änderten sich die kostenlosen oder bezahlten Wertanteile für Einschaltungen des ›Social Advertising‹ wie folgt:

	1984	1992
Tageszeitungen	62 %	53 %
Publikumszeitschriften	30 %	31 %
Fachzeitschriften	2 %	2 %
Werbefernsehen	3 %	6 %
Werbefunk	3 %	4 %
Plakat	nicht erhoben	4 %

Quelle: Nielsen Werbeforschung S+P

Zusammenfassung

1. Die Medien sind beim ›Social Marketing‹ – im Gegensatz zum ›Produktmarketing‹ – am Erkennen und Bewerten von Problemen, hier eine Ursubstanz des ›Produktes‹, beteiligt.
2. Die Medien liefern Beiträge zu Ideen der Problemlösung.
3. Die Medien übernehmen zweikanalig die Distribution der Social-Marketing-Produkt-Idee: via Öffentlichkeitsarbeit durch Redaktionen und via Anzeigen und Spots durch Werbung, letztere ›Social Advertising‹ genannt.
4. Die Medien ermöglichen den Ideentransfer vom ›Social Marketing‹ zum ›Institutionellen‹ und zum ›Produktmarketing‹. Sie begünstigen damit Einstellungs- oder Verhaltensänderungen bei ihren Lesern, Sehern oder Hörern, aber auch bei Institutionen (Parteien, Verbänden, Ministerien) und Unternehmen (Entsorgern).
5. Die Medien bringen sowohl in der Distribution als auch in der Art der Kommunikation ihre Eigenständigkeiten solistenhaft, aber auch konzertant ein. Sie übernehmen für ›Social Advertising‹ beratende und durchführende Aufgaben. Dazu gehört auch der Rat, ›Social Marketing‹ einschließlich ›Social Advertising‹ von Zufällen unabhängig zu machen und in die Hand von Experten zu geben.

Schlußwort in eigener Sache

Von 1984 bis 1992 stiegen die Werbeaufwendungen in den klassischen Medien beim ›Institutional Advertising‹ (social und institutional) von 179 auf 520 Millionen DM. Das entspricht einem Anstieg um 190 Prozent. (In derselben Zeit wuchs der Bruttoumsatz der Publikumszeitschriften um 40 Prozent, der Fachzeitschriften um 38 Prozent, der Tageszeitungen um 70 Prozent. Diese drei Printmedien deckten 1992 etwa 86 Prozent aller Werbeaufwendungen des ›Social Advertising‹, ob bezahlt oder unbezahlt, ab). Selbst wenn man berücksichtigt, daß in den Zahlen des Jahres 1992 erstmalig auch 21 Millionen DM für Plakatanschlag enthalten sind, über deren Höhe in 1984 nichts bekannt ist, bleibt doch die Feststellung, daß die Aktivitäten in den klassischen Medien für ›Social Advertising‹ überproportional stiegen.

Es ist sicher nicht unbescheiden, daran zu erinnern, daß die Fachgruppe Publikumszeitschriften des VDZ 1985 in zahlreichen Veranstaltungen Wege aufzeigte, wie Probleme des ›Social Marketing‹ bzw. ›Social Advertising‹ konkret gelöst werden können.

Damals waren 481 Bundes- und Landesbehörden, kommunale Verbände, Industrie- und Handelskammern, Verbände der gewerblichen Wirtschaft, der Landwirtschaft, des Natur-, Tier- und Umweltschutzes, sozialpolitische Organisationen, technische und wissenschaftliche Vereinigungen und Institute, Interessengemeinschaften und internationale Zusammenschlüsse eingeladen worden. Die kreative Leitung hatte Christoph Fechler, langjähriger Kreativ-Geschäftsführer bei Lintas:Hamburg.

Die Präsentationen sind auf Videokassetten festgehalten. Sie zeigen sechzehn Probleme des ›Social Marketing‹ und deren Lösungsansätze auf sowie weitere internationale und aktuelle Beispiele. Die Kassetten können beim VDZ, Winterstraße 50, 53177 Bonn, bezogen werden.

Wolfgang Bergmann und Peter Podpera

Caritas und Eggert.
Ein Beispiel erfolgreicher Kommunikationsarbeit im Non-Profit-Bereich

Die Caritas ist in Österreich ein ›Mischkonzern‹, der eine breite Palette von sozialen Dienstleistungen wie Behindertenheime, Pensionistenheime, Obdachlosenhäuser, Hauskrankenpflege, Familienhilfe und mobile Hilfsdienste (z. B. Heimhilfe) anbietet. Auch Sozialarbeit für Randgruppen (wie Arbeitslose, Verschuldete, Drogenabhängige, Obdachlose) wird geleistet. Von zunehmender Bedeutung ist die Arbeit für Gastarbeiter und Flüchtlinge. Etwa 3500 Mitarbeiter sind im Gesamtbereich hauptberuflich tätig.

Die Auslandshilfe wird über ein zentrales Büro mit Caritas-Partnerorganisationen in den Empfängerländern abgewickelt.

Der Spendenbedarf für diese Einrichtungen, die darüber hinaus durch staatliche Gelder und private Kostenbeiträge im Bereich der Dienstleistungen subventioniert werden, wird heute nur noch mit knapp 25 Prozent durch Kirchensammlungen und pfarrliche Aktivitäten aufgebracht. Ein Netz von 3000 Pfarreien stellt für die Caritas zwar noch immer ein sehr wichtiges Instrumentarium dar – für den größten Teil des Spendenkuchens müssen jedoch Unterstützer durch Kommunikation über Massenmedien gefunden werden.

Eine Herausforderung für Werber

Vor acht Jahren begann die Zusammenarbeit mit der Wiener Werbeagentur Eggert bei der Erstellung einer ›Augustkampagne‹ für die Dritte Welt. Mittlerweile wendet sich die Caritas jährlich mit drei großen klassischen Kampagnen an die österreichische Öffentlichkeit. Eggert zeichnet bei allen für Kreation und Produktion verantwortlich.

Die Arbeit für eine Non-Profit-Organisation stellt dabei, abgesehen vom Inhalt, eine vielfache Herausforderung dar. Als oberste Bedingung gilt, sich immer vor Augen zu halten, daß die Produktion sämtlicher Werbemittel mit sowenig Kosten wie nur irgend möglich verbunden sein sollte. Jeder Luxus geht auf Kosten der Bedürftigen. Es ist die Kunst der Agentur, Kampagnen zu schaffen, denen man nicht ansieht (und nicht ansehen darf), daß sie fast nichts gekostet haben, was bedeutet, daß mit sparsamsten Mitteln größte Effizienz zu erzielen ist. Das ist eine Pflicht, die zwar bei allen anderen Kunden genauso gilt, aber nirgends so wörtlich und streng auszulegen ist, denn in der kommerziellen Werbung ergibt sich durch die Relation zu den Schaltkosten bei den Produktionskosten oft noch ein ›Luxus-Spielraum‹.

Zudem ist Flexibilität eine wichtige Voraussetzung. Die Caritas ist von kostenlosem Werberaum und Werbezeit abhängig. Langfristige Buchungen sind dabei nicht möglich, und meistens kann nur sehr kurzfristig festgestellt werden, ob eine Kampagne durchführbar ist oder nicht. Wenn ja, dann werden die Kampagnen oft wahlkampfartig fertiggestellt.

Die achtjährige Erfahrung in der Zusammenarbeit von Caritas und Eggert ist dabei von sehr großem Nutzen. Eingespielte Abläufe ermöglichen schnelles Arbeiten. Meeting-Ritualen und Präsentationen von Endergebnissen ist die frühzeitige Diskussion und Auseinandersetzung schon in der Kreativphase vorzuziehen. Dies gelingt aber nur dann, wenn sich der Kunde nicht nur mit fertigen Produkten überzeugen läßt und die Agentur zu ihm soviel Vertrauen haben kann, daß sie ihn hinter die Kulissen blicken läßt.

Die Belohnung für die Arbeit ist das Gefühl, einen wesentlichen Beitrag bei der Hilfe für Notleidende geleistet zu haben. Außerdem hat kaum ein Werber das Erfolgserlebnis, seine Arbeit den darauf folgenden Einnahmen des Kunden unmittelbar zuordnen zu können. Abgesehen von der ganzjährigen PR-Arbeit der Caritas, gibt es sonst nämlich keine Marketingfaktoren, die die Spendenfreudigkeit der Österreicher beeinflussen. Werbeerfolg ist hier in Spendengeldern meßbar.

No Profit durch Non-Profit?

Die Agentur Eggert verzichtet im Fall des Kunden Caritas auf wesentliche Einnahmequellen. Da die Caritas dank der Großzügigkeit der Medien- und Werbeunternehmen ihre Werbemittel kostenlos schalten kann – dies gilt sowohl für die TV- und Hörfunkspots wie für die Straßenplakate und Zeitungsinserate –, verliert sie die üblichen Agenturprovisionen. Andererseits kann sie aber auch keine Honorare verrechnen. Für die Werbewirtschaft wäre nicht einzusehen, daß ein Beteiligter an der Kampagne verdient, während andere ihre Ressourcen gratis zur Verfügung stellen. So sind für die Agentur Kosten gegeben, während die Medien- und Werbewirtschaft nicht gebuchte Flächen zur Verfügung stellt und die Materialien zur Verfügung gestellt bekommt. Die Caritas trägt daher die Entstehungskosten.

Heißt das nun, daß die Tätigkeit für eine Non-Profit-Organisation wie die Caritas immer mit ›no Profit‹ verbunden ist? In wirtschaftlicher Hinsicht sollten dies Werbeagenturen in der Zusammenarbeit mit Non-Profit-Organisationen mit einem klaren Ja beantworten können. Die Gesamtrechnung kann aber noch einmal anders aussehen: Natürlich profitiert eine Agentur auch von dem Image, das sie durch eine Non-Profit-Organisation gewinnen kann.

Daß gerade neue Agenturen immer wieder der Caritas ihre Dienste anbieten, um am Markt bekannter zu werden, ist ein klarer Indikator dafür (und für die Caritas zugleich eine gute Gelegenheit, die Attraktivität ihrer Produktionsbedingungen zu überprüfen). Zudem ist auch die Motivation eines Agenturteams nicht zu unterschätzen, das abseits der oft sterilen und blutleeren Aufträge und des Kampfes um ein paar Prozentpunkte Marktanteil nun für ein konkretes soziales Anliegen eintritt und den Erfolg auch noch sehr unmittelbar messen kann. Die Werbewelt, die Welt der tatsächlichen, vermeintlichen oder zumindest vorgetäuschten Erfolge, kann sich durch solche Aufgabenstellung der Gefahr entziehen, innerlich ausgehöhlt zu werden.

Für die Caritas ist wesentlich, daß sie in diesem Zusammenspiel ›Kunde‹ bleibt und somit König. Es darf nicht die Situation entstehen, daß man als Spendenempfänger einer Kreativleistung dem geschenkten Gaul nicht mehr ins Maul schaut, denn es geht um die langfristige Pflege des Images und der Darstellung der eigenen Identität. Für die Produktionskosten selbst verantwortlich zu zeichnen ist auch eine positive Stärkung dieser Position.

Marktführer Caritas

Im Unterschied zum Spendenmarkt in der Schweiz und in Deutschland ist in Österreich die Situation klar durch die Marktführerposition der Caritas geprägt. So berichtet das Nachrichtenmagazin *profil* für das Spendenjahr 1991, daß die Caritas mit ihrem Spendenvolumen in der Höhe von 481 Millionen Schilling deutlich vor dem Roten Kreuz mit 102 Millionen Schilling liegt. Darauf folgen: Licht ins Dunkel mit 81 Millionen Schilling, Österreichisches Hilfswerk mit 73 Millionen und Greenpeace mit 44 Millionen Schilling.

Ein Faktor für diese sehr deutliche Position in Österreich ist, daß der katholischen Kirche, deren soziale Organisation die Caritas darstellt, 78 Prozent der Bevölkerung zugerechnet wird,* weshalb andere konfessionelle Hilfswerke keine vergleichbare Größe erzielen. Die Caritas gilt als eine im Volk verankerte Institution, die es zudem frühzeitig, nämlich schon zu Beginn der 60er Jahre, verstanden hat, Medien in den Dienst zu nehmen und mit Medien zusammenzuarbeiten. Dafür stand für viele Jahrzehnte die charismatische Persönlichkeit von Prälat Ungar, der zudem die Caritas zu einer sehr selbständigen Organisation gemacht hat, die heute über ein in wesentlichen Punkten von der Kirche unterschiedliches Image in der Bevölkerung verfügt.

Caritas als gesellschaftlicher Faktor – PR

Diese Position konnte in den letzten Jahren deutlich gefestigt werden. Gerade in einer Zeit des permanenten kirchlich-institutionellen Reichweiteverlustes war dabei eine Konzentration auf den massenmedialen Auftritt der Caritas sehr hilfreich. Um die nötige mediale Dichte zu erzielen, setzt die Caritas neben klassischer Werbung und Direktmarketing auch Instrumente der nichtwerblichen Öffentlichkeitsarbeit ein. Denn sie ist aus selbstverständ-

* Österreichische Volkszählung 1991

Caritas als Faktor in der Gesellschaft: Die Wirtschaftsuniversität kürt den Caritas-Präsidenten zum Manager des Jahres 1993.

lichen Gründen nicht bereit, 20, 30 oder mehr Prozent des Spendenaufkommens ausschließlich in klassische Werbung zu investieren. Um in die redaktionelle Berichterstattung der Medien einzufließen, reichen aber die einfachen Fundraising-Anliegen nicht aus. Hier kann sich die Caritas nur Resonanz verschaffen, wenn sie für gesellschaftliche Fragen relevant ist. Als kirchliche Hilfsorganisation vertritt die Caritas ein klares Menschenbild und Positionen mit gesellschaftspolitischer Sprengkraft, nämlich die Option für die Armen. Während sich andere Organisationen strikt der politischen Neutralität verschreiben oder so sehr parteiliche Vorfeldorganisation sind, daß ihr Standpunkt in der jeweiligen Mutterpartei aufgeht, vertritt die Caritas eigenständige Positionen, die gerade in den 90er Jahren (Grenzen des Sozialstaates, europäische Wanderung) an Brisanz gewinnen. Die Caritas verfügt dabei über eine Pressestelle, die in der Lage ist, tagespolitisch und tagesaktuell präsent zu sein. Caritas-Pressekonferenzen werden traditionell gut besucht, Caritas-Mitarbeiter sind regelmäßig Gesprächspartner in aktuellen Sendungen.

Zwei Beispiele mögen Beweis genug dafür sein, wie sehr die Caritas in den Medienalltag und das gesellschaftliche Bewußtsein eingedrungen ist:

– Konflikte mit der Regierung sind den auflagenstärksten Tageszeitungen auch Headlines auf den Titelseiten wert.

SAAT DER HOFFNUNG
Die Osthilfe der Caritas

Der „neue" Osten – altbekanntes Leid und drückende Armut. Der Begeisterung über den Fall des Eisernen Vorhanges folgte bittere Enttäuschung. Der Westen darf den Osten in dieser entscheidenden und schwierigen Phase nicht im Stich lassen. Die Caritas hat bereits mit zukunftsorientierten Programmen begonnen. Mit Hilfsprojekten, die jetzt dringend langfristige Unterstützung brauchen.

Hilfe mit Ausdauer.
Mit Ihrer Spende. Spendenkonto und Daueraufträge:
P.S.K. 9000 3000

Caritas
Ohne Ihre Hilfe sind wir hilflos.

z.B. 1. Dörfliche Trinkwasser-Versorgung und landwirtschaftliche Projekte in Albanien 2. Landwirtschaftliche Ausbildungsprogramme in Rumänien 3. Brot- und Teigwarenproduktion in der Ukraine 4. Produktion einfacher Medikamente in der Ostslowakei 5. Hauskrankenpflege in Moskau.

Bitte

Afrika.
Kontinent der Flüchtlinge.

Allein in der Sahelzone sind Millionen Menschen durch Dürre und Bürgerkrieg täglich vom Tod bedroht. Diese unvorstellbaren Zahlen dürfen uns eines nicht vergessen lassen: Es geht um das Leben von Menschen. Von Frauen, Männern und Kindern.

Mit Ihrer Nothilfe bringt die Caritas lebenswichtige Nahrungsmittel und Medikamente dorthin, wo die Not am größten ist. Entwicklungsorientierte Projekte geben Hilfe zur Selbsthilfe.
Worte können das Elend in der Dritten Welt nicht beschreiben. Ihre Spende kann es lindern.
Helfen Sie! In Afrika und in anderen Katastrophengebieten der Erde.

Caritas-Augustsammlung 1993. Erlagscheine in jedem Postamt. Kto.-Nr.: P.S.K. 7.700.004.

Caritas
Ohne Ihre Hilfe sind wir hilflos.

– Caritas-Präsident Schüller wurde 1993 von der Wirtschaftsuniversität und dem Wirtschaftsmagazin *Wirtschaftswoche* zum Manager des Jahres gekürt.

Agentur und Caritas im Fund-Raising-Dreieck

Spender, Medium, Hilfsorganisation bilden das Fund-Raising-Dreieck. Jene unverzichtbaren Partner, die notwendig sind, wenn Hilfe konzentriert im großen Stil und nicht von jedem privat abgewickelt werden soll, stehen jeweils für gegensätzliche Erwartungen und Interessen, die kaum unter einen Hut zu bringen sind. Da sind: der Spender, der am liebsten die Hilfe so nah miterlebt, als hätte er sie selbst durchgeführt; das Medium, das nach Storys verlangt; und die Hilfsorganisation, die ein gewisses Maß an Flexibilität, manchmal sogar Anonymität wahren möchte und wahren muß (gerade bei der Sozialarbeit im Inland spielt die Anonymität des Klienten heute eine entscheidende Rolle).

Vieles, was in diesem Feld schiefläuft, hängt damit zusammen, daß kein ausgewogenes Verhältnis dieser Interessen oder gar ein schlechter Kompromiß gefunden wurde. Eine Aktion, die beispielsweise – um das Spenderinteresse zu befriedigen – über Hunderte oder Tausende Kilometer jedem Spender einen persönlichen Empfänger zuordnet, muß entweder in der Durchführung ungenau oder im Verwaltungsaufwand exorbitant werden (was letztlich wieder dem Spenderinteresse widerspricht). Im Innenverhältnis Agentur und Kunde kann die Agentur in der strategischen Phase gegenüber dem Kunden die ›Fremdinteressen‹ der Medien bzw. Spender vertreten und so der Hilfsorganisation helfen, sozusagen anhand einer Laborsituation, einen idealen Interessenausgleich herzustellen.

Die attraktive Not

In den letzten Jahren zeichnet sich immer stärker ein ›Alles-oder-Nichts-Prinzip‹ im Fundraising ab. Erst ab bestimmten medialen Konstellationen ergeben sich Kettenreaktionen, die oft sogar zu unerwarteten Spendenergebnissen führen, während vor dieser Schwelle kaum ein Spendenfluß registriert werden kann.

Diese Wahrnehmung kann auf eine einfache Formel gebracht werden. Sie lautet:

$$S = A \times D \times Ö$$
$(S =$ Spendensumme
$A =$ Attraktivität der Notlage
$D =$ Mediale Dichte
$Ö =$ Österreichbezug)

Der Begriff ›Attraktive Notlage‹ mag zynisch klingen, hat aber einen empirischen Hintergrund. Die Unterstützungsbedürftigkeit von Menschen wird – dies belegen sowohl Umfragen als auch direkte Spendenaufkommensmessungen – nicht nur an der objektiven Notlage eines Menschen gemessen, sondern auch daran, wie sehr der Notleidende an seiner Situation ›selber schuld‹ ist. Während es dem Durchschnittsbürger plausibel ist, daß ein Rettungswagen auch dann ausfährt, wenn ein Unfallopfer aus eigenem Verschulden – etwa durch Alkoholisierung – von der Straße abgekommen ist, geht man nicht mit derselben Neutralität an Spendenaktionen heran. Ein

[Caritas-Anzeige links:]

Sonja K., 32, besucht Heinrich B., 74, zu Hause, hebt ihn in den Rollstuhl, fährt ins Bad, Morgentoilette. Während Sonja aufräumt, erzählt Heinrich vom Krieg. Sonja hört zu.

In Würde alt werden.

„Wenn Sonja kommt, geht die Sonne auf", sagt Heinrich immer. Die Mitarbeiter der Caritas widmen alten Menschen viel Zeit. Es sind 430.000 Arbeitsstunden pro Jahr in der Betreuung alter Menschen in ihrem eigenen Zuhause. 1.600 Senioren leben in Häusern der Caritas. Das Engagement der Betreuer und ein natürliches, vertrautes Verhältnis sichern den alten Menschen, was sie in diesem Lebensabschnitt am meisten brauchen: Würde und Zuwendung. Denn es sagt viel über den Zustand einer Gesellschaft aus, wie sie mit ihren alten Bürgern umgeht. Caritas. In Würde alt werden.

Kto.-Nr.: P.S.K. 7.700.004 Kennwort: Inlandshilfe

Caritas ✱ Ohne Ihre Hilfe sind wir hilflos.

[Caritas-Anzeige rechts:]

Heinz Z., 28, liest Grete S., 90, aus der Zeitung vor, deckt den Tisch, und bleibt noch, solange sie ißt. Grete ist fast blind. Aber sie erkennt Heinz an der Stimme.

In Würde alt werden.

„Der Heinz ist mein persönlicher Nachrichtensprecher", schmunzelt Grete. Die Mitarbeiter der Caritas widmen alten Menschen viel Zeit. Es sind 430.000 Arbeitsstunden pro Jahr in der Betreuung alter Menschen in ihrem eigenen Zuhause. 1.600 Senioren leben in Häusern der Caritas. Das Engagement der Betreuer und ein natürliches, vertrautes Verhältnis sichern den alten Menschen, was sie in diesem Lebensabschnitt am meisten brauchen: Würde und Zuwendung. Denn es sagt viel über den Zustand einer Gesellschaft aus, wie sie mit ihren alten Bürgern umgeht. Caritas. In Würde alt werden.

Kto.-Nr.: P.S.K. 7.700.004 Kennwort: Inlandshilfe

Caritas ✱ Ohne Ihre Hilfe sind wir hilflos.

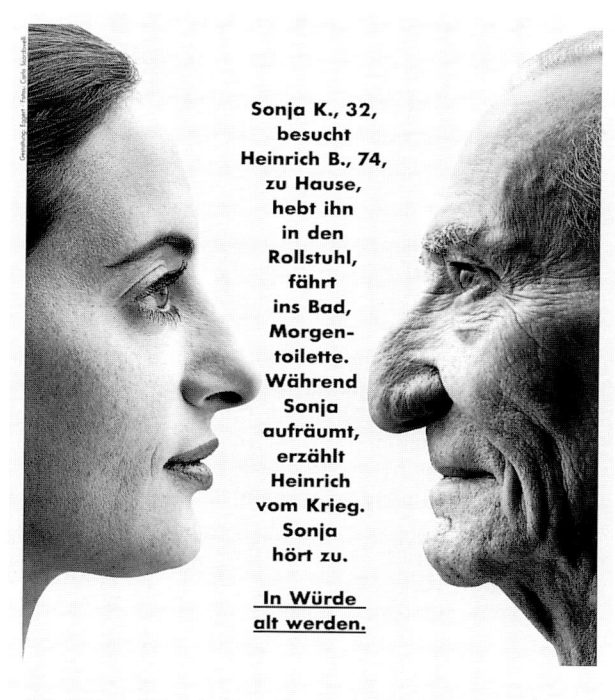

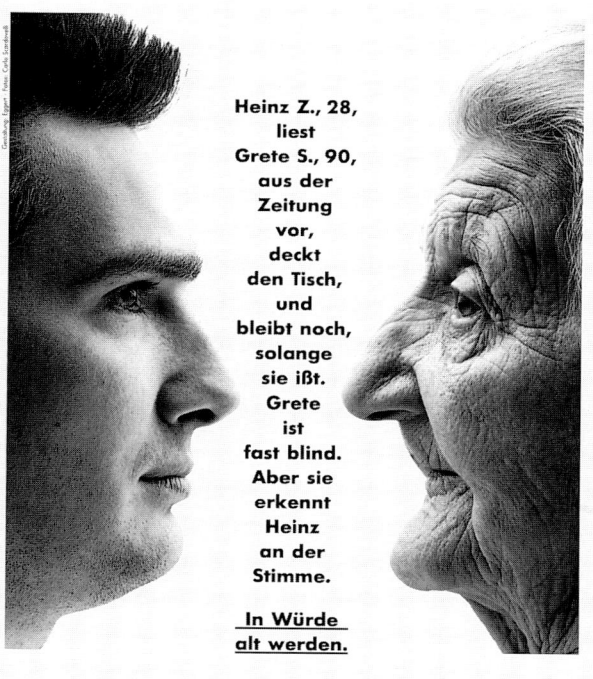

Meinungsforscher drückte dies einmal so aus: »Am besten haben es österreichische Bergbauernkinder nach einem Vulkanausbruch.«* Für den Mischkonzern Caritas bedeutet dies, daß ein Teil seiner Produktpalette, etwa die Arbeit für Randgruppen, unter ungünstigen Bedingungen steht. Die Caritas versucht dies mit einer Bindung des Spenders an die Organisation – und nicht an einzelne Projekte – zu überwinden. Auch kann durch eine Präsenz in den attraktiven Bereichen eine Toleranz in den nichtattraktiven Bereichen erzielt werden. Die Auslandshilfe der Caritas ist – so paradox dies auch klingen mag – beispielsweise eine Stütze für die Randgruppenarbeit in Österreich.

Drei Sekunden für die Not

Grundsätzlich gelten bei der Werbemittelkonzeption für die Caritas dieselben Gesetzmäßigkeiten wie für kommerzielle Werbung auch. Doch die nüchterne Befolgung von Werbeerkenntnissen im Zusammenhang mit der Darstellung von menschlichem Elend läßt einen oft seine Position hinterfragen. Auch dem abgebrühtesten Werber läßt der Anblick von Rohfilmmaterial aus den Hungergebieten Afrikas nicht kalt. Doch bei einem Spendenaufruf über Printmedien muß es gelingen, in den berühmten drei Sekunden dem Betrachter die Not zu vermitteln und ihn aufzufordern, etwas dagegen zu tun. Caritas-Kampagnen mit beiläufigem Lernen oder mit verständnisvollem Nikken zu würdigen wäre spürbar zuwenig. Starke emotionale Appelle sollen daher die Betrachter zum Handeln zwingen. Mit nüchternem Kalkül wird beispielsweise bei der Wahl des Key-Visual für die Augustsammlung die bewiesene Wirkung von Kindern eingesetzt. Der Anblick eines verzweifelten weinenden Kindes löst sozusagen automatisch bei jedem Menschen das gleiche Bedürfnis von Zuneigung aus.

Offensichtlicher, ja fast bedrückend wird die Persönlichkeit eines Werbers bei der Erstellung eines TV-Spots zugunsten der Hungernden in Afrika ›abgeklopft‹. Man kann sich plötzlich nicht mehr dem Gefühl entziehen, mit seinen Entscheidungen als Werbeprofi plötzlich über das Leben und Sterben von Menschen mitzuentscheiden. Nachdem der Spendenerfolg so unmittelbar von der Wirkung der Werbung abhängt, und ein TV-Spot dabei die gewichtigste Rolle spielt, macht man sich unweigerlich darüber Gedanken, ob der Cut auch so sitzt oder ob er noch besser, noch überzeugender und somit noch wirksamer im Sinne des Spendenergebnisses sein könnte.

Mediale Dichte

Spenden sind im wesentlichen impulsgesteuert, auch wenn das nicht gerne zugegeben wird und wenn sogar das Gegenteil wünschenswert wäre. Dem Großteil der österreichischen Bevölkerung ist wohl klar, daß beispielsweise für den Sudan jederzeit gespendet werden sollte. Allein: Die Spenden werden erst dann in nennenswertem Umfang zu ›fließen‹ beginnen, wenn die Berichterstattung in den Medien eine bestimmte Dichte erreicht hat.

Nach welchen Gesetzmäßigkeiten Katastrophen diese Dichte in den Medien erfahren, ist nicht hinreichend ge-

---

* vgl. »Unnötige Randgruppe«, in: Caritas Zeitschrift 5/89

klärt. Objektive Fakten – wie etwa das Ausmaß einer Katastrophe oder die Opferzahl – scheinen dabei im Medienalltag nur eine untergeordnete Rolle zu spielen. Andere Faktoren – wie etwa die Erreichbarkeit eines Notstandsgebietes, zufällig anwesende Fernsehteams oder das Fehlen anderer Tagesaktualitäten im innen- oder außenpolitischen Bereich – können die mediale Wetterlage mehr beeinflussen als die objektiven Tatsachen eines Ereignisses.

In Österreich ist dabei die besondere Situation gegeben, daß der ORF als öffentlich-rechtliche und mit Monopol ausgestattete Hörfunk- und Fernsehanstalt über eine außergewöhnliche Reichweite verfügt und zudem für sich die Förderung sozialer Aktivitäten als Unternehmensziel festgelegt hat. Ebenso steht es mit der europaweit einzigartigen Reichweite der überregionalen und regionalen Tageszeitungen.

Dazu nutzt die Caritas mit der Augustsammlung den angeblichen toten Werbemonat August für Spendenaktivitäten. Gerade weil die Medien in dieser Zeit mit kommerzieller Werbung nicht ausgebucht sind, haben sie leichter die Möglichkeit, der Caritas Gratiswerbung zukommen zu lassen. Ein dichtes Aufkommen an TV-Spots, Straßenplakaten und Zeitungsinseraten, kombiniert mit Postwurfsendungen, beweist, worauf die Werbewirtschaft in den letzten Jahren selbst verstärkt aufmerksam machen will: Das Sommerloch existiert in Wahrheit nicht. Es kann erfolgreich geworben werden. Für die Caritas bedeutet dies: Die Menschen spenden.

Auf die ersten Signale des Endes einer Euphoriephase und ein Ende der Spendenhochkonjunktur wurde im November 1993 mit der Aktion ›Saat der Hoffnung‹ geantwortet. Entwicklungsorientierte Langfristprojekte lösten katastrophenbezogene Einzelappelle ab. Mit einer erstmaligen Dauerauftragsaktion wurde gegen den Rückgang der Spendenhäufigkeit gearbeitet.

Mit den Kreativen von Eggert versucht die Caritas auch mit den Mitteln der Werbung Themen zu forcieren, die gesellschaftlich ausgegrenzt werden. Etwa durch die Kampagne für Randgruppen in den Jahren 1990 bis 1992, in denen Caritas und Eggert im Unterschied zu den Siegesfeiern bei Sportveranstaltungen für die Verlierer der Gesellschaft die Bundeshymne erschallen ließen, oder durch die 1993 neu konzipierte Aktion ›In Würde alt werden‹, die die Sensibilität für jene erhöhte, die in unserer Leistungsgesellschaft keine Leistungen erbringen können.

Österreichbezug

Der Österreichbezug ist nicht mit einer Hilfsaktion, die in Österreich stattfindet, zu verwechseln. Es ist ein Spendenparadoxon, daß Spender zwar immer wieder signalisieren, es gelte zuerst, die Not in Österreich zu lindern, daß das tatsächliche Spendenverhalten aber – mit Ausnahme der Weihnachtszeit – eher auslandslastig ist. Dies mag damit zusammenhängen, daß sich Frau und Herr Österreicher sehr wohl bewußt sind, daß es in Österreich gilt, Notlagen aufzufangen, die sich in einem weitgehend funktionstüchtigen Sozialwesen ereignen, daß aber anderswo ganze Nationen faktisch vor dem Nichts stehen.

In dieser Auslandsorientiertheit des Spendenverhaltens dominieren aber gerade jene Aktionen, die einen Österreichbezug aufweisen (z. B. Österreichische Entwicklungshelfer oder Aktionen, die direkt von Österreich aus gesteuert und durchgeführt werden). Auch dieser Faktor ist emotionalen Beweggründen zuzuordnen, weil es, vernünftig gesehen, irrelevant ist, ob eine Hilfsaktion, die jemand mit einer Spende finanziert, durch einen Österreicher, Schweizer, Amerikaner, Deutschen ... durchgeführt wird. Die Österreichische Caritas hat auf diesen Sachverhalt im Rahmen der internationalen Caritas-Familie mit einer sehr eigenständigen operativen Federführung in einigen Bereichen reagiert.

Für alle drei Faktoren ist wohl die Aktion ›Nachbar in Not‹ eine der eindrucksvollsten Beispiele. Das ›Alles-oder-Nichts-Prinzip‹ besagt aber auch, daß sich Spendenaktionen gegenseitig positiv beeinflussen. So konnte die Caritas während der Spitzenphase der Aktion ›Nachbar in Not‹ auch Spitzenwerte in anderen Aktionen verzeichnen, so etwa eine 60prozentige Steigerung ihrer alljährlichen Augustsammlung.

Prinzip Hoffnung(slosigkeit)

Die erwähnte Formel, die für alle Aktionen der letzten fünf Jahre galt, ist mittlerweile um einen ›Bremsklotz‹ zu erweitern. Auch dieser ist emotional bedingt. So war gerade im Jahr 1993 ein Stimmungsumschlag bemerkbar. Hoffnung und Euphorie in vielen Aktionen schlugen in Hoffnungslosigkeit um. Das galt für die Wirtschaftslage im eigenen Land, für die Zukunft Osteuropas und für die Dritte Welt. Selbst dann, wenn in einem einzelnen Projekt die Sinnhaftigkeit einer einzelnen Spende nachgewiesen werden konnte, wurde das tatsächliche Spendenverhalten dafür auch davon bestimmt, ob es im Kontext des Prinzips Hoffnung oder des Prinzips Hoffnungslosigkeit stand. Die vervollständigte Formel für den österreichischen Spendenmarkt lautet daher:

$$S = \frac{A \times D \times Ö}{H} = \textit{Hoffungslosigkeit.}$$

Auf diesen neuen Faktor im Jahr 1993 hat die Caritas auf mehrfache Weise reagiert, beispielsweise durch die Ergänzung der Aktion ›Nachbar in Not‹ mit der ›Initiative Frieden‹ sowie, gemeinsam mit Eggert, durch eine Neugestaltung ihrer Osthilfe unter dem Titel ›Saat der Hoffnung‹ und eine ruhiger gehaltenere Inlandswerbung unter dem Titel ›In Würde alt werden‹.

Heidemarie Glück

Der ORF als Pionier des modernen ›Social Advertising‹

Neue Dimensionen des ›Humanitarian Broadcasting‹ am Beispiel von »Nachbar in Not«

Der österreichische Rundfunk ORF hat, ohne daß es eine bewußte Unternehmensstrategie war, in den vergangenen Jahren (neben den drei Hauptelementen objektive Information, Kultur und Unterhaltung der Radio- und TV-Programme) Hilfsprojekte unterschiedlichster Art unterstützt – mit Sendungen, die im Bereich Lebenshilfe, soziale Bewußtseinsbildung, gelebte Solidarität angesiedelt sind; mit Sendungen, deren Funktion und Aufgabe es ist, »zu helfen, zum Helfen anzuregen, soziale Bewußtseinsprozesse in Gang zu setzen und sie wirksam zu machen«.[1] Einige sind in Österreich bereits zu ›Markenartikeln der Nächstenliebe‹ geworden: die »Ö3 Kummernummer« für soziale Anliegen jeder Art, der TV-Kinderservice »Rat auf Draht« und die Weihnachtsaktion »Licht ins Dunkel« für behinderte Kinder in Österreich. Darüber hinaus stellt der ORF Organisationen mit karitativem Anliegen kostenlos Sendezeit zur Schaltung von Spots oder Inserts zur Verfügung, ohne daß solche Aktivitäten vom Rundfunkgesetz gefordert werden.

Als am 26. Mai 1992, wenige Tage nach dem blutigen Massaker paramilitärischer Scharfschützen an Zivilisten in Sarajewo, die Aktion »Nachbar in Not« in einer Pressekonferenz in Wien gemeinsam mit der Caritas und dem Roten Kreuz der Öffentlichkeit präsentiert wurde, entsprach dies also durchaus einer Tradition des Österreichischen Rundfunks – wenn auch die organisatorischen Maßnahmen zur Durchführung dieses Projekts alles Bisherige bei weitem in den Schatten stellten.

Man bedenke: 3 Millionen Menschen auf der Flucht, Hunderttausende ohne lebensnotwendige Versorgung mit Nahrungsmitteln, Kinder, die durch Schockerlebnisse im Krieg ihrer Kindheit beraubt wurden, ungezählte Tote – und das alles wenige hundert Kilometer von Wien entfernt am Ende eines Jahrhunderts mit zwei Weltkriegen.

Es waren viele Komponenten, die zum Start von »Nachbar in Not«, der mittlerweile größten aus privaten Spenden finanzierten Hilfsaktion für die Flüchtlinge und Vertriebenen im ehemaligen Jugoslawien, geführt haben. Jedenfalls war dies auch Ausdruck persönlicher Betroffenheit und entmutigender Aussichtslosigkeit hinsichtlich der baldigen Beilegung des Konflikts durch die internationale Politik. Auslöser war schließlich der Anruf des Staatssekretärs im Bundeskanzleramt, Dr. Peter Kostelka, bei ORF-Generalsekretär Kurt Bergmann mit dem Wunsch, die kürzlich beschlossene Verdoppelung der Finanzhilfe für Flüchtlinge in Österreich von 30 auf 60 Millionen Schilling medial mit einem Aufruf für private Spenden für die Flüchtlinge im ehemaligen Jugoslawien zu flankieren – eine Anfrage, die von Bergmann, der zwanzig Jahre davor schon die Weihnachtsaktion »Licht ins Dunkel« für behinderte Kinder in Österreich ins Leben gerufen hatte, nicht protokollarisch ad acta gelegt wurde. Angesichts der nahenden Schulferien – es war Mai 1992 – war Schnelligkeit im Entwickeln des Projekts angesagt, denn in fünf Wochen sollte die Aktion beendet sein. Als Partner wurden zwei renommierte österreichische Hilfsorganisationen gefunden: das Rote Kreuz und die Caritas. Nur sie verfügen durch ihre Partnerorganisationen im ehemaligen Jugoslawien über eine bereits aufgebaute und trotz Krieg intakte Infrastruktur.

Die Vorbereitungen zu »Nachbar in Not« waren selbst für einen Medienbetrieb wie den ORF äußerst ungewöhnlich. Innerhalb von fünf Tagen wurden Partnerwahl, Titel der Aktion, Layout, Grafik, Slogans, Sendeplätze und das ›LKW-Konzept‹ entwickelt. Marktanalysen, Slogantests etc. mußten aufgrund der kurzen Vorbereitungszeit entfallen. Ein kleines Team von ORF-, Caritas- und Rotkreuzmitarbeitern erarbeitete ein Organisationsprogramm, das auch nach mehr als eineinhalb Jahren keiner Änderungen bedurfte. Prinzip: Jeder macht das, was er aufgrund seiner Unternehmensstruktur am besten kann. Der ORF übernimmt die mediale Aufbereitung, Caritas und Rotes Kreuz führen den Einkauf der Waren und die logistische Abwicklung der Hilfe durch.

Das Modell
○ Radio und Fernsehen rufen in Spots zum Spenden auf.
○ Die Zuschauer zahlen auf ein zentrales Spendenkonto ein.
○ Immer, wenn 300 000 Schilling, also rund 43 000 DM, auf dem Spendenkonto eingegangen sind, kann ein LKW-Transport reisefertig gemacht werden.
○ Mit der Spendensumme werden 20 Tonnen Hilfsgüter gekauft.
○ Gemietete LKWs transportieren lebensnotwendige Güter in die Krisengebiete des ehemaligen Jugoslawien.
○ Große Stückzahlen bei Lebensmitteln, Hygieneartikeln, Medikamenten etc. ermöglichen Sonderkonditionen beim Einkauf im Großhandel.
○ Wird mehr gespendet, als aktuell transportiert werden kann, wird das Geld angelegt – die Zinsen haben bisher 38 LKWs finanziert.
○ Was benötigt wird, recherchieren Außenposten der Caritas und des Roten Kreuzes vor Ort und melden es den jeweiligen Zentralen nach Wien.
○ Die Verteilung im Einsatzgebiet erfolgt direkt durch die Mitarbeiter der Caritas und des Roten Kreuzes an die Flüchtlinge.

Oberster Grundsatz: Die Hilfe geht an alle, die ihrer bedürfen, ohne Unterschied auf Herkunft oder Religion, also an Bosnier, Kroaten und Serben, an Katholiken, Moslems und Orthodoxe.

Die mediale Aufbereitung
○ Der ORF stellt in seinen dreizehn Radio- und zwei Fernsehprogrammen sowie im Teletext Sendezeit bzw. Seiten für Spots, Inserts und Berichte über den Verlauf der Aktion zur Verfügung.
○ Radio und TV bewerben vor allem in der Prime Time intensiv ein zentrales Spendenkonto.[2]
○ Regelmäßig begleiten Reporter des ORF Hilfstransporte in die Krisenregionen, kontrollieren die Verteilung, dokumentieren, daß die Hilfe ankommt, und berichten über die aktuelle Lage.
○ In täglich neu gestalteten TV- und Radiospots werden die Namen der Spender kompletter LKW-Ladungen bekanntgegeben. Viele Firmen und Institutionen nutzen diese Möglichkeit der Imagewahrung bzw. -pflege – es gehört ›zum guten Ton‹, für »Nachbar in Not« zu spenden. Darüber hinaus wird in gestalteten Beiträgen der Weg der Spende vom Geber zum Empfänger für den Zuschauer dargestellt. Das ermöglicht dem Spender, den Verlauf seiner persönlichen Hilfe nachzuvollziehen, und schafft gleichzeitig eine vertrauensbildende Basis.
○ Plakate, Aufkleber, Informationsbroschüren, Zwischenberichte etc. werden bundesweit in Umlauf gebracht und bei vielen Veranstaltungen affichiert bzw. verteilt.
○ Die föderalistische Struktur des ORF ermöglicht größte Nähe des Mediums zum Spender. Alle neun Landesstudios organisieren Sammelaktionen in den größeren Städten mit Prominenten und berichten über Initiativen lokaler Vereine, Schulen, Pfarreien, Firmen und Benefizveranstaltungen für »Nachbar in Not«.
○ Durch eine intensive Öffentlichkeitsarbeit, etwa durch Pressekonferenzen, Presseaussendungen, Pressefahrten ins Krisengebiet und Benefizgalas im Fernsehen, durch Kooperationsprojekte mit Printmedien und Handelsfirmen, werden laufend neue Subaktionen propagiert, um das Spendenaufkommen möglichst hochzuhalten.

Die organisatorische und logistische Abwicklung
○ Erlagscheine mit dem Aufdruck »Nachbar in Not« liegen in allen Postämtern in ganz Österreich auf.
○ Die Spendengelder werden je zur Hälfte an das Rote Kreuz und die Caritas weitergeleitet und ausschließlich zur Finanzierung der Güter und deren Transport verwendet. Die gesamten Verwaltungskosten tragen die drei Organisationen.
○ Beide Hilfsorganisationen besorgen den Einkauf der Waren zu besonders günstigen Konditionen (Mehrwertsteuerbefreiung, Mengenrabatt etc.).
○ Sowohl Caritas als auch Rotes Kreuz verfügen im ehemaligen Jugoslawien über eine gut funktionierende Infrastruktur und über eine Kernmannschaft von hauptamtlichen und freiwilligen Mitarbeitern. Delegierte und Logistiker sorgen vor Ort für die Koordinierung der

Bedarfserhebung, bestimmen nach Kenntnis der politischen Situation die Lieferrouten und Verteilungsstrukturen. Flexibilität wird angesichts der sich ständig ändernden Kriegslage groß geschrieben: »Keine Chance, nach Bihac zu gelangen.« – »Der Weg nach Vinkovci ist frei.« – »Sarajevo kann vielleicht nächste Woche wieder beliefert werden.«

○ Jeder Transport wird statistisch erfaßt mit Angabe von Abfahrt und Ankunft des LKWs, Zielort, Menge und Art der Lieferware, Zollinformationen etc.
○ Als ›Zwischenlager‹ bis zum Weitertransport in die umliegende Umgebung durch kleinere Transporter dienen fünf große Lagerhallen in Zagreb, Laibach, Osijek, Vinkovci, Split und Rijeka.
○ Beliefert werden Flüchtlingslager, Spitäler, Ambulanzen und Familien, die Flüchtlinge beherbergen.
○ Hilfsgüter sind Grundnahrungsmittel (Reis, Mehl, Zucker, Teigwaren, Speiseöl, Gemüsekonserven etc.), Babynahrung, Hygieneartikel und Medikamente. Je nach Jahreszeit wird auf die notwendige Versorgung durch Vitamine und Nährstoffe geachtet, um – neben den psychischen Folgeschäden der Menschen durch die Kriegshandlungen – die Gefahr körperlich-medizinischer Langzeitfolgen zu vermindern.
○ Mitarbeiter der österreichischen Caritas und der Rotkreuz-Zentrale führen regelmäßig unangemeldete Kontrollen bei den Verteilungsstellen in den Krisenregionen durch.
○ Unabhängige Wirtschaftsprüfer kontrollieren bei allen drei beteiligten Partnern die Abwicklung der Aktion.

Die Bilanz
In zwanzig Monaten wurden bis zum Herbst 1993 mehr als 700 Millionen Schilling, also rund 100 Millionen DM, gesammelt, verwaltet, in Hilfsgüter umgesetzt, mit 2300 LKWs in die Krisenregionen am Balkan transportiert, fast 50 000 Tonnen Hilfsgüter an Hunderttausende Flüchtlinge verteilt. Die Partnerschaft des ORF mit den zwei renommierten Hilfsorganisationen machte möglich, was auf dem internationalen elektronischen Medienmarkt bisher einmalig ist: Seit mehr als eineinhalb Jahren promotet eine TV- und Radiostation mit großem Erfolg täglich ein soziales Projekt als aktiver Partner – ›Humanitarian TV‹ als eine neue Qualität öffentlich-rechtlichen Rundfunks.[3]

Wer sind die Spender?
Das österreichische Marktforschungsinstitut Nielsen kam bei seiner Erhebung für das Jahr 1992 zu folgendem Schluß: Mehr als 4 Millionen Österreicher unterstützten zumindest eine Hilfsaktion durch eine Spende,[4] wobei die Studie 73,3 Prozent der Österreicher als Spender auswies. Die Aktion »Nachbar in Not« lag mit großem Abstand an erster Stelle. Auf die Frage: »Für welchen karitativen Zweck bzw. für welche Hilfsaktion haben Sie Heuer gespendet?« nannten 38 Prozent spontan »Nachbar in Not«.[5] Während sich traditionell vor allem die ältere Bevölkerung als besonders spendabel bei sozial ausgerichteten Aktionen zeigt, ortete die Studie bei der Aktion »Nachbar in Not« eine sehr regelmäßige Verteilung auf alle Altersgruppen (14–29 Jahre: 32 %; 30–49 Jahre: 42 %; über 49 Jahre: 39 %).

Spendenaufkommen

Werte in Millionen Schilling bzw. (DM)

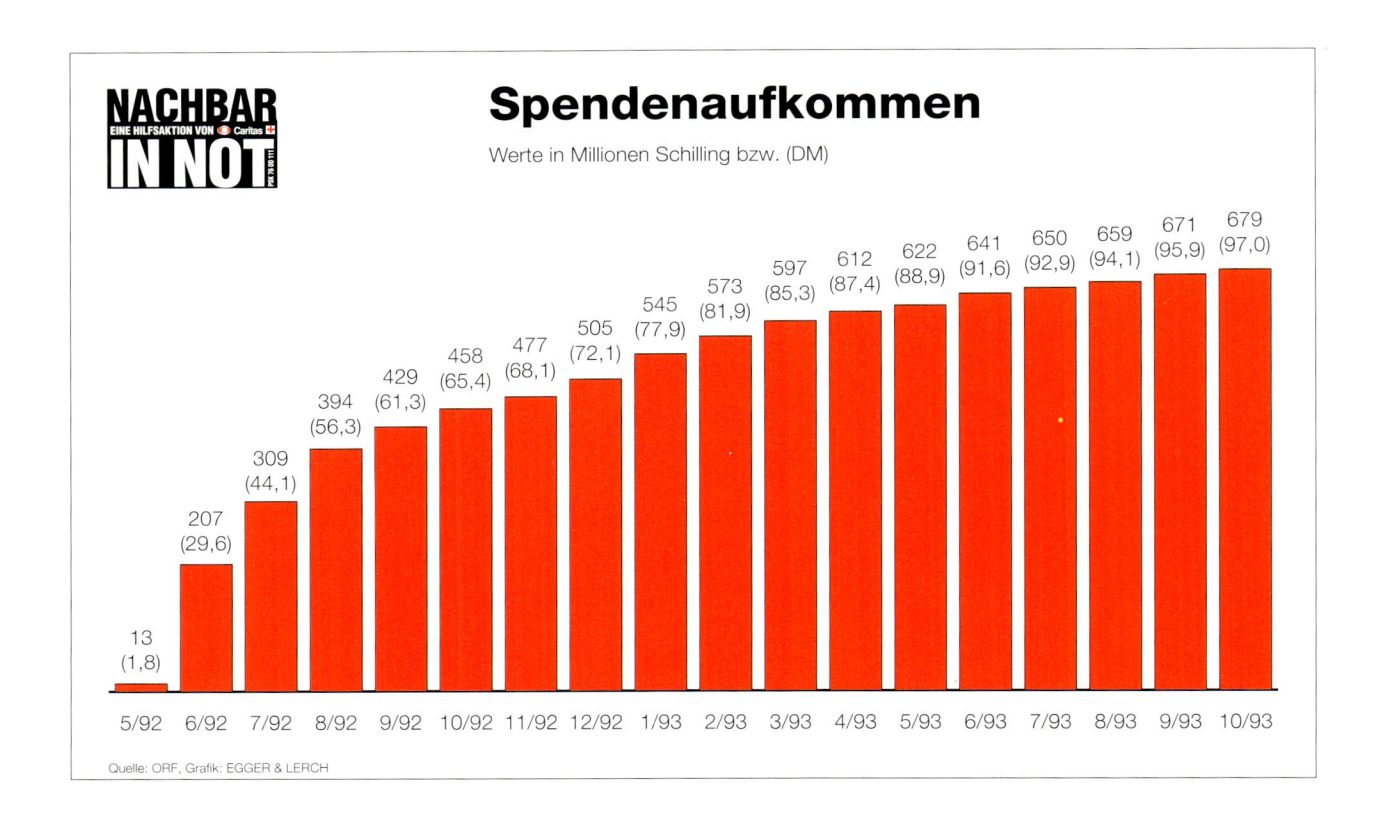

Monat	Schilling	(DM)
5/92	13	(1,8)
6/92	207	(29,6)
7/92	309	(44,1)
8/92	394	(56,3)
9/92	429	(61,3)
10/92	458	(65,4)
11/92	477	(68,1)
12/92	505	(72,1)
1/93	545	(77,9)
2/93	573	(81,9)
3/93	597	(85,3)
4/93	612	(87,4)
5/93	622	(88,9)
6/93	641	(91,6)
7/93	650	(92,9)
8/93	659	(94,1)
9/93	671	(95,9)
10/93	679	(97,0)

Quelle: ORF, Grafik: EGGER & LERCH

Der überwiegende Teil der Spenden, 44,2 Prozent (994 LKWs) kommt von Hörern und Sehern des ORF, das heißt von Personen, die von der Kampagne via Radio und TV erreicht wurden. Die zweite große Gruppe von Unterstützern liegt außerhalb Österreichs Grenzen, in erster Linie in Norddeutschland, in der Schweiz und in Südtirol. Neben Firmen beteiligen sich auch Schulen, Pfarreien, Clubs, Vereine, Interessenverbände, Gemeinden, Städte und Bundesländer.

Spenderstatistik

Verlauf des Spendenaufkommens
War die Hilfsaktion beim Start Ende Mai 1992 zunächst – wie bereits zu Beginn erwähnt – für nur fünf Wochen vorgesehen, mußten die Organisationen bald erkennen, daß der Beginn der Schulferien keinen Einbruch des Spendenverhaltens brachte.

Schon zwei Stunden nach der Präsentation der Aktion vor Journalisten und dem ersten Bericht darüber im Radio war der erste LKW finanziert. Am zweiten Tag konnte er bereits mit 20 Tonnen Hilfsgüter nach Zagreb starten, begleitet von einem ORF-Kamerateam. Bereits am 21. Juli 1992 waren Spenden für 1000 LKWs auf das Aktionskonto eingegangen – 300 Millionen Schilling (rund 43 Millionen Mark) in sieben Wochen. Durchschnittlich wurden täglich fast 7 Millionen Schilling (1 Million DM) eingezahlt.[6]

Im Dezember 1992 nahm der ORF die Promotion für »Nachbar in Not« zugunsten der jährlichen Kampagne für behinderte Kinder in Österreich, »Licht ins Dunkel«,[7] aus dem Programm. Trotz der Rekordsumme für diese traditionelle Weihnachtsaktion, rund 60 Millionen Schilling (9 Millionen DM), blieben die Einnahmen für »Nachbar in Not« konstant bei etwa 350 000 Schilling (50 000 DM) täglich.

Erst im Sommer 1993 fiel die tägliche Spendensumme erstmals unter die 150 000-Schilling-(20 000-DM-)Grenze. Eine deutliche ›Spendenmüdigkeit‹ hatte sich bei der Bevölkerung breitgemacht – was nicht zuletzt auf das Scheitern aller Vermittlungsversuche auf dem internationalen Parkett zurückzuführen ist.

Statistik Spendenaufkommen (Mai 1992 bis Oktober 1993)

Sonderaktionen
Von Ende Oktober bis Mitte November 1992 organisierte die größte Lebensmittelkette Österreichs, der ›Konsum Österreich‹, mit »Nachbar in Not« eine Kleideraktion für Kinder. Unter dem Titel »Für Kinder in Not« und dem Motto »Schenken Sie ein bißchen Wärme« wurde die Bevölkerung aufgerufen, Winterbekleidung in den bundesweit 800 Filialen der Handelskette abzugeben. Mitarbeiter des »Konsum« sortierten und verpackten die Spenden nach fünf verschiedenen Kategorien[8] in Kartons. 352 LKW-Ladungen konnten innerhalb von vierzehn Tagen zu den Flüchtlingen in die Krisenregionen gebracht werden.

Mitte Jänner 1993 engagierte sich die Tageszeitung *Kurier* mit einem Aufkleber (Text: »Auch ich helfe gerne – Nachbar in Not«), der in Zusammenarbeit mit vier großen Firmen in ganz Österreich für rund 30 Schilling (ca. 4 DM) verkauft wurde. 40 weitere LKWs konnten damit finanziert werden.

Unter dem Motto »Schüler helfen Kindern« organisierte das Österreichische Jugendrotkreuz im Frühjahr 1993 an allen österreichischen Schulen eine Sammelaktion, die innerhalb weniger Wochen 30 LKWs für »Nachbar in Not« brachte. Die Jugendlichen halfen auch beim Verladen und

NACHBAR IN NOT
Die Spender der 2245 LKW
Stand 10.11.93

Hörer und Seher		994
NDR		257
Firmen		233
Clubs, Vereine, Institutionen		137
Pfarren, Diözesen, Stifte		117
Aktionstage ORF Landesstudios		108
Radio 24 Zürich		100
Städte, Länder, Gemeinden		83
Schulen		54
Kurier Kleberaktion		40
Zinsen		38
Österr. Jugendrotkreuz		30
Sender Freies Berlin		18
Spenden aus Südtirol		15
andere ausländ. Spenden		11
„Initiative Frieden"		10

Quelle: ORF, Grafik: EGGER & LERCH

Verpacken der Hilfsgüter, die spezielle Aufbaunahrung für die Flüchtlingskinder enthielten.

In einer großen Gala zum ersten Jahrestag, bei der prominente Künstler auftraten, wurde vor dem Sommer erneut auf die nach wie vor triste Situation der Flüchtlinge hingewiesen, aber auch Rechenschaft über ein Jahr »Nachbar in Not« abgelegt. Das Publikum zeigte weiterhin Vertrauen in die Kampagne und spendete in den folgenden vier Wochen zusätzliche 20 Millionen Schilling (3 Millionen DM).

Anfang Herbst 1993 wurde »Nachbar in Not« um eine politische Dimension erweitert, der »Initiative Frieden«. Die Spender erhielten die Möglichkeit, zusätzlich zur Einzahlung auf das Aktionskonto, einen Appell zur Beendigung des Krieges mit ihrer Unterschrift zu unterstützen. Maßgeblich für den neuerlichen Erfolg – bis Ende 1993 wurden 145 LKW-Ladungen (43 Millionen Schilling bzw. 6,2 Millionen DM) finanziert – war die enge Kooperation mit Zeitungen in den Bundesländern. *Die Presse*, die *Kleine Zeitung*, die *Oberösterreichischen Nachrichten*, die *Tiroler Tageszeitung*, die *Salzburger Nachrichten*, die *Vorarlberger Nachrichten* und die *Niederösterreichischen Nachrichten* druckten Inserate, Spendernamen und den Text des Appells[9] ab, legten Einzahlungsscheine bei und berichteten über lokale Sammelaktionen.

Der ORF gestaltete für diese Sonderaktionen ein eigenes grafisches Layout in Anlehnung an das eingeführte »Nachbar in Not«-Logo und stellte Sendeplätze während der Prime time in Radio und TV zur Verfügung.

»Nachbar in Not« international
Neben der medialen Aufbereitung der Kampagne in Österreich bemühte sich der ORF von Anfang an, die Aktion zu »internationalisieren«, das heißt, ausländische Rundfunkanstalten zur Zusammenarbeit einzuladen. Der erste Sender, der sich »Nachbar in Not« anschloß, war Ende Juli 1992 der Norddeutsche Rundfunk (NDR) in Hamburg. Die Hörer und Seher wurden aufgerufen, für »Menschen in Not«[10] auf ein Hamburger Konto zu spenden. Der ORF lieferte aktuelles und originales Bild- und Tonmaterial, Caritas und Rotes Kreuz in den Krisengebieten unterstützten die Reporter aus Hamburg bei ihren Berichten von der Front. Die Spenden wurden laufend auf das »Nachbar in Not«-Aktionskonto nach Wien überwiesen. Die logistische Abwicklung der NDR-LKWs erfolgte über die erprobte »Nachbar in Not«-Struktur. Bis Oktober 1993 wurden auf diese Weise 257 LKW-Ladungen finanziert.

Der Sender Freies Berlin organisierte für »Nachbar in Not« gemeinsam mit der *Berliner Morgenpost* eine Sammelaktion, Radio Bremen strahlte ebenfalls Spendenaufrufe aus, und in der Schweiz schloß sich im Dezember 1992 der Züricher Privatsender Radio 24 »Nachbar in Not« an und finanzierte in einem Monat 100 LKW-Transporte.

Von der ORF-Promotionabteilung produzierte »Nachbar in Not«-Spots liefen auch in den Satellitenprogrammen CNN International, Super Channel und 3sat.

Im Frühsommer 1993 startete der italienische TV-Sender RAI DUE unter dem Titel »Ho bisogno di te« (»Ich brauche Dich«) eine Spendenkampagne nach dem ORF-Modell.

Der Erfolg hat viele Väter
Die Ursachen für den Erfolg der Hilfsaktion »Nachbar in Not« liegen primär im optimalen Zusammenspiel zwischen den drei Partnern, dem ORF und seinen TV- und Radioprogrammen als publikumswirksames Medium, der Caritas und dem Roten Kreuz als professionelle Hilfsorga-

nisationen in Krisengebieten. Darüber hinaus lassen sich viele weitere Faktoren ausmachen. Einige seien hier angeführt:

○ Mediale Dichte: Die hohe Reichweite der ORF-Programme[11] ermöglichte es nicht nur, in kürzester Zeit Millionen Menschen in Österreich über die Aktion und deren Verlauf zu informieren. Sondern die aktuelle politische Berichterstattung in den Nachrichtensendungen und -magazinen in Radio und TV schuf und nährte darüber hinaus das Bewußtsein für die Dringlichkeit der Hilfeleistungen.
○ Fixe Sendeplätze: Die »Nachbar in Not«-Spots wurden täglich zu fixen Zeiten ausgestrahlt und nach Möglichkeit auch verstreut ins Tagesprogramm eingebaut.
○ Der ›aktualisierte Spot‹: Täglich neue Bilder über den Verlauf der Kampagne verhinderten ein Abstumpfen des Publikums. Die Spots wurden als interessante kurze Geschichten gestaltet, die betroffen machten. »Nachbar in Not« wurde zur Hilfsaktion vor laufenden Kameras und Mikrofonen – die Spender konnten die Verwendung ihres Geldes bis zum Ziel mitverfolgen.
○ Die Gleichschaltung von Fundraising und Aktionsdurchführung: Spenden, LKW-Beladen, Transport und Verteilung ließen sich parallel darstellen und vermittelten Effizienz. »Die Zuseher sind schon stolz auf ihr Land, noch bevor sie gespendet haben.«[12]
○ Der LKW als flexibles Transportmedium, das sich einerseits den geopolitischen Veränderungen am schnellsten anpassen kann und andererseits dem Spender ein klares, greifbares Ziel vor Augen stellt und ihm die logistische Durchführung plausibel machte. Radio und Fernsehen hatten damit »einen unveränderlichen und schlichten Reißbrettplan, den man kommunizieren konnte«.[13]
○ Mit immer wieder neuen PR-Maßnahmen und Sonderaktionen wurde die Aufmerksamkeit des Publikums wachgehalten, ohne jemals die Penetranzgrenze zu überschreiten (die negativen Anrufe beim ORF-Kundendienst waren eine zu vernachlässigende Größe).

Internationale Anerkennung

Zahlreiche Persönlichkeiten aus dem In- und Ausland haben den Spendern von »Nachbar in Not« für ihre Hilfsbereitschaft und den Organisatoren – neben ORF-Generalsekretär Kurt Bergmann Caritas-Präsident Mag. Helmut Schüller und Rotkreuz-Präsident Dr. Heinrich Treichl – für die Initiative zu diesem Projekt gedankt. Darunter Papst Johannes Paul II., UNO-Generalsekretär Boutros-Boutros-Ghali, der deutsche Bundespräsident Richard von Weizsäcker und der österreichische Bundespräsident Thomas Klestil.

»Nächstenliebe kann man nicht einfach auf Knopfdruck abdrehen«, argumentierte Kurt Bergmann im Sommer 1992, am Ende der ersten fünf Wochen, die Prolongierung des Projekts. Auch Ende 1993 waren die Konfliktparteien im ehemaligen Jugoslawien weit von einer Niederlegung der Waffen entfernt. Die angekündigte weihnachtliche Feuerpause begann mit einem blutigen Granatenhagel auf die Stadt Sarajewo. Der November-Bericht des Flüchtlingshilfswerks der Vereinten Nationen, UNHCR, wies 3,5 Millionen Flüchtlinge und Vertriebene aus,[14] deren Sorgen um ein Überleben im Winter größer war als die Hoffnung auf Frieden.

»Nachbar in Not.« Open end?

Anmerkungen

[1] Titel eines Vortrags von ORF-Generalsekretär Kurt Bergmann, 2. Juli 1993, Velden
[2] Das Konto der Aktion »Nachbar in Not«, PSK 76 00 111, wird außerhalb des Unternehmens kaufmännisch verwaltet.
[3] siehe[1]
[4] Nielsen-Umfrage »Spendenbereitschaft der Österreicher«; Sample: 500 Personen; repräsentativ für die österreichische Bevölkerung ab 14 Jahre; Methode: CATI-Telefoninterviews; Zeitraum: 7.–11. Dez. 1992.
[5] Jeder vierte Österreicher gab an, ein Kinderdorf mit einer Spende unterstützt zu haben (26 %); jeweils 14 Prozent nannten Rotes Kreuz und Caritas; UNICEF und amnesty international lagen bei je 2 Prozent; Quelle: siehe[4].
[6] Täglich werden von der kaufmännischen Verwaltung der Aktion »Nachbar in Not« Listen mit genauen Angaben der aktuellen Spendensummen erstellt. Damit ist nicht nur der tägliche Spendenstand jederzeit abrufbar, es sind auch längerfristige Planungen der Hilfsorganisationen bei der Bestellung der LKW-Transporte möglich.
[7] Höhepunkt der ORF-Weihnachtsaktion »Licht ins Dunkel« für behinderte Kinder in Österreich ist seit sechzehn Jahren eine zwölfstündige Livesendung im zweiten TV-Programm, die am 24. Dezember mit prominenten Gästen stattfindet. Via Spendentelefone kann die Aktion unterstützt werden. Bisher wurden 510 Millionen Schilling (ca. 73 Millionen DM) aufgebracht.
[8] Aus logistischen Gründen mußten die Kleiderspenden nach folgenden Kategorien getrennt verpackt werden: Babysachen, Mäntel und Anoraks, Oberbekleidung, Unterbekleidung und Kinderschuhe. Die Qualität der Spenden war hoch, ein Großteil der Kleidungsstücke hatte Neuwert.
[9] Der Text des Appells der »Initiative Frieden« im Wortlaut: »Frauen und Männer, die Ihr Verantwortung tragt in Kroatien, in Serbien, in Bosnien-Herzegowina, schaut aus Euren Fenstern: Ermordete klagen an, Menschen liegen in ihrem Blut ohne Hilfe, Mütter werden verrückt vor Kummer, Kinder sterben an Hunger. Alten ist nichts geblieben als Angst. Felder liegen brach, Tiere sind verendet, Dörfer und Städte zerstört. Worauf wartet Ihr? Beendet diesen Krieg! Frauen und Männer, die Ihr Verantwortung tragt in Europa und in der Welt, schaut auf den Balkan: Seit zwei Jahren wütet dort das Grauen. Unschuldige werden getötet, Männer gefoltert, Frauen vergewaltigt, Kinder verstümmelt. Millionen sind auf der Flucht. Not und Elend machen vor niemandem halt – nicht vor Serben, nicht vor Kroaten, nicht vor Bosnien, nicht vor Christen, nicht vor Moslems. Helft diesen Krieg zu beenden! Frauen und Männer, wo immer Ihr lebt, tut, was Ihr könnt, damit endlich Frieden wird!«
[10] Dem NDR schien der Titel »Menschen in Not« angesichts der wesentlich weiter entfernten Lage Norddeutschlands zum Balkan geeigneter.
[11] Die TV-Programme des ORF erreichen einen Tagesmarktanteil von 66 Prozent; die Tagesreichweite beträgt 63,2 Prozent. In den Kabel- und Satellitenhaushalten erreicht der Marktanteil bis zu 51 Prozent; die Tagesreichweite beträgt bis zu 45 Prozent (Quelle: ORF-Mediaforschung, Durchschnittswerte; Zeitraum: 1. 1. – 231. 10. 93).
[12] Elisabeth Reifetzhammer/Createam, in: »New Business« 7/92
[13] Zitat Wolfgang Bergmann (Pressesprecher der Caritas Österreich)
[14] United Nations High Commissioner for Refugees/Office of the Special Envoy for former Yugoslavia (Hrsg.): »Information Notes on former Yugoslavia«, 10/93, S. 10

Jürg Schaub

Stoppt Aids – Erfolgreiche Kommunikationsarbeit in der Schweiz

Dieser Titel wurde mir vorgegeben. Und da beginnt auch schon die Crux. Mit Werbung kann man, können wir zumindest, Aids nicht stoppen. Aber:

Wir können die Kurve der Neuinfektionen abflachen. Wir können mit Hilfe der Massenmedien Leute informieren, wie man sich vor einer HIV-Infektion schützen kann, und sie dazu animieren, daß sie es tatsächlich auch tun – zumindest ein größerer Teil. 1987, vor Beginn der Schweizer »Stop Aids«-Kampagne, haben gerade 8 Prozent der 17- bis 30jährigen bei neuen Sexualkontakten immer Präservative verwendet. Ende 1992 waren es bereits 60 Prozent. 1997 müssen es, so die vorgegebene Zielsetzung des schweizerischen Bundesamtes für Gesundheitswesen, 75 Prozent sein. Und wehe, wenn wir das nicht schaffen. Noch schwieriger wird die Aufgabe bei der älteren Bevölkerung, bei den pillenverwöhnten Frauen und Männern. Bei den 31- bis 45jährigen haben wir heute erst 52 Prozent konsequente Kondomverwender, und das klar definierte Ziel heißt 60 Prozent.

Die Kampagne konnte wesentlich dazu beitragen, daß die Distribution der Kondome enorm verbessert worden ist. 1986 verstaubten und vertrockneten die Kondome in den untersten Schubladen der Apotheken. Die »Stop Aids«-Kampagne sorgte mit ihrer Präsenz für die Enttabuisierung der Kondome und somit dafür, daß die Präservative endlich in die oberen Regale und im gesamten Lebensmittelhandel in die Selbstbedienung kamen und an allen anderen denkbaren Verkaufspunkten möglichst sichtbar auflagen. Die Präservativindustrie begann, von der Kampagne zu profitieren. Nach der Pille wollten die Hersteller und Händler selbst nicht in Latex investieren, sondern endlich wieder einmal profitieren. Sie überließen der »Stop Aids«-Kampagne die Werbung fürs Kondom.

Mit Werbung können wir die Aktualität von Aids aufrechterhalten. Noch vor wenigen Jahren war Aids Tag für Tag ein Thema der Presse. Heute ist das weit weniger der Fall – meist nur noch dann, wenn scheinbar ein neues Heilmittel gefunden worden ist oder gar ein Impfstoff oder wenn in irgendeinem europäischen Land ein Blutplasmaskandal aufgedeckt wird oder wenn eine prominente Person an Aids gestorben ist oder ein besonders schlecht nachvollziehbares Gerichtsurteil gefällt wird. Eine wichtige Funktion der »Stop Aids«-Kampagne des Bundesamtes für Gesundheitswesen in Zusammenarbeit mit der Aidshilfe Schweiz ist heute die Aktualisierung von Aids im Bewußtsein der Bevölkerung. Das Virus richtet sich nicht nach der Attraktivität und der Aktualität der neuesten Nach-

Ich war keiner Frau ewig treu.

Aber dem Präservativ schon.

STOP AIDS
Eine Präventionskampagne der Aids-Hilfe Schweiz, in Zusammenarbeit mit dem Bundesamt für Gesundheitswesen.

Stoppt Aids – Erfolgreiche Kommunikationsarbeit in der Schweiz

richten. Es ist ein Dauerbrenner. Die Presse ist heute recht gut informiert. Noch vor wenigen Jahren hatte die Kampagne auch die definierte Aufgabe, Falschinformationen der Presse zu korrigieren. Ein Beispiel: Weil Moskitos Aids übertragen würden, so ein Schweizer Boulevardblatt, wollte Peter Alexander – den müssen Sie ja kennen – nicht mehr nach Kenia zum Fischen in den Urlaub fliegen. Zwei Tage darauf hatte die Charterfluggesellschaft Balair 64 Annullierungen von Flügen nach Mombasa.

Werbung kann wunderbar provozieren – zum Beispiel dazu, daß Sexualität und Aids zum Gesprächsthema wird. Ich weiß nicht, wie es in Deutschland und Österreich ist, aber bei uns in der Schweiz bereitet es den Eltern und den Lehrern noch immer größte Schwierigkeiten, mit den Jugendlichen zum Beispiel über Safer Sex zu reden. Im Moment, wo Kondome metergroß mitten in den Städten an Plakatwänden hängen, werden Kondome zu einem alltäglichen Thema. Man kann Plakate nicht schnell überblättern. Man kann der Frage, was das rosarote Ding denn sei, kaum ausweichen. Und wenn im Fernsehen gezeigt wird, wie ein Kondom über eine Banane gezogen wird, muß man wohl oder übel erklären, wozu denn eine ›Banane‹ gut ist. Darauf komme ich etwas später noch zurück. Wir haben es kaum mit Tabus zu tun, aber mit tiefsitzenden Verklemmtheiten.

Werbung gegen Aids kann Angst vor Aids nehmen. Angst vor HIV-positiven Menschen und vor Menschen mit Aids ist unmenschlich, dumm und gefährlich. Ein HIV-positiver Mensch ist ein gesunder Mensch. Er hat keine Krankheit und keine Krankheitssymptome. Er hat ein geschwächtes Immunsystem. Punkt. Man kann einen HIV-positiven Menschen oder einen Menschen mit Aids küssen, aus seinem Teller essen, mit ihm zusammenarbeiten wie mit jedem anderen Kollegen. Es gibt überhaupt keinen Unterschied und somit auch keinen Grund zur Ausgrenzung, keinen zur Diskriminierung und keinen, um vor ihm Angst zu haben. Sobald wir aber jemanden ausgrenzen, können wir mit der Solidarität, die wir auch von Menschen mit HIV oder Aids erwarten, nicht mehr rechnen. Werbung kann darüber informieren, was ansteckt und was nicht, welches Verhalten risikolos ist und welches nicht.

Werbung für Solidarität kann etwas für die Betroffenen tun. Sie kann klarmachen, daß Schuldzuweisungen völlig fehl am Platz sind. Aids ist nicht mehr die Krankheit, die sich Schwule, Prostituierte und Fixer holen. Aids ist eine Krankheit, die alle, auch Sie, lieber Leser, etwas angeht, nicht alle anderen. Die Solidarität ist ein zentrales Anliegen der Präventionskampagne. Hier will die »Stop Aids«-Kampagne Zeichen setzen, indem sie das Thema Solidarität immer wieder aufnimmt: Einerseits gibt sie Betroffenen das Wort, die unter Diskriminierungen zu leiden haben, andererseits läßt sie Menschen in unterschiedlichen gesellschaftlichen Vorbildrollen sprechen bzw. die Solidarität aus ihrer persönlichen Sicht thematisieren.

Werbung gegen Aids hat viele Hürden zu nehmen, vermutlich größere als zum Beispiel Werbung für eine Automarke. Obwohl sie auch ihre einfacheren Seiten hat. Zum Beispiel haben wir fast keine Konkurrenz. Wir haben derzeit keine Maser-Epidemie und keine nationale Schizophrenie-Endemie. Wir müssen nicht um den Regalplatz im Supermarkt kämpfen und müssen keine Saisonalitäten ausgleichen.

Aber wir müssen zum Beispiel etwa mit der Hälfte eines mittleren Automobiletats auskommen und wollen national durchschnittlich 28 Kontakte im Jahr erreichen. Das heißt, die Bevölkerung sollte mehr als zweimal pro Monat von der Kampagne angesprochen werden. Hinzu kommt, daß unsere Zielgruppe diffus und praktisch undefinierbar ist. Da haben es die Autowerber schon viel schöner, denn uns fehlen die klar definierten Relevant Sets.

Ohne? Ohne mich.

STOP AIDS

Was wir tun, schockiert meist die Konservativen, die Leute vom Land, die ganz Braven, die ganz Treuen, die orthodoxen Kirchgänger, die Alten, und langweilt gleichzeitig die Liberalen, die Städter, die Jungen und die Promisken.

Da unsere Aufgabe die Breitenwirkung in der Gesamtbevölkerung ist, sind wir auf nichtselektive Massenmedien angewiesen. Wenn wir zum Beispiel ein Plakat zum Thema Treue entwerfen, so müßten wir den Jungen auf einem Plakat daneben sagen: Dies gilt nicht für euch (oder)? Die Treue ist sowieso ein heikles Thema. Wenn zwei Leute schon jahrelang ausnahmslos und gegenseitig treu sind und beide HIV-negativ sind, dann sind sie durch die Treue gut geschützt. Dann können sie auf Präservative verzichten. Wenn aber nur die Frau absolut treu ist und gutgläubig auch an die Treue ihres Mannes glaubt, so ist sie keineswegs vor Aids geschützt. Dann ist unsere Botschaft sogar gefährlich. Oder die Jungen. Sie sind in den meisten Fällen absolut treu, aber ihre Verhältnisse ändern sich häufig. Der verliebte Hans geht mit der verliebten Karin drei Monate, aber dann verknallt sich Hans in Erika und Karin in Ernst – in Ernst, der früher schon mit Sybille, Andrea und Inge im Bett war. Seine sexuelle Biographie schützt weder ihn noch seine nächsten Freundinnen, obschon er jeweils treu war. Hans und Karin und Ernst und Sybille und Andrea sind nicht durch Treue geschützt. Sie müssen Präservative benutzen, und wir dürfen nicht von Treue sprechen.

Besondere Schwierigkeiten bereitet uns das Fernsehen, weil auch Fünfjährige und Achtzigjährige zusehen. Beide gehören nicht zur sexuell aktiven Zielgruppe. Wir haben aber zum Beispiel die Aufgabe, klar und deutlich die richtige Anwendung von Kondomen zu demonstrieren. Gleichzeitig müssen wir verhindern, daß die Politiker aufschreien, die ganze Präventionskampagne in Frage stellen und dem Bundesamt den Kredit entziehen. Somit müssen wir den erigierten Penis durch ein Sinnbild, zum Beispiel eine Banane, ersetzen.

In der Automobilwerbung kann man getrost von Sicherheit sprechen. Kein Mensch nimmt es einem übel, wenn der Texter den Airbag mit absoluten Adjektiven schildert. Er muß ja nur sagen, daß der Airbag vorhanden ist – und nicht auch noch, daß und unter welchen Bedingungen er im Notfall mit allergrößter Sicherheit funktionieren wird. Ein Präservativ aber ist nur dann ein sicherer Schutz vor Aids, wenn es von ausgezeichneter Qualität ist, das heißt, wenn es den festgelegten schweizerischen Qualitätsansprüchen (Gütesiegel) entspricht und keine billige Automatenware ist, wenn es nicht schon monatelang vom Kleingeld (im Portemonnaie) abgewetzt, wenn es nicht von der Sonne brüchig gebraten oder von den Fingernägeln beim Aufreißen verletzt worden ist, wenn es nicht zu spät oder falsch angezogen oder zu früh abgerollt wird oder wenn es bei engen Verhältnissen nicht mit einem wasserlöslichen Gleitmittel ergänzt wird. Die Hauptbotschaft, daß Präservative vor Aids schützen, kennt nach sechs Jahren »Stop Aids«-Kampagne jede Schweizerin und jeder Schweizer. Jetzt müssen wir sie noch überzeugen, daß die Präservative sicher schützen, und erreichen, daß alle das Wissen auch in die Tat umsetzen, speziell dann, wenn es spätabends in der Disco nach dem vierten Bier wieder einmal gefunkt hat und die Apotheken geschlossen sind.

Wie bei jeder ordentlichen Werbekampagne wird auch bei der Stop Aids-Kampagne eine Erfolgskontrolle durchgeführt. Um den Erfolg der Präventionskampagne abschätzen und nötige Korrekturen vornehmen zu können, ist sie von einer Evaluation zu begleiten, das heißt, ihre Wirksamkeit muß qualitativ und quantitativ erfaßt werden. Das Bundesamt für Gesundheitswesen gab dem Institut für Sozial- und Präventivmedizin der Universität Lausanne den Auftrag, die Wirksamkeit der Schweizer Präventionsstrategie und -kampagne kontinuierlich zu evaluieren. Das Institut begann bereits 1986 mit der Arbeit – gleich-

> **Dahinter steht Martina, 26, aidskrank. Davor stehen Sie.**
>
> Eine Solidaritäts-Kampagne der Aids-Hilfe Schweiz in Zusammenarbeit mit dem Bundesamt für Gesundheitswesen. ST●P AIDS

zeitig mit dem Versand einer ersten Informationsbroschüre an alle Haushalte.

Die Evaluation schließt alle Aktivitäten ein, die auf das Schutzverhalten und auf Einstellung und Haltung der Gesamtbevölkerung und definierter Zielgruppen einen Effekt haben können, also auch die Aktivitäten kantonaler Aids-Hilfen und kantonaler Organisationen, ferner die individuelle Prävention, die Debatten in den Medien etc. Für die Messung der Präventionsauswirkungen kommen mehrere Indikatoren in Betracht: die Verkaufszahlen von Präservativen, das HIV-Risiko- und Schutzverhalten, der Gebrauch von Präservativen und sterilen Spritzen und die Kenntnisse und Einstellungen zu Aids.

Wie nützlich die kontinuierliche Evaluation der »Stop Aids«-Kampagne ist und wie direkt sie einzelne Kampagnenschritte beeinflußt, läßt sich an verschiedenen Beispielen nachweisen, so etwa an der sogenannten Ausreden-Kampagne. Sie entstand als Folge der Erkenntnis, daß es Menschen mit Risikoverhalten gibt, die zwar über die Ansteckungswege von Aids gut Bescheid wissen, die aber die Krankheit als ›ein Problem der anderen‹ betrachten. Indem sie sich zweckrationale Begründungen zurechtlegen, die ihnen erlauben, die geforderten Anpassungsleistungen zu verdrängen, gefährden sie sich und ihre Partnerinnen und Partner. Auf diese Erkenntnisse hin hat die »Stop Aids«-Kampagne die wichtigsten und häufigsten Ausflüchte in einer Plakatserie und einem TV-Spot präsentiert und sie mit knappen Kommentaren versehen, die an Deutlichkeit nichts zu wünschen übriglassen. Die häufigsten Ausreden: Ich schlafe nie mit Ausländern. Ich schlafe nur mit gesund aussehenden Menschen. Ich nehme die Pille. Mit Präservativen hat man kein Gefühl. Präservative sind nicht sicher.

Im Gegensatz zum Auto ändert das Produkt Aids seine Modelle nicht. Eine Kampagne für die Aids-Prävention muß im wesentlichen mit wenigen und leicht verständlichen Botschaften auskommen. Das ist ihr Vorteil und ihre Crux zugleich: Einerseits ist leicht zu begreifen und im Gedächtnis zu behalten, wie sich eine HIV-Übertragung vermeiden läßt, andererseits muß eine Kampagne ihre Botschaften, die sich in der Substanz nicht ändern dürfen, im Auftritt immer wieder so variieren, daß sie attraktiv bleiben und bei den Menschen, die sie erreichen sollen, immer aufs neue zu Denkanstößen führen – die schlußendlich zu Verhaltensänderungen führen müssen. Die »Stop Aids«-Kampagne hat deshalb die Grundbotschaften zwar über sechs Jahre hinweg beibehalten, sie aber immer wieder auf verschiedene Arten und in verschiedenen Medien präsentiert.

Durch eine stete Wiederholung der Grundbotschaften (Präservative schützen, gegenseitige Treue schützt, kein Spritzentausch, was ansteckt und was nicht und gegenseitige Solidarität) auf verschiedenen Werbeträgern, die vom Plakat über den Kino- und TV-Spot und von der Anzeige bis zum Kleber reichen, versucht die Kampagne eine breite Palette verschiedener Rezeptionshaltungen einzubeziehen.

Stoppt Werbung Aids? Zum Teil bestimmt! Aber bestimmt nicht allein.

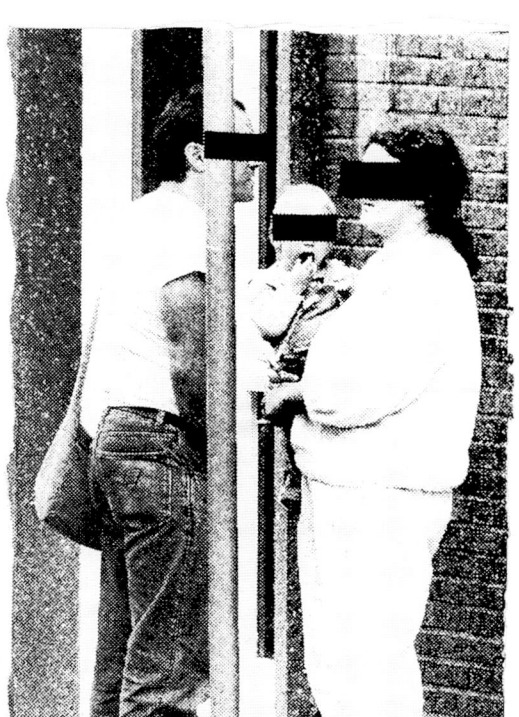

Hans-Peter Esser, Evelyn C. Froh, Reinhard Mintert-Froh

»Es gibt nichts Gutes, außer man tut es«

Eine unveröffentlichte Kinderschutzbund-Kampagne der Düsseldorfer Agentur Hildmann, Simon, Rempen & Schmitz

Es geschieht recht häufig, daß eine Kampagne vom Auftraggeber abgelehnt wird und daher nicht zum Einsatz kommt. Bisweilen trifft dieses Schicksal auch auf Kampagnen zu, an denen das Herzblut der Agenturen klebt. Von einigen Ausnahmen abgesehen, verschwinden diese kreativen Werke unbemerkt von der Öffentlichkeit. Manchmal lagern sie noch einige Zeit in Archiven, aber auch dort können sie nicht zeigen, welche Power in ihnen steckt.

Hier im Jahrbuch der Werbung '94 feiert nun eine solche Kampagne aus dem Bereich Social Advertising ihre Premiere: die von der Düsseldorfer Agentur Hildmann, Simon, Rempen & Schmitz entwickelte Kampagne für den Deutschen Kinderschutzbund. Mit dieser Veröffentlichung will das Jahrbuch der Werbung die Schwierigkeiten einer Gratwanderung für eine Reihe von Themen anhand eines konkreten Beispiels darlegen.

Der guten Ordnung halber muß zunächst einmal festgehalten werden, daß die Arbeit von HSR&S nie über das Layout-Stadium hinausgekommen ist. Alle in den Anzeigen-Beispielen genannten Namen von Personen und Unternehmen sind lediglich Vorschläge einer Konzeption, die vom Vorstand des Deutschen Kinderschutzbundes abgelehnt worden ist.

Bei den Fotos hingegen handelt es sich um authentisches Material, das stapelweise in der Düsseldorfer Agentur lag. Bei der Auswahl für die Kampagne hatten nicht nur die Mädchen im Art-Buying Tränen geweint, erinnert sich die Kern-Mannschaft, die aus den beiden Kreativen Evelyn C. Froh und Reinhard Mintert-Froh sowie dem Berater Hans-Peter Esser bestand.

In Auftrag gegeben, recherchiert, konzipiert, geschrieben und gestaltet wurde die Kampagne bereits im Jahre 1990. Sie wurde dem Vorstand des Deutschen Kinderschutzbundes präsentiert und fiel dann nicht einem Test zum Opfer, sondern den Statuten der Institution und den Sachzwängen, denen sich die Organisation Kinderschutzbund zu stellen hat. Die grausame Wahrheit der Kindes-

Warum Gabriele Henkel diese Anzeige bezahlt hat.

Sascha wollte mal wieder nicht einschlafen. Er schrie und schrie. Seine erschöpfte Mutter versuchte verzweifelt, für Ruhe zu sorgen. Erst mit Reden. Dann mit Schütteln. Dann mit Schlägen. Dann warf sie das Baby auf den Boden und trat zu.

Ein authentischer Fall aus einer deutschen Großstadt. Und kein Einzelfall.

Allein in Westdeutschland wird alle zehn Minuten ein Kind nach Erziehungsmaßnahmen seiner Eltern ins Krankenhaus eingeliefert.

Zwei Kinder sterben an diesen Verletzungen – jeden Tag.

Es gibt aber noch viele weitere erschreckende Beispiele dafür, was Kinder in Deutschland mitmachen müssen, weil sie sich nicht wehren können.

Noch schlimmer ist, daß viele Erwachsene davon wissen, aber nichts dagegen tun.

Daß man etwas tun kann, zeigen die xxxxx Mitglieder und vielen Freundinnen und Freunde des Kinderschutzbunds. Gemeinsam wollen sie die Situation von Kindern verbessern. Eine von ihnen ist Gabriele Henkel. Neben all dem, was sie sonst für Kinder tut, hat sie uns diese Anzeige bezahlt.

Damit Sie erfahren, wer wir sind und was wir wollen. Und damit wir auch Sie um Ihre Hilfe bitten können.

Nur wenn uns viele unterstützen, können wir viel erreichen.

Mit aufeinander abgestimmten Hilfsangeboten für Opfer, Gefährdete und Familien, die wir gemeinsam mit Therapeuten, Psychologen und Pädagogen erarbeitet haben.

Und mit qualifizierten, ehrenamtlichen Mitarbeitern, die praktische Hilfe bei der Lösung von Konfliktsituationen bieten.

Die Therapie von mißbrauchten oder mißhandelten Kindern ist aber nur ein Teil unserer Arbeit.

Wir organisieren Eltern-Kind-Gruppen, in denen Familien gemeinsam über ihre Probleme sprechen. Wir sorgen uns um mehr Verkehrssicherheit für Kinder, beschäftigen uns mit Drogenproblemen, engagieren uns für zusätzliche Kindergärten und Spielplätze, richten Sorgentelefone ein, führen Schulaufgabenbetreuung durch und kümmern uns sogar um die Vermittlung von gebrauchter Kinderkleidung.

All diese Arbeit kostet viel Energie, viel Zeit und viel Geld. Viel mehr, als wir zur Verfügung haben.

Deshalb liegt es auch an Ihnen, wie vorbildlich wir in Zukunft arbeiten und wie vielen wir helfen können. Sie können uns helfen, indem Sie tatkräftig in einem unserer zahlreichen Ortsverbände mitarbeiten.

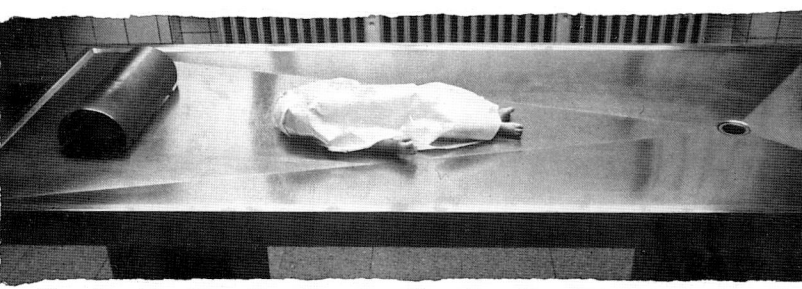

Sie können uns aber auch mit Ihrem Geld helfen. Dies brauchen wir nicht zuletzt für so profane Dinge wie Telefone, zum Beispiel um für die vielen Hilfesuchenden noch besser erreichbar zu sein. Ihre Unterstützung kommt ohne Umwege bei denen an, die sie nötig haben. Ganz sicher. In der Untersuchung „Markt der offenen Herzen" wurde der Kinderschutzbund dafür mit dem Prädikat „Spenden empfohlen" ausgezeichnet.

Auch Sie können helfen. Hier. Und jetzt.

Accumsan eta iustore odio dignissim quis blandit luptatum rill ius delenit augue duis dolore te Feugat Nulla facilisi.
DM □□□□□□□□
Pccumsan
Arill
Daugue
Paucis postas quam etor terra Cicero legatusuma.
DEUTSCHER KINDERSCHUTZBUND E.V.

---

mißhandlung paßte einfach nicht recht in das Konzept, stellt Reinhard Mintert-Froh rückblickend fest.

Bei allem Respekt für die schwierige Arbeit des Kinderschutzbundes und bei allem Verständnis für seine sich oft widersprechenden Anliegen (Zitat eines Vorstandsmitgliedes: »Die Täter sind immer auch Opfer.«) ist das Agentur-Team enttäuscht: Es ist traurig, feststellen zu müssen, wieviel Engagement, wie viele Chancen und wieviel Hilfe auf der Strecke bleiben, wenn gerade große, prominente und seriöse Organisationen wie der Kinderschutzbund sich nicht beherzt auf Ziele, Mittel und Wege der Kommunikation einigen können.

Das Credo von HSR&S für erfolgreiche und durchschlagende soziale Kommunikation lautet: Wer im Bereich des Social Advertising irgend etwas bewegen will, muß sich mit seiner Botschaft schließlich nicht nur gegen unzählige andere wohltätige Vereine und deren Kommunikation durchsetzen, sondern auch noch gegen das dicke Fell, das sich die Menschen in Zeiten von HIV-positiver Strickwaren-Werbung, Reality-TV und wachsender wirtschaftlicher Probleme zugelegt haben.

In das Präsentationsbooklet für den Kinderschutzbund haben Evelyn C. Froh, Reinhard Mintert-Froh und Hans-Peter Esser ihr Kommunikations-Anliegen niedergeschrieben:

Was wir wollen,
was wir müssen,
was wir dürfen.
Und was nicht.

Wir wollen immer mehr Menschen auf die Existenz des Deutschen Kinderschutzbundes aufmerksam machen. Auf die Leistungen, die er bringt. Auf die Hilfe, die er bietet. Auf das Engagement, das er an den Tag legt.

Und wir wollen, daß immer mehr Menschen die Arbeit des Kinderschutzbundes unterstützen. Mit persönlichem Einsatz. Und mit Geld: Von den vielen Milliarden Mark, die jährlich gespendet werden, wollen wir mehr abbekommen.

Dazu müssen wir Vertrauen schaffen in die Notwendigkeit und in die Seriosität der Institution Deutscher Kinderschutzbund setzen. Wir müssen zeigen, daß nichts und niemand auf der Welt mehr Schutz und Hilfe braucht als die Kinder. Und deshalb niemand mehr Unterstützung verdient als der Kinderschutzbund. Um so mehr, als wir uns in einem riesigen Wettbewerb der guten Taten befinden. Ein gutes Gewissen kann man sich heute an jeder Ecke kaufen.

Deshalb dürfen wir nicht annehmen, daß unser Anliegen per se auf Interesse stößt. Und deshalb reicht es nicht aus, Mitleid zu heischen oder um Sympathie zu buhlen. Um etwas zu bewirken, müssen wir deutlich werden. Um glaubwürdig zu sein, müssen wir Position beziehen. Um zu überzeugen, müssen wir selber Überzeugungstäter sein.

Nichts ist überzeugender als die Realität. Aber gerade in unserem Fall ist es gründlich zu überlegen, wie man damit umgeht.

Auch der gute Zweck heiligt nicht jedes Mittel

Eine Kampagne für den Kinderschutzbund ist eine Gratwanderung auf dem Pfad der Tugend, der Moral, der Anständigkeit. Man kann leicht abrutschen.

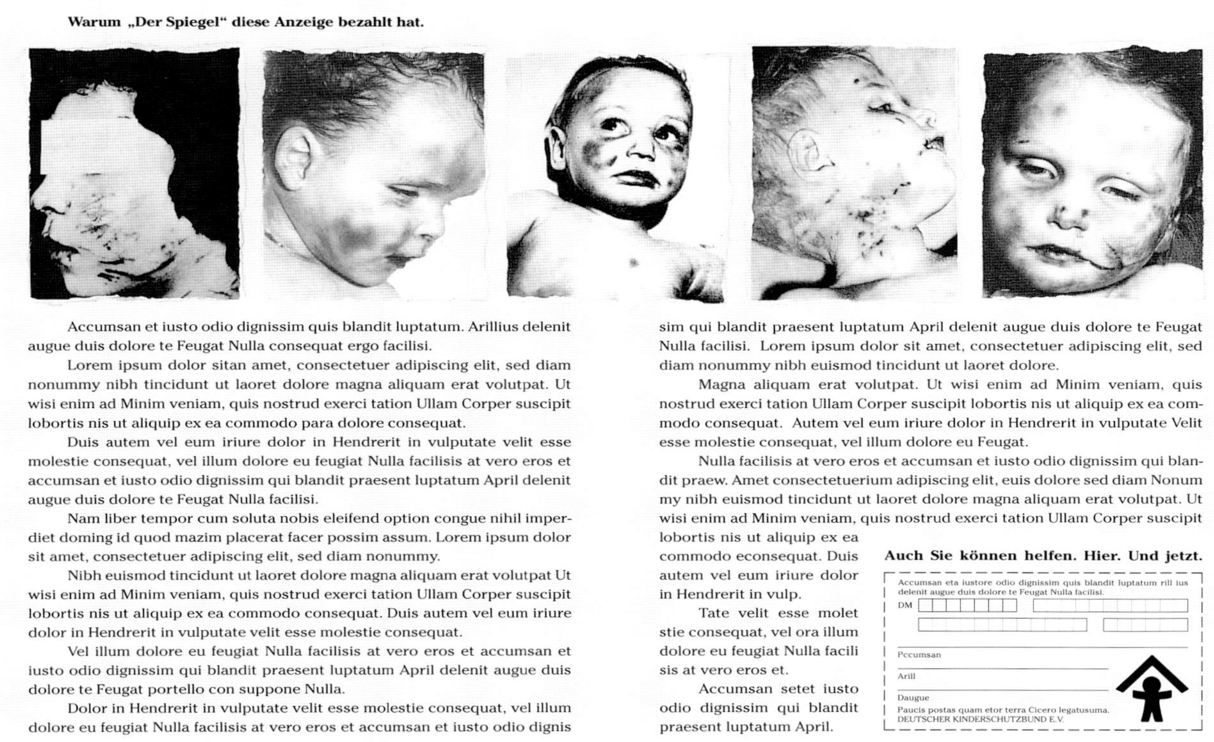

Denn das Thema »Kinderschutz« birgt die Gefahr, die Möglichkeiten der Kommunikation zu mißbrauchen und dann einfach plumpe Sensationslüsternheit statt echtem Interesse zu erzeugen.

Klar ist für uns:
Der Schritt des Deutschen Kinderschutzbundes an die Öffentlichkeit ist nicht Selbstzweck. Und er soll auch uns als Agentur nicht der Befriedigung persönlicher Eitelkeiten dienen.

Die Kampagne für den Kinderschutzbund muß viele Tugenden haben

1. Sie muß die Realität dokumentieren.
Deshalb dürfen wir nicht auf die Überzeugungskraft authentischer Fotos verzichten. Auch wenn sie unangenehm oder sogar grausam sind.

2. Sie muß Vertrauen nicht nur in die guten Absichten, sondern auch in die Wirksamkeit des Kinderschutzbundes schaffen.
Deshalb wollen wir die Glaubwürdigkeit und die Prominenz möglichst vieler unterschiedlicher Persönlichkeiten und Institutionen nutzen, anstatt uns allein auf die Qualität des Absenders »Kinderschutzbund« zu verlassen.

3. Sie muß argumentativ sein.
Sie muß sowohl die Problembereiche der Kinder und der Gesellschaft wie auch das Leistungsangebot des Kinderschutzbundes darstellen. Deshalb brauchen wir Anzeigen von Format mit viel Raum für Text.

4. Sie muß das Helfen leichtmachen.
Deshalb gibt es einen gut sichtbaren Coupon, am besten mit der Möglichkeit einer Bank-Einzugsermächtigung. Aber auch mit der Möglichkeit, sich intensiver zu informieren oder Mitglied zu werden.

5. Das Allerwichtigste: Sie muß gedruckt werden.

Auch die eindruckvollsten Anzeigen nützen wenig, wenn sie bei den Verlagen – wie üblich – auf Vakanze harren. Deshalb haben wir nach einem Weg gesucht, wie sich die Anzeigen selber finanzieren: durch Sponsoring. Damit wir gemeinsam bestimmen können, wann, wo und in welcher Größe sie zum Einsatz kommen.

Die ausgesuchten Motive für diesen Beitrag verdeutlichen, wie sehr der Entscheidungsprozeß aller Verantwortlichen auf die Spitze getrieben worden ist. Jeder Leser sollte seine Meinung pro oder contra hinsichtlich des Einsatzes selber finden. Es gibt mit Sicherheit noch viel mehr Themen aus dem Bereich des Social Advertising, die mit ihrer Dramatik ebenfalls stark unter die Haut gehen.

Das Beispiel dieser bislang unveröffentlichten Kampagne aus dem Hause Hildmann, Simon, Rempen & Schmitz soll die ausnehmend schwierigen Seiten des Social Advertising deutlich machen und gleichzeitig auch denen Mut zusprechen, die sich im Sinne der Sache für eine offensive Kommunikation stark machen. Ein Blick in die anglo-amerikanische Werbewelt zeigt, daß dort seit Jahren wesentlich härter soziale Wahrheiten kommuniziert werden. In der Regel übrigens auch mit größerem Erfolg als in der Bundesrepublik Deutschland.

Wenn Sie Werbeartikel an industrielle Abnehmer anbieten wollen und Kontakte zu 15.000 Marketing- und Werbeleiter suchen, dann ist d e d i c a Ihr Werbeträger.

Auflage 15.000 (IVW)

**Zielgruppe:
15.000 Profis in
Marketing + Werbung**

**4 x im Jahr
März - Mai - August - Oktober**

**Werbung in d e d i c a
bringt Kontakte und Erfolg!**

dedica Fachzeitschrift für Werbe- und Geschenkartikel

Dr. Harnisch Verlagsgesellschaft mbH

Blumenstraße 15, 90402 Nürnberg
Telefon: 0911 / 20 36 58
Telefax: 0911 / 20 45 79

COUPON   Adresse:

❑ Senden Sie Musterheft

❑ Mediadaten

❑ Subskriptions-Angebot

"Sieh mich an, Kleiner. Connections sind es, die Dich großmachen im Leben. Für Dich sehe ich da Schwarz!"

"Wieso Schwarz? Ich seh Rot!"

Wer denn? Was denn? Wo denn?

Red Box

Das Handbuch für die Werbe- und Kommunikationswirtschaft.
AKTUELL - INFORMATIV - VIELSEITIG - EFFEKTIV
Unentbehrlich für alle, die geld-, zeit- und energiesparend arbeiten möchten.

RED BOX VERLAG GMBH
ABTEISTRASSE 49
20149 HAMBURG
TEL. 040 / 450 150 - 0   FAX 040 / 450 150 99

GUTE
DRUCKSACHEN
ZIEHEN KREISE

DRUCKHAUS B. KÜHLEN KG · NEUHOFSTR. 48 · 41061 MÖNCHENGLADBACH

Bereichssieger Verbrauchsgüter

Ritter Sport   **138–139**
   Hildmann, Simon, Rempen & Schmitz, Düsseldorf

Branchensieger Nahrung

Ritter Sport   **138–139**
   Hildmann, Simon, Rempen & Schmitz, Düsseldorf

AckerGold Kartoffeln (Serviceplan, München) **131**
Aoste Schinken (IdeenService, Meerbusch) **132**
Frisco Glacé (Seiler DDB Needham, Zürich) **141**
Harzinger (Baums, Mang und Zimmermann, Düsseldorf) **128**
Kelly's (Böttger, Meister & Partner, Salzburg) **135**
Kerrygold (Baums, Mang und Zimmermann, Düsseldorf) **125**
Lurpak Butter (Wensauer-DDB Needham, Düsseldorf) **126**
Maggi Kinderprodukte (Heck + Hergert, Frankfurt am Main) **142**
Milchfrisch-Produkte/CMA (Die Gilde, Hamburg) **127**
Miracel Whip (Michael Conrad & Leo Burnett, Frankfurt am Main) **130**
Nippon (Publicis, Frankfurt am Main) **140**
Dr. August Oetker (BBDO-Gruppe, Düsseldorf) **136–137**
Ostmann Gewürze (Economia, Hamburg) **134**
Ritter Sport (Hildmann, Simon, Rempen & Schmitz, Düsseldorf) **138–139**
Rügenwalder (DMB&B Imparc, Düsseldorf) **133**
Urtaler (Wächter & Popp, München) **129**

Kerrygold **Nahrung** 125

Kunde: Irish Dairy Board, Krefeld
Geschäftsführer: Pat McDonagh
Werbeagentur: BMZ Werbeagentur GmbH & Co. KG, Düsseldorf
Berater: Waltraud Kormann, Barbara Kocher
Konzeption: Manfred Dittrich
Creative Director: Manfred Dittrich
Art Director: Heide Hoffer
Texter/Script: Jeanne Becker, Kerstin Rudat
Producer FFF: Gabi Bertho
Filmproduktion: Markenfilm GmbH und Co., Hamburg
Regisseur: David Davidson
Kamera: Ray Evans
Musik: Oli Kels

Kunde: MD-Foods Deutschland GmbH, Düsseldorf
Product Manager: Jörg Meyer
Marketingleiter: Lothar Laufer

Werbeagentur: Wensauer DDB Needham Worldwide GmbH, Düsseldorf
Berater: Frank Bernert, Jörg Dietzel
Konzeption: Frank Bernert
Art Director: Erwin Schmidt, Jörg Crone
Texter/Script: Oliver Grenville
Producer FFF: Jochen Wolfart

Filmproduktion: TV Company, München
Regisseur: Michael Bindlechner
Kamera: Michael Bindlechner
Musik: Rolf Lammers, Oliver Grenville

Einführung von Lurpak, dänischer Premium-Markenbutter, in Deutschland.

Kunde: Centrale Marketinggesellschaft der deutschen Agrarwirtschaft mbH (CMA), Bonn
Product Manager: Matthias Held
Marketingleiter: Hans Willi Fuhrmann

Werbeagentur: Die Gilde Werbeagentur GmbH, Hamburg
Berater: Rita Will
Konzeption: Horst Soormann
Art Director: Björn Knutinge-Kaas
Texter: Björn Knutinge-Kaas
Illustrator: Chris Scheuer

Die Kernzielgruppe (19 bis 29 Jahre) soll mit zeitgemäßen Stilmitteln davon überzeugt werden, daß Milchfrischprodukte selbstverständlicher Bestandteil der täglichen Ernährung sind.

Kunde: VVZ Handelsmarketing GmbH, Lehrte
Product Manager: Kai Poelmeyer
Werbeleiter: Hans-Jürgen Poelmeyer

Werbeagentur: BMZ Werbeagentur GmbH & Co. KG, Düsseldorf
Berater: Rolf D. Körner, Andrea Blumberg
Konzeption: Wolfgang Fetzer, Martin Kießling
Creative Director: Wolfgang Fetzer

Art Director: Ulrike Ruland
Texter/Script: Martin Kießling
Filmproduktion: Filmhaus, München
Regisseur: Hans-Joachim Berndt
Kamera: Tom Fährmann
Musik: Ralf Kemper

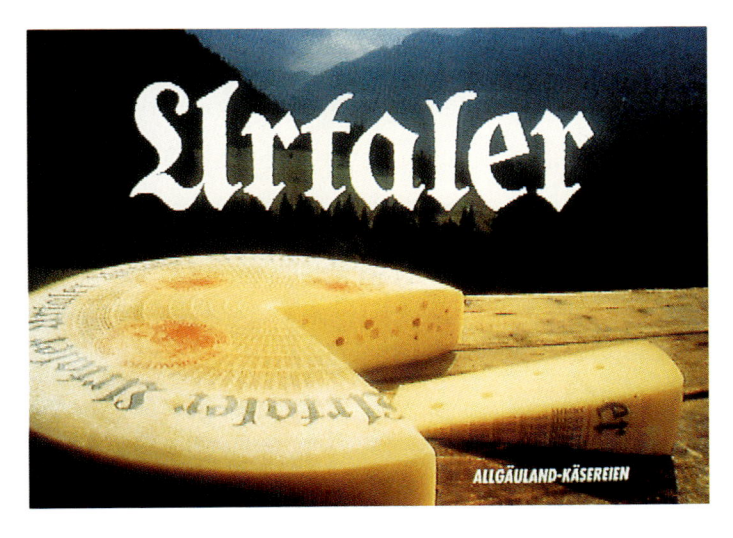

Kunde: Allgäuland-Käsereien, Wangen
Marketingleiter: Walter Fink

Werbeagentur: Wächter & Popp Werbeagentur GmbH, München
Berater: Rita Mester
Konzeption: Achim Szymanski
Creative Director: Hein Popp

Texter/Script: Achim Szymanski
Filmproduktion: Filmhaus, München
Regisseur: Hans-Joachim Berndt
Kamera: Tom Fährmann

»Geschmack von Natur aus« steht nicht nur als Philosophie hinter der Marke Bergbauern, sondern auch das konsequente Handeln der Allgäuer Bergbauern: den sensiblen Kreislauf der Natur zu verstehen, die natürlichen Lebensgrundlagen Boden, Wasser und Luft zu schützen und Produkte zu liefern, die diesen Ansprüchen gerecht werden.
Der TV-Spot für das Bergbauern-Produkt Urtaler zeigt die konsequente Umsetzung der Bergbauern-Philosophie mit authentischen, ehrlichen Szenen aus dem Alltag der Bergbauern.

Miracel Whip

Kunde: Kraft General Foods GmbH, Eschborn
Product Manager: Michael Gleich
Marketingmanager: Hans-Martin Woll

Werbeagentur: Michael Conrad & Leo Burnett GmbH & Co. KG, Frankfurt am Main
Berater: Beate Meyer
Stefan Dwilling
Creative Director: Alex Goslar
Producer FFF: Käthe Pietz
Filmproduktion: Passion Pictures Ltd., London

Regisseur: Julian Cottrell
Animation: Peter Bishop
Musik: Rick Wentworth

Im Vergleich zu schwerer Mayonnaise schmeckt Miracel Whip nicht »wuop wuop«, sondern locker und würzig.

AckerGold Kartoffeln Nahrung 131

DER SCHATZ IM SILBERSEE

Acker Gold
DAS GOLD DER ERDE

Eine Entdeckung, die sich für Sie lohnen wird: AckerGold Speisekartoffeln. Sie glänzen durch höchste Qualität und exzellenten Geschmack. Sie bereichern die tägliche Ernährung mit wertvollen Nährstoffen wie Kohlenhydrate, Vitamine, Pflanzeneiweiß, Mineral- und Ballaststoffe. Kalorien sind spärlich gesät, 295 kJ/70 kcal pro 100 verzehrfertige Gramm. Mit AckerGold können Sie ganz sicher sein, daß Ihr Kartoffelgericht immer gelingt. Denn nur die besten Knollen tragen den Namen AckerGold und das CMA-Gütezeichen. Ständige neutrale Kontrollen garantieren gleichbleibend erstklassige Qualität. Wie sich das für einen solchen Schatz gehört, muß man ihn auch sicher aufbewahren. Lagern Sie AckerGold Kartoffeln kühl, dunkel, trocken und gut belüftet. Dann bleiben sie, wie sie sind. Rundum eine feine Sache. Wenn Sie noch Fragen zu AckerGold haben, unsere Kartoffel-Experten beraten Sie gern. Tel.: 02 28/33 53 70

DIE AUSGRABUNG DES JAHRES

Acker Gold
DAS GOLD DER ERDE

Die gute Küche hat die Kartoffel neu entdeckt. Sie ist eine wahre Goldgrube für eine abwechslungsreiche gesunde Ernährung. Schon drei Kartoffeln täglich versorgen Sie mit den wichtigsten Nährstoffen. Dabei enthalten 100 g dieser tollen Knollen nur 295 kJ/70 kcal. Diese inneren Werte lassen sich auf über 150 verschiedene Arten lecker zubereiten. Wenn Sie dabei Kartoffeln von AckerGold verwenden, wird aus etwas Gutem immer etwas Besonderes. Denn AckerGold ist ein Spitzenerzeugnis aus kontrolliertem Anbau. Ständige neutrale Kontrollen garantieren gleichbleibende erstklassige Qualität. Und das kann man nicht nur schmecken, sondern auch sehen. Am CMA-Gütezeichen. Wenn Sie noch Fragen zu AckerGold haben, unsere Kartoffel-Experten beraten Sie gern. Telefon 02 28/33 53 70

Kunde: Centrale Marketinggesellschaft der Deutschen Agrarwirtschaft mbH (CMA), Bonn
Product Manager: Raimund Vogelsang

Werbeagentur: Serviceplan Werbeagentur, München
Berater: Florian Frhr. v. Hornstein, Ronald Focken, Monika Merkle
Creative Director: Ewald Pusch
Art Director: Andrea Große-Lochtmann
Texter: Anke Klemm
Grafiker: Rolf Eberhöh
Fotograf: Bodo Schieren

AckerGold Kartoffeln wird im Selbstverständnis eines Marktführers beworben: ohne ablenkendes Umfeld, das Produkt im Mittelpunkt. Der Auftritt ist eine bildhafte Umsetzung des Markennamens mit dunklen Fonds und goldenem Licht. Er soll Wertigkeit darstellen und dem Verbraucher wieder mehr Appetit machen auf AckerGold, die »Ausgrabung des Jahres«.

Der Aoste-Schinken.
Wovon Melonen träumen.

Der Aoste-Schinken.
Da lacht der Spargel.

Der Aoste-Schinken.
Ein Fest.

Der Aoste-Schinken.
Wochenend und Sonnenschein.

Kunde: Jambon d'Aoste, Aoste
Exportleiter Europa: Christian Béraud-Sudreau
Werbeleiter: Barbara Maser-Marmillon

Werbeagentur: IdeenService Werbeagentur GmbH, Meerbusch
Berater: Klaus Heckhoff
Konzeption: Klaus Heckhoff
Creative Director: Hermann Gottschalk
Art Director: Stephan Krause
Texter: Monika Fammler
Fotograf: Volker Marschall

Der luftig-leichte Aoste-Schinken in bester Gesellschaft.

Rügenwalder **Nahrung** 133

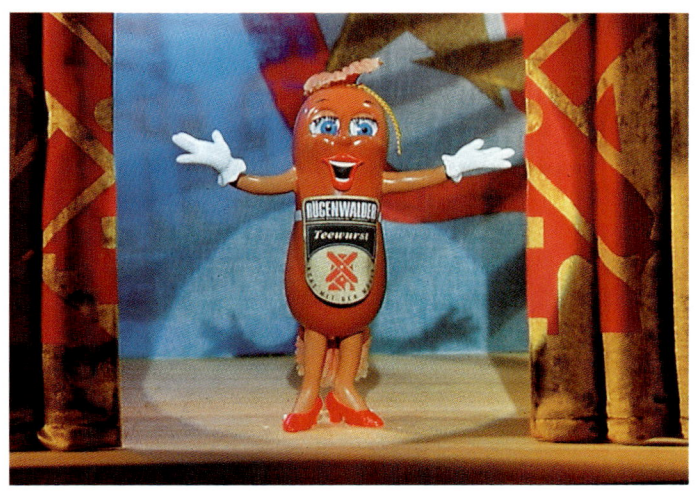

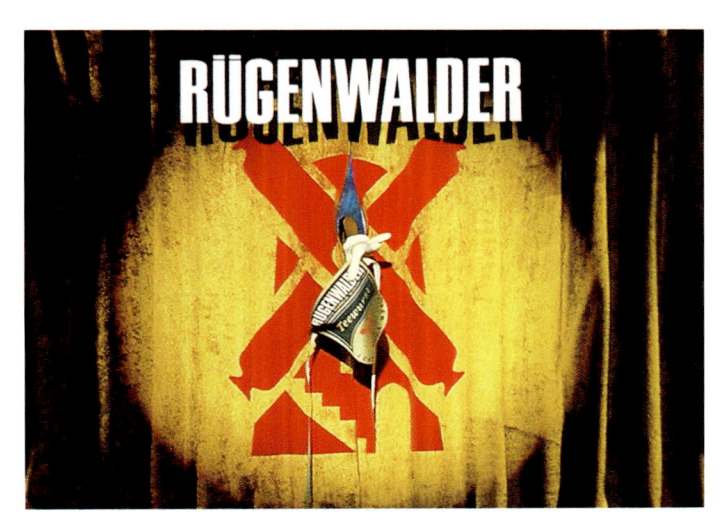

Kunde: Rügenwalder Wurstfabrik Carl Müller GmbH & Co. KG, Bad Zwischenahn
Geschäftsführer: Christian Rauffus
Werbeleiter: Werner Zollfrank
Werbeagentur: DMB&B Imparc Werbeagentur GmbH, Düsseldorf
Berater: Bernd Moeser, Susanne Schlottmann
Konzeption: Michael Busch
Art Director: Peter Wencek
Texter/Script: Michael Busch
Producer FFF: Peter Schmitz
Filmproduktion: Norstan, London
Regisseur: Tom Harrison
Kamera: Tom Harrison
Cutter: Eva Harrison

Nahrung   **Ostmann Gewürze**

**Richtiger Grill-Spaß
hat immer etwas mit Ostmann zu tun**

Bevor das Fleisch auf die Kohlen kommt,
braucht es die richtige Würze – dafür sorgt Ostmann.
Die fünf Grillgewürze lassen das Grillgut
zum Geschmackserlebnis werden – und Ihr Fest zum Erfolg.

Ostmann
alle Gewürze unter der Sonne

**Pilze und Tomaten schwärmen
von den neuen Ostmann Gewürzsalzen**

Sie werden es überrascht schmecken:
Mit diesen neuen Gewürzsalzen entfalten Pilze und Tomaten
ungeahnten Geschmacksreichtum.

Ostmann
alle Gewürze unter der Sonne

**Lammfleisch ist besonders scharf
auf Ostmann Gewürze**

Lammfleisch liebt und verträgt es, scharf gewürzt zu werden,
aber nicht nur mit Pfeffer und Lorbeerblättern.
Überraschen Sie Ihre Gäste
beim nächsten Lammfleischessen mit individuellen Geschmacksvarianten
durch klassische Kräuter oder die bewährte, raffinierte Gewürzkomposition
für Lammbraten von Ostmann.

Ostmann
alle Gewürze unter der Sonne

**Freude am Einmachen –
Freude am Selbermachen**

Ob dicker Kürbis oder lange Gurke, ob leckere Marmelade
oder was Sie sonst noch mögen: Mit Ostmann
macht das Einmachen Spaß – und das Probieren
der selbstgemachten Köstlichkeiten wird für alle zum besonderen Erlebnis.

Ostmann
alle Gewürze unter der Sonne

Kunde: Karl Ostmann GmbH &
Co. KG., Bielefeld
Product Manager: Franziska Kurpiers
Marketingleiter: Jutta Steinbom,
Fritz Bergmann
Werbeleiter: Klaus-Dieter Kulmert

Werbeagentur: Economia GmbH +
Co. KG, Hamburg
Konzeption: Horst Stampe
Creative Director: Birko Achenbach
Art Director: Roman Manthey

*Diese Kampagne wird ausschließlich mit
Ostmann-Gewürzen gestaltet und ist
deshalb sehr produktnah.*

Kunde: Kelly Gesellschaft m.b.H., Wien
Marketingleiter: Hans Riegler

Werbeagentur: Böttger & Partner, Ges.m.b.H., Salzburg
Berater: Jörg M. Böttger
Konzeption: Manfred Koch, Fritz Perlega
Creative Director: Fritz Perlega
Art Director: Marion Ebner
Texter/Script: Manfred Koch
Producer FFF: Fritz Perlega
Filmproduktion: Neutor Filmproduktion, Ges.m.b.H., Wien

Regisseur: Mark Scott
Kamera: Egon Werdin
Musik: Klaus-Peter Sattler
Cutter: Mark Scott

Die Positionierung der Marke Kelly's mit amerikanischem Background sollte durch die TV-Werbung verstärkt werden.

Kunde: Dr. August Oetker Nahrungsmittel KG, Bielefeld
Product Manager: Hildegard Heilmaier
Marketingleiter: Wolfgang Bök, Mechthild Oeffelke

Werbeagentur: BBDO Düsseldorf GmbH, Düsseldorf
Management Supervisor: Ursula Fuhrhop
Account Executive: Christian Hanft
Creative Director: Evelyne Wenzel
Supervisor Art: Rolf Gnauck
Art Director: Andrea Egler, Desmond Burdon

Das Motiv »Mann im Mond« bezog sich auf die Weihnachtskampagne 1992, die unter dem Motto stand: »Eine schöne Bescherung.« Die Bezugnahme auf die gleichzeitig gestreuten Weihnachtsbeihefter, die durch liebevoll arrangierte Rezeptabbildungen die rezeptorische Kompetenz der Marke Dr. Oetker unterstreichen sollen, war das Ziel.

Dr. August Oetker **Nahrung** 137

Kunde: Dr. August Oetker Nahrungsmittel KG, Bielefeld
Product Manager: Jens Köster
Marketingleiter: Wolfgang Bök, Mechthild Oeffelke

Werbeagentur: BBDO Düsseldorf GmbH, Düsseldorf
Management Supervisor: Ursula Fuhrhop

Account Executive: Christian Hanft
Creative Director: Evelyne Wenzel
Art Director: Brigitte Esser
Texter/Script: Angelika Czernick
Producer FFF: Meike Wetzstein
Filmproduktion: Markenfilm GmbH & Co., Hamburg
Regisseur: Gianpaolo Barberis
Kamera: Gino Sgreva
Musik: Jaap Eggermont

Das kommunikative Ziel des TV-Spots »Gute alte Zeit« lag in der Verbindung zwischen dem klassischen Backen nach Großmutters Art und den neuen Backmischungen von Dr. Oetker. Eine alte Dame erinnert sich an ihre Kindheit. Schumanns »Kinderszenen von fremden Ländern« unterstreicht die Emotionalität dieser Kampagne.

138 Nahrung   Ritter Sport

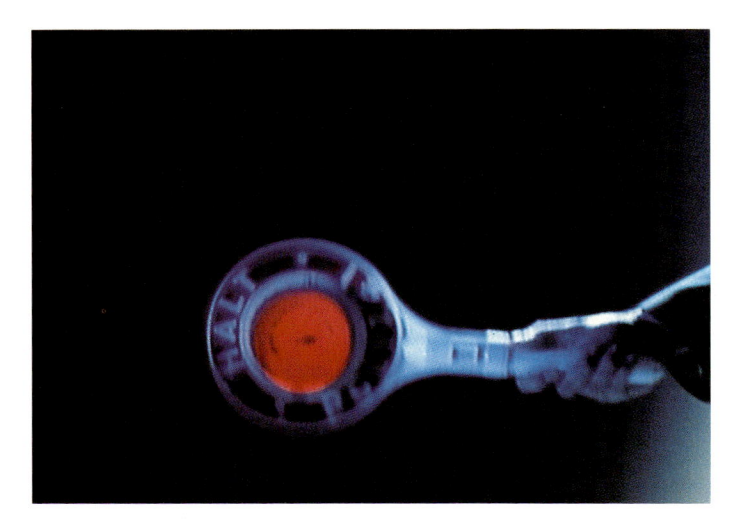

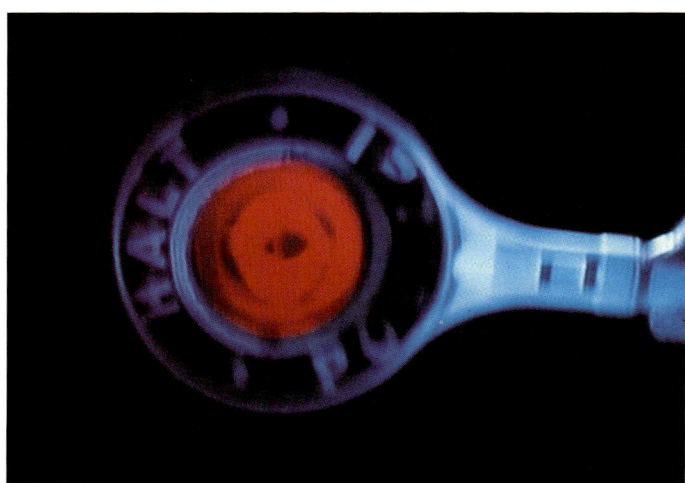

QUADRATISCH. PRAKTISCH. GUT.

Kunde: Alfred Ritter GmbH & Co. KG, Waldenbuch
Product Manager: Maria Jung
Marketingleiter: Uwe Böttcher

Werbeagentur: Hildmann, Simon, Rempen & Schmitz/SMS, Düsseldorf
Berater: Hans-Peter Esser, Dirk Eßer, Peter Magner, Bernd Weis
Creative Director: Hartmut Pflüger, Stefan Telegdy
Art Director: Frank Lübke, Hartmut Pflüger

Texter/Script: Stefan Telegdy, Stefan Vonderstein
Producer FFF: Angela Stöcker
Filmproduktion: Tempomedia, Düsseldorf
Regisseur: Thomas Caspari
Kamera: Mike Schult
Cutter: Ralf Drechsler

Ritter Sport **Nahrung** 139

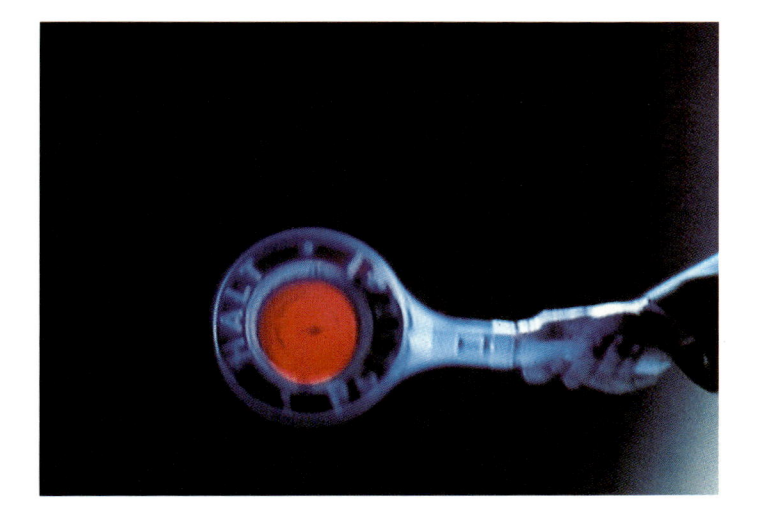

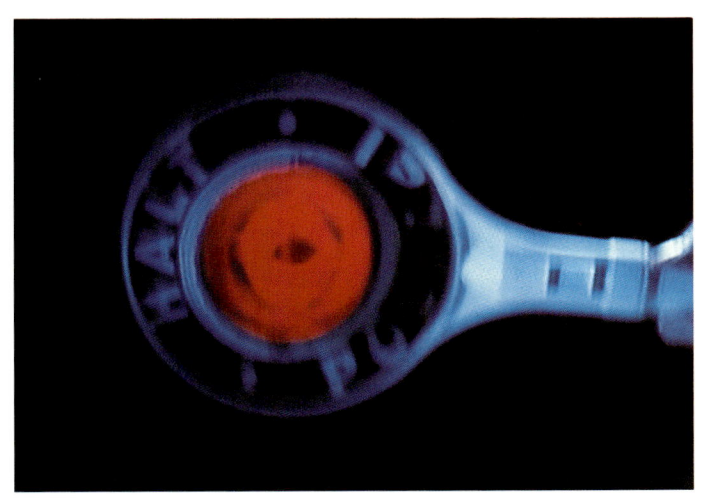

So lebendig, bunt, vielfältig und aktiv die Marke ist, so sollten auch die TV-Spots sein.
Quadratisch. Praktisch. Gut.

Nahrung **Nippon**

Kunde: Hosta Schokolade (International) AG, Neuhausen
Product Manager: Roger Harlacher
Marketingleiter: Gerd R. Gnoza

Werbeagentur: Publicis, Frankfurt am Main
Berater: Heidrun Erlenkötter
Creative Director: Richard Herler
Art Director: Susanne Bauer
Texter/Script: Wolfgang Stein
Producer FFF: Manfred Lang
Filmproduktion: Clay Coleman, München
Regisseur: Thomas Jauch
Musik: Stephan Jauch

Nippon – der Snack, nach dem man sich die Finger leckt!

Frisco Glacé   Nahrung   141

Kunde: Frisco-Findus AG, Rorschach
Product Manager: Bruno Codoni
Marketingleiter: Johann Ulrich Sutter
Werbeagentur: Seiler DDB Needham AG, Zollikerberg-Zürich
Berater: Dorli Blum
Creative Director: Ulysses Müller
Art Director: Peter Hürlimann
Texter: Maurizio Schianchi
Grafiker: Angela Baccini

142 Nahrung Maggi Kinderprodukte

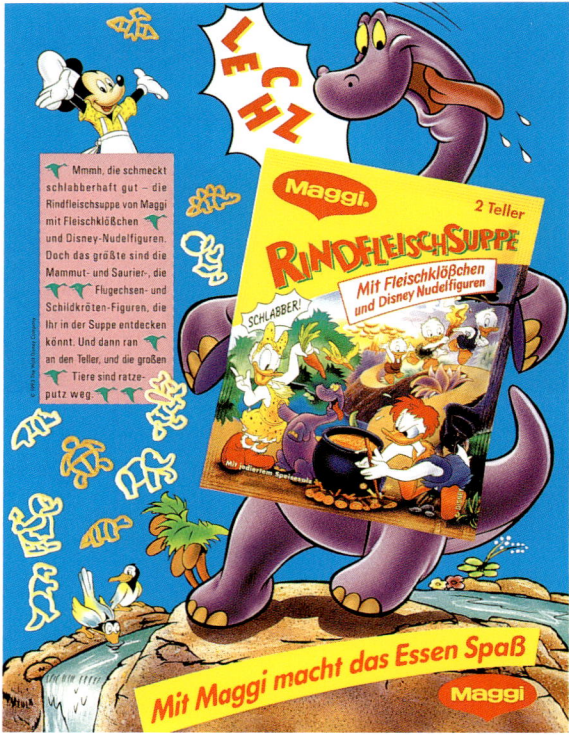

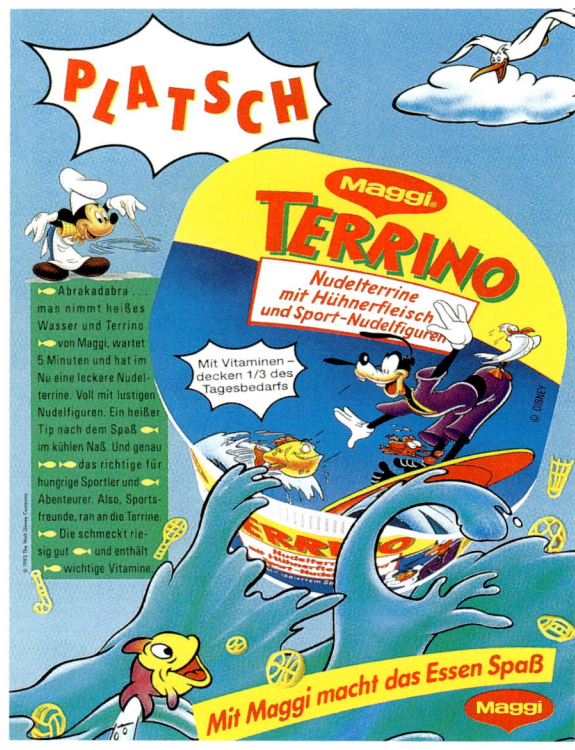

Kunde: Nestlé Deutschland AG, Frankfurt am Main
Marketing Manager: Gerrit Repko
Marketingleiter: Gustav Höbart
Werbeleiter: Ursula Nachtsheim, Angela Scheungrab
Werbeagentur: Heck & Hergert Two's Company, Frankfurt am Main
Berater: Barbara van den Speulhof
Konzeption: Dr. Friedhelm Heck, Klaus-Jürgen Hergert
Creative Director: Klaus-Jürgen Hergert
Art Director: Gudrun Muschalla
Texter: Dr. Friedhelm Heck
Grafiker: Gerd Aumann

Branchensieger Getränke

Vins de Pays **147**
  IdeenService, Meerbusch

Amecke Fruchtsaft (Hildmann, Simon, Rempen & Schmitz, Düsseldorf) **170–171**
Beck's (Wensauer DDB Needham, Ludwigsburg) **149**
Brauerei Bruch (Frisch, Saarbrücken) **150**
DAB (Euro RSCG, Düsseldorf) **148**
Dujardin (Michael Conrad & Leo Burnett, Frankfurt am Main) **164**
Eder's (Huth + Wenzel, Frankfurt am Main) **153**
Gründel's Alkoholfrei (Tostmann & Domann, Frankfurt am Main) **156–157**
hohes C (Euro RSCG, Düsseldorf) **168**
illycaffè (Bozell, Frankfurt am Main)* **177**
Jacobs Krönung (Fritsch, Heine, Rapp + Collins, Hamburg) **175**
Kelts (.start advertising, München) **152**
Kirner Privatbrauerei (Herrwerth & Partner, München) **158**
Kronen Brauerei (Ernst & Partner, Düsseldorf) **151**
Leibinger Bier (Schindler & Parent, Meersburg) **159**
Leibwächter (Hildmann, Simon, Rempen & Schmitz, Düsseldorf) **165**
Licher Bier (TBWA, Frankfurt am Main) **155**
Mauritius Pilsener (ZV, Köln) **162–163**
Passuger Heilquellen (Beck, Esslingen) **174**
Rabenhorst (Holtkamp, Müller, Kentenich & May, Düsseldorf) **169**
Rosenberg Mineralbrunnen (Pragma, Heilbronn) **173**
Schilkin (Dorland, Berlin) **167**
August Schierhölter (Tartsch & Die Zwölf, Osnabrück) **166**
Segafredo Zanetti (P.C.S., Salzburg) **176**
tilman (Ogilvy & Mather, Frankfurt am Main) **145**
Torrik (Ernst & Partner, Düsseldorf) **178**
Veltins (Hildmann, Simon, Rempen & Schmitz, Düsseldorf) **160–161**
Vins de Pays (IdeenService, Meerbusch) **146–147**
Vittel (Publicis, Frankfurt am Main) **172**
Wolfhöher Privatbrauerei (PerFact, Düsseldorf) **154**

* Europa-/Globalkampagne

tilman **Getränke** 145

Wenn Sie diesen Wein nur wegen der Aufmachung kaufen, lassen Sie ihn lieber zu.

Heute ist der Stoff wieder wichtiger als das Label.

Unsere Flaschenform steht seit 200 Jahren fest. Seitdem kümmern wir uns nur noch um den Wein.

Die Macher dieses Weines haben keine wichtigen Konferenzen. Sie haben schmutzige Fingernägel.

tilman. Mehr Wein als Schein.

Kunde: Gebiets-Winzergenossenschaft Franken e. G., Kitzingen
Geschäftsführer: Helmut Schätzlein
Werbeagentur: Ogilvy & Mather GmbH Werbeagentur, Frankfurt am Main
Berater: H. J. Franzke
Creative Director: Arno Haus, Mike Ries
Art Director: Alexandra Brunner
Texter: Stefan Schmidt
Fotograf: Joachim Bacherl

tilman tritt als junge, unkomplizierte Weinmarke auf und will deutlich machen, daß Inhalt und Qualität mehr zählen als Äußerlichkeiten. Ein Qualitätswein für jüngere Konsumenten, die sich nicht durch das unüberschaubare Dickicht des Weinangebotes schlagen.

Getränke — Vins de Pays

Wenn 5 mal wieder gerade ist

DIE FRANZÖSISCHEN LANDWEINE
DIE VINS DE PAYS
Typisch französische Geschichten aus über 40 Départements. In Weiß, in Rot und Rosé.
Je nach Lust und Laune.

So viel Zeit muß sein

DIE FRANZÖSISCHEN LANDWEINE
DIE VINS DE PAYS
Typisch französische Geschichten aus über 40 Départements. In Weiß, in Rot und Rosé.
Je nach Lust und Laune.

Kunde: Sopexa, Düsseldorf
Product Manager: Susanne Rentsch
Marketingleiter: Susanne Bender

Werbeagentur: IdeenService Werbeagentur GmbH, Meerbusch
Berater: Klaus Heckhoff
Konzeption: Klaus Heckhoff
Creative Director: Hermann Gottschalk
Art Director: Jörg Heppener
Texter: Monika Fammler
Fotograf: Tex Redfield

Die Anzeigen über die schönen Geschichten aus Frankreich.

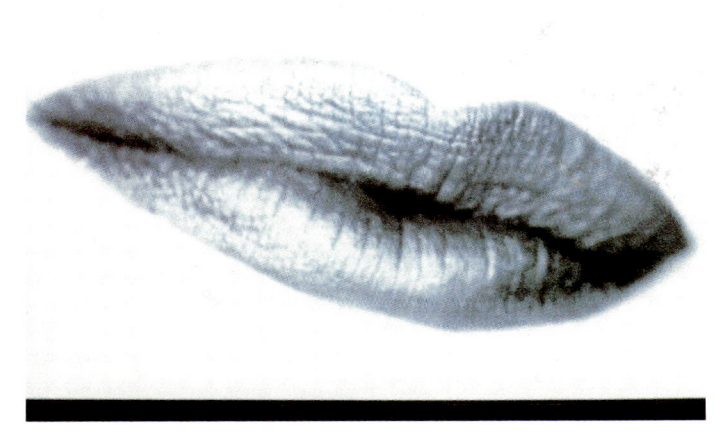

Vins de Pays **Getränke** 147

Kunde: Sopexa, Düsseldorf
Product Manager: Susanne Rentsch
Marketingleiter: Susanne Bender

Werbeagentur: IdeenService Werbeagentur GmbH, Meerbusch
Berater: Klaus Heckhoff
Konzeption: Klaus Heckhoff
Creative Director: Hermann Gottschalk
Art Director: Jörg Heppener
Texter/Script: Monika Fammler
Filmproduktion: Vogelsänger Film GmbH

Regisseur: Manfred Vogelsänger
Kamera: Stuart Harris
Musik: Ralf Kemper
Cutter: Eddie French

Der Film über die schönen Geschichten aus Frankreich.

148 Getränke   DAB

Kunde: DAB AG, Dortmund
Marketingleiter: Heinz Meyer
Werbeleiter: Peter Reiter

Werbeagentur: Euro RSCG GmbH, Düsseldorf
Berater: Gabriele Engler
Creative Director: Heiko Loggen
Art Director: Siegfried del Moral
Texter/Script: Thomas Schubert

Producer FFF: Thilo Strecker
Filmproduktion: Cinema, Düsseldorf
Regisseur: Ewald Rettich
Kamera: Ewald Rettich
Musik: Frank Möller
Cutter: Spencer Fearst

Beck's **Getränke** 149

Kunde: Brauerei Beck & Co., Bremen
Product Manager: Uwe Albershardt
Marketing Director: Axel Meermann
Werbeagentur: Wensauer DDB Needham, Ludwigsburg
Berater/Kontakt: Günther Tibi, Nicola Mick-Kohler
Creative Director: Günther Tibi
Art Director: Anette Pientka
Grafiker: Michael Ohnrich
Fotograf: Dietmar Henneka

Getränke — **Brauerei Bruch**

Kunde: Brauerei G. A. Bruch, Saarbrücken
Product Manager: Gerd Romeike
Geschäftsführer: Thomas Bruch

Werbeagentur: Frisch Agentur für Marketing-Kommunikation GmbH, Saarbrücken
Berater: Ulrich H. Frisch, Marcus Hintzen
Konzeption: Ulrich H. Frisch
Creative Director: Werner H. Berg
Art Director: Walter Braun

Texter: Ulrich H. Frisch
Grafiker: Harald Thoma (Illustration)
Fotograf: Andrew Wakeford

Die Kampagne unterstützt die Einführung der Spezialbiere der lokalen Brauerei in der speziellen Stubbiflasche

Kronen Brauerei **Getränke** 151

Kunde: Kronen Brauerei Dortmund GmbH & Co. KG, Dortmund
Marketingleiter: Werner Jaing
Werbeagentur: Ernst & Partner Werbeagentur GmbH, Düsseldorf
Berater: Hilger Prast, Ulli Aufenberg
Creative Director: Michael Weicken
Texter: Felix Erdmann
Fotograf: Hartmut Kiefer

WENN DER KLEINE HUNGER KOMMT, KOMMT AUCH DER GROSSE DURST

Man kann es nicht kaufen, man kann es nicht gewinnen. Harry Hunger und Hans Durst geben's einem oder sie geben's einem nicht: das LUNCH-PAKET von KELTS

KELTS. Das alkoholfreie Pilsener aus der König-Brauerei.

Kunde: König Brauerei, Duisburg
Product Manager: Dr. Doris König

Werbeagentur: .start advertising, München
Berater: Claudia Langer, Joerg Jahn, Susanne Heller
Konzeption: Joerg Jahn, Gudrun Müllner, Claudia Langer
Creative Director: Joerg Jahn
Art Director: Gudrun Müllner
Texter: Mario Klingemann, Joerg Jahn

Grafiker: Mario Klingemann, Gudrun Müllner
Fotograf: Jeff Manzetti

Das Kelts-Lunchpaket wird von Harry Hunger und Hans Durst in der Mittagszeit an Meinungsbildner in deutschen Großstädten verteilt.

Eder's   **Getränke**   153

Geschmack bleibt. Der Rest kann gehen.

FAMILIEN-BRAUEREI SEIT 1872.   **Eder's**   BRAUEN IST UNSER HANDWERK.

Kunde: Eder's Familienbrauerei GmbH & Co. KG, Großostheim
Marketingleiter: Axel Zähler

Werbeagentur: Huth + Wenzel GmbH, Frankfurt am Main
Berater: Ilka Hein, Heinz Huth
Creative Director: Kay Henkel, Konrad Wenzel
Art Director: Peter Steger
Texter: Kay Henkel
Grafiker: Sybille Ring
Fotograf: Alexander Geibel

Die Verbraucher sollen merken, daß Eder's ein hochwertiges, frisches, aktuelles Bier von einer Familienbrauerei ist, der es auch nicht an Witz und Mut fehlt.

154 Getränke   **Wolfshöher Privatbrauerei**

DER GEWINN. | **DIE SCHATZSUCHE.**
DAS LAND DER WÖLFE. | **ALLES ANDERE IST NICHT UNSER BIER.**
DAS SCHWEIN. | **DIE KUH.**
DER WOLF. | **ALLES ANDERE IST NICHT UNSER BIER.**

Kunde: Wolfshöher Privatbrauerei, Neuenkirchen am Sand
Marketingleiter: Stephan Weber
Werbeagentur: PerFact Werbeagentur GmbH, Düsseldorf
Berater: Thorsten Falkenstein
Konzeption: Rainer Brües
Grafiker: Dagmar Müller

Nomen est omen oder eine Chance. Für einen der regional stärksten Anbieter muß die Kampagne nicht nur Umsatz steigern, sondern auch den Namen in der Region penetrieren. Mit starkem Impact führt die Feldereinteilung der Kampagne den Verbraucher durch den Spielverlauf. Damit steht am Ende nicht der Gewinn, sondern der Name.

Licher Bier **Getränke** 155

Rendezvous im Grünen.

Licher Bier. Aus dem Herzen der Natur.

Die Schönheit des Augenblicks.

Licher Bier. Aus dem Herzen der Natur.

Herbstfreuden.

Licher Bier. Aus dem Herzen der Natur.

Kunde: Licher Privatbrauerei, Ihring Melchior KG, Lich
Marketingleiter: Harald Möbus

Werbeagentur: TBWA GmbH, Frankfurt am Main
Geschäftsführer: Christoph Kämpfer
Berater: Andreas Billhardt, Anette Kraft
Konzeption: Peter Gamper, Manfred Martin
Creative Director: Joseph Emonts-Pohl
Art Director: Christian Kneifel
Texter: Sabine Figge
Fotograf: Ansgar Pudenz

Wir wollen dem Verbraucher die Ursprünglichkeit und Unverfälschtheit von Licher Bier vermitteln und ihm die Harmonie und Ruhe des Herzens der Natur nahebringen.

Kunde: Karlsberg Brauerei KG
Weber, Homburg
Product Manager: Ronnie Braunberger
Marketingleiter: Roland Meyer

Werbeagentur: Tostmann & Domann Werbeagentur GmbH, Frankfurt am Main
Berater: Liana Schmitzberger
Creative Director: Werner Holzwarth
Art Director: Jutta Zechmeister
Texter: Christoph Kupper
Grafiker: Alexander Stehle
Fotograf: Michael Ehrhardt

Die Plakate sollen den Betrachter an die TV-Spots erinnern.

Gründel's Alkoholfrei • Getränke

Kunde: Karlsberg Brauerei KG
Weber, Homburg
Product Manager: Ronnie Braunberger
Marketingleiter: Roland Meyer
Werbeagentur: Tostmann & Domann
Werbeagentur GmbH, Frankfurt am Main
Berater: Liana Schmitzberger
Creative Director: Werner Holzwarth
Art Director: Jutta Zechmeister,
Alexander Stehle
Texter/Script: Christoph Kupper
Filmproduktion: Neue Sentimental Film
GmbH, Frankfurt am Main
Regisseur: Detlev Buck
Kamera: Tom Olgeirson

Kunde: Kirner Privatbrauerei
Ph. & C. Andres, Kirn
Product Manager: Günter Molderings
Marketingleiter: Günter Molderings
Werbeleiter: Günter Molderings

Werbeagentur: Herrwerth & Partner
GmbH, München
Berater: Klaus Schuldes
Konzeption: Klaus Schuldes
Creative Director: Christian Hollmann
Art Director: Christian Hollmann
Texter: Udo Stäbler

Positionierung der Kirner-Brauerei als gehobener Pilsspezialist.

Leibinger Bier **Getränke** 159

*Leibinger Edel Spezial
und Leibinger Bierbuckel.
Echt oberschwäbischer
Genuß: Vollmundig hell
oder dunkel naturtrüb.*

Land. Leute. Leibinger. Heimatkunde für Biergenießer.

*Leibinger Edel Spezial
und Leibinger Bierbuckel.
Echt oberschwäbischer
Genuß: Vollmundig hell
oder dunkel naturtrüb.*

Land. Leute. Leibinger. Heimatkunde für Biergenießer.

Kunde: Brauerei Max Leibinger GmbH, Ravensburg
Marketingleiter: Siegfried Gießer

Werbeagentur: Schindler & Parent Werbeagentur GmbH, Meersburg
Berater: Eugen Schindler, Ann Seger
Konzeption: Dr. Constance Hotz, Eugen Schindler
Creative Director: Eugen Schindler
Art Director: Claudia Sailer
Texter: Dr. Constance Hotz
Fotograf: Ernst Fesseler

Die Kampagne rückt Landschaft und Leute in den Vordergrund. Sie zeigt Bilder, die vom Lebensgefühl der Region erzählen, und verbindet, ja besetzt diese mit dem Markennamen Leibinger. Der Claim unterstreicht die differenzierte Intention der Kampagne, das Traditionsbier als ein Stück Heimat zu kommunizieren und die Identität der Region bewußtzumachen.

Sechs Richtige.
Frisches Veltins im 6er-Pack.

Wir führen Gutes im Schilde. **VELTINS** PILSENER

So, jetzt finden Sie mal den Unterschied heraus.

Wir führen Gutes im Schilde. **VELTINS** PILSENER

Kunde: Brauerei C. & A. Veltins, Meschede
Marketingleiter: Peter Gipp
Werbeleiter: Utz Biallas

Werbeagentur: Hildmann, Simon, Rempen & Schmitz/SMS, Düsseldorf
Berater: Christoph Panthöfer, Rainer Schumann
Creative Director: Hartmut Pflüger
Art Director: Joschka Meiburg, Ines Wochner
Texter: Matthias Kühne
Fotograf: Axel Gnad

**Hier spielt die Musik.
Frisches Veltins.**

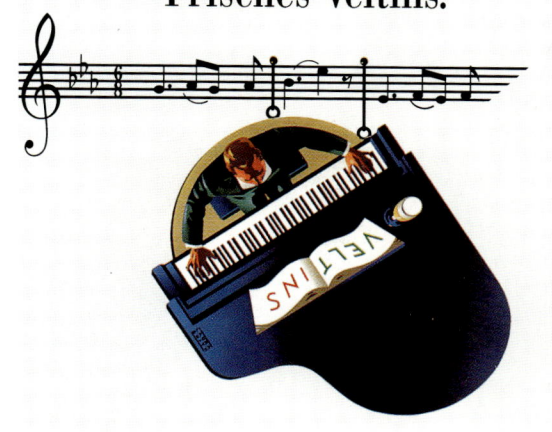

Wir führen Gutes im Schilde. **VELTINS** PILSENER

**Über Geschmack
läßt sich nicht streiten.
Frisches Veltins.**

Wir führen Gutes im Schilde. **VELTINS** PILSENER

**Männer wollen
immer nur das Eine.
Frisches Veltins.**

Wir führen Gutes im Schilde. **VELTINS** PILSENER

Kunde: Brauerei C. & A. Veltins, Meschede
Marketingleiter: Peter Gipp
Werbeleiter: Utz Biallas

Werbeagentur: Hildmann, Simon, Rempen & Schmitz/SMS, Düsseldorf
Berater: Christoph Panthöfer, Rainer Schumann
Creative Director: Hartmut Pflüger
Art Director: Joschka Meiburg, Ines Wochner
Texter: Matthias Kühne
Illustratoren: Dietrich Ebert, René Gruau, Laura Smith

Wie sich eine große, traditionelle Marke mit künstlerischem Esprit, mit Charme und Eleganz wohltuend vom Einerlei der deutschen Bierwerbung abhebt.

Mauritius Pilsener

JETZT MÜSSEN SIE WÄHLEN...

MAURITIUS
ALKOHOLFREI
Das Vergnügen an einem besonderen Bier

NEU

FÜR SIE UND FÜR...

MAURITIUS
PILSENER
Das Vergnügen an einem besonderen Bier

Kunde: Mauritius Brauerei GmbH, Zwickau
Product Manager: Christine Jurytko, Martin Alber
Marketingleiter: Günther Guder

Werbeagentur: ZV Werbeagentur GmbH, Köln
Berater: Thomas Zipper
Konzeption: Thomas Zipper
Creative Director: Jörg Vollrath
Art Director: Andreas Etzel
Texter: Thomas Zipper
Fotograf: Thomas Grimberg

Profilierung von Mauritius-Pilsener als anspruchsvolle ostdeutsche Biermarke. Das Produkt steht klar im Vordergrund und konfrontiert die kritischen ostdeutschen Verbraucher mit einer ehrlichen, qualitätsorientierten Markenwelt.

Mauritius Pilsener **Getränke** 163

164 Getränke Dujardin

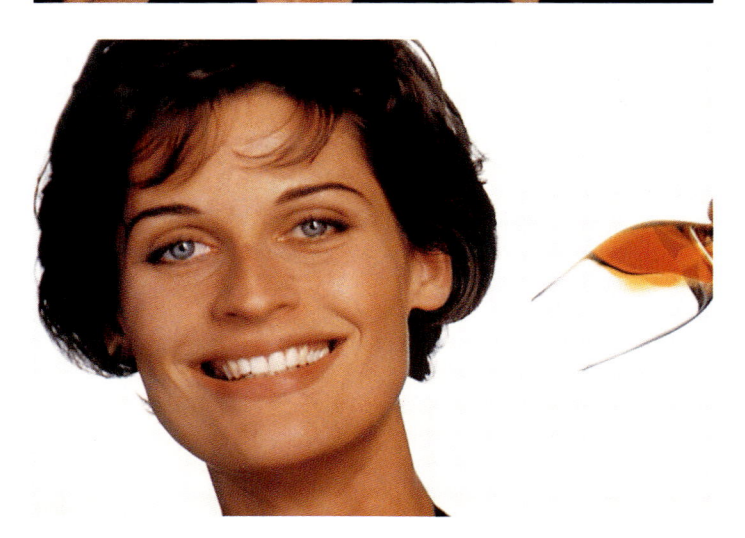

Kunde: A. Racke GmbH & Co, Bingen
Marketingleiter: Alois Steger

Werbeagentur: Michael Conrad & Leo Burnett GmbH & Co. KG, Frankfurt am Main
Berater: Frank Eigler
Creative Director: Fritz Iversen
Art Director: Peter Huschka

Producer FFF: Käthe Pietz
Filmproduktion: Markenfilm GmbH & Co., Hamburg
Regisseur: Chico Bialas
Kamera: Chico und Linde Bialas
Musik: Donald Fraser

FALLS BITTER NÖTIG.

ER MACHT AUS 58 KRÄUTERN DAS BESTE.

Kunde: Friedrich Schwarze GmbH & Co., Oelde
Geschäftsführer: Dieter Francke, Friedrich Schwarze
Marketingleiter: Dieter Kiefer

Werbeagentur: Hildmann, Simon, Rempen & Schmitz/SMS, Düsseldorf
Berater: Hans-Peter Esser, Dirk Eßer
Art Director: Rainer Hodde
Texter: Hendrik Rapsch

Plakate für einen Kräuterlikör: Bitter schön.

Getränke — **August Schierhölter**

Kunde: August Schierhölter, Glandorf

Werbeagentur: Tartsch & Die Zwölf AG, Osnabrück
Berater: Gisbert Wegener
Konzeption: Gisbert Wegener, Hans Uthleb
Art Director: Hans Uthleb
Texter: Wolfgang Rackers

Aufmerksamkeitsstarke regionale Anzeigenkampagne in TZ (Eckfeld). Zielgruppe ist die landwirtschaftliche Bevölkerung. Sie soll erfahren, daß Schierhölter Getreide aus eigenem Anbau zur Kornherstellung verwendet.

Kunde: Schilkin GmbH & Co. KG, Berlin
Marketingleiter: Hannelore Otto
Werbeleiter: Heimo Matthecke

Werbeagentur: Dorland Werbeagentur GmbH, Berlin
Berater: Stefan Hansen, Thorsten Lemke
Konzeption: Barbara Winter
Creative Director: Rainer Jacob
Art Director: Christiane Schinkel
Texter: Barbara Winter

Fünf Früchtchen und ein Wodka – das ist die neue Schilkin-Mischung, die der Zielgruppe der 20- bis 39jährigen schmackhaft gemacht wird. Mit knalligen Farbflächen, in denen das pure Produkt im Mittelpunkt steht, und mit Headlines, die ironisch-spielerisch zu den neuen Wodkalikören hinführen. Für die Fachhändler zählen allerdings knallharte Argumente, und die werden zu diesem Zweck auch mehr in den Vordergrund gerückt.

Getränke hohes C

Kunde: Eckes AG, Nieder-Olm
Product Manager: Reinhold Schlensok
Marketing Manager: Rupert Ebenbeck
Marketing Director: Heribert Gathof

Werbeagentur: Euro RSCG Werbeagentur GmbH, Düsseldorf
Berater: Sylvia Schacht, Carl-Philipp Mauve
Konzeption: Ingo Bätzel
Executive Creative Director: Ingo Bätzel
Creative Director: Jürgen Datum
Art Director: Elli Vogel
Texter/Script: Michael Frey
Producer FFF: Thilo Strecker

Filmproduktion: Cinema, Düsseldorf
Regisseur: Ewald Rettich
Kamera: Ewald Rettich
Musik: Phantastische Vier
Arrangeur: Peter Riese
Cutter: Simon Levine

»Die da« ist der erfolgreiche Announcementspot für die drei neuen Sorten von hohes C.

Rabenhorst   **Getränke** 169

Im Mai rät Rabenhorst:

„Täglich Ballaststoff trinken.
Damit der Darm nicht träge wird."

Auch der Darm braucht Bewegung, um fit zu bleiben. Fehlt es ihm an Ballaststoffen, wird er träge. Verdauungsprobleme sind die Folge. Unsere Ernährung reicht oft nicht aus, das notwendige Tages-Pensum von 30 Gramm Ballaststoffen abzudecken. Aber schon täglich zwei Glas Rabenhorst Ballaststoff à 200 ml können die Bedarfslücke schließen, Ihre Darmfunktion anregen und Ihr Wohlbefinden spürbar steigern. Dazu spenden 10 wertvolle Vitamine und Provitamin A Fitneß für den ganzen Tag. **Rabenhorst** Natur tut gut.

„Täglich Ballaststoff trinken. Damit der Darm nicht träge wird."

Auch der Darm braucht Bewegung, um fit zu bleiben. Fehlt es ihm an Ballaststoffen, wird er träge. Verdauungsprobleme sind die Folge. Unsere Ernährung reicht oft nicht aus, das notwendige Tages-Pensum von 30 Gramm Ballaststoffen abzudecken. Aber schon täglich zwei Glas (à 200 ml) von dem neuen Rabenhorst Ballaststoff können die Bedarfslücke schließen, Ihre Darmfunktion anregen und Ihr Wohlbefinden spürbar steigern. Dazu spenden 10 wertvolle Vitamine und Provitamin A Fitneß für den ganzen Tag. Mit nur 56 Kalorien pro 100 ml ist Rabenhorst Ballaststoff auch ideal als leckere, sättigende Zwischenmahlzeit. Rabenhorst gibt es in Reformhäusern, Apotheken und Drogerien mit Depot. **Rabenhorst** Natur tut gut.

Kunde: Rabenhorst O. Lauffs GmbH, Unkel
Werbeleiter: Klaus Köhler

Werbeagentur: Holtkamp, Müller, Kentenich & May GmbH, GWA, Düsseldorf
Berater: Christian Thomas, Harald Karlson
Creative Director: Bernward Müller
Art Director: Thomas Kurzawski
Texter: Bernward Müller
Grafiker: Wolfgang Peters

Die Rabenhorst-Anzeigen sollen bei allen Käufer(innen) in Reformhäusern und Apotheken auf sympathische Weise einerseits Markenbewußtsein aufbauen und ihnen andererseits nutzenorientierte Aussagen zum Produkt geben. So gibt der Rabe – stellvertretend für die Marke Rabenhorst – regelmäßig nützliche Tips zur Anwendung der diversen Frucht- oder Gemüsesäfte.

Getränke — **Amecke Fruchtsaft**

Jetzt hilft nur noch 100%iges.

Auch leer gut. 100% Mehrweg.

Amecke's VOLLFRUCHT
Und zwar 100%ig.

Kunde: Amecke Fruchtsaft GmbH, Menden
Product Manager: Stephan Kisters
Vertriebsleiter: Johannes Krins
Geschäftsführender Gesellschafter: Heinrich Amecke-Mönnighof
Werbeagentur: Hildmann, Simon, Rempen & Schmitz/SMS, Düsseldorf
Berater: Gerda Bender, Hans-Peter Esser
Creative Director: Ingo Heintzen
Art Director: Uwe Görlich
Fotograf: Jo van den Berg

Amecke Fruchtsaft Getränke 171

Auch leer gut. 100% Mehrweg.

Lieber 100 Prozent als 0,8 Promille.

Kunde: Vittel Mineralwasser GmbH, Frankfurt am Main
Geschäftsführer: Ulrich Stoll

Werbeagentur: Publicis, Frankfurt am Main
Berater: Ulla van de Sand
Konzeption: Christa Silberer-Klein, Richard Herler
Creative Director: Richard Herler
Art Director: Ludwig Mühlenberg
Texter: Christa Silberer-Klein
Fotograf: Peter Hebeisen

Unter dem Konzept »Die neue Vitalität« trägt Vittel den veränderten Werten der Verbraucher Rechnung, die sich wieder auf die elementaren Dinge des Lebens besinnen. »Das pure Leben« zieht sich als Mono-Line durch und steht für jene Reinheit, Klarheit und Seelentiefe, aus der der moderne Mensch mit Vittel neue Vitalität schöpft.

Rosenberg Mineralbrunnen — **Getränke** 173

ROSENBERG. SO FRISCH, SO GUT.

ROSENBERG. SO FRISCH, SO GUT.

Kunde: Rosenberg Mineralbrunnen, Heilbronn
Marketingleiter: Günther Guder
Werbeleiter: Horst Kübler

Werbeagentur: Pragma Werbung GmbH, Heilbronn
Berater: Klaus G. Benke, Jochen Vossen
Creative Director: Jochen Vossen
Art Director: Paul Linn
Texter: Peter Schiffer
Fotograf: Frank Busch

Facelifting des Sortiments und Neupositionierung der Marke.

174 Getränke   Passuger Heilquellen

Kunde: Passugger Heilquellen AG, Passugg
Marketingleiter: Helen Cabalzar
Werbeleiter: Ursula Merz

Werbeagentur: Werbeagentur Beck KG, Esslingen a. N.
Berater: Kurt A. Beck
Konzeption: Thomas Beck
Art Director: Karin Fibich
Texter: Manfred Lerch
Fotograf: Frank Busch

Die Einführungskampagne für das Schweizer Mineralwasser Rhäzünser richtet sich an den marken- und qualitätsbewußten Mineralwasserverbraucher. Der Schwerpunkt der Kampagne liegt auf der Kommunikation der Herkunft. Die Schweiz dient als Hauptimagekomponente. Durch humorvolle Texte und moderne Gestaltungselemente sollen durchaus auch die jüngeren Verbraucher angesprochen werden.

Jacobs Krönung **Getränke**

Kunde: Kraft Jacobs Suchard Erzeugnisse GmbH & Co. KG, Bremen
Product Manager: Ralf Michael Knust
Marketingleiter: Jörg Croseck

Werbeagentur: Fritsch, Heine, Rapp + Collins, Hamburg
Berater: Sabine Hennig-Lalla
Konzeption: Sabine Hennig-Lalla
Creative Director: Rolf Mylius
Art Director: Rolf Mylius
Texter: Michael Türk
Grafiker: Olaf Klumski

Promotion ausgerichtet für Gesamtbevölkerung ab 14 Jahren.

Getränke Segafredo Zanetti

Espressionismus, *oder die Kunst der fünf M.*

M wie Mischung. *M* wie Mahlung. *M* wie Maschine. *M* wie meisterliche Handhabung. *M* wie Mission. *M M M M M*, so schreibt sich unsere Kunst der Kaffeezubereitung. Und so versuchen wir die Philosophie des Espressos auszudrücken, für die wir noch kein besseres Wort gefunden haben als: *L'espresso più famoso d'Italia.*

Segafredo ZANETTI

Espressionismus, *oder die Kunst des Möglichen.*

Wer die Möglichkeiten kennt, seinem Lebensstil Ausdruck zu verleihen, beherrscht eine feine Kunst. Die Kunst der kleinen, wesentlichen Unterschiede, an denen sich Menschen mit Geschmack erkennen. Es ist möglich Geschmack zu erleben! *L'espresso più famoso d'Italia.*

Segafredo ZANETTI

Kunde: Segafredo Zanetti, Salzburg
Managing Director: Claudius Neumayr

Werbeagentur: P.C.S. Werbeagentur Ges.m.b.H.&CoKG, Salzburg
Berater: Günter Hofmann
Konzeption: Hans-Jörg Ransmayr
Creative Director: Werner Krainz
Art Director: Siegfried Kronberger
Texter: Werner Krainz
Grafiker: Anja Kröncke
Fotograf: Lance Staedler

Sowohl Konsumenten als auch die Gastronomie soll Segafredo als Ausdruck italienischer Espressokultur verstehen.

illycafè   **Getränke** 177

Kunde: Illycaffè Deutschland, München
Geschäftsleitung: Helma Grandtner
Prokurist/Vertriebsleitung: Achim Cujé
Werbeagentur: Bozell GmbH, Frankfurt am Main
Berater: Dietmar Steuer
Creative Director: Wolfgang Bloch, Anna Maria Testa, Paolo Rossetti
Art Director: Kai Felmy, Elisabetta Barracchia
Texter: Jörg Reuter
Copywriter: Stanislao Porzio
Fotograf: F. Illy

Illycaffè richtet sich an die gehobene Gastronomie. Warum beim Espresso Abstriche machen, wenn man sonst anspruchsvoll ist. Wenn es Espresso von Illycaffè gibt.

Kunde: Kronen Brauerei
Dortmund GmbH & Co. KG, Dortmund
Marketingleiter: Werner Jaing

Werbeagentur: Ernst & Partner Werbeagentur GmbH, Düsseldorf
Berater: Hilger Prast, Ulli Aufenberg
Creative Director: Michael Weicken
Texter: Felix Erdmann
Fotograf: Hartmut Kiefer

Branchensieger Tabakwaren

Samson Drehtabak **182–183**
 DMB&B Imparc, Düsseldorf

Tabakwaren Inhalt

Benson & Hedges (BSB, Frankfurt am Main)   **186**
Corso Ultra (CreaTeam, Linz)   **181**
Marlboro (Michael Conrad & Leo Burnett, Frankfurt am Main)   **184–185**
Samson (DMB&B Imparc, Düsseldorf)   **182–183**

Corso Ultralight   **Tabakwaren**

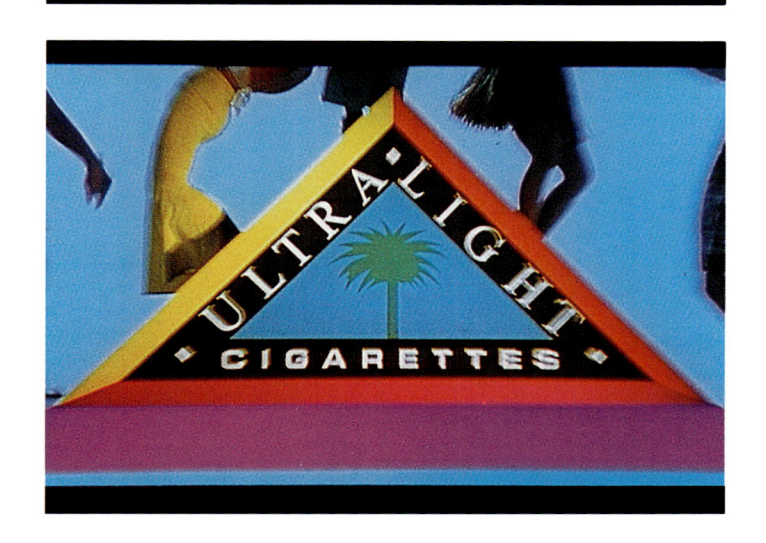

Kunde: Austria Tabakwerke, Wien
Marketingleiter: Dr. Robert Lachner
Werbeleiter: Christian Mertl

Werbeagentur: CreaTeam Werbeagentur GesmbH.&CoKG, Linz
Berater: Elisabeth Reifetzhammer
Konzeption: Elisabeth Reifetzhammer
Creative Director: Hannes Rossacher
Texter/Script: Elisabeth Reifetzhammer
Producer FFF: Hannes Rossacher
Filmproduktion: DoRo Dolezal, Rossacher FilmproduktionsGesmbH., Wien

Regisseur: Hannes Rossacher
Kamera: Andreas Josimovic
Musik: Ludwig Coss

Zielgruppe: A/B-Schicht (Städter) unter 50 Jahren. Ziel: Akzeptanz als »geschmackvolle« Alternative zu den stärkeren Marken.

KEEP THE SECRET.

Kunde: Brinkmann Niemeyer GmbH, Düsseldorf
Marketing Manager: Jürgen Hahne
Werbeagentur: DMB&B Imparc Werbeagentur GmbH, Düsseldorf
Berater: Bernd Moeser, Susanne Schlottmann
Konzeption: Peter Knevels
Creative Director: Peter Knevels
Texter: Jürgen Friedrichs

KEEP THE SECRET
GET THE TASTE
SAMSON
HALFZWARE SHAG

KEEP THE SECRET.
SAMSON
HALFZWARE SHAG

A timeless land.
Where horses still run free.
Where some men do what others only dream about.

Die EG-Gesundheitsminister: Rauchen gefährdet die Gesundheit. Der Rauch einer Zigarette dieser Marke enthält 0,9 mg Nikotin und 13 mg Kondensat (Teer). (Durchschnittswerte nach ISO)

Kunde: Philip Morris GmbH, München
Marketing Director: Hans-Joachim Richter
Marketing Manager: Detlef Braun

Werbeagentur: Michael Conrad & Leo Burnett GmbH & Co. KG, Frankfurt am Main
Berater: Wolfgang Steinhaus, Claus Martin, Audrey Langheck
Group Head: Rolf Meinicke
Art Director: Roman Kretzer, Detlev Schmidt
Texter: Elke Kilian-Voigt, Hadi Geiser

Marlboro **Tabakwaren** 185

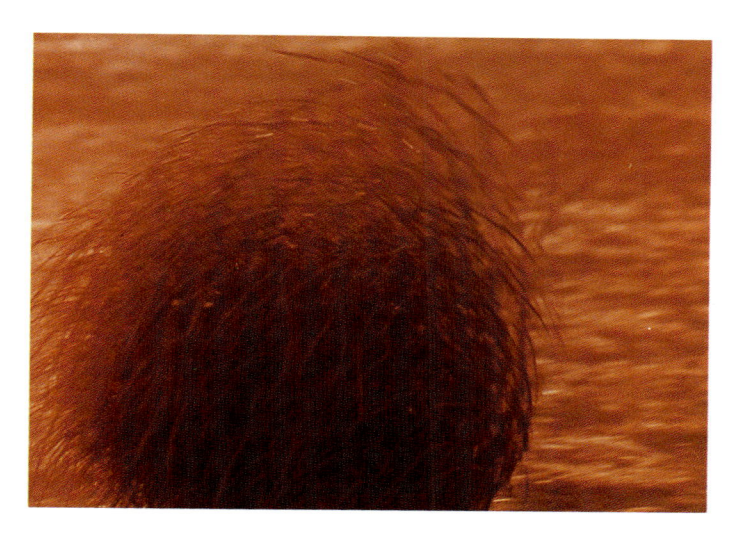

Kunde: Philip Morris GmbH, München
Product Manager: Holger Gutzmer
Marketing Director: Hans-Joachim Richter
Marketing Manager: Arndt Kottsieper

Werbeagentur: Michael Conrad & Leo Burnett GmbH & Co. KG, Frankfurt am Main
Berater: Claus Martin, Astrid du Bosque
Group Head: Rolf Meinicke
Producer FFF: Werner Stoll

Filmproduktion: Electric Avenue Films, Los Angeles
Regisseur: Paul Hopkins
Kamera: David Lee
Musik: M&S Music, Martin Schäfer & Stefan Lupp, Frankfurt am Main
Cutter: Gayle Grant Editing, Los Angeles

186 Tabakwaren   **Benson & Hedges**

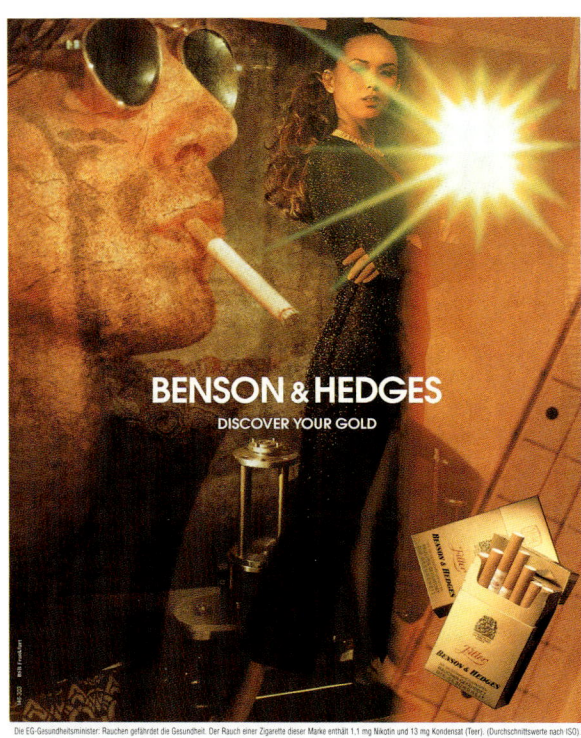

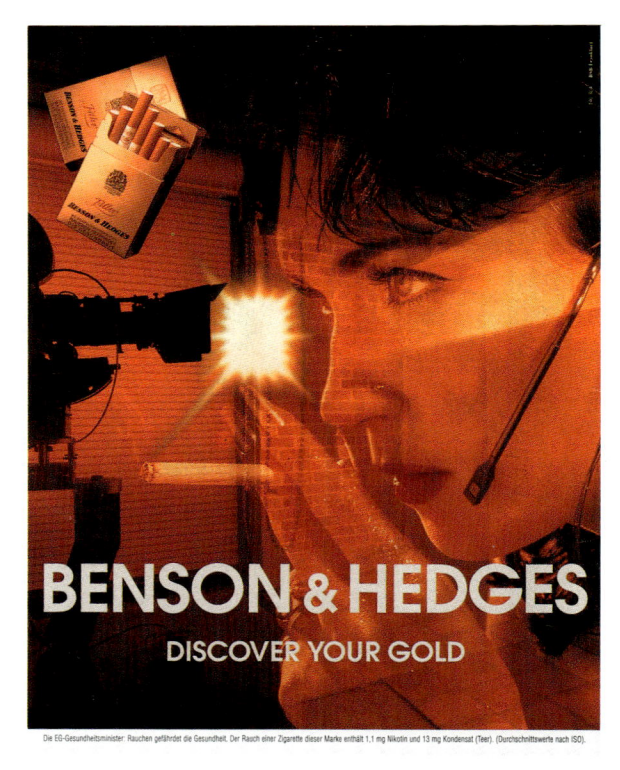

Kunde: B.A.T. Cigarettenfabriken GmbH, Hamburg
Marketing Manager International Brands: Rolf Bielefeldt, Jürgen Raspe

Werbeagentur: BSB Frankfurt Werbeagentur GmbH, Frankfurt am Main
Berater: Ulrich Veigel, Uwe Freisens

Konzeption: Heinrich Hoffmann
Creative Director: Heinrich Hoffmann
Art Director: Ulrich Schmitz
Fotograf: Heinrich Hoffmann

Benson & Hedges ist eine Prestigemarke. Wichtigste Aufgabe der Benson-&-Hedges-Kommunikation muß es sein, das Prestige der Marke fortzuschreiben.

Der Auftritt der neuen Benson-&-Hedges-Kampagne hat zwar eine internationale Komponente, ist aber in dieser Form speziell für den deutschen Markt entwickelt worden. Er wendet sich an die Young Adult Urban Smokers. Benutzt wurde eine Sandwichtechnik, mit der ohne Rücksicht auf Größenverhältnisse Geschichten erzählt werden.

Branchensieger Reinigungsmittel und Körperpflege

Sil **189**
Stöhr Scheer, Düsseldorf

Reinigungsmittel und Körperpflege

Dove (Ogilvy & Mather, Frankfurt am Main)* **192**
Interplak (Dorland, Berlin) **194**
Kukident aktiv 3 (Holtkamp, Müller, Kentenich & May, Düsseldorf) **193**
MCM Twenty Four (Herrwerth & Partner, München)* **191**
Pril (Baums, Mang und Zimmermann, Düsseldorf) **190**
Sil (Stöhr Scheer, Düsseldorf) **189**

* Europa-/Globalkampagne

Sil   Reinigungsmittel und Körperpflege   189

Kunde: Henkel KGaA, Düsseldorf
Product Manager: Thomas Feldbrügge Ludwig Klaffenbach, Peter Kardorff, Holger Gerdes
Marketingleiter: Dr. Rudolf Wittgen, Peter Hennemann

Werbeagentur: Stöhr Scheer WA GmbH, Düsseldorf
Berater: Jürgen Stöhr, Rebecca Schüller
Konzeption: Stöhr Scheer
Creative Direction: Stöhr Scheer
Art Director: Markus Caspers, Anke Lieb

Texter/Script: Markus Caspers, Dieter Hormel
Filmproduktion: Tom Bussmann Limited Films, London
Regisseur: Tom Bussmann
Kamera: Tom Bussmann
Musik: Gerd Wilden

Kunde: Henkel KGaA, Düsseldorf
Group Product Manager:
Gerd Daffertshofer
Product Manager: Harm-Jan van Pelt
Marketingleiter: Jörg Koppenhofer

Werbeagentur: BMZ Werbeagentur
GmbH & Co. KG, Düsseldorf
Berater: Rolf D. Körner,
Werner Vogelsang
Konzeption: Barbara Rörtgen
Creative Director: Barbara Rörtgen
Art Director: Birgit Bogusat
Texter/Script: Sabine Kröschel

Producer FFF: Gabi Bertho
Filmproduktion: 1. Markenfilm GmbH
und Co., Hamburg,
2. Animatic Brooke Edwards, London
Regisseur: 1. Gerret Ungelenk,
2. Adrian Edwards
Kamera: Ray Evans
Musik: Gerry Bell, London

MCM Twenty four   **Reinigungsmittel und Körperpflege**

TWENTY FOUR

MCM

FOR THE 24-HOUR-MAN:
TWENTY FOUR MORNING – TWENTY FOUR EVENING. THE DEFINITIVE NOTE – SINGLE OR TOGETHER

Kunde: Daniels Cosmetic Vertrieb GmbH, Kirchheim
Product Manager: Bernhard G. Kammerer
Marketingleiter: Bernhard G. Kammerer
Werbeleiter: Bernhard G. Kammerer

Werbeagentur: Herrwerth & Partner GmbH, München
Berater: Klaus Schuldes
Konzeption: Klaus Schuldes
Creative Director: Christian Hollmann
Art Director: Uta Weichenmayr
Texter: Ingrid Niemeier

Publikumskampagne zur Einführung eines neuen Doppelduftkonzeptes. Rund um die Uhr.

Dove ist anders.
Dieser Test beweist es.

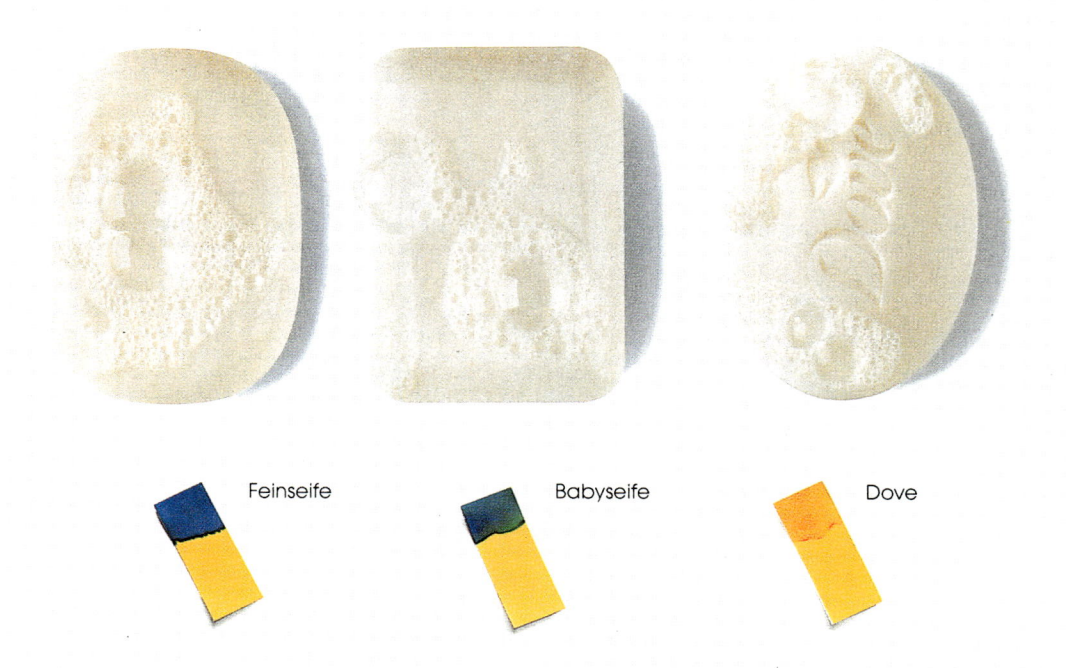

Feinseife　　　　Babyseife　　　　Dove

Dies ist ein Test, der den pH-Wert von herkömmlichen Seifen und Dove mißt.

Mit einem Teststreifen, der auf Alkalität reagiert.

Je dunkler der Teststreifen, um so alkalischer die Seife.

Und Alkalität kann den natürlichen Schutz Ihrer Haut verändern. Wie Sie sehen: Bei Dove verfärbt sich der Teststreifen nicht. Denn Dove besteht aus pH-neutralen Reinigungssubstanzen und 1/4 Feuchtigkeitscreme.

Das macht Dove völlig anders. Dove trocknet Ihre Haut nicht aus. Probieren Sie's. Und lassen Sie Ihre Haut entscheiden.

Dove

trocknet die Haut nicht aus.

Kunde: Lever GmbH, Hamburg
Product Manager: Ute Schüler
Marketingleiter: Georgio Lavelli

Werbeagentur: Ogilvy & Mather GmbH Werbeagentur, Frankfurt am Main
Berater: Heike Wimmershoff
Konzeption: Giancarlo Livraghi, Ogilvy & Mather Milan
Art Director: Karin Schrepffer
Texter: Bernd Back

Die Zielgruppe (Frauen im Alter von 20 bis 49 Jahren, die ein neutrales, mildes Pflegeprodukt für ihre Haut verwenden wollen) soll auf sehr kompetitive Art und Weise von der Leistung des Produkts überzeugt werden. Wir demonstrieren durch den Lackmus-Test, daß Dove im Vergleich zur Konkurrenz pH-neutral und damit in der Tat milder und pflegender ist.

Kukident aktiv 3 Reinigungsmittel und Körperpflege 193

Kunde: Reckitt & Colman Deutschland AG, Hamburg
Product Manager: Karin Sievers
Marketingleiter: Michael Ohrt
Werbeleiter: Anne Mc Intyne

Werbeagentur: HMK&M GmbH, Düsseldorf
Berater: Harald Karlson, Christian Thomas
Creative Director: Bernward Müller
Art Director: Andrea Reis
Texter/Script: Kurt Eimers
Filmproduktion: Markenfilm GmbH & Co., Wedel
Regisseur: Michael Bindlechner
Kamera: Michael Bindlechner

Kukident aktiv 3 bietet, neben der gründlichen Reinigung, vor allem täglich das Gefühl neuer Frische. Dieses »Frische-Erlebnis« wird im TV-Spot auf sympathische, ungewöhnliche Weise demonstriert. Die angenehme »Frische-Überraschung« für Leute mit dritten Zähnen.

Das ist unser Geheimnis: die Kontra-Rotation*

*Über 10.000 Zahnärzte in Deutschland haben sich bereits für die Interplak entschieden.

4200 mal pro Minute drehen sich die Borstenbüschel gegeneinander.

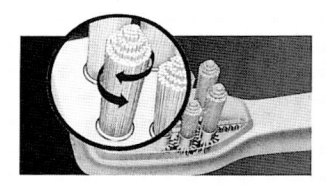

Die Kontra-Rotation: 46 mal in der Sekunde wechseln die einzelnen Borstenbüschel ihre Richtung.

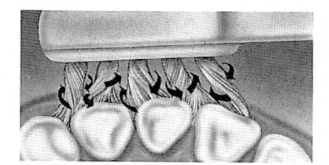

Auch in den Zahnzwischenräumen und unter dem Zahnfleischrand wird der Zahnbelag gründlich beseitigt.

Auch für Ihre Zähne sollte Ihnen diese Technik gerade gut genug sein. Die Kontra-Rotation der Interplak. Denn das ist das Besondere:
- 10 Borstenbüschel drehen sich 4200 mal pro Minute.
- Wechseln 46 mal in der Sekunde ihre Richtung.
- Drehen sich dabei ständig gegeneinander.
- Werden fortwährend kürzer und wieder länger.
- Kommen dadurch ganz tief in die Zahnzwischenräume und unter den Zahnfleischrand.
- Und beseitigen so – auf sanfte Art – den Zahnbelag genau da, wo er sich normalerweise ungestört ausbreiten kann.

Darum benutzen so viele Zahnärzte die Interplak auch für ihre eigenen Zähne. Sie bietet eine gründliche Pflege, die Sie sofort angenehm zu spüren bekommen.

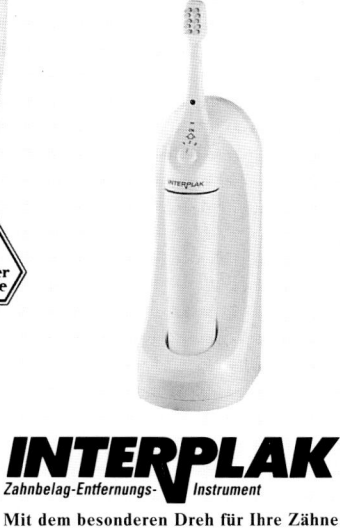

Nur in der Apotheke

BAUSCH & LOMB

INTERPLAK®
Zahnbelag-Entfernungs-Instrument
Mit dem besonderen Dreh für Ihre Zähne

Kunde: Bausch & Lomb GmbH, Berlin
Product Manager: Ilona Schwarz
Marketingleiter: Heribert Schmidt
Werbeleiter: Harald Dietz

Werbeagentur: Dorland Werbeagentur GmbH, Berlin
Berater: Stefan Hansen
Konzeption: Matthias Weseloh

Creative Director: Dieter Knoch
Art Director: Dieter Knoch
Texter: Matthias Weseloh

Zielgruppe sind alle, die Wert auf eine optimale Zahnpflege legen bzw. die dafür sensibilisiert werden können. Das ist die Schwierigkeit: Die meisten Leute empfinden Zahnhygiene als notwendiges Übel. Und investieren in ein Zahnputzgerät?

Vielleicht zweimal pro Jahr 1,99 DM – in eine Zahnbürste. Darum setzt die Anzeige ganz klar den Schwerpunkt: die besondere Technik der Interplak. Denn diese Technik liefert die überzeugenden Argumente, rechtfertigt den Preis – und macht das Zähneputzen einfach gründlich.

Verbrauchsgüter **Kosmetik**

Kampagne des Jahres

Ellen Betrix   **200–202**
   (Michael Conrad & Leo Burnett, Frankfurt am Main)

Branchensieger Kosmetik

Ellen Betrix   **200–202**
   (Michael Conrad & Leo Burnett, Frankfurt am Main)

Kosmetik Inhalt

Dralle Beauty Schaumbalsam (Publicis, Frankfurt am Main)   **198**
Ellen Betrix (Michael Conrad & Leo Burnett, Frankfurt am Main)   **200–202**
Fenjal (Struwe & Partner, Düsseldorf)*   **204**
Old Spice (Euro RSCG, Düsseldorf)*   **203**
Plenitude (Publicis, Frankfurt am Main)   **199**
Poly Nature Color (Baums, Mang und Zimmermann, Düsseldorf)   **197**

* Europa-/Globalkampagne

Poly Nature Color **Kosmetik** 197

Kunde: Henkel Cosmetic GmbH, Düsseldorf
Product Manager: Andreas Viefhaus
Marketing Director: Gabriele Weiler
Produktgruppenleiter:
Carole Armstrong-Hooper

Werbeagentur: BMZ Werbeagentur GmbH & Co. KG, Düsseldorf
Berater: Rolf D. Körner
Kirsten Reinhäckel
Konzeption: Barbara Abedi,
Heide Hoffer
Creative Director: Barbara Abedi
Art Director: Heide Hoffer

Texter/Script: Barbara Abedi,
Marion Krohn
Filmproduktion: Markenfilm GmbH & Co., Hamburg
Regisseur: Boris Mosner
Kamera: Boris Mosner
Musik: Martin Sponticcia

Kunde: Dralle-Garnier GmbH, Düsseldorf
Product Manager: Georg Lörz
Marketingleiter: Pierre-Yves Arzel

Werbeagentur: Publicis, Frankfurt am Main
Berater: Alexander von Falkenhausen, Isabell Hackmann
Konzeption: Christa Silberer-Klein, Richard Herler
Creative Director: Richard Herler

Art Director: Barbara Sommer
Texter/Script: Christa Silberer-Klein
Producer FFF: Jörg Pelzer
Filmproduktion: ANV Production, Paris
Regisseur: Patrick Demarchelier
Kamera: David Johnson
Musik: John Groves

Kunde: L'Oréal GmbH, Düsseldorf
Product Manager: Anne Stöcker, Jean-Charles Bondy
Marketingleiter: Georges van Cronenburg

Werbeagentur: Publicis, Frankfurt am Main
Berater: Ulla van de Sand, Cordula Kimmich
Konzeption: Publicis Conseil, Paris
Creative Director: Richard Herler
Art Director: Susanne Bauer, Sylke Fischer
Texter: Wolfgang Stein

Kunde: Betrix Cosmetic GmbH & Co., Dreieich
Brand Manager: Bettina von Buchholz
Marketing Manager: Sigrun Gräff
General Manager: Werner Geissler

Werbeagentur: Michael Conrad & Leo Burnett GmbH & Co. KG, Frankfurt am Main
Berater: Angela Knewitz
Creative Director: Veronika Claßen
Art Director: Angelika Lang

Producer FFF: Käthe Pietz
Filmproduktion: RSA Films Ltd., London
Regisseur: Lester Bookbinder
Kamera: Jeremy Sandler
Musik: Stefan Will

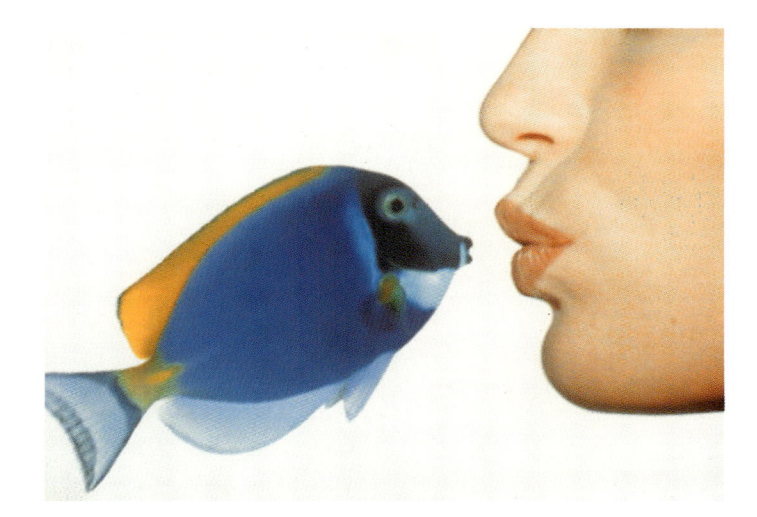

Ellen Betrix **Kosmetik** 201

Kunde: Betrix Cosmetic GmbH & Co., Dreieich
Brand Manager: Gabi Haist
Marketing Manager: Berthold Figgen
General Manager: Werner Geissler

Werbeagentur: Michael Conrad & Leo Burnett GmbH & Co. KG, Frankfurt am Main
Berater: Jochen Straßer
Creative Director: Veronika Claßen
Art Director: Angelika Lang

Producer FFF: Käthe Pietz
Filmproduktion: RSA Films Ltd., London
Regisseur: Lester Bookbinder
Kamera: Brian Harris
Musik: Timo Blunk, Stefan Will

Trend Colors 93/94:
Wild Rose.

Ein Märchen von Pflege
und Farbe.
Jetzt zum Wachküssen.

ELLEN BETRIX
THE CARE COMPANY

Kein Märchen: Für ausgeschlafene Prinzessinnen von heute haben wir den perfekten Zauber entwickelt: Wild Rose. Man nehme den Brillant Lipstick, dessen Farbe magisch anzieht, während er mit seinem *UV-Filter* vor Sonnenstrahlen und allzu heißen Küssen schützt. Dabei hilft der *Ceramoist-Complex*, die Feuchtigkeit in Ihren Lippen zu binden, damit der Zauber auch lange anhält. Ebenso unwiderstehlich wie schützend ist der Wild Rose Brillant Nagellack. Mit einem Hauch von *Diamantpulver* läßt er Ihre Nägel in traumhaftem Glanz erstrahlen. Die dritte Zauberformel heißt Midnight Dust. Märchenhaft die Farbe dieses Eye Shadows. Seine Zutaten: *Ceramide* und *Vitamin E*, die die empfindliche Haut um Ihre Augen ganz sanft pflegen. Wundern Sie sich also nicht, wenn plötzlich reihenweise Traumprinzen Ihren Weg kreuzen. Es geht alles mit rechten Dingen zu.

PFLEGEN SIE SICH SCHÖN.

Der neueste Stoff für
Ihre Schönheit:
Silk Care Make-up.

ELLEN BETRIX
THE CARE COMPANY

Schulter, Rücken, Décolleté. – Ihre Haut läßt sich am liebsten überall von Seide verwöhnen. Nur ein Teil von ihr kommt dabei leider immer zu kurz: das Gesicht. Doch jetzt kann Ihre Haut auch dort das Gefühl von Seide genießen. Mit einem neuen, sensiblen Make-up: Silk Care Make-up. Sein *mikrofeiner Puder* gleicht auch winzige Unebenheiten aus und macht den Teint fühlbar glatt. Die *transparenten Farbpigmente* geben einen seidigen Schimmer und lassen Ihre Haut verführerisch aussehen. *Vitamin A* unterstützt sie bei der Zellerneuerung. *Vitamin E* schützt sie vor „Freien Radikalen". Silk Care Make-up kostet im 30-ml-Dosierspender nur 22 DM (unverbindliche Preisempfehlung). Übrigens, Sie bekommen es natürlich nicht am laufenden Meter, sondern nur in jedem Ellen Betrix-Depot.

PFLEGEN SIE SICH SCHÖN.

Kunde: Betrix Cosmetic GmbH & Co., Dreieich
Brand Manager: Bettina von Buchholz
Marketing Manager: Sigrun Gräff
General Manager: Werner Geissler
Werbeagentur: Michael Conrad & Leo Burnett GmbH & Co. KG, Frankfurt am Main
Berater: Angela Knewitz
Creative Director: Veronika Claßen
Art Director: Angelika Lang
Grafiker: Bettina Riedel
Fotograf: Piero Gemelli

Old Spice **Kosmetik** 203

Kunde: Betrix Cosmetic GmbH & Co., Dreieich
Product Manager: Ben Regensburger
Category Manager: Berthold Figgen

Werbeagentur: Euro RSCG Werbeagentur GmbH, Düsseldorf
Berater: Christine Jülicher, Elmar Klein
Konzeption: Philipp Tanzmann
Creative Director Text: Philipp Tanzmann
Creative Director Art: Wilfried Kallen
Texter/Script: Kathrin Fervers
Producer FFF: Siglinde Kubicek

Filmproduktion: Cobblestone Pictures, Hamburg
Regisseur: Anthony Waller, Shane Dempsey
Kamera: Paul Michelson
Musik: Anthony Waller, Shane Dempsey
Cutter: Anthony Waller

Kunde: Doetsch, Grether & Cie AG, Basel
Product Manager: Lucien Vuille
Marketingleiter: Klaus Kummer

Werbeagentur: Struwe & Partner Werbeagentur GmbH, Düsseldorf
Berater: Barbara Flarup
Konzeption: Gerd Fehling
Creative Director: Gerd Fehling

Art Director: Detlef Blume
Texter/Script: Gerd Fehling
Filmproduktion: Michael Hospelt Filmcompany mbH, Hamburg
Regisseur: Michael Hospelt
Kamera: Jörg Schifferer
Musik: Ralf Kemper

Der neue TV-Auftritt unterstützt den international durchgeführten Relaunch, aktualisiert und modernisiert das Markenimage durch Fokussierung auf das neue Leadprodukt »Dusche«. Steigerung der Markenattraktivität, insbesondere für jüngere Frauen, durch Demonstration einer deutlich moderneren, jüngeren Markenwelt. Zielgruppe: pflegebewußte Frauen ab 25 Jahren mit trockener oder empfindlicher Haut.

Branchensieger OTC-Pharma

Wick **209**
 (Michael Conrad & Leo Burnett, Frankfurt am Main)

Bayer Diagnostic (Hiel & Partner/BBDO, Frankfurt am Main) **212–213**
Buscopan (Bruchmann Schneider Bruchmann, Köln) **210**
Klosterfrau Melissengeist (von Mannstein, Solingen) **208**
Multibionta (Lippert Wilkens Partner, Düsseldorf) **207**
Varihesive (RG Wiesmeier, München) **214**
Vivimed (Dorland, Berlin) **211**
Wick (Michael Conrad & Leo Burnett, Frankfurt am Main) **209**

Multibionta OTC-Pharma 207

Kunde: Merck Produkte Vertriebs-
gesellschaft, Darmstadt
Product Manager: Bernd Wilhelm
Marketingleiter: Hans-Werner Schütz

Werbeagentur: LWP II, Lippert Wilkens
Partner, Werbeagentur GmbH,
Düsseldorf
Berater: H. Spielmann
Creative Director: Werner Lippert
Art Director: Barbara Siebenborn
Texter/Script: Chris Reisse
Producer FFF: Ernst Frechen
Filmproduktion: Markenfilm
GmbH & Co., Hamburg
Regisseur: Florian Beisert

Zielsetzung ist, die neuen Multibionta-Brausetabletten in ihren drei zielgruppenspezifischen Varianten einzuführen. Mit drei TV-Spots im Videoclipstil und dem bereits zum Multibionta-Markensymbol gewordenen Boxhandschuh gelang es bereits innerhalb kurzer Zeit, die Neuprodukte erfolgreich zu etablieren und erfolgreich abzuverkaufen.

Kunde: MCM Klosterfrau, Köln
Product Manager: Theo Düster
Marketingleiter: Wolfgang Beger
Werbeleiter: Helmut Wirtgen

Werbeagentur: Von Mannstein Werbeagentur GmbH, Solingen
Berater: Axel Mill
Konzeption: Prof. Coordt von Mannstein
Creative Director: Johannes Schneider
Art Director: Brigitte Meynen
Texter: Claudia Paul
Fotograf: Skip Hine

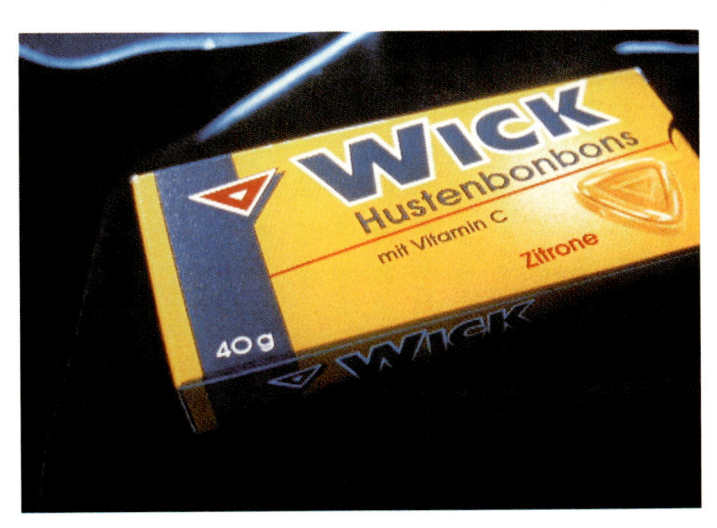

Kunde: Procter & Gamble, Health & Beauty Care, Schwalbach
Product Manager: Fiona Klingele
Marketingleiter: Jürgen Löhr

Werbeagentur: Michael Conrad & Leo Burnett GmbH & Co. KG, Frankfurt am Main
Berater: Monika Madecki
Creative Director: Alex Goslar
Art Director: Ariane Schaub

Texter/Script: Evelyn Ganth
Producer FFF: Christiane Westenberger
Filmproduktion: Markenfilm GmbH & Co., Hamburg
Regisseur: Alexander Dombrowski

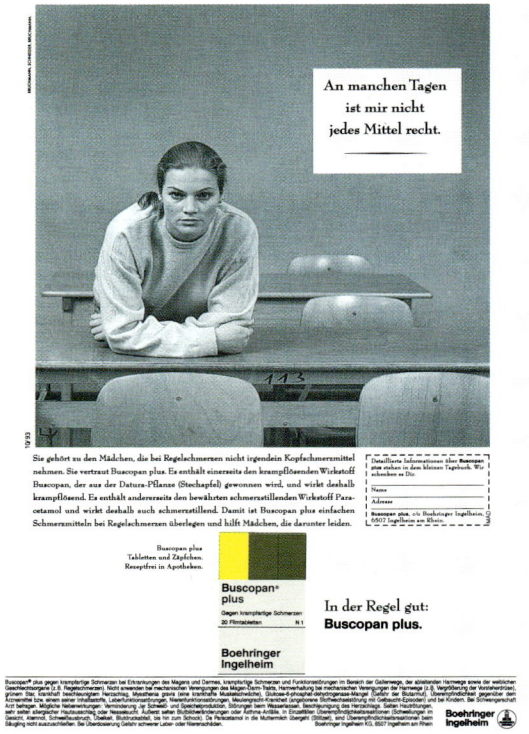

Kunde: Boehringer Ingelheim KG, Ingelheim
Product Manager: Klaus Seliger
Marketingleiter: Jürgen Hüsselrath
Werbeagentur: Bruchmann, Schneider, Bruchmann, Köln
Creation: Felix Bruchmann, Stefan Schneider, Jörg Bruchmann
Art Director: Stefan Schneider
Texter: Jörg Bruchmann, Felix Bruchmann
Grafiker: Christian Haß
Fotograf: Arno Jansen

Vivimed OTC-Pharma 211

Kunde: Dr. Mann Pharma, Berlin

Werbeagentur: Dorland Werbeagentur GmbH, Berlin
Berater: Stefan Hansen
Konzeption: Matthias Weseloh
Art Director: Dieter Knoch
Texter/Script: Matthias Weseloh
Filmproduktion: Cine Point Filmproduktion GmbH, Berlin
Regisseur: Gregor Schnitzler

Kamera: Werner Adams
Cutter: Stefan Becker

Vivimed soll sich als OTC-Schmerzmittel gegen Kopfschmerzen in breiten Bevölkerungsschichten profilieren und zum Markenwechsel motivieren.

212 OTC-Pharma Bayer Diagnostic

"Blutzucker selber checken?

Erst mit einem Meßsystem, bei dem die Technologie *ganz einfach* umwerfend ist!"

Ist doch *ganz einfach:* das neue Glucometer Elite.

Keine Meßfehler mehr wegen zu geringer Blutmengen. Kein Zielen mehr auf ein sehr kleines Testfeld. Die neuartigen Glucometer Elite Sensoren werden mit dem Glucometer Elite zum Finger geführt. Sie saugen das Blut selbständig an. Und sie wissen selbständig, wie wenig sie für eine präzise Messung brauchen: nämlich winzige 3 μl – unvorstellbar wenig!

Bei so viel neuer Technologie überrascht es ihn schließlich nicht mehr, daß sich das Glucometer Elite auch automatisch ein- und ausschaltet. Das alles fand er ganz einfach umwerfend.

Informationsmaterial: 089/69927-200.

Bayer Diagnostics

"Blutzucker-Selbstkontrolle?

Wenn es nur endlich ein Meßsystem gäbe, mit dem der Test *ganz einfach* sauber abläuft!"

Die Entscheidung ist doch *ganz einfach:* das neue Glucometer Elite.

Das Glucometer Elite kommt nicht mehr mit Blut in Berührung. Meßfehler wegen zu geringer Blutmengen gibt es nicht mehr. Der neuartige Glucometer Elite Sensor wird mit dem Glucometer Elite zum Finger geführt. Er saugt das Blut selbständig an. Und er weiß selbständig, wieviel er für eine präzise Messung braucht: nämlich winzige 3 μl – unvorstellbar wenig!

Da überraschte es sie schließlich nicht mehr, daß sich das Glucometer Elite auch automatisch ein- und ausschaltet. Das alles erschien ihr ganz einfach sauber.

Informationsmaterial: 089/69927-333.

Bayer Diagnostics

Kunde: Bayer Diagnostic GmbH, München
Product Manager: Peter Verhees
Marketingleiter: Ilona Moll
Werbeleiter: Vera Kirschfink

Werbeagentur: Hiel/BBDO Werbeagentur GmbH, München
Berater: R. Walter Hiel
Konzeption: Wolfram Gehring, Claudia Fehringer
Creative Director: Wolfram Gehring
Art Director: Sabine Geller
Texter: Claudia Fehringer
Grafiker: Brigitte Ruhstorfer
Fotograf: Anton Brandl

Produkteinführungskampagne für ein besonders unkompliziert anzuwendendes Blutzuckermeßgerät mit neuer Sensortechnologie.

"Ich warte auf ein Blutzucker-Meßgerät, das man nicht bedienen muß, sondern *ganz einfach* benutzen kann!"

Die Entscheidung ist doch *ganz einfach:* das neue Glucometer Elite.

Das Glucometer Elite ist ein Meßgerät ganz ohne Tasten. Es schaltet sich selbständig ein. Es beginnt selbständig mit der Messung. Und es schaltet sich selbständig wieder aus.
Da überraschte es ihn auch nicht mehr, daß die neuartigen Glucometer Elite Sensoren mit dem Glucometer Elite zum Finger geführt werden und das Blut selbständig ansaugen. Aber nur so wenig, wie sie für eine präzise Messung brauchen – und das ist genau halb soviel, wie bei herkömmlichen Teststreifen.
Er wußte sofort, daß er mit all diesen Vorteilen ganz einfach gut bedient war.
Informationsmaterial: 089/69927-200.

Ab Anfang 1993 erhältlich: Glucometer Elite. *Ganz einfach.*

Bayer Diagnostics

Kunde: ConvaTec-Division, Bristol-Myers Squibb GmbH, München
Marketingleiter: Karin Saremba
Werbeagentur: RG Wiesmeier Werbeagentur GmbH, München
Berater: Natascha Welting, Hanspeter Schlöder
Konzeption: Stefan Oevermann, Klaus Gunschmann
Creative Director: Rudolf G. Wiesmeier
Art Director: Stefan Oevermann
Texter: Klaus Gunschmann
Grafiker: Marie-Luise Dorst

Kampagne des Jahres

Renault Twingo **226–227**
　Publicis, Frankfurt am Main

Bereichssieger Gebrauchsgüter

Renault Twingo **226–227**
　Publicis, Frankfurt am Main

Branchensieger Kfz und Zubehör

Renault Twingo **226–227**
　Publicis, Frankfurt am Main

Kfz und Zubehör

Audi (BBDO-Gruppe, Düsseldorf) **220–221**
Audi Cabrio (DDB Needham, Wien) **222**
Bären Batterien (Kloss Zechner, Wien) **240–241**
BMW Boxer (U5, Düsseldorf)* **244–245**
Citroën ZX (Euro RSCG, Düsseldorf) **223**
Clio (Publicis, Frankfurt am Main) **229**
Golf Variant (Wensauer-DDB Needham, Düsseldorf)* **217–219**
Hepco & Becker (Pragma, Heilbronn)* **248**
Kawasaki (Lohse & Partner, Karlsruhe) **246–247**
Land Rover Range Rover (Holtkamp, Müller, Kentenich & May, Düsseldorf) **230**
Lexus (Baums, Mang und Zimmermann, Düsseldorf) **233**
Mercedes-Benz/Deutsche Verkehrswacht (Stoll & Fischbach, Herrenberg) **242–243**
Peugeot 306 (Euro RSCG, Düsseldorf) **224–225**
Rover (Holtkamp, Müller, Kentenich & May, Düsseldorf) **231**
Safrane (Publicis, Frankfurt am Main) **228**
Seat Marbella (BBDO-Gruppe, Düsseldorf) **234–235**
Seat Toledo (BBDO-Gruppe, Düsseldorf) **236–237**
Seat Zubehör (BBDO-Gruppe, Düsseldorf) **238–239**
Suzuki Vitara (Herrwerth & Partner, München)* **232**
Twingo (Publicis, Frankfurt am Main)* **226–227**

* Europa-/Globalkampagne

Golf Variant **Kfz und Zubehör** 217

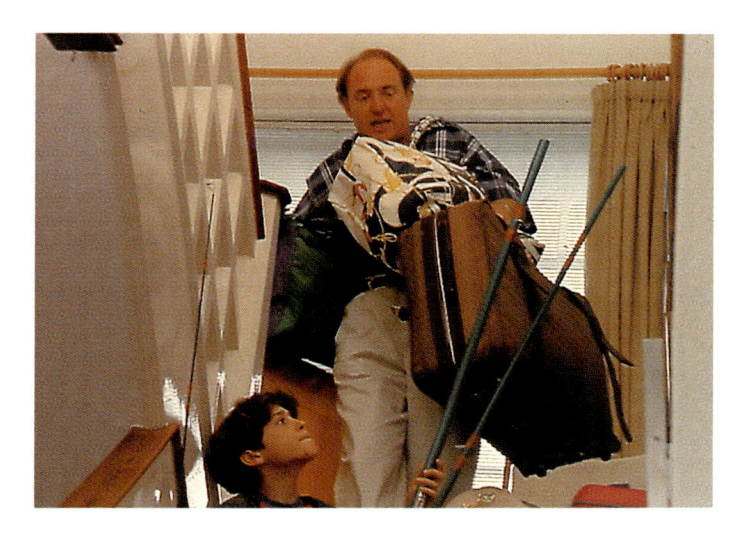

Kunde: Volkswagen AG, Wolfsburg
Leiter Absatzförderung: Rolf Dielenschneider
Marketingleiter: Dr. Dieter Dahlhoff
Werbeleiter: Jörn Hinrichs

Werbeagentur: Wensauer DDB Needham, Düsseldorf
Berater: Rainer Koch
Konzeption: John Meszaros
Creative Director Art: Wolfgang Bahle
Creative Director Text: Reiner Dewenter
Art Director: Pit Steinmetz
Producer FFF: Natascha Teidler
Filmproduktion: Berry & Coutts Company Ltd., London

Regisseur: Derek Coutts
Musik: Cliff Richard
Komposition: Bruce Welch, Brian Bennett

Das beliebteste Auto seiner Klasse, den Golf, gibt es nun auch als Kombiversion: den Golf Variant. Mit seinem »Happy-End« lassen sich große Gepäckmengen einfach verstauen.

218 **Kfz und Zubehör**   **Golf Variant**

**Kein Problem,
gleich kommt der Golf.**

**Kein Problem,
gleich kommt der Golf.**

Kunde: Volkswagen AG, Wolfsburg
Leiter Absatzförderung: Rolf Dielenschneider
Marketingleiter: Dr. Dieter Dahlhoff
Werbeleiter: Jörn Hinrichs

Werbeagentur: Wensauer DDB Needham, Düsseldorf
Berater: Rainer Koch
Creative Director Art: Wolfgang Bahle
Creative Director Text: Reiner Dewenter
Art Director: Pit Steinmetz
Fotograf: Amos Schliack

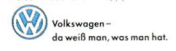

Golf Variant   **Kfz und Zubehör**   219

Der neue Golf Variant. Golf mit Happy End.

Ohne Hokuspokus, ohne Trick und doppelten Boden – was in diesen neuen Golf Variant alles hineinpaßt, hat mit Zauberei nichts zu tun.

Es ist das Ergebnis optimaler Raumausnutzung, die sich in Zahlen ausgedrückt so liest: 32 cm länger als der Golf bleibt der neue Golf Variant immer noch in den Außenabmessungen im Bereich der kompakten Automobile.

Durch Umlegen der 1/3 zu 2/3 umklappbaren Rücksitzbank und -lehne läßt sich der Gepäckraum in allen Ausstattungsversionen von 466 Liter auf bis zu 1425 Liter (nach VDA-Messung) erweitern.

Und über die tiefe Ladekante können auch sperrige Gegenstände problemlos eingeladen werden. Ansonsten – alles wie beim Golf. Leistung, Handling, Komfort, Zuverlässigkeit und Sicherheit, so wie man es von Europas Meistgekauftem erwarten darf.

Und – Stichwort Umwelt: Auch beim neuen Golf Variant werden bei der Produktion fast nur wiederverwertbare Materialien verwendet.

Zum Schluß noch ein paar zauberhafte Aussichten: Den neuen Golf Variant gibt es in vier Ausstattungsversionen, mit neun Lackierungen und sechs Motoren. Sie haben die Wahl. Simsalabim – wenn das kein Happy End ist?

Volkswagen –
da weiß man, was man hat.

Bild zeigt Sonderausstattung: Netztrennwand, Bobby Kindersitze.

Der neue Golf Variant. Golf mit Happy End.

Jedes Jahr zur Urlaubszeit dasselbe. Dieses muß unbedingt noch mit, und jenes darf auf keinen Fall vergessen werden. – Und schon platzt das Auto aus allen Nähten.

Unser Lösungsvorschlag gegen verschärften Gepäckstreß: der neue Golf Variant. Der Golf mit dem Happy End.

Selbst wenn's mal ganz dicke kommt – dieser neue Golf Variant (32 cm länger als der Golf) – steckt im neuen Heck ordentlich was weg. Sein Gepäckraumvolumen: 466 Liter und bei umgeklappter Rücksitzbank und -lehne sogar 1425 Liter (nach VDA-Messung).

Ansonsten ist an dieser variablen Familien- und Freizeit-Kombi-Limousine alles wie beim Golf.

Optimale Golf-Sicherheit, allerbeste Golf-Qualität, kinderleichtes Golf-Handling. Gesamteindruck: dynamisch, sportlich, Golf.

Und – Stichwort Umwelt: Auch beim neuen Golf Variant werden bei der Produktion fast nur wiederverwertbare Materialien verwendet.

Bevor jetzt alle einsteigen und ganz happy losfahren, noch ein paar sehr interessante Neuigkeiten: den neuen Golf Variant gibt's in vier Ausstattungsversionen, mit neun Lackierungen und sechs Motoren. Wir wünschen eine gute Reise. Mit schönem Happy End.

Volkswagen –
da weiß man, was man hat.

220 **Kfz und Zubehör** **Audi**

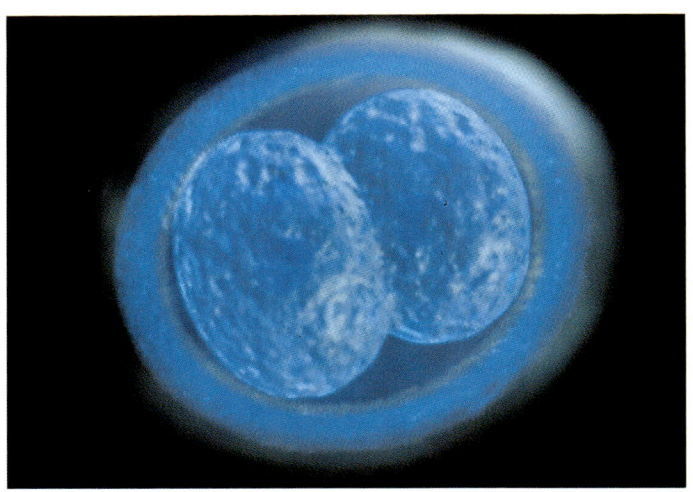

Kunde: Volkswagen AG, Wolfsburg
Leiter Absatzförderung: Rolf Dielenschneider
Werbeleiter: Dieter Eichelmann

Werbeagentur: BBDO Düsseldorf GmbH, Düsseldorf
Berater: Ralf G. Neumann
Konzeption: Michael Hausberger
Executive Creative Director: Michael Hausberger
Texter/Script: Michael Hausberger

Producer FFF: Klaus Lind
Filmproduktion: Oxford Scientific Films, London
Regisseur: Peter Darrel
Musik: Garry Bell (Composer) Nowa Studios/Studio, London

Audi Avus Quattro **Kfz und Zubehör** 221

Ein Audi.

Kaum ein anderes Automobil hat die Fachleute so begeistert wie der Audi Avus quattro. Auf der Tokio-Motorshow war er die Attraktion. „auto, motor und sport" (22/91) schrieb über den Avus: „Daß Audi mit … Elementen arbeitet, denen die Japaner mangels Tradition nichts entgegensetzen können, darf als Glanz-Nummer strategischer Art gelten." Wichtig ist die Idee, die dieser Prototyp verkörpert: überlegene Technik und ein unverwechselbares Design. Nach dem gleichen Prinzip bauen wir unsere Serienmodelle. Deshalb unterscheiden sie sich so wohltuend von der Masse der immer gesichtsloser werdenden Autos.

Audi Vorsprung durch Technik

Kunde: Volkswagen AG, Wolfsburg
Leiter Absatzförderung: Rolf Dielenschneider
Werbeleiter: Dieter Eichelmann
Werbeagentur: BBDO Düsseldorf GmbH, Düsseldorf
Berater: Ralf G. Neumann
Executive Creative Director: Michael Hausberger
Art Director: Rainer Hellmann, Wolfgang Scholten
Texter: Michael Hausberger
Fotograf: Manfred Rieker

Isaac Newton ließ sich von einem Apfelbaum inspirieren, Leonardo da Vinci vom Flug der Vögel. Stellen Sie sich vor, was eine ganze Landschaft für Sie tun kann.

C in 30 Sek. offen. Auf Wunsch ein automatisches Verdeck.

W Für eine längere Cabrio-Saison: das Windschott auf Wunsch.

M Drei kraftvolle Motoren: 2,0 l, 2,3 l und 2,8 l zur Wahl.

V Vollverzinkung: 10 Jahre Garantie gegen Durchrostung.

Das Audi Cabrio mag Sie inspirieren, die bekannten Straßen zu verlassen.

Audi
Vorsprung durch Technik

Kunde: Audi AG, Ingolstadt
Marketingleiter: Bernd Quinzler

Werbeagentur: DDB Needham Heye & Partner, Wien
Berater: Antje Kreyssig
Konzeption: Patrick Schierholz, Hanns-Georg Saxer
Creative Director: Patrick Schierholz, Hanns-Georg Saxer

Art Director: Hanns-Georg Saxer, Jari Ullako
Texter: Patrick Schierholz, Michael Huber
Grafiker: Axl Schreder
Fotograf: Marvyn Franklyn

Citroën ZX **Kfz und Zubehör**

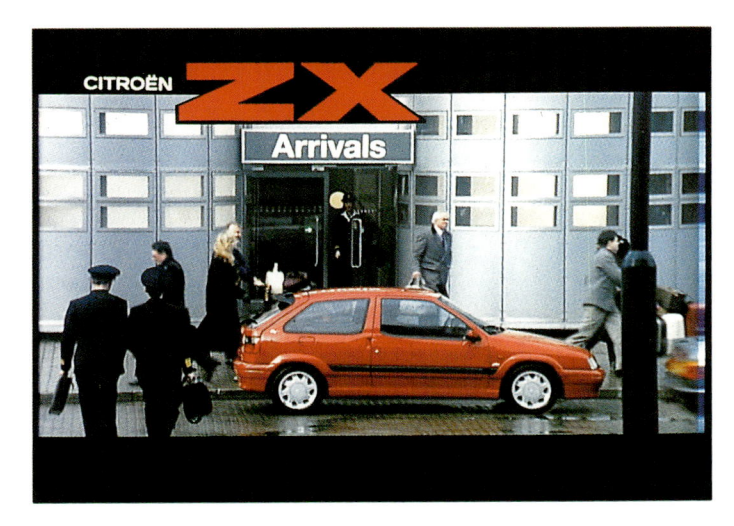

Kunde: Citroën Deutschland AG, Köln
Marketingleiter: Patrice Franke
Werbeleiter: Tina Brenner

Werbeagentur: Euro RSCG Werbeagentur GmbH, Düsseldorf
Berater: Manfred Leckebusch, Wolfgang Winter
Konzeption: Gene Engler
Creative Director: Gene Engler
Art Director: Andrea Holemans
Texter/Script: Gene Engler
Producer FFF: Thilo Strecker

Filmproduktion: RSA Films Ltd., London
Regisseur: John Marles
Kamera: Adrian Biddle
Musik: Logorhythms, London
Cutter: Pamela Power

224 Kfz und Zubehör · Peugeot 306

Den optimal zentrierten Schwerpunkt zu finden war eine unserer leichtesten Übungen.

Mit seinem ATC-Sicherheitsfahrwerk bietet der PEUGEOT 306 ein ausgesprochen hohes Maß an aktiver Fahrsicherheit. Den Grund dafür liefert nicht zuletzt ein Konstruktionsmerkmal, das auf den ersten Blick gar nicht erkennbar ist. Der Fahrzeugschwerpunkt des PEUGEOT 306 liegt nicht nur besonders tief, unsere Ingenieure haben ihn auch optimal zentriert. Denn je tiefer der Schwerpunkt, desto stabiler die Straßenlage. Und je besser das Gesamtgewicht zwischen Vorder- und Hinterachse verteilt ist, desto weniger macht sich bei schnellen Kurvenfahrten eine Tendenz zum Über- oder Untersteuern bemerkbar. Vielleicht ist das auch der Grund, warum sein Fahrverhalten von der Fachpresse gerne als besonders ausgewogen bezeichnet wird.

DER PEUGEOT 306. DER RIVALE. PEUGEOT

Bei der Spur haben unsere Ingenieure extrem in die Breite gedacht.

Wenn es um die Spurbreite geht, dann vertreten unsere Ingenieure einen ganz klaren Standpunkt: je breiter, desto sicherer. Daher verfügt der PEUGEOT 306 über das ATC-Sicherheitsfahrwerk mit einer extrem breiten Spur, dem längsten Radstand seiner Klasse, einem tiefliegenden Fahrzeugschwerpunkt sowie einer kinematisch geführten Hinterachse. Die Überlegenheit dieser einzigartigen Fahrwerkskonstruktion beweist sich besonders bei schnellen Kurvenfahrten. Der PEUGEOT 306 liegt sicher und stabil auf der Straße und bietet hohe Sicherheitsreserven auch im Grenzbereich. Damit ist er seinen Klassenkameraden in puncto aktiver Sicherheit einen entscheidenden Schritt voraus.

DER PEUGEOT 306. DER RIVALE. PEUGEOT

Kunde: Peugeot Talbot Deutschland GmbH, Saarbrücken
Marketingleiter: Claus Busch
Werbeleiter: Hans Sartor
Werbeagentur: Euro RSCG Werbeagentur GmbH, Düsseldorf
Berater: Margaret Burden, MD; Thorsten Rosansky, ED
Creative Director: Detlef Goldbaum
Art Director: Martin Staubach
Texter: Markus Seebich
Fotograf: Martin Thompson

Peugeot 306 Kfz und Zubehör 225

Kunde: Peugeot Talbot Deutschland GmbH, Saarbrücken
Marketingleiter: Claus Busch
Werbeleiter: Hans Sartor

Werbeagentur: Euro RSCG Werbeagentur GmbH, Düsseldorf
Marketing Director: Margaret Burden
Etat Director: Thorsten Rosansky
Creative Director: Wilfried Engbrox
Art Director: Martin Staubach
Texter/Script: Markus Seebich
Producer FFF: Siglinde Kubicek

Filmproduktion: Hamster Publicité S. A., Paris
Regisseur: Girard Pires
Kamera: Eric Dumage
Musik: Marc Chantereau, Alain Dahan
Cutter: Veronique Lange

Kfz und Zubehör — Twingo

TWINGO TREIBT'S BUNT.

TWINGO IST WIE SIE: KOMPROMISSLOS FRECH UND IN NUR EINER EINZIGEN VERSION ERHÄLTLICH: DER BESTEN! TWINGO BIETET IHNEN EINE AUSSTATTUNGSVARIANTE, EINE MOTORISIERUNG. NUR BEI DER LACKIERUNG MÜSSEN SIE WÄHLEN: ZWISCHEN KORALLEN-ROT, SCHILF-GRÜN, INDISCH-GELB UND OZEAN-BLAU, PASSEND ZU DEN GRELLEN IDEEN IM INNENRAUM. DER TWINGO HAT DIE FARBEN FÜR ANGEWANDTE FRÖHLICHKEIT. DAMIT KÖNNEN SIE TREIBEN, WAS SIE WOLLEN: PARKPLÄTZE VERNASCHEN (BEI 3,43 M LÄNGE KEIN PROBLEM), AUTOFAHRER VERWIRREN (DURCH FARBRAUSCH BEI 150 KM/H) UND SOGAR DIE NACHT VERBRINGEN (IM 2,3 M² DOPPELBETT MIT PANORAMABLICK). UND DAS ALLES FÜR DM 16.000,–. ABER DAS BESTE AM TWINGO KOMMT NOCH: UND DAS SIND SIE SELBST!

TWINGO. DER MACHT DIE WELT VERRÜCKT.

TWINGO IST RUND. DIE NORM IST ECKIG.

TWINGO IST DER KLEINWAGEN DER ZUKUNFT, DER NORMBEWUSSTE AUTOFAHRER ZUR VERZWEIFLUNG BRINGT: 3,43 M KURZ, 40 KW (55 PS), 6 GÄNGE (1 DAVON SOGAR RÜCKWÄRTS), 3-WEGE-KAT, MULTIPLIZIERT MIT RUND 40 SITZPOSITIONEN, MACHT ALLEIN 2017 GUTE GRÜNDE, VOR NEID ZU ERBLASSEN. DOCH DIE PROVOKATION GEHT WEITER. MIT SEINEN FRÖHLICHEN LACKIERUNGEN TRIFFT DER TWINGO VOLL INS SCHWARZE, IM INNENRAUM SETZT ER SEINEN ANGRIFF AUF DIE UNGEÜBTE NETZHAUT FORT. UND ER BIETET SOVIEL KNIEFREIHEIT, DA SCHNAPPT SELBST DIE OBERKLASSE NACH LUFT. DER TWINGO STECKT EBEN VOLLER IDEEN. UND DESHALB IST ER RUND, SOGAR IM PREIS: DM 16.000,–. WENN SIE AUCH VOLLER IDEEN STECKEN, MÜSSEN SIE ZWAR NICHT ZWANGSLÄUFIG RUND SEIN, ABER REIF FÜR DEN TWINGO SIND SIE ALLEMAL!

TWINGO. DER MACHT DIE WELT VERRÜCKT.

Kunde: Deutsche Renault AG, Brühl
Product Manager: Barbara Schmitz
Marketingleiter: Christian Grupe
Werbeleiter: Ole Kirk-Jensen

Werbeagentur: Publicis, Frankfurt am Main
Berater: Andreas Ellerbeck, Ronald Schöttes
Konzeption: Gerd Neumann, Karsten Frick
Creative Director: Karsten Frick, Gerd Neumann
Art Director: Volker Schrader

Texter: Silvia Bachmann
Grafiker: Natalie Schommler
Illustrator: Petit Roulet

Der Renault Twingo ist das modernste Automobilkonzept unserer Zeit und verkörpert in seinem Ausdruck ein Auto, das die Welt verrückt macht.

**TWINGO.
DER MACHT DIE
WELT VERRÜCKT.**

Kunde: Deutsche Renault AG, Brühl
Product Manager: Barbara Schmitz
Marketingleiter: Christian Grupe
Werbeleiter: Barbara Schmitz

Werbeagentur: Publicis, Frankfurt am Main
Berater: Andreas Ellerbeck, Ronald Schöttes, Cristina Calbéto-Henrich
Konzeption: Gerd Neumann, Thomas Stern
Creative Director: Karsten Frick
Art Director: Volker Schrader
Texter/Script: Silvia Bachmann
Producer FFF: Bernard Renaud

Filmproduktion: Le Produces, Paris; Passion Pictures, London
Regisseur: Petit Roulet
Illustrator: Petit Roulet
Musik: Yo Yo-Ma + Bobby McFerin, »Hush little baby«

Safrane

15 MM BEI 120 KM/H: NIVEAUUNTERSCHIEDE KOSTEN SIE NUR EIN LÄCHELN.

Die Fahrwerk-Niveauregulierung im neuen Safrane.

Die elektronische Fahrwerksabstimmung funktioniert, vereinfacht gesagt, indem sie jede Bewegung von Karosserie und Rädern durch 7 Sensoren erfaßt und in entsprechendes Stoßdämpferverhalten umsetzt. Computergesteuert, in nur 40 Millisekunden. Erreicht der Safrane RXE die Geschwindigkeit von 120 km/h, senkt sich sein Chassis automatisch um 15 mm. Das Ergebnis: Federungskomfort der Luxusklasse. Unvergleichlich wie die zu jeder Zeit souveräne Kraftentfaltung des V6i-Triebwerks.

Perfekt wie die geschwindigkeitsabhängige Servolenkung. Serienmäßig wie der Fahrer-Airbag, der Flankenschutz, die Gurtstraffer. Die elektronische Sitzeinstellung und -speicherung kann das persönliche Wohlbefinden nur noch vervollkommnen. Kein Wunder, daß jeder, der die Chance hatte, den Safrane zu steuern, von einem ausgesprochen sinnlichen Gefühl berichtet.

Der neue **SAFRANE**. *High-Tech für die Sinne.*

30 MILLISEKUNDEN: SICHERHEIT IM BRUCHTEIL EINES WIMPERNSCHLAGES.

Der Airbag im neuen Safrane.

Die Zeiten, in denen Ansehen mehr galt als Einsehen, gehören der Vergangenheit an. Erfreulicherweise. Denn so konnte sich ein Denken durchsetzen, das im Safrane RXE V6i sein Paradebeispiel findet. Fahrer-Airbag, Flankenschutz, ABS, Gurtstraffer und geschwindigkeitsabhängige Servolenkung sind bei ihm schlichtweg Selbstverständlichkeit und Beweis dafür, daß jenen entscheidenden Augenblick länger nachgedacht wurde. Eine Beobachtung, die die souveräne Kraftentfaltung des V6i-Triebwerks mit seiner dreistufigen, computergesteuerten Fahrwerksabstimmung eindrucksvoll bestätigt. Als Beleg für das Niveau der Innenausstattung sei an dieser Stelle nur die elektronische Sitzeinstellung und -speicherung erwähnt. In ihrer Summe führen alle diese Dinge zu einem Fahrerlebnis, das den Safrane zu einem geradezu sinnlichen Vergnügen macht.

Der neue **SAFRANE**. *High-Tech für die Sinne.*

Kunde: Deutsche Renault AG, Brühl
Product Manager: Barbara Schmitz
Marketingleiter: Christian Grupe
Werbeleiter: Ole Kirk-Jensen

Werbeagentur: Publicis, Frankfurt am Main
Berater: Andreas Ellerbeck, Astrid Reissig
Konzeption: Gerd Neumann, Karsten Frick
Creative Director: Karsten Frick, Gerd Neumann
Art Director: Stefan Herrmann, Toni Neu

Texter: Fritz Ehlers, Dr. Friedhelm Schulz
Grafiker: Kerstin Bante
Fotograf: Marcus Hinze

Der neue Renault Safrane verbindet ausgereifte Technik mit einem sinnlichen Fahrerlebnis.

Kunde: Deutsche Renault AG, Brühl
Product Manager: Barbara Schmitz
Marketingleiter: Christian Grupe
Werbeleiter: Ole Kirk-Jensen

Werbeagentur: Publicis, Frankfurt am Main
Berater: Andreas Ellerbeck, Martin Gallion, Astrid Reissig
Konzeption: Karsten Frick
Creative Director: Karsten Frick
Art Director: Toni Neu
Texter/Script: Karsten Frick

Filmproduktion: Clay Coleman, München
Regisseur: Wayne Maule
Kamera: Geoffry Simpson
Musik: Rory MacGarlane Logorhythms, London
Cutter: Tarcis, Rushes, London
Animation: Passion Pictures, London

Kunde: Land Rover Deutschland GmbH, Neuss
Product Manager: Michael Trommer
Marketingleiter: Pat Farell

Werbeagentur: Holtkamp, Müller, Kentenich & May GmbH GWA, Düsseldorf
Berater: Laurent Burdin, Jean Bonzel
Creative Director: Wolfgang Kentenich
Art Director: Thomas Kurzawski
Texter: Jürgen Failenschmid
Fotograf: Stock Imagery

Ein Range Rover wird nicht irgendwo getestet und nicht von irgendwem gefahren. – An alle, die gerne Abenteuer und Luxus verbinden.

Rover   Kfz und Zubehör   231

Golf[1] spielen, Astra[2] trinken, Rover[3] kaufen.

Rover 216 GSi

1. Golf ist bei den Briten ein sehr beliebter Sport. Da aber die Gebühren vieler Clubs jenseits der Schmerzgrenze liegen, fragt man sich, wie die Leute das finanzieren. Die Antwort findet man auf britischen Golf- Parkplätzen. Dort stehen Autos, die durch ein ausgeprägtes Preis-Leistungs-Verhältnis glänzen und auf den Namen Rover hören. So spart man an der richtigen Stelle und kann bequem in ein wenig Luxus investieren.

2. Bier trinken die Deutschen für ihr Leben gern. Astra, ein norddeutsches Pilsener, steht auf der Beliebtheitsskala vieler Roverfahrer ganz oben – allerdings erst nach der Autofahrt. So kann man legal fahren und unbeschwert genießen.

3. Der Rover 216 GSi ist, in aller Bescheidenheit, ein sehr gelungenes Auto. Es verfügt über einen 16-Ventil-Leichtmetallmotor und kräftige **82 kW** (112 PS) – bei einem Verbrauch von 7,0 Litern (bei 90 km/h). Der Innenraum mit elegantem Nußbaumholz kann es leicht mit einem Mittelklasse-Wohnzimmer aufnehmen, und sein Preis von 29.500 DM* grenzt schon fast an Wettbewerbsverzerrung. Wer mehr wissen will, greift zum Telefon, fordert unseren Prospekt an oder vereinbart direkt eine Probefahrt: mit dem 216 GSi oder einem anderen Modell aus unserer 200er-Serie.

Fragen kostet nichts: 0130 / 98 08

ROVER   You're welcome.

Sind die Briten nicht ganz dicht?

Rover 216 Cabriolet

Sehen wir doch einmal den Tatsachen ins Auge: Die Sonnentage auf den britischen Inseln sind problemlos an einer Hand abzuzählen, und trotzdem gestattet sich die Firma Rover die Freiheit, Cabrios zu bauen. Sind die nicht ganz dicht?

Ist es nicht so, als würde man Eskimos Kühlschränke verkaufen, dem Papst ein Doppelbett schenken, Eulen nach Athen tragen oder gar Perlen vor die Säue werfen?

Mitnichten.

Denn an dieser Stelle zeigt sich wieder einmal das große Herz der Briten, die nicht nur für sich selbst, sondern auch für die sonnendurchfluteten Länder wie Florida, Jamaica oder Deutschland ihre Autos bauen. Schließlich kann es ja nicht ernsthaft Ihr Nachteil sein, auf ein hervorragendes Cabriolet verzichten zu müssen, nur weil es in England immer regnet.

Nehmen wir nur einmal das sportliche Rover 216 Cabriolet. Sein 16-Ventil-Motor mit **90 kW** (122 PS) beschleunigt in ca. 9,6 Sekunden von 0 auf 100 km/h, ohne daß Ihre Frisur in Mitleidenschaft gezogen wird. 185/55 Breitreifen auf Leichtmetallfelgen sorgen auch bei einer Spitzengeschwindigkeit von ca. 193 km/h für eine sichere Fahrt. Elektrische Fensterheber und ein Fünfganggetriebe sind genauso selbstverständlich wie Servolenkung, Sportlenkrad und elektrisches Faltdach. Das alles und noch viel mehr serienmäßig und zum mittelmäßigen Preis von 37.250 DM* zu erstehen.

Und wer auf ein wenig Luxus und ein paar PS verzichten kann, der gönnt sich halt das 214 Cabriolet und zahlt 5.100 DM weniger. Aber ob 214 oder 216 Cabriolet: Rufen Sie uns

Billiger geht's nicht: 0130/98 08

an, ziehen Sie Ihren dicksten Pullover über, und machen Sie den Frühjahrstest mit offenem Verdeck bei Ihrem freundlichen Rover-Händler. Dann werden die Leute auf der Straße Ihnen nachblicken und denken: Das kann doch nur ein Brite sein.

ROVER   You're welcome.

Kunde: Rover Deutschland GmbH, Neuss
Product Manager: Roland Schacht
Marketingleiter: Martin Müller-Römheld, Pat Farell
Werbeagentur: Holtkamp, Müller, Kentenich & May GmbH, Düsseldorf
Berater: Laurent Burdin, Jean Bonzel
Creative Director: Wolfgang Kentenich
Art Director: Daniel Hesse, Wolfgang Kentenich
Texter: Jürgen Failenschmid
Fotograf: Rover, KKM, Matthias Kulka

232 Kfz und Zubehör Suzuki Vitara

ZEIT FÜR NEUE GEFÜHLE

Vitara by **Phillipe Cousteaux**. Ein Automobil, das Fahrlust mit neuen Maßstäben kultiviert und mit Genuß distanziert. Diese Individualität können Sie mit **Phillipe Cousteaux** genießen.

Eine Auflage von nur 500 Vitara in Montego Bay Red und 500 in Polynesian Green vermittelt einen hohen Grad an Exklusivität. Werden Sie zum Schrittmacher einer neuen Fahrkultur. Erleben Sie dieses exklusive Automobil bei Ihrem Suzuki-Händler.

DER LEISE LUXUS

Vitara by **Phillipe Cousteaux**. Ein Automobil, das Fahrlust mit neuen Maßstäben kultiviert und mit Genuß distanziert. Diese Individualität können Sie mit **Phillipe Cousteaux** genießen.

Eine Auflage von nur 500 Vitara in Montego Bay Red und 500 in Polynesian Green vermittelt einen hohen Grad an Exklusivität. Werden Sie zum Schrittmacher einer neuen Fahrkultur. Erleben Sie dieses exklusive Automobil bei Ihrem Suzuki-Händler.

Kunde: Suzuki Auto GmbH Deutschland & Co. KG, Oberschleißheim
Product Manager: Jörg Schneider
Marketingleiter: Jörg Schneider
Werbeleiter: Jörg Schneider

Werbeagentur: Herrwerth & Partner GmbH, München
Berater: Klaus Schuldes
Konzeption: Ingrid Niemeier, Christian Hollmann
Creative Director: Ingrid Niemeier
Art Director: Christian Hollmann

Umpositionierung vom Geländewagen zum Fun-Car.

Lexus   Kfz und Zubehör   233

Nehmen wir einmal an, der Lexus LS 400 wäre ein *Statussymbol*.

FRAGEN WIR UNS ALSO, FÜR WELCHEN STATUS DER LEXUS LS 400 EIN SYMBOL SEIN KÖNNTE. Vielleicht für Individualismus? Für die Freude an der Vernunft? Oder steht er eher für einen bewußten Wertewandel? Nein, wir glauben, der Lexus LS 400 ist die Summe von alledem. Denn er ist das Automobil für Menschen, die nach ihren individuellen Leistungen beurteilt werden wollen. Für die das Produkt wichtiger ist als der pure Name. Und deren Ansprüche mit der Zeit gegangen sind. Weil sie einen kultivierten V8-Motor lieber an seiner Effizienz und einen luxuriösen Innenraum lieber an seiner Ergonomie messen, als beides zur Schau zu stellen. Von daher ist der Lexus LS 400 – wenn man es genauer betrachtet – wohl am ehesten ein vornehmes Understatement-Symbol.

Mehr Informationen über den Lexus sowie den Namen Ihres Lexus Partners erfahren Sie unter: 01 30-41 44.

LEXUS
THE LUXURY DIVISION OF TOYOTA

Das Erlebnis, im Lexus zu reisen, wiegt weitaus schwerer als die *300 Patente*, die wir ihm mit auf den Weg gegeben haben.

GUTE FREUNDE SIND WIE GESTIRNE AM HIMMEL – SELBST WENN SIE HINTER EINER WOLKE LIEGEN, WEISS MAN: SIE SIND DA. Im Lexus finden sich Hunderte von Details, die es zuvor noch in keinem anderen Automobil gegeben hat. Und dennoch, es genügt zu wissen, daß es sie gibt – jene Dinge, die das Fahren leiser, sicherer und kultivierter machen. Entstanden durch das Streben nach Perfektion bei der Entwicklung des Lexus LS 400. Denn das Wesentliche ist das Gefühl, das er seinem Fahrer vermittelt: die beeindruckende Stille im Innenraum zu erleben, während der 4-l-V8-Motor seine imposante Kraft entfaltet. Umgeben von erlesenem Komfort und einer beruhigenden Sicherheitsausstattung, die bis hin zum Airbag für Fahrer und Beifahrer reicht.

Wenn Sie den Lexus persönlich erleben möchten: Unter 0130-4144 nennen wir Ihnen Ihren Lexus Partner.

LEXUS
THE LUXURY DIVISION OF TOYOTA

Kunde: Toyota Deutschland GmbH, Köln
Product Manager: Ralf Niessner
Marketingleiter: Dr. Dietrich Hartmann
Werbeleiter: Hans E. Lahr
Werbeagentur: BMZ Werbeagentur GmbH & Co. KG, Düsseldorf
Berater: Werner Nüse, Rainer Otterpohl
Konzeption: Thomas Wulfes, Karl-Heinrich Zimmermann
Creative Director: Karl-Heinrich Zimmermann
Texter: Matthias Hinseler, Axel Abstoß
Junior Art Director: Iris Christians
Fotograf: Conny Winter

Kunde: Seat Deutschland GmbH, Mörfelden-Walldorf
Marketingleiter: Jürgen Henss
Werbeleiter: Hans Jung

Werbeagentur: BBDO Düsseldorf GmbH, Düsseldorf
Berater: Ralf G. Neumann
Creative Director: Horst Klemm
Art Director: Christine Bützow, Stefanie Hochtritt
Texter: Frank Schneider
Fotograf: Hans Hansen

Seat Marbella

Kfz und Zubehör — Seat Toledo

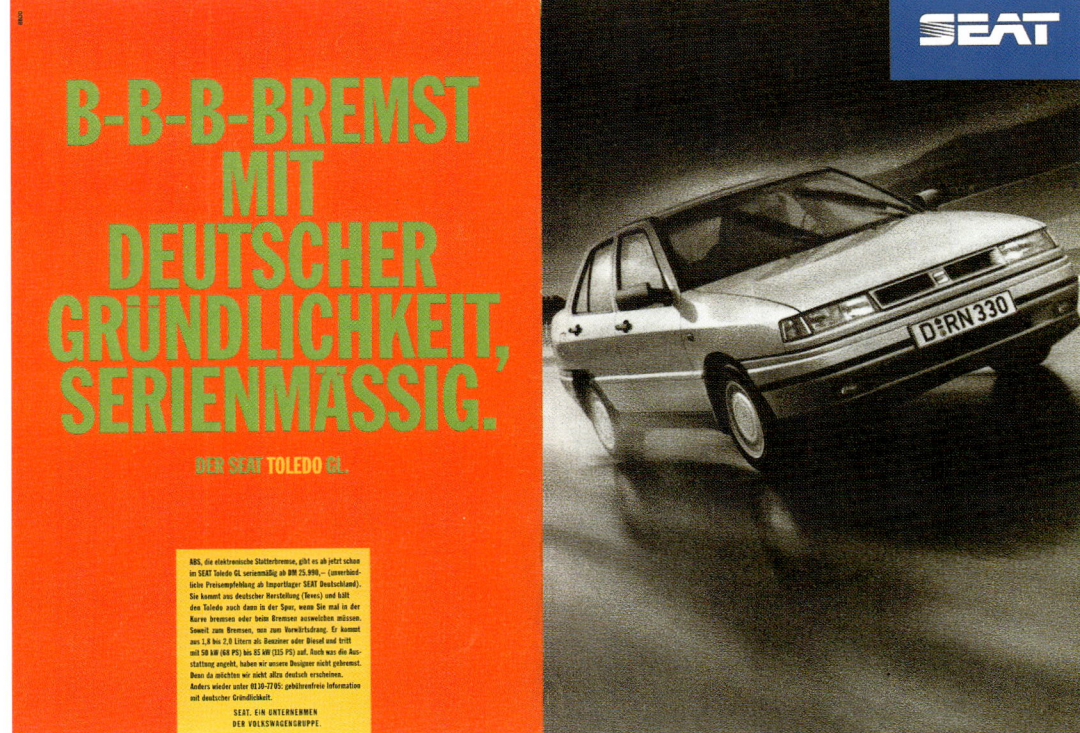

ANDERE KOSTEN 40.000 UND HABEN NICHT MAL ELEKTRISCHE FENSTERHEBER.
DER SEAT TOLEDO GLX.

B-B-B-BREMST MIT DEUTSCHER GRÜNDLICHKEIT, SERIENMÄSSIG.
DER SEAT TOLEDO GL.

Kunde: Seat Deutschland GmbH, Mörfelden-Walldorf
Marketingleiter: Jürgen Henss
Werbeleiter: Hans Jung
Werbeagentur: BBDO Düsseldorf GmbH, Düsseldorf
Berater: Ralf G. Neumann
Creative Director: Horst Klemm
Art Director: Christine Bützow, Stefanie Hochtritt
Texter: Frank Schneider
Fotograf: Jens-Eric Büttner

10 JAHRE HÄRTETEST DEUTSCHLAND. GRACIAS.

DER SEAT TOLEDO FESTIVO.

SIE HABEN 8 ZYLINDER WENIGER, 125 PS WENIGER, 22 SCHALTER WENIGER, UND DOCH FEHLT IHNEN NICHTS.

DER SEAT TOLEDO GT.

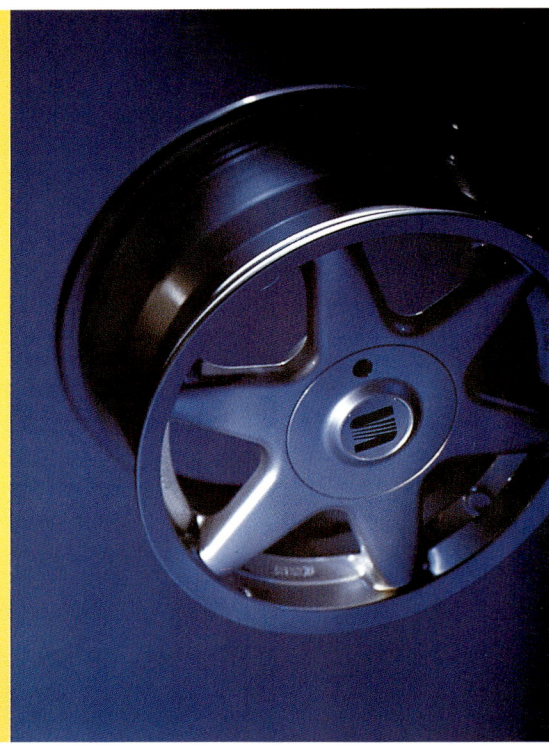

TUNING FÜR DIE OHREN.

DAS SEAT ZUBEHÖR.

NOCH NICHT AUF DER DOPINGLISTE.

DAS SEAT ZUBEHÖR.

Kunde: Seat Deutschland GmbH, Mörfelden-Walldorf
Marketingleiter: Jürgen Henss
Werbeleiter: Hans Jung
Werbeagentur: BBDO Düsseldorf GmbH, Düsseldorf
Berater: Ralf G. Neumann
Creative Director: Horst Klemm
Art Director: Christine Bützow, Stefanie Hochtritt
Texter: Frank Schneider
Fotograf: Thomas Goos

MEHR FREIHEIT FÜR DEN KOPF.

DAS SEAT ZUBEHÖR.

240 Kfz und Zubehör | Bären Batterien

Kunde: Bären Batterie GmbH, Feistritz
Werbeleiter: Othmar Langthaler

Werbeagentur: Kloss Zechner Werbeges.m.b.H., Wien
Berater: Mira Kloss-Zechner
Konzeption: Niki Kloss, Dr. Andreas Hochstöger
Creative Director: Niki Kloss
Art Director: Niki Kloss
Texter: Dr. Andreas Hochstöger
Grafiker: Raphael Moser
Fotograf: Niki Kloss

Markenbewußtsein im Bereich Starterbatterien heben. Es ist eben Verlaß auf Bären-Batterien.

Bären Batterien **Kfz und Zubehör** 241

Kids mit Grips sitzen auf dem Kindersitz

[Halt mich fest!]
Aktion sicherer Sitz für Auto-Kids.

Eine Initiative der Mercedes-Benz AG in Zusammenarbeit mit der Deutschen Verkehrswacht.

Kunde: Mercedes-Benz AG, Stuttgart
Projektleiter Verkehrssicherheits-PR: Norbert Burchard
Leiter PR-Projekte: Wolfgang Rolli
Werbeagentur: Stoll & Fischbach Communication, Herrenberg
Berater: Gerhard Fischbach
Konzeption: Gerhard Fischbach, Heinz Stoll, Sonny von Kraewel
Creative Director: Gerhard Fischbach
Art Director: Dieter Weiß
Texter: Gerhard Fischbach, Sonny von Kraewel
Fotograf: Ross Feltus

Eine Initiative der Mercedes-Benz AG und der Deutschen Verkehrswacht zur Verbesserung der Akzeptanz von Kindersitzen.

Mercedes-Benz/Deutsche Verkehrswacht **Kfz und Zubehör** 243

Kunde: Mercedes-Benz AG, Stuttgart
Projektleiter Verkehrssicherheits-PR: Norbert Burchard
Leiter PR-Projekte: Wolfgang Rolli
Werbeagentur: Stoll & Fischbach, Communication, Herrenberg
Berater: Gerhard Fischbach
Konzeption: Gerhard Fischbach, Heinz Stoll, Sonny von Kraewel
Creative Director: Gerhard Fischbach
Art Director: Dieter Weiß
Texter/Script: Werner Heil
Producer FFF: Martin Tertelmann
Filmproduktion: Due Akkord/Camelot, Mannheim
Regisseur: Robert Brollochs, Eriko Makinose
Kamera: Steffen Braune
Musik: Ralf Zang
Cutter: Robert Brollochs

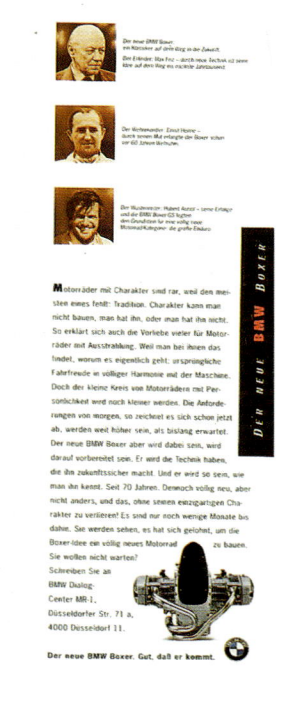

Kunde: BMW Motorrad GmbH, München
Marketingleiter: Gerd Mäuser
Werbeleiter: Peter Metzdorf

Werbeagentur: U5 GmbH, Düsseldorf
Berater: Michael Krull
Konzeption: Gert Müller
Art Director: Ulrich Deppe
Texter: Wolfgang Kessler
Fotograf: Michael Moesch

Umwelt und Verkehr erfordern auch einen sensibleren Umgang mit dem »Freizeitvehikel« Motorrad. Die Kampagne soll in der ersten Phase den Fahrer zum Mitdenken und Mitmachen anregen. In der zweiten Phase, der eigentlichen Einführung, wird der Zielkonflikt Fahrspaß versus Umwelt/Verkehr/Sicherheit aufgelöst. Das Überraschendste: Es ist einer der großen Zweiradklassiker, der dies möglich macht – der neue BMW-Boxer.

BMW Boxer **Kfz und Zubehör**

BLICKPUNKT
Tod auf dem Vormarsch

Die Abfälle des Menschen drohen die Natur zu zerstören. Auch Motorräder machen da keine Ausnahme. Aber die giftigen Gase der Fahrzeugvergasung können durch Katalysatoren drastisch verringert werden. Eine Chance für die Zukunft, die immer mehr genützt wird.

Ohne geschmicktes Denken und so weiter nicht gehen.
Gerhard Waeber, Redakteur
MOTORRAD, 10/90

„DAS IST DIE FREIHEIT, DIE ICH MEINE."   „DENK' DRAN, SIE WIRD UNS NICHT GESCHENKT."

Kein anderes Hobby lebt so sehr von der freien Fahrt wie das Motorrad. Von den uneingeschränkten Bewegungsmöglichkeiten in herrlicher Landschaft, in intakter Natur, von der Erlebniswelt weit ab der großen Straßen. Dieses faszinierende Stück Freiheit gilt es zu erhalten. Und das wird nur dann möglich sein, wenn wir erkennen, daß wir für das, was uns umgibt, etwas tun müssen. Der Verkehr wird dichter. Ein weiteres Wachstum ist in den nächsten Jahren um ca. 30 Prozent prognostiziert. Die Probleme, die damit verbunden sind, liegen auf der Hand: noch weniger Platz, noch mehr Staus und Emissionen. Reglementierungen sind im Gespräch, müssen aber nicht kommen, wenn wir bewußt handeln und die Technik nutzen, die eine Garantie für umweltverträgliches Fahren bietet. Unser Ziel muß heißen, mehr Verantwortung in unsere Freiheit zur Mobilität zu bringen. Die Voraussetzungen dazu hat BMW geschaffen. Und sie werden jetzt noch besser, denn mit dem neuen BMW Boxer ist auch der große 2-Zylinder-Motor mit Digitaler Motor Elektronik auf die härter werdenden Anforderungen von Verkehr und Umwelt vorbereitet. In Kürze wird er vorgestellt. Nutzen Sie die Zeit bis dahin, um sich vorab zu informieren, wie wichtig es schon bald sein wird, unsere Mobilität und damit Freiheit noch besser mit Ökologie und Ökonomie zu verbinden. Schreiben Sie uns: BMW Motorrad Direkt MR-3, Postfach 110 247, 4000 Düsseldorf 11.

DER NEUE BMW BOXER

Der neue BMW Boxer. Gut, daß er kommt.

Zweirad-Therapie gegen den Verkehrsinfarkt

Sicherheit und Umweltverträglichkeit geben dem Zweirrad als Gesamtlösung eine wichtige Rolle. Von Andreas Brümmer

„STAUS, KEIN PLATZ, MEHR VERKEHR."   „DAS IST DIE CHANCE FÜR UNS."

Wer sich umsieht, wer mit offenen Augen fährt und sich dazu informiert, wird bestätigen: Die Zeit arbeitet für das Motorrad. Neue Lösungen für die individuelle Mobilität sind nicht nur gefragt, sondern erforderlich. Und nicht erst seit heute definiert man das ideale Transportmittel von morgen als platzsparend, wirtschaftlich, beweglich und umweltverträglich. Eigenschaften, die das Motorrad schon immer hatte bzw. bekam, zumindest bei uns. Berechtigter Optimismus ist angesagt, bei der Industrie, den Verbänden und den Motorradfahrern. Um aber die Chancen wahrzunehmen, die sich bieten, ist es erforderlich, daß wir uns noch genauer damit beschäftigen, was morgen sein wird. In diesem Fall ist Reden Silber und Handeln Gold, denn die Voraussetzungen dazu wurden bei BMW schon vor einigen Jahren geschaffen. Daß andere Hersteller jetzt nachziehen, ist nur gut. Und war für uns ein Ansporn, auch mit dem neuen Boxer einen entscheidenden Schritt nach vorn zu tun, um diesem bewährten Prinzip eine sichere Zukunft zu geben. Das Ergebnis kann sich sehen lassen: Es harmoniert noch weiter die bisherigen Gegensätze von Leistung und Ökonomie sowie Ökologie. Daß der Fahrer dabei auf nichts verzichten muß – im Gegenteil –, werden Sie in wenigen Wochen sehen. Wenn Sie sich vorab über die Chancen des Motorrades informieren wollen, schreiben Sie uns: BMW Motorrad Direct MR-4, Postfach 110 247, 4000 Düsseldorf 11.

DER NEUE BMW BOXER

Der neue BMW Boxer. Gut, daß er kommt.

246　Kfz und Zubehör　　　　　　　　　　　　　　　　　　　　　　　　　　　　　　　　Kawasaki

Kunde: Kawasaki Motoren GmbH, Friedrichsdorf
Product Manager: Udo Repp
Marketingleiter: Udo Repp
Werbeleiter: Brigitte Walde

Werbeagentur: Lohse & Partner Werbeagentur GmbH, Karlsruhe
Berater: Ekkehard Lohse, Brigitte Köstel
Konzeption: Ekkehard Lohse, Doris Diebold-Sattel, Angelika Fabian

Creative Director: Ekkehard Lohse
Art Director: Doris Diebold-Sattel
Texter: Ekkehard Lohse
Fotograf: Archive, Kawasaki

Kawasaki Kfz und Zubehör 247

Die Anzeigenkampagne positioniert die Marke Kawasaki in einer neuen Dimension aktiver Freizeitgestaltung, die verbal im Slogan »Let the good times Roll« zum Ausdruck kommt, visuell durch Bilder, die Assoziationen zwischen den Bereichen Freizeit, Sport und Motorrad herstellen, abgestimmt auf die jeweiligen Erlebniswelten der Zielgruppen. Die Copy ist bewußt einfach und schließt mit einem Dialogangebot und der Hinführung zu den Fachhändlern.

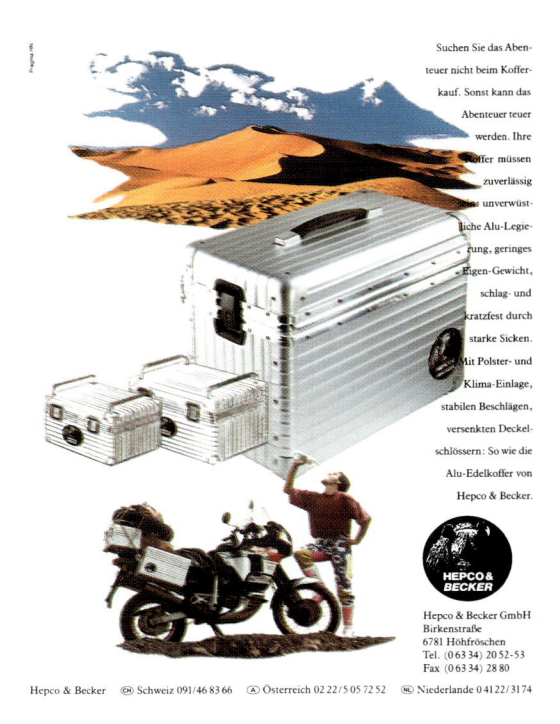

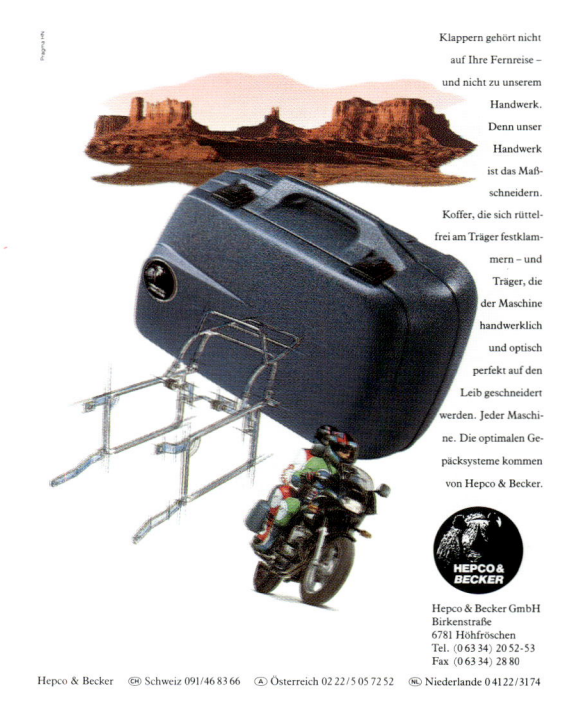

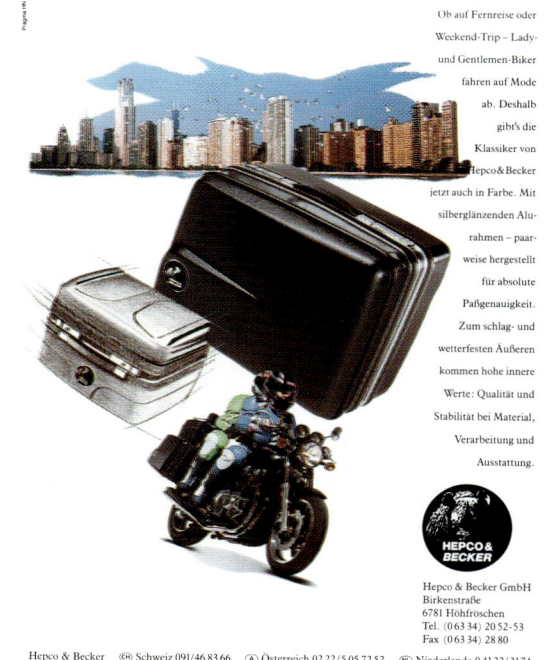

Kfz und Zubehör — Hepco & Becker

Suchen Sie das Abenteuer nicht beim Kofferkauf. Sonst kann das Abenteuer teuer werden. Ihre Koffer müssen zuverlässig sein: unverwüstliche Alu-Legierung, geringes Eigen-Gewicht, schlag- und kratzfest durch starke Sicken. Mit Polster- und Klima-Einlage, stabilen Beschlägen, versenkten Deckelschlössern: So wie die Alu-Edelkoffer von Hepco & Becker.

Hepco & Becker GmbH
Birkenstraße
6781 Höhfröschen
Tel. (0 63 34) 20 52-53
Fax (0 63 34) 28 80

Hepco & Becker   CH Schweiz 091/46 83 66   A Österreich 02 22/5 05 72 52   NL Niederlande 0 41 22/31 74

Unser Topcase »Flippy« ist der Renner, speziell auf den kleinen Flitzern. Auf die rasante Form und die flotten Farben fahren immer mehr Biker und Roller ab – zum Picknick im Grünen und zum smalltalk im »Grünen Baum«. Das Hepco & Becker »Flippy« in Top-Qualität: Aus schlagfestem ABS-Kunststoff wasserdicht verarbeitet. Mit integriertem Halteschloß, Zentralverriegelung für Deckel und Diebstahlsicherung.

Hepco & Becker GmbH
Birkenstraße
6781 Höhfröschen
Tel. (0 63 34) 20 52-53
Fax (0 63 34) 28 80

Hepco & Becker   CH Schweiz 091/46 83 66   A Österreich 02 22/5 05 72 52   NL Niederlande 0 41 22/31 74

Klappern gehört nicht auf Ihre Fernreise – und nicht zu unserem Handwerk. Denn unser Handwerk ist das Maßschneidern. Koffer, die sich rüttelfrei am Träger festklammern – und Träger, die der Maschine handwerklich und optisch perfekt auf den Leib geschneidert werden. Jeder Maschine. Die optimalen Gepäcksysteme kommen von Hepco & Becker.

Hepco & Becker GmbH
Birkenstraße
6781 Höhfröschen
Tel. (0 63 34) 20 52-53
Fax (0 63 34) 28 80

Hepco & Becker   CH Schweiz 091/46 83 66   A Österreich 02 22/5 05 72 52   NL Niederlande 0 41 22/31 74

Ob auf Fernreise oder Weekend-Trip – Lady- und Gentlemen-Biker fahren auf Mode ab. Deshalb gibt's die Klassiker von Hepco & Becker jetzt auch in Farbe. Mit silberglänzenden Alurahmen – paarweise hergestellt für absolute Paßgenauigkeit. Zum schlag- und wetterfesten Äußeren kommen hohe innere Werte: Qualität und Stabilität bei Material, Verarbeitung und Ausstattung.

Hepco & Becker GmbH
Birkenstraße
6781 Höhfröschen
Tel. (0 63 34) 20 52-53
Fax (0 63 34) 28 80

Hepco & Becker   CH Schweiz 091/46 83 66   A Österreich 02 22/5 05 72 52   NL Niederlande 0 41 22/31 74

Kunde: Hepco & Becker GmbH, Höhfröschen
Marketingleiter: Paul Ehrhardt
Werbeagentur: Pragma Werbung GmbH, Heilbronn
Berater: Klaus G. Benke, Jochen Vossen
Konzeption: Jochen Vossen
Creative Director: Jochen Vossen
Texter: Jörg Seebaß
Fotograf: Thomas Brenner, Archiv

Branchensieger Haushaltswaren und -geräte

Mapa **251**
Baums, Mang und Zimmermann, Düsseldorf

Haushaltswaren und -geräte **Inhalt**

Gaggenau (Claus A. Froh, Beilstein) **253**
Kärcher (Bläse, Schott + Partner, Stuttgart) **256**
Katadyn Mini Filter (Klaus J. Stöhlker, Zollikon) **260**
Mapa (Baums, Mang und Zimmermann, Düsseldorf) **251**
Osram (Hildmann, Simon, Rempen & Schmitz, Düsseldorf)* **257**
Siemens (Hildmann, Simon, Rempen & Schmitz, Düsseldorf) **254–255**
Villeroy & Boch (Struwe & Partner, Düsseldorf) **259**
Wellner (RG Wiesmeier, München) **258**
Zanussi (MMS, Linz) **252**

* Europa-/Globalkampagne

Mapa   **Haushaltswaren und -geräte**

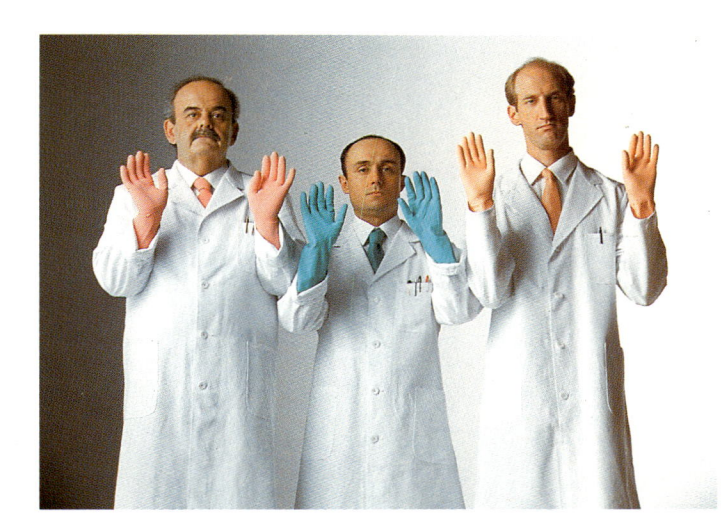

Kunde: Mapa GmbH, Zeven
Marketingleiter: Manfred Schoppe
Assistent Marketingleiter:
Rainer Kopitzki

Werbeagentur: BMZ Werbeagentur GmbH & Co. KG, Düsseldorf
Berater: Dieter Hoever, Inge Reuhl
Konzeption: Barbara Abedi, Tim Prell
Creative Director: Barbara Abedi
Art Director: Tim Prell

Texter/Script: Barbara Abedi, Marion Krohn
Producer FFF: Barbara Abedi
Filmproduktion: Markenfilm GmbH und Co., Hamburg
Regisseur: Patrick Morgan
Kamera: David Norton
Musik: David Dundas

252 Haushaltswaren und -geräte Zanussi

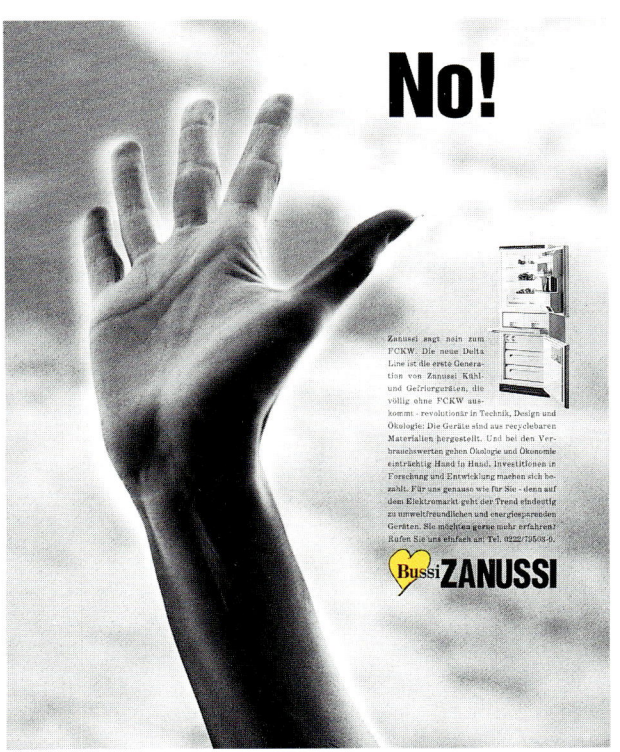

Kunde: Zanussi IAZ-Elektrogeräte GesmbH, Wien
Product Manager: Robert Steurer
Marketingleiter: Georg Matl
Werbeleiter: Georg Matl
Werbeagentur: MMS Werbeagentur GmbH & Co KG, Linz
Berater: Willi Mayr, Michaela Hobl
Creative Director: Willi Hamburger
Art Director: Annemarie Angermann
Texter: Klaus Fehrer
Grafiker: Annemarie Angermann
Fotograf: Hannes Kutzler

In einer Inseratenkampagne wird der Handel über die neue Produktionslinie »Delta Line« informiert.

Gaggenau   **Haushaltswaren und -geräte**   253

Jetzt gibt es einen Schrank, der spendet klares Eis und kühles Trinkwasser. Er hat vier Klimazonen, viel Platz für Tiefkühlkost und er paßt genau in die Einbauküche: Er ist ein echter Gaggenau.

Neue Kühltechnik. Neues Design. Neue Gebrauchsvorzüge. Das Kühl-Gefrierzentrum Gaggenau IK 900 bietet alles, was sich Feinschmecker von einem neuen »Kühl-Schrank« wünschen. Denn dieses ungewöhnlich komfortable Kühl- und Gefriergerät wurde aufgrund gewissenhafter Studien entwickelt und »maßgeschneidert« für die Bedürfnisse der besonders anspruchsvollen Nutzer/innen in aller Welt. **Vier Klimazonen begeistern die Gourmets:** Nicht nur die Temperaturen, sondern das ganze Klima muß perfekt abgestimmt sein, wenn Lebensmittel und Feinkost nicht nur kühl gelagert, sondern lange Zeit frisch bleiben sollen. Deshalb werden beim neuen Gaggenau die jeweils richtigen Temperaturen automatisch überwacht und die relative Feuchtigkeit automatisch gespeichert: im großen Kühlschrankteil, im Kühlbereich für empfindliche Lebensmittel, im praktischen Null-Grad-Fach und im Vier-Sterne-Gefrierfach. **Kristallklares Eis in Feinschmecker-Qualität** spendet er in erstaunlicher Fülle, als Würfel oder fein zerkleinert. Auf Wunsch sprudelt appetitlich gekühltes Trinkwasser. Und das alles auf Tastendruck. **90 cm breit und so tief wie die Einbauküche.** Der Gaggenau IK 900 ist der erste große Kühlschrank, der (mit 540 Liter Bruttoinhalt) in das Küchenmöbel, das der europäischen Küchennorm entspricht, vollständig eingebaut werden kann: nur die Eis-Wasser-Ausgabe bleibt sichtbar. **Wollen Sie wissen, wo es diesen Gaggenau gibt?** Wir senden Ihnen die Adresse des für Sie nächsten Gaggenau-Fachhändlers und dazu – kostenlos und portofrei – das große Gaggenau-Magazin. Darin finden Sie alles Wissenswerte über das neue Kühl-Gefrierzentrum Gaggenau IK 900 und die gesamte Kücheneinbaugeräte-Kollektion. Schreiben Sie bitte an die Gaggenau Hausgeräte Vertriebsgesellschaft mbH., Abteilung D, Postfach 1201, D-7560 Gaggenau. Oder rufen Sie die Telefon-Nummer 07225/967-195 an.   **Der Unterschied heißt Gaggenau.**

Jetzt gibt es einen Schrank, der spendet klares Eis und kühles Trinkwasser. Er hat vier Klimazonen, viel Platz für Tiefkühlkost und er paßt genau in die Einbauküche: Er ist ein echter Gaggenau.

Neue Kühltechnik. Neues Design. Neue Gebrauchsvorzüge. Das Kühl-Gefrierzentrum Gaggenau IK 900 bietet alles, was sich Feinschmecker von einem neuen »Kühl-Schrank« wünschen. Denn dieses ungewöhnlich komfortable Kühl- und Gefriergerät wurde aufgrund gewissenhafter Studien entwickelt und »maßgeschneidert« für die Bedürfnisse der besonders anspruchsvollen Nutzer/innen in aller Welt. **Vier Klimazonen begeistern die Gourmets:** Nicht nur die Temperaturen, sondern das ganze Klima muß perfekt abgestimmt sein, wenn Lebensmittel und Feinkost nicht nur kühl gelagert, sondern lange Zeit frisch bleiben sollen. Deshalb werden beim neuen Gaggenau die jeweils richtigen Temperaturen automatisch überwacht und die relative Feuchtigkeit automatisch gespeichert: im großen Kühlschrankteil, im Kühlbereich für empfindliche Lebensmittel, im praktischen Null-Grad-Fach und im Vier-Sterne-Gefrierfach. **Kristallklares Eis in Feinschmecker-Qualität** spendet er in erstaunlicher Fülle, als Würfel oder fein zerkleinert. Auf Wunsch sprudelt appetitlich gekühltes Trinkwasser. Und das alles auf Tastendruck. **90 cm breit und so tief wie die Einbauküche.** Der Gaggenau IK 900 ist der erste große Kühlschrank, der (mit 540 Liter Bruttoinhalt) in das Küchenmöbel, das der europäischen Küchennorm entspricht, vollständig eingebaut werden kann: nur die Eis-Wasser-Ausgabe bleibt sichtbar. **Wollen Sie wissen, wo es diesen Gaggenau gibt?** Wir senden Ihnen die Adresse des für Sie nächsten Gaggenau-Fachhändlers und dazu – kostenlos und portofrei – das große Gaggenau-Magazin. Darin finden Sie alles Wissenswerte über das neue Kühl-Gefrierzentrum Gaggenau IK 900 und die gesamte Kücheneinbaugeräte-Kollektion. Schreiben Sie bitte an die Gaggenau Hausgeräte Vertriebsgesellschaft mbH., Abteilung F1, Postfach 1201, D-7560 Gaggenau. Oder rufen Sie die Telefon-Nummer 07225/967-195 an.   **Der Unterschied heißt Gaggenau.**

Kunde: Gaggenau Hausgeräte Vertriebsgesellschaft mbH, Gaggenau
Geschäftsführer: Michael von Rosen
Werbeleiter: Volker Oertel

Werbeagentur: Claus A. Froh, Creative Consultant, Beilstein
Berater: Claus A. Froh
Konzeption: Claus A. Froh
Creative Director: Claus A. Froh
Art Director: Sieghart Koch, Wolfgang Kruck
Texter: Claus A. Froh
Fotograf: Andreas Burz

Beispiele aus der größten Werbekampagne, die jemals für ein Gaggenau-Kühlgerät veröffentlicht wurde: In einer sorgfältigen Auswahl zielgruppenorientierter Zeitschriften haben diese doppelseitigen Anzeigen 1993 eindrucksvoll auf die Besonderheiten und Vorzüge des neuen Kühl-Gefrier-Zentrums Gaggenau IK 900 aufmerksam gemacht – und damit auf besondere Weise für die ungewöhnliche Gaggenau-Küchengerätekollektion geworben.

Kunde: Siemens Electrogeräte GmbH, München
Werbeleiter: Johannes Hirschel, Joachim Reichard
Werbeagentur: Hildmann, Simon, Rempen & Schmitz/SMS, Düsseldorf
Berater: Detlef Arnold, Rainer Schumann
Art Director: Reinhard Mintert-Froh
Texter: Hendrik Rapsch
Fotograf: Hans Hansen

Die zwei Seiten der Marke Siemens: das Vordenken und Vormachen von sinnvoller Technik im Haushalt und die Lebensqualität, die aus ihr entsteht.

Siemens Haushaltswaren und -geräte 255

Die 1500 Watt-Anlage für danach.

Es gibt wohl kaum jemanden, der das nicht kennt: es ist vier Uhr morgens, das Fest ist aus, die Musik ist aus, die letzte Zigarette ist aus und der letzte Gast ist auch raus.

Und bevor man selbst zu Bett geht, möchte man am liebsten die ganzen Überbleibsel nicht nur aus den Augen, sondern auch aus dem Weg haben.

Wohl dem, der jetzt einen Staubsauger aus unserer Serie SUPER 2000 hat. Denn der ist mit 1.500 Watt nicht nur ein äußerst starker Vertreter seiner Klasse, er ist auch einer der leisesten. Und das hören Ihre Nachbarn mit Sicherheit sehr gerne.

Zudem sind all diejenigen, die auf Staub allergisch reagieren, mit unseren Besten bestens bedient: sie verfügen nämlich über ein 5fach-Filtersystem, das hundertprozentig kein Stäubchen mehr durchläßt.

Was sonst noch alles in ihnen steckt, das zeigt man Ihnen in aller Ruhe im Fachhandel.

Allerdings nur tagsüber.

**Die stillen Kräfte beim Staubsaugen.
Das Plus von Siemens.**

Bestens waschen mit IQ.

Von einer Waschmaschine wird heute mehr erwartet als saubere Wäsche. Sie soll das ganz alltägliche Problem des Wäschewaschens so intelligent wie möglich lösen.

So wie die Waschmaschinen unserer neuen Serie IQ. Mit denen ist das Waschen nämlich rundum erfreulicher geworden. So leise, daß man beim Waschen nur noch das Plätschern der Wäsche hört. Alle anderen Waschmaschinen sind da lauter.

So sparsam, denn wir konnten den Verbrauch von Wasser, Strom und Waschmittel weiter senken. So stark, mit sanften 600 bis zu satten 1500 Schleudertouren. So schnell, denn 2,5 kg leicht Verschmutztes werden bei 30°C in 30 Minuten sauber. So umweltschonend, weil alle wesentlichen Kunststoffteile gekennzeichnet sind und wiederverwertet werden können. Und so sicher durch die Aqua-Stop-Garantie.

Wenn auch Sie so viele gute Entwicklungen für sinnvoll halten, gehen Sie zu Ihrem Elektro-Fachhändler. Der hat IQ.

**Waschvollautomaten der Serie IQ.
Das Plus von Siemens.**

256 **Haushaltswaren und -geräte** **Kärcher**

Kunde: Alfred Kärcher GmbH & Co., Winnenden
Marketingleiter: Lothar Krüger

Werbeagentur: BSLO Bläse, Schott & Partner GmbH, Stuttgart
Berater: Wolfgang Gunzert
Konzeption: Peter Jochen Schott
Creative Director: Peter Jochen Schott
Art Director: Peter Lorenz
Texter: Reiner Fischer
Grafiker: Volker Rosenberger
Fotograf: Peter Lorenz, Johannes Pöttgens

Verbraucherkampagne, begleitet durch POS-Maßnahmen.

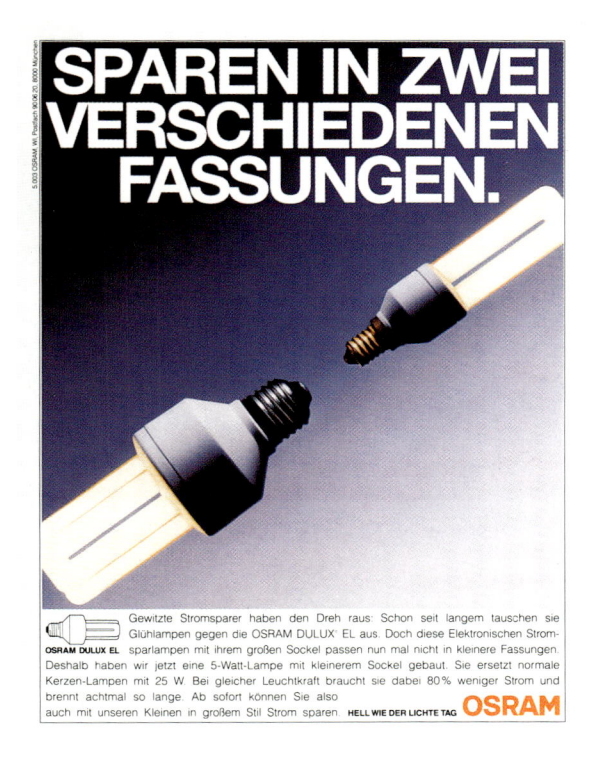

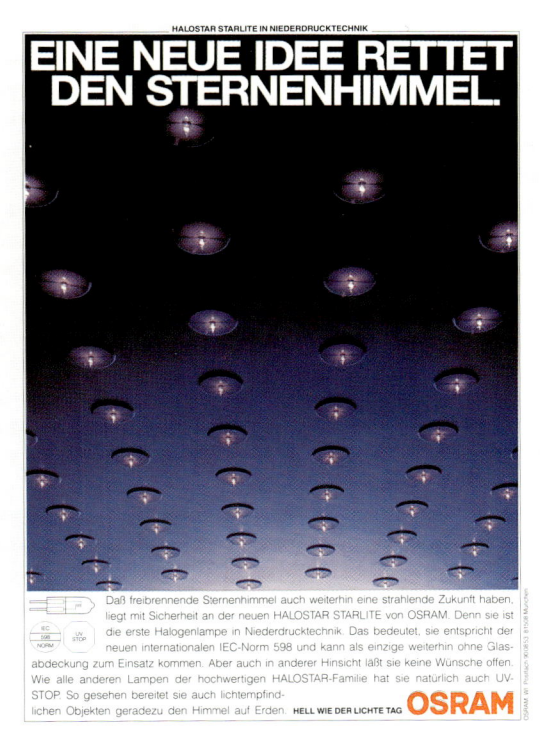

Kunde: Osram GmbH, München
Marketingleiter: Dr. Rüdiger Lepp
Werbeleiter: Hansjörn Schenkat

Werbeagentur: Hildmann, Simon, Rempen & Schmitz/SMS, Düsseldorf
Berater: Andreas Broch, Rainer Schumann
Creative Director: Ingo Heintzen
Art Director: Uwe Görlich
Texter: Heike Bruhn
Fotograf: Axel Gnad, Udo Kilian

Das Thema Energiesparen rückt mehr und mehr ins Licht der Öffentlichkeit. Trotzdem wissen noch immer zuviel Menschen zuwenig über eine energiesparende Beleuchtung. Mit unserer Kampagne möchten wir darüber informieren, wie, wo und warum man Halogenlampen und Stromsparlampen einsetzen kann.

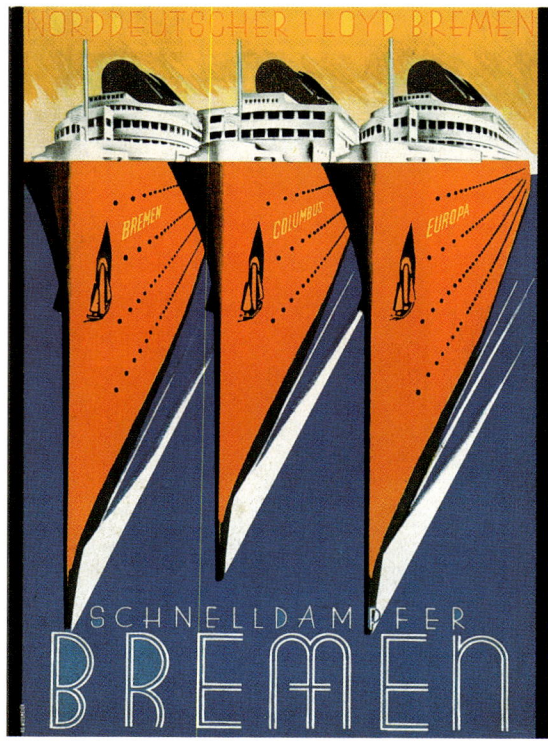

Kunde: Wellner Bestecke u. Silberwaren GmbH, Aue
Marketingleiter: Manfred Schimming
Werbeleiter: Ulrich Schuster

Werbeagentur: RG Wiesmeier Werbeagentur GmbH, München
Berater: Brigitte Schreiner, Hanspeter Schlöder
Konzeption: Karl Armer, Stefan Oevermann
Art Director: Stefan Oevermann
Texter: Karl Armer
Grafiker: Marie-Luise Dorst

Villeroy & Boch   Haushaltswaren und -geräte

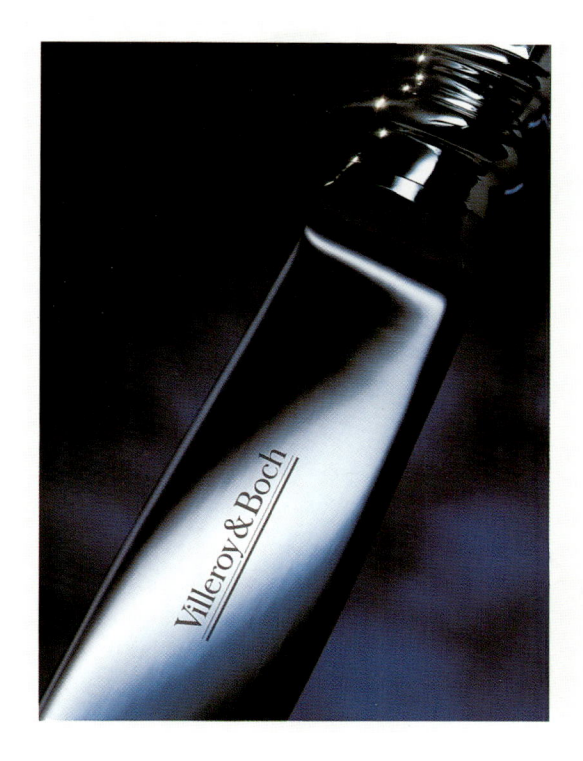

Imagination ist die Seele des Geschäftes.

Wie sagt Ernest Dichter, Amerikas berühmter Motiv-Forscher: „Wir verkaufen keine Produkte, wir verkaufen die Vorstellung davon."

Perfekt also, wenn auch auf Besteck "Villeroy & Boch" steht. Denn diese Top-Marke transportiert nicht nur die Imagination besonderer Tischkultur, sie strahlt darüber hinaus Flair, Prestige und Ambiente aus. Mehr als die meisten anderen in Deutschland.

Übrigens – Ihre Vorstellung von gutem Geschäft können wir noch weiter anregen. Erstens mit einem aktuellen, besonders attraktiven Besteck-Angebot. Und zweitens mit der größten Werbekampagne, die Villeroy & Boch jemals gemacht hat. Fragen Sie einfach unseren Repräsentanten.

Villeroy & Boch

Gern machen wir auch einmal Werbung für unsere Konkurrenz.

Wenn wir über den Tellerrand unseres Hauses hinausschauen, sehen wir zwei Marken mit besonderer Aufwärtstendenz: Heinrich und Gallo Design.

Verständlicherweise sind wir stolz auf diese Entwicklung – beide haben ihre ersten Schritte mit Hilfe von Villeroy & Boch gemacht.

Inzwischen gehen Heinrich und Gallo Design ihren Weg selbständig, aus eigenen Kräften wachsend.

So erfolgreich, daß wir sie als echte Konkurrenz ernst nehmen. Mit egoistischen Konsequenzen: Zum Beispiel Platzverbot in Villeroy & Boch-Abteilungen.

Somit verhalten wir uns weiterhin wie gute Eltern: Auch die loben schließlich ihre Kinder aus dem Hause.

Villeroy & Boch

Kunde: Villeroy & Boch AG, Mettlach
Marketingleiter: Heinz Wilhelm
Werbeleiter: Günter Mann

Werbeagentur: Struwe & Partner, Werbeagentur GmbH, Düsseldorf
Berater: Josi Dörflinger
Konzeption: Gerd Fehling
Creative Director: Gerd Fehling
Art Director: Friedhard Brandstaedter, Ursula Craemer
Texter: Gerd Fehling
Grafiker: Karen Wallenborn
Fotograf: diverse

»Villeroy & Boch bieten mehr als nur schönes Geschirr.« Die Fachhandelskampagne soll dem GPK-Handelspartner die breite Palette der Marketingservices vor Augen führen.

260 Haushaltswaren und -geräte Katadyn Minifilter

WENN EINER EINE REISE TUT –
IMMER MIT KATADYN FILTER

GIPFEL DER REINHEIT –
DER KATADYN MINI FILTER

Kunde: Katadyn Produkte AG,
Zürich
Product Manager: Dr. Daniel Stehli
Marketingleiter: Oliver Schaffner
Werbeleiter: Oliver Schaffner

Werbeagentur: Klaus J. Stöhlker AG,
Zollikon
Berater: Daniela Zenhäusern
Konzeption: Klaus J. Stöhlker
Creative Director: Gilles Ettlin
Art Director: Gilles Ettlin
Texter: Daniela Zenhäusern
Grafiker: Atelier Ettlin, Zürich

Privat- und Geschäftsreisende in der ganzen Welt sollen mit der markanten Bild- und Textaussage auf den Katadyn-Minifilter als modernen Reisebegleiter aufmerksam gemacht werden.

Branchensieger Einrichtung (Möbel/Haustextilien)

Bega-Leuchten **270–271**
 Leonhardt & Kern, Stuttgart

Einrichtung (Möbel/Haustextilien)

Bega Leuchten (Leonhardt & Kern, Stuttgart) **270–271**
bulthaup (Claus A. Froh, Beilstein) **266**
Casabiente (Zwiener & Partner, Reutlingen) **264–265**
Düker (Bläse, Schott, Stuttgart) **269**
Hansa Sicht- u. Sonnenschutz (Economia, Hamburg) **263**
IKEA (Grabarz & Partner, Hamburg) **267–268**
Wehrfritz (Wehrfritz, Rodach) **272**

Hansa Sicht- u. Sonnenschutz   Einrichtung (Möbel/Haustextilien)   263

Vossloh Decoration – für sonnige Augenblicke.

Lassen Sie sich von orientalischer Lebensart verzaubern! Unsere Lamellenvorhänge bieten Ihnen eine atemberaubende Vielfalt, mit Licht und Schatten faszinierende Akzente zu setzen: Wählen Sie zwischen rustikalen Webstrukturen, zart transparenten Materialien oder Aluminium. Sollten Sie das alles für eine Fata Morgana halten, fragen Sie einfach in Ihrem Fachgeschäft oder in Fachabteilungen nach Maßartikeln von Vossloh Decoration.
Für die Sonnenseiten des Wohnens.

Ob mit Lamellenvorhängen, Jalousetten oder Rollos – wir erfüllen Ihre Wünsche nach individuell maßgefertigter Fensterdekoration.

VOSSLOH DECORATION

Vossloh Decoration – für 1000 und 1 Nacht.

Märchenhafte Stimmungen zu jeder Tages- oder Nachtzeit – das bietet Ihnen unsere faszinierende Jalousetten-Kollektion. 84 verschiedene Farbtöne entführen Sie ins Reich traumhafter Lichtgestaltungen. Und vier unterschiedliche Lamellenbreiten erfüllen Ihnen auch individuellste Wünsche. Wenn Sie das für ein Märchen halten, fragen Sie doch einfach in Ihrem Fachgeschäft oder in den Fachabteilungen von Kaufhäusern nach Maßartikeln von Vossloh Decoration.
Für die Sonnenseiten des Wohnens.

Ob mit Jalousetten, Lamellenvorhängen oder Rollos – wir erfüllen Ihre Wünsche nach individuell maßgefertigter Fensterdekoration.

VOSSLOH DECORATION

Kunde: Hansa Sicht- und Sonnenschutz GmbH, Hamburg
Marketingleiter: Holdin Kochalski
Werbeagentur: Economia GmbH & Co. KG, Hamburg
Berater: Klaus Utermöhle, Gabriele Studt, Eva-Maria Lierhaus
Konzeption: Klaus Utermöhle, Gabriele Studt, Eva-Maria Lierhaus
Creative Director: Birko Achenbach
Art Director: Christoph Ruppelt
Texter: Dr. Volker Wachenfeld
Fotograf: Bert Brüggemann

Casabiente

Die Natur des Wohnens

Riva. Schwungvolle Eleganz in weiten Variationen

Riva ist geschaffen, Räume zu erschließen, zu beherrschen. Auf den ersten Blick besticht die Eleganz des geschwungenen Korpus. Und dann entführt die Aussicht auf nahezu unendliche, ungeahnte Möglichkeiten. Hier inszeniert die Casabiente-Textilcollection den Gala-Auftritt der creativen Stoffkombinationen.

Bauschige Kissen in Chintz mit floralen Dessins schmiegen sich auf Rips in warmen Unitönen. Reizvoll im Muster-Mix oder alles im Uni-Kleid. Wo auch immer, Riva läßt Weitläufigkeit entstehen. Anbausofas, Ecken, Rundecken, Longchairs eröffnen die Dimension zur Wohnlandschaft. Ganz im Stil von Casabiente. Lässig und in überzeugender Qualität. Von der hochwertigen Unterfederung bis hin zum bauschbeständigen Kissen.

Kunde: Casabiente GmbH, Schloß Weitenburg, Weitenburg
Geschäftsführer: Rainer Fritz

Werbeagentur: Zwiener & Partner Werbeagentur GmbH, Reutlingen
Berater: Hans-Jürgen Zwiener
Konzeption: Hans-Jürgen Zwiener
Creative Director: Hans-Jürgen Zwiener
Art Director: Katinka Baumer, Werner Trotter
Texter: Ulrike Neumann
Fotograf: Maurizio Marcato, Verona

Eine neue Wohnkollektion wird im Segment »natürlich Wohnen« erlebbar positioniert. Die Verschiebung der Werte ist Bekenntnis: Direkter als andere spricht Casabiente vom Gefühl und läßt die Natur des Wohnens neu erleben.

Invito. Massives Holz mit Bezug zur klassischen Bodenständigkeit

Invito lädt ein mitzukommen auf eine Reise voll bacchantischer Gastfreundschaft. Hier kommt der Vino in irdenen Krügen. Beisammensein voll Lebensgefühl und Freude an wertbeständiger Schönheit. Invito macht die Natur des Wohnens zur Natur der Gastlichkeit.

Mit Invito kommen bodenständige Elemente und rustikale Gemütlichkeit ins Spiel. Stuhl oder Armlehnstuhl, Tisch rund oder rechteckig. Durch und durch massive Buche. In einer Formgebung, die alle Möglichkeiten des Arbeitens mit Holz ausschöpft. Flächige Teile bringen die gleichmäßig schöne Buchenmaserung zur Wirkung. Folgen Sie der Einladung von Invito und erleben Sie die Natur des Wohnens neu.

Casabiente

Nonna. Räume der Ruhe neu erschließen

Nonna, die Romanze mit der Natur des Wohnens. Im milden Licht eines trägen Nachmittages läßt Nonna träumen. Vom dolce far niente, der Idee vom süßen Nichtstun. Wer könnte widerstehen, wenn die natürliche Schönheit massiver Buche Eintritt begehrt in die Räume der Ruhe? Auch hier vereint Casabiente die schönsten Materialien zu Möbeln voll Vitalität und Harmonie. Bei Nonna ist dies beispielhaft verarbeitete, massive Buche in sanft geschwungenen Flächen.

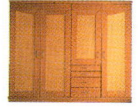

Massive Buche, kombiniert mit feinem Rattangeflecht und Griffen aus Eisen. Als romantischer Gruß kommt Quiro mit einer grazilen Blumensäule dazu und einmal mehr vereinen sich die typischen Elemente der Casabiente-Collection zur Natur des Wohnens.

Casabiente

bulthaup

Jetzt gibt es das Buch, das Sie kennen sollten, bevor Sie sich für eine neue Küche entscheiden

Jetzt gibt es das Buch, das Ihnen hilft, Ihre neue Küche individuell zu gestalten und zeitgerecht einzurichten.

Dieses Buch bietet auf mehr als 100 Seiten Information und Inspiration – durch viele schöne Bilder, Materialbeschreibungen und Einrichtungs-Beispiele.

Es zeigt und sagt alles über das neue bulthaup-Küchensystem. Es dokumentiert eindrucksvoll, was man vom anerkannten bulthaup-Küchenspezialisten erwarten kann: unverwechselbare Lösungen und ungewöhnliche Leistungen.

Dieses Buch mit dem Titel »Die Küche als Lebensraum« schicken wir Ihnen, wenn Sie uns Ihre Anschrift und 15,– DM Schutzgebühr (inklusive MwSt. + Versand) übersenden.

bulthaup Küchensysteme
Abteilung Buchversand 10
D-84153 Aich

bulthaup in der Schweiz: bulthaup Küchen AG, Badenerstrasse 78, CH-8952 Schlieren (Schutzgebühr 15,– sFr.)
bulthaup in Österreich: bulthaup Österreich, Hochsteingasse 19, A-8010 Graz (Schutzgebühr 105,– öS)

Kunde: bulthaup GmbH + Co, Aich
Geschäftsführer: Gerd Bulthaup
Werbeleiter: Rüdiger Wolfram
Werbeagentur: Claus A. Froh, Creative Consultant, Beilstein
Berater: Claus A. Froh
Konzeption: Claus A. Froh
Creative Director: Claus A. Froh
Art Director: Sieghart Koch, Rolf Heide (Architekt)
Texter: Claus A. Froh
Fotograf: Rudolf Schmutz

Informationsschwerpunkt der international eingesetzten bulthaup-Kampagne 2/93 ist das Angebot des Buches »Die Küche als Lebensraum«, eine umfassende Dokumentation des neuen Küchensystems bulthaup 25.

Warum sollten Sie Ihre Küche in einem Geschäft kaufen, in dem es mehr als nur Küchen gibt?

Weil Sie da mehr bekommen als nur eine Küche.

Wenn Sie sich bei IKEA umschauen, werden Sie feststellen, daß es da viel mehr gibt als nur Küchen: Töpfe, Geschirr, Besteck – ja sogar Pflanzen, Gardinen und Tischdecken.

Wenn Sie dann unsere Küchen genauer anschauen, stellen Sie fest, daß Sie auch da mehr bekommen. Mehr Qualität, weil wir Stücke aus der laufenden Produktion immer wieder auf Langlebigkeit prüfen. Mehr Freude, weil Sie eine IKEA Küche durch verschiedene Fronten, Sockel- und Kranzleisten in Ihre persönliche Traumküche verwandeln können. Mehr Service, weil wir Ihre Küchenpläne bis zur Bestellung der Elektrogeräte begleiten und Ihnen sogar ein dreimonatiges Rückgaberecht geben.

Ein Blick in unseren neuen Küchenkatalog genügt, um festzustellen, daß wir nur beim Preis bescheiden sind. Aber das kennen Sie ja von uns.

IKEA

Kunde: IKEA Deutschland, Wallau
Werbeleiter: Karola Sauter

Werbeagentur: Grabarz & Partner, Hamburg
Berater: Anne Duda, Annika Hagberg
Creative Director: Micke Andström, Andreas Grabarz
Art Director: Nicola Fromm
Texter: Ralf Heuel
Grafiker: Britt Hansen
Fotograf: Renato Grome

Die Kampagne erscheint mit wechselnden Motiven in Publikumszeitschriften, Frauentiteln und Wohnzeitschriften. Sie konzentriert sich ganz auf die neuen IKEA-Küchen und arbeitet damit auch für das ganze Sortiment, das IKEA bietet: clevere Einrichtungsideen, gute Qualität, immer den eigenen Geschmack. Und das für wenig Geld.

Wer für seine Traumküche nur knapp 7.000 Mark bezahlen will, muß verzichten können.

Auf einen teuren Namen.

3.979,-
RYMD Einbauküche
Ohne Elektrogeräte, Beleuchtung und Griffe; inkl. Mischbatterie.

Eine IKEA Küche hat vieles, was man eigentlich bei teureren Küchen erwartet: Schubladen mit soliden Metallführungen ...

... farblich passende, dekorative Kranzleisten oder auch Mischbatterien mit 10 Jahren Garantie. Je näher Sie sich eine IKEA Küche anschauen, desto mehr Qualität werden Sie entdecken.

Wundern Sie sich nicht, wenn Sie eine Küche für 7.000 Mark suchen und bemerken, daß Sie bei IKEA viel mehr dafür bekommen. Zum Beispiel eine komplette Küche mit Elektrogeräten und allem Drum und Dran.
Woran das liegt? Daran, daß Sie bei uns nur für das bezahlen, was in einer Küche wirklich wichtig ist: solide, von uns wieder und wieder überprüfte Qualität. Reichhaltiges Zubehör, das Sie ganz individuell kombinieren können. Praktische Details, die helfen, Ihre Küche besser zu organisieren. Und auf Wunsch einen Montageservice, der Ihnen die Küche preiswert fix und fertig installiert. Nur für eines bezahlen Sie nichts: für den Namen IKEA.

Falls Sie sich jetzt doch ein bißchen wundern, fordern Sie unseren neuen Küchenkatalog an. Auch da steht unser Name drauf. Und er kostet keinen Pfennig.

Schicken Sie uns den Coupon, dann schicken wir Ihnen gratis unseren neuen Küchenkatalog. IKEA Deutschland, Am Wandersmann 2-4, 65719 Hofheim. Oder rufen Sie uns an: 0 61 23 / 7 10 21.

NAME
STRASSE
PLZ/ORT

IKEA

Düker   Einrichtung (Möbel/Haustextilien)

Kunde: Eisenwerke Düker GmbH & Co., Karlstadt
Marketingleiter: Klaus Marschall

Werbeagentur: BSLO Bläse, Schott & Partner GmbH, Stuttgart
Berater: Monika Rösch
Creative Director: Peter Jochen Schott
Art Director: Peter Lorenz
Texter: Martina Reese
Grafiker: Wolfgang Haselsteiner
Fotograf: Johannes Pöttgens

Imagekampagne in Wohnmagazinen und meinungsbildenden Titeln.

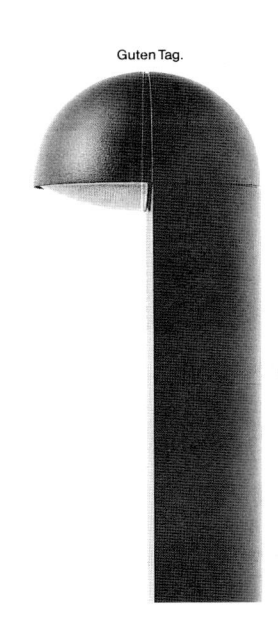

270 Einrichtung (Möbel/Haustextilien) BEGA Leuchten

Kunde: BEGA Gantenbrink-
Leuchten GmbH + Co, Menden
Product Manager: Heiner Gantenbrink
Marketingleiter: Heiner Gantenbrink
Werbeleiter: Heiner Gantenbrink

Werbeagentur: Leonhardt & Kern
Werbung GmbH, Stuttgart
Berater: Waldemar Meister
Konzeption: Waldemar Meister
Creative Director: Waldemar Meister
Art Director: Gertrud Eisele
Texter: Ulli Priemer,
Peter Fleischmann
Grafiker: Gertrud Eisele
Fotograf: Rolf Herkner

So wie die Leuchten von BEGA, so ist auch die Werbung für die Leuchten von BEGA. Einfach und einleuchtend. Die Form zeigen und die Funktion Licht – mehr nicht.

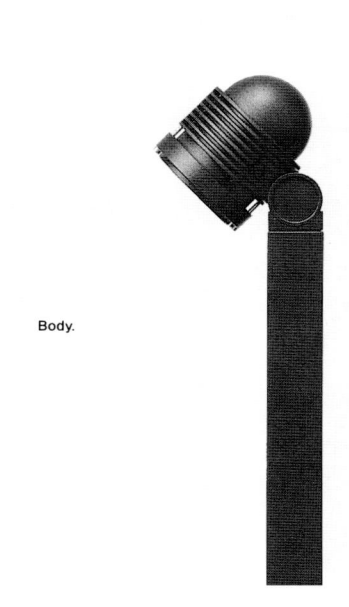

BEGA Leuchten   Einrichtung (Möbel/Haustextilien)   271

Body.

Soul.

Für Haus und Hof.

Für Tag und Nacht.

Einrichtung (Möbel/Haustextilien) — Wehrfritz

Behindert – na und!

Wir können Spaß haben wie alle anderen!
Manchmal brauchen wir nur eine Kleinigkeit, ein Hilfsmittel oder eine kleine Unterstützung. Wir treiben gerne Sport. Am liebsten schwimmen wir. Dazu nehmen wir gerne unsere Spezial-Schwimmatten und schon tummeln wir uns wie die Fische im Wasser.
Genau solche, andere und ganz spezielle Hilfsmittel bietet Ihnen der neue WEHRFRITZ-Katalog für Integrative Einrichtungen, den Sie per Coupon anfordern können.
Sollte der Coupon bereits ausgeschnitten sein, so schreiben Sie einfach eine Postkarte an die WEHRFRITZ GmbH, Postfach 1107, 8634 Rodach.

Muß Behinderung immer behindern?

Nein, am Spielen haben wir ebenso Spaß wie alle!
Manchmal brauchen wir nur eine Kleinigkeit, ein Hilfsmittel oder eine kleine Unterstützung. Vielleicht nur ein Gesellschaftsspiel, mit dem sowohl Blinde untereinander als auch Blinde mit Sehenden spielen können.
Genau solche, andere und ganz spezielle Hilfsmittel bietet Ihnen der neue WEHRFRITZ-Katalog für Integrative Einrichtungen, den Sie per Coupon anfordern können. Sollte der Coupon bereits ausgeschnitten sein, so schreiben Sie einfach eine Postkarte an die WEHRFRITZ GmbH, Postfach 1107, 8634 Rodach.

Was heißt schon behindert sein?

Wir sind genauso sportlich wie alle!
Manchmal brauchen wir nur eine Kleinigkeit, ein Hilfsmittel oder eine kleine Unterstützung. Besonders gerne spielen wir mit Bällen. Unser Ball ist super: Jeder kann ihn jedem zuspielen, denn er hängt in einem Netz von der Decke. Außerdem können wir ihn so viel besser fangen und greifen.
Genau solche, andere und ganz spezielle Hilfsmittel bietet Ihnen der neue WEHRFRITZ-Katalog für Integrative Einrichtungen, den Sie per Coupon anfordern können.
Sollte der Coupon bereits ausgeschnitten sein, so schreiben Sie einfach eine Postkarte an die WEHRFRITZ GmbH, Postfach 1107, 96473 Rodach.

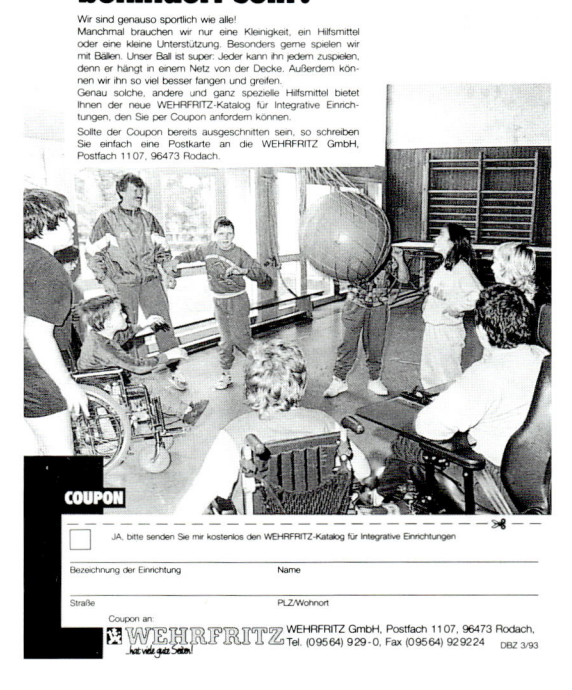

Behinderung ist kein Hinderungsgrund!

Ganz und gar nicht!
Sie sollten mich mal sehen, wenn ich mit meinem Renner durch die Flure und Gänge flitze, oder wenn ich draußen mit Freunden um die Wette fahre. Sie sind nur ein klein wenig spezieller ausgestattet, unsere Fahrzeuge.
Genau solche, andere und ganz spezielle Hilfsmittel bietet Ihnen der neue WEHRFRITZ-Katalog für Integrative Einrichtungen, den Sie per Coupon anfordern können. Sollte der Coupon bereits ausgeschnitten sein, so schreiben Sie einfach eine Postkarte an die WEHRFRITZ GmbH, Postfach 1107, 96473 Rodach.

Kunde: Wehrfritz GmbH, Einrichtung und Ausstattung von Kindergarten und Schule, Rodach
Werbeleiter: Joachim Lämmrich
Konzeption: Joachim Lämmrich
Texter: Joachim Lämmrich
Grafiker: Gertrud Dieckhoff
Fotograf: Christine Aulitzky, Berlin

Sensibilität und Einfühlungsvermögen im Hinblick auf die Zielgruppe »Integrative Einrichtungen« waren die Zielsetzung bei der Ausarbeitung dieser Anzeigenserie.

Branchensieger Persönliche elektronische Geräte

Siemens Funktelefone **278–279**
  Publicis MCD, München/Erlangen

harman deutschland/JBL (RTS Rieger Team, Leinfelden-Echterdingen) **275**
His Master's Voice (Thomas Hülsen, Hamburg) **280**
Pioneer (JK, Bielefeld) **276–277**
Siemens S1 (Publicis MCD, München/Erlangen) **278–279**

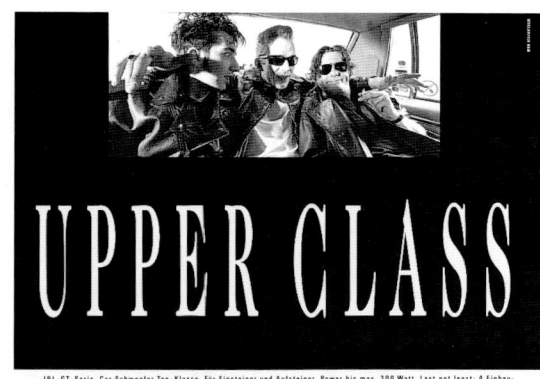

harman/deutschland/JBL — Persönliche elektronische Geräte

Kunde: harman deutschland, Heilbronn
Product Manager: Mathias Brand, Reinhard Haupt
Geschäftsführer: Ludwig Liesenkötter
Werbeagentur: RTS Rieger Team Werbeagentur GmbH, Leinfelden-Echterdingen
Berater: Verena Schwörer
Konzeption: Thomas E. J. Meichle, Dirk Oeldorf
Creative Director Text: Thomas Meichle
Creative Director Art: Dirk Oeldorf
Art Director: Carola Biber
Texter: Martin Klaiber
Fotograf: Peer-Oliver Brecht, Archiv

JBL – die große Lautsprechermarke aus den USA – wird neu positioniert. Die Legende mit neuer Lebensfreude und Watt satt für alle Stilrichtungen.

276 Persönliche elektronische Geräte | Pioneer

Unser PD-S602 zum Thema Vibrationsfreiheit: „Meinen stabilen Plattenteller bringen auch Tschaikowskys Kanonen nicht aus dem Takt."

PIONEER PD-S602: Der CD-Spieler mit dem exzellenten Klang.

Sein stabiles Plattenteller-Laufwerk für vibrationsarme Auflage der CD läßt sich auch durch schwere musikalische Geschütze nicht aus der Ruhe bringen - ob Guns'n'Roses oder Tschaikowsky. Der neue Hologramm-Diode-Laser-Abtaster liest die digitalen Informationen sorgfältig von der CD ab. Die werden im "Direct Linear Conversion"-Verfahren mit 1-Bit-Wandlern ohne Qualitätsverlust in Musik umgesetzt. Das Ergebnis ist ein plastischer, facettenreicher und lebendiger Klang. Puristen können auch das Display abschalten und träumen - zumindest bis zum donnernden Schluß von Tschaikowskys "Ouvertüre 1812". Dann wissen auch Ihre Nachbarn, was Sie am PD-S602 haben.

PIONEER®
The Art of Entertainment

Kunde: Pioneer Electronics Deutschland GmbH, Düsseldorf
Marketing-Manager HIFI/Visual: Toshiharu Matsuki
Marketing Manager Car Audio: Satoshi Ohdate
Werbeagentur: JK Werbeagentur GmbH, Bielefeld
Berater: Bodo Kison
Konzeption: Joachim Knollmann
Creative Director: Peter Lünstroth
Art Director: John Salazar
Texter: Stefan Schickedanz
Grafiker: Petra Bohnhorst
Fotograf: Bert Brüggemann

Pioneer — Persönliche elektronische Geräte

Unsere CDX-M6 und CDX-M12 zum Thema Komfort: **„Weil wir so klein sind, können wir CD-Wechsler bei Ihnen in der ersten Reihe sitzen."**

PIONEER CDX-M6 und CDX-M12: Zwei der kleinsten Car-CD-Wechsler der Welt.

Mal ehrlich: Finden Sie es gut, daß Sie zum Wechseln Ihrer CD-Magazine immer erst anhalten und zum Kofferraum Ihres Autos laufen müssen? Wir nicht. Womit wir schon beim Thema wären: Dem CDX-M6 und dem CDX-M12 für sechs beziehungsweise zwölf CDs. Als zwei der kleinsten Car-CD-Wechsler der Welt sind die beiden so kompakt, daß Sie bei Ihnen im Cockpit mitfahren können. Auf alle Fälle immer in Reichweite. So können Sie auch beim Magazin-Wechsel Ihren Platz beibehalten. Wenn Sie Ihre Fahrt dennoch unterbrechen müssen, dann sicher nur um den Tiger im Tank zu tränken.

PIONEER — The Art of Entertainment

Unser PD-M602 zum Thema Ausdauer: **„Ich mixe Ihnen aus sechs CDs ein abendfüllendes Programm. Aber können Sie auch so lange tanzen?"**

PIONEER PD-M602: Der Wechsler mit der umfangreichen Ausstattung.

Bevor er Sie zum Tanz auffordert, sollten Sie sich noch einmal stärken. Mit seinem Wechsel-Magazin für sechs CDs hat der PD-M602 garantiert den längeren Atem. Seine digitale Lautstärkeregelung hebt Ihnen mit automatischem Pegelausgleich richtig ein. Mit seiner Zufallswiedergabe kann der PD-M602 auf Ihrer nächsten Party sogar glatt den Disc Jockey ersetzen. In seinem Musikarten-Memory prägt er sich verschiedene Musikrichtungen ein und zeigt Ihnen an, ob er gerade Pop, Jazz oder Rock aufgelegt hat. Auf gut Deutsch: Der PD-M602 spielt sechs Stunden völlig autark, auch ohne Wiederholung, wenn's sein muß. Schauen wir doch mal, ob Sie es im Feiern mit ihm aufnehmen können.

PIONEER — The Art of Entertainment

Unser A-702R zum Thema Transparenz: **„Gerade beweise ich dem dritten Geiger von links, daß er beim hohen ''C'' ganz schön daneben gelegen hat."**

PIONEER A-702R: Der Verstärker mit mehr Transparenz und Präzision.

Diese Anzeige sollten sich alle ambitionierten Berufsmusiker zu Herzen nehmen: Es geht um Ihr Ansehen. Baut doch PIONEER schon in der erschwinglichen Preisklasse einen Verstärker, dem kein noch so feines musikalisches Detail entgeht. Und es kommt noch besser. Dank seiner perfekt gekapselten Mehr-Kammer-Konstruktion, seiner vibrationsarmen Aero Wing-Kühlkörper und seines weiten Übertragungsbereichs ortet der neue A-702R Falsch-Spieler sofort. Wenn Sie Ihr Instrument also nicht perfekt beherrschen, sollten Sie Ihr geplantes „Unplugged"-Album vielleicht noch einmal überdenken. Man kann ja nie wissen, ob sich unter Ihren Fans nicht einige A-702R-Besitzer befinden.

PIONEER — The Art of Entertainment

Unser KEH-M9500 RDS zum Thema Sicherheit: **„Draußen das Auto in dunkler Nacht, drinnen mein Bedienteil sicher in Ihrer Tasche."**

„Click & Safe": Der intelligente Diebstahlschutz von PIONEER.

Die Zunahme der Autoradio-Diebstähle braucht Sie nicht zu beunruhigen, wenn Sie eine Car-Audio-Anlage von PIONEER besitzen. Denn da ist der Diebstahlschutz schon ab der Einsteiger-Klasse eingebaut. „Click & Safe" heißt unser System und bedeutet: Wenn Sie Ihr Fahrzeug verlassen, drücken Sie einfach eine Taste („Click"). Schon können Sie das Bedienteil Ihres CD- oder Cassetten-Radios ab- und mitnehmen („Safe"). Das ist die intelligente Lösung für intelligente Menschen, die keine Lust haben, immer ihr ganzes Autoradio unter dem Arm zu nehmen. Und sollten Sie sich einmal nicht sicher sein, hilft ein einfacher Check: Hand aufs Herz — und Sie spüren, daß Ihr Radio noch da ist.

PIONEER — The Art of Entertainment

Siemens S1

Mit dieser Kiste kann Sie ab jetzt nichts mehr aufhalten.

Ein eingebautes Autotelefon schafft es weder bis in die Börse noch in den Biergarten. Ein klassisches Handheld ist nichts für die Autobahn. Mit dem Siemens S1, unserem neuen Mobiltelefon für das D-Netz, kommen Sie überall hin. Der Kfz-Einbausatz „Komfort", den wir als Zubehör für das Siemens S1 entwickelt haben, macht es möglich. Denn damit wird aus dem Leichtgewicht von nur 380 g ein vollwertiges Autotelefon mit Freisprech- und Schnellade-Einrichtung. Wenn Sie es noch sicherer und noch bequemer möchten, können Sie sogar ein Sprachwahlmodul anschließen. Dann brauchen Sie nur noch den Namen eines Gesprächspartners zu nennen, und das Siemens S1 wählt auf Tastendruck seine Nummer. Auch ein Booster gehört zum praktischen Sonderzubehör. Er verstärkt die Sendeleistung von zwei auf acht Watt und macht unser neues Mobiltelefon einzigartig auf dem Markt. Sie haben dann ein Mobiltelefon und ein Autotelefon. Und damit die Vorteile von beiden. Hinzu kommt die kinderleichte, dialog-orientierte Bedienerführung und die perfekte digitale Tonqualität unseres neuen Handhelds. Mehr darüber erfahren Sie von Siemens AG, Info-Service ÖN/Z 22, Sp, Postfach 23 48, 90713 Fürth, oder zum Nulltarif unter Tel. 0130/84 93 93.

Das Mobiltelefon Siemens S1. Easy to use.

Diesen neuen Bestseller liest man ab jetzt in ganz Europa.

So manches gute Buch dient eher dekorativen Zwecken, als daß es gelesen wurde. Nicht so das kleine „Buch" unseres neuen Mobiltelefons Siemens S1. Darin wird jeder, der es besitzt, immer wieder blättern. Mit dem Siemens S1 ist das Abspeichern Ihres persönlichen Telefonverzeichnisses auf dem D-Netz-Chip kein Problem mehr. Statt komplizierte Funktionsbefehle zu lernen, tippen Sie nur noch Telefonnummern und Namen ein und sichern das Ganze. Je nach Netzbetreiber können dies bis zu 255 Anschlüsse sein. Das Abrufen der Nummern funktioniert ebenso einfach: Sie brauchen nur die Taste mit dem Buchsymbol zu drücken, und schon haben Sie ein alphabetisches Adressenverzeichnis, das Sie entweder per Tastendruck durchblättern oder durch Drücken des entsprechenden Buchstabens „aufschlagen" können. Zum Wählen genügt dann ein weiterer Tastendruck. Vorbildliche Bedienungsfreundlichkeit ist aber noch lange nicht der einzige Grund, weshalb Sie mit dem Siemens S1 im D-Netz besser fahren. Am besten Sie prüfen alle. Zum Beispiel in puncto Tonqualität, Leistung und Ausbaufähigkeit. Ausführliche Informationen darüber erhalten Sie von Siemens AG, Info-Service ÖN/Z 22, Sp, Postfach 23 48, 90713 Fürth, oder zum Nulltarif unter Tel. 0130/84 93 93.

Das Mobiltelefon Siemens S1. Easy to use.

Kunde: Siemens AG (Siemens ÖN), München

Werbeagentur: Publicis MCD Werbeagentur GmbH, München/Erlangen
Creative Director: Dietmar Blum
Art Director: Friedrich O. Schäfer
Texter: Monika Manzi
Grafiker: Oliver Gardaseviç
Fotograf: EL-Studio (K. H. Elstner)

Bekanntmachung und Positionierung des Produktes Siemens S1 als leistungsfähigstes und bedienerfreundlichstes Mobilfunkgerät im Segment der Handys.

Siemens S1

Persönliche elektronische Geräte

SIEMENS

In diesem Fenster sehen Sie ab jetzt Tag und Nacht ganz scharfe Nummern.

Lassen Sie sich keine Drei für eine Acht vormachen. Wenn Sie viel unterwegs sind, brauchen Sie ein Mobiltelefon, das perfekt funktioniert.
Das neue Siemens S1, unser Highlight für das D-Netz, ist so ein Gerät. Nicht nur was die Tonqualität betrifft.

Das Leichtgewicht mit nur 380 g glänzt vor allem durch eine Reihe praktischer Details, die Ihnen das Telefonieren noch einfacher und bequemer machen. Da wäre zunächst die völlig neue LCD-Anzeige, deren Buchstaben und Nummern nicht nur schärfer und leserlicher im Display erscheinen, sondern je nach Länge sogar in doppelter Zeilengröße dargestellt werden. So erkennen Sie selbst bei flüchtigem Hinsehen alle Zahlen auf Anhieb. Natürlich hat unser neues Handheld noch weitaus mehr als scharfe Nummern im Programm. Zum Beispiel ein komplettes Menü, aus dem Sie insgesamt neun Funktionen wie Konferenzschaltung, Rückruf oder Wahlwiederholung usw. anwählen können. Ohne komplizierte Befehle und Bedienungsschritte, sondern nur mit einem simplen Tastendruck.

Mehr Details über das neue Siemens S1 erfahren Sie von Siemens AG, Info-Service ÖN/Z 22, Fo, Postfach 23 48, 90713 Fürth, oder zum Nulltarif unter Tel. 0130/84 93 93.

Das Mobiltelefon Siemens S1. Easy to use.

280 **Persönliche elektronische Geräte** His Master's Voice

Kommen wir Ihnen etwa märchenhaft vor?

Als das Jahrhundert noch jung war, stand unser Name bereits seit langer Zeit für intelligenten Erfindergeist und für behutsame Liebe zu jenen Details, ohne die ein Produkt unseres Hauses einfach nicht denkbar wäre. In Bewahrung dieser Traditionen haben wir einen Menschheitstraum verwirklicht. Und ein Lautsprechersystem geschaffen, welches zu einer Legende wurde.

Die Musik ist keine Dienerin der Menge.

Es war um 1900, als HIS MASTER'S VOICE damit begann, die Welt der Musik den Menschen näherzubringen. Heute, viele Jahre später, haben wir unser Augenmerk auf die Herstellung sensibler, konsequent modularer Lautsprechersysteme gerichtet. Lautsprechersysteme, in denen nicht nur Erfindergeist, sondern auch viel Liebe fürs Detail steckt.

Haben Sie Ihr Gelübde bereits vergessen?

In den kurzen, stürmischen Jahren ihrer Jugend haben unsere Mandanten mit glühenden Herzen und mit hingebungsvollen Worten feierlich gelobt, immer nur das Schönste, das Höchste, das Beste zu akzeptieren. Eine gewaltige Mehrheit dieser ganz außergewöhnlichen Menschen leistet sich heute das geheime Vergnügen, ihr gegebenes Versprechen mit stillem Eifer einzulösen. Wir freuen uns, Ihnen bei dieser so entbehrungsreichen wie erfüllenden Tätigkeit zu begegnen. Denn Ihre Ideale stehen bei uns bereits seit langer Zeit hoch im Kurs.

Kunde: Equar Electronic GmbH, Dägeling
Product Manager: Dieter Göring
Marketingleiter: Dieter Göring

Werbeagentur: Thomas Hülsen Marketing Communication, Hamburg
Berater: Thomas Hülsen
Konzeption: Thomas Hülsen
Creative Director: Thomas Hülsen
Art Director: Douglas Bousquet
Texter: Thomas Hülsen
Grafiker: Manuela Liese
Fotograf: Klaus Stemmler

Die legendäre Marke »His Master's Voice« wird nach 100jährigem Schlaf wieder dem arrivierten Publikum als ungewöhnliches Meta-Produkt angeboten.

Gebrauchsgüter   Persönlicher Bedarf (Uhren, Schmuck, Schreibgeräte)

Branchensieger Persönlicher Bedarf (Uhren, Schmuck, Schreibgeräte)

Seiko   **284–285**
 Baums, Mang und Zimmermann, Düsseldorf

Persönlicher Bedarf (Uhren, Schmuck, Schreibgeräte)

Baier & Schneider (DieCrew, Stuttgart) **293**
Faber-Castell (Rogge & Partner, Frankfurt am Main)* **292**
Fossil Uhren (Hiel & Partner/BBDO, München)* **286**
Hummel (Dongowski & Simon, Stuttgart) **301**
Juweliere Ellert (Beer & Partner, Wien) **283**
Lamy persona (Leonhardt & Kern, Stuttgart)* **290**
Lamy swift (Leonhardt & Kern, Stuttgart)* **291**
Niessing Radius 9 (H. P. Hoffmann, Düsseldorf)* **287**
Niessing Schmuck (H. P. Hoffmann, Düsseldorf)* **288–289**
Nürnberger Hercules Werke (RTS Rieger Team, Leinfelden-Echterdingen) **305**
Playskool (Holtkamp, Müller, Kentenich & May, Düsseldorf) **294–298**
Pro Kennex (Ogilvy & Mather, Frankfurt am Main) **306**
Raleigh Fahrräder (Tartsch & Die Zwölf, Osnabrück) **304**
Revell (Hildmann + Schneider, Düsseldorf) **299**
Seiko (Baums, Mang und Zimmermann, Düsseldorf)* **284–285**
Silver Crystal (DDB Needham, Wien)* **300**
Victorinox (Wundermann Cato Johnson, Wien)* **302–303**

* Europa-/Globalkampagne

Juweliere Ellert Persönlicher Bedarf (Uhren, Schmuck, Schreibgeräte)

JUWELIERE ELLERT
vis-à-vis Stephansdom

1010 Wien, Stephansplatz 9, Dom Café Passage

Kunde: Juweliere Ellert GesmbH, Wien

Werbeagentur: Beer & Partner Kurt H. Beer WerbegesmbH, Wien
Berater: Kurt H. Beer
Konzeption: Christine Beer
Creative Director: Kurt H. Beer
Texter: Christine Beer
Grafiker: Thomas Grünwald

Imagekampagne für das City-Geschäft einer Wiener Juwelierkette mit vier Filialen.

Persönlicher Bedarf (Uhren, Schmuck, Schreibgeräte) — Seiko

Kunde: Seiko Deutschland GmbH, Düsseldorf
Geschäftsführer Deutschland: Klaus Grentrup
General Manager Europa: Rob Wilson
Werbeagentur: BMZ Werbeagentur GmbH & Co. KG, Düsseldorf
Berater: Rolf D. Körner, Gert Feltes, Steffanie Rutka
Konzeption: Wolfgang Fetzer, Ralf Freimuth
Creative Director: Wolfgang Fetzer
Art Director: Ulrike Ruland
Texter/Script: Jeanne Becker
Producer FFF: Gabi Bertho
Filmproduktion: teleMAZ, Hamburg
Cutter: Rüdiger Holzapfel

Seiko   Persönlicher Bedarf (Uhren, Schmuck, Schreibgeräte)   285

Kunde: Seiko Deutschland GmbH, Düsseldorf
Geschäftsführer Deutschland: Klaus Grentrup
General Manager Europa: Rob Wilson

Werbeagentur: BMZ Werbeagentur GmbH & Co. KG, Düsseldorf
Berater: Rolf D. Körner, Gert Feltes, Steffanie Rutka
Konzeption: Wolfgang Fetzer, Ralf Freimuth

Creative Director: Wolfgang Fetzer
Art Director: Ulrike Ruland
Texter: Jeanne Becker
Junior Art Director: Stefan Witte
Fotograf: Detlef Trefz (Uhren)

Kunde: Fossil Europe GmbH, Traunstein
Product Manager: Gerhard Geisreiter
Marketingleiter: Hans Stopfinger
Werbeleiter: Monika Glang

Werbeagentur: Hiel/BBDO Werbeagentur GmbH, München
Berater: R. Walter Hiel
Konzeption: Wolfram Gehring, Ivar Våge
Creative Director: Wolfram Gehring
Art Director: Ivar Våge
Texter: Wolfram Gehring
Grafiker: Susanne Töpfer
Fotograf: Werner Grawe

Die US-50ies und Lebensfreude sind die zentralen Elemente der Marke Fossil. Die Kampagne vermittelt das Gefühl und macht Lust, die Trenduhr aus Amerika zu tragen.

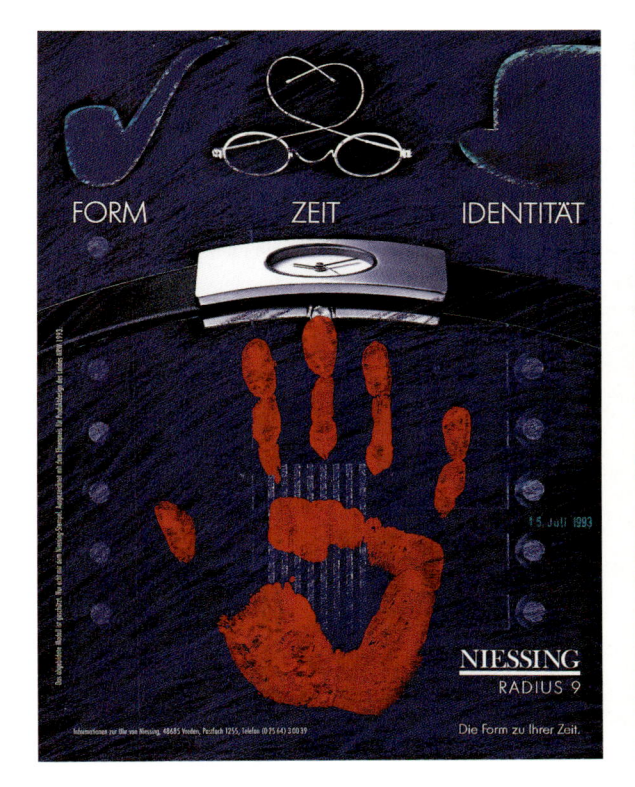

Niessing Radius 9 Persönlicher Bedarf (Uhren, Schmuck, Schreibgeräte) 287

Kunde: Niessing GmbH, Vreden
Product Manager: Wilhelm Tigges
Geschäftsleitung: Jochen Exner

Werbeagentur: H. P. Hoffmann, Gruppe für verbale und visuelle Kommunikation, Düsseldorf
Konzeption: H. P. Hoffmann
Art Director: Martina Ibbels
Texter: H. P. Hoffmann
Grafiker: Martina Ibbels
Fotograf: H. P. Hoffmann

Die Gestaltung von Produkt und Werbung soll eine designorientierte Zielgruppe erreichen.

Persönlicher Bedarf (Uhren, Schmuck, Schreibgeräte) **Niessing Schmuck**

Ein exakter Hohlreif wird an vielen Stellen vom Goldschmied verformt. Das Ergebnis ist Schmuck in barocker Fülle mit spürbaren Strukturen und starken Lichtkontrasten.

Schreiben Sie Niessing.
Postfach 1255 E, 48685 Vreden
Telefon (02564) 30039

NIESSING

Die abgebildeten Modelle sind geschützt. Nur echt mit dem NIESSING-Stempel.

Kunde: Niessing GmbH, Vreden
Product Manager: Wilhelm Tigges
Geschäftsleitung: Jochen Exner

Werbeagentur: H. P. Hoffmann, Gruppe für verbale und visuelle Kommunikation, Düsseldorf
Konzeption: H. P. Hoffmann
Art Director: Martina Ibbels
Texter: H. P. Hoffmann
Fotograf: H. P. Hoffmann

Werbung für avantgardistisch gestalteten Schmuck aus Gold und Platin der Marke Niessing.

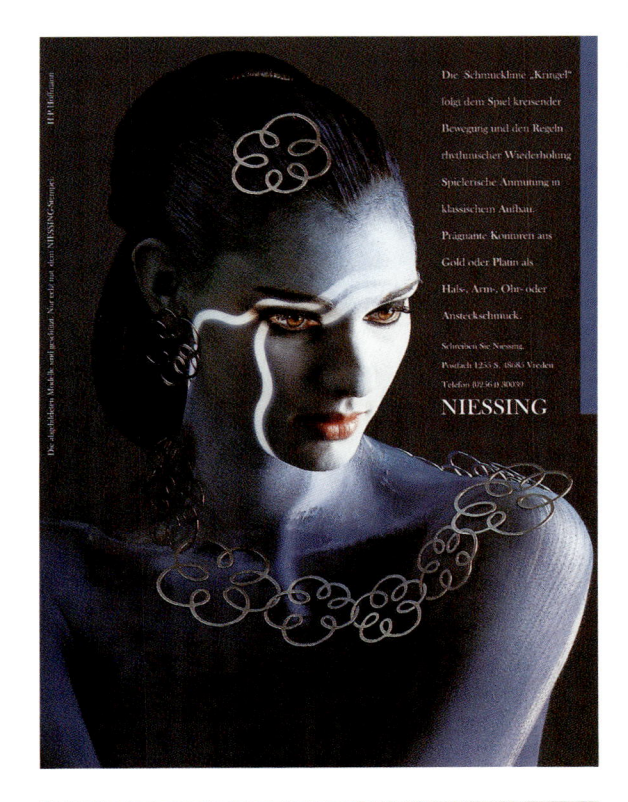

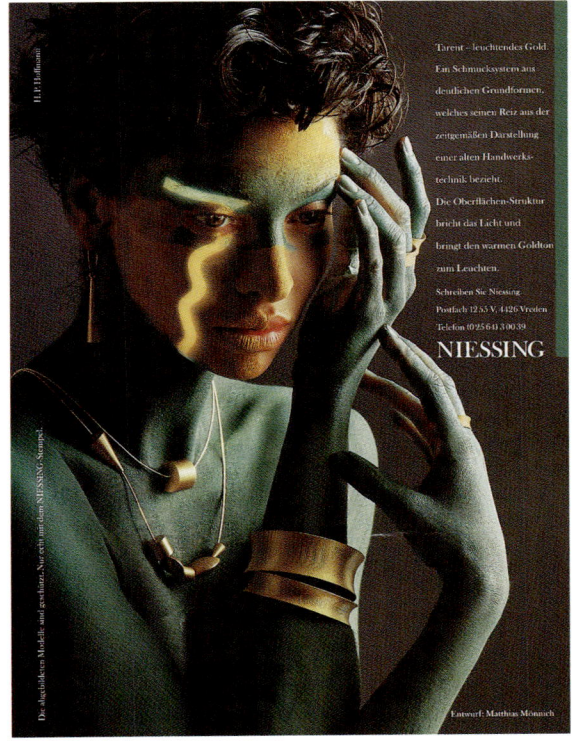

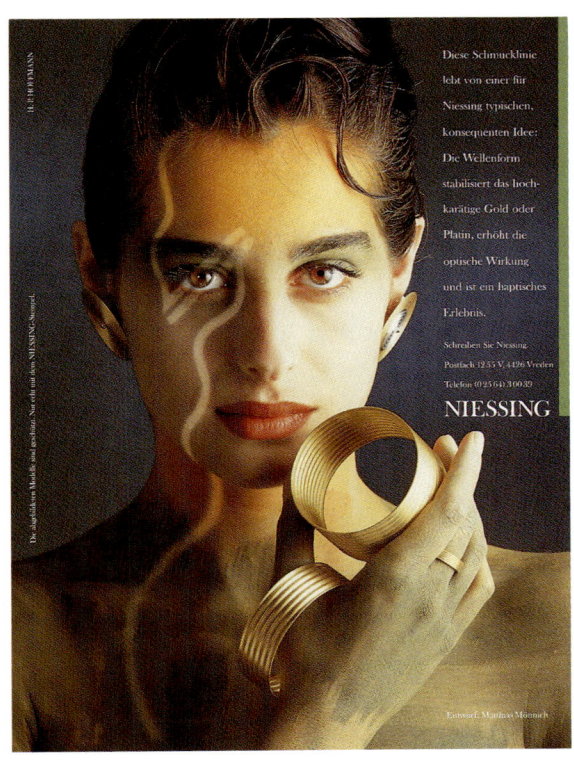

Niessing Schmuck   **Persönlicher Bedarf (Uhren, Schmuck, Schreibgeräte)**   289

Certains se doivent d'écrire comme personne. Lamy persona.

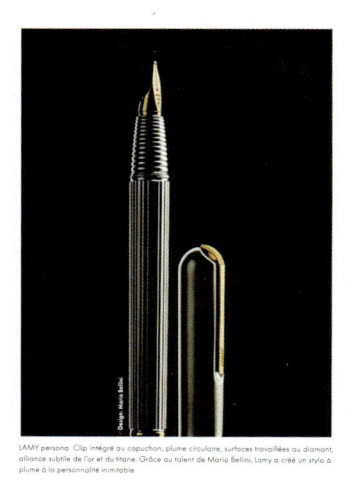

Individuality has a new symbol: Lamy persona.

Individualisme heeft een nieuw symbool: de Lamy persona.

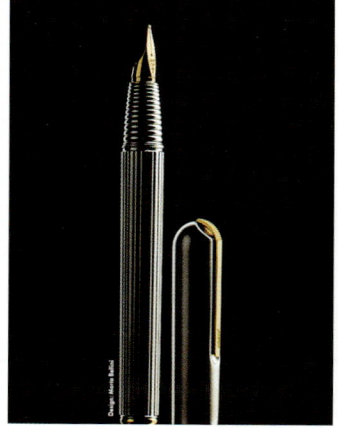

Kunde: C. Josef Lamy GmbH, Heidelberg
Marketingleiter: Wolfgang Weber

Werbeagentur: Leonhardt & Kern Werbung GmbH, Stuttgart
Berater: Waldemar Meister, Hans Gerd Klein
Konzeption: Waldemar Meister, Hans Gerd Klein
Creative Director: Waldemar Meister, Hans Gerd Klein
Art Director: Gertrud Eisele
Texter: Hans Gerd Klein

Grafiker: Gertrud Eisele
Fotograf: Axel Waldecker

Weil gutes Design Europas erste gemeinsame Sprache ist, schaltet Lamy seine Anzeigen für den LAMY persona und den LAMY swift auch in Österreich, Schweiz, Italien, Spanien, Frankreich, Belgien, Niederlande, Dänemark und Großbritannien. Unverändert im Auftritt.

Lamy swift   **Persönlicher Bedarf (Uhren, Schmuck, Schreibgeräte)**

Kunde: C. Josef Lamy GmbH, Heidelberg
Marketingleiter: Wolfgang Weber

Werbeagentur: Leonhardt & Kern Werbung GmbH, Stuttgart
Berater: Waldemar Meister, Hans Gerd Klein
Konzeption: Waldemar Meister, Hans Gerd Klein
Creative Director: Waldemar Meister, Hans Gerd Klein
Art Director: Gertrud Eisele
Texter: Hans Gerd Klein

Grafiker: Gertrud Eisele
Fotograf: Axel Waldecker

Weil gutes Design Europas erste gemeinsame Sprache ist, schaltet Lamy seine Anzeigen für den LAMY persona und den LAMY swift auch in Österreich, Schweiz, Italien, Spanien, Frankreich, Belgien, Niederlande, Dänemark und Großbritannien. Unverändert im Auftritt.

292 **Persönlicher Bedarf (Uhren, Schmuck, Schreibgeräte)** **Faber-Castell**

Kunde: Faber-Castell GmbH & Co., Stein/Nürnberg
Product Manager: Heinz Winkler
Marketingleiter: Helmut Otto

Werbeagentur: Rogge & Partner, Agentur für Werbung und Verkaufsförderung GmbH, Frankfurt am Main

Berater: Peter K. Rogge
Konzeption: Heidi Maass, Susanne R. Müller
Creative Director: Heidi Maass, Susanne R. Müller
Art Director: Susanne R. Müller
Texter: Heidi Maass
Grafiker: Wolfgang Härle
Fotograf: Detlef Trefz

Salesbook, Endverbraucherbroschüre sowie Publikumsanzeige in Form eines vierseitigen Beihefters in Wirtschaftsmagazinen für die Neueinführung der Premium-Produktlinie »Graf von Faber-Castell«.
Angesprochen werden sollen Führungskräfte in der Wirtschaft und dem öffentlichen Leben.

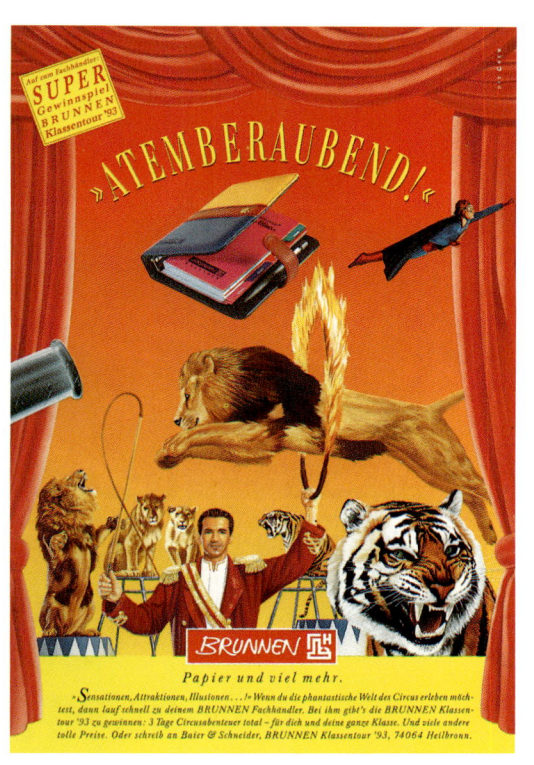

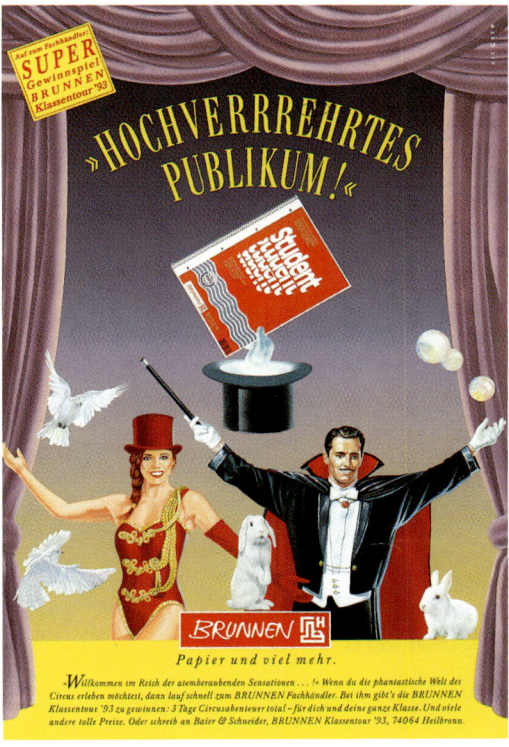

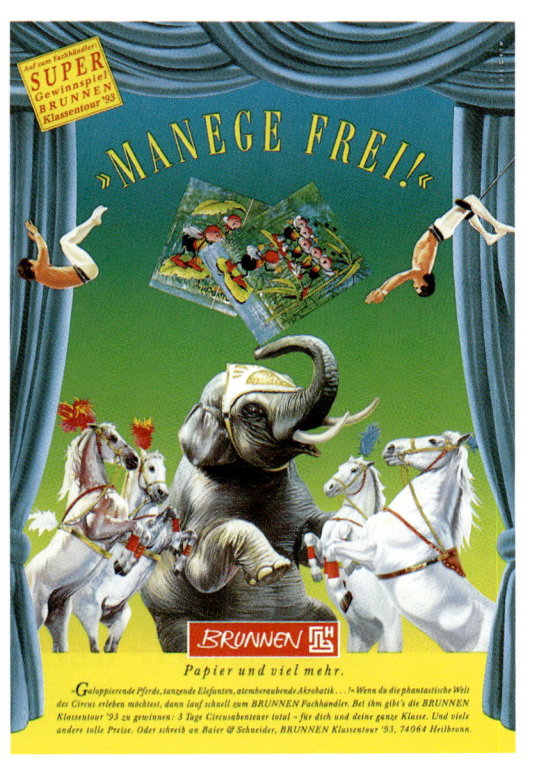

Baier & Schneider   **Persönlicher Bedarf (Uhren, Schmuck, Schreibgeräte)**   293

Kunde: Baier & Schneider GmbH & Co. KG, Heilbronn
Werbeleiter: Ernst Schaffert

Werbeagentur: Die Crew Werbeagentur GmbH, Stuttgart
Berater: Claus de Ponte, Torsten Schmitz
Konzeption: Claus de Ponte
Art Director: Karlheinz Kirsch
Texter: Michael Schultheiß
Grafiker: Achim Rebmann

Anzeigenserie zur Ansprache von 6- bis 14jährigen in Kindertiteln (Comics/Bravo). Einschaltzeitraum: rund um den Schulbeginn.

Magische Maltafel

PLAYSKOOL

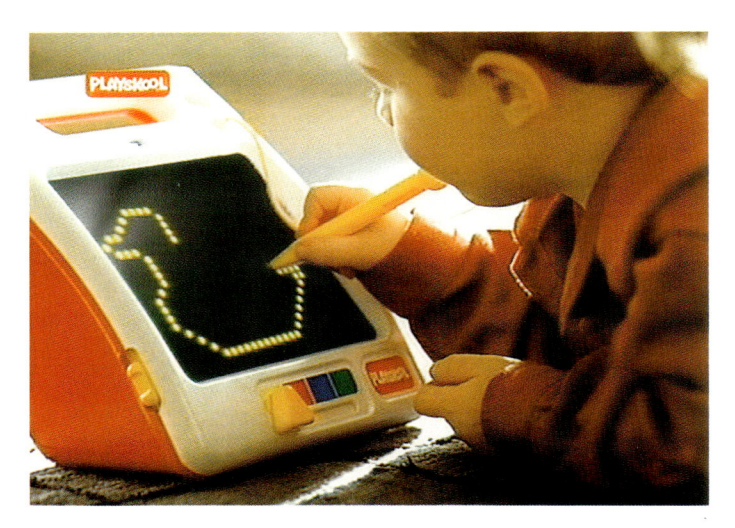

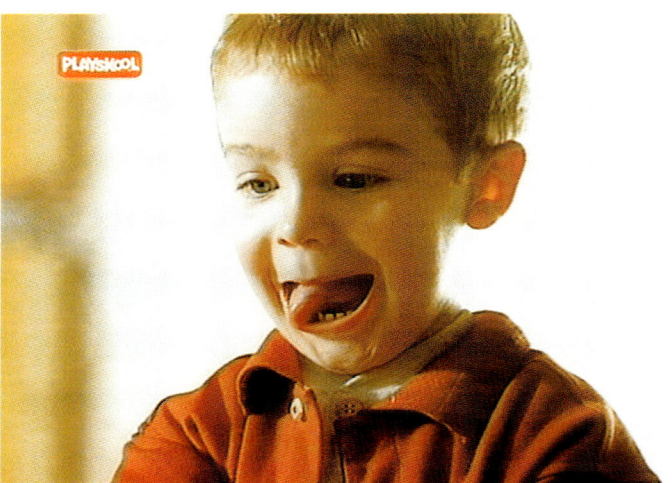

Spielen fängt mit Playskool an.

Kunde: Hasbro Playskool, Fürth
Product Manager: Alexandra Wilson
Marketingleiter: Thomas Caric

Werbeagentur: Holtkamp, Müller, Kentenich & May Werbeagentur GmbH GWA, Düsseldorf
Berater: Sabine Joest, Bibiana Abels
Creative Director: Wolfgang Kentenich
Art Director: Ulrike Appel
Texter/Script: Kurt Eimers
Filmproduktion: voss aktiengesellschaft tv-ateliers, Düsseldorf

Playskool Persönlicher Bedarf (Uhren, Schmuck, Schreibgeräte)

Fühl' mich

PLAYSKOOL

Spielen fängt mit Playskool an.

Kunde: Hasbro Playskool, Fürth
Product Manager: Alexandra Wilson
Marketingleiter: Thomas Caric

Werbeagentur: Holtkamp, Müller, Kentenich & May Werbeagentur GmbH GWA, Düsseldorf
Berater: Sabine Joest, Bibiana Abels
Creative Director: Wolfgang Kentenich
Art Director: Ulrike Appel
Texter/Script: Kurt Eimers
Filmproduktion: voss aktiengesellschaft tv-ateliers, Düsseldorf

296　**Persönlicher Bedarf (Uhren, Schmuck, Schreibgeräte)**　**Playskool**

Clipo

PLAYSKOOL®

Spielen fängt mit Playskool an.

Kunde: Hasbro Playskool, Fürth
Product Manager: Alexandra Wilson
Marketingleiter: Thomas Caric

Werbeagentur: Holtkamp, Müller, Kentenich & May Werbeagentur GmbH GWA, Düsseldorf
Berater: Sabine Joest, Bibiana Abels
Creative Director: Wolfgang Kentenich
Art Director: Ulrike Appel
Texter/Script: Kurt Eimers
Filmproduktion: voss aktiengesellschaft tv-ateliers, Düsseldorf

Playskool **Persönlicher Bedarf (Uhren, Schmuck, Schreibgeräte)** 297

Wasserspielzeug

PLAYSKOOL

Spielen fängt mit Playskool an.

Kunde: Hasbro Playskool, Fürth
Product Manager: Alexandra Wilson
Marketingleiter: Thomas Caric

Werbeagentur: Holtkamp, Müller, Kentenich & May Werbeagentur GmbH GWA, Düsseldorf
Berater: Sabine Joest, Bibiana Abels
Creative Director: Wolfgang Kentenich
Art Director: Ulrike Appel
Texter/Script: Kurt Eimers
Filmproduktion: voss aktiengesellschaft tv-ateliers, Düsseldorf

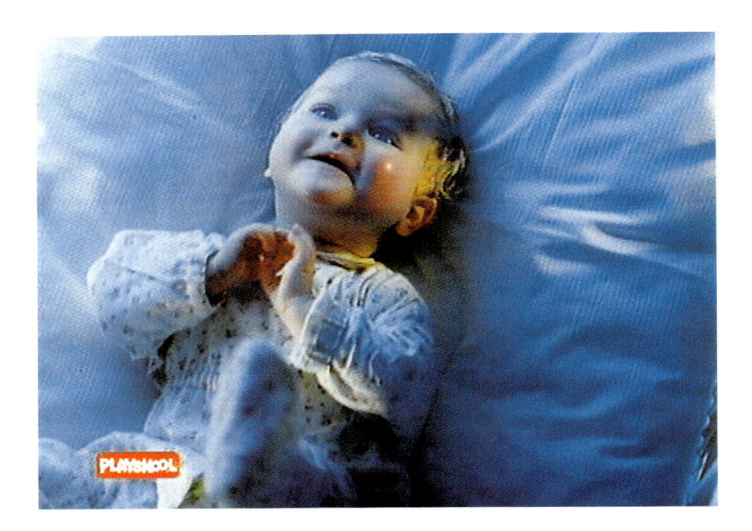

298   **Persönlicher Bedarf (Uhren, Schmuck, Schreibgeräte)**   **Playskool**

Schlummerzauber

PLAYSKOOL

Spielen fängt mit Playskool an.

Kunde: Hasbro Playskool, Fürth
Product Manager: Alexandra Wilson
Marketingleiter: Thomas Caric

Werbeagentur: Holtkamp, Müller, Kentenich & May Werbeagentur GmbH GWA, Düsseldorf
Berater: Sabine Joest, Bibiana Abels
Creative Director: Wolfgang Kentenich
Art Director: Ulrike Appel
Texter/Script: Kurt Eimers
Filmproduktion: voss aktiengesellschaft tv-ateliers, Düsseldorf

ZWEI KILO HEISSES EISEN FÜR FERRARI-LIEBHABER.

Wenn Sie es beim Träumen ganz genau nehmen: der Ferrari 250 GTO, Maßstab 1:12.

Bei Ihnen muß alles bis ins kleinste stimmen. Speziell für Sie haben wir das Metallmodell vom Ferrari 250 GTO geschaffen. In penibler Handarbeit wurden über hundert Einzelteile zusammengesetzt und bemalt. Wenn Sie diesen zwei Kilo schweren, Wirklichkeit gewordenen Traum in Händen halten, werden Sie sich fragen: Was hat das Original von Ferrari, was das Modell von Revell nicht hat? Kleiner Tip: es hat mit den Anschaffungskosten zu tun. **DAS ORIGINAL VOM ORIGINAL.** Revell

EINE SEGLER-LEGENDE IN 180 TEILEN.

25 Segel für ein La Paloma: Die Alexander von Humboldt, Maßstab 1:150.

Was gibt es Schöneres, als nach einem harten Arbeitstag die Segel zu setzen. Und zwar an den Masten einer schwimmenden Legende, der Alexander von Humboldt. Während man sein Traumschiff Stück für Stück zusammenbaut, lernt man es so gut kennen, als ob man mit ihm die sieben Weltmeere selbst bereist hätte. Denn das Modell von Revell, im Maßstab von 1:150 entspricht bis zum kleinsten Segel vollkommen seinem großen Vorbild. **DAS ORIGINAL VOM ORIGINAL.** Revell

DAS NEUESTE MODELL VON EUROPAS FÜHRENDEM FLUGZEUG-HERSTELLER.

Ein Verkaufsschlager aus Bünde/Westfalen: der Airbus A 330.

Über die Hälfte Ihrer Kunden besitzen ein Flugzeug, bevor sie sich ein Auto kaufen. Dabei starten sie am liebsten mit Maschinen im kleinen Maßstab. Der vom Airbus A 330 ist übrigens 1:144. Wenn Sie dieses Modell verkaufen, können Sie sicher sein, den Kunden bald wiederzusehen. Schließlich will der ja auch irgendwann mal sein erstes Auto haben. Und da haben Sie ihm als Revell-Händler ja einiges zu bieten. **DAS ORIGINAL VOM ORIGINAL.** Revell

EIN BOXER, DER ALLES SCHLÄGT.

Ein Boxer, der an Eleganz selbst René Weller in den Schatten stellt: Die BMW R 1100 RS.

Motorräder sind schön. Nierengurte, Regenkombis und Integralhelme sind eher lästig. Da ist es doch eine wunderbare Nachricht, daß es jetzt von Revell eines der schönsten Motorräder unserer Zeit, die BMW R 1100 RS, als Fertigmodell aus Metall im praktischen Maßstab 1:12 gibt. So können Sie diesen Traum von einem Motorrad mit all seinen Details in Ruhe bewundern und haben anschließend nicht mal Motoröl an den Händen. **DAS ORIGINAL VOM ORIGINAL.** Revell

---

Kunde: Revell AG, Bünde
Vorstand Marketing u. Vertrieb: Hans Ulrich Remfert
Marketingleiter: Jürgen Silny
Werbeagentur: Hildmann + Schneider GmbH, Düsseldorf
Berater: Wolfgang Wind, Rainer Kitzmann, Anke Hellmann
Creative Director: Manfred Ohling, Frank Schneider
Art Director: Jürgen Fritsche
Texter: Michael Brepohl
Grafiker: Iris Leonhardt
Fotograf: Jörg Schanze

Die Verwender und Schenker sollen vom Führungsanspruch der Marke in den Dimensionen Qualität, Aktualität und Sortiment angesprochen werden.

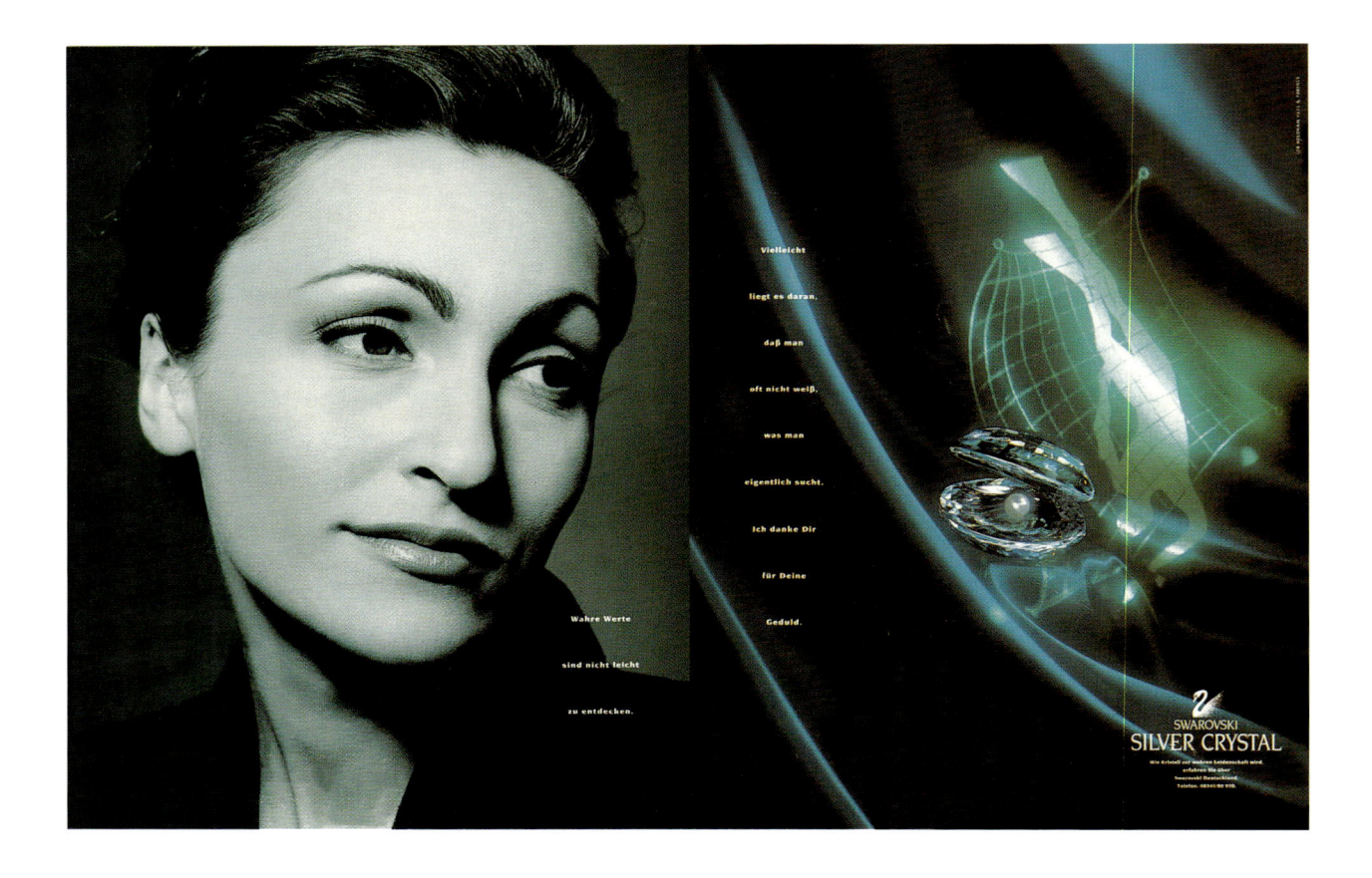

Persönlicher Bedarf (Uhren, Schmuck, Schreibgeräte) Silver Crystal

Kunde: Daniel Swarovski Corporation AG, Zürich/Feldmeilen
Marketingleiter: Michael Kohla
Werbeleiter: Hanna Sonderegger
Werbeagentur: DDB Needham Heye & Partner, Wien
Berater: Antje Kreyssig
Konzeption: Svenja Rossa, Hanns-Georg Saxer
Creative Director: Svenja Rossa, Hanns-Georg Saxer
Art Director: Hanns-Georg Saxer
Texter: Svenja Rossa
Grafiker: David Wagner
Fotograf: links: Jan Michael, rechts: Thomas Popinger

Hummel   **Persönlicher Bedarf (Uhren, Schmuck, Schreibgeräte)**

Kunde: W. Goebel Porzellanfabrik, Rödental
Werbeleiter: Herbert Hennig
Werbeagentur: Dongowski & Simon GmbH, Stuttgart
Berater: Ute Theurer
Konzeption: Heinz-Joachim Simon
Art Director: Beate Tschakert
Texter: Oliver Ecke
Fotograf: Thomas Weccard

Zielgruppe: Frauen. Dargestellt wird eine moderne, zeitgemäße Geschenkanlaßsituation. Emotional starke Umsetzung durch Kinder.

302 **Persönlicher Bedarf (Uhren, Schmuck, Schreibgeräte)** — Victorinox

ZUGEGEBEN, DER HAMMER FEHLT.

Hiermit stellen wir Ihnen den kleinsten Werkzeugkasten der Welt vor: den „Swiss Champ" von Victorinox. Schleifen, schneiden, öffnen, schrauben, sägen, feilen, zwicken und vieles, vieles mehr. Die Vorzüge des Original Schweizer Offiziersmessers sind nämlich so zahlreich wie die kleinen Überraschungen des täglichen Lebens. Zugegeben, aus Gewichtsgründen mußten wir vorerst auf den Hammer verzichten. Doch selbst daran arbeiten wir bereits. Für alle Fälle,

VICTORINOX
DAS ORIGINAL SCHWEIZER OFFIZIERSMESSER

Kunde: Ignaz Rösler's Nachf. HandelsgesmbH., Wien
Product Manager: Josef Jarausch
Marketingleiter: Josef Jarausch, Dr. Gerhard Bruckner
Werbeleiter: Josef Jarausch, Dr. Gerhard Bruckner
Werbeagentur: Wunderman Cato Johnson, Wien
Berater: Erika Walker
Konzeption: Eva Dranaz, Thomas Jank
Creative Director: Eva Dranaz, Thomas Jank
Art Director: Eva Dranaz
Texter: Thomas Jank
Grafiker: Gea Gosse, Hans-Jörg Schieler
Fotograf: Staudinger & Franke

2 PS SERIENMÄSSIG.

ABSOLUT SÄGENHAFT.

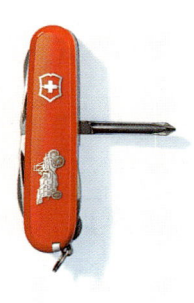

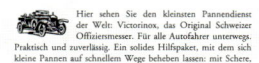

DAS ZIEHT IMMER.

HILFT AUCH GEGEN SCHUPPEN.

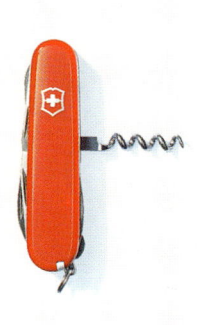

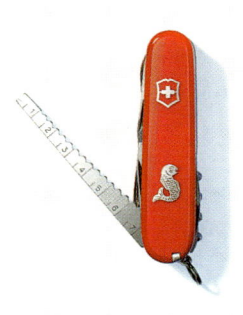

*Die Kampagne besteht aus Anzeigen und einem zweistufigen Händlermailing.
Strategie: 1. Produkt Victorinox Schweizer Messer muß aktualisiert werden. 2. Es gilt, Produkteigenschaften darzustellen, es muß wieder ins Bewußtsein der potentiellen Käufer rücken. 3. Verwendungsbereich und -vielfalt soll aufgezeigt werden.
4. Es gilt, freizeitaktive Menschen anzusprechen.*

Sieben „Blaue" für die Fahrt ins Grüne*

*Raleigh-Mountainbike KANDARA für

699,– DM

- die passende Kombination: Cro-Mo-Rahmen
- auf Fahrspaß geschaltet: Shimano Altus C 10
- lieferbar in den Rahmenhöhen:
  D 48, H 39/43/48/53/58

☐ Ja, ich will wissen, wo meine Blauen grünes Licht für das KANDARA geben können.
☐ Ja, ich will mehr über alle Raleigh-Collectionen wissen.

Name _____
Straße _____
PLZ/Ort _____
Alter/Beruf _____

Raleigh Fahrräder GmbH
Leyer Straße 26, 4500 Osnabrück

RALEIGH

Der Gipfel der Unverschämtheit*

*Raleigh-Mountainbike PEAK für

1399,– DM

- der feine Unterschied: K2-Cro-Mo-Rahmen
- auf Fahrvergnügen geschaltet: Shimano Deore LX
- lieferbar in den Rahmenhöhen: 39/43/48/53

☐ Ja, ich will wissen, wo das unverschämte PEAK auf mich wartet.
☐ Ja, ich will mehr über alle Raleigh-Collectionen wissen.

Name _____
Straße _____
PLZ/Ort _____
Alter/Beruf _____

Raleigh Fahrräder GmbH
Leyer Straße 26, 4500 Osnabrück

RALEIGH

Kunde: Raleigh. Fahrräder GmbH, Osnabrück
Marketingleiter: Mario Moeschler
Werbeleiter: Christina Kuhlmann

Werbeagentur: Tartsch & Die Zwölf AG, Osnabrück
Berater: Silke Reiner
Konzeption: Helmut Morr, Stefanie Staats-Jürgens
Creative Director: Stefanie Staats-Jürgens
Texter: Helmut Morr
Fotograf: Warner Studios, Osnabrück

Eine Anzeigenkampagne in Special-Interest-Titeln mit Rückkopplungsmöglichkeit zum Abverkauf von drei preisattraktiven Modellen. Alle drei Anzeigen wurden in einer Ausgabe auf drei aufeinanderfolgenden rechten Seiten plaziert.

Nürnberger Hercules-Werke — Persönlicher Bedarf (Uhren, Schmuck, Schreibgeräte)

Liebe Hildegard, dieses Jahr kann ich leider nicht mit auf die Beautyfarm. Denn eine ganz neue Idee hat mich auf Touring gebracht. Sicher wird mir das Straffen und Liften fehlen. Ich muß halt sehen, wie ich mit Bewegung an der frischen Luft über die Runden komme. Deinen Diätplan schicke ich Dir deshalb wieder zurück.

HERCULES TOURING.
Die ganz bequeme Entscheidung. Mit gefedertem Gelsattel, tiefem Durchstieg und komfortablem Cruiserlenker. Der Antrieb kommt von Sachs: 5-Gang Torpedo Pentasport. Die Probefahrt beginnt beim Fachhändler. Dort gibt es auch den neuen Katalog mit dem starken Programm auf 50 farbigen Seiten oder direkt bei: Nürnberger HERCULES-Werke, Postf. 33 36, 8500 Nürnberg 70.

HERCULES SAGENHAFT GEMACHT

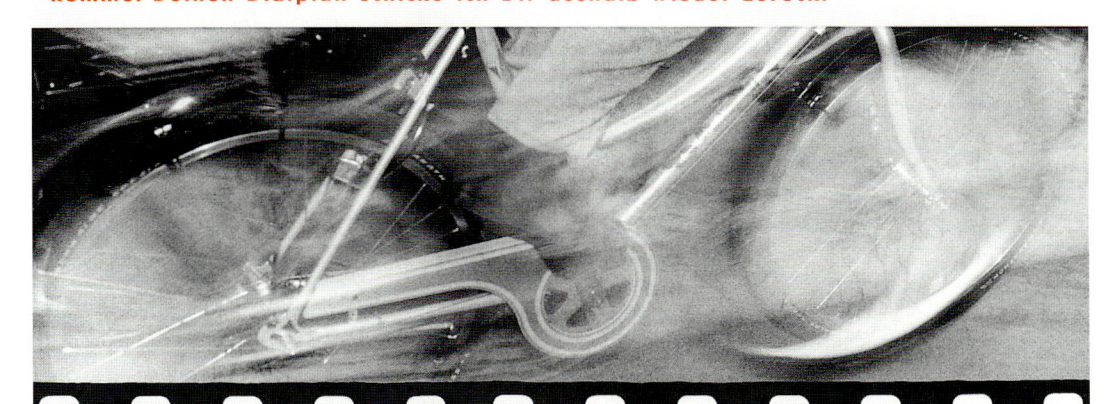

Hallo Elvira, danke für Deine Karte aus Italien. Toll, daß Du sogar einen ganzen Quadratmeter für Deinen Liegestuhl hattest. Und auch nur drei Schritte vom Buffet zum Strand! Für mich gab's dieses Jahr nur eine Küstentour mit leichtem Gepäck. Dafür mit 24 Gängen täglich.

P.S.: Ich werde in Zukunft nicht mehr zur Gymnastik-Gruppe kommen.

HERCULES SUPERIOR.
Das Trekking Bike der Superlative: „Bestes Rad im Test" (Stiftung Warentest 4/92). Große Wahl beim Antrieb: Torpedo Super-7-Nabe von Sachs oder 21-/24-Gang Kettenschaltungen, inkl. Power Grip Pro, 21 Gang mit Hyperglide-System. Erster Start beim Fachhändler. Dort gibt es auch den neuen Katalog mit dem starken Programm auf 50 farbigen Seiten oder direkt bei: Nürnberger HERCULES-Werke, Postf. 33 36, 8500 Nürnberg 70.

HERCULES SAGENHAFT GEMACHT

Kunde: Nürnberger Hercules-Werke, Nürnberg
Geschäftsführer: Dr. Norbert Engler
Werbeleiter: Dieter Burkhardt
Werbeagentur: RTS Rieger Team Werbeagentur GmbH, Leinfelden-Echterdingen
Berater: Stefan Springer
Konzeption: Thomas E. J. Meichle, Dirk Oeldorf
Creative Director Text: Thomas Meichle
Creative Director Art: Dirk Oeldorf
Art Director: Verena Herold
Texter: Thomas E. J. Meichle
Grafiker: Boris Pollig
Fotograf: Peer-Oliver Brecht

Erst war ein neuer Stoff: Titanal. Dann macht Hercules neue Räder daraus und eine neue Kampagne dazu mit einer Geschichte in der Headline, in der die Gedanken von Bikern lebendig werden.

Pro Kennex

Viele betrachten den Tennisschläger als eine Verlängerung des Armes. Wir sehen darin die Verlängerung des Kopfes.

Made of Intelligence

Was nützt die schönste Banane beim Seitenwechsel, wenn Ihr Schlägerhersteller seine Birne nicht benutzt hat?

Made of Intelligence

Kunde: Pro Kennex Germany GmbH, Neu-Isenburg
Geschäftsführer: Manfred Weber
Vertriebsleiter: Dirk Kurek
Marketing/PR: Anja Noky

Werbeagentur: Ogilvy & Mather GmbH Werbeagentur, Frankfurt am Main
Berater: Till Wagner, Katarina Stück
Creative Director: Arno Haus, Mike Ries
Art Director: Lutz Augustin
Texter: Stefan Schmidt
Fotograf: Thomas Hahn, Frankfurt am Main

Pro-Kennex-Schläger sind aus dem wichtigsten aller Materialien: Hirnschmalz. Ein 90köpfiges Forschungsteam arbeitet ständig an der Verbesserung der Produkte zum Vorteil der Spieler. Diesen Benefit soll die Kampagne klarmachen.

Branchensieger Kleidung

Windsor **318–319**
   Tostmann & Domann, Frankfurt am Main

Aida Barni (Claus A. Froh, Beilstein) **324**
bruno banani (Stoll & Fischbach, Herrenberg) **311**
C & A Mode (H. P. Hoffmann, Düsseldorf)* **323**
Don Gil (C. S., Wien) **322**
Don Rodd (Stoll & Fischbach, Herrenberg) **321**
Einhorn (Leonhardt & Kern, Stuttgart)* **315**
Elbeo Silk Reflections (Publicis, Frankfurt am Main) **313**
Enka Viscose (Struwe & Partner, Düsseldorf) **325**
Ergee Basics (.start advertising, München) **312**
Joop!Jeans (Leonhardt & Kern, Stuttgart)* **320**
Lorenzini (Claus A. Froh, Beilstein) **314**
Oui (Wächter & Popp, München) **316**
Puma (Wündrich-Meissen, Leonberg) **326**
Schiesser Classics (Economia, Hamburg) **309**
Schiesser Trend (Economia, Hamburg) **310**
Klaus Steilmann (Economia, Hamburg)* **317**
Windsor (Tostmann & Domann, Frankfurt am Main) **318–319**

* Europa-/Globalkampagne

Schiesser Classics

Kunde: Schiesser AG, Radolfzell
Marketingleiter: Hansjörg Meßmer
Werbeleiter: Rolf Schaefer

Werbeagentur: Economia GmbH + Co KG, Hamburg
Berater: Constanze Cosmann
Konzeption: Karl-Heinz Häseler
Creative Director: Karl-Heinz Häseler
Art Director: Anja Kernbach, Heike Raths

Texter: Steffen Maurer
Grafiker: Anja Kernbach, Heike Raths
Fotograf: Jacques Schumacher

Kunde: Schiesser AG, Radolfzell
Marketingleiter: Hansjörg Meßmer
Werbeleiter: Rolf Schaefer
Werbeagentur: Economia GmbH + Co KG, Hamburg
Berater: Constanze Cosmann
Konzeption: Karl-Heinz Häseler
Creative Director: Karl-Heinz Häseler
Art Director: Anja Kernbach, Heike Raths
Texter: Steffen Maurer
Grafiker: Anja Kernbach, Heike Raths
Fotograf: Jacques Schumacher

bruno banani **Kleidung** 311

SLIP TO THE FUTURE.

I NEED SOMEBODY.

SO LONG.

BODY CULT(URE).

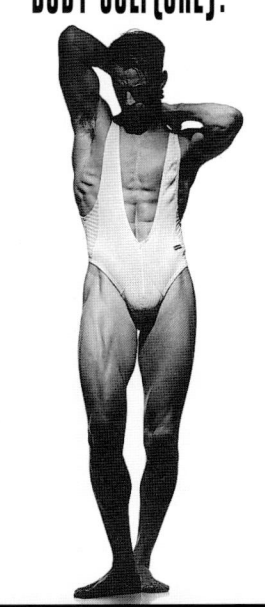

Kunde: Mittelbacher Textilfabrik GmbH, Mittelbach
Geschäftsführer: Klaus Jungnickel

Werbeagentur: Stoll & Fischbach Communication, Herrenberg
Berater: Gerhard Fischbach, Sonny von Kraewel
Konzeption: Gerhard Fischbach, Sonny von Kraewel
Creative Director: Gerhard Fischbach
Texter: Sonny von Kraewel
Grafiker: Claudia Zimmermann
Fotograf: Hans Kollmer

Vom Newcomer zum Szene-Trendsetter oder: Slip to the future.

312 **Kleidung**   **Ergee Basics**

Kunde: Ergee Werke, Sonthofen
Product Manager: Dominik Rössler
Marketingleiter: Carl-Henrik Ström

Werbeagentur: .start advertising, München
Berater: Claudia Langer, Gregor Wöltje
Konzeption: Claudia Langer, Gregor Wöltje, Joerg Jahn
Creative Director: Joerg Jahn
Texter/Script: Gregor Wöltje, Joerg Jahn, Stein Leikanger
Producer FFF: Christoph Servatius

Filmproduktion: Leo Film, Oslo
Regisseur: Stein Leikanger
Kamera: Kjell Vassdal
Musik: Bjelleklang
Cutter: Stein Leikanger

Basics-Strumpfhosen sind einfach zu finden, einfach zu tragen, einfach gut. Und natürlich auch bei Banküberfällen immer erste Wahl.

Elbeo Silk Reflections **Kleidung**

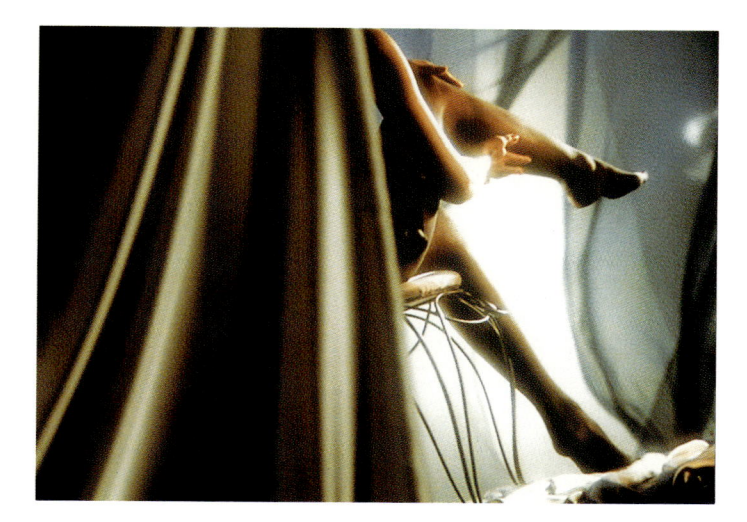

Kunde: Elbeo Vertriebs GmbH, Augsburg
Product Manager: Ute Stauss
Marketingleiter: Helmut Breinfalk

Werbeagentur: Publicis, Frankfurt am Main
Berater: Heidrun Elenkötter
Creative Director: Richard Herler
Art Director: Susanne Bauer
Texter/Script: Wolfgang Stein
Producer FFF: Manfred Lang
Filmproduktion: Clay Coleman, München
Regisseur: K. Skogland
Musik: Don Sebesky

Eine Kreation, die auf faszinierende Weise den Glanz eines einzigartig seidig schimmernden Garns mit der zarten Geschmeidigkeit fühlbarer Qualität zum Ausdruck bringt: ob in Seidenglanz, Nachtglanz oder Seidenopaque. Elbeo Silk Reflections, so unverwechselbar wie die Frau, die sie trägt.

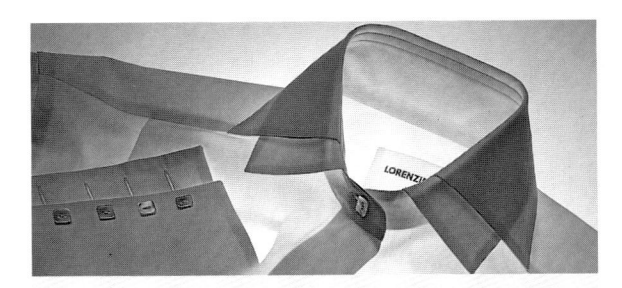

Kunde: Lorenzini S.p.A., Merate/Italien
Marketingleiter: Rolf Kassuba

Werbeagentur: Claus A. Froh, Creative Consultant, Beilstein
Berater: Claus A. Froh
Konzeption: Claus A. Froh
Creative Director: Claus A. Froh
Art Director: Sieghart Koch
Texter: Claus A. Froh
Fotograf: Dietmar Henneka

Mit vier neuen, attraktiven Anzeigensujets im Nachrichtenmagazin Der Spiegel wurde 1993 die Werbekampagne für die Herrenhemden und Damenblusen des noblen italienischen Schneiders Lorenzini fortgesetzt. Was heute als neue Bescheidenheit gilt, ist für Lorenzini lang und gern geübte Tradition. Qualität statt Quantität, Zurückhaltung statt Prunk. Die guten alten Tugenden kommen in der neuen Kollektion spürbar zur Geltung.

Kunde: Zeeb & Hornung GmbH, Kirchentellinsfurt
Product Manager: Volker Sauer
Marketingleiter: Volker Sauer
Werbeleiter: Volker Sauer

Werbeagentur: Leonhardt & Kern Werbung GmbH, Stuttgart
Berater: Uli Weber, Brigitte Fussnegger
Konzeption: Uli Weber, Brigitte Fussnegger
Creative Director: Uli Weber, Brigitte Fussnegger

Art Director: Werner Waltenberger, Uli Weber
Texter: Brigitte Fussnegger, Werner Waltenberger
Grafiker: Werner Waltenberger
Fotograf: Dieter Eikelpoth

"Meine Kleidung muß mindestens genau so viel Laune machen wie ich."

Oui
So bin ich.

"Um in einem Pullover gut auszusehen, muß ich mich erst mal drin wohl fühlen."

Oui
So bin ich.

Kunde: PMN – Verwaltungs-GmbH + Co. KG, München

Werbeagentur: Wächter & Popp Werbeagentur GmbH, München
Berater: Birgit de Fries
Konzeption: Manfred Wächter
Creative Director: Hein Popp
Art Director: Renate Mahl
Texter: Wiltrud Neuber
Grafiker: Cordula Richter
Fotograf: Karin Elmers, Hamburg

Wächter & Popp hat sich die Oui-Kundinnen nicht nur angeschaut, sondern ihnen auch zugehört, welche Vorstellungen und Wünsche sie von der Mode haben und wie selbstverständlich sie Ansprüche formulieren.
Unter dem Motto »Oui. So bin ich« kommt die selbstbewußte Frau von heute zu Wort. Wächter & Popp spricht ihre Wünsche an und bestätigt sie.

Klaus Steilmann — Kleidung 317

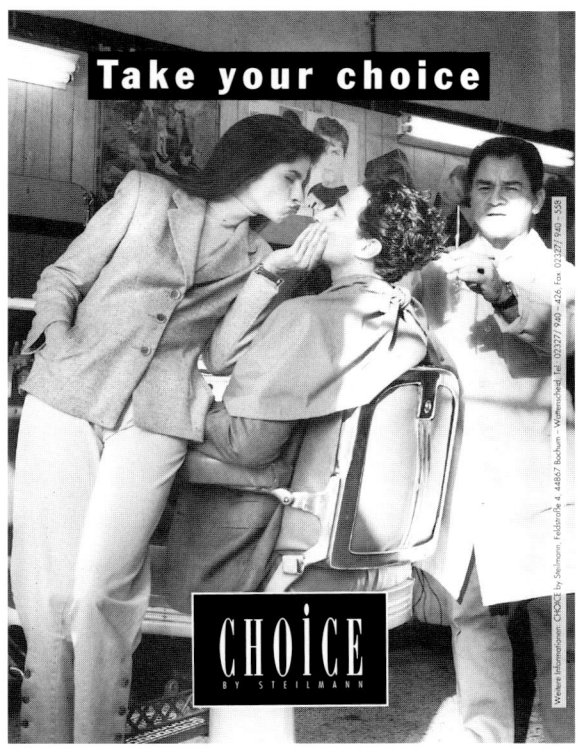

Kunde: Klaus Steilmann GmbH & Co. KG, Bochum
Product Manager: Klaus Scherping
Marketingleiter: Klaus Scherping
Werbeleiter: Elke Oesterle
Werbeagentur: Economia, Gesellschaft für Marketing und Werbung mbH & Co. KG, Hamburg
Berater: Eva Neuenhofen
Konzeption: Patrik Schiller
Creative Director: Karl-Heinz Häseler
Art Director: Yvonne Meske
Texter: Wolfgang Schmitt
Grafiker: Yvonne Meske
Fotograf: Michael Keudel, Raphael Betzler

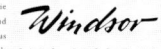

Kunde: Windsor Damen- und Herren-
bekleidungs GmbH, Bielefeld
Geschäftsführer: Ingolf Doyé
Werbeleiter: Kaja Fritz

Werbeagentur: Tostmann & Domann
Werbeagentur GmbH, Frankfurt am Main
Berater: Alexander Beck
Creative Director: Carla Domann
Art Director: Jutta Zechmeister
Texter: Nadja Mayer
Fotograf: Dieter Eikelpoth

BEGEGNUNGEN IN WINDSOR.

Vera Munro ist als Galeristin auf der Suche nach Grenzgängern in der Kunst. Dabei entdeckt sie Unschärfen und Brüche, an denen sich – dem Scheitern abgerungen – Unsagbares zeigt. Mit klarem Blick für Qualität tritt Vera Munro für Positionen ein, auch wenn sie längst nicht als gesichert gelten. Kunst, die nicht auch Wagnis wäre, langweilt sie.

Windsor
FINE CLOTHING

BEGEGNUNGEN IN WINDSOR.

Stephen Galloway ist Tänzer im Ensemble von William Forsythe, wo klassisches Ballett im Pas de deux der Popkultur begegnet. Galloway, Großstadtkind aus Überzeugung, ist ein Mediamaniac, der eintaucht in Informationsfluß und Bilderflut, um sich zu verlieren, sich zu finden. Sein Leben: eine Geschichte, die er ständig neu erzählen, inszenieren will. „You are dead without a story"

Windsor
FINE CLOTHING

Die auf langfristigen Imageaufbau und Aktualisierung der Marke Windsor ausgelegte Kampagne trägt deutlich eine neue Handschrift, soll jedoch keinen radikalen Bruch zur Vergangenheit darstellen. Im Mittelpunkt steht Understatement statt vordergründiger Inszenierung. Mit der Kampagne soll die nachhaltige Besinnung auf positive Imagedimension wie »klassisch«, »hochwertig« und »modern« erreicht werden. Sie ist Bestandteil eines integrierten Kommunikationskonzeptes, das die Grundidee über alle Maßnahmen hinweg realisiert.

Kunde: Joop!Jeans GmbH, Künzelsau **Product Manager:** Jacqueline Arandjelovic **Marketingleiter:** Heiner Sefranek **Werbeleiter:** Klaus Megerle	**Werbeagentur:** Leonhardt & Kern Werbung GmbH, Stuttgart **Berater:** Uli Weber, Brigitte Fussnegger **Konzeption:** Uli Weber, Brigitte Fussnegger	**Creative Director:** Uli Weber, Brigitte Fussnegger **Art Director:** Petra Hock-Waibel **Texter:** Brigitte Fussnegger **Grafiker:** Sabine Redlin **Fotograf:** Regina Klose

Don Rodd **Kleidung** 321

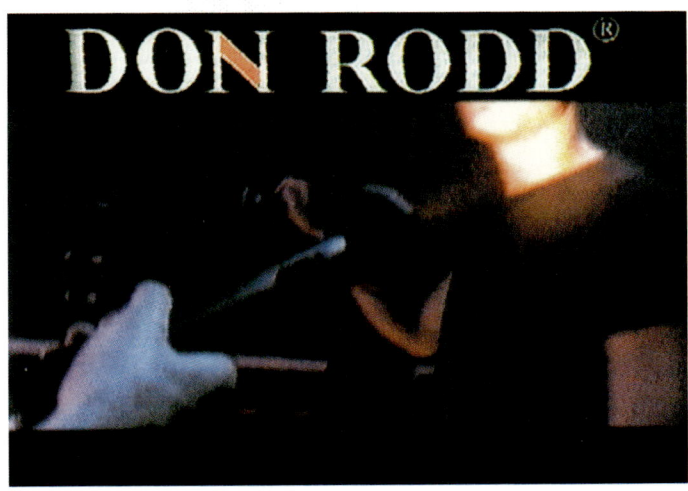

Kunde: Don Rodd Fashion GmbH, Schwarzach
Product Manager: H.-D. Schraps
Marketingleiter: H.-D. Schraps

Werbeagentur: Stoll & Fischbach Communication, Herrenberg
Berater: Gerhard Fischbach, Sonny von Kraewel
Konzeption: Gerhard Fischbach, Sonny von Kraewel
Creative Director: Gerhard Fischbach
Producer FFF: Martin Tertelmann
Filmproduktion: KUK Filmproduktion, München

Regisseur: Josef Kluger
Kamera: Clemens Messow
Musik: Ralf Zang
Cutter: Mathias Schwerbrock

Die »Innovation der Hose« geht innovative Wege. Denn TV-Werbung hat in der Modebranche immer noch Seltenheitswert.

DON GIL *Mode für den Mann.*

Lässige Eleganz für Männer in Wien, SCS, Graz, St. Pölten, Steyr, Linz, Plus City.

DON GIL *Mode für den Mann.*

Lässige Eleganz für Männer in Wien, SCS, Graz, St. Pölten, Steyr, Linz, Plus City.

Kunde: Don Gil Textilhandelsges.m.b.H., Wien
Marketingleiter: Christoph Robausch
Werbeleiter: Christoph Robausch

Werbeagentur: C. S. Werbeagentur, Wien
Berater: Martha Krebich
Konzeption: Gerd Babits
Creative Director: Gerd Babits
Art Director: Gerda Hradil
Grafiker: Gerda Hradil
Fotograf: Andreas Bitesnich

Eine Kampagne, die Modekompetenz an Don Gil bindet. Wer auf seinen Körper schaut, trägt Mode von Don Gil. Wir zeigen, was »unter« der Mode liegt. Der Mann. Don Gil ist Mode für den Mann.

C & A Mode **Kleidung**

Kunde: C & A Mode & Co., Düsseldorf
Product Manager: C & A Werbeabteilung
Marketingleiter: C & A Werbeabteilung
Werbeleiter: C & A Werbeabteilung

Werbeagentur: H. P. Hoffmann, Gruppe für verbale und visuelle Kommunikation, Düsseldorf
Konzeption: H. P. Hoffmann
Art Director: Martina Ibbels
Fotograf: H. P. Hoffmann

Imagewerbung für C & A-Kindermode. Zielgruppen: 1. Eltern von Kindern zwischen 1 und 6 Jahren. 2. Kinder zwischen 6 und 15 Jahren.

AIDA BARNI ENTHÜLLT DAS GEHEIMNIS DER HÖCHSTEN CASHMERE-QUALITÄT.
DAS WAHRE CASHMERE-GLÜCK HÄNGT AN ZWEI FÄDEN.

Cashmere fasziniert die Menschen seit Jahrhunderten. Lange Zeit war dieses Material eine »Mode der Könige«, nur wenigen vorbehalten. Vielleicht ist deshalb das Wissen über die Herkunft und die Qualitätsunterschiede von Cashmere bis heute so wenig verbreitet.

Für alle, die sich hochwertige Strickwaren aus edlem Cashmere wünschen und darüber mehr erfahren wollen, legt die Annapurna s.r.l., die für ihre Strickwaren-Kollektion AIDA BARNI aus »cashmere two ply« berühmt ist, ein informatives, reich ausgestattetes Buch vor.

Warum Cashmere so wertvoll ist, wird während der Lektüre dieses Buches klar. Es beginnt mit Geschichten aus der Geschichte, erläutert die Herkunft und die Gewinnung des Rohstoffes, das Spinnen und Färben des Garns, beschreibt die wichtigsten Qualitätsmerkmale, vor allem das Geheimnis der Spitzenqualität »cashmere two ply«, streift die Verarbeitung zur Strickware und gibt Hinweise, die das Verständnis für die richtige Pflege wecken.

Visuelle Informationen und farbige Impressionen in grossformatigen Bildern bekannter Fotografen wie Dietmar Henneka und Guido Mangold illustrieren den Text von Claus A. Froh, der in Pier Luigi Galli einen Garn-Experten par excellence und hervorragenden Kenner der Materie als Co-Autor zur Seite hatte. Zu beziehen ist das Buch »Cashmere – kostbare Faser, noble Mode« über die Modeagenturen AZZURRA UNO AG, Badenerstrasse 156, 8004 Zürich und ENZO CAGOL, Mühlebachstrasse 162, 8034 Zürich. Von ihnen erfahren Sie auch die Adressen für das Cashmere Shopping in Ihrer Nähe.

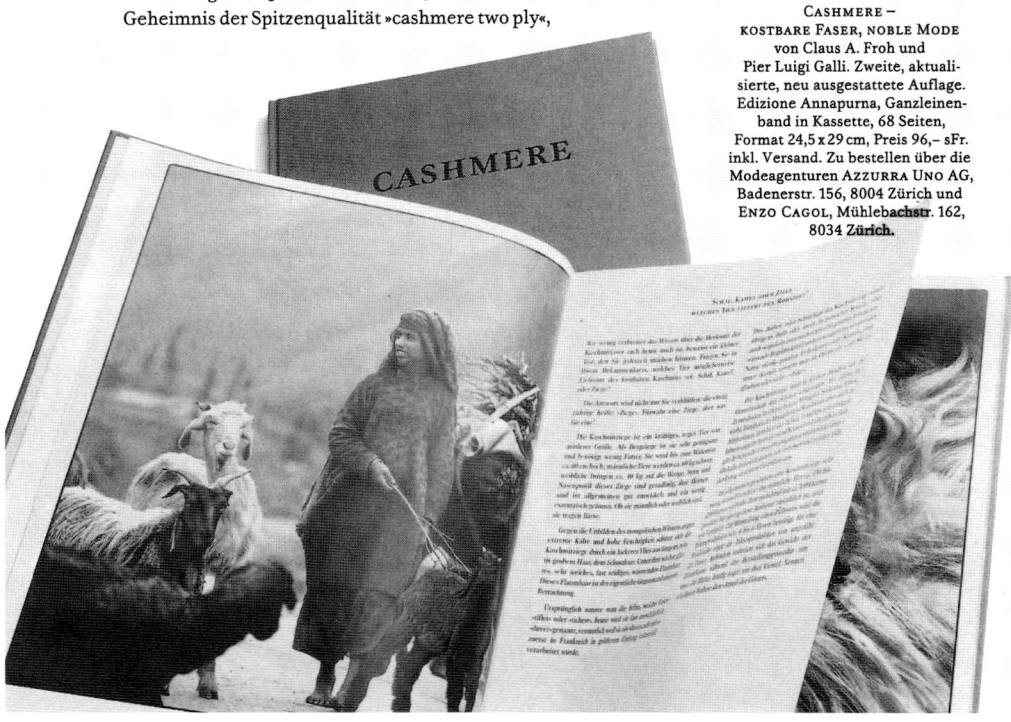

CASHMERE –
KOSTBARE FASER, NOBLE MODE
von Claus A. Froh und
Pier Luigi Galli. Zweite, aktualisierte, neu ausgestattete Auflage.
Edizione Annapurna, Ganzleinenband in Kassette, 68 Seiten,
Format 24,5 x 29 cm, Preis 96,– sFr.
inkl. Versand. Zu bestellen über die
Modeagenturen AZZURRA UNO AG,
Badenerstr. 156, 8004 Zürich und
ENZO CAGOL, Mühlebachstr. 162,
8034 Zürich.

Kunde: Annapurna s.r.l., Prato/Italien
Geschäftsführung: Aida Barni-Galli
Marketingleiter: Rolf Kassuba
Werbeagentur: Claus A. Froh, Creative Consultant, Beilstein
Berater: Claus A. Froh
Konzeption: Claus A. Froh
Creative Director: Claus A. Froh
Art Director: Sieghart Koch
Texter: Claus A. Froh
Fotograf: Andreas Burz, A. M. Wellenreuther

Enka Viscose **Kleidung** 325

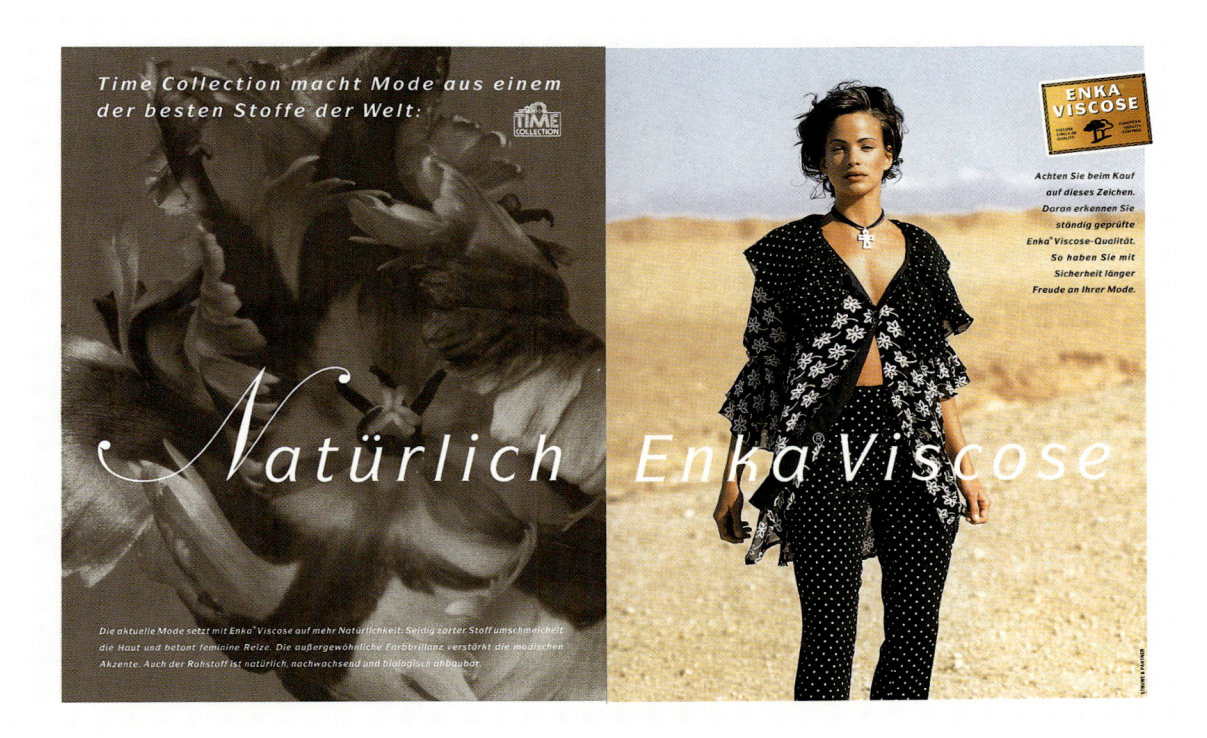

Kunde: Akzo Faser AG, Wuppertal
Marketingleiter: Peter Gerber

Werbeagentur: Struwe & Partner, Werbeagentur GmbH, Düsseldorf
Berater: Marc-Norman Pfuhl
Konzeption: Detlef Blume
Creative Director: Detlef Blume
Art Director: Petra Wichmann
Texter: Gerd Fehling
Fotograf: Lutz Winkelmann, Michael Stembrok, Nadir

Durchsetzung des Enka-Viscose-Goldlabel als Qualitätskennzeichnung und Modemarke, Steigerung des Bekanntheitsgrades in der Zielgruppe.

326 **Kleidung** — **Puma**

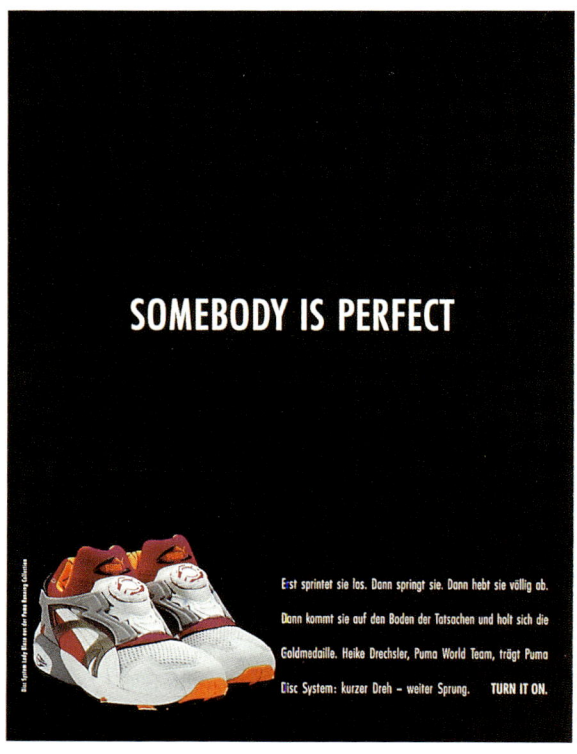

GO AND WIN

Linford Christie – Puma World Team, Olympiasieger, will perfekte Paßform für bessere Leistung. Linford Christie bevorzugt Puma Disc System. **TURN IT ON.**

SOMEBODY IS PERFECT

Erst sprintet sie los. Dann springt sie. Dann hebt sie völlig ab. Dann kommt sie auf den Boden der Tatsachen und holt sich die Goldmedaille. Heike Drechsler, Puma World Team, trägt Puma Disc System: kurzer Dreh – weiter Sprung. **TURN IT ON.**

Kunde: Puma AG, Herzogenaurach
Marketingleiter: Andy Rigg
Werbeleiter: Helmut Fischer
Werbeagentur: Wündrich-Meissen GmbH, Leonberg
Berater: P. Godenrath, F. Striefler
Konzeption: Michael Preiswerk
Creative Director: Michael Preiswerk
Art Director: Andreas Pauli
Texter: Katherine Schwarz, Kai Leiter
Grafiker: Anette Hahn
Fotograf: Joerg Reichardt

Branchensieger Foto/Film/Optik

Nikon **334–335**
 Hildmann, Simon, Rempen & Schmitz, Düsseldorf

Carl Zeiss (Dongowski & Simon, Stuttgart)   **330**
Eschenbach Optik (Stoll & Fischbach, Herrenberg)   **329**
Hasselblad (Economia, Hamburg)*   **333**
Ferdinand Menrad (Serviceplan, München)*   **332**
Kodak Ektachrome Panther (Hildmann, Simon, Rempen & Schmitz, Düsseldorf)*   **336**
Nikon (Hildmann, Simon, Rempen & Schmitz, Düsseldorf)   **334–335**
Rodenstock (Wensauer DDB Needham, Ludwigsburg)   **331**

* Europa-/Globalkampagne

Eschenbach Optik Foto/Film/Optik

Kunde: Eschenbach Optik GmbH & Co., Nürnberg
Product Manager: Rainer Kutschar
Marketingleiter: Wolfgang Dietrich
Werbeleiter: Silke Blesl

Werbeagentur: Stoll & Fischbach Communication, Herrenberg
Berater: Gerhard Fischbach
Konzeption: Gerhard Fischbach, Sonny von Kraewel
Creative Director: Gerhard Fischbach
Texter/Script: Gerhard Fischbach, Sonny von Kraewel
Producer FFF: Martin Tertelmann

Filmproduktion: KUK Filmproduktion, München
Regisseur: Josef Kluger
Kamera: Clemens Messow
Musik: Ralf Zang
Cutter: Mathias Schwerbrock

10-Sekunden-Spots, die alle nur das eine wollen: KISS – keep it short and simple.

Foto/Film/Optik

Carl Zeiss

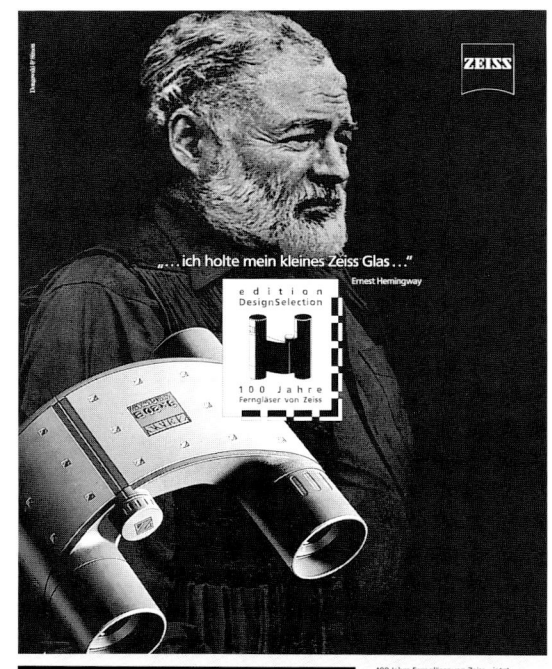

Kunde: Carl Zeiss Stiftung, Aalen
Product Manager: Dr. Walter Mergen
Marketingleiter: F. W. Dieter Simonis
Werbeleiter: Manfred Berger, Oskar Stark

Werbeagentur: Dongowski & Simon GmbH, Stuttgart
Berater: Hans-Jürgen Düllberg
Konzeption: Heinz-Joachim Simon, Hans-Jürgen Düllberg
Art Director: Dieter Golombek
Texter: Ingrid Reyinger
Grafiker: Anette Rottmar
Fotograf: Wolfgang Starker, Staatsarchiv Berlin

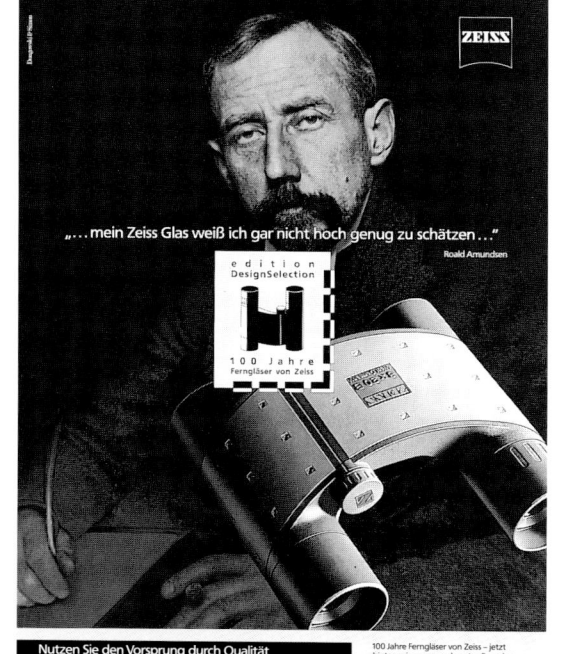

Anlaß Produktjubiläum 100 Jahre Ferngläser von Zeiss. Überträgt das Markenbild damaliger und heutiger Persönlichkeiten auf moderne DesignSelection-Ferngläser der Gegenwart.

Rodenstock Foto/Film/Optik 331

Erlebnis Sehen · Faszination Brillenglas

RODENSTOCK

High Tech steht für höchsten Seh- und Tragekomfort, aber auch für mehr Eleganz. Wir informieren Sie gern.

Erlebnis Sehen · Sonne und UV-Strahlung

RODENSTOCK

UV-Strahlung – wie sehr sind Ihre Augen gefährdet? Wir beraten Sie gern, was bei Brille und Sonnenbrille zu beachten ist und bieten Ihnen spezielle Informationen.

Erlebnis Sehen · Beruf und Arbeitsplatz

RODENSTOCK

Streß und Konzentration im Beruf. Eine ständige Belastung für Ihre Augen. Wir helfen mit Beratung und Informationen.

Erlebnis Sehen · Die ideale Kinderbrille

RODENSTOCK

Wissen Sie, ob Ihr Kind optimal sieht? Wir unterstützen Sie in Ihrer Verantwortung durch Beratung und Informationen.

Kunde: Optische Werke G. Rodenstock, München
Marketingleiter Geschäftsbereich Brillenglas: Joachim Gohlke
Marketing/Kommunikation: Stefanie Barényi

Werbeagentur: Wensauer DDB Needham, Ludwigsburg
Berater/Kontakt: Günther Tibi, Nicola Mick-Kohler
Konzeption: Günther Tibi, Jürgen Schippers
Creative Director: Günther Tibi
Art Director: Anette Pientka
Texter: Jürgen Schippers

Grafiker: Michael Ohnrich
Fotograf: Gabor Geissler, München

Umfangreiche Verkaufsförderungsaktion beim Optiker mit Displays, Anzeigen, Plakaten, themenbezogenen Prospektreihen unter »Erlebnis Sehen« von Rodenstock.

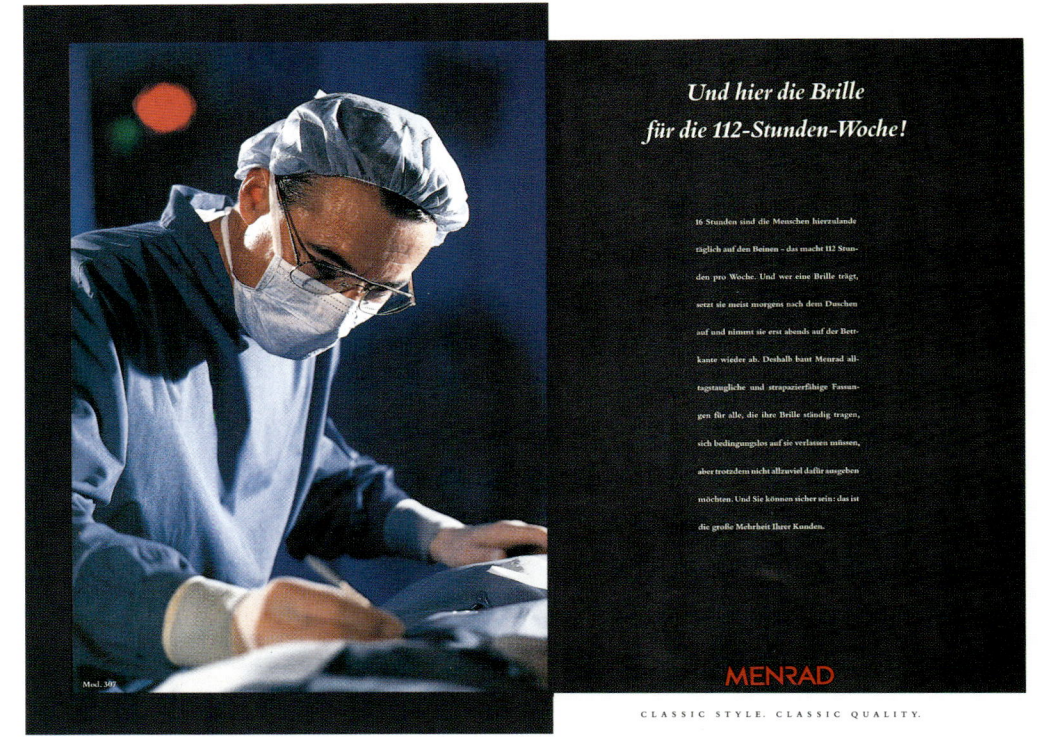

Kunde: Ferdinand Menrad-Gruppe, München
Product Manager: Susanne Schmolke
Marketingleiter: Wolfram Mannherz

Werbeagentur: Serviceplan Werbeagentur, München
Berater: Dr. Henner Raetzel, Jochen Lenhard, Sonja Steinhart
Konzeption: Winfried Bergmann
Creative Director: Mike Rogers
Art Director: Hannes Mayer
Texter: Winfried Bergmann
Grafiker: Susanne Dietrich
Fotograf: Peter Allert, Niko Schmidt-Burgk

Menrad ist Produktmarke und Hersteller zugleich. Zur Aktualisierung der Leistungsfähigkeit dieser Brillenmarke beim Fachhändler (die der Hersteller neben vielen Designermarken vertreibt) erfolgt in 12 Themen eine Neuprofilierung des Markenkerns: zeitloses Design, hohe Qualität, Stabilität und Wertigkeit, gutes Preis-Leistungs-Verhältnis, Individualität und Internationalität!

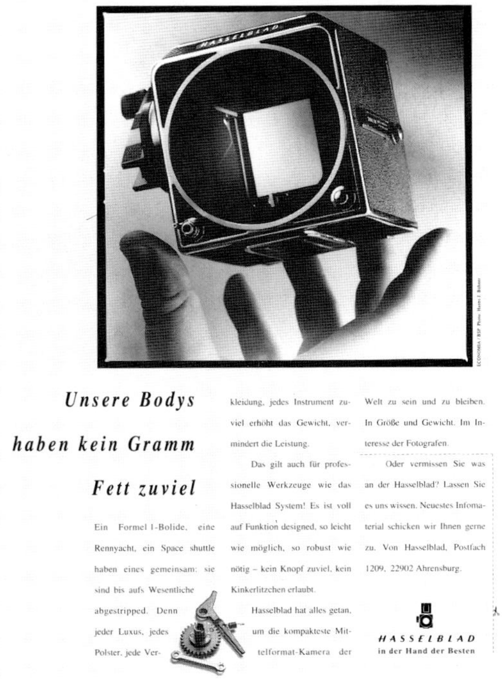

Hasselblad

Foto/Film/Optik

To buy or not to buy a Hasselblad

Einmal im Leben steht der Profi vor dieser existentiellen Frage: To buy or not to buy a Hasselblad? Wie soll er sich entscheiden? Für ein billigeres System, das noch dazu jährlich mit neuen Modellen auf den Markt kommt? Für ein System, das die Variante 6 x 7 zum Idealformat erklärt? Oder für ein System, das seit 40 Jahren die Spitze hält? Kompakt durch 6 x 6 Format, ausgereift, robust, handlich, voll kompatibel, wertstabil, gerüstet für die Anforderungen der nächsten 40 Jahre professioneller Fotografie. Das man jederzeit verlustfrei wieder verkaufen kann. Bei dem man also kein Risiko eingeht. To buy or not to buy a Hasselblad? No question! Oder doch? Dann lassen Sie sich neuestes Infomaterial schicken.

HASSELBLAD
in der Hand der Besten

Wir haben Ihren Kopf ins System integriert...

... Ihr Einverständnis vorausgesetzt! Denn wir haben bisher keinen elektronischen Chip gefunden, der hohes künstlerisches Empfinden bewiesen hätte oder definitive Entscheidungen über Motivwahl, Bildkomposition oder richtige Schärfentiefe und Brennweite treffen konnte, wie man es von einem Profi erwartet. Deshalb beschränken wir uns auf das, was wir im Teamwork mit Ihrem Kopf wirklich kompetent beisteuern können: optimale Zeissoptiken, funktionellste Mechanik, exakteste Lichtmessung, brillanteste Sucherbilder, schnellste Verschlußsysteme, einfachste Bedienung, kompakteste Kamera-Abmessungen etc, etc. Wann arbeiten wir mit Ihnen zusammen? Infomaterial, z.B. über die 205TCC, schicken wir gerne voraus. Von Hasselblad, Postfach 1209, 22902 Ahrensburg.

HASSELBLAD
in der Hand der Besten

Über Format läßt sich nicht streiten...

Früher, als die Welt noch in Ordnung war, gab's keinen Zweifel: Größeres Filmformat brachte Vorteile, die durch nichts zu ersetzen waren. Obwohl jeder Profi die Nachteile kannte: Je größer das Format, desto schwerer, unhandlicher, lichtschwächer die Kamera. Dann kam besseres Filmmaterial und Hasselblad mit seinem superkompakten, einäugigen 6x6 Spiegelreflex-System, das neue Dimensionen der professionellen Fotografie erschloß. Leicht, handlich und flexibel wie eine Kleinbildkamera – hochauflösend wie eine Großformat-Kamera. Bis dato gibt es qualitativ keine Alternative, auch nicht im Format 6 x 7. Denn das komplizierter und vergrößert die Kamera, ohne in der Praxis entscheidende Vorteile zu bringen! Beweis: Die Hasselblad ist in der Hand der besten Fotografen der Welt. Aktuelle Infos schicken wir Ihnen gerne zu. Von Hasselblad, Postfach 1209, 22902 Ahrensburg.

HASSELBLAD
in der Hand der Besten

Unsere Bodys haben kein Gramm Fett zuviel

Ein Formel 1-Bolide, eine Rennyacht, ein Space shuttle haben eines gemeinsam: sie sind bis aufs Wesentliche abgestrippt. Denn jeder Luxus, jedes Polster, jede Verkleidung, jedes Instrument zuviel erhöht das Gewicht, vermindert die Leistung. Das gilt auch für professionelle Werkzeuge wie das Hasselblad System! Es ist voll auf Funktion designed, so leicht wie möglich, so robust wie nötig – kein Knopf zuviel, kein Kinkerlitzchen erlaubt. Hasselblad hat alles getan, um die kompakteste Mittelformat-Kamera der Welt zu sein und zu bleiben. In Größe und Gewicht. Im Interesse der Fotografen. Oder vermissen Sie was an der Hasselblad? Lassen Sie es uns wissen. Neuestes Infomaterial schicken wir Ihnen gerne zu. Von Hasselblad, Postfach 1209, 22902 Ahrensburg.

HASSELBLAD
in der Hand der Besten

Kunde: Hasselblad Svenska AB, Göteborg
Marketingleiter: Bengt Forssbaek
Werbeleiter: Gustav Lagergren

Werbeagentur: Economia B/S/P GmbH + Co. KG, Hamburg
Berater: Peter Rönck
Konzeption: Horst Stampe
Creative Director: Horst Stampe, Birko Achenbach
Art Director: Philipp Stampe
Texter: Horst Stampe
Fotograf: Hanns Bühner

Zielgruppe: professionelle Fotografen, deren Nachwuchs und ambitionierte Amateure.
Kommunikationsziel: kompetitive Auseinandersetzung mit Wettbewerbern. Hasselblad-System nicht old fashioned, sondern ausgereift und gleichzeitig innovativ darstellen. Argumente für Systemneueinsteiger liefern. Das Image des Systems weiter heben.

Foto/Film/Optik — **Nikon**

1:1 für Nikon.

Bei dieser Ausstattung hat auch der Bundesgesundheitsminister nichts zu meckern. Die Nikon AF 600 mit Autofokus, 28 mm Objektiv, Naheinstellung, 5 verschiedenen Blitzbetriebsarten, Panoramaschaltung und vielem mehr.

Jetzt gibt es einen Grund mehr, das Rauchen aufzugeben. Denn statt einer Zigarettenschachtel können Sie sich auch die kleinste Autofokus-Kamera der Welt, die Nikon AF 600, in die Tasche stecken.

Nikon
Das Auge der Welt.

Es ist doch alles Gold, was glänzt.

Man nennt sie die Unbestechlichen. Und viele Firmen haben mehr Angst vor ihrem Urteil als vor einer deftigen Steuernachzahlung. Dabei geht es den Prüfern der Stiftung Warentest nur um eine objektive Beurteilung von Produkten. Im Fall von Nikon kann man aber schon von einer Beurteilung der Marke sprechen. Denn alle unsere 5 Autofokus-Spiegelreflexkameras tragen ein „sehr gut". Fragen Sie Ihren Nikon-Händler nach den aktuellen Goldpreisen.

Nikon
Das Auge der Welt.

Kunde: Nikon GmbH, Düsseldorf
Leiter Geschäftsbereich Foto: Kristof Friebe
Marketingleiter: Udo Höcke

Werbeagentur: Hildmann, Simon, Rempen & Schmitz/SMS, Düsseldorf
Berater: Christoph Panthöfer, Petra Zapf
Creative Director: Stefan Telegdy, Jürgen Werth
Art Director: Frank Lübke, Jürgen Werth
Texter: Britta Poetzsch, Stefan Telegdy
Fotograf: Axel Gnad, Nomi Baumgartl

Gerade in schlechten Zeiten ist es schön, daß es noch Dinge gibt, die lange halten. Das gilt für Kameras genauso wie für die Kamerawerbung.

keine halben Sachen.

Es folgt nicht mal die Hälfte von dem, was die Nikon F90 kann, aber das Wichtigste: Die 3-D-Matrixmessung, die zu optimalen Belichtungsergebnissen führt, 3-D-Multi-Sensor-Aufhellblitzen für professionelle Ergebnisse auf Knopfdruck, Blitzen mit bis zu 1/4000 s und ein AF-Kreuzsensor mit zwei Meßfeldgrößen für einfachste und präzise Scharfstellung. Sind Sie jetzt mit Ihrer Kamera noch immer voll und ganz zufrieden?

Alle reden von Kürzungen, Einschränkungen und vom Sparen. Wir auch. Aber nicht bei unseren Kameras. Da bleiben wir unserer Philosophie treu: Wer perfekte Bilder will, darf keine halben Sachen machen.

Nikon Das Auge der Welt.

Unsere Kameras machen mehr Werbung für uns als wir für unsere Kameras.

Zwei Top-Fotografen, zweimal Nikon. Die Fotografin Nomi Baumgartl porträtierte ihren Kollegen Hans Madej mit einer Nikon F4. Madej selbst arbeitet für Zeitschriften wie Stern und Geo, aber auch für die bekannte Agentur Bilderberg, deren Mitbegründer er ist.

Die Werbung kann Ihnen ja viel erzählen. Aber eine Nikon in der Hand eines Profis erzählt halt doch noch ein bißchen mehr. Zum Beispiel, daß man sich auf unsere Kameras verlassen kann. Auch unter den härtesten Bedingungen. Daß sie all die hohen technischen Erwartungen eines Profis erfüllen. Und natürlich, daß man mit einer Nikon hervorragende Bilder machen kann. Wenn sich also die meisten Profis für Nikon entscheiden, liegt das wohl eher an den guten Kameras als an der Werbung.

Nikon Das Auge der Welt.

Kodak Ektachrome Panther

Jeder verspricht Ihnen mehr Schärfe, feineres Korn und sattere Farben. Von uns bekommen Sie mehr Schärfe, feineres Korn und sattere Farben. Versprochen.

Mit seiner neuen T-Kornkristall-Emulsion ist der neue KODAK PANTHER der schärfste EKTACHROME Film, den es je gab. Nie gesehene Feinkörnigkeit und Farbsättigung eröffnen der Fotografie neue Perspektiven. Als Studiofilm und, mit X gekennzeichnet, als Locationfilm. Mit 50 und 100 ISO.

Sie vertrauen ja doch nur Ihren Augen. Deshalb müssen Sie schon selber sehen, was die neuen KODAK EKTACHROME PANTHER Professional Filme alles können.

Die neuen KODAK EKTACHROME PANTHER Professional Filme bringen eine nie gesehene Schärfe, Feinkörnigkeit und Farbsättigung auf den Leuchttisch. Als Studiofilme und mit X gekennzeichnet als Locationfilme. Mit 50 und 100 ISO.

Kunde: Eastman Kodak Europe, London
Product Manager: Dr. Albert Ascherl
Director Communication: Josef Pokorny
Kodak AG Stuttgart: Herbert Grundmeier, Friedrich O. Müller, Manfred Rau, Birgit Glöckle
Werbeagentur: Hildmann, Simon, Rempen & Schmitz/SMS, Düsseldorf
Berater: Christoph Panthöfer
Creative Director: Jürgen Werth
Art Director: Robert Röhrbein, Jürgen Werth
Texter: Hans Jörg Knott, Gregor Ortmeyer
Fotograf: Axel Gnad

Wer Profifotografen auf bunten Anzeigen mehr Schärfe und Farbe und feines Korn verspricht, ist normalerweise so glaubwürdig wie Politiker vor der Wahl. Das geschulte Auge überzeugt nur ein Test, mit dem es sich selbst ein Bild machen kann. Dieser Test hat mittlerweile europaweit stattgefunden, und die Reaktionen reichen von begeistert bis phänomenal. Warum sollte man also Leuten etwas vormachen, denen man nichts vormachen kann?

Bereichssieger Dienstleistungen/Medien

Die Zeit **451**
  Baader, Lang, Behnken, Hamburg

Branchensieger Tourismus/Verkehr

Die Deutschen Bahnen/DEKOM **339**
  Ogilvy & Mather, Frankfurt am Main

Air France (Euro RSCG, Düsseldorf)* **344–345**
Best Western Hotels (Wirz & Hafner, Frankfurt am Main)* **346**
British Tourist Authority (Ogilvy & Mather, Frankfurt am Main)* **350–351**
Club Méditerranée (Wirz & Hafner, Frankfurt am Main) **347**
Die Deutschen Bahnen/DEKOM (Ogilvy & Mather, Frankfurt am Main) **339–341**
Holiday Autos (.start advertising, München) **354**
LTU (Baums, Mang und Zimmermann, Düsseldorf) **342–343**
Staatl. Mexikanisches Verkehrsamt (Wüschner, Rohwer, Albrecht, München) **352–353**
Vöcklabruck (Agentur Eigletsberger, Wels) **348–349**

* Europa-/Globalkampagne

Die Deutschen Bahnen/DEKOM Tourismus/Verkehr 339

**Unternehmen Zukunft
Die Deutschen Bahnen**

Kunde: Die Deutschen Bahnen/DEKOM, Frankfurt am Main
Geschäftsführung: Eva-Marie Sternagel

Werbeagentur: Ogilvy & Mather GmbH, Werbeagentur, Frankfurt am Main
Berater: Gerd Bostel, Peter Stiebeling, Till Wagner
Creative Director: Arno Haus, Mike Ries
Art Director: Arno Haus, Mike Ries
Texter/Script: Arno Haus, Mike Ries

Producer FFF: Tom Gläser, Frankfurt am Main
Filmproduktion: Neue Sentimental Film GmbH, Frankfurt am Main
Regisseur: Paula Walker, Los Angeles
Kamera: Rolf Kestermann, Los Angeles
Musik: Astor Piazzola and the Symphonic Orchestra Buenos Aires, Argentinien (Stück: Adios Noninos)
Cutter: Laura Israel, Los Angeles

BahnCard

Mit der BahnCard First genießen Sie den ganzen Komfort der Bahn ein ganzes Jahr zum halben normalen Fahrpreis. *Z. B. 1mal Frankfurt/M. (Hbf)–Berlin (Stadtbahn) 1. Klasse im ICE für 109 Mark. Die BahnCard First: 440 Mark für alle Klassen. Und sie macht sich auf dieser Strecke bereits nach 5 Fahrten bezahlt. Informationen und Verkauf über Btx *25800# oder bei allen Fahrkartenausgaben, DER-Reisebüros und DB-/DR-Agenturen.

Da schließt man doch glatt die Landeklappen. Frankfurt/M.–Berlin 109 Mark.* BahnCard First.

**Unternehmen Zukunft
Die Deutschen Bahnen** DR DB

Wer sich für 220 Mark die BahnCard holt, zahlt nur noch die Hälfte des normalen Fahrpreises. *Z. B.: 1x Frankfurt/M.–Stuttgart 2. Klasse ICE 35 Mark. Den ganzen Komfort zum halben Preis bietet die BahnCard First: 440 Mark für alle Klassen. Informationen bei allen Fahrkartenausgaben, DER-Reisebüros und DB-/DR-Agenturen.

Wer bringt denn da seinen Motor noch zum Heulen? Frankfurt/M.–Stuttgart 35 Mark.* Die BahnCard.

**Unternehmen Zukunft
Die Deutschen Bahnen** DR DB

Kunde: Die Deutschen Bahnen/DEKOM, Frankfurt am Main
Geschäftsführung: Eva-Marie Sternagel
Kommunikationsmanager: Ursula Wollenzien

Werbeagentur: Ogilvy & Mather GmbH Werbeagentur, Frankfurt am Main
Berater: Gerd Bostel, Peter Stiebeling, Till Wagner
Creative Director: Arno Haus, Mike Ries
Art Director: Sylvia Weiss
Texter: Claudia Krä
Fotograf: Eberhard Sauer

Nach abgeschlossenem Launch der BahnCard rechnet die Kampagne in Mark und Pfennig vor, wie günstig die Bahn im Vergleich zu anderen Verkehrsmitteln ist.

Die Deutschen Bahnen/DEKOM Tourismus/Verkehr 341

13.000 Pferde auf dem Weg zum Bahnhof Zoo.

**Unternehmen Zukunft
Die Deutschen Bahnen**

Mit 23 Zügen startete die Bahn 1991 ins ICE-Zeitalter. Mittlerweile entlasten 50 ICEs Autobahnen und Schnellstraßen. Deshalb schalten immer mehr Reisende bei ausgedehnten Verkehrsdurchsagen einfach ab. Auf dem Weg nach Berlin können Sie seit 4. 7. 1993 achtmal täglich die Fortschritte des Straßenbaus in den neuen Bundesländern ohne Herzklopfen beobachten. Bei Audio- und Videoprogramm oder einer Tasse frischem Kaffee. Bei bis zu 250 km/h war das Glück der Erde noch nie schneller zu finden als in den Polstersitzen auf dem Rücken unserer 13.000 Pferde.

Die neuesten Sparmaßnahmen bei der Bahn. Reisezeiten werden drastisch gekürzt.

**Unternehmen Zukunft
Die Deutschen Bahnen**

Die europäische Süßmittelbestimmung kommt frühestens 1995. Die Nudelverordnung nicht vor 2001. Der EuroCity schon heute über 60mal täglich.

**Unternehmen Zukunft
Die Deutschen Bahnen**

Kunde: Die Deutschen Bahnen/DEKOM, Frankfurt am Main
Geschäftsführer: Eva-Marie Sternagel, Manfred Busshart
Kommunikationsmanager: Manfred Dolle, Klaus Vogt, Ursula Wollenzien

Werbeagentur: Ogilvy & Mather GmbH Werbeagentur, Frankfurt am Main
Berater: Gerd Bostel, Karin Sammler, Peter Stiebeling, Till Wagner
Creative Director: Arno Haus, Mike Ries
Art Director: Arno Haus, Peter Schenk, Sylvia Weiss
Texter: Arno Haus, Claudia Krä Mike Ries, Stefan Schmidt

Grafiker: Alexandra Schneider
Fotograf: Gerd Wagner, Archiv

Darstellung, welche Leistungskraft sich hinter der »Fassade« Bahn verbirgt – eine Fassade, die partiell bekanntlich ein wenig unübersichtlich ist. Die Kommunikation vermittelt, welches Potential in der Bahn steckt.

Kunde: LTU Lufttransport-Unternehmen GmbH & Co. KG, Düsseldorf
Marketingleiter: Michael G. Meyer
Werbeleiter: Dr. Ulrike Mühlen

Werbeagentur: BMZ Werbeagentur GmbH & Co. KG, Düsseldorf
Berater: Werner Vogelsang, Dietrich Ernst
Konzeption: Wolfgang Fetzer, Manfred Dittrich, Stephan Zilges
Creative Director: Manfred Dittrich

Art Director: Frank Weber
Texter: Stephan Zilges, Marco Leone
Junior Art Director: Thomas Göbel
Fotograf: Gerhard Steiner (Golf-Motiv), Stockmaterial

Kunde: LTU Lufttransport-
Unternehmen GmbH & Co. KG,
Düsseldorf
Marketingleiter: Michael G. Meyer
Werbeleiter: Dr. Ulrike Mühlen

Werbeagentur: BMZ Werbeagentur
GmbH & Co. KG, Düsseldorf
Berater: Waltraud Kormann,
Dietrich Ernst
Creative Director: Manfred Dittrich
Art Director: Frank Weber

Texter/Script: Stephan Zilges
Producer FFF: Gabi Bertho
Filmproduktion: Filmhaus, München
Regisseur: Hans-Joachim Berndt
Kamera: Tom Faehrmann
Musik: Ralf Kemper

344 Tourismus/Verkehr Air France

BEVOR SIE IN DEN USA LANDEN,
SOLLTEN SIE MIT FRANZÖSISCHEM CHARME STARTEN.

AIR FRANCE ERÖFFNET IHNEN 8 WUNSCHZIELE
IN DEN USA:
NEW YORK, BOSTON, WASHINGTON, CHICAGO, HOUSTON,
MIAMI SOWIE LOS ANGELES UND SAN FRANCISCO.

AIR FRANCE
BIS ANS ZIEL IHRER WÜNSCHE. WELTWEIT.

Kunde: Air France, Frankfurt am Main
Generaldirektor Deutschland: Bernhard Teyssier
Marketingleiter: Evelyn Jouan
Werbeleiter: Kristina Ellwart
Werbeagentur: Euro RSCG Werbeagentur GmbH, Düsseldorf
Berater: Monika Hümmelchen
Creative Director: Wolf Müller
Art Director: Christine Gast
Texter: Michael Frey

Unsere französische Lebensart wird Sie faszinieren,
unsere weltweite Kompetenz überzeugen.

AIR FRANCE ÖFFNET IHNEN DIE WELT
VIA PARIS-CHARLES DE GAULLE 2. MIT ÜBER 200 ZIELORTEN.

AIR FRANCE
BIS ANS ZIEL IHRER WÜNSCHE. WELTWEIT.

Tourismus/Verkehr — **Best Western Hotels**

DAS IST BEST WESTERN: ERLEBNIS-WOCHENENDEN

Klar doch. Ich reise viel und lebe gern. Deshalb hab' ich den Freizeitplaner von Best Western immer griffbereit.

Gönnen Sie sich oder Ihrer Familie ein paar Tage extra. Einen Kurzurlaub oder ein Erlebniswochenende. Unsere zentrale Buchungsstelle schickt Ihnen gerne unseren Freizeitplaner 1993, in dem über 70 Privathotels reizvolle Freizeitangebote präsentieren. Zu Preisen, die Ihnen die Entscheidung leicht machen. Rufen Sie uns an. Best Western. Mit Sicherheit ein gutes Hotel.
0130-4455

BEST WESTERN — PRIVATHOTELS

DAS IST BEST WESTERN: KOSTENLOS IM CLUB

Also, ich sammle meine Bonuspunkte mit der Gold Crown Club Karte. Die gilt allein in Deutschland bei über hundert Hotels. Da kommt natürlich ganz schön was zusammen.

Gold Crown Club International - von Best Western für Menschen, die viel unterwegs sind. Kostenlos zusätzliche Annehmlichkeiten. Weltweit 3.400 Best Western Hotels geben für jede Übernachtung Clubpunkte, die in Reisegutscheine eingetauscht werden können. Fordern Sie die Anmeldeunterlagen und Ihre vorläufige Clubkarte telefonisch an. Es zahlt sich aus. Best Western. Mit Sicherheit ein gutes Hotel.
06196-472415

BEST WESTERN — PRIVATHOTELS

DAS IST BEST WESTERN: TAGUNGS-ORGANISATION

Aber natürlich. Der Erfolg einer Tagung hängt an hundert Kleinigkeiten. Da verlasse ich mich nur auf mich und das Team von Best Western.

FIRST PLACE, Meeting & Conference Service von Best Western. Ob Planung oder Durchführung. Ob ein Bankett in einem unserer 100 deutschen Privathotels oder eine Road Show durch ganz Europa. Sie haben einen kompetenten Ansprechpartner bei FIRST PLACE. Rufen Sie an. Wir unterbreiten Ihnen innerhalb von 24 Stunden ein kostenloses Angebot. Auch mit Rahmenprogramm und Prominenten. Best Western. Mit Sicherheit ein gutes Hotel.
06196-472420

BEST WESTERN — PRIVATHOTELS

Kunde: Best Western Hotels Deutschland GmbH, Eschborn
Geschäftsführer: Markus Keller
Marketingleiter: Gabriele Schulze

Werbeagentur: Wirz & Hafner Werbeberatung GmbH, Frankfurt am Main
Berater: Burkhard Zilinsky
Konzeption: Horst Daller, Burghard Müller-Dannhausen, Gerd A. Hafner, Burkhard Zilinsky
Art Director: Burghard Müller-Dannhausen
Texter: Gerd A. Hafner
Grafiker: Manfred Ortner
Fotograf: Alexander Beck

Kernzielgruppe: Geschäftsreisende; Ziel: Best Western bekannter machen, besser auslasten, Clubmitglieder gewinnen. Strategie: Best Western zur Marke machen, die in sich die Individualität des einzelnen Hotels und die Markenqualität einer Kette vereinigt. Umsetzung: zwei Infoebenen. Markenqualität wird durch die Qualität der Gestaltung, die Ausstrahlung der Person und das Logo vermittelt.

Club Méditerranée — Tourismus/Verkehr 347

Kunde: Club Méditerranée
Deutschland GmbH, Düsseldorf
Geschäftsführer: Kurt Niclaus
Werbeleiter: Brigitte Kahlert

Werbeagentur: Publicis,
Frankfurt am Main
Berater: Heidrun Erlenkötter,
Madeleine Lachmann
Creative Director: Karsten Frick
Art Director: Toni Neu,
Kerstin Bante
Texter: Fritz Ehlers

Der Club ist so facettenreich und individuell wie diejenigen, die ihn erleben.

VöcklaBruck
DAS „STADTLICHE" EINKAUFSVERGNÜGEN

VöcklaBruck
DAS „STADTLICHE" KINDERVERGNÜGEN

Kunde: Marketingbeirat der Stadt Vöcklabruck, Vöcklabruck
Product Manager: Dr. Karl Leitner
Werbeagentur: Agentur Eigletsberger, Wels
Berater: Maximilian Eigletsberger, Christian Steiner
Konzeption: Maximilian Eigletsberger
Creative Director: Maximilian Eigletsberger
Art Director: Kurt Schindler
Texter: Maximilian Eigletsberger
Grafiker: Kurt Schindler
Fotograf: Robert Striegl

Die Mannigfaltigkeit der Stadt Vöcklabruck manifestiert sich durch die Kreation von fünf Bereichslogos. Einsatz als 16-Bogen-Plakat, Inserate sowie im spezifischen Bereich (z. B. Kulturbroschüre usw. . . .)

VöcklaBruck

DAS „STADTLICHE" FREIZEITVERGNÜGEN

VöcklaBruck

DAS „STADTLICHE" KULTURVERGNÜGEN

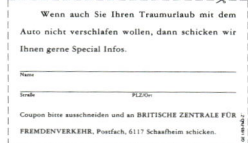

Kunde: British Tourist Authority, Frankfurt am Main, London
Manager Germany, Austria, Suisse: David Hamilton, BTA Frankfurt am Main
Ass. Director Intern. Marketing: John Robinson, BTA London
Werbeagentur: Ogilvy & Mather GmbH Werbeagentur, Frankfurt am Main
Berater: Henrik Carstensen, Silke Dillmann
Creative Director: Bernd Lange, Gregor Seitz
Art Director: Alexander Schlesinger
Texter: Jens Kessinger
Fotograf: Klaus Hagmeier

Ein hohes Imageprofil für Großbritannien zu etablieren und dabei GB als die alternative Feriendestination zu positionieren.

British Tourist Authority — Tourismus/Verkehr

Als der Alltag sie erdrückte, suchten sie drei Wochen lang das Weite.

Endlich hatten sie ihn wieder gefunden. Den wahren Geschmack von Freiheit und Abenteuer.

Morgens auf den Hufspuren der Kelten über endlose Bergpfade und abends nach Cardiff.

Dort hatten sie wieder jede Menge Theater, und die Auswahl fiel ihnen bei diesem Angebot besonders schwer.

Gewöhnlich war hier nur das Ungewöhnliche, so weit das Auge reichte. Dabei lag das Weite doch so nah. Sie waren einfach in ihrem Wagen zur Fähre gefahren.

So begannen sie ihren Urlaub gleich mit einer kleinen Kreuzfahrt quasi vor der Haustür.

Ja, eines wußten sie ganz sicher: Die Erinnerung an diesen Urlaub würde ein Fels in der Brandung des Alltags sein. Was für ein Souvenir!

Wenn Sie also Ihren nächsten Autourlaub mit Weitblick planen wollen, dann schicken wir Ihnen gerne Special Infos.

Name
Straße
PLZ/Ort

Coupon bitte abschicken an: BRITISCHE ZENTRALE FÜR FREMDENVERKEHR, Postfach, 6117 Schaafheim.

Wormshead, Wales

NORTH SEA FERRIES. OLAU-LINE. P&O EUROPEAN FERRIES. SALLY FERRIES. SCANDINAVIAN SEAWAYS. SEALINK STENA LINE. MEISSEN SIE WILLKOMM ABOARD

BRITAIN is GREAT

Ihre englische Woche begann mit einem Tor weit im Abseits.

Für ihn hatten Fußball und Ferien eines gemeinsam: England. Es war das Mutterland des Fußballs und der Vater des Gedankens an einen unvergeßlichen Urlaub.

Schon auf ihrer Überfahrt mit der Fähre erlebten sie den ganz besonderen Kick. Und rasch gönnten sich beide in der Lounge Tee mit Schuß, um sich elf Meter weiter von einem meisterlichen Dinner verblüffen zu lassen. Überhaupt wurde hier das Überraschungsmoment zur Standardsituation.

Je tiefer sie in die wilde, grüne Schönheit der North Yorkshire Moors drangen, desto weniger kamen sie aus dem Staunen heraus. So wandelten sie auch auf den Spuren des berühmten Doktors und seines lieben Viehs.

Als sie in Beverley am letzten Tag Mr. Aston in seine Villa zu Yorkshirepudding einlud, waren Land, Leute und sie längst ein Team geworden. Ihre Zeit in England endete mit einer spannenden Verlängerung.

Wenn auch Sie mit Ihrem Auto beim nächsten Urlaub einen Treffer landen wollen, dann schicken wir Ihnen gerne Special Infos.

Name
Straße
PLZ/Ort

Coupon bitte ausschneiden und an BRITISCHE ZENTRALE FÜR FREMDENVERKEHR, Postfach, 6117 Schaafheim schicken.

White Cliff-Sutton Bank, Yorkshire

NORTH SEA FERRIES. OLAU-LINE. P&O EUROPEAN FERRIES. SALLY FERRIES. SCANDINAVIAN SEAWAYS. SEALINK STENA LINE. MEISSEN SIE WILLKOMM ABOARD

BRITAIN is GREAT

WO MAN DER DREHUNG DES UNIVERSUMS EINEN TANZ GEWIDMET HAT.

Die Vielfalt der mexikanischen Folklore wird nur noch übertroffen durch die Anzahl der Fiestas, die übers Jahr bei uns gefeiert werden. Zu den eindrucksvollsten Darbietungen gehören die Tänze altindianischen Ursprungs, wie der Quetzal-Tanz aus dem zentralen Hochland. Wie Heiligenscheine werden die Federn des gleichnamigen Vogels getragen und dabei Figuren getanzt, die die vier Himmelsrichtungen und die Drehung des Universums darstellen. Unsere Vorfahren hatten eben nicht nur vom Tanzen, sondern auch von Astronomie Ahnung. Worum sich Ihr México-Urlaub drehen sollte, welche neuen Welten Sie entdecken können, erfahren Sie im Reisebüro. Oder wenn Sie den Coupon einschicken. ¡Hasta luego!

Der „VIP-Info-Coupon", den das Staatliche Mexikanische Verkehrsamt bevorzugt behandelt. Wiesenhüttenpl. 26, D-60329 Frankfurt.

MEXICO
Wo die Phantasie blüht.

Kunde: Staatliches Mexikanisches Verkehrsamt, Frankfurt am Main
Geschäftsführer: Anne Schumacher-de la Cuesta
Assistenz: Carola Steup

Werbeagentur: Wüschner, Rohwer, Albrecht, München
Berater: Birgit Gebele, Lika Meißner
Creative Director: Hans-Peter Albrecht
Art Director: Katja Wohnrath
Texter: Horst-Dieter Martinkus, Georg Krause

Zielgruppe: anspruchsvolle Individualreisende. Die Sujets lassen die Seele des Landes sprechen, bieten Futter für die Phantasie, machen neugierig und halten Mexiko mit immer neuen Eindrücken im breiten Publikum »in top of mind«. Aus dem »Produkt« Mexiko wird ein Mosaik einzigartiger Eindrücke zusammengefügt, das bestehenden Klischeevorstellungen entgegenwirkt.

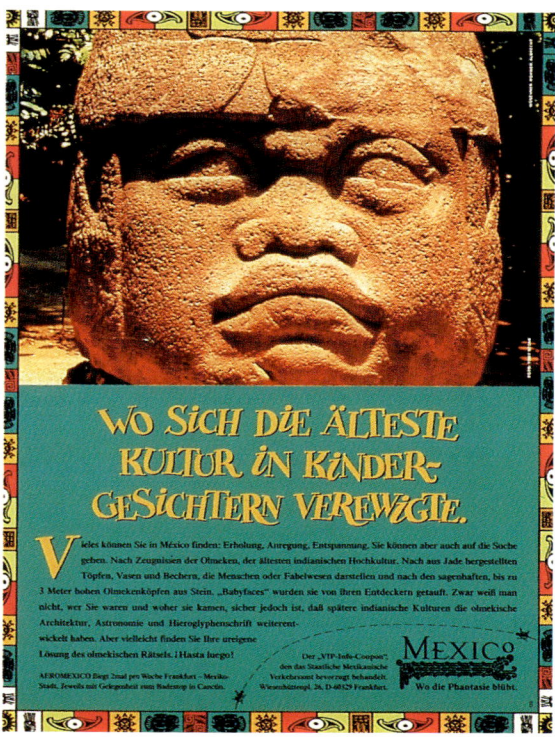

Staatl. Mexikanisches Verkehrsamt Tourismus/Verkehr

354 Tourismus/Verkehr — Holiday Autos

Vielleicht sind so viele *Kunden* seit vielen Jahren mit unserem Service zufrieden, weil wir es ~~nicht~~ nie ganz sind. zu klein!

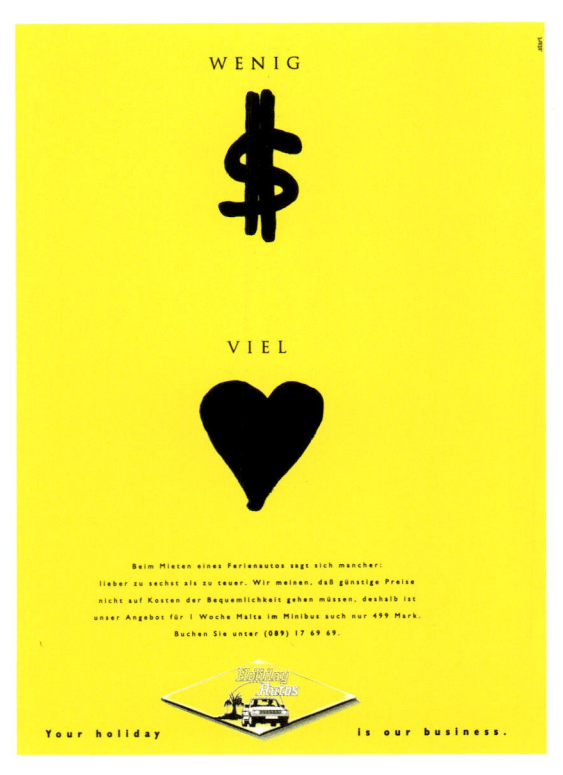

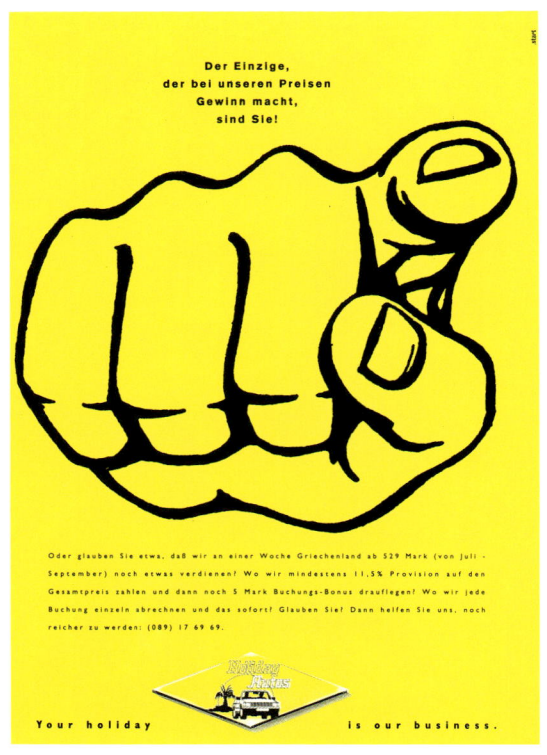

Natürlich freut es uns, daß wir wegen unserer Freundlichkeit gelobt werden, unser Abrechnungssystem als einmalig einfach gilt, unser Service berühmt und unsere Niedrig-Preise als fast nicht mehr zu unterbieten angesehen werden. Trotzdem ruhen wir keine Sekunde, um noch besser zu werden. Fordern Sie uns: (089) 17 69 69.

Your holiday is our business.

Es gibt Leute, die prahlen damit, daß sie die Nr. 1 sind. Würden wir nie tun.

Wir prahlen nämlich überhaupt nicht. Weder mit unserem freundlichen Service, mit unserem einfachen Abrechnungssystem, mit unserer 11,5% Provision, noch mit unserem Buchungs-Bonus und noch nicht mal mit unseren Preisen. Wie 1 Woche Portugal komplett ab 299 Mark. Buchen Sie unter (089) 17 69 69.

Your Holiday is our business.

WENIG $
VIEL ♥

Beim Mieten eines Ferienautos sagt sich mancher: lieber zu sechst als zu teuer. Wir meinen, daß günstige Preise nicht auf Kosten der Bequemlichkeit gehen müssen, deshalb ist unser Angebot für 1 Woche Malta im Minibus auch nur 499 Mark. Buchen Sie unter (089) 17 69 69.

Your holiday is our business.

Der Einzige, der bei unseren Preisen Gewinn macht, sind Sie!

Oder glauben Sie etwa, daß wir an einer Woche Griechenland ab 529 Mark (von Juli - September) noch etwas verdienen? Wo wir mindestens 11,5% Provision auf den Gesamtpreis zahlen und dann noch 5 Mark Buchungs-Bonus drauflegen? Wo wir jede Buchung einzeln abrechnen und das sofort? Glauben Sie! Dann helfen Sie uns, noch reicher zu werden: (089) 17 69 69.

Your holiday is our business.

Kunde: Holiday Autos, München
Product Manager: Ralph Löffler, Michael Buller
Marketingleiter: Gabi Feyl

Werbeagentur: .start advertising, München
Berater: Claudia Langer, Mario Klingemann
Konzeption: Joerg Jahn, Mario Klingemann
Creative Director: Joerg Jahn
Art Director: Helene Schmidt
Texter: Mario Klingemann, Joerg Jahn

Grafiker: Mario Klingemann, Helene Schmidt

Der Reisebranche soll zum erstenmal gezeigt werden, was für ein außergewöhnlicher Ferienmietwagenvermittler Holiday Autos ist.

Branchensieger Finanzen (Banken, Versicherungen, Bausparkassen)

Dresdner Bank **357**
 Huth + Wenzel, Frankfurt am Main

Finanzen (Banken, Versicherungen, Bausparkassen)

Allianz (Euro RSCG, Düsseldorf) **376**
Artisana (Seiler DDB Needham, Basel) **372**
Bayerische Hypotheken- u. Wechselbank (Herrwerth & Partner, München)* **363**
Bayerische Rück (Wüschner, Rohwer, Albrecht, München) **378**
BHW Bausparkasse (Spiess, Ermisch, Abels, Düsseldorf) **370**
Deutsche Bank (Scholz & Friends, Hamburg) **360–361**
Deutsche Handelsbank (W.A.F., Berlin)* **367**
DG Bank (BSB, Frankfurt am Main)* **362**
Dresdner Bank (Hildmann, Simon, Rempen & Schmitz, Düsseldorf) **358–359**
Dresdner Bank (Huth + Wenzel, Frankfurt am Main) **357**
EA-Generali (DDB Needham, Wien) **377**
Frankfurter Sparkasse (Publicis, Frankfurt am Main) **366**
GiroCredit (Young & Rubicam Vienna, Wien) **364–365**
HUK-Coburg (Müller, Coburg) **373**
Hypothekenbank Trentino-Südtirol (HM&C, Bozen) **368–369**
LBS Münster (BBDO-Gruppe, Düsseldorf) **371**
Provinzial (BBDO-Gruppe, Düsseldorf) **374–375**

* Europa-/Globalkampagne

Dresdner Bank Finanzen (Banken, Versicherungen, Bausparkassen)

Kunde: Dresdner Bank AG, Frankfurt am Main
Product Manager: Katrin Stürmer
Marketingleiter: Klaus Hullmann

Werbeagentur: Huth + Wenzel GmbH, Frankfurt am Main
Berater: Heinz Huth
Creative Director: Konrad Wenzel
Producer FFF: Reinhard Gedack
Filmproduktion: Production International, Hamburg
Regisseur: Michael Verhoeven

Wir wollen – vor allem den jüngeren Menschen – zeigen, daß sich die Dresdner Bank offen, ehrlich und unverkrampft für ihre Kunden und deren Erfolg einsetzt.

358 Finanzen (Banken, Versicherungen, Bausparkassen) Dresdner Bank

Heute enthüllen wir die Bank des Jahres.

DresdnerCards welcome.

Die erste deutsche Bank in St. Petersburg ist eine Dresdner Bank.

Berlin bleibt Berlin.

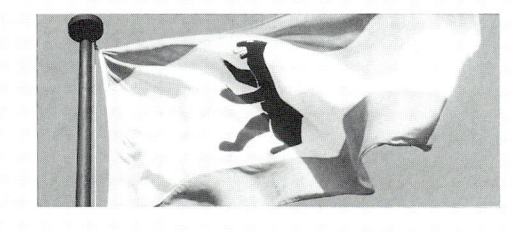

Kunde: Dresdner Bank AG, Frankfurt am Main
Marketingleiter: Klaus Hullmann

Werbeagentur: Hildmann, Simon, Rempen & Schmitz/SMS, Düsseldorf
Berater: Siegfried Kramer, Annette Sander, Walter Schmitz
Creative Director: Monika Knuth
Art Director: Ralf Eikenroth, Andreas Fußhöller, Burkhard Köster
Texter: Olaf Feierfeil, Monika Knuth, Matthias Kühne, Peter Kuntz

Die Kunden werden immer anspruchsvoller. Eine erfreuliche Entwicklung gerade für eine Bank, die in ihrer Werbung auf sachliche Information und Stellungnahmen zu aktuellen Themen setzt.

Unsere Firmenkundenbetreuer müssen erst mal Ihr Handwerk verstehen.

Für jede Aufgabe gibt es das passende Werkzeug. Das weiß jeder Unternehmer. Und das weiß jeder Firmenkundenbetreuer.

Das wichtigste Werkzeug eines Firmenkundenbetreuers: Neugierde. Aber während der Unternehmer in der Regel sein Handwerkszeug kennt, muß der Firmenkundenbetreuer seines immer wieder neu erfinden. Denn jedes Unternehmen ist anders, jede Aufgabe erfordert neue kreative Lösungen.

Zum Beispiel: Als unser Firmenkundenbetreuer von einem metallverarbeitenden Unternehmen um Finanzierungspläne für die neue Fertigungshalle gebeten wurde, spulte er nicht sofort eine Litanei von Zinssätzen, Tilgungsraten und Laufzeiten ab. Statt dessen stellte er jede Menge Fragen.

Auf dem Weg zurück ins Büro rekapitulierte er: Die neue Fertigungshalle sollte also zusätzliche Kapazitäten für ein neues Auslandsgeschäft bringen. Marktanalysen, Markteintrittsstrategien, Kooperations- und Absatzplanungen. Exportfinanzierungen, Forderungsabsicherungen und vieles mehr galt es zu bedenken.

In der Bank angekommen, rief er sofort sein Fachberater-Team zusammen.

Wieder beim Kunden, hatte er das geforderte Finanzierungskonzept dabei – und mehr. Unter anderem einige sehr erfolgversprechende Vorschläge des Fachberaters für Auslandsgeschäfte.

Und eine Empfehlung des Team-Spezialisten für öffentliche Förderprogramme, doch in eine elektronische Steuerung zur Energieeinsparung zu investieren. Was erstens durch ein öffentliches Umweltschutz-Programm gefördert und zweitens die Betriebskosten deutlich senken würde.

Der Kunde war zufrieden. Und auch unser Firmenkundenbetreuer. Denn einmal mehr hatte er sein Handwerkszeug erweitert. Ganz im Sinne seines nächsten Kunden.

Wenn Sie das sein wollen, fragen Sie in einer Geschäftsstelle der Dresdner Bank in Ihrer Nähe nach einem unserer Firmenkundenbetreuer – und richten Sie sich schon mal auf viele Fragen ein.

Dresdner Bank

Theorie. Und Praxis.

Am Anfang ist die Idee.

Die Idee, es einfach mal selbst zu versuchen. Die Idee, die eine Lücke im Markt füllt. Die Idee, mit der man unabhängig wird.

Kommen Sie zu uns, bevor es Ernst wird. Die Idee, Unternehmer zu werden.

Viele tausend Menschen in Deutschland wagen jedes Jahr diesen Schritt. Die einen impulsiv, die anderen mehr aus dem Gefühl heraus, daß die Zeit nun endlich reif sei.

Doch so oder so – aller Anfang ist ziemlich schwer.

Denn dieser Anfang ist meistens auch der Zeitpunkt, an dem die Bedenken kommen.

Gehört zur erfolgreichen Selbständigkeit nicht mehr als nur eine gute Idee und etwas Mut?

Wie vermeide ich typische Anfängerfehler?

Wird das Geld reichen? Wer hilft, wenn es hart auf hart kommt?

Gibt es Dinge, die ich nicht berücksichtigt habe? Gibt es Informationen, die ich besser von Anfang an gehabt hätte?

Sicher, da sind die Bücher. Hervorragende Bücher sogar. Siehe oben.

Aber nicht alle diese Bücher sind unbedingt so praktisch, daß man schnell und zuverlässig eine eigene Existenz darauf gründen könnte.

Anders dagegen ein Leitfaden, den Sie in keiner Buchhandlung und in keiner Bibliothek finden werden.

Dick genug, um viele wertvolle Informationen zu enthalten. Dünn genug, um direkt zur Sache zu kommen: „Unternehmer werden."

Wir wissen, wovon wir reden. Schließlich haben auch wir mal klein angefangen und seitdem viele Menschen mit großem Erfolg auf dem Weg in die Selbständigkeit begleitet.

Diese Erfahrung zahlt sich jetzt für Sie aus.

Übersichtlich und kompakt.

Von der Frage, wie man ein Gewerbe richtig anmeldet, bis hin zu Themen wie Marketing oder Kostenrechnung.

Alles in allem eine sehr gute Vorbereitung auf die Dinge, die da auf Sie zukommen.

Theoretisch unbezahlbar.

Praktischerweise aber kostenlos. Bei den Firmenkundenbetreuern in jeder Dresdner Bank.

Dresdner Bank

Finanzen (Banken, Versicherungen, Bausparkassen) — Deutsche Bank

Man hat es. Frau auch.

Das Junge Konto, das alles kann. ■ Kundenkarte für den Geldautomaten. ■ Zinsen wie beim Sparbuch. ■ Bargeldlos zahlen. ■ Halbe Mindestprovision bei Wertpapierkauf und -verkauf. ■ Das Junge Konto, natürlich kostenlos. Exclusiv für Schüler, Auszubildende und Studenten. ■ Reden wir darüber.

Das Junge Konto.
Deutsche Bank

Kunde: Deutsche Bank AG, Frankfurt am Main
Product Manager Zentrale Werbeabteilung: Erhard Schön
Werbeleiter Zentrale Werbeabteilung: Dr. Hans-Dieter Liesering, Norbert Preusche
Werbeagentur: Scholz & Friends GmbH, Hamburg
Berater: Heiner Bauermann, Janine Öhrke
Creative Director: Norbert Streich
Art Director: Petra Mondwurf-Smid, Oliver Mahne
Texter: Rita Werner
Fotograf: Uwe Düttmann

Aufbau des Bekanntheitsgrades für »Das junge Konto« der Deutschen Bank. Zielgruppe: Schüler, Berufs- und Studienstarter. Aufmerksamkeit für ein Angebot mit Leistungen speziell für junge Menschen schaffen. Sympathiewert der Deutschen Bank in dieser Zielgruppe erhöhen. Kontoeröffnungen deutlich steigern.

Deutsche Bank — Finanzen (Banken, Versicherungen, Bausparkassen)

Wenn zu Ihren 50 PS noch 50 qm kommen sollen,

können Sie Ihren Traum von der eigenen Wohnung mit einem Bausparvertrag verwirklichen.

Die Vorteile, die Ihnen die Deutsche Bank Bauspar AG dabei bietet, können sich sehen lassen. Zum Beispiel die attraktiven Zinsen. Dazu kommen dann noch die vermögenswirksamen Leistungen Ihres Arbeitgebers plus Wohnungsbauprämie und Sparzulage von Vater Staat. So wird daraus schnell ein hübsches Sümmchen. Damit können Sie nach Ablauf der Bindungsfrist machen, was Sie wollen. Am besten natürlich in ein richtiges Dach überm Kopf investieren, denn dafür gibt's noch das zinsgünstige Bauspardarlehen obendrauf.

■ Reden wir darüber.

Deutsche Bank

Wenn Ihr Geld groß und stark werden soll,

lassen wir es mit den richtigen Spar-Ideen kräftig wachsen.

Besondere Möglichkeiten bietet Ihnen zum Beispiel der Deutsche Bank-Sparplan. Denn für regelmäßiges Sparen gibt es bei uns nicht nur gute Zinsen, sondern zusätzlich einen attraktiven Bonus oder eine Festzinsoption. So kann sich Ihr Geld in einem Zeitraum zwischen 4 und 25 Jahren zu einem stattlichen Betrag entwickeln. Auch jährliche Steigerungen der Sparbeträge, zusätzliche Einzahlungen oder mal eine Pause zwischendurch machen Ihnen das Sparen leicht. Denn wir möchten, daß Ihr Geld groß und stark wird.

■ Reden wir darüber.

Deutsche Bank

Kunde: Deutsche Bank AG, Frankfurt am Main
Product Manager Zentrale Werbeabteilung: Bernd Schäfer
Werbeleiter Zentrale Werbeabteilung: Dr. Hans-Dieter Liesering, Norbert Preusche

Werbeagentur: Scholz & Friends GmbH, Hamburg
Berater: Norbert Lindhof, Andreas Gruhl, Janine Öhrke
Creative Director: Gerald Heinemann, Ewald Wolf, Michael Weigert
Art Director: Simone Fennel, Ulla Nagelschmitz
Texter: Kerrin Nausch
Fotograf: Hans Buttermilch

Das Image der Deutschen Bank soll stärker in Richtung »human touch« ausgebaut werden. Die einzelnen Produktgruppen und ihr Nutzen sollen durch eine einheitliche, stilbildende Kampagne bekanntgemacht werden. Die Werbung soll bemerkenswert, emotional, informativ, selbstbewußt und glaubwürdig sein. Der Auftritt soll nach innen und außen wirken.

Finanzen (Banken, Versicherungen, Bausparkassen) — DG Bank

DER WEG, GEMEINSAM ZU GEWINNEN.

■ Jedes Business beginnt mit einer Idee – und mit einem Wagnis. Ganz gleich, ob es sich um das Auslandsgeschäft, um Beteiligungen, um Finanzierungen oder um Zins-Management handelt: Die unberechenbare Größe bleibt immer der neue, fremde Partner, mit dem Sie kooperieren. Hindernisse auf dem Weg zu einer vertrauensvollen Zusammenarbeit sind unterschiedliche Interessenskonstellationen, ungleiche Größen- oder Machtverhältnisse und die unabwägbare menschliche Komponente, die jeder Geschäftsbeziehung innewohnt. ■ Den möglichen Grundkonsens mit potentiellen Partnern schafft die Analyse des beiderseitigen, natürlichen Eigeninteresses nach einem Konzept der Balance, das aus Fremden Geschäftsfreunde machen kann: denn beide wollen gewinnen, beide wollen Sicherheit. Eine wichtige Hilfe für maßgeschneiderte Konzepte dieser Art in einer immer komplexer werdenden Business-Landschaft finden Sie in der Beratungsleistung Ihrer Bank. Die DG BANK bietet neben Internationalität, Kompetenz und Erfahrung ein funktionales Prinzip an, das jeden ihrer Kunden in ganz besonderer Weise zum Partner macht. ■ Dieses Prinzip ist das WIR PRINZIP, zu dem sich die DG BANK und ihre Mitarbeiter bekennen. Das WIR PRINZIP hat seine spezifische Basis in der großen Tradition der genossenschaftlichen Organisation gleichberechtigter Wirtschaftspartner. Und es hat Zukunft. Weil es diese Idee verwirklicht: das partnerschaftliche Miteinander, das zu partnerschaftlichem Erfolg führt. Als Kunde partizipieren Sie an diesem Prinzip nicht nur durch das kundenorientierte Leistungsniveau der DG BANK; dasselbe partnerschaftliche Denken finden Sie überall dort, wo es von jeher zu Hause ist: in jeder Volksbank und Raiffeisenbank.

Sprechen Sie mit der DG BANK über die vielfältigen Möglichkeiten, gemeinsam zu gewinnen: DG BANK, Am Platz der Republik, Postfach 10 06 51, D-6000 Frankfurt am Main 1 ■ Im FinanzVerbund der Volksbanken Raiffeisenbanken

ES GIBT EIN PRINZIP, DAS AUS FREMDEN PARTNER MACHT

DAS WIR PRINZIP

DG BANK

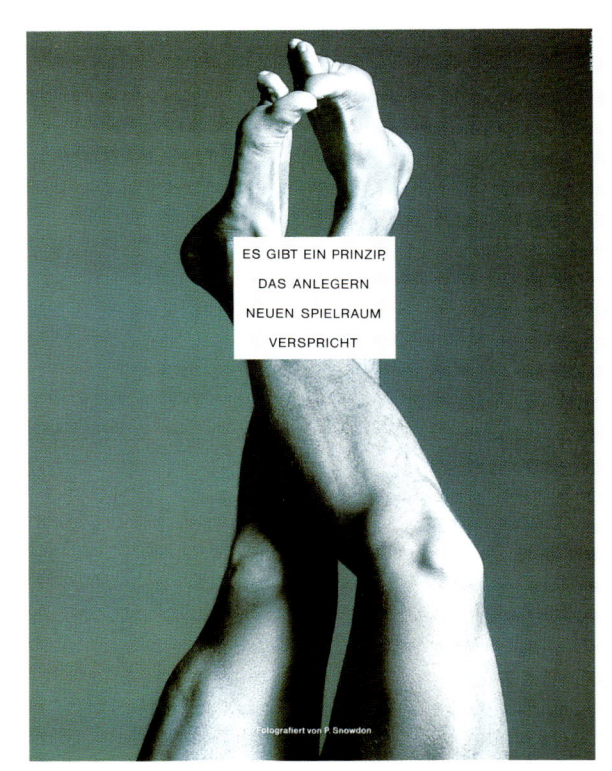

INDIVIDUELLE ANLAGE-STRATEGIEN AN DER DEUTSCHEN TERMINBÖRSE.

■ Die übliche Gangart reicht für den individuellen Anleger heutzutage nicht mehr aus. Wenn Sie die ganz persönliche, in sich geschlossene Anlage-Strategie suchen, dann können Sie sich den notwendigen Spielraum verschaffen – an der Deutschen Terminbörse. ■ Die Deutsche Terminbörse bietet Ihnen vielfältige Variationsmöglichkeiten. Hier kann jeder seine individuellen Zielvorstellungen realisieren – sowohl der vorsichtig planende Anleger, der seine Wertpapiere gegen Kursverlust absichern möchte, als auch der Anleger, der die Ertragsoptimierung sucht. Allerdings ist die Beratung durch den versierten Fachmann unverzichtbar. Denn es liegt in der Natur von Börsentermingeschäften, daß – wie bei jeder Anlage in einem dynamischen Umfeld – den Gewinnchancen hohe Verlustrisiken entgegenstehen können. Sie sollten darum das Gespräch mit dem Experten der DG BANK suchen. Denn als Mitbegründer der Deutschen Terminbörse besitzt die DG BANK das notwendige Know-how des Spezialisten. Wie auch immer Ihre persönliche Zielsetzung als Anleger aussieht – die DG BANK läßt Sie am aktuellen Wissen über den Handel mit Optionen und Futures zu hundert Prozent partizipieren. ■ Bei dem Beratungsgespräch über Ihre Möglichkeiten an der Deutschen Terminbörse werden Sie die Erfahrung machen, daß die DG BANK nach einem Prinzip arbeitet, das jeden ihrer Kunden in ganz besonderer Weise zum Partner macht. Dieses Prinzip ist das WIR PRINZIP, zu dem sich die DG BANK und ihre Mitarbeiter bekennen. Das WIR PRINZIP hat seine spezifische Basis in der großen Tradition der genossenschaftlichen Organisation gleichberechtigter Wirtschaftspartner. Und es hat Zukunft. Weil es diese Idee verwirklicht: das partnerschaftliche Miteinander, das zum partnerschaftlichen Erfolg führt. Als Kunde der DG BANK partizipieren Sie an diesem Prinzip nicht nur durch das kundenorientierte Leistungsniveau der DG BANK; dasselbe partnerschaftliche Denken finden Sie überall dort, wo es von jeher zu Hause ist: in jeder Volksbank und Raiffeisenbank.

Sprechen Sie mit der DG BANK über individuelle Anlage-Strategien an der Deutschen Terminbörse: DG BANK, Am Platz der Republik, Postfach 10 06 51, D-6000 Frankfurt am Main 1 ■ Im FinanzVerbund der Volksbanken Raiffeisenbanken

ES GIBT EIN PRINZIP, DAS ANLEGERN NEUEN SPIELRAUM VERSPRICHT

DAS WIR PRINZIP

DG BANK

Kunde: DG Bank, Frankfurt am Main
Generalbevollmächtigter: Dr. Detlef Marquardt
Leiter Kommunikation: Ernst Roman Egger
Gruppenleiter: Ulf Harald Wies
Werbeagentur: BSB Frankfurt Werbeagentur GmbH, Frankfurt am Main
Berater: Veit Emschermann
Konzeption: Klaus Hoffmann
Creative Director: Klaus Hoffmann
Art Director: Ulrich Schmitz
Texter: Klaus Hoffmann
Grafiker: Markus Gerlich
Fotograf: diverse

Das Wir-Prinzip ist die zeitgemäße Interpretation der genossenschaftlichen Idee. Es ist Ausdruck eines Persönlichkeitsprofils, das die DG Bank differenziert gegenüber allen anderen großen Geschäftsbanken. Der visuelle Auftritt der neuen Werbelinie ist geprägt von bemerkenswerten Arbeiten international renommierter Fotografen.

Bayerische Hypotheken- u. Wechselbank **Finanzen (Banken, Versicherungen, Bausparkassen)**

Die Querdenker

Gesellschaftliche Entwicklungen laufen heute nicht mehr linear ab. Sie vernetzen sich – immer enger und immer schneller. Da durchzublicken und gleichzeitig die Zukunft nicht aus den Augen zu verlieren, erfordert viele Denk-Dimensionen. Bei uns sind alle Mitarbeiter aufgerufen, „quer" zu denken. Dazu gehört, auch über den Beruf hinaus, Althergebrachtes in Frage zu stellen, Probleme zu erkennen und unkonventionelle Lösungen zu suchen. So spannen wir immer neue Fäden im Netz. Schließlich soll es die Zukunft auffangen können.

HYPO BANK

Die HYPO. Eine Bank – ein Wort.

Wer heute die Bank
von morgen ist,
ist heute Ihre Bank.

Die HYPO.

Die Dialog-Denker

Die Erde wird nicht kleiner, aber Zeiten und Wege werden durch moderne Informations-Technologien immer kürzer. Deswegen dürfen wir nicht mehr im stillen Kämmerlein denken, sondern müssen unsere Köpfe öffnen – für grenzenlose Kommunikation. In den Finanzmetropolen der Welt trainieren unsere Mitarbeiter bereits jetzt schon jeden Tag, was wir alle morgen können müssen, um gemeinsam Probleme zu lösen: Sprachen verstehen, Mentalitäten akzeptieren und mit diesen Fähigkeiten Dialoge führen.

HYPO BANK

Die HYPO. Eine Bank – ein Wort.

Wer heute die Bank
von morgen ist,
ist heute Ihre Bank.

Die HYPO.

Kunde: Bayerische Hypotheken- u. Wechselbank AG, München
Marketingleiter: Hans Michael Besig
Werbeleiter: Henny Geldermann
Werbeagentur: Herrwerth & Partner GmbH, München
Berater: Klaus Schuldes
Konzeption: Ingrid Niemeier, Christian Hollmann
Creative Director: Ingrid Niemeier
Art Director: Christian Hollmann
Texter: Ingrid Niemeier
Fotograf: G. Kaufmann

Imagekampagne für eine zukunftsorientierte Bank auf Basis der Kopfkampagne.

"GEBT MIR EINEN FESTEN PUNKT, UND ICH HEBE EUCH DIE WELT AUS DEN ANGELN." (ARCHIMEDES)

WER DINGE IN BEWEGUNG SETZEN WILL, BRAUCHT EINEN SICHEREN STANDPUNKT, VON DEM AUS DIE KRAFT WIRKEN KANN. DURCH DIE FUSION VON GIROZENTRALE UND ÖCI ZUR GIROCREDIT HABEN WIR DIE SYNERGIE DER KRÄFTE ERREICHT. UND MEHR STANDPUNKTE GEWONNEN, DIE IHREN AKTIONSRADIUS ERWEITERN.

SO KÖNNEN WIR IHNEN EINEN LÄNGEREN HEBEL AN DIE HAND GEBEN, DER DIE DINGE LEICHTER IN BEWEGUNG BRINGT UND MIT MEHR KRAFT VORANTREIBT. ABER STÄRKE ALLEIN GENÜGT NICHT. ERST WENN SIE MIT ERFAHRUNG UND KNOW-HOW ZUSAMMENWIRKT, WIRD AUS MASSE QUALITÄT, VON DER SIE PROFITIEREN.

GIROCREDIT
LEISTUNG VERBINDET

WER NACH OBEN BLICKT, BRAUCHT JEMANDEN, DER DEN BODEN IM AUGE BEHÄLT.

NEUE IDEEN STOSSEN OFT AUF WIDERSTAND. WEIL HINDERNISSE AUFTRETEN KÖNNEN, DIE DER DURCHFÜHRUNG IM WEG STEHEN. DESHALB IST ES WICHTIG, JEMANDEN MIT AUF DER STRECKE ZU HABEN, DER DEN BODEN DER TATSACHEN IM AUGE BEHÄLT. SIE SOLLEN DEN KOPF FREI HABEN FÜR DAS „WAS". UNSERE AUFGABE IST DAS „WIE".

WIE MAN PROBLEME UMGEHEN ODER LÖSEN KANN. WIE MAN EINEN WEG FÜR DIE DURCHFÜHRUNG FINDET. WIE MAN VORGEHT, UM AUSRUTSCHER VERHINDERN ZU KÖNNEN. WAS IMMER SIE SICH IN DEN KOPF GESETZT HABEN. WIR WOLLEN DEN BODEN AUFBEREITEN, DAMIT VISIONÄRE PLÄNE UND IDEEN IN DIE TAT UMGESETZT WERDEN KÖNNEN.

GIROCREDIT
LEISTUNG VERBINDET

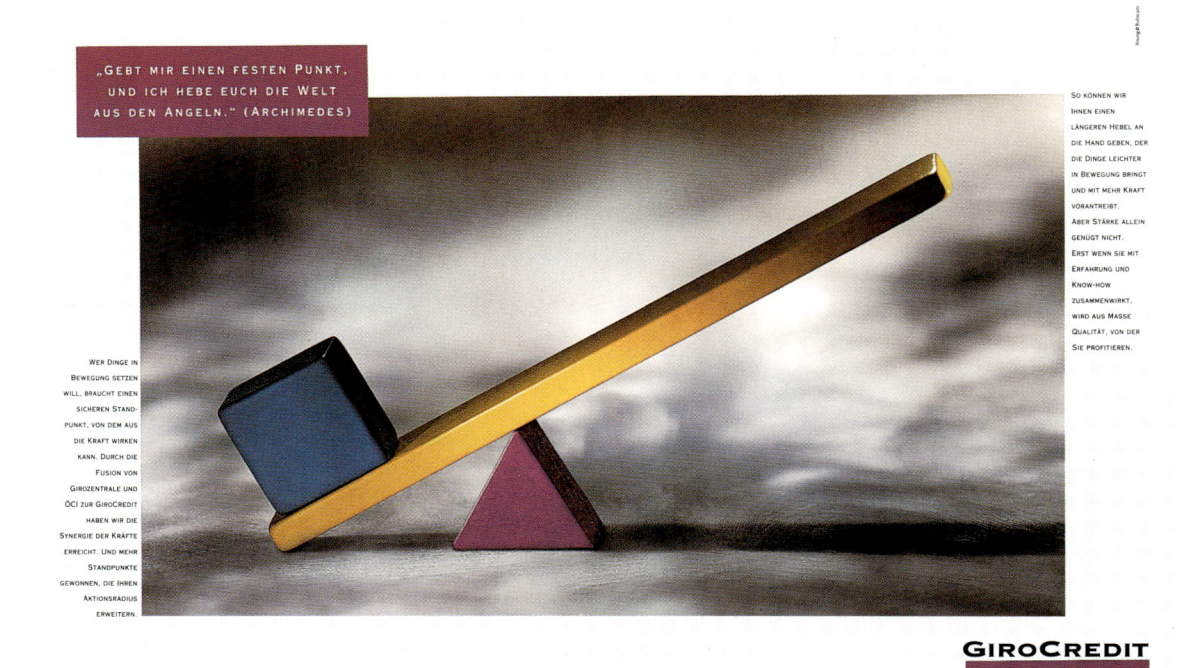

Kunde: GiroCredit, Wien
Marketingleiter: Dr. Herbert Kaspar
Werbeagentur: Young & Rubicam, Wien
Berater: Hildegard Linsbauer
Konzeption: Sabine Mühlberger, Edmund Petri
Creative Director: Sabine Mühlberger, Edmund Petri
Art Director: Charly Frei
Texter: Sabine Mühlberger, Thomas Kratky
Grafiker: Lori Trauttmansdorff, Marion Gumpinger
Fotograf: Sujet Archimedes/Bananenschale: Thomas Popinger
Sujet Trüffelschwein: Marianne Sporn

GiroCredit   **Finanzen (Banken, Versicherungen, Bausparkassen)**   365

Der Mensch hat fünf Sinne. Manche halten sich einen sechsten.

Wer Spezialisten für sich arbeiten lässt, muss sich nicht nur auf sein Glück verlassen, wenn es darum geht, Vielversprechendes aufzuspüren. Man muss den sechsten Sinn ja nicht haben, um ihn für sich nützen zu können.

Wir setzen unseren Instinkt, unser Wissen und unsere Erfahrung ein, um Ihrem Vermögen optimale Wachstumschancen zu ermöglichen. Und sammeln die nötigen Informationen, damit Sie die richtigen Entscheidungen leichter treffen können und den besten Weg zu gewinnbringender Veranlagung finden.

GIROCREDIT
LEISTUNG VERBINDET

Finanzen (Banken, Versicherungen, Bausparkassen) — **Frankfurter Sparkasse**

1822

Vom Traum zur Wirklichkeit:

Immobilienmanagement

Frankfurter Sparkasse

1822

Wie dick ist eigentlich Ihre Brieftasche?

Eurocard Gold

Frankfurter Sparkasse

Kunde: Frankfurter Sparkasse, Frankfurt am Main
Werbeleiter: Udo Stricker

Werbeagentur: Publicis, Frankfurt am Main
Berater: Alexander von Falkenhausen, Michael Kuhn

Konzeption: Richard Herler, Christa Silberer-Klein
Creative Director: Richard Herler
Art Director: Ludwig Mühlenberg
Texter: Christa Silberer-Klein, Nikolaj Lubnow
Fotograf: Uwe Behrendt, Michael Ehrhart

In Anlehnung an das CI- und CD-Erscheinungsbild und in konsequenter Fortführung der in 1992 begonnenen Kampagne präsentiert die Frankfurter Sparkasse ihre individuellen Problemlösungen für unterschiedliche Finanzdienstleistungen. Dabei werden ganz spezifische Marktkenntnis, Innovationsfreude und kreative Leistungsstärke demonstriert. Und zwar mit jener Souveränität, wie es sich nur der Marktführer in Frankfurt am Main leisten kann.

Finanzen (Banken, Versicherungen, Bausparkassen)

BETEILIGUNG, FINANZIERUNG, BERATUNG. DAS TRIFFT SICH GUT.

Die Deutsche Handelsbank AG ist eine innovative und kapitalstarke Merchant Bank, die ausgewählten mittelständischen Unternehmen in Deutschland umfassender Finanzpartner ist.

Aus einer Hand deckt die Deutsche Handelsbank AG die drei wichtigsten Bereiche für Firmenkunden ab: Unternehmensbeteiligung, Finanzierung und Beratung. Ein Team von Spezialisten dieser drei Disziplinen begleitet Ihr Unternehmen in allen Fragen des Financial Engineering.

Mit über einer Milliarde DM Eigenkapital und langfristigen Mitteln sowie fundiertem Know-how im Bereich Corporate Finance verfügt die Deutsche Handelsbank AG hierfür über die besten Voraussetzungen.

Dabei sind die Ziele der Bank die ihrer Kunden: Ertrags- und Wertsteigerung Ihres Unternehmens. Und wir werden nicht mehr Kunden haben, als unsere Vorstände persönlich kennen können. Erst die Qualität unseres Konzepts macht die Deutsche Handelsbank AG zu dem, was sie ist: **Bank & Partner.**

DEUTSCHE HANDELSBANK AG
GRUPPE CREDIT LYONNAIS

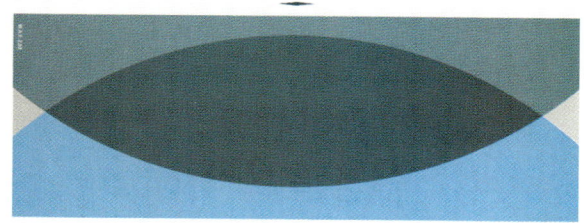

DIE BANK, DIE SICH GERN BETEILIGT.

Was beflügelt mehr als ein Partner, der Ihren Erfolgen und Visionen nicht unbeteiligt gegenübersteht, sondern aktiv daran teilnimmt? Die Deutsche Handelsbank AG als kapitalstarke Merchant Bank tut dies gleich dreifach:

Aus einer Hand deckt die Deutsche Handelsbank AG die drei wichtigsten Bereiche für mittelständische Firmenkunden ab: Unternehmensbeteiligung, Finanzierung und Beratung. In enger Teamarbeit begleiten Sie Spezialisten dieser drei Disziplinen.

Mit über einer Milliarde DM Eigenkapital und langfristigen Mitteln sowie fundiertem Know-how im Bereich Corporate Finance verfügt die Deutsche Handelsbank AG hierfür über die besten Voraussetzungen.

Dabei sind die Ziele der Bank die ihrer Kunden: Ertrags- und Wertsteigerung Ihres Unternehmens. Und wir werden nicht mehr Kunden haben, als unsere Vorstände persönlich kennen können. Erst die Qualität unseres Konzepts macht die Deutsche Handelsbank AG zu dem, was sie ist: **Bank & Partner.**

DEUTSCHE HANDELSBANK AG
GRUPPE CREDIT LYONNAIS

Kunde: Deutsche Handelsbank AG, Berlin
Marketingleiter: Dr. Ulrich Peter

Werbeagentur: W.A.F. Werbegesellschaft mbH, Berlin
Berater: Fred Bruß
Konzeption: Klaus Fehsenfeld
Creative Director: Klaus Fehsenfeld
Art Director: Susanne Keßler, Libby Carton
Texter: Klaus Fehsenfeld, Frank Neyenhuys

Die Kampagne positioniert die Deutsche Handelsbank AG als Merchant-Bank für mittelständische, vorwiegend deutsche Unternehmen. Durch die Kombination der einzigartigen Angebotskombination aus Beteiligung, Finanzierung und Beratung wird eine Alleinstellung erreicht.

Finanzen (Banken, Versicherungen, Bausparkassen) — **Hypothekenbank Trentino-Südtirol**

Hoteliers geben wir vorzügliche Argumente.

Damit Sie Ihr Haus sanieren oder ausbauen können, haben wir eine Reihe von Baufinanzierungen, die Ihnen eine Entscheidung in Richtung Qualitätsverbesserung um vieles leichter macht. Unabhängig von den Konditionen, die zu den besten zählen, beraten wir Sie persönlich und suchen maßgeschneiderte Lösungen. Dazu erarbeiten wir unverbindlich und kostenlos Ihren persönlichen Finanzierungsplan, bearbeiten schnell Ihre Anträge und stehen auf Ihrer Seite.

Rufen Sie einen unserer Berater an. Der freut sich, Ihnen Lösungen schwarz auf weiß zu zeigen: In Bozen unter der Nummer (0471) 981699, in Trient unter (0461) 986666. Wenn Sie persönlich vorbeikommen, finden Sie uns in Bozen in der Gumergasse 9 und in Trient in der via Calepina 1.

HYPOTHEKENBANK TRENTINO – SÜDTIROL
Auf uns können Sie bauen. Seit 1921.

Sichere Erträge wachsen am besten auf solider Grundlage.

Gerade in schwierigen Zeiten wird einem oft das Blaue vom Himmel versprochen. Manche schauen dann allein auf die märchenhafte Rendite und vernachlässigen die Sicherheit Ihrer Anlage. Wir gehen einen anderen Weg. An erster Stelle steht die Sicherheit Ihrer Investitionen. Denn sie sind vollständig durch Grund und Boden sowie durch Immobilien abgesichert. Darauf wächst dann mit Sicherheit eine Rendite, die sich sehen lassen kann. Und das sind weitere Vorzüge: unentgeltliches Depot, jederzeitige Rücknahme, keine Provisions- oder anderweitige Spesen. Exzellente Rendite auf sicherem Fundament durch Investmentfonds der Hypothekenbank Trentino-Südtirol: so läßt sich zuversichtlich in die Zukunft schauen.

Rufen Sie einen unserer Berater an. Ob für einen Hypothekarkredit oder für sicheres Investmentsparen. In Bozen unter der Nummer (0471) 98 16 99, in Trient unter (0461) 98 66 66. Oder Sie besuchen uns ganz unverbindlich, in Bozen in der Gumergasse 9 oder in Trient in der via Calepina 1.

11,23% Nettojahresrendite

HYPOTHEKENBANK TRENTINO – SÜDTIROL
Auf uns können Sie bauen. Seit 1921.

Bauunternehmern geben wir vorzügliche Argumente.

Damit Sie ein Haus bauen oder sanieren können, haben wir eine Reihe von Baufinanzierungen, die dem Baufortschritt angepaßt sind. Von der Vorfinanzierung bis zur Übergabe stehen Ihnen unsere Berater zur Seite. Abgesehen von den Konditionen, die zu den besten zählen, beraten wir Sie persönlich und suchen maßgeschneiderte Lösungen. Dazu erarbeiten wir unverbindlich Ihren persönlichen Finanzierungsplan und bearbeiten kostenlos und schnell Ihre Anträge.

Rufen Sie einen unserer Berater an. Der freut sich, Ihnen Lösungen schwarz auf weiß zu zeigen: In Bozen unter der Nummer (0471) 981699, in Trient unter (0461) 986666. Wenn Sie persönlich vorbeikommen, finden Sie uns in Bozen in der Gumergasse 9 und in Trient in der via Calepina 1.

HYPOTHEKENBANK TRENTINO – SÜDTIROL
Auf uns können Sie bauen. Seit 1921.

Kunde: Hypothekenbank Trentino-Südtirol AG, Trient
Marketingleiter: Dr. Roberto Sartori
Werbeagentur: HM&C, Bozen
Berater: Hanno Mayr
Konzeption: Hanno Mayr, Angelika Prosch
Creative Director: Hanno Mayr
Art Director: Angelika Prosch
Texter: Hanno Mayr, Dr. Otwin Nothdurfter
Grafiker: Angelika Prosch, Anna König
Fotograf: Augustin Ochsenreiter

Die Spezialbank für Hypothekarkredite kommuniziert zusätzlich zur begleitenden Imagekampagne aktuelle Themen und Produkte in Form von Fachanzeigen in Special-Interest-Medien.

Hypothekenbank Trentino-Südtirol Finanzen (Banken, Versicherungen, Bausparkassen)

Wir verhelfen zu besten Aussichten.

Wir sehen uns selbst etwas anders.

Wir finanzieren Träume.

Wir haben viele gute Gründe, die für uns sprechen.

HYPOTHEKENBANK TRENTINO · SÜDTIROL
Auf uns können Sie bauen. Seit 1921.

Kunde: Hypothekenbank Trentino-Südtirol AG, Trient
Marketingleiter: Dr. Roberto Sartori
Werbeagentur: HM&C, Bozen
Berater: Hanno Mayr
Konzeption: Hanno Mayr, Angelika Prosch
Creative Director: Hanno Mayr
Art Director: Angelika Prosch
Texter: Hanno Mayr, Dr. Otwin Nothdurfter
Grafiker: Angelika Prosch, Anna König
Fotograf: Tim Olive, Marc Vaughn, Walter Vrie

Die Spezialbank für Hypothekarkredite kommuniziert ihre unbestrittene Kompetenz, Erfahrung, Leistungsfähigkeit und Kundennähe in einer Imagekampagne mit für den regionalen Raum unüblichen Motiven und zurückhaltender Diktion.

Finanzen (Banken, Versicherungen, Bausparkassen) — BHW Bausparkasse

„*Die Rentenfrage lös' ich selbst.*"

Gute Idee. BHW.
Einfach anrufen: 020 - 399 55 200

Alter schützt vor Wohlstand nicht. Zum Beispiel, wenn Sie mietfrei im eigenen Heim wohnen: dank Bausparen mit dem BHW DISPO 2000. Eine gute Vorsorge treffen Sie aber auch mit unserer Kapital-Lebensversicherung.

Ihre Vorteile: hohe Rendite durch hohe Gewinnausschüttung, steuerfreie Auszahlung nach zwölf oder mehr Jahren und dynamische Anpassung an Ihre steigenden Ansprüche.

Lösen Sie Ihre Rentenfrage doch gleich mit Ihrem BHW Berater. Seine Adresse finden Sie im Telefonbuch unter Bausparkasse. Weitere Informationen schicken wir Ihnen gerne zu. Rufen Sie uns einfach an, oder schreiben Sie uns: BHW, 31781 Hameln, 020 - 399 55 200.

„*Miete? Nein danke!*"

Gute Idee. BHW.
Einfach anrufen: 020 - 399 55 200

Bauen oder Kaufen rechnet sich so gut, weil Wohneigentum so stark an Wert zunimmt. Wenn dann noch eine günstige Finanzierung dazukommt, geht die Rechnung immer auf. Zum Beispiel beim Bausparen mit dem BHW DISPO 2000.

Das ist der Bausparvertrag, den Sie nach Ihren Wünschen mitgestalten können. Und der Sie dabei mit allen staatlichen und vertraglichen Vorteilen beglückt: Sparzulagen, Prämien, Abschreibungen, alternativer Zins- und Tilgungswahl und, und, und ...

Wie Sie Ihre Miete ganz schnell vergessen können, weiß Ihr BHW Berater. Seine Adresse steht im Telefonbuch unter Bausparkasse. Weitere Informationen schicken wir Ihnen gerne zu. Rufen Sie einfach an, oder schreiben Sie uns: BHW, 31781 Hameln, 020 - 399 55 200.

Kunde: BHW Bausparkasse AG, Hameln
Marketingleiter: Dieter Rudzewski
Werbeleiter: Lorenz Semper
Werbeagentur: Spiess Ermisch Abels, GmbH, Düsseldorf
Berater: Jürgen Schulte, Rainer Burkhardt
Creative Director: Wilfried Korfmacher
Art Director: Thorsten Altmann
Texter: Tobias Sckaer
Grafiker: Anna Loerke
Fotograf: Uwe Düttmann

BHW, ist das nicht diese Bausparkasse für Beamte? I wo, wir sind ein ganz modernes Unternehmen mit vielen guten Angeboten.
Insgesamt 14 Anzeigen und 8 TV-Spots stellen die BHW-Wunschkunden vor. Leute von heute, die sagen, was sie wollen.
Wir sorgen dafür, daß sie es bekommen.
Gute Idee. BHW.

LBS Münster   **Finanzen (Banken, Versicherungen, Bausparkassen)**   371

Kunde: LBS Münster, Münster
Marketingleiter: Eckhard Spiegelberg
Werbeleiter: Günther Lüke, Frauke Schulte-Terbove

Werbeagentur: BBDO Düsseldorf GmbH, Düsseldorf
Berater: Horst Stephan, Rolf Gilgen
Creative Director: Helmut Bienfuß
Art Director: Michael Osche
Texter/Script: Inger Grube
Producer FFF: Brigitte Janoschka

Filmproduktion: Downtown, London
Regisseur: Mike Stiebel
Kamera: Mike Bulley
Musik: Reiner Hänsch

Kunde: Artisana Kranken- und
Unfallversicherung, Bern
Marketingleiter: Peter Fischer

Werbeagentur: Seiler DDB Needham, Basel
Berater: Thomas Schwander
Konzeption: Ulysses Müller
Creative Director: Ulysses Müller,
Thomas Schwander
Art Director: Angela Baccini
Texter: Ulysses Müller

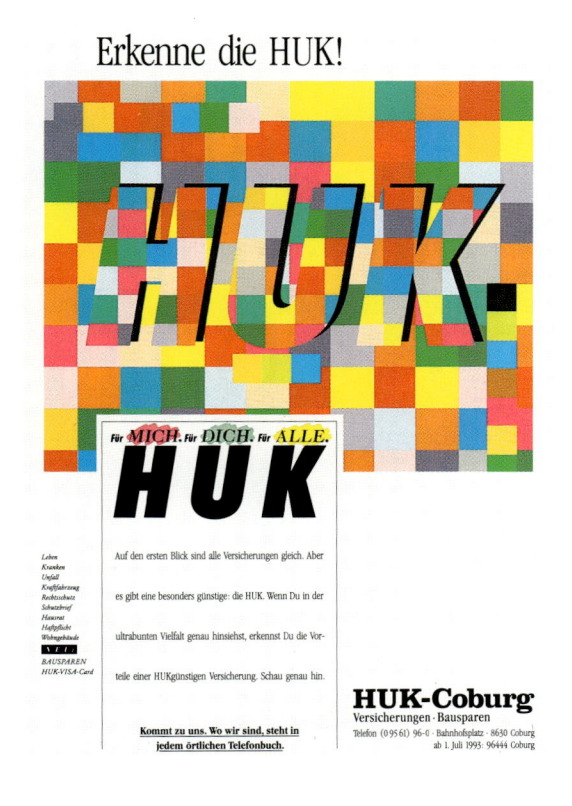

HUK-Coburg   Finanzen (Banken, Versicherungen, Bausparkassen)   373

Kunde: HUK-Coburg Versicherungsgruppe, Coburg
Marketingleiter: Johann-Friedrich Ehemann, Manfred Hanft
Werbeleiter: Armin Grempel

Werbeagentur: Werbeagentur Müller GmbH, Coburg
Berater: Wolfgang Müller
Konzeption: Wolfgang Müller
Creative Director: Wolfgang Müller
Art Director: Lothar Mulack
Texter: Andreas Pietsch
Grafiker: Lothar Mulack, Thomas Gröpper
Fotograf: Gabor Geissler, München

Die HUK-Kampagne »Für Mich. Für Dich. Für Alle.« entwickelt sich zu einem Klassiker. 1993 setzte der Versicherer verstärkt auf Präsenz in den Jugendmedien. Im Rahmen des bestehenden Konzeptes wurden hierfür neue Konzepte entwickelt. Ebenfalls neu: die Anzeigen für die HUK-VISA-Card.

PROVINZIAL

So wichtig wie ABS und Airbag. SuperKasko.
Auto-Schutzbrief und Vollkasko in einem.

PROVINZIAL

Das Glück im Unglück hat Telefon. SuperKasko.
Auto-Schutzbrief und Vollkasko in einem.

Kunde: Provinzial, Düsseldorf
Marketingleiter: Michael Ley
Werbeleiter: Günther Hoff
Werbeagentur: BBDO Düsseldorf GmbH, Düsseldorf
Berater: Rolf Gilgen, Thomas Hofmann
Creative Director Art: Hans Kopleck
Creative Director Text: Helmut Bienfuß
Art Director: Michael Osche
Texter: Helmut Bienfuß
Grafiker: Annette Lessing, Andrea Seidel

SuperKasko.
Auto-Schutzbrief und Vollkasko in einem.
Raus aus dem Schlamassel mit einem einzigen Anruf.

PROVINZIAL

**Neu:
SuperKasko.
Auto-Schutzbrief und Vollkasko in einem.**

PROVINZIAL

SuperKasko
Frischer Wind im sonst eher innovationsarmen Markt der Autoversicherungen: Mit »SuperKasko« bietet die Provinzial die erste Vollkasko mit integriertem Autoschutzbrief an. Begleitet wird die Produkteinführung durch eine plakative Kampagne in Publikumszeitschriften, Tageszeitungen und auf Großflächen. Die Gestaltung signalisiert den Neuigkeitscharakter und leitet sich direkt aus der Marke Provinzial und ihrer Hausfarbe ab.

Finanzen (Banken, Versicherungen, Bausparkassen) — **Allianz**

Nehmen Sie hier mal für einen Augenblick Platz.

Können Sie sich jetzt vorstellen, wie wichtig private Vorsorge ist? Die ALLIANZ PFLEGE-RENTEN-ZUSATZVERSICHERUNG garantiert Ihnen im Pflegefall eine lebenslange zusätzliche Rente. Setzen Sie sich darum lieber heute als morgen mit Ihrem Allianz Fachmann zusammen.

Allianz
HOFFENTLICH ALLIANZ VERSICHERT

Mutter und Vater wohlauf. Baby schon mitversichert.

Ihr Neugeborenes wird im Rahmen der neuen ALLIANZ UNFALLVERSICHERUNG bis zu einem halben Jahr mitversichert. Damit haben Sie genug Zeit, den Schutz Ihrer Familie anzupassen. Mehr über diese neue ALLIANZ FAMILIEN-VORSORGE erfahren Sie bei Ihrem Allianz Fachmann.

Allianz
HOFFENTLICH ALLIANZ VERSICHERT

Kunde: Allianz Versicherungs AG, München
Marketingleiter: Dr. W. Hubel (LV-AG), M. Maskus (Vers.-AG)
Werbeleiter: H. Bierer

Werbeagentur: Euro RSCG Werbeagentur GmbH, Düsseldorf
Berater: M. A. Burden, L. Turner
Creative Director: Wilfried Engbrox
Art Director: D. Goldbaum
Texter: Th. Schubert
Layout: E. Mühlenkamp
Fotograf: Motiv: Baby: Image-Bank, Motiv: Rollstuhl: Jo van den Berg, Motiv: Gartentor: Th. Herbrich

EA-Generali   Finanzen (Banken, Versicherungen, Bausparkassen) 377

Die EA-Generali zum Thema Verantwortung:

Dieses Biest kann töten.

Herzige Stofftiere, große und kleine Teddies, sind bei Kindern beliebt. Aber Sie können auch gefährlich werden. Immer wieder ersticken kleine Kinder im Schlaf. Darum: Bitte sorgen Sie dafür, daß Stofftiere aber auch jede Art von Plastikspielzeug oder Bauklötzen nachts nicht im Bett Ihres Kindes bleiben. Und denken Sie daran: Wenn es um das Wohl Ihres Kindes geht, gibt es nur einen wirklichen Schutz: Ihre Aufmerksamkeit und Umsicht. Denn keine Versicherung der Welt kann Ihr Kind vor Unachtsamkeit schützen.

Die EA-Generali.
Wir stehen zu unserer Verantwortung.

Kunde: EA-Generali, Wien
Marketingleiter: Wolfgang Steinwendner
Werbeleiter: Gerald Kornfeld
Werbeagentur: DDB Needham Heye & Partner, Wien
Berater: Tina Daiker
Konzeption: Patrick Schierholz, Hanns-Georg Saxer
Creative Director: Patrick Schierholz
Art Director: Hanns-Georg Saxer
Texter: Patrick Schierholz
Grafiker: Bernd Bachmann
Fotograf: Dieter Steinbach

Finanzen (Banken, Versicherungen, Bausparkassen)   **Bayerische Rück**

Kunde: Bayerische Rück-versicherung, München
Product Manager: Hans-Hermann Wetcke
Werbeleiter: Brigitte Glaser

Werbeagentur: Wüschner, Rohwer, Albrecht, München
Berater: Gernot Wüschner, Ulla Bresink
Konzeption: Gernot Wüschner
Art Director: Andrea Olbing

Die Anzeigen stellen aktuelle »Security«-Modelle dar. Bildhaft umgesetzt nach einem geflügelten Wort der Branche, wonach sich gute von schlechten Versicherern dadurch unterscheiden, ob sie den Versicherten im Regen stehenlassen. Gegen die »Schirmmodelle« imaginärer Wettbewerber, die freundlich, aber pointiert beschrieben sind, profiliert sich die Bayerische Rück.

Branchensieger Handel

Mobitare **382–383**
  Zwiener & Partner, Reutlingen

arcade (Wächter & Popp, München)   **390–391**
Cape Früchte (Die Gilde, Hamburg)*   **396**
Erdmann Herrenbekleidung (Ogilvy & Mather, Frankfurt am Main)   **389**
Erismann (Bauer & Geiger, Freiburg)   **385**
K + L Ruppert (Serviceplan, München)   **388**
Mobitare (Zwiener & Partner, Reutlingen)   **382–383**
Pieper Saarlouis (Economia, Hamburg)   **392**
Spreewald-Gurken (Hildmann, Simon, Rempen & Schmitz, Düsseldorf)   **395**
Die Teppich Galerie (Leonhardt & Kern, Stuttgart)   **384**
Les Vins d'Alsace (Dr. Kampf und Partner, Düsseldorf)   **394**
Völkner Elektronic (Baums, Mang und Zimmermann, Düsseldorf)   **381**
Wöhrl (Kempf + Teutsch, München)   **386–387**
Zentrasport (HMS, Linz)   **393**

* Europa-/Globalkampagne

Völkner Elektronic **Handel** 381

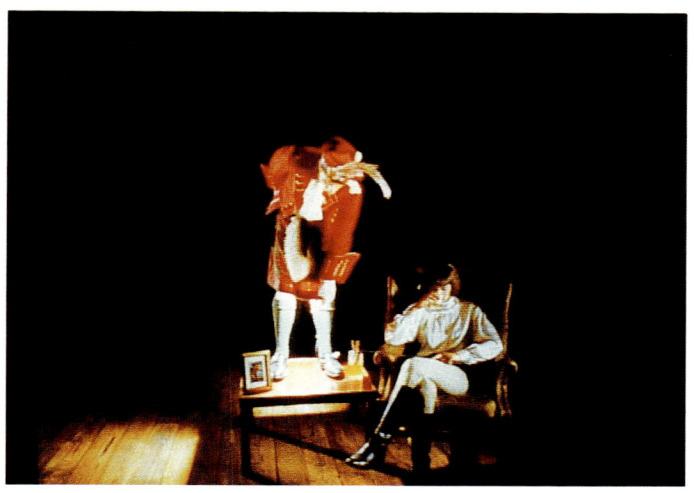

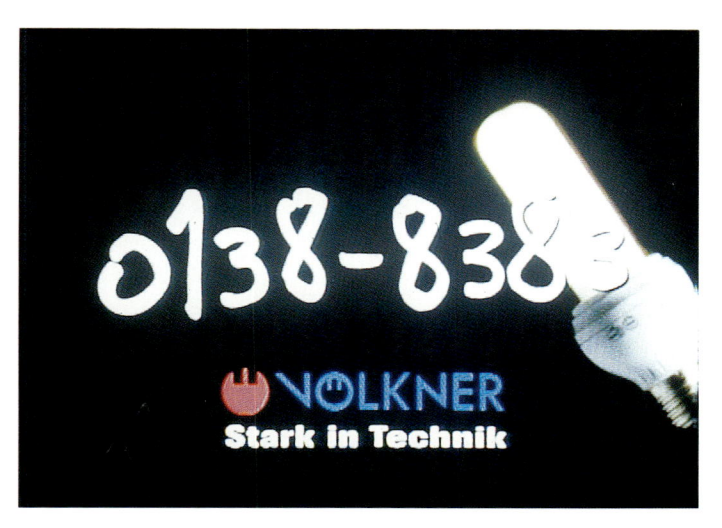

Kunde: Völkner Electronic GmbH & Co. KG, Braunschweig
Geschäftsführer: Bernd Heidemeyer
Marketingleiter: Gerhard Schneider
Werbeleiter: Bodo Lamprecht
Werbeagentur: BMZ Werbeagentur GmbH & Co. KG, Düsseldorf
Berater: Gabriele Kreß
Konzeption: Wolfgang Fetzer, Martin Kießling, Ulrike Ruland
Creative Director: Wolfgang Fetzer
Art Director: Ulrike Ruland
Texter/Script: Wolfgang Fetzer, Martin Kießling
Producer FFF: Martin Kießling
Filmproduktion: Garrett Film GmbH, Hamburg
Regisseur: Flip van Vliet
Kamera: Greg Copeland
Cutter: Marina Künzel

Kunde: Mobitare AG, Suhr
Geschäftsführer: H. P. Schneider

Werbeagentur: Zwiener & Partner Werbeagentur GmbH, Reutlingen
Berater: Hans-Jürgen Zwiener
Konzeption: Hans-Jürgen Zwiener
Creative Director: Hans-Jürgen Zwiener
Art Director: Werner Trotter
Texter: Ulrike Neumann
Fotograf: Claus Iden

Halbseitige Tageszeitungsanzeigen im Collagestil zeigen trendorientierte Einrichtungen, perfekt abgestimmt mit Accessoires, Textilien, Licht. Mobitare zeigt: »So wohnt man heute.«

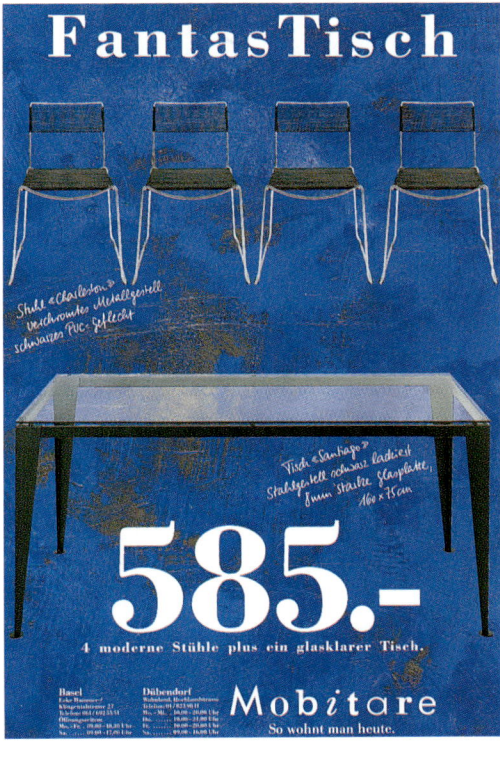

Kunde: Mobitare AG, Suhr
Geschäftsführer: H. P. Schneider

Werbeagentur: Zwiener & Partner Werbeagentur GmbH, Reutlingen
Berater: Hans-Jürgen Zwiener
Konzeption: Hans-Jürgen Zwiener
Creative Director: Hans-Jürgen Zwiener
Art Director: Katinka Baumer, Norbert Falk, Werner Trotter
Texter: Ulrike Neumann
Fotograf: Claus Iden, Atelier Benz

Ziel der VKF-Anzeigen ist eine bessere Ausschöpfung des Umsatzpotentials sowie eine »Imagekorrektur«, die der Einschätzung »Mobitare ist teuer« entgegenwirkt. Merkmal ist hierbei ein attraktives Spiel mit den Produkten.

384 Handel Die Teppich Galerie

„Perser am Boden"

Nach der alles entscheidenden Schlacht bei Marathon, im Jahre 490 vor Christi Geburt, machte sich ein Läufer auf den Weg, so die griechische Überlieferung, um die frohe Botschaft vom Sieg des Miltiades über die Perser nach Athen zu tragen.

Die ganze Strecke legte er ohne Unterbrechung zurück. Und als er Athen schließlich erreichte, sank er zu Tode erschöpft nieder. „Perser am Boden" sollen dabei seine letzten Worte gewesen sein.

Im Gedenken an diese heldenhafte Leistung nennt man noch heute den Wettlauf über 42,2 Kilometer Distanz Marathonlauf.

Bei dieser Gelegenheit wünschen wir allen Athleten, die an diesem Wochenende, im Rahmen der IV. Leichtathletik-Weltmeisterschaften, zum Marathonlauf starten, viel Glück.

Sie möchten wir bei dieser Gelegenheit aber auf folgendes hinweisen: Wenn auch Sie einen echten Perser (oder einen anderen kostbaren handgeknüpften Unikat-Teppich aus dem Orient) am Boden haben möchten, ersparen Sie sich einen erschöpfenden Marathonlauf, wenn Sie gleich den direkten Weg in die Teppich Galerie, Europas größtes Haus für echte Orientteppiche, nehmen.

Dort können Sie unter den schönsten Stücken orientalischer Teppichknüpfkunst wählen. Darunter ist todsicher auch Ihr ganz persönliches Lieblingsexemplar.

In der Teppich Galerie Stuttgart:
Verkaufsoffener Sonntag am 15.8.93, 13.00–18.00 Uhr.
Heute am langen Donnerstag bis 20.30 Uhr geöffnet.

Die Teppich Galerie

Stuttgart, Eberhardstrasse 65, Tel. 07 11/23 27 23 · Heilbronn, Allee/Ecke Karlstrasse 29, Tel. 0 71 31/6 86 52/53 · Parkplätze vorhanden

Noch ein Mocca, und er hätte den SSV verpaßt

Daß Herr K. Mocca liebt, wäre ihn beinahe teuer zu stehen gekommen. Und das kam so:

Genauso wichtig wie sein Urlaub im Süden, ist für Herrn K. ein gemütliches Heim. Weder auf das eine, noch auf das andere wollte er verzichten. Erst hatte er geschwankt, ob ein Tibeter, ein China-Teppich oder doch lieber ein echter Perser passen würde.

Doch schnell war klar, ein echter Persertepich sollte es schon sein. Bei diversen Besuchen in der Teppich Galerie hatten es ihm die Kostbarkeiten aus der Seidenschatzkammer ganz besonders angetan. Und da für ihn nur beste Qualität in Frage kam und kein Ramschangebot, hatte er die Entscheidung immer wieder hinausgezögert; er wollte erst bei den **günstigen Angeboten** des SSV zuschlagen.

Und nun las er in der Zeitung, daß die fantastischen Angebote des **Sommerschlußverkaufs** nur noch wenige Tage gelten würden. Grund genug, auf weitere Moccas zu verzichten und auf schnellstem Wege die Heimreise anzutreten.

Ob es Herr K. noch geschafft hat, behalten wir aus Gründen der Diskretion für uns. Sie schaffen es bis zum 7. August noch auf jeden Fall, sich in der Teppich Galerie eines der **fantastischen Angebote** aus dem Sommerschlußverkauf zu sichern.

Sommer-Schlußverkauf
GHOM, reine Seide, aus Persien, ca. 160 x 110 cm. Ein Glanzpunkt, nicht zuletzt wegen seines Preises. Jetzt nur noch DM 2.490,–
MODERN-DESIGN, ca. 240 x 170 cm. Aktuelle Knüpfarbeit mit großzügig-grafischem Muster, zum SSV-Preis von DM 690,–
TIBET, ca. 340 x 245 cm. Dezente, ruhige Knüpfarbeit, universell verwendbar. Zum fantastischen Niedrigpreis. Nur DM 1.450,–

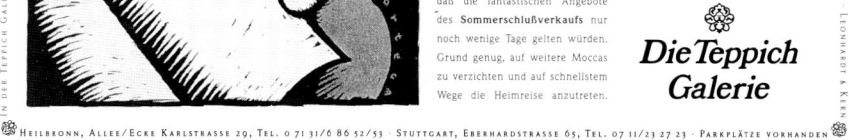

Mehr in der Teppich Galerie am langen Donnerstag (bis 20.30 Uhr) und langen Samstag (bis 16 Uhr).

Die Teppich Galerie

Heilbronn, Allee/Ecke Karlstrasse 29, Tel. 0 71 31/6 86 52/53 · Stuttgart, Eberhardstrasse 65, Tel. 07 11/23 27 23 · Parkplätze vorhanden

---

Kunde: Die Teppich Galerie, Stuttgart
Inhaber: Mohammad Borhanian

Werbeagentur: Leonhardt & Kern Werbung GmbH, Stuttgart
Berater: Dr. Detlef Kulessa, Waldemar Meister
Konzeption: Dr. Detlef Kulessa, Niclaus Zöller
Creative Director: Dr. Detlef Kulessa
Art Director: Niclaus Zöller
Texter: Dr. Detlef Kulessa, Peter Fleischmann
Grafiker: Claudia Preker

Rund um die Angebote der Teppich Galerie erzählen wir kleine Geschichten. Das Layout setzt sich ganz bewußt ab von der Schweinebauchatmosphäre der Konkurrenz und beginnt, einen Markencharakter aufzubauen.

Ein heißer Tip findet offene Ohren.

Psst. Wir lassen uns gerne etwas flüstern, wenn es um die neuesten Collectionen geht. Deshalb stehen unsere Lauscher voll auf Empfang, bei Ihren Kunden, den Tapeten-Käufern. Denn wer im Dessin auf der falschen Fährte liegt, dem laufen bekanntlich die Gewinne davon.
Ganz Ohr sind wir auch für Sie, unseren Handelspartner. Schließlich haben Roß und Reiter etwas davon, wenn bei Ihnen die Umsätze galoppieren.

Erismann
EIN GUTES GEFÜHL

Teamgeist glättet manche Woge.

Und zahlt sich aus beim gemeinsamen Fischzug. Ebenso wichtig ist die gute Vorbereitung. Deshalb tauchen unsere Creativen alle naselang unter und spüren die neuesten Strömungen auf. Bei Ihren Kunden, den Tapeten-Käufern.
So ist uns im Laufe der Jahre das Kunststück gelungen, stets auf der Welle des Geschmacks zu reiten. Ohne auszuflippern. Schließlich haben auch wir etwas davon, wenn bei Ihnen die Umsätze springen.

Erismann
EIN GUTES GEFÜHL

Kunde: Erismann & Cie. GmbH, Breisach
Marketingleiter: Reiner P. Decker
Werbeagentur: Bauer & Geiger, Agentur für Wirtschaftskommunikation GmbH, Freiburg i. Br.
Berater: Bernd Bauer, Klaus Geiger
Creative Director: Klaus Geiger
Art Director: Andreas Heinzelmann
Texter: Bernd Bauer

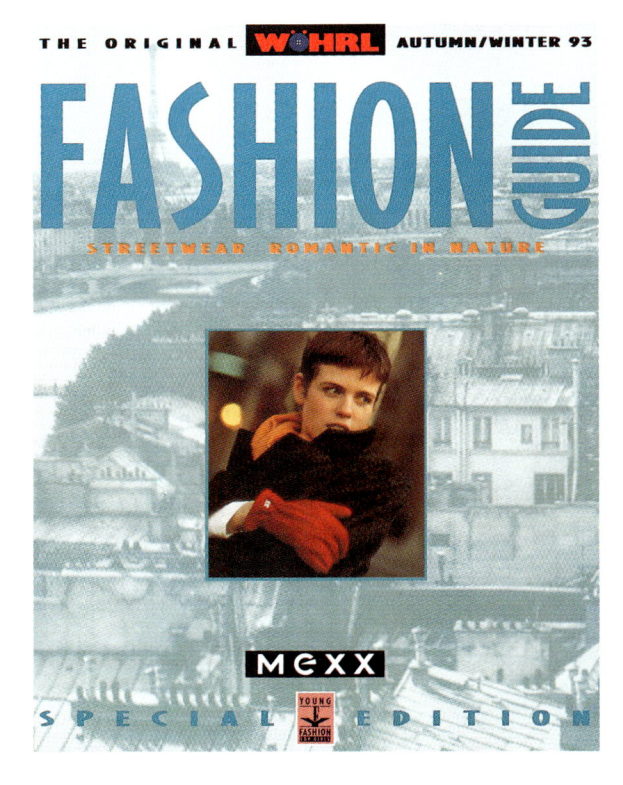

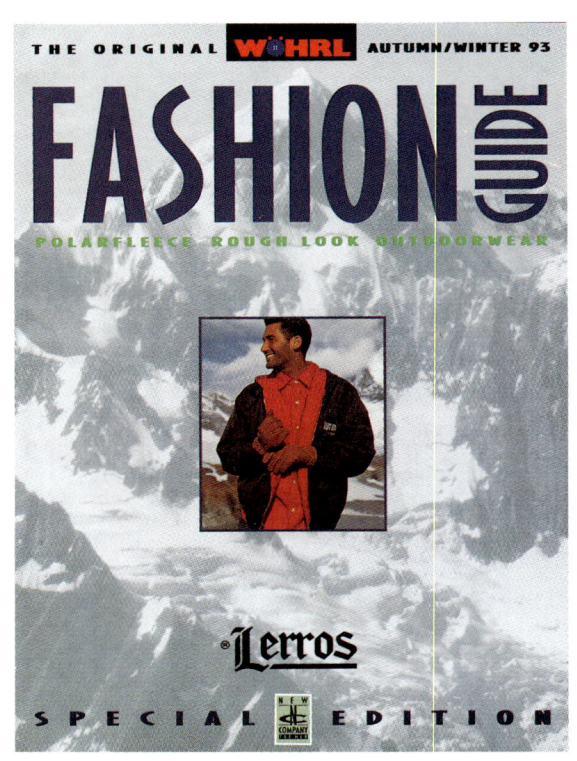

Kunde: Wöhrl, das Haus der Markenkleidung GmbH, Nürnberg
Product Manager:
Hans-Joachim Mörgenthaler
Marketingleiter: Gerhard Wöhrl
Werbeleiter: Dieter Trautmann

Werbeagentur: Kempf + Teutsch Werbeagentur GmbH, München
Berater: Karl Kempf
Konzeption: Karl Kempf
Creative Director: Karl Kempf
Art Director: Sylvia Lincke
Texter: Adrian Weinberg
Grafiker: Aivlys Ekcnil
Fotograf: Stills: Bernhard Lehn

Beihefter Imagekampagne in Nielsen IV, Schaltung in den wichtigsten zielgruppenrelevanten Titeln.

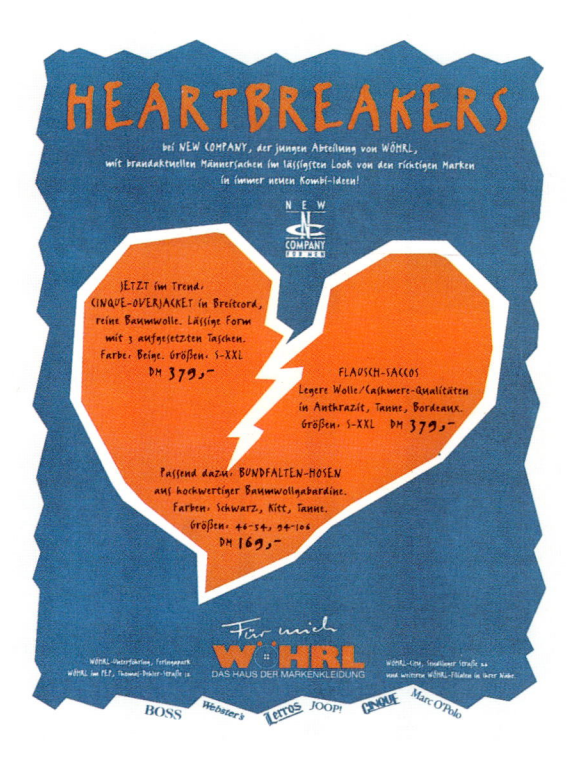

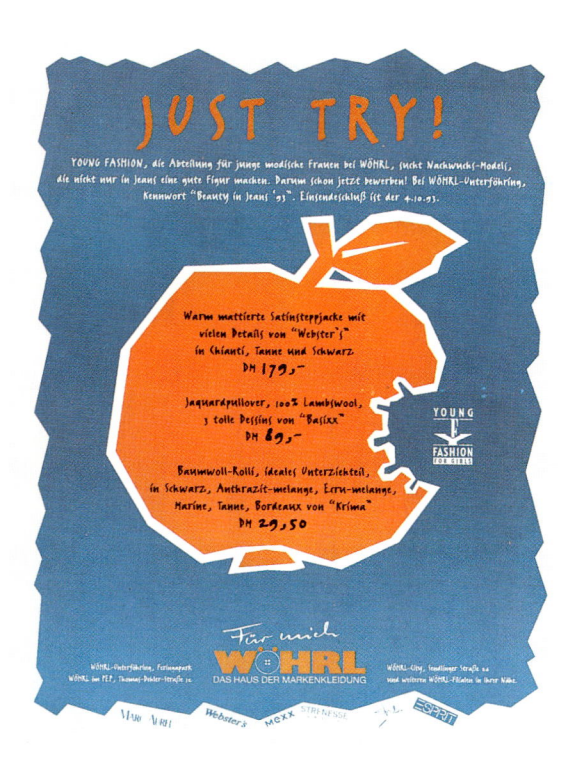

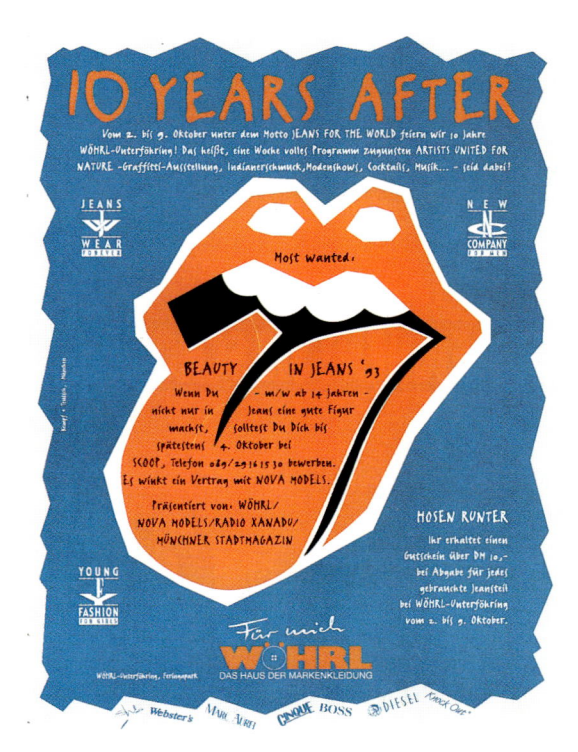

Kunde: Wöhrl, das Haus der Markenkleidung GmbH, Nürnberg
Product Manager: Peter Barten
Marketingleiter: Gerhard Wöhrl
Werbeleiter: Dieter Trautmann

Werbeagentur: Kempf + Teutsch Werbeagentur GmbH, München
Berater: Karl Kempf
Konzeption: Karl Kempf
Creative Director: Karl Kempf
Art Director: Sylvia Lincke
Texter: Sylvia Lincke
Grafiker: Aivlys Ekcnil

Image-Pilotkampagne für das Haus Unterföhring der Wöhrl-Gruppe.

Kunde: K+L Ruppert GmbH, Weilheim
Marketingleiter: Till Buchner
Werbeleiter: Johannes Gradiczky

Werbeagentur: Serviceplan Werbeagentur, München
Berater: Michael Schweinberger, Michael Krautwald
Creative Director: Ewald Pusch
Art Director: Birgit Feuerer
Texter: Anke Klemm
Grafiker: Carolin Marinoff, Sabine Buchalla

Vergleichende Werbung ist (noch) nicht erlaubt. Aber es ist nicht verboten, seine Kunden zum Vergleichen aufzufordern. Genau das tun die Großflächenmotive von K+L Ruppert. Und verkaufen so aktuelle Mode in hoher Qualität zu einem unschlagbaren Preis.

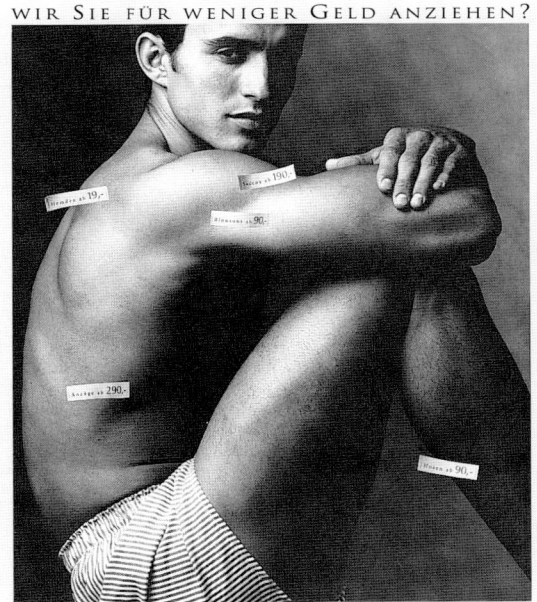

Erdmann Herrenbekleidung Handel

BEVOR DER WINTER ANFÄNGT, SOLLTE ER SCHON IN IHREM KLEIDERSCHRANK HÄNGEN.

DIE WOLLE KOMMT VOM SCHAF, DIE FARBEN VOM HERBST, UND WAS DABEI HERAUSKOMMT, GIBT'S JETZT SCHON BEI UNS.

WIR HABEN EINE MENGE GELD GEZAHLT, DAMIT SICH DAS MODEL FÜR UNS AUSZIEHT. DÜRFEN WIR SIE FÜR WENIGER GELD ANZIEHEN?

ES GIBT KEINEN GRUND, WIE SEIN VATER AUSZUSEHEN. ABER ES GIBT GUTE GRÜNDE, TROTZDEM BEI SEINEM HERRENAUSSTATTER ZU KAUFEN. 15'25 BY ERDMANN.

Kunde: Erdmann Herrenbekleidung, Hannover
Geschäftsführer: Georg Erdmann

Werbeagentur: Ogilvy & Mather GmbH Werbeagentur, Frankfurt am Main
Berater: Dieter Romatka
Creative Director: Ursula Frey
Art Director: Ursula Frey
Texter: Thomas Homoki
Grafiker: Schorlika Bauer
Fotograf: Dieter Eikelpoth, Düsseldorf

Profilierung des Herrenausstatters Erdmann als den Spezialisten für Herrenausstattung. Das kreative Konzept stellt dabei Anzeigen in den Mittelpunkt, die zum einen imagebildend sind, gleichzeitig aber auch angebotsorientiert kommunizieren.

18 mal Lust am Einkaufen.

arcade
18 Geschäfte – Mitten in Münchens Mitte, Neuhauser Str. 5

Kunde: Objekt-Entwicklung Troglauer GmbH, Hamburg
Geschäftsführer: Peter Troglauer, Werner Strube

Werbeagentur: Wächter & Popp Werbeagentur GmbH, München
Berater: Birgit de Fries
Konzeption: Manfred Wächter
Creative Director: Hein Popp
Art Director: Renate Mahl
Texter: Reinhard Siemes
Grafiker: Sabine Fuchs
Fotograf: Derek Pobell

Mit einer frechen, ungewöhnlichen Werbekampagne für die erste überdachte Einkaufspassage Münchens soll der Bekanntheitsgrad nach einer erfolgreichen Eröffnungsaktion weiter ausgebaut werden.

18 mal Lust am Einkaufen.

18 Geschäfte – Mitten in Münchens Mitte, Neuhauser Straße 5

arcade

18 mal Lust am Einkaufen.

18 Geschäfte – Mitten in Münchens Mitte, Neuhauser Straße 5

arcade

Handel **Pieper Saarlouis**

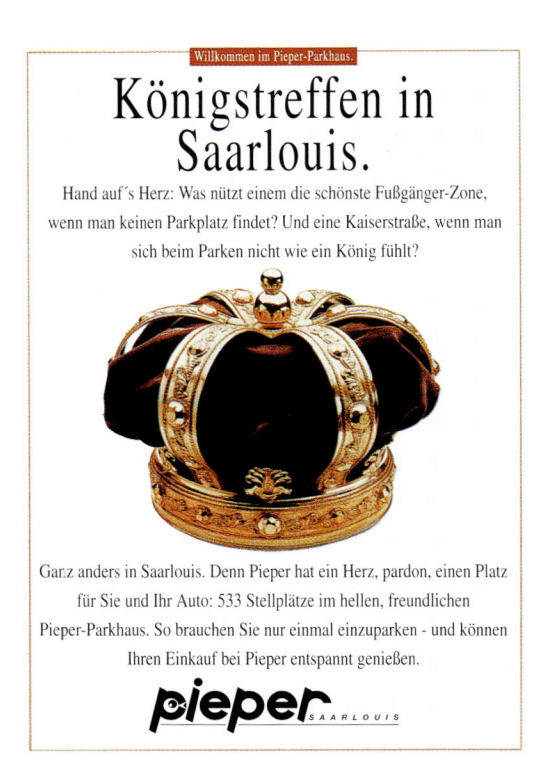

Willkommen im Pieper-Parkhaus.
Königstreffen in Saarlouis.

Hand auf's Herz: Was nützt einem die schönste Fußgänger-Zone, wenn man keinen Parkplatz findet? Und eine Kaiserstraße, wenn man sich beim Parken nicht wie ein König fühlt?

Ganz anders in Saarlouis. Denn Pieper hat ein Herz, pardon, einen Platz für Sie und Ihr Auto: 533 Stellplätze im hellen, freundlichen Pieper-Parkhaus. So brauchen Sie nur einmal einzuparken - und können Ihren Einkauf bei Pieper entspannt genießen.

pieper SAARLOUIS

Willkommen im Pieper-Parkhaus.
Krawatte statt Knöllchen.

Schön, wenn man in aller Ruhe einkaufen kann und nicht immer an die Parkuhr denken muß. Jedenfalls dann, wenn man das Auto auf einem der 533 Stellplätze im hellen, freundlichen Pieper-Parkhaus abstellt.

Einfach nur noch aussteigen, abschließen und 2 Minuten später können Sie schon Ihren Einkauf bei Pieper genießen: große Mode und auch immer ein Schnäppchen. Und für das entgangene Knöllchen ist vielleicht noch eine neue Krawatte drin.

pieper SAARLOUIS

Kunde: Pieper Saarlouis, Saarlouis
Werbeleiter: Hubert Knaubert

Werbeagentur: Economia GmbH & Co. KG., Hamburg
Berater: Norbert Mann
Konzeption: Norbert Mann, Heiko Nagler
Creative Director: Heiko Nagler
Art Director: Angelika Herbst
Texter: Steffen Maurer, Urban Lezon
Grafiker: Sigrid Lauschner-Hagelstein

Die Kampagne soll zeigen, wie problemlos man bei Pieper in Saarlouis parken und vorteilhaft einkaufen kann.

Zentrasport **Handel** 393

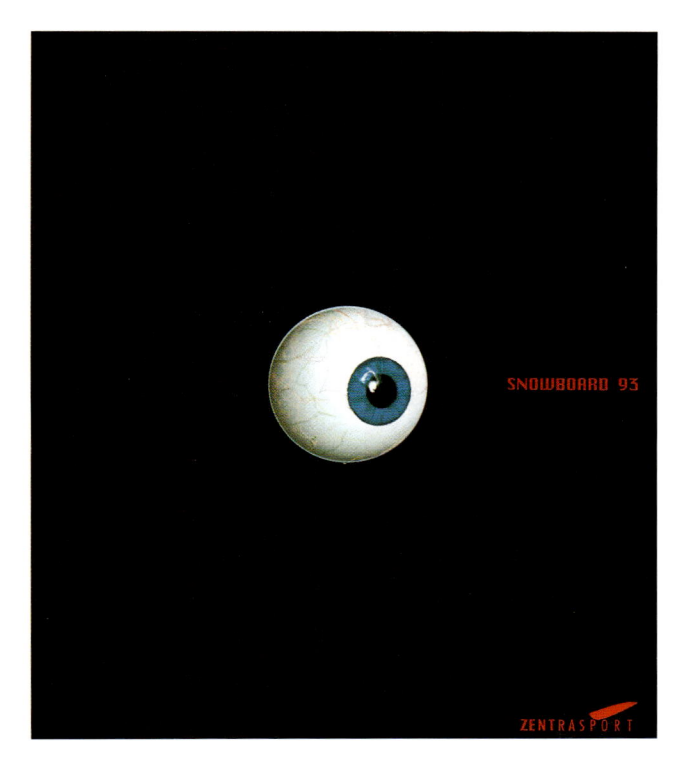

Kunde: Zentrasport, Ohlsdorf
Marketingleiter: Helmut Weiß
Werbeleiter: Harald Gstöttinger

Werbeagentur: MMS Werbeagentur GmbH & Co. KG, Linz
Berater: Thomas Schuller
Konzeption: Willi Hamburger, Thomas Schuller
Creative Director: Willi Hamburger
Texter: Klaus Fehrer
Grafiker: Thomas Geyer
Fotograf: Fotostudio Lang

Die Werbemittel präsentieren Zentrasport als kompetenten Partner für alle Sportbegeisterten.

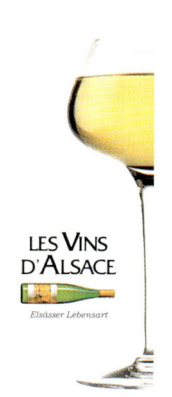

Kunde: CIVA, Colmar, Frankreich
Geschäftsführer: Pierre Bouard
Werbeleiter: Richard Kannemacher

Werbeagentur: Dr. Kampf und Partner, Düsseldorf
Berater: Bernhard Schmitz, Bernhard Carrié
Konzeption: Bernhard Schmitz, Dr. Erwin Kampf
Art Director: Bettina Schmidt
Texter: Dr. Erwin Kampf

Ziel der Kampagne ist es, das Image des Elsässer Weins zu verjüngen und den Fachhandel zu motivieren, Elsässer Wein wieder aktiv zu unterstützen.

Spreewaldhof-Gurken — Handel

Wie man mit krummen Sachen ehrliche Geschäfte macht.

Wer den idyllischen Spreewald kennt, weiß, daß hier nur eine krumme Sache Tradition hat, die Spreewälder Gurke. Ein Original, das schon oft kopiert, doch nie erreicht wurde. Und wer einmal ihren Biß und die typische Würze kennt, der wird den Gurken vom Spreewaldhof für immer treu bleiben. Also, wenn Sie Ihren Kunden Saures geben, dann denken Sie an die krummen Originale aus dem Spreewald. Und zwar ganz im Sinne eines ehrlichen Geschäftes.

Wie man die Konkurrenz in die Zange nimmt.

Gurke ist nicht gleich Gurke. Das weiß eigentlich jeder, der schon mal die echte Spreewälder Gurke probiert hat. Und das hat gute Gründe. Denn ihre Herkunft und die traditionellen Rezepte machen diese Gurke so unvergleichlich lecker. Das merkt man auf den ersten Biß. Also gibt es nichts Besseres, als Ihr Geschäft mit den Gurken vom Spreewaldhof zu würzen. Und die liebe Konkurrenz mit anderen Gurken versauern zu lassen.

Kunde: Obst- und Konservenfabrik Siegfried Linkenheil KG, Wegberg
Geschäftsführer: Konrad Linkenheil
Marketingleiter: Karin Seidel
Werbeagentur: Hildmann, Simon, Rempen & Schmitz/SMS, Düsseldorf
Berater: Andreas Broch, Hans-Peter Esser
Creative Director: Gregor Ortmeyer
Art Director: Robert Röhrbein
Texter: Gregor Ortmeyer
Fotograf: Axel Gnad

Neue Gurken braucht das Land.

HARRY KOMMT!

Harry Pickstone ist die berühmte Pflaume aus der CAPE Familie. Und mit ihm kommt seine bunte Verwandtschaft: die hellrote Gaviota, die gelbe Songold und die späte rote Laetitia. Allesamt von der Sonne verwöhnt und lange am Baum gereift, haben sie die starke Kondition, die Sie im Handel brauchen. Nicht zuletzt, weil sie gut gekühlt und sicher verpackt werden. Und da unsere Verbraucher ganz wild auf Harry und seine Verwandten sind, werden sie auch nicht lange in Ihren Regalen bleiben. Das hat seine Gründe: CAPE hat es als erster Überseelieferant geschafft, Pflaumen in ebenreifer Qualität nach Europa zu verschiffen. So kommt die bunte Truppe frisch in Ihren Laden, um sich gleich wieder davonzumachen. Heute rein, morgen raus. Wenn doch nur jeder Besuch so angenehm wäre!

Vom Kap der guten Früchte.

ALPHONSE WARTET AUF SIE!

Alphonse Lavallee ist die dicke Beere aus der CAPE Familie (wie alle unsere Trauben natürlich mit Charakter, ob mit oder ohne Kerne). Und mit ihm erwarten Sie seine schönen Mädels: die goldene Waltham Cross, die helle Dauphine und die dunkle Barlinka. Allesamt von der Sonne verwöhnt und lange an der Rebe gereift, haben sie die starke Kondition, die Sie im Handel brauchen. Nicht zuletzt, weil sie gut gekühlt und sicher verpackt werden. Daß man sich an solch reizenden Früchtchen gar nicht satt sehen kann, haben unsere Verbraucher auch schon spitz gekriegt (die vernaschen sie lieber!). Außerdem bietet Ihnen CAPE eine außergewöhnliche Vielfalt an Trauben. Und das über sieben Monate! Wenn Sie also mal ein paar echte Schönheiten abschleppen wollen, kommen Sie lieber gleich zu uns.

Vom Kap der guten Früchte.

OMA SCHMIDT IST WIEDER DA!

Granny Smith, die nette Dame mit dem guten Geschmack. Natürlich aus der CAPE Familie. Ihre Enkel sind selbstverständlich auch wieder mal mit von der Partie: CAPE Golden Delicious, CAPE Starking und der saftig rote Late Top Red. Allesamt von der Sonne verwöhnt und lange am Baum gereift, haben sie die starke Kondition, die Sie im Handel brauchen. Nicht zuletzt, weil sie gut gekühlt und sicher verpackt werden. Daß man reifen Damen nicht nur über die Straße, sondern auch in die Einkaufstüte hilft, ist für unsere Verbraucher eine Selbstverständlichkeit. Und damit Sie beim Umsatz besonders kraftvoll zubeißen können, gibt es CAPE Äpfel von März bis August in freier Auswahl! Sage da noch jemand etwas über Vetternwirtschaft...

Vom Kap der guten Früchte.

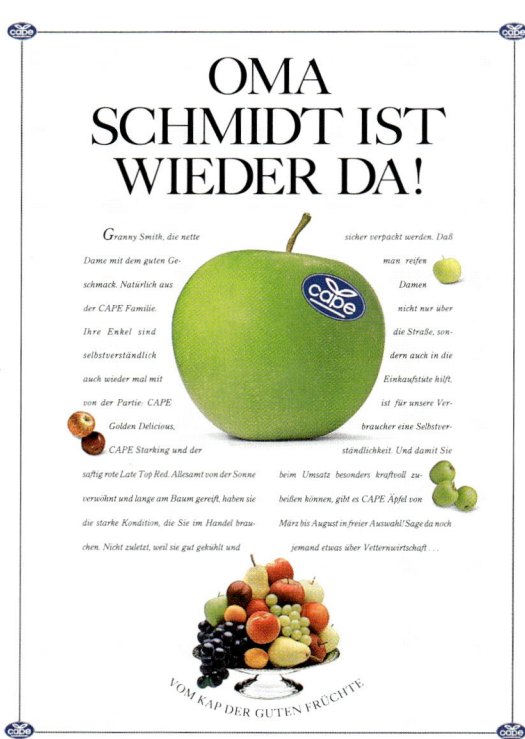

Kunde: H. Olff & Sohn GmbH, Hamburg
Geschäftsführer: Gerald Müller
Werbeleiter: Stephanie Eckhoff

Werbeagentur: Die Gilde Werbeagentur GmbH, Hamburg
Berater: Dr. Ingeborg Stodieck, Cornelia Heise
Creative Director: Jan H. Geschke
Art Director: Patricia Finnern
Texter: Jan Holzmann

Ziel: in origineller, aufmerksamkeitsstarker Ansprache den Handel darüber zu informieren, welche Obstsorten aktuell in der Saison angeboten werden, und das First-class-Image zu stärken.

Dienstleistungen/Medien **Versorgung (Strom, Gas, Wasser, Treibstoff)**

Branchensieger Versorgung (Strom, Gas, Wasser, Treibstoff)

Aral **401**
 BBDO-Gruppe, Düsseldorf

Versorgung (Strom, Gas, Wasser, Treibstoff)

Aral (BBDO-Gruppe, Düsseldorf) **401**
Aral Austria (Mang/DMB&B, Wien) **400**
Elf/Minol (Euro RSCG, Düsseldorf) **402**
Energas (HM&C, Bozen) **403**
Energieversorgung Schwaben (RTS Rieger Team, Leinfelden-Echterdingen) **405**
Jet (Michael Conrad & Leo Burnett, Frankfurt am Main) **399**
MVV (WOB Marketingkommunikation, Viernheim) **406**
Neckarwerke (Bläse, Schott + Partner, Stuttgart) **404**

Jet   Versorgung (Strom, Gas, Wasser, Treibstoff)   399

Ist der Ruf erst ruiniert, tankt es sich ganz ungeniert.

Ich Tarzan, du Jet.

Sparen Sie am richtigen Ende.

Kunde: Conoco Mineraloel GmbH, Hamburg
Marketingleiter: Karl-Peter Reimers
Werbeleiter: Nils Neumann
Werbeagentur: Michael Conrad & Leo Burnett GmbH & Co. KG, Frankfurt am Main
Berater: Klaus Scholz, Silvia Sgroi
Creative Director: Klaus Erich Küster
Art Director: Wolfgang Leihener
Texter: Günther Schneider, Christian Daul
Grafiker: Iris Deuerling
Fotograf: Eberhard Sauer

400 **Versorgung (Strom, Gas, Wasser, Treibstoff)** **Aral Austria**

Kunde: Aral Austria GmbH., Wien
Marketingleiter: Hans Fiedler
Werbeleiter: Karin Kreutzer

Werbeagentur: Mang/DMB&B GesmbH., Wien
Berater: Michael Andre
Konzeption: Peter Moser, Thomas Kohlwein
Creative Director: Martin Breiner, Christian Mang
Art Director: Martin Breiner

Texter: Thomas Kohlwein
Producer FFF: Kristen Beaumont
Filmproduktion: Beaumont GesmbH., Wien
Regisseur: Gerhard Beaumont
Kamera: John Hunnek
Musik: Mungo Jerry
Cutter: Gerhard Beaumont

Aral **Versorgung (Strom, Gas, Wasser, Treibstoff)**

Kunde: Aral Aktiengesellschaft, Bochum
Marketingleiter: Lutz Feldmann
Werbeleiter: Ulrich Winkler
Werbeagentur: BBDO Düsseldorf GmbH, Düsseldorf
Berater: Horst Stephan, Rolf Gilgen
Creative Director: Michael Hausberger
Art Director: Rainer Hellmann
Texter: Jan Kempski
Producer FFF: Klaus Lind
Filmproduktion: RSA Films Ltd., London
Regisseur: John Marles
Musik: Jimmy Cliff, Garry Bell

Erzählt wird die Geschichte eines Fahrschülers, der bei einer seiner ersten Fahrstunden die Geduld seines sturmerprobten Lehrers aufs äußerste strapaziert. Erst als er nach der Aufforderung zum Tanken eine fremde Tankstelle links liegenläßt, um dann gezielt Aral anzufahren, gewinnt er die Anerkennung seines Lehrers. Auf amüsante Weise dramatisiert der Spot so die bewußte Markenentscheidung für Qualität.

Uns zu überholen wird jetzt immer schwerer.

Wir haben jetzt einen starken Partner.

elf hat die Qualität, Minol das Servicenetz.
Für Sie bedeutet das neue Service-Qualität, wo immer Sie unser Zeichen sehen.

Kunde: elf oil AG, Berlin
Werbeleiter: Ania Hentz

Werbeagentur: Euro RSCG Werbeagentur GmbH, Düsseldorf
Berater: Berthold T. Meyer, Wolfgang Winter
Creative Director: Gene Lee Engler
Art Director: Jürgen Tiggelkamp
Texter: Benedict Axster
Grafiker: Dorothee Schnell
Illustrator: Artur Blum

Endverbraucher- und Fachkampagne zur Bekanntmachung des Zusammenschlusses von elf und Minol zu einem Unternehmen (Werbeeinsatzgebiet: Ostdeutschland).

Energas | Versorgung (Strom, Gas, Wasser, Treibstoff) 403

Methangas aus der Leitung kommt, bevor die Gäste kommen. Methangas ist die ideale Energie zum Kochen. Für den Sonntagsbraten oder für ein mitternächtliches Dinner. Da braucht man nicht erst den Gasmann rufen. Energie aus der Methangasleitung kommt jederzeit, sicher und bequem. Das lästige Schleppen von Gasflaschen ist passé. Übrigens: auch die berühmtesten Küchenchefs kochen auf Gas. Fragen Sie Ihren Installateur. Oder rufen Sie uns an.

ENERGAS
Info - Tel. 0471/812828

Bei Strom, Telefon und Wasser würden Sie ungern den Anschluß verlieren. Warum holen Sie sich nicht ebenso bequem und sicher auch die Heizenergie ins Haus? Mit Methangas. Energie aus der Leitung, ganz nach Bedarf, zu jeder Tageszeit, das ganze Jahr über. Und zu einem fairen, vom CIP kontrollierten Preis. Fragen Sie ENERGAS oder Ihren Installateur, wie Sie den Anschluß finden: an die nächste Methangas-Leitung.

ENERGAS
Info - Tel. 0471/812828

Kunde: Energas AG, Neumarkt
Marketingleiter: Dr. Anton Gamper

Werbeagentur: HM&C, Bozen
Berater: Dr. Maximilian Kollmann
Konzeption: Hanno Mayr, Dr. Maximilian Kollmann
Creative Director: Hanno Mayr
Art Director: Anna König
Texter: Hanno Mayr, Dr. Maximilian Kollmann
Fotograf: Dan Bosler, Dale Durfee

Energas informiert die Bevölkerung in regionalen Tages- und Wochenzeitschriften über die Vorteile und den Anschluß des lokalen Methangasnetzes. Gegen die Komplexität politischer und ökologischer Prozesse setzt die Kampagne zwei emotionale Motive mit klar reduzierter Information.

Kunde: Neckarwerke AG, Esslingen
Marketingleiter: Dr. Eberhard Fredeke
Werbeleiter: Ulrich Herzog

Werbeagentur: BSLO Bläse, Schott & Partner GmbH, Stuttgart
Konzeption: Peter Jochen Schott
Creative Director: Peter Jochen Schott
Art Director: Peter Lorenz
Texter: Martina Reese, Peter Jochen Schott
Grafiker: Peter Lorenz
Fotograf: Frieder Daubenberger

Image-Goodwill-Kampagne im Einzugsgebiet.

Energieversorgung Schwaben — **Versorgung (Strom, Gas, Wasser, Treibstoff)**

SIE KÜMMERT SICH UM SPARER IM GANZEN LAND

BEI EINER BANK ARBEITET SIE NICHT

Die Erträge, die Ihnen unsere Energieberaterinnen bringen, zahlen sich auf Ihrer Strom- und Ölrechnung aus. Weil sie Ihnen zum Beispiel die sparsamsten Elektrogeräte empfiehlt. Oder weil bei einer Hausenergie-Diagnose Ihre „stillen Reserven" entdeckt werden. Seit über 5 Jahren kümmert sich die EVS ums Energiesparen. Weil wir mehr tun müssen, um weniger zu verbrauchen. Das Energieprogramm 2000: Haushaltgeräte-Beratung, Energie-Diagnose fürs Haus, erneuerbare Energien.

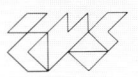

Energie-Versorgung Schwaben AG

ER WILL ALLES ÜBER IHR HAUS WISSEN

EINE WOHNUNG SUCHT ER NICHT

Unser Energieberater sucht Reserven, die in Ihrem Haus stecken. Deshalb interessiert er sich zum Beispiel für Baupläne, Wärmedämmung oder die Heizungstechnik – und rät Ihnen dann, was zu tun ist, um mit weniger Strom, Öl oder Gas auszukommen. Fragen Sie einfach Ihre EVS-Beratungsstelle nach der Energie-Diagnose. Es kostet wenig und spart viel. Wir haben nichts zu verschwenden. Das Energieprogramm 2000: Haushaltgeräte-Beratung, Energie-Diagnose fürs Haus, erneuerbare Energien.

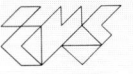

Energie-Versorgung Schwaben AG

Kunde: Energieversorgung Schwaben AG, Stuttgart
Leiter d. Abt. Presse und Medien: Dipl.-Kaufm. Gerhard Kübler
Leiter d. Abteilung Information und Publikation: Ulrich Kresse
Werbeagentur: RTS Rieger Team Werbeagentur GmbH, Leinfelden-Echterdingen
Berater: Verena Schwörer
Konzeption: Thomas E. J. Meichle, Dirk Oeldorf
Creative Director Text: Thomas E. J. Meichle
Creative Director Art: Dirk Oeldorf
Art Director: Verena Herold
Texter: Thomas E. J. Meichle
Grafiker: Boris Pollig
Fotograf: Ingolf Pompe

Helden der Kampagne sind die EVS-Energieberater, die überall in Schwabens Häusern Reserven aufspüren und Spartips geben. Die Tageszeitungsmotive ziehen Zwischenbilanz und fordern auf, beim Energiesparen mitzumachen.

Versorgung (Strom, Gas, Wasser, Treibstoff) — MVV

Hotline-Service mit 24-Stunden-Tag. An 365 Tagen im Jahr!

Nicht genug, daß wir unseren Hotline-Service noch einmal so richtig heiß machen, bevor wir ihn auf die Reise schicken. Und darauf achten, daß er entsprechend energiegeladen ankommt. Nein, wir freuen uns sogar, wenn er von unseren Kunden bis aufs Letzte ausgebeutet wird und so erschöpft wie möglich wieder bei uns ankommt. Aber das ist kein Rückfall ins Mittelalter, sondern ein wichtiger Schritt in die Zukunft: denn der Hotline-Service der MVV besteht aus einem komplexen Fernwärmenetz, in dem 130°C heißes Wasser als umweltschonender Energieträger benutzt wird.

Das ist nur eines von vielen Beispielen für die zeitgemäßen Versorgungskonzepte der MVV, die wir auch für Ihr Unternehmen nach Maß erstellen. Von der Planung und Realisierung bis hin zur Energieerzeugung und -verteilung sind alle Schritte und Maßnahmen sinnvoll so aufeinander abgestimmt, daß der Einsatz modernster Technologien nicht nur die Umwelt, sondern auch Ihr Investitionsbudget schont. Die MVV Energieberatung zeigt Ihnen den zeitgemäßen Weg.

Weil es für Know-how keinen Ersatz gibt

✹ MVV
Mannheimer Versorgungs- und Verkehrsgesellschaft mbH
MVV · Luisenring 49 · 68142 Mannheim · Telefon 06 21/2 90-27 86

Das Erfrischungsgetränk im Direktvertrieb.

Zugegeben, die Geschmacksrichtungen des Leitungswassers der Marke MVV sind nicht gerade vielfältig. Dafür braucht es, was Frische, Reinheit und vor allem die Sauberkeit anbelangt, den Vergleich mit so manchem in Flaschen erhältlichen Mineralwasser nicht zu scheuen. Denn in einer der bundesweit größten und modernsten Reinigungsanlagen wird das Grundwasser von Schadstoffen gesäubert und täglich per Leitung frisch auf die Reise zum Verbraucher geschickt.

Das ist nur eines von vielen Beispielen für die zeitgemäßen Versorgungskonzepte der MVV. Ob für Unternehmen oder für Kommunen, die MVV erstellt Konzepte ganz nach Maß. Nach einer umfassenden Ist-/Soll-Analyse werden alle weiteren Schritte und Maßnahmen von der Planung über den Betrieb bis hin zur Verteilung sinnvoll so aufeinander abgestimmt, daß der Einsatz modernster Technologien nicht nur die Umwelt, sondern auch Ihr Investitionsbudget schont. Die MVV Beratung zeigt Ihnen den zeitgemäßen Weg.

Weil es für Know-how keinen Ersatz gibt

✹ MVV
Mannheimer Versorgungs- und Verkehrsgesellschaft mbH
MVV · Luisenring 49 · 68159 Mannheim · Telefon 06 21/2 90-27 86

Kunde: MVV Mannheimer Versorgungs- und Verkehrsgesellschaft mbH, Mannheim
Leiter Öffentlichkeitsarbeit: Eberhard Frei, Dieter Zischeck

Werbeagentur: WOB Marketing-Kommunikation AG, Viernheim
Berater: Oliver Lebkücher
Konzeption: Gerd Teynor, Oliver Lebkücher
Creative Director: Volker Groß
Art Director: Nicole Susieck
Texter: Volker Groß
Grafiker: Claus Hain
Fotograf: Frank Widmann

Kernzielgruppen sind Entscheider im gewerblichen und öffentlichen Bereich, die sich mit Energieversorgung, -fragen und -planung beschäftigen. Der Bekanntheitsgrad der MVV soll erhöht und das Behördenimage abgebaut werden.

Branchensieger Post/Telekommunikation

Alcatel STR AG **410–411**
Dr. Juchli AG Zürich Seiler DDB Needham

Post/Telekommunikation Inhalt

Alcatel STR AG (Dr. Juchli AG Zürich Seiler DDB Needham) **410–411**
British Telecom (Ogilvy & Mather Direkt, Frankfurt am Main) **412–413**
Postdienst (Die Gilde, Hamburg) **409**
Siedle (Leonhardt & Kern, Stuttgart)* **414**

* Europa-/Globalkampagne

Kunde: Deutsche Bundespost Postdienst, Bonn
Marketingleiter: Dr. Gert Schukies
Werbeleiter: Gerd Gnewuch

Werbeagentur: Die Gilde Werbeagentur GmbH, Hamburg
Berater: Hans F. Krabiell, Dr. Klaus-Jürgen Wrage, Sabine Scheppach
Art Director: Mathias Minkus
Texter: Cornelia Koller
Grafiker: Patricia Finnern
Fotograf: Jens König

Abo-Werbung für die Briefmarkenneuausgaben der Deutschen Bundespost.

410 Post/Telekommunikation — Alcatel STR AG

Wie die Nummer 1 der Telekommunikation Ihre Effizienz steigert.

Alcatel macht etablierte Unternehmen schneller.

Es reicht nicht mehr, zu den Etablierten zu gehören. Wer heute im Wettbewerb erfolgreich sein will, muss schneller sein als seine Konkurrenten. Überall. Auch in der Telekommunikation.

Deshalb entwickelt Alcatel mehrere moderne Systeme für die Bürokommunikation, die individuell auf Ihre Bedürfnisse zugeschnitten sind, schnell zum Einsatz kommen können und äusserst effizient funktionieren.

Die **Telefonanlage Alcatel 1600 für das herkömmliche, analoge Telefonnetz** offeriert Ihnen alle Annehmlichkeiten, die eine Zentrale heute bieten kann. Sie passt sich dank modularem Aufbau wachsenden Ansprüchen an. Daneben ist sie ausgesprochen bedienerfreundlich und die einzige Anlage für bis zu 128 Anschlüsse, die eine direkte Durchwahl ermöglicht. **Die kleine Schwester** der Alcatel 1600 hat die Modellbezeichnung **Alcatel 1620** und bietet bis zu 24 Teilnehmern Anschluss. Sollte sie eines Tages zu klein werden, kann sie problemlos durch die grosse Schwester ersetzt werden.

Wer jedoch schon heute die Zukunft am Draht haben will, entscheidet sich für die **ISDN-Telefonanlage Alcatel 1600 IS**.

Mit diesem System geniessen Sie sämtliche ISDN-Vorteile: Optimale Übertragungsqualität, direkte Durchwahl, Anrufer-Erkennung auf dem Display und so weiter. Dies alles bei modularer Ausbaubarkeit bis zu 128 internen Anschlüssen. **Das passende Telefon** dazu heisst **Alcatel 2824**. Es ist nicht nur eines der ersten ISDN-Telefone überhaupt, sondern auch die perfekte Symbiose von High-Tech und High-Style.

Sie sehen: Alcatel macht Ihr Unternehmen effizienter und schneller im Bereich der Telekommunikation.

Bestellen Sie unsere ausführlichen Informationsunterlagen. Per Coupon, Fax (01-465 33 44) oder noch schneller und gratis über Telefon 155 40 00.

Alcatel STR, Business Systems, 8055 Zürich, Friesenbergstrasse 75

Firma:
Name:
PLZ/Ort:
Strasse:
Telefon:

ALCATEL STR

Kunde: Alcatel STR AG, Zürich
Direktor PR und Werbung: Peter Müller
Werbeagentur: Dr. Juchli AG Zürich Seiler DDB Needham
Berater: Dr. Fritz Juchli
Konzeption: Dr. Fritz Juchli, Ulysses Müller
Creative Director: Ulysses Müller
Art Director: Martin Meyer
Texter: Ulysses Müller
Fotograf: Simon Murrell

Alcatel STR AG Post/Telekommunikation

Kompromisslose Qualität. Die Nummer 1 in der Telekommunikation zum Thema Video/Audio-Übertragung.

Alcatel hat die Video-Übertragungstechnik entscheidend verbessert.

Video- und Audioinformationen zu übertragen ist heute keine Kunst mehr. Die Technik ist bekannt und wird tagein tagaus tausendfach angewendet.

Als Nummer 1 in der Telekommunikation hat es sich Alcatel jedoch zur Aufgabe gemacht, Bild und Ton über grosse Distanzen sichtbar besser zu übertragen: authentischer, perfekter – und vor allem auch wirtschaftlicher. Beispielsweise zwischen Studio und Sportstadion oder Kongresszentrum. Oder sonstigem Grossanlass.

Dank der Langlebigkeit der Systeme, deren Bedienungsfreundlichkeit und kompromisslosen Zuverlässigkeit erreichen Sie mit Alcatel-Übertragungssystemen einen hohen Grad an Wirtschaftlichkeit.

Darum kommt es auch nicht von ungefähr, dass Alcatel-Systeme seit Jahren via Richtfunk und optische Kabel auf der ganzen Welt im Einsatz sind und Video- und Audiosignale in bisher unerreichtem Qualitätsstandard übertragen.

Und nicht zu vergessen: Mit den Supportleistungen von Alcatel und dem kompletten Produkte-Angebot haben Sie die Gewissheit, dass stets die für Sie individuell passende Lösung implementiert werden kann.

Sie sehen: Mit Alcatel haben Sie einen Partner, der Ihnen hohe Qualität und Zuverlässigkeit in der Video-Übertragung auf wirtschaftliche Art garantiert.

Alcatel STR AG, 8055 Zürich, Friesenbergstrasse 75
Telefon 01-465 21 11, Telefax 01-465 51 41

Wir sind an den Alcatel Video-Übertragungsanlagen interessiert. Bitte senden Sie uns Dokumentationsmaterial.
Name:
Firma:
Ort:
Strasse:

ALCATEL
STR

Risikominderung. Mit Testsystemen der Nummer 1 in der Telekommunikation.

Der Telecom-Lieferant, der seine Telekommunikationssysteme genauer unter die Lupe nimmt, hat bessere Wettbewerbschancen.

Telefonzentralen und -systeme müssen laufend dem neusten Stand der Technik und den veränderten Anforderungen des Marktes angepasst werden. Deshalb entwickelt Alcatel STR Telecom-Testsysteme, die regressiv prüfen, jederzeit neuen Testbedürfnissen angepasst werden können und Fehler präzise erkennen. Sie kommen in der Entwicklung, der Integration, der Installation und im Unterhalt von Telefonnetzen und -zentralen zum Einsatz. So bietet Alcatel STR schon heute Lösungen für ISDN-Schmalband, -Breitband und Conformance Test für GSM an.

Mit **TTCN**, der Testsprache der Zukunft, lassen sich Testverfahren klar dokumentieren und können somit wieder und wieder automatisch geladen und verwendet werden: das erhöht ihre Wirtschaftlichkeit deutlich.

Die Telecom-Testsysteme von Alcatel STR halten zudem mit der Entwicklung Schritt und können jederzeit und individuell neuen Anforderungen angepasst werden: das optimiert ihre Wirtschaftlichkeit ein weiteres Mal.

Fazit: Mit den Testsystemen der Alcatel STR erhöhen Sie Ihre Wettbewerbsfähigkeit. Weil Sie genauer sehen und schneller prüfen können. Und so der Konkurrenz mehr als eine Nasenlänge voraus sind.

Alcatel STR AG, 8055 Zürich, Friesenbergstrasse 75
Telefon 01-465 21 11, Telefax 01-465 51 41

Wir sind an den Alcatel Telecom-Testsystemen interessiert. Bitte senden Sie uns Dokumentationsmaterial.
Name:
Firma:
Ort:
Strasse:

ALCATEL
STR

Eine der leichtesten Übungen

Mit BTs „Global Network Services" bekommen Sie Ihren weltweiten Datenverkehr fest in den Griff.

Es gibt viele Möglichkeiten für Ihr weltweites Datenmanagement. Sie können sich die Last dieser schweren Aufgabe auf die eigenen Schultern laden – oder auf viele lokale Anbieter verteilen. Das eine ist mühsam, das andere kaum zu koordinieren.

Nutzen Sie deshalb das weltweite Know-how von BT – Europas führendem Unternehmen in internationaler Kommunikation. Denn mit BTs „Global Network Services" (GNS) steht Ihnen das größte einheitliche Datennetz der Welt zur Verfügung. BT eröffnet Ihnen rund um die Uhr den direkten Zugang in mehr als 100 Länder und übernimmt das komplette End-to-End-Management Ihrer Daten. Wo immer Sie sich engagieren, Ihnen steht vor Ort ein einziger Partner mit einer einzigen Infrastruktur und einer maßgeschneiderten Lösung zur Seite. Einer Lösung, die alle Erweiterungsmöglichkeiten für die Zukunft offenhält.

Ihre Partnerschaft mit BT kann nicht früh genug beginnen. Wenn Sie mehr darüber wissen möchten, wie Sie Ihren weltweiten Datenverkehr einfacher, sicherer und kostengünstiger in den Griff bekommen, rufen Sie uns einfach an:

✆ **0 61 96 / 96 80**

BT
Going Further Staying Closer

Einfach hier ausschneiden!

Ich möchte mehr über „Global Network Services" von BT erfahren.

☐ Nehmen Sie bitte Kontakt mit mir auf, und vereinbaren Sie einen persönlichen Termin.
☐ Senden Sie mir bitte zunächst ausführlichere Informationen über das Thema zu.

Name
Firma
Funktion im Hause
Tel.-Durchwahl
Straße
PLZ, Ort   1MM4

Den Coupon einfach ausschneiden und einschicken an: BT Telecom (Deutschland) GmbH, Mergenthalerallee 79–81, W-6236 Eschborn. Noch schneller geht es per Fax: 0 61 96/48 27 16.

Kunde: BT Telecom (Deutschland) GmbH, Eschborn
Werbeleiter: Rolf Bastian
Werbeagentur: Ogilvy & Mather Direkt GmbH, Frankfurt am Main
Berater: Bettina Schuff
Creative Director: Michael Koch
Art Director: Petra Volkhardt, Sabine Wehner
Texter: Stephan Junghanns

Eigenständig, imagestärkend und informativ. So lauteten die Anforderungen an diese Produktkampagne für BT – Europas größten privaten Anbieter von Telekommunikationsdienstleistungen. Der Coupon dient als Grundlage für einen weitergehenden Dialog mit der Zielgruppe: den Top-Entscheidern in international operierenden Unternehmen.

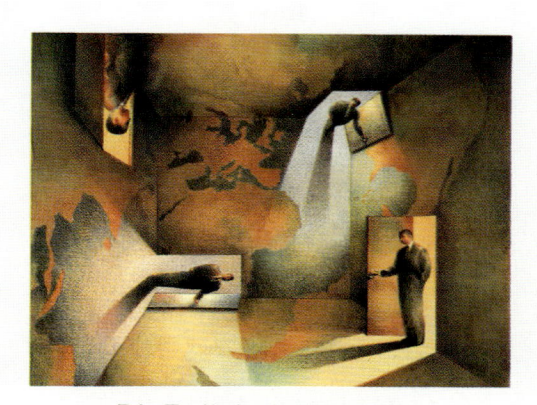

Die Freiheit, die wir meinen
Öffnen Sie Ihrer weltweiten Kommunikation neue Türen: mit „Videoconferencing" von BT.

Immer schneller, immer kompetenter müssen heute Entscheidungen getroffen werden – gerade in weltweit operierenden Unternehmen. Nicht immer jedoch bleibt genügend Zeit, alle Gesprächspartner kurzfristig an einen Tisch zu bekommen.

„Videoconferencing" von BT eröffnet Ihnen diese Möglichkeit weltweit, in ausgezeichneter Bild- und Tonqualität und vor allem: zu vertretbaren Kosten. Sie erhöhen die Qualität und Effizienz Ihrer internationalen Kommunikation erheblich. Selbst Ad-hoc-Konferenzen mit mehreren Gesprächspartnern in verschiedenen Ländern sind möglich, fast unabhängig von der technischen Ausrüstung Ihrer Partner. Denn Ihre individuelle Lösung von BT verarbeitet die weltweit definierten Standards. So bleiben Sie herstellerunabhängig, und Ihre Kommunikation bleibt offen für neue Anforderungen – heute und in Zukunft.

Nutzen Sie deshalb das Know-how von BT – einem der größten Telekommunikationsanbieter der Welt. Wenn Sie mehr darüber wissen möchten, wie Sie Ihrer Kommunikation neue Türen öffnen können, rufen uns einfach an:

☎ 06196/9680

BT
Going Further Staying Closer

Einfach hier ausschneiden!
☐ Ich möchte mehr über „Videoconferencing" von BT erfahren.
☐ Nehmen Sie bitte Kontakt mit mir auf, und vereinbaren Sie einen persönlichen Termin.
☐ Senden Sie mir bitte zunächst ausführlichere Informationen über das Thema zu.

Name
Firma
Funktion im Hause
Tel.-Durchwahl
Straße
PLZ, Ort

Den Coupon einfach ausschneiden und einschicken an: BT Telecom (Deutschland) GmbH, Mergenthalerallee 79–81, W-6236 Eschborn. Noch schneller geht es per Fax: 06196/482716.

Ein kleiner Schritt für Sie.
Aber ein großer Schritt für die weltweite Verbindung Ihrer lokalen Netze: LAN Interconnect, die Frame-Relay-Lösung von BT.

Alle Welt spricht heute von Netzen. International operierende Unternehmen haben viele davon: ein lokales Netz in Hamburg, eines in Frankfurt, eines in Tokio, eines in Paris und mehr. Doch in der Regel sind diese Kommunikationsinseln. Wer von der einen zur anderen will, muß zwischendurch auf eine weniger leistungsfähige Technologie umsteigen. Das bedeutet Verzögerungen, Kosten und den Verlust an Flexibilität – Faktoren, die die Wettbewerbsfähigkeit senken.

Mit LAN Interconnect, der Frame-Relay-Lösung von BT, verbinden Sie jetzt erstmals Ihre LANs zu einem weltweiten dynamischen Netz. Unabhängig von der lokal eingesetzten Technologie haben Sie rund um die Welt direkten Zugriff auf alle relevanten Daten. Durch die hohe Übertragungsgeschwindigkeit steht Ihnen dabei die volle Leistungsfähigkeit Ihrer lokalen Netze zur Verfügung – ganz gleich, ob Sie sich für eine festgeschaltete oder eine anwählbare Verbindung entscheiden. LAN Interconnect ist Teil der Global Network Services von BT – einem der größten Telekommunikationsanbieter der Welt.

Wenn Sie mehr darüber wissen möchten, wie Sie erstmals ohne Leistungsverlust Ihre lokalen Netze weltweit verknüpfen können, rufen Sie uns einfach an:

☎ 06196/9680

BT
Going Further Staying Closer

Einfach hier ausschneiden!
☐ Ich möchte mehr über „Frame Relay" von BT erfahren.
☐ Nehmen Sie bitte Kontakt mit mir auf und vereinbaren Sie einen persönlichen Termin.
☐ Senden Sie mir bitte zunächst ausführlichere Informationen über das Thema zu.

Name
Firma
Funktion im Hause
Tel.-Durchwahl
Straße
PLZ, Ort

Den Coupon einfach ausschneiden und einschicken an: BT Telecom (Deutschland) GmbH, Mergenthalerallee 79–81, W-6236 Eschborn. Noch schneller geht es per Fax: 06196/482716.

Post/Telekommunikation   **Siedle**

Kunde: S. Siedle Telefon- und Telegrafenwerke Stiftung & Co., Furtwangen
Geschäftsführer: Ferdinand Wülfing
Werbeleiter: Eberhard Meurer

Werbeagentur: Leonhardt & Kern Werbung GmbH, Stuttgart
Berater: Hans H. Greuter
Konzeption: Hans H. Greuter, Jürgen Weber
Creative Director: Hans H. Greuter
Art Director: Jürgen Weber
Texter: Hans H. Greuter
Grafiker: Franz Geis
Fotograf: Axel Waldecker

Das System von Siedle ist die Verbindung zwischen Haus- und Amtstelefon. Vom Universaltelefon bis zur Videoüberwachung. Damit bietet Siedle Haus- und Wohnungseigentümern im privaten wie privat-gewerblichen Hausbereich mehr Komfort und mehr Kommunikation.

Branchensieger Medien-Fachwerbung

RTL2 **420–421**
Ogilvy & Mather, Frankfurt am Main

BWZ (Bruchmann Schneider Bruchmann, Köln) **427**
Eurosport (B,T&V, Zürich) **418**
Express (Bruchmann Schneider Bruchmann, Köln) **432**
fuba Profiline (Next, Biel) **424–425**
IPA-Plus (Ogilvy & Mather Direkt, Frankfurt am Main) **419**
NBRZ (Bruchmann Schneider Bruchmann, Köln) **433**
Neue Revue (Heinrich Bauer Verlag/ZWA, Hamburg) **430**
Radio NRW (Baums, Mang und Zimmermann, Düsseldorf) **417**
RTL2 (Ogilvy & Mather Direkt, Frankfurt am Main) **420–421**
rtv (Ogilvy & Mather, Frankfurt am Main) **428–429**
SAT 1 (Baums, Mang und Zimmermann, Düsseldorf) **422–423**
TV Hören und Sehen (Heinrich Bauer Verlag/ZWA, Hamburg) **426**
Volksstimme (Frahm und Wandelt, Hamburg) **431**
WAZ Reise-Journal (Bruchmann Schneider Bruchmann, Köln) **436**
Zeitungsgruppe Thüringen (Bruchmann Schneider Bruchmann, Köln) **434**
Zeitungsgruppe WAZ (Baums, Mang und Zimmermann, Düsseldorf) **435**

Radio NRW   Medien-Fachwerbung   417

Wow! radio NRW erreicht im größten Radiorevier Deutschlands mehr Hörer bis 49 Jahre als jeder andere: insgesamt 650.000 junge Zuhörer pro Ø-Stunde*. Keine private Radiorasse kann mehr. So wird Deutschlands größtes Privatradio zum besten Freund des Mediaplaners. Rufen Sie uns. Wir hören aufs Wort: (0208) 8587-400. **AN UNS KOMMT KEINER VORBEI.**

Gönnen Sie sich die Crème de la crème: Bei radio NRW können Sie auch am Wochenende richtig zuschlagen. Mit Sonntags-Reichweiten, die einfach Zucker sind, und leckeren Werbeplätzchen. Das alles in einem Programm, das mehr Hörer zwischen 14 und 49 aufgabelt als jedes andere. Mehr vom Kuchen gibt's unter: (0208) 8587-400. **AN UNS KOMMT KEINER VORBEI.**

Kunde: Radio NRW GmbH, Oberhausen
Product Manager: Helmut G. Bauer
Marketingleiter: Friederike Bahlinger

Werbeagentur: BMZ Werbeagentur GmbH & Co. KG, Düsseldorf
Berater: Waltraud Kormann, Barbara Kocher
Konzeption: Wolfgang Fetzer, Martin Kießling

Creative Director: Wolfgang Fetzer
Art Director: Ulrike Ruland
Texter: Martin Kießling
Junior Art Director: Stefan Witte
Fotograf: Ben Oyne, Detlef Trefz, Walter Schels

418 Medien-Fachwerbung   Eurosport

Ein Fall für zwei.

Der heiße Stuhl.

Notruf.

Mann o Mann.

Kunde: MT Spot Ltd. Eurosales, Zollikon-Zürich
Marketingleiter: Markus Tellenbach

Werbeagentur: B,T&V Werbeagentur AG BSW, Zürich
Berater: Christoph Vogler
Creative Director: Remo Garbini
Texter: René Bucher
Fotograf: Stockmaterial

Deutschlands Werbeauftraggebern und -beratern die Vorteile von Werbung auf Eurosport vor Augen führen.

IPA-plus   Medien-Fachwerbung   419

Kunde: IPA-plus Vermittlung für Fernsehwerbung GmbH, Frankfurt am Main
Product Manager: Hildegard Herold
Marketingleiter: Dr. Walter Neuhauser
Werbeleiter: Sabina Ziegler

Werbeagentur: Ogilvy & Mather Direkt GmbH, Frankfurt am Main
Berater: Uli Haessner, Sonja Tiemann
Creative Director: Michael Koch
Art Director: Marie Knoll
Texter: Folker Wrage

Wer RTL Television – gegen die Langeweile – vermarktet, darf auch bei Kontinuität in der Kommunikation nicht langweilig sein. Garant dafür ist das Programm von RTL Television, das nach wie vor im Mittelpunkt der IPA-plus-Fachkampagne steht.

420 Medien-Fachwerbung RTL2

Kunde: IPA-plus Vermittlung
für Fernsehwerbung GmbH,
Frankfurt am Main
Product Manager:
Rudolf Markus Reischl
Marketingleiter: Dr. Walter Neuhauser
Werbeleiter: Sabina Ziegler

Werbeagentur: Ogilvy & Mather Direkt
GmbH, Frankfurt am Main
Berater: Uli Haessner,
Sonja Tiemann
Creative Director: Michael Koch
Art Director: Birgit Schwarz
Texter: Torsten Spingath

Ein neuer Sender, der sich den Werbungtreibenden flexibel, jung und dynamisch präsentiert. Durch die konsequente Umsetzung erlangt er eine eigene Identität. RTL2 – läßt eben alles andere alt aussehen.

Hätten Sie statt dieser Zeitschrift einen Fernseher vor sich, könnten wir Ihnen jetzt das unbeschreibliche Programm von RTL 2 zeigen. Sehen Sie statt dessen 2 Pariser in Amerika.

Die ersten Hundert, die uns ein Fax schicken, erhalten dieses Bild als Poster. Faxen Sie uns Ihren Absender bitte unter dem Kennwort „New York". Unsere Fax-Nummer: 0 69/971 18-175.

RTL 2 – läßt alles andere alt aussehen. Vor zwei Wochen kam's zum ersten Mal, seitdem kommt's Tag und Nacht – das junge Programm von RTL 2. Internationale Serien und Spielfilme, gepaart mit erfrischenden Eigenproduktionen, steigern die Fernsehlust aufs höchste. Werbezeiten auf RTL 2 gibt es exklusiv bei: IPA-plus, Vermittlung für Fernsehwerbung GmbH, Freiherr-vom-Stein-Straße 31, W-6000 Frankfurt am Main 1. Telefon: (069) 971 18-0. Oder bei unseren Verkaufsdirektionen.

IP **RTL2**

Wirklich umwerfend, wie viele sich schon in den ersten sechs Wochen RTL 2 hingaben. Dieses gewaltige Zuschauerpotential können wir leider nicht zeigen. Dafür erschüttern wir Sie mit 2 Elefanten in einer eindeutigen Situation.

RTL 2 – läßt alles andere alt aussehen. Wirklich ein Grund, mal wieder anzustoßen, dieser riesige Zustrom an RTL 2 Sehern. Zumindest für alle, die hier Spots geschaltet haben. Schalten Sie doch auch. Und nicht vergessen: Wer zu spät kommt... Werbezeiten auf RTL 2 gibt es exklusiv bei: IPA-plus, Vermittlung für Fernsehwerbung GmbH, Freiherr-vom-Stein-Straße 31, W-6000 Frankfurt am Main 1. Telefon: (069) 971 18-0. Oder bei unseren Verkaufsdirektionen.

IP **RTL2**

Leider können wir Ihnen an dieser Stelle nicht das frische Programm von RTL 2 zeigen. Sehen Sie statt dessen 2 die reif für die Insel sind.

RTL 2 – läßt alles andere alt aussehen. Der Zustrom an RTL 2-Sehern ist wirklich gigantisch. Da fühlen sich Ihre Werbespots pudelwohl. Und damit Sie ein wenig relaxen können, gibt's die Werbung in kleineren, appetitlichen Portionen. Werbezeiten auf RTL 2 gibt es exklusiv bei: IPA-plus, Vermittlung für Fernsehwerbung GmbH, Freiherr-vom-Stein-Straße 31, W-6000 Frankfurt am Main 1. Telefon: (069) 971 18-0. Oder bei unseren Verkaufsdirektionen.

IP **RTL2**

Kunde: SAT 1 Satelliten
Fernsehen GmbH, Mainz
Marketingleiter: Walther Kraft
Werbeleiter: Peter Baumgartner

Werbeagentur: BMZ Werbeagentur
GmbH & Co. KG, Düsseldorf
Berater: Rolf D. Körner,
Jörg Mann, Claudia Geyer
Konzeption: Wolfgang Fetzer
Creative Director: Wolfgang Fetzer
Art Director: Ulrike Ruland,
Brigitte Schulte

Texter: Wolfgang Fetzer,
Martin Kießling, Dörte Spengler
Grafiker: Stefan Witte,
Oliver Drescher
Fotograf: SAT 1, Archiv
Illustrator: Uwe von Afferden

SAT.1
The Kidnapper
Erwartet von Millionen Fans zwischen 9 und 29. Der Film zur Massenhysterie: The Jacksons - An American Dream. Das Leben von Michael Jackson und der Jackson Family. In Amerika mit Starquoten und einem Marktanteil von 36 %* - in Deutschland exklusiv in SAT.1. Unterstützt durch die SAT.1 Jackson-Promotion in den wichtigsten Kino- und Jugendmagazinen. Schalten Sie rein. Teens, Twens und Fans gibt's unter 06131/900-800. Beat it.
SAT.1 - Die beste Zeit des Tages
Freitag, 27.8. und Sonntag, 29.8.93 um 20.15
Die Jacksons - Ein amerikanischer Traum
Samstag, 28.8. um 1.55 und Sonntag, 29.8. um 15.15
Michael Jackson live, Dangerous Tour 1992
The Bukarest Concert
Er holt die Jugend von der Straße: Michael Jackson 2mal 100 Minuten im Spielfilm und live in Concert.

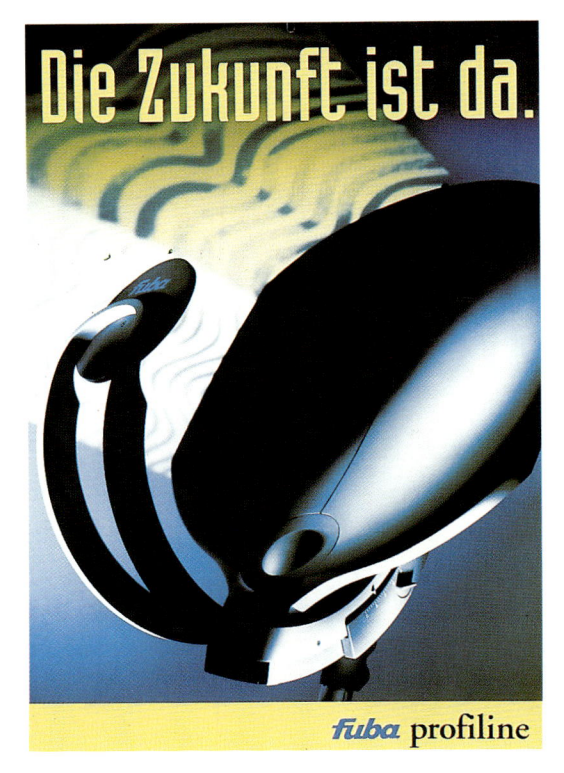

Kunde: Fuba Hans Kolbe & Co., Hildesheim
Product Manager: Frank Gosziejewicz
Marketingleiter: Thomas Apitzsch
Werbeleiter: Thomas Apitzsch

Werbeagentur: Next AG für Kommunikation, Biel
Berater: Mark Bachmann
Konzeption: Max Winiger, Michel Girardin
Creative Director: Max Winiger
Sales Manager: Konrad Kleinschmidt
Texter: Max Winiger
Grafiker: Philippe Gugger
Fotograf: André Roth, Marc Schmid, Zürich

Fuba ist führender Hersteller von Telekomanlagen in Deutschland. Mit der Fuba-Profiline-Satelliten-TV-Empfangsanlage soll das Vertrauen beim Händler und der schlechte Bekanntheitsgrad in der Öffentlichkeit optimiert und gleichzeitig ein neuer Maßstab gesetzt werden. Die Agentur versucht, diese Strategie mit einer emotionalen, aggressiven und für die Branche neuartigen Kampagne umzusetzen: Aus einer Schüssel wird ein Produkt.

Fuba Profiline Medien-Fachwerbung

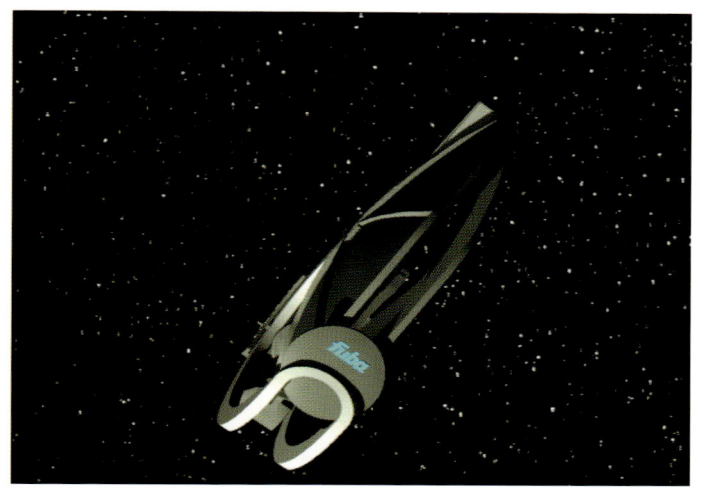

Kunde: Fuba Hans Kolbe & Co., Hildesheim
Product Manager: Frank Gosziejewicz
Marketingleiter: Thomas Apitzsch
Werbeleiter: Thomas Apitzsch
Werbeagentur: Next AG für Kommunikation, Biel
Berater: Max Winiger
Konzeption: Max Winiger
Creative Director: Max Winiger
Art Director: Gregor Rott
Filmproduktion: Videopix AG, Zürich
Regisseur: Claudio Ricci
Kamera: Arthur Manz
Musik: Renzo Selmi, Tonstudio Selmi, Zürich
Editor: Arthur Manz

426 Medien-Fachwerbung TV Hören und Sehen

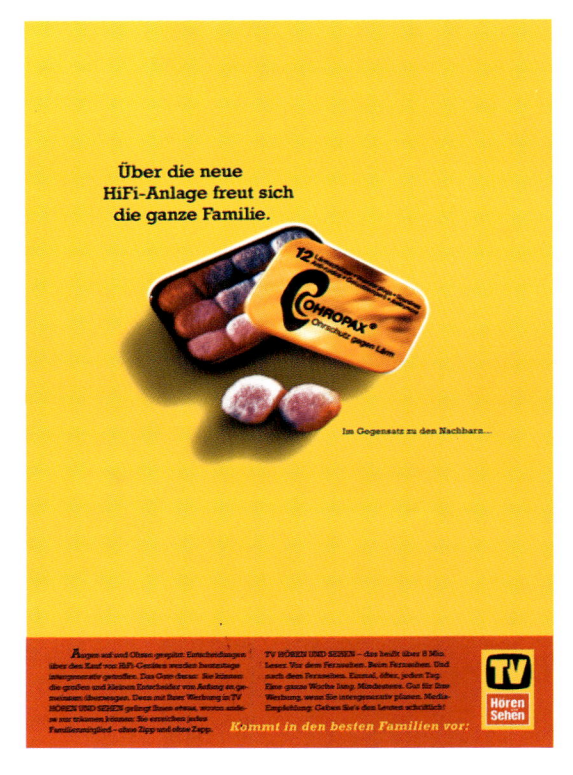

Kunde: Heinrich Bauer Verlag, Anzeigen + Marketing KG, Hamburg
Geschäftsführer: H. A. F. Bauer
Anz.-Objektleiter: Günther Granzow
Werbeleiter: Harald Dzubilla

Werbeagentur: ZWA Hamburg, Hamburg
Berater: Verena Lehmann
Konzeption: Manfred Frahm, Iver Petersen, Thomas Oberndorf
Creative Director: Harald Dzubilla
Art Director: Frank Simon, Thomas Oberndorfer
Texter: Iver Petersen, Harald Dzubilla

Grafiker: Raimund König
Fotograf: Simon Puschmann

TV Hören und Sehen erreicht eine Zielgruppe, von der Werbeplaner träumen: die ganze Familie! Und das vor dem Fernsehen, beim Fernsehen, nach dem Fernsehen. Jede Woche!

Wer eine Schaltung in der BWZ unterläßt oder ignoriert, wird mit Reichweiten- und Streuverlust nicht unter einer Woche bestraft.

Kleine Unterlassungssünder werden sofort bestraft. Ein Beispiel: wenn Sie es versäumen, für Ihren Bank-Kunden mit BWZ zu schalten, dann so erreichen sie eben nicht 43,7 % von über 6 Millionen Menschen im Verbreitungsgebiet. Doch der Ärger über diesen Reichweiten- und Streuverlust ist nichts im Vergleich zu dem Ärger, den Sie bekommen, wenn Ihr Kunde von dieser Medien-Lücke erfährt. BWZ: 0201-2064-780.

BWZ Die Zahlen sprechen für sich.

Null Kalorien, aber 43,7 % Reichweite.

Wenn Sie Mineralwasser verkaufen, müssen Sie gezielt schalten: in der BWZ. Denn hier erreichen Sie 43,7 % von über 6 Millionen Menschen im Verbreitungsgebiet. Und darunter finden Sie so viele Wasserliebhaber, daß es ein Quell ewiger Freude sein wird. BWZ: 0201-2064-780.

BWZ Die Zahlen sprechen für sich.

Die Krönung klassischer Schaltkunst.

Wenn Sie sauberes Bier brauen oder verkaufen, sollten Sie auch ohne überflüssige Zusätze schalten: mit der BWZ, dem Supplement der Zeitungsgruppe WAZ. Da erreichen Sie mit Ihrer Marke auf einen Schlag 49,5 % von über 4,5 Millionen Menschen im Ruhrgebiet. Auch bei den naturbelassenen Anzeigenpreisen werden Sie merken: der reine Wahnsinn. BWZ: 0201-2064-780.

BWZ Die Zahlen sprechen für sich.

Kunde: BWZ, Düsseldorf
Anzeigenleitung: Hermann Radermacher
Werbeleitung: Hans-Dieter Peitler
Werbeagentur: Bruchmann, Schneider, Bruchmann, Köln
Creation: Felix Bruchmann, Stefan Schneider, Jörg Bruchmann
Art Director: Stefan Schneider
Texter: Felix Bruchmann
Grafiker: Christian Haß
Fotograf: Paulo Greuel

Mord und Totschlag für die glücklichen Gewinner.

Spielen Sie gerne den tapferen Helden! Stehen Sie hier und da auf Helme und Leder!

Und klatschen Sie artig Beifall, wenn Lüsternheit und Mordgier walten!

Dann möchten wir Sie am 14. März zu 5 gnadenlosen Stündchen nach Wien einladen.

Doch bevor wir Sie mit einer von zehn Premierenkarten für den wilden Siegfried wappnen, raten mal:

Wie heißt Deutschlands größte wöchentliche Zeitschrift, die ihren Programmteil just auf einen Schlag vergrößert hat! Und halten Sie sich fest.

33 mutigen Anrufern kredenzen wir gar einen Trank, der schon die Götter aus ihren San-

069/55 06 68

dalen kippte. Sehr zum Wotan!

Hiebe statt Liebe? Ein Wort genügt.

Zentnerschwere Damen brüllen auf Sie ein und drohen gar mit blutiger Gewalt.

Oh nein, Sie haben sich nicht in einen dieser unbarmherzigen Domina Clubs verirrt, sondern sitzen mitten im Ring des Nibelungen.

Gefesselt an Ihren teuren Premierenplatz. Und während das Unheil seinen Lauf nimmt, werden Sie sich immer und immer wieder fragen:

Wer zum Wotan hat sich dieses unsägliche Preisausschreiben erdacht! War es nicht die größte wöchentliche Zeitschrift Deutschlands!

Dieser Klassiker mit der neuen, üppigeren Statur und dem kühn vergrößerten Programmteil! Den 6,2 Mio. HH!

Bevor Sie den Opfergang zu Siegfried ins friedliche Wien antreten, schicken Sie uns bitte den Namen des gesuchten Klassikers. Aber prestissimo:

Auf 33 wagemutige Helden wartet ein berauschender Göttertrunk. Wotan sei Dank!

Kunde: Deutscher Supplement Verlag, Nürnberg
Verlagsleiter: Ulrich Löchter
Werbeleiter: Ulrich Witt

Werbeagentur: Ogilvy & Mather GmbH Werbeagentur, Frankfurt am Main
Berater: Alexander Maisch
Creative Director: Delle Krause, Dietmar Reinhard
Art Director: Dietmar Reinhard
Texter: Delle Krause, Sabine Schmitt
Grafiker: Martin Benner
Fotograf: Archiv

Entwicklung einer provokanten, aufmerksamkeitsstarken Promotion, die unerwartet kommuniziert, daß der Klassiker rtv die größte wöchentliche Zeitschrift Deutschlands ist.

JEDER ZWEITE MEDIAPLANER RAUCHT NICHT ZUM VERGNÜGEN.

War die einzige Resonanz auf die teuer erkauften Coupon-Anzeigen wieder mal nur die Anzeigenrechnung? Geht ein Teil Ihrer Werbemark frühzeitig in Remittende oder unerwünscht auf Weltreise, statt hart zu arbeiten? Dann schalten Sie dort, wo 11 Millionen Leser Sie gleich postsäckeweise zuschütten und wo Sie auch nahezu verlustfrei ankommen. In Deutschlands größter wöchentlicher Zeitschrift. Buchen Sie Medienlust statt Medienfrust. **rtv**

HABEN SIE JE DIE MEDIALEISTUNG BEKOMMEN, DIE VERSPROCHEN WAR?

Kommt Ihre Anzeige nahezu verlustfrei mit der Zeitung ins Haus? Bleibt sie im Inland und trifft hier auf mehr Kernleser als die paar wenigen, die man fast schon persönlich kennt? Genießt sie die Reichweite, die am weitesten reicht? Und die Auflage, die am meisten auflegt? Oder wird Ihre sauer verdiente Mediamark immer noch geschröpft? Buchen Sie Medienlust statt Medienfrust. In Deutschlands größter wöchentlicher Zeitschrift. **rtv**

Kunde: Deutscher Supplement Verlag, Nürnberg
Verlagsleiter: Ulrich Löchter
Werbeleiter: Ulrich Witt

Werbeagentur: Ogilvy & Mather GmbH Werbeagentur, Frankfurt am Main
Berater: Alexander Maisch
Creative Director: Delle Krause, Dietmar Reinhard
Art Director: Dietmar Reinhard
Texter: Delle Krause, Andreas Rell
Grafiker: Christian Leithner

rtv als größte Programmzeitschrift bekanntzumachen und die vielfältigen Vorteile und die damit verbundenen Problemlösungen von rtv kompetitiv aufzuzeigen.

Medien-Fachwerbung — **Neue Revue**

Anzeige 1
"Planen Sie weniger, dann haben Sie mehr davon!"

Je voller die Party, desto weniger Zeit hat der Gastgeber, sich mit jedem einzelnen Gast zu beschäftigen. Logisch, oder? Sehen Sie, und genauso ist es mit den Werbeträgern: Je mehr Werbung sie tragen, desto weniger Zeit bleibt dem Betrachter, sich daran zu erfreuen. (Wer hier immer noch zweifelt, den verweisen wir auf das berühmte Fallbeispiel der Mediaplanung: die Nadel im Heuhaufen!)

DIE NEUE NEUE REVUE

...sieh' mal einer an!

Thomas Kiss
Leiter Markt- und Mediaforschung der Verlagsgruppe Bauer

Anzeige 2
"Geht Mediaplanung wirklich so tierisch einfach...?"

Es ist leichter, das ewige Polareis zum Schmelzen zu bringen, als ein Vorurteil zu beseitigen. Wie z. B. das, daß die NEUE REVUE immer noch die alte ist. Und wer seine Werbung nach Vorurteilen plant, verzichtet mitunter auf einen guten Werbeträger. Wie z. B. auf die neue NEUE REVUE.

DIE NEUE NEUE REVUE

...sieh' mal einer an!

Jimmy Ara,
Spezialist für Echophrasie

Anzeige 3
"Wollen Sie mit Ihrem Produkt wirklich eine Rolle in Cannes spielen...?"

Oder möchten Sie eine Hauptrolle besetzen auf dem deutschen Absatzmarkt? Wenn Ihre Zielgruppe identisch ist mit der Leserschaft der neuen NEUE REVUE, dann können Sie sich das Ticket nach Cannes getrost sparen! Falls nicht, dann buchen Sie bitte einen Flug in der 1. Klasse! Weil Sie auf den Kontakt zum Volke ja keinen Wert legen. Oder...?

DIE NEUE NEUE REVUE

...sieh' mal einer an!

Günther Granzow
Anzeigen-Objektleitung NEUE REVUE

Anzeige 4
"Wenn der Knopf den Jacoby ärgern will, der Hoffmann den Küster, der Scholz den Vasata und der Karpinski den Baader..."

...dann empfehlen wir ihnen, die neue NEUE REVUE nicht zu belegen, sondern auf einen unserer verehrten Wettbewerber auszuweichen! Wer jedoch 3,77 Millionen Konsumenten bewegen will, das zu tun, was Ziel und Zweck der Werbung ist, der kann mit seiner Anzeige in der neuen NEUE REVUE sogar seine Wettbewerber ärgern.

DIE NEUE NEUE REVUE

...sieh' mal einer an!

Harald Dzubilla
Werbeleiter NEUE REVUE

Kunde: Heinrich Bauer Verlag Anzeigen + Marketing KG, Hamburg
Geschäftsführer: H. A. F. Bauer
Anz.-Objektleiter: Günther Granzow
Werbeleiter: Harald Dzubilla

Werbeagentur: ZWA Hamburg, Hamburg
Berater: Verena Lehmann
Konzeption: Harald Dzubilla, Frank Simon
Creative Director: Harald Dzubilla
Art Director: Frank Simon
Texter: Harald Dzubilla
Grafiker: Thomas Gramlow
Fotograf: Werner Gritzbach

Nach dem Relaunch ist die neue Neue Revue einfach um Längen besser. Ein unverzichtbarer Werbeträger für alle, die den Kontakt zum Volk nicht verlieren wollen. Unverkennbares Markenzeichen der Kampagne: der rote Stuhl!

Volksstimme Medien-Fachwerbung

Wir ziehen mehr Frauen an als jede Boutique!

In Sachsen-Anhalt ist das Interesse an moderner Kleidung riesengroß. Und man informiert sich ausführlich über die Objekte der Begierde. Anzeigen in der VOLKSSTIMME haben dabei als Informationsquelle einen entscheidenden Stellenwert. Und sie treffen auf interessierte Leserinnen: Laut VA'92 erreicht die Zustimmung zu dem Statement **Volksstimme** Die Zeitung für Sachsen-Anhalt „Kleide mich gern nach neuester Mode" im Osten mit 56 % einen um 7 % höheren Wert als im Westen!

Volksstimme. Die Tageszeitung, die auch sonntags kommt. Verbreitete Auflage: 358.393 Exemplare (IVW II/92)

Wenn Sachsen-Anhalt, dann Volksstimme!

Wir bringen mehr Divas auf den Diwan als jedes Möbelhaus!

In den Häusern und Wohnungen in Sachsen-Anhalt gibt es noch vieles zu verschönern. Darum tagt erst der Familienrat – dann wird das neue Sofa, die Küche, das Kinderzimmer oder der Schreibtisch gekauft. Anzeigen in der VOLKSSTIMME haben dabei als Informationsquelle einen entscheidenden Stellenwert. Und sie treffen auf eine überdurchschnittlich möbelinteressierte Zielgruppe: Laut VA'92 **Volksstimme** Die Zeitung für Sachsen-Anhalt beschäftigt sich 65 % aller Ostbürger häufig mit der Verschönerung ihrer Wohnung.

Volksstimme. Die Tageszeitung, die auch sonntags kommt. Verbreitete Auflage: 358.393 Exemplare (IVW II/92)

Wenn Sachsen-Anhalt, dann Volksstimme!

Wir bringen mehr Urlauber in die Sonne als jedes Reisebüro!

In Sachsen-Anhalt gibt es in puncto Urlaub einen gewaltigen Nachholbedarf. Darum informiert man sich ausführlich über Traumziele und Angebote. Anzeigen in der VOLKSSTIMME haben dabei als Informationsquelle einen entscheidenden Stellenwert. Und sie treffen auf reiselustige Leser: Laut VA'92 unternehmen knapp 6 Millionen **Volksstimme** Die Zeitung für Sachsen-Anhalt Ostdeutsche eine Urlaubsreise. 1,37 Millionen zieht es sogar zweimal oder häufiger in die Ferne.

Volksstimme. Die Tageszeitung, die auch sonntags kommt. Verbreitete Auflage: 358.393 Exemplare (IVW II/92)

Wenn Sachsen-Anhalt, dann Volksstimme!

Wir bringen mehr Menschen ans Steuer als jedes Autohaus!

Auch in Sachsen-Anhalt ist das Auto des Deutschen liebstes Kind. Man informiert sich ausführlich über das lang gehegten Traum. Anzeigen in der VOLKSSTIMME haben dabei als Informationsquelle einen entscheidenden Stellenwert. Und sie treffen auf eine ausgesprochen autointeressierte Leserschaft: Laut VA'92 wollen **Volksstimme** Die Zeitung für Sachsen-Anhalt 3,29 Millionen „vielleicht" – und eine Million „auf jeden Fall" ein neues Auto kaufen.

Volksstimme. Die Tageszeitung, die auch sonntags kommt. Verbreitete Auflage: 358.393 Exemplare (IVW II/92)

Wenn Sachsen-Anhalt, dann Volksstimme!

Kunde: Magdeburger Verlags- und Druckhaus GmbH, Magdeburg
Product Manager: Ulrich Levenig
Geschäftsführer: Thomas Amann
Werbeleiter: Birgit Heinecke, Ralf Wandelt

Werbeagentur: Frahm und Wandelt Werbeagentur GmbH, Hamburg
Berater: Andreas Rapp, Tobias Schlösser
Konzeption: Ralf Wandelt, Iver Petersen
Art Director: Volker Marek
Texter: Iver Petersen
Grafiker: Angela Löschenkohl
Fotograf: Matthias Heitmann

Aufgabe war es, die Volksstimme aus Magdeburg/Sachsen-Anhalt (sechstgrößte Tageszeitung Deutschlands) bei Mediaentscheidern zu profilieren. Im Mittelpunkt der Kampagne steht die gewaltige Kaufkraft der Volksstimme-Leser.

Stark im Rheinland? **Stark im Rheinland!**

Intensiv gelesen? **Intensiv gelesen!**

Kunde: Verlag M. Dumont Schauberg, Köln
Geschäftsführung: Willi Schalk
Verlagsleitung: Jochen Stöcker
Verlagswerbeleitung: Peter Kreiterling
Werbeagentur: Bruchmann, Schneider, Bruchmann, Köln
Creation: Felix Bruchmann, Stefan Schneider, Jörg Bruchmann
Art Director: Stefan Schneider, Ellen Lintermann
Texter: Felix Bruchmann, Jörg Bruchmann

Kunde: Nielsen-Ballungsraum-Zeitungen, München

Werbeagentur: Bruchmann, Schneider, Bruchmann, Köln
Creation: Felix Bruchmann, Stefan Schneider, Jörg Bruchmann
Art Director: Stefan Schneider
Texter: Jörg Bruchmann, Felix Bruchmann
Grafiker: Christian Haß
Fotograf: Frank Tusch

Es erscheinen pro Durchgang vier rechte Seiten mit den Basisfakten.

Wir wären nicht hier, wenn hier nichts wäre.

Erkennen Sie einen Markt erst dann, wenn ihn schon jeder kennt?

Kunde: Zeitungsgruppe WAZ/
Zeitungsgruppe Thüringen, Essen
Hauptanzeigenleitung:
Manfred Kraemer
Werbeleitung: Hans-Dieter Peitler

Werbeagentur: Bruchmann, Schneider, Bruchmann, Köln
Creation: Felix Bruchmann, Stefan Schneider, Jörg Bruchmann
Art Director: Stefan Schneider
Texter: Felix Bruchmann, Niels Meyer
Grafiker: Ellen Lintermann

Kunde: Zeitungsgruppe WAZ, Essen
Hauptanzeigenleitung: Manfred Kraemer
Werbeleiter: Hans-Dieter Peitler
Werbeagentur: BMZ Werbeagentur GmbH & Co. KG, Düsseldorf
Berater: Hans-Dieter Hoever, Inge Reuhl
Konzeption: Peter Zimmermann
Creative Director: Peter Zimmermann
Art Director: Martina Golembka
Texter: Stefan Oehm
Junior Art Director: Günter Glass
Fotograf: Jim Rakete, Jan Michael

Mit jeder Ausgabe vertreiben wir unsere Leser.

reise Wenn unsere Leser das Reise-Journal sehen, beginnen sie das Weite zu suchen. Denn ein großer Teil der über 3 Millionen Leser (MA '93) der Titel der Zeitungsgruppe WAZ sehnt sich nac h der großen weiten Welt. Wenn Sie Ihr Angebot an ein reisefreudiges Publikum richten wollen, liegt nichts näher als eine Anzeige im Reise-Journal. **Kontaktmillionär im Reisemarkt.** ZEITUNGSGRUPPE WAZ 0201-8042555

Unsere Leser sind gewoh nheitsmäßige Ausbrecher.

reise Reise-Journal-Leser entfliehen dem Alltag b esonders gerne mit Städtereisen. Helfen Sie Ihnen dabei, London Paris, Berlin oder Rom zu entdeck en. Sie erreichen über 3 Millionen (MA '93) latent Fluchtwillige mit den Titeln der Zeitungsgruppe der WAZ. **Kontaktmillionär im Reisemarkt.** ZEITUNGSGRUPPE WAZ 0201/804-2555

Kunde: Zeitungsgruppe WAZ, Essen
Anzeigenverkaufsleitung: Udo Appelhoff
Hauptanzeigenleitung: Manfred Kraemer
Werbeleitung: Hans-Dieter Peitler

Werbeagentur: Bruchmann, Schneider, Bruchmann, Köln
Creation: Felix Bruchmann, Stefan Schneider, Jörg Bruchmann
Art Director: Stefan Schneider, Christian Haß

Texter: Felix Bruchmann, Niels Meyer
Fotograf: Norbert Frank; Stockmaterial

Branchensieger Medien-Publikumswerbung

Die Zeit **451**
 Baader, Lang, Behnken, Hamburg

Focus (Ogilvy & Mather, Frankfurt am Main) **448–449**
Frankfurter Allgemeine Zeitung (Frankfurter Allgemeine Zeitung, Frankfurt am Main) **452**
Handelsblatt (BBDO-Gruppe, Düsseldorf) **453**
»mach mal Pause« (Heinrich Bauer Verlag/ZWA, Hamburg) **446**
Neue Revue (Heinrich Bauer Verlag/ZWA, Hamburg) **447**
Pro 7 (Serviceplan, München) **441**
RTL (BBDO-Gruppe, Düsseldorf) **440**
Sat 1 (Baums, Mang und Zimmermann, Düsseldorf) **442–443**
SDR 1 (Michael Conrad & Leo Burnett, Frankfurt am Main) **444**
Sport-Bild (KM Wolff & Partner, Hamburg) **454**
Süddeutsche Zeitung (Wüschner, Rohwer, Albrecht, München) **450**
Thienemanns Verlag (Bilek, Stuttgart) **439**
TV klar (Heinrich Bauer Verlag/ZWA, Hamburg) **445**
Zeitverlag (Baader, Lang, Behnken, Hamburg) **451**

Thienemanns Verlag   Medien-Publikumswerbung

Buchpiraten sind lieb wie Teddy und frech wie Oskar.

Thienemanns Buchpiraten oder wie man 8- bis 10jährige Mädchen und Jungs zum Lesen verführt. Buchpiraten sind jeweils abgeschlossene Geschichten. Buchpiraten sind außerdem nicht teuer und eignen sich prima als Mitbringsel, zum Verschenken, zum Sammeln, zum Tauschen mit anderen Piraten.

THIENEMANN

Buchpiraten gehören zur Familie der Leseratten.

Thienemanns Buchpiraten oder wie man 8- bis 10jährige Mädchen und Jungs zum Lesen verführt. Buchpiraten sind jeweils abgeschlossene Geschichten. Buchpiraten sind außerdem nicht teuer und eignen sich prima als Mitbringsel, zum Verschenken, zum Sammeln, zum Tauschen mit anderen Piraten.

THIENEMANN

Kunde: K. Thienemanns Verlag GmbH & Co., Stuttgart
Marketingleiter: Gunter Ehni
Werbeleiter: Jochen Kraeft

Werbeagentur: Bilek & Co. Werbeagentur GmbH, Stuttgart
Konzeption: Heike Schüle, Michaela Mayländer
Art Director: Michaela Mayländer
Texter: Heike Schüle
Grafiker: Klaus Hößler
Fotograf: Bernd Kammerer

Vokabeln lernen: Der neue Buchreihentitel und die angepeilte Leserschaft sind eins.

NÄCHTLICHE RUHESTÖRUNG. *MORGEN AB 23.15.*

LATE NIGHT SHOW.
Vor Mitternacht finden Sie morgen keine Ruhe. Ein neuer Gottschalk kommt mit seiner neuen Show. Mit Gästen, die nur Gottschalk hat. Alle von internationaler Klasse. Sie sagen, was sie noch nie vor der Kamera gesagt haben. So geht's von Dienstag bis Freitag. Und am Wochenende können Sie ja wieder ausschlafen.

BEI RTL

DAS DUELL. BOX WM LIVE. 18. SEPTEMBER.

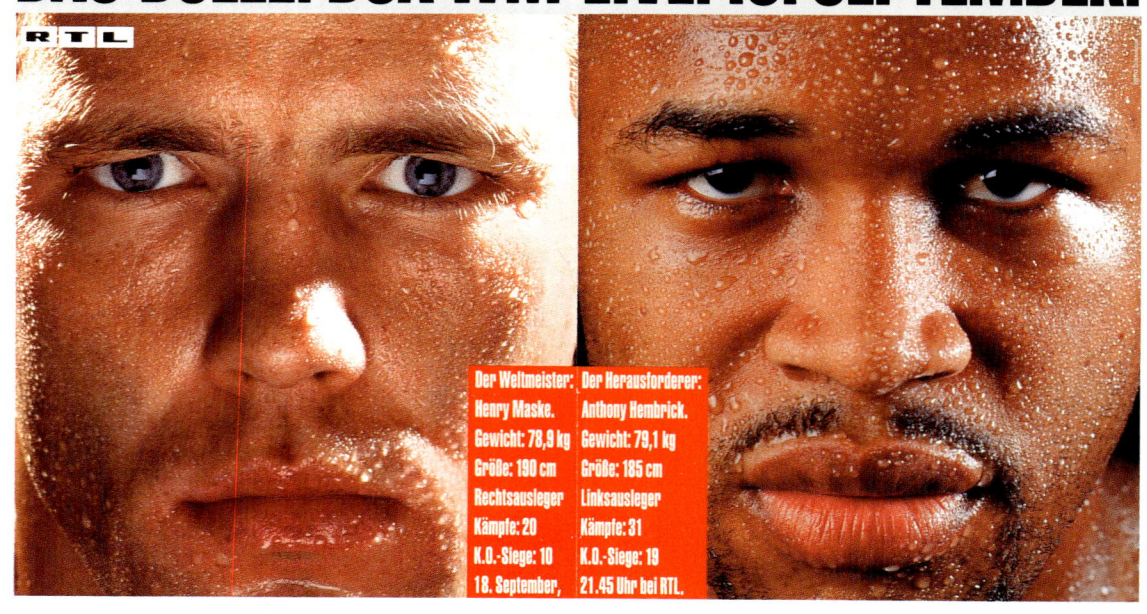

Der Weltmeister: Henry Maske. Gewicht: 78,9 kg. Größe: 190 cm. Rechtsausleger. Kämpfe: 20. K.O.-Siege: 10.

Der Herausforderer: Anthony Hembrick. Gewicht: 79,1 kg. Größe: 185 cm. Linksausleger. Kämpfe: 31. K.O.-Siege: 19.

18. September, 21.45 Uhr bei RTL.

Kunde: RTL Television Deutschland, Köln
Werbeleiter: Gorgin Farrochsad
Werbeagentur: BBDO Düsseldorf GmbH, Düsseldorf
Berater: Udo Klein-Bölting
Creative Director: Horst Klemm
Art Director: Wolfgang Scholten
Texter: Olli Tekniepe
Grafiker: Britta Spiess

Die plakative Programmwerbung soll durch einen Einmalanstoß einen gezielten Vorabverkauf der einzelnen Sendungen erreichen und den Zuschauer zum Einschalten bringen.

Pro 7 — Medien-Publikumswerbung

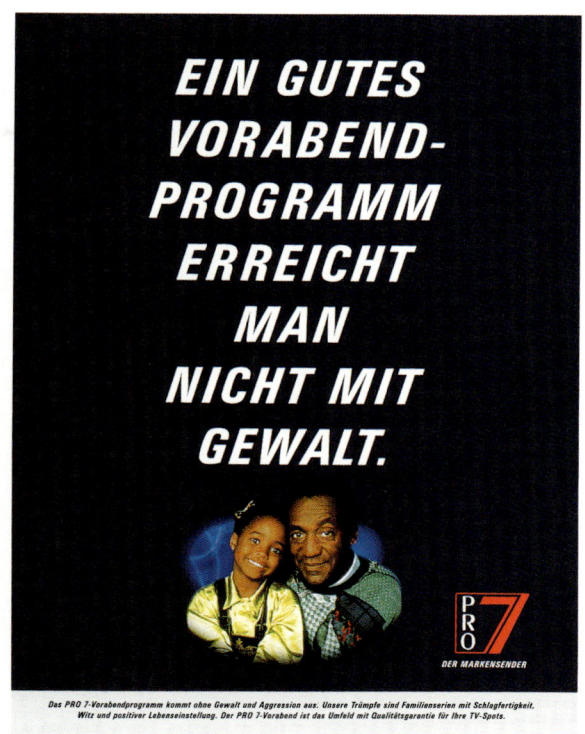

BESONDERS STOLZ SIND WIR AUF DIE FILME, SERIEN UND SHOWS, DIE WIR NICHT ZEIGEN!

Schmuddelfilme, Gähnshows und Reality-Horror bleiben in der Schublade. PRO 7 ist Fernsehen mit Markenqualität. Damit buchen Sie anspruchsvolle Werbeumfelder, die Ihre Produkte verdienen.

EIN GUTES VORABEND-PROGRAMM ERREICHT MAN NICHT MIT GEWALT.

Das PRO 7-Vorabendprogramm kommt ohne Gewalt und Aggression aus. Unsere Trümpfe sind Familienserien mit Schlagfertigkeit, Witz und positiver Lebenseinstellung. Der PRO 7-Vorabend ist das Umfeld mit Qualitätsgarantie für Ihre TV-Spots.

MÖRDERISCH GUTE GESCHICHTEN!

22.00 UHR. KRIMIS AUF PRO 7 — DA KÖNNEN SIE WAS ERLEBEN!

ER BETRÜGT MICH, ER BETRÜGT MICH NICHT...

„LIEBE IST PRIVATSACHE*" AUF PRO 7 — DA KÖNNEN SIE WAS ERLEBEN!
*DIENSTAG 20.15 UHR

Kunde: PRO 7 Television, München
Werbeleiter: Susanne Wirth
Werbeagentur: Serviceplan Werbeagentur, München
Berater: Florian Frhr. v. Hornstein, Ronald Focken, Monika Merkle
Creative Director: Ewald Pusch
Art Director: Patrick Thiede
Texter: Anke Klemm
Grafiker: Claudia Collin
Fotograf: Christoph Hellhake

PRO 7 ist seit Jahren der am schnellsten wachsende Privatsender. Die Positionierung als Spielfilmkanal wird in der Publikumswerbung eigenständig kommuniziert: Filmgenres anstelle von Filmtiteln schaffen ein Senderbewußtsein statt »Rosinenfernsehen«. PRO 7 hat heute die jüngste und kaufkräftigste Zielgruppe unter den großen TV-Sendern – das Thema der neuen »Entscheiderkampagne«.

Kunde: SAT 1 Satelliten Fernsehen GmbH, Mainz
Marketingleiter: Walther Kraft
Werbeleiter: Peter Baumgartner

Werbeagentur: BMZ Werbeagentur GmbH & Co. KG, Düsseldorf
Berater: Rolf D. Körner, Jörg Mann, Claudia Geyer
Konzeption: Wolfgang Fetzer
Creative Director: Wolfgang Fetzer

Art Director: Ulrike Ruland, Brigitte Schulte
Texter: Wolfgang Fetzer, Martin Kießling
Grafiker: Stefan Witte, Oliver Drescher
Fotograf: SAT 1 Archiv, Gert Wagner

Husch-husch ins Körbchen

Jeden Sonntag **NBA-Action: die US-Basketball-Profi-Liga.** Exklusiv in SAT.1. Die Highlights aus der amerikanischen Kult-Liga. **Ausführliche Berichte von den Topspielen, komplette Tabellen und Hintergrund-Infos.** Alles über die Clubs, die Macher und die Größten der Großen: Charles Barkley, Shaq O'Neil und "White Magic" Detlev Schrempf. Als Höhepunkt das Saisonfinale: **Alle Spiele der Play-Off-Runde live.** ran an die Körbe - rund in den Sonntag. **SAT.1 - Die beste Zeit des Tages**

extra ran - SAT.1 Basketball. Ab 7. November jeden Sonntag NBA - 10.00
Danach ab 11.00 - alSo - Politik zum Mitreden

Uuunnd: Dunking! Das höchste der Gefühle.

Einschalten, Polizei!

Frisch von der Insel: Wolfgang Fierek als **Ein Bayer auf Rügen.** Der Polizist mit Herz, Harley und viel Inselwitz. **13 neue Folgen** zwischen Wellenbergen und Bayerngipfeln. Kurz danach wird's nochmal bullig: Dann kommt **Hunter** - Der Mann für harte Fälle. Außen kantig, innen sanft. Mit Fred Dryer als Detective Rick Hunter. Schalten Sie Ihren Cop ein. **SAT.1 - Die beste Zeit des Tages**

Jeden Montag 20.15 - Ein Bayer auf Rügen
22.15 - Hunter

*Easy Bayer: Wolfgang Fierek als Rügener Polizist Valentin Gruber.
Immer deftig. Immer heftig. Immer montags.*

SDR 1. Das Herz des Südens.

Heiße Eisen. Eine Spezialität des Hauses.

SDR 1. Das Herz des Südens.

Große Gefühle per Knopfdruck.

Kunde: Süddeutscher Rundfunk, Stuttgart
Werbeleiter: Hansjürgen Hellwig
Werbeagentur: Michael Conrad & Leo Burnett GmbH & Co. KG, Frankfurt am Main
Berater: Kai Salein, Frank Schneider
Konzeption: Christine Göttler, Patricia Bröhm
Art Director: Christine Göttler
Texter: Patricia Bröhm
Grafiker: Kersten Meyer
Fotograf: Frank Fernandez

Kunde: Heinrich Bauer Programmzeitschriften Verlag KG, Hamburg
Verlagsleiter: Manfred Braun
Chefredakteur: Hartmut Klemann
Werbeleiter: Harald Dzubilla

Werbeagentur: ZWA Hamburg, Hamburg
Berater: Verena Lehmann
Konzeption: Harald Dzubilla, Frank Simon
Creative Director: Harald Dzubilla
Art Director: Frank Simon
Texter/Script: Harald Dzubilla
Producer FFF: Frank Simon
Filmproduktion: Markenfilm GmbH & Co., Wedel

Regisseur: Florian Beisert
Kamera: Achim Hasse
Musik: John Groves
Cutter: Florian Beisert

TV klar ist die Programmzeitschrift mit dem phantastischen Programmüberblick, dem großen Leseteil und vielen Gewinnrätseln für die Fernsehpause. Und TV klar will jeder haben, wie der Spot zeigt.

Kunde: Heinrich Bauer Spezialzeitschriften Verlag KG, Hamburg
Verlagsleiterin: Marion Spark
Chefredakteur: Jürgen Pietzker
Werbeleiter: Harald Dzubilla

Werbeagentur: ZWA Hamburg, Hamburg
Berater: Verena Lehmann
Konzeption: Harald Dzubilla, Frank Simon
Creative Director: Harald Dzubilla
Art Director: Frank Simon
Texter: Harald Dzubilla
Grafiker: Hans-Peter Affeldt, Steffi Hochfellner
Fotograf: Matthias Heitmann

Die neue Zeitschrift »mach mal Pause« begeistert alle Frauen, die sich Zeit für ihre Pause nehmen und sie mit »mach mal Pause« genießen wollen.

Neue Revue — Medien-Publikumswerbung — 447

Anzeige 1

> Die neue NEUE REVUE schreibt klipp und klar. Und das ist gut und schön!

Wir haben es schon auf der Schulbank gelernt: Etwas in wenigen Sätzen auf den Punkt zu bringen ist schwieriger, als mit vielen Worten endlos zu schwafeln. Klipp & klar statt wenn & aber, das ist gefragt. Und das ist die Sprache der neuen NEUE REVUE. Der Illustrierten, die Spaß beim Lesen bringt – nicht nur wegen der vielen attraktiven Fotos! Bevor Sie also anderswo vor lauter Schachtelsätzen und Worthülsen den Blick fürs Wesentliche verlieren: Schauen Sie doch mal rein in die neue NEUE REVUE!

DIE NEUE NEUE REVUE ...sieh' mal einer an!

Anzeige 2

> Wenn unsere Politiker doch so reden würden, wie die neue NEUE REVUE schreibt!

Unsere Damen und Herren in Bonn, Berlin & Brüssel reden viel. Und sagen wenig. Weil sie sich in Phrasen und Fremdwörtern verlieren, statt Worte zu finden, mit denen sie das Volk auch erreichen. Gut, daß es da die neue NEUE REVUE gibt! Denn hier wird Klartext gesprochen. Deshalb wählen jede Woche 3,77 Millionen mündige Bürger die neue NEUE REVUE. Dabei kommt - im Gegensatz zu Bonn, Berlin & Brüssel - auch der Spaß nicht zu kurz. Und so wird im Volksmund bereits die Forderung laut, die neue NEUE REVUE bei allen Parlamentariern zur Pflichtlektüre zu machen...!

DIE NEUE NEUE REVUE ...sieh' mal einer an!

Anzeige 3

> Wir sorgen dafür, daß auch in ernsten Zeiten der Spaß nicht zu kurz kommt!

Lachen, sagt der Volksmund, ist die beste Medizin. Darum sind die besten Comic-Zeichner gerade gut genug, um Woche für Woche dafür zu sorgen, daß den Lesern von NEUE REVUE das Lachen nie vergeht. Und überhaupt ist die neue NEUE REVUE wie das Leben: mal ernst, mal heiter. Eine illustrierte Wochenschau aus Information und Unterhaltung. Woche für Woche greifen 3,77 Millionen zur neuen NEUE REVUE. Und lesen von A wie Aktuelles bis Z wie Zärtliche Bilder. Und Auto, Umwelt, Politik, Prominente, Krimi und Roman, Gesundheit, Service, Reise, TV, Humor und Rätsel, Horoskop...

DIE NEUE NEUE REVUE ...sieh' mal einer an!

Anzeige 4

> Ohne Sex hätten wir uns seit Adam & Eva ja wohl kaum weiterentwickelt, oder...?!

Wir leben in einer Zeit, wo über alles offen gesprochen wird. Über Umweltprobleme genauso wie über Sexualität. In der Schule ebenso wie im Elternhaus und Freundeskreis. Und in Zeitschriften. Zum Thema Erotik meint die neue NEUE REVUE: Sex muß schön sein. Und ästhetisch. Und Spaß machen. So wie auch die übrigen Seiten der neuen NEUE REVUE: von Auto bis Umwelt, von Aktuellem bis Reise. Und Gesundheit, Humor und Rätsel, Service und, und, und. Wobei Sie bei einem Thema allerdings am wenigsten Spaß erwarten dürfen: Politik..!

DIE NEUE NEUE REVUE ...sieh' mal einer an!

Kunde: Heinrich Bauer Verlag, Hamburg
Verlagsleiter: Günter Sell
Chefredakteur: Jürgen Pietzker
Werbeleiter: Harald Dzubilla

Werbeagentur: ZWA Hamburg, Hamburg
Berater: Verena Lehmann
Konzeption: Harald Dzubilla, Frank Simon
Creative Director: Harald Dzubilla
Art Director: Frank Simon
Texter: Harald Dzubilla
Grafiker: Thomas Gramlow
Fotograf: Werner Gritzbach

Die neue Neue Revue bringt auf den Punkt, was alle Leser interessiert: Informationen, Unterhaltung, Entspannung. Einfach und verständlich für eine breite Leserschaft. Der rote Stuhl ist der optische Mittelpunkt der Kampagne.

Kunde: Focus Magazin Verlag GmbH, München
Verlagsleiter: Jörg Helge Volkenand
Objektleiter: Andreas Struck
Koordination: Carolin Glenz

Werbeagentur: Ogilvy & Mather Direkt GmbH, Frankfurt am Main
Berater: Uli Haessner, Matthias Gründler
Creative Director: Michael Koch
Art Director: Petra Volkhardt
Texter: Stephan Junghanns

Mit starker Anzeigenpräsenz im Produkt selbst wird in der Infoelite um den Abschluß eines Abonnements für Focus, das Prachtkind unserer modernen Kommunikationsgesellschaft, geworben. Kompakt, kritisch, konstruktiv. Auf den Punkt.

Focus **Medien-Publikumswerbung** 449

Kunde: Focus Magazin Verlag GmbH, München
Objektleiter: Andreas Struck
Verlagsleiter: Jörg Helge Volkenand
Werbekoordination: Carolin Glenz

Werbeagentur: Michael Conrad & Leo Burnett GmbH & Co. KG, Frankfurt am Main
Berater: Kai Salein, Frank Schneider
Creative Director: Klaus Erich Küster
Art Director: Wolfgang Leihener
Texter/Script: Günther Schneider

Producer FFF: Christiane Westenberger
Filmproduktion: Hager Moss Film GmbH, München
Regisseur: Sebastian Cramer
Kamera: Sebastian Cramer
Musik: Massimo Jauch

Von Welt bis Macht

Ist der Ost-West-Konflikt vorüber? Wird der Nord-Süd-Konflikt weiter eskalieren? Ist der Balkan noch zu retten? Geht die Abrüstung weiter? Sollen wir uns lieber um den ökologischen Showdown kümmern? Sind die Atomwaffen weltweit unter Kontrolle?

Fest steht nur soviel: Die Denkmuster von gestern greifen nicht mehr, klare Standpunkte sind oft auch klare Irrtümer. Deshalb präsentiert die Süddeutsche Zeitung Tag für Tag die Welt so vielfältig und facettenreich, wie sie ist. Bilden Sie sich Ihre eigene Meinung. Testen Sie die Bundesausgabe der Süddeutschen Zeitung (Verbreitungsgebiet, außerhalb Bayerns) bei Ihrem Einzelhändler oder zwölf Tage kostenlos im Probeabo.

Kostenloses Probeabo: Tel. 0130/3733

Süddeutsche Zeitung
Deutschlands große Tageszeitung

Von Kanzler bis Kandidat

Er will den Aufschwung Ost in Gang bringen, die Steuern senken, das Gesundheitswesen sanieren, die Renten erhöhen, die Inflation stoppen, die Umwelt retten und überhaupt. Wer? Und wie?

Wenn Ihnen die ewig gleichen Patentrezepte zu dumm werden, wenn Sie auch meinen, daß, wer die Dinge zu sehr vereinfacht, sie einfach verfälscht, dann sollten Sie uns kennenlernen. Bilden Sie sich Ihre eigene Meinung. Testen Sie die Bundesausgabe der Süddeutschen Zeitung (Verbreitungsgebiet außerhalb Bayerns) bei Ihrem Einzelhändler oder zwölf Tage kostenlos im Probeabo.

Kostenloses Probeabo: Tel. 0130/3733

Süddeutsche Zeitung
Deutschlands große Tageszeitung

Kunde: Süddeutsche Zeitung, München
Verlagsleiter: Ulrich Gehrhardt
Werbeleiter: Heinz Pollerer

Werbeagentur: Wüschner, Rohwer, Albrecht, München
Berater: Claudia Straub
Creative Director: Gernot Wüschner
Art Director: Christine Brauer
Texter: Georg Butter
Grafiker: Petra Hirschfeld

Die Kampagne zeigt augenfällig, was der Leser von der Süddeutschen Zeitung erwarten darf: das ganze Spektrum des politischen, wirtschaftlichen und kulturellen Lebens mit mehr Differenzierung, mehr Nuancen, mehr Facetten, als andere Zeitungen bieten.

Die Zeit Medien-Publikumswerbung

Kunde: Zeitverlag Gerd Bucerius GmbH & Co., Hamburg
Werbeleiter: Heike Schmidt

Werbeagentur: Baader, Lang, Behnken Werbeagentur G.m.b.H., Hamburg
Berater: Silke Wesche
Konzeption: Fred Baader
Creative Director: Fred Baader
Art Director: Sigurd Nehring
Texter/Script: Gerd Gläsmer
Producer FFF: Roswitha Scherner
Filmproduktion: Commercials, Hamburg

Der Herausgeber der Zeit, der ehemalige Bundeskanzler Helmut Schmidt, macht in Versatzstücken seiner Reden auf Wissenslücken aufmerksam. Die Zeit bietet die Lösung. Claim: Wer mehr weiß, hat mehr vom Leben.

Kunde: Frankfurter Allgemeine Zeitung GmbH, Frankfurt am Main
Marketingleiter: Dr. Jan P. Klage

Konzeption: Dr. Jan P. Klage, Wolfgang Schiebel, Helge Aufischer
Texter: Dr. Jan P. Klage, Wolfgang Schiebel
Grafiker: Helge Aufischer

Für die Mehrzahl der Leser ist die F.A.Z. mehr als eine Zeitung – oftmals ein Stück Geisteshaltung. Ebendiese Geisteshaltung soll durch die Verwendung sinnentsprechend ausgewählter Alliterationen und Aphorismen in der Kampagne betont werden. Motive wie »Wirtschaft«, »Werte«, »Wettbewerb« stehen sowohl für Inhalte als auch für die grundsätzliche Ausrichtung der Zeitung. Aussagen wie »Interessante Selbstgespräche setzen einen klugen Partner voraus« sorgen zudem für eine polarisierende Ansprache der Zielgruppen.

Schön, wenn Sie in Ihrer Firma die Nummer 2 sind. Das denkt sich auch die Nummer 1.

Handelsblatt
DEUTSCHLANDS WIRTSCHAFTS- UND FINANZZEITUNG
Wenn Sie es wirklich wissen wollen.

Lesen Sie die Gedanken Ihrer Konkurrenz.

Handelsblatt
DEUTSCHLANDS WIRTSCHAFTS- UND FINANZZEITUNG
Wenn Sie es wirklich wissen wollen.

Im Geschäftsleben unterscheiden sich die Waffen der Frauen nicht von denen der Männer.

Handelsblatt
DEUTSCHLANDS WIRTSCHAFTS- UND FINANZZEITUNG
Wenn Sie es wirklich wissen wollen.

Die Zeit arbeitet nicht für Sie. Sie müssen es selbst tun.

Handelsblatt
DEUTSCHLANDS WIRTSCHAFTS- UND FINANZZEITUNG
Wenn Sie es wirklich wissen wollen.

Kunde: Verlagsgruppe Handelsblatt GmbH, Düsseldorf
Geschäftsführer: Raymond Johnson-Ohla
Marketingleiter: Manfred Fagin
Assistent des Geschäftsführers: Oliver Jacobi

Werbeagentur: BBDO Düsseldorf GmbH, Düsseldorf
Management Supervisor: Ursula Fuhrhop
Account Executive: Christian Hanft
Executive Creative Director: Michael Hausberger
Creative Director: Günter Olbrich, Hans-Georg Knichel
Art Director: Dieter Groll
Texter: Günter Olbrich

Mit dem äußerst plakativen Markenauftritt unterstreicht das Handelsblatt seine Stellung als führende Wirtschafts- und Finanzzeitung. Zielsetzung ist es, an das persönliche Karriere- und Erfolgsstreben seiner Leserschaft zu appellieren: durch Wissensvorsprung, wie ihn nur das Handelsblatt liefert. Umgesetzt in einer Weise, die sich durch provozierende und konzentrierte Botschaften Gehör verschafft.

Sport Bild

Europas größte Sportzeitschrift

Kunde: Sport-Bild, Axel Springer Verlag AG, Hamburg
Verlagsleiter: Dr. Marcus Semmel
Werbeleiter: Gert Borsum

Werbeagentur: KM Wolff & Partner Werbeagentur GmbH, Hamburg
Berater: Tim Nebel
Creative Director: Peter Grösser
Art Director: Michael Weilandt
Texter/Script: Stephan Chrzescinski, Birgit König

Filmproduktion: Glass Film GmbH, Hamburg
Regisseur: Kai Sehr
Kamera: Frank Sprung
Cutter: Kai Sehr

Branchensieger Verpackungen

Klann Verpackungen **460–461**
 Sieghart & Partner, München

Carl Edelmann (Bläse, Schott + Partner, Stuttgart)* **462**
Klann Verpackungen (Sieghart & Partner, München) **460–461**
Tubex (Bläse, Schott + Partner, Stuttgart) **457**
Weingärtnergenossenschaft Untertürkheim (Die Crew, Stuttgart) **458–459**

* Europa-/Globalkampagne

Fortschrittlich denken. Innovativ handeln.

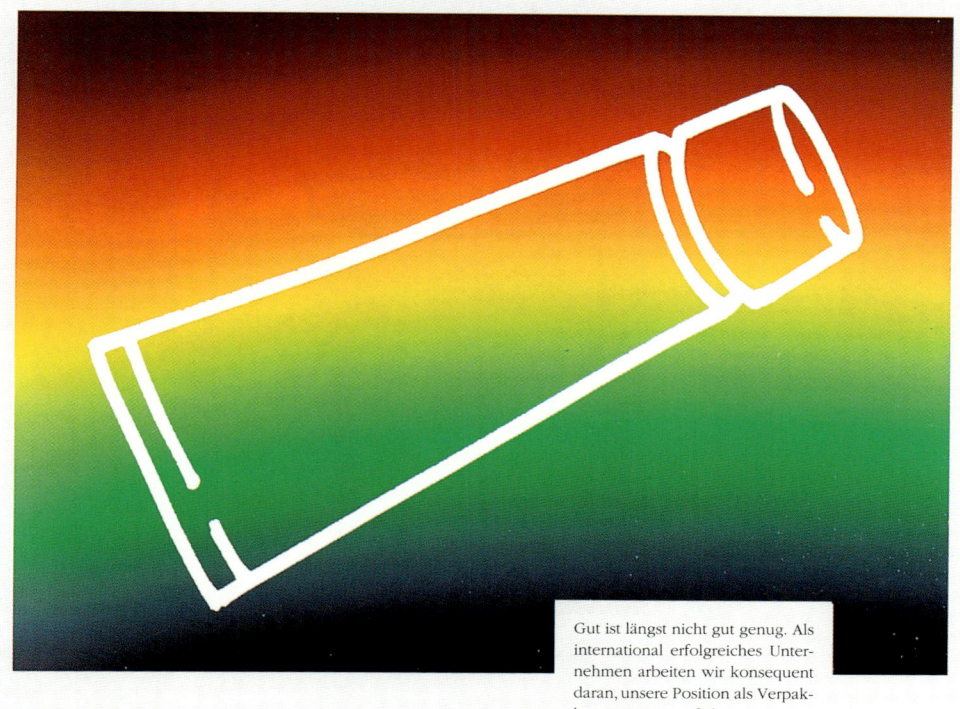

Gut ist längst nicht gut genug. Als international erfolgreiches Unternehmen arbeiten wir konsequent daran, unsere Position als Verpackungsexperte auf den internationalen Märkten zu stärken: Mit Produkten, die uns als führenden Hersteller von Aluminium-Tuben, Aluminium-Aerosoldosen, Aluminium-Dosen, Kunststoff- und coextrudierten Kunststoff-Tuben ausweisen. Eine gute Grundlage, um Ihnen ein Optimum an Qualität, Kompetenz und Zuverlässigkeit zu garantieren.

interpack 93
6. - 12. Mai 1993
Halle 6.1, Stand D 14

TUBEX

TUBEX Vertrieb GmbH
Fabrikstr. 1, D-7456 Rangendingen
Telefon 0 74 71 - 81 10
Fax 0 74 71 - 8 11 78

Kunde: Tubex Vertrieb GmbH, Rangendingen
Marketingleiter: Martin Kummer

Werbeagentur: BSLO Bläse, Schott & Partner GmbH, Stuttgart
Konzeption: Peter Jochen Schott
Texter: Tillo Pfeffer-Stojan
Grafiker: Volker Rosenberger

Produktkampagne in Fachzeitschriften.

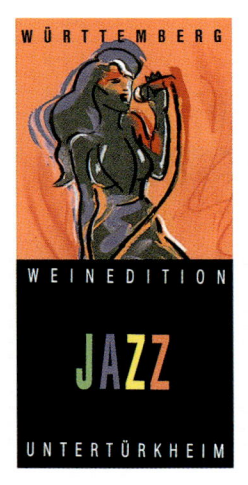

Kunde: Weingärtnergenossenschaft, Stuttgart-Untertürkheim
Marketingleiter: Günter Hübner

Werbeagentur: Die Crew Werbeagentur GmbH, Stuttgart
Berater: Holger Bungert
Konzeption: Holger Bungert
Art Director: Werner Kammerer
Texter: Bernd Faller

Eine Weinrange für junge Leute und Szenenkneipen. Ein von Grund auf entwickelter Konzeptwein mit Packaging, Jinglekompositionen für Funk und Events sowie VKF-Mittel inklusive Prospekt rund um die Dachmarke Weinedition Jazz.

Weingärtnergenossenschaft Untertürkheim

Verpackungen

Soul – der rassige und dennoch leichte Rote aus der Weinedition Jazz. Schon beim ersten Schluck entdecken Sie den Reiz der Kombination ausgesuchter Rebsorten. Warum sollten Sie sich das entgehen lassen?

Die Weinedition Jazz – das sind Weine einer Lage und verschiedener Rebsorten. Diese Rebsorten, allesamt vom Untertürkheimer Mönchberg, wurden harmonisch zu vier frischen und fruchtigen Cuvées zusammengestellt. Die Weinedition Jazz – die neue, leichte Art unbeschwerten Genießens im Trend unserer Zeit. Auf Ihr Wohl!

Weingärtnergenossenschaft Untertürkheim eG · Strümpfelbacher Straße 47 70327 Stuttgart · Telefon 07 11/33 10 92 oder 33 13 35 · Telefax 07 11/33 80 60

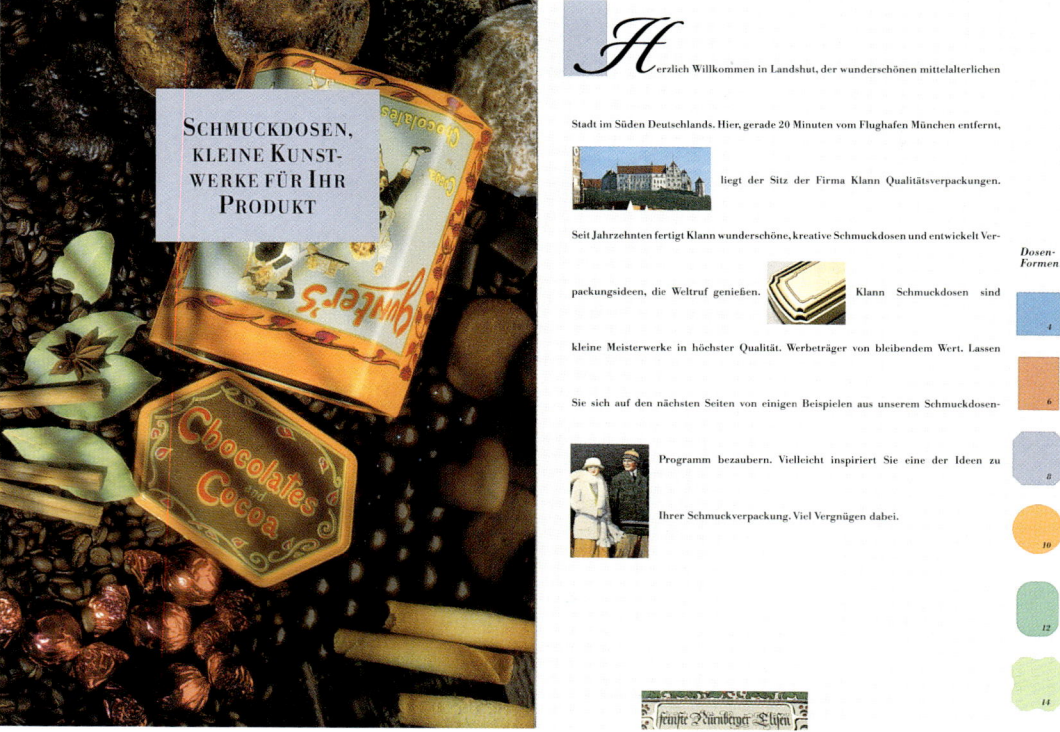

Kunde: Klann Verpackungen
GmbH & Co., Landshut
Product Manager: Christian Kerber

Werbeagentur: Sieghart & Partner, München
Berater: Barbara und Gernot Sieghart
Konzeption: Barbara und Gernot Sieghart
Creative Director: Gernot Sieghart
Art Director: Bettina Plitt
Texter: Manuela Hörmann
Fotograf: Helmut Roth

Prospekt für einen Hersteller von Schmuckdosen.

Klann Verpackungen

𝒮chmuckdosen verleihen jedem Produkt einen Hauch von Exklusivität. Sie schützen Ihre Ware nicht nur vor Beschädigung, sondern setzen auch Ihre Werbebotschaft über Jahrzehnte ins schönste Licht. Selbst wenn der Inhalt schon lange aufgebraucht ist, die exklusive Schmuckdose behält ihren Wert und ihre Funktion als Werbeträger. Als Aufbewahrungsdose für die vielfältigsten Zwecke und sogar als Sammlerobjekt bringt sie Ihre Marke immer wieder in Erinnerung. Voraussetzung dafür ist natürlich eine ausgezeichnete Qualität. Klann Schmuckdosen werden aus Weißblech hergestellt und bestechen bis ins Detail durch ihre liebevolle Verarbeitung.

QUADRATISCHE DOSEN, VON ALLEN SEITEN BETRACHTET IDEAL

𝒟er Klassiker unter den Schmuckdosen ist die runde Form. Dabei gibt es jedoch unzählige Variationsmöglichkeiten in Höhe und Durchmesser. Klann fertigt jede runde Dose in Ihren Wunschformaten mit nahezu unbeschränkten Prägemöglichkeiten in Deckel, Rumpf und Boden. Das gehört zu unserem Know-how. Denn schließlich sind 30% der Klann Mitarbeiter in der Entwicklung beschäftigt, damit alle Schmuckdosen perfekt produziert werden können. Jeden Tag verlassen ca. 200 000 Klann Qualitätsprodukte das Werk und werden in alle Welt geliefert. Von Europa bis Asien, von Afrika bis in die Vereinigten Staaten.

RUNDE DOSEN. NICHT NUR FÜR LEBKUCHEN OPTIMAL

462 **Verpackungen** **Carl Edelmann**

Kunde: Carl Edelmann GmbH, Heidenheim
Marketingleiter: Robert Putz

Werbeagentur: BSLO Bläse, Schott & Partner GmbH, Stuttgart
Berater: Maria Lavarini
Creative Director: Peter Jochen Schott
Art Director: Peter Lorenz
Texter: Maria Lavarini
Grafiker: Peter Lorenz
Fotograf: Peter Lorenz, Johannes Pöttgens

Imagekampagne in der internationalen Fachpresse.

Branchensieger Gastronomie/Sonstige Dienstleistungen

Tinz. Inst. für Produktentwicklung   **472–473**
  Tinz. DCC Tinz.promotion, Reutlingen

Gastronomie/Sonstige Dienstleistungen

Arthur Andersen (B,T&V Business Communications, Zürich) **470**
Buchhändler-Vereinigung (Heck + Hergert, Frankfurt am Main) **467**
boco (Fritsch, Heine, Rapp + Collins, Hamburg) **476**
Burger King (DMB&B Imparc, Düsseldorf) **465**
DHL (Ogilvy & Mather, Frankfurt am Main)* **468**
German Cargo (Heck + Hergert, Frankfurt am Main)* **469**
Thomas Hülsen Marketing Communication (Thomas Hülsen, Hamburg) **474**
McDonald's (DDB Needham, Wien) **466**
McKinsey (Stöhr Scheer, Düsseldorf) **471**
Publicis Vicom (Publicis Vicom, Frankfurt am Main) **475**
Tinz. Inst. für Produktentwicklung (Tinz. DCC Tinz. promotion, Reutlingen)* **472–473**

* Europa-/Globalkampagne

Burger King Gastronomie/Sonstige Dienstleistungen 465

Kunde: Burger King GmbH, München
Marketing Director: Alfred Hirsch
Werbeleiter: Tanja Teichmann

Werbeagentur: DMB&B Imparc Werbeagentur GmbH, Düsseldorf
Berater: Bernd Moeser, Ute Brando
Creative Director: Jean-Claude Hamilius
Art Director: Jean-Claude Hamilius
Texter/Script: Jean-Claude Hamilius
Producer FFF: Peter Schmitz, Boris Lauffer

Filmproduktion: Locomotion Kofod Schiller, Kopenhagen
Regisseur: Jerry Nilson
Kamera: Henrik Dannerfjord
Musik: Massimo Jauch
Cutter: Peter Engelson

Gastronomie/Sonstige Dienstleistungen McDonald's

Claudia, 6 Jahre, Pottendorf.

McDonald's
Das etwas andere Restaurant

Kunde: McDonald's Dev. Comp. CE, Wien
Marketingleiter: Barbara Enzinger
Werbeagentur: DDB Needham Heye & Partner, Wien
Berater: Oliver Zügel
Konzeption: Svenja Rossa, Angelika Brudniak
Creative Director: Svenja Rossa, Angelika Brudniak
Art Director: Bernie Boess, David Wagner
Texter: Svenja Rossa, Angelika Brudniak
Grafiker: Bernie Boess, David Wagner
Illustration: Claudia, 6 Jahre, Pottendorf

Buchhändler-Vereinigung   Gastronomie/Sonstige Dienstleistungen   467

Mit dem BücherScheck haben Sie die freie Auswahl.

Hinter jedem BücherScheck steckt ein ganz besonderes Geschenk – ein Buch, das man sich selbst in seiner Lieblingsbuchhandlung aussuchen darf. Die große, freie Auswahl. Ob zum Geburtstag oder Hochzeitstag, zu Weihnachten oder Ostern. Ob der Beschenkte noch ein ABC-Schütze oder schon ein Nobelpreisträger ist, ein BücherScheck kommt immer gut an. **BücherSchecks gibt es von DM 10 bis DM 200 bei Ihrem Buchhändler.**

Ein BücherScheck schenkt länger Freude.

Blumen verwelken recht schnell. Alkoholisches verfliegt auf ungeklärte Weise. Und Pralinen werden meist von anderen aufgegessen. Aber ein Buch hat man oft ein Leben lang. Am besten verschenken Sie ein Buch in Form eines BücherSchecks. Das ist einfach und unkompliziert. Dann kann sich der Beschenkte sein ganz individuelles Wunschbuch aussuchen. **BücherSchecks gibt es von DM 10 bis DM 200 bei Ihrem Buchhändler.**

Mit dem BücherScheck treffen Sie jeden Geschmack.

Der eine liebt Gartenkunst, der andere bildende Kunst. Aber wer liebt was? Und wer liebt welche Bücher ganz besonders? Mit einem BücherScheck als Geschenk liegen Sie richtig. Der Beschenkte hat die freie Auswahl im Buchhandel, denn da löst er seinen Scheck gegen sein Wunschbuch ein. Und freut sich, daß man mit einem BücherScheck seinen Geschmack getroffen hat. **BücherSchecks gibt es von DM 10 bis DM 200 bei Ihrem Buchhändler.**

Kunde: Buchhändler-Vereinigung, Frankfurt am Main
Werbeleiter: Peter Strauß
Werbeagentur: Heck & Hergert Two's Company, Frankfurt am Main
Berater: Gertrud Groß
Konzeption: Klaus-Jürgen Hergert
Art Director: Klaus-Jürgen Hergert
Texter: Dr. Friedhelm Heck
Fotograf: Charly Schmidt

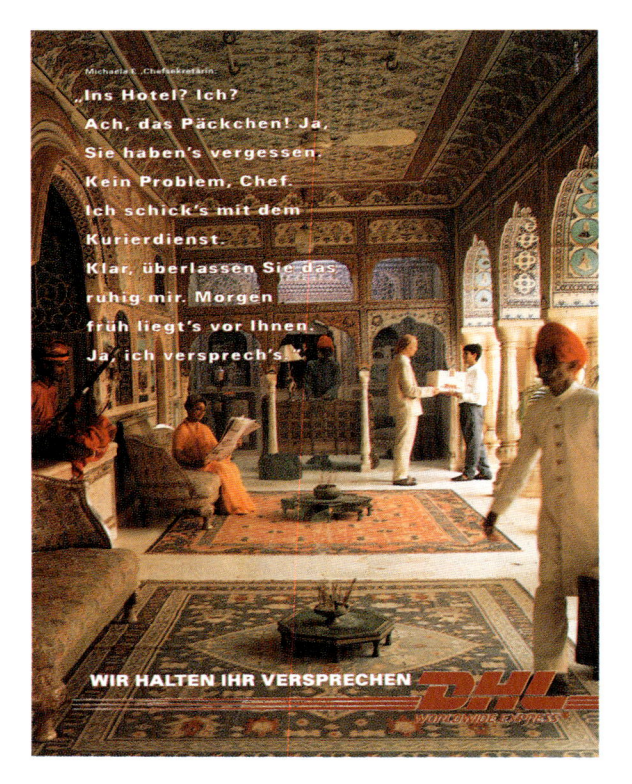

468 Gastronomie/Sonstige Dienstleistungen   DHL

Kunde: DHL Worldwide Express GmbH, Frankfurt am Main
Manager Advertising & Communication: Holger Weishaupt
Geschäftsführer Verkauf & Marketing: Jörg G. Hamacher

Werbeagentur: Ogilvy & Mather Werbeagentur GmbH, Frankfurt am Main
Berater: Lutz Feuersaenger
Konzeption: Ogilvy & Mather, Brüssel
Creative Director: Bernd Lange, Gregor Seitz
Art Director: Uwe Marquardt
Texter: Jens Kessinger
Grafiker: Alexander Schlesinger
Fotograf: Duncan Sim

Zielgruppe: Entscheider über den Einsatz von Kurierdiensten in kleinen und großen Unternehmen.
Werbeziel: Positionierung von DHL als das absolut zuverlässige internationale Expreß-Service-Unternehmen.

German Cargo Gastronomie/Sonstige Dienstleistungen 469

Kunde: Lufthansa Cargo Airlines, Kelsterbach
Product Manager: Ingo Rößler
Werbeleiter: Susanne Laemmerhold
Werbeagentur: Heck & Hergert Two's Company GmbH, Frankfurt am Main
Berater: Corinna Schmitz
Konzeption: Dr. Friedhelm Heck, Klaus-Jürgen Hergert
Creative Director: Klaus-Jürgen Hergert
Art Director: Klaus-Jürgen Hergert
Texter: Dr. Friedhelm Heck
Grafiker: Claus Hüttenrauch
Fotograf: Archiv

470 Gastronomie/Sonstige Dienstleistungen Arthur Andersen

"Arthur Andersen Steuerberatung macht es sich ganz schön einfach."

"Arthur Andersen Steuerberatung ist unbezahlbar."

"Arthur Andersen Steuerberatung ist unter aller Kritik."

Kunde: Arthur Andersen AG, Zürich
Marketingleiter: Beat Schnider
Werbeagentur: B,T&V Business Communications AG BSW, Zürich
Berater: Stefan Vogler
Creative Director: Remo Garbini
Texter: René Bucher
Grafiker: Nicolas Vontobel
Illustrator: Christophe Vorlet

Wie Unternehmen und Unternehmer von den Arthur-Andersen-Steuerberatern profitieren können.

McKinsey zum Thema Ökologie und Management

WAS HAT DER TREIBHAUSEFFEKT MIT IHRER KARRIERE ZU TUN?

Über die Ursachen und Folgen des Treibhauseffekts muß man heute kaum noch jemanden aufklären. Was wir darüber wissen, ist alarmierend, und die Prognosen werden durch die Aussicht auf eine endlose Folge von Jahrhundertsommern keineswegs freundlicher. Denn es wird ja nicht einfach wärmer. Wenn erst einmal die Polkappen schmelzen, wird der Meeresspiegel steigen; Städte wie Amsterdam werden überflutet, flache Küstenregionen wie Bangladesh und dicht besiedelte Flußdeltas werden von der Landkarte verschwinden.

Der schwierige Übergang unserer hochkomplexen Industriegesellschaft in ein ökologisch ausbalanciertes, leistungsfähiges Wirtschaftssystem ist eine gewaltige Aufgabe, die uns in den kommenden Jahrzehnten in Atem halten wird. Viele der dafür notwendigen wissenschaftlichen Erkenntnisse und entsprechende Technologien sind bereits heute verfügbar. Kein Verantwortlicher wird sagen können, er habe von der Tragweite der Probleme und von den Lösungsmöglichkeiten nichts gewußt, oder der Zeitpunkt zum Handeln sei noch nicht gekommen.

Pioniere unserer Umweltberatung:
Dr. Ulrich Guntram, Stuttgart
Dr. Pieter Winsemius, Amsterdam
Mika Kawachi, Tokio

Für die Reduzierung des CO_2-Ausstoßes, weltweit eines der dringendsten Gebote, oder die Einsparung von Energie und Rohstoffen liegen detaillierte Konzepte vor, ebenso für umweltverträgliche Produkte und Produktionsverfahren. Die Umsetzung dieser Konzepte ist aber nur zum Teil ein technisches Problem. Sie erfordert vor allem neue politische Perspektiven und unternehmerische Kreativität und Verantwortung.

Ökologie ist keine Imagefrage. Aber gegen ökologische Vernunft wird sich in Zukunft kein positives Unternehmens-Image mehr aufrechterhalten lassen. Das Unternehmens-Management der Zukunft ist auch Umwelt-Management. Eine der wichtigsten Aufgaben wird sein, die verfügbaren Erkenntnisse und Methoden an die spezifischen Bedingungen von Unternehmen der unterschiedlichsten Branchen anzupassen.

Als führende Managementberatung kann sich McKinsey nicht damit zufriedengeben, lediglich mit dieser Entwicklung Schritt zu halten. Wir werden sie vielmehr mit allem Nachdruck vorantreiben. Deshalb haben wir frühzeitig eine weltweit tätige Praxisgruppe gegründet, die für Großunternehmen und öffentliche Einrichtungen Beratungsaufgaben aus allen Bereichen der ökologischen Umgestaltung übernimmt.

Wenn Sie sich durch die oben beschriebenen Aufgaben ebenso herausgefordert fühlen wie wir und mit einem hervorragenden Studienabschluß nach einer beruflichen Zukunftsperspektive Ausschau halten, würden wir gerne mit Ihnen ins Gespräch kommen. Rufen Sie uns an, oder schreiben Sie uns: McKinsey & Company, Königsallee 60c, 40027 Düsseldorf, Telefon 0211-13 64 324/325.

McKinsey & Company, Inc.

Kunde: McKinsey & Com., Inc., Stuttgart
Mitglied der Geschäftsleitung: Dr. Wilhelm Rall
Werbeagentur: Stöhr Scheer WA GmbH, Düsseldorf
Berater: Jürgen Stöhr, Peter Steiner
Konzeption: Stöhr Scheer
Creative Director: Reinhold Scheer
Art Director: Gerhard Schmal
Texter: Reinhard Kiehl
Grafiker: Anke Lieb
Fotograf: Peter Capellmann

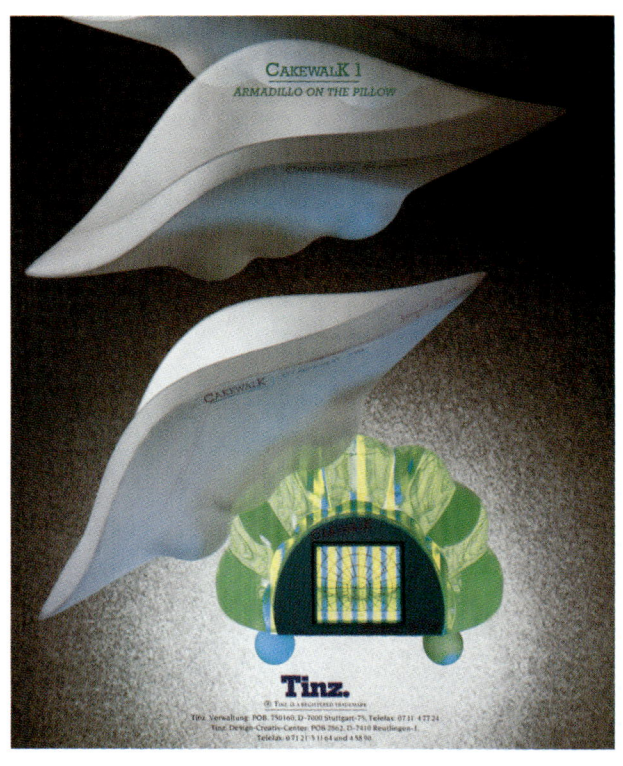

472 **Gastronomie/Sonstige Dienstleistungen** Tinz. Inst. für Produktentwicklung

Kunde: Tinz. Institut für Produktentwicklung, Stuttgart
Product Manager: Bernhard H. Tinz

Werbeagentur: Tinz. DCC Tinz. promotion, Agentur für Werbung, Marketing und Kommunikation, Reutlingen
Berater: Ulrich Dumpf
Konzeption: Stefanie Tinz
Creative Director: Stefanie Tinz
Art Director: Carolin Feigenspan
Texter: Martin Blum
Grafiker: Gerhard Eskuche
Fotograf: Roland Hutzenlaub

Tinz. Inst. für Produktentwicklung

Gastronomie/Sonstige Dienstleistungen

Eines unserer tiefen Geheimnisse ist die Abbildungsleistung, sprich Fotografie der einzeln dargestellten Produkte. Zum Transport der gewünschten Attribute wie Ideenreichtum, Gestaltungslust, Freude, Spaß und Abenteuer, Phantasie und pure Realität kann man sich keine geeignetere Darstellung vorstellen. Aber die Stärke liegt nicht nur im Visualisieren von herausfordernden Bildmotiven, sondern auch in der »Rede-und-Antwort«-Headline. Die Faszination und der Erfolg dieser Anzeigenreihe sind kein Zufall, sondern das Ergebnis einer strikt auf die Erwartungshaltung unserer Kunden ausgerichteten Strategie. Der Erfolg gibt der konsequent durchgezogenen und fortgesetzten Kampagne recht.

474　**Gastronomie/Sonstige Dienstleistungen**　　　　　　　　　　**Thomas Hülsen Marketing Communication**

Kunde: Thomas Hülsen
Marketing Communication, Hamburg

Werbeagentur: Thomas Hülsen Marketing Communication, Hamburg
Konzeption: Thomas Hülsen
Creative Director: Thomas Hülsen
Art Director: Sven Hauschildt
Texter: Thomas Hülsen
Grafiker: Monika Denecke
Illustrationen: Monika Denecke

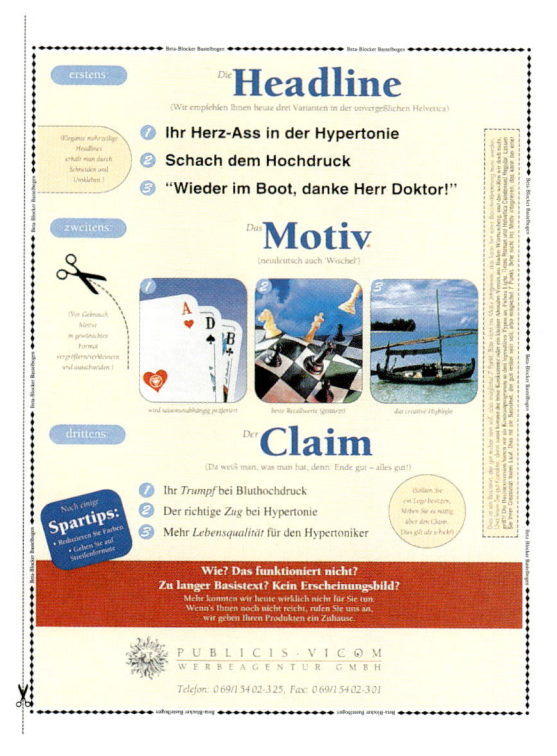

Publicis Vicom **Gastronomie/Sonstige Dienstleistungen**

Kunde: Publicis Vicom GmbH, Frankfurt am Main

Werbeagentur: Publicis Vicom Werbeagentur GmbH, Frankfurt am Main
Konzeption: Alfred Ernst, Anke-Eva Gembler
Art Director: Anke-Eva Gembler
Texter: Alfred Ernst
Grafiker: Ralph Hofmann

In Notzeiten greifen viele Kunden zu »Hausmitteln« und machen ihre Werbung selber. Um sie dabei zu unterstützen, hilft der Bastelbogen, der aber bei genauer Betrachtung dem Kunden die Grenzen aufzeigt und den Spiegel vorhält. Konsequenz: Eine professionelle Agentur ist besser.

476   Gastronomie/Sonstige Dienstleistungen   boco

Kunde: boco GmbH + Co., Hamburg
Marketingleiter: Volker Kamm
Werbeleiter: Renate Bargsten

Werbeagentur: Fritsch, Heine, Rapp + Collins, Hamburg
Berater: Hanne Eschke
Konzeption: Rolf Mylius, Michael Türk
Creative Director: Rolf Mylius
Art Director: Olaf Klumski
Texter: Michael Türk
Grafiker: Gaby Mammitzsch
Fotostudio: Koop, Hamburg, Stockmaterial

Ziel der Imagekampagne ist: Positionierung von boco als führender Anbieter im Bereich Berufsbekleidungsmietservice, Ausbau des positiven boco-Images, Bestätigung der Kunden in ihrer Entscheidung für boco.
Ziel der Fachkampagne ist: Kontakt herzustellen zu potentiellen Kunden in Handwerk und Industrie, darüber hinaus sollen auch hier die Ziele der Imagekampagne greifen.

Kampagne des Jahres

Siemens-Unternehmenskampagne **480–481**
  Publicis MCD, München/Erlangen

Bereichssieger Business-Kommunikation

Siemens-Unternehmenskampagne **480–481**
  Publicis MCD, München/Erlangen

Branchensieger Unternehmens-Image

Siemens-Unternehmenskampagne **480–481**
  Publicis MCD, München/Erlangen

ABB (New York Communication, Frankfurt am Main) **479**
Grohe (Hildmann, Simon, Rempen & Schmitz, Düsseldorf) **484**
Hoechst (Hildmann, Simon, Rempen & Schmitz, Düsseldorf) **483**
Mercedes-Benz Nutzfahrzeuge (Huth + Wenzel, Frankfurt am Main) **482**
Österr. Brau AG (MMS, Linz) **486**
Rewe (Hildmann, Simon, Rempen & Schmitz, Düsseldorf) **485**
Siemens (Publicis MCD, München/Erlangen)* **480–481**

* Europa-/Globalkampagne

Kunde: ABB Kommunikation GmbH, Mannheim
Marketingleiter: Peter Greiner
Werbeleiter: Horst Zohsel

Werbeagentur: GGK Frankfurt Werbeagentur GmbH, Frankfurt am Main
Berater: Martin Endara
Creative Director: Markus Reiser
Art Director: Katja Ebel
Texter: Rainer Spirandelli
Grafiker: Petra Schmidt
Fotograf: Thomas Ebert (Junge), Bildagentur ZEFA (Hund), Jay Meisel (Kinder), All Stock (Kaktus)

480 Unternehmens-Image　　　　　　　　　　　　　　　　　　　　　　　　　　　　Siemens

SIEMENS

Muttis wissen gerne, wo sich ihre Söhne herumtreiben.

Ob Sie weitab von der Zivilisation stecken oder mitten im Stau: Mit dem Mobiltelefon sind Sie fast überall zu erreichen. Wir von Siemens zählen zu den Pionieren dieser Kommunikation ohne Grenzen. Nicht nur bei den Telefongeräten, sondern auch bei den Netzen. Besonders engagiert haben wir uns für den weltweiten GSM-Standard (Global System For Mobile Communications). Dieser Standard schafft die gemeinsame Basis für die unterschiedlichen nationalen Netze. Damit wird Mobilfunk zur wirklich globalen Kommunikation. Auch dort, wo es ein bißchen weit zur nächsten Telefonzelle ist.

GSM-Mobiltelefon für grenzenlos mobile Kommunikation.

SIEMENS

Leo oder Lea? Hauptsache gesund.

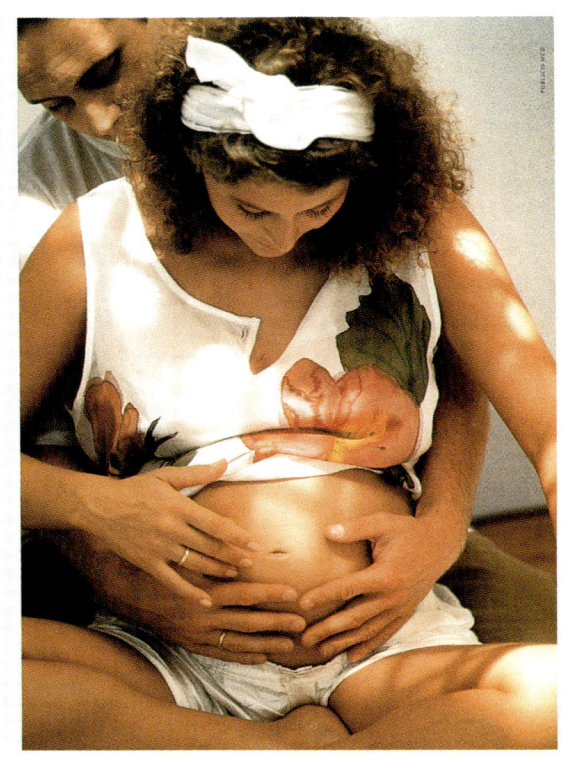

Ob das Kleine später mal aussieht wie Papa oder Mama: Das weiß niemand. Aber sonst kann der Arzt mit Ultraschall schon eine Menge erkennen - und darauf kommt es an. Nicht nur während der Schwangerschaft. Diese Philosophie des "Einblicks ohne Eingriff" steht hinter allen Diagnosegeräten von Siemens. Ultraschall- und Röntgensysteme, Computer- und Kernspintomographen - allen ist eines gemeinsam: Sie helfen dem Arzt bei der schnellen, sicheren Diagnose. Beruhigend zu wissen, daß sie heute in vielen Praxen und Kliniken stehen.

Mit Ultraschall schon gut zu erkennen: Kopf, Arm und Finger des Embryos.

Kunde: Siemens AG (Siemens ZWD W), München

Werbeagentur: Publicis MCD Werbeagentur GmbH, München/Erlangen
Creative Director: Dietmar Blum
Art Director: Axel Bürgler
Texter: Martin Fuchs
Fotograf: Lutz Hilgers, diverse Bildagenturen

Die Menschen kommen täglich mit den Produkten und Leistungen von Siemens in Berührung, ohne daß es ihnen bewußt ist. Das will die Kampagne ändern – durch die Darstellung von Siemens als hilfreicher Partner im Alltag.

SIEMENS

Herzklopfen statt Hertz-Flimmern.

Ob es der Gärtner war oder der Butler, erfährt man erst am Ende des Krimis. Der Schuldige am unscharfen Bild dagegen steht fest: Es ist der Übertragungsmodus mit 50 Hertz, bei dem unser Auge noch ein Flimmern wahrnehmen kann. Deshalb haben wir den digitalen Bildspeicher entwickelt, der die eingehenden Signale verdoppelt. Das Resultat: ein absolut klares und standfestes Bild. 100 Hertz-Fernsehen ist also ein ganzes Stück schärfer. Und zeigt beispielhaft, woran wir bei Siemens den technischen Fortschritt nach wie vor messen: an seinem Nutzen im Alltag.

TV-Geräte mit digitalem Bildspeicher. Flimmerfrei durch 100 Hz-Technik.

SIEMENS

Wenn schon Stinker auf der Straße, dann vierbeinige.

Ob es uns gefällt oder nicht: Als Verkehrsmittel sind Autos wohl nicht so schnell zu ersetzen. Aber wenigstens die "Stinker" unter ihnen sollten verschwinden. Die Technik dazu kommt von Siemens: elektronische Motormanagement-Systeme, die Verbrauch und Abgase reduzieren. Neue, schnellere Sensoren. Verbesserte Einspritzventile. Katalysatoren, die noch wirkungsvoller arbeiten als bisher. Das sind nur einige Beispiele. Sie zeigen, daß wir das Thema mit Volldampf angehen – damit es bald wirklich keine Autos mehr gibt, die hinten mehr herausblasen als unbedingt nötig.

Entwicklungsprojekt zylinderselektive Abgassensoren: geringere Emissionen durch kürzere Reaktionszeit.

Unternehmens-Image | **Mercedes-Benz Nutzfahrzeuge**

Beruf: Fernfahrer.
Beliebtheitsgrad: schwankend.

Die Buhmänner der Nation.

Die Nächte sind kurz, die Tage sind lang. Zum Beispiel 900 km, von Innsbruck bis Hamburg, mit 19 Baustellen und 183 km Stop-and-go. Im Nacken sitzen eine tonnenschwere Ladung, die schweißtreibenden Termine – und nicht selten ein paar schnellere Autofahrer, die schon ungeduldig mit dem Finger an der Lichthupe spielen.
Wenn es irgendwo auf unseren Straßen nicht so richtig vorangeht, sind oft die Trucker beliebte Buhmänner. Wer denkt dann schon daran, daß

Mercedes-Benz Nutzfahrzeuge

die Kartoffeln nicht im Supermarkt wachsen und das Benzin auch nicht an der Tankstelle zutage gefördert wird? Und wer weiß schon, daß im Durchschnitt (!) jeder Haushalt in Deutschland Transporte von 330 kg über eine Strecke von ungefähr 90 km verursacht? Und zwar pro Tag. Insofern können wir nicht auf Nutzfahrzeuge verzichten. Und insofern setzen wir als Hersteller allen Ehrgeiz daran, unseren Fahrern die Arbeit zu erleichtern. Indem wir zuverlässige, sichere und umweltverträgliche Autos bauen. Wenn Sie jetzt einem Lkw begegnen, verstehen Sie sicher besser, daß es sich hier nicht um eine Spazierfahrt handelt. Und besseres Verstehen ist die beste Voraussetzung für mehr Verständnis.

Ihr guter Stern auf allen Straßen.

Ein hungriger 18-Pfünder ist lauter als ein fahrender 18-Tonner.

Christopher, 18 Pfund, erreicht voll aufgedreht bis zu 90 Dezibel.

Der Mercedes-Benz 1838 erreicht nicht mehr als 80 Dezibel.

Es mag in Ihren Ohren erstaunlich klingen, aber es ist die Realität: Ein schreiendes Baby übertönt einen ausgewachsenen Lkw. Vorausgesetzt, es handelt sich um einen LEV-Truck von Mercedes-Benz. „LEV" heißt „Low Emission Vehicle", und das bedeutet, daß wir (abgesehen von der Leistung) einiges reduziert haben – wie etwa die Schadstoffemissionen und eben auch die Geräusche.
Wie uns das gelungen ist, wollen wir hier natürlich nicht verschweigen, selbst wenn es jetzt etwas technisch werden sollte. Zunächst reduzierten wir die Geräuschentwicklung an der Quelle: Im Motor sorgt ein neues Verbrennungsverfahren für gedämpfte Töne. Hinzu kommt die Turbomotorbremse, die nicht nur die Wirkung der Motorbremse stark erhöht, sondern auch die Lautstärke spürbar reduziert. Zusätzlich können wir auf Wunsch Motor samt Getriebe auch regelrecht einpacken, was unsere Ingenieure dann „Geräuschkapselung" nennen. All das führt dazu, daß bei zügiger Fahrt die Abrollgeräusche der Reifen das Lauteste sind, was Sie von uns zu hören bekommen.

Mercedes-Benz Nutzfahrzeuge

Denn bei Mercedes-Benz warten wir eben nicht so lange, bis der Gesetzgeber energisch zur Tat schreitet und die Emissionsvorschriften weiter verschärft, sondern gehen lieber selbst mit gutem Beispiel voran. Und das hört sich doch ganz vernünftig an.

Ihr guter Stern auf allen Straßen.

Kunde: Mercedes-Benz AG, Nutzfahrzeuge, Stuttgart
Product Manager: Klaus Ernst, Jürgen Dietrich
Marketingleiter: Ulrich Marquardt
Werbeleiter: Jürgen Kielkopf, Peter Gonka

Werbeagentur: Huth + Wenzel GmbH, Frankfurt am Main
Berater: Heinz Huth
Creative Director: Kay Henkel, Konrad Wenzel
Art Director: Peter Steger, Andreas Klemp
Texter: Andreas Heinzel, Claudia Herdt

Grafiker: Sybille Ring, Claudia Puhlmann
Fotograf: Niko Schmidt-Burgk, Jake Wallis

Wir möchten die breite Öffentlichkeit auf die Versorgungsleistung von Nutzfahrzeugen im allgemeinen aufmerksam machen. Und auf die Problemlösungsfähigkeit von Mercedes-Benz im speziellen.

Hoechst **Unternehmens-Image**

Ein Zufall hat Bewegung in die Rheuma-Forschung gebracht.

Die Behandlung mit einem neu entdeckten Wirkstoff läßt hoffen, daß hoch entzündete Gelenke erheblich gebessert werden.

Ursprünglich waren die Wissenschaftler von Hoechst auf der Suche nach einem neuen Pflanzenschutzmittel. Doch die chemische Struktur der neuen Substanzgruppe ließ bald eine antirheumatische Wirkung vermuten.

Und damit könnte ein Durchbruch im Kampf gegen eine Krankheit erreicht werden, die man bislang zwar behandeln, nicht aber heilen kann.

Rheuma quält die Menschen seit Jahrtausenden. Auch von Casanova, Luther und Goethe ist bekannt, daß sie an rheumatischen Beschwerden litten.

Rückenschmerzen, Gliederreißen, geschwollene, schmerzende Gelenke sind typische Symptome dieser Krankheit. Sie befällt Knochen und Knorpel ebenso wie Weichteile im Körper.

Fortschritt im Kampf gegen Rheuma.

Mehr als 100 Erscheinungsbilder werden unter dem Begriff rheumatischer Formenkreis zusammengefaßt. Besonders schwer verläuft die rheumatoide Arthritis: Diese Entzündung der Gelenke führt unaufhaltsam zur Zerstörung der Gelenkknorpel. Unser Entwicklungsprodukt Leflunomid läßt hier auf neue Wege der Behandlung hoffen.

Noch weiß man nicht genau, wie und warum Rheuma entsteht. Es deutet jedoch vieles darauf hin, daß ein gestörtes Immunsystem die zentrale Ursache ist.

Bei einem gesunden Immunsystem bekämpfen Abwehrtrupps aus unter-

Hoechst High Chem

schiedlichen Blutzellen die Krankheitserreger und alles, was im Körper als „fremd" identifiziert wird. Ist dieses System jedoch aus dem Gleichgewicht geraten, kann es nicht mehr zwischen fremd und körpereigen unterscheiden. Es richtet seine Zerstörungskraft auch gegen gesundes Gewebe.

Die von Hoechst entdeckte Substanz soll an wichtigen Schaltstellen des gestörten Immunsystems eingreifen und die fehlgeleitete Abwehrreaktion bremsen. Dabei unterscheidet Leflunomid sehr gezielt: Nur die selbstzerstörerischen Autoimmunprozesse

Wenn Sie mehr zu diesem Thema wissen möchten, fordern Sie bitte unser Infopaket „Rheumaforschung" an.

Hoechst AG, InfoService, 65926 Frankfurt/Main Rufen Sie gebührenfrei an. Tel.: 0130-3065

werden unterdrückt und nicht das gesamte Abwehrsystem, das den Körper weiterhin vor Infektionen schützen muß. Erste Ergebnisse aus klinischen Studien haben die Erwartungen bestätigt. Zur Zeit läuft eine Groß-Studie mit Patienten, die an rheumatoider Arthritis leiden. Mit der Einführung von Leflunomid in die Therapie rechnen wir in 5 bis 6 Jahren. So steht Hoechst High Chem dafür, die Entwicklung neuer Medikamente zur Behandlung von Rheuma und anderen Autoimmunkrankheiten einen Schritt nach vorne zu bringen.

Hoechst

„Meine Mutter konnte plötzlich alltägliche Handgriffe nicht mehr ausführen."

Alzheimer-Kranken ist es auf einmal nicht mehr möglich, gewohnte Handlungen zu koordinieren. Beispielsweise das Arrangieren von Blumen, das Zuschnüren der Schuhe oder das Essen mit Messer und Gabel.

Die Familienangehörigen merken es meistens zuerst: Im Frühstadium der Alzheimerschen Krankheit nimmt die geistige Leistungsfähigkeit eines Betroffenen immer weiter ab. Am Anfang ist es scheinbar nur eine altersbedingte Vergeßlichkeit und eine leichte Störung der Wortfindung. Und von einem Tag auf den anderen können selbst alltägliche Handgriffe nicht mehr ausgeführt werden.

Denn die Alzheimersche Krankheit ist ein schleichender Abbauprozeß im Gehirn. Sie nimmt den Betroffenen nach und nach das Gedächtnis, die Sprache, den Verstand und die Persönlichkeit.

Erste Ansätze zur Therapie von Alzheimer.

Nahezu 10 Prozent der Menschen über 65 Jahre und mehr als 20 Prozent der über Achtzigjährigen sind in Deutschland daran erkrankt.

Doch noch immer gibt die Alzheimersche Krankheit den Ärzten und Wissenschaftlern eine ganze Reihe von Rätseln auf. Was geht dabei im Gehirn eigentlich vor?

Man hat herausgefunden, daß der Informationsfluß im neuronalen Netzwerk unterbrochen ist. Weil die Botenstoffe für die Signalübertragung nicht mehr in ausreichender Menge bereitgestellt werden.

Diese Entdeckung haben die Forscher von Hoechst genutzt und eine Substanz entwickelt, die den Abbau des Botenstoffs Acetylcholin hemmt. Sie kann bei einem Teil der Patienten die

Hoechst High Chem

Entwicklung der Krankheit deutlich verlangsamen, kann die Gedächtnis- und Sprachleistungen und damit die Lebensqualität verbessern. Die Zulassung des daraus entwickelten Medikaments für beginnende und fortschreitende Stadien der Alzheimerschen Krankheit wird in etwa zwei Jahren erwartet. Weitere Präparate von Hoechst Pharma befinden sich in einem frühen Stadium der Forschung.

Neben medikamentöser Hilfe brauchen die Patienten vor allem die Unterstützung von Betreuern und Angehörigen. Betroffene Familien

Wenn Sie mehr zu diesem Thema wissen möchten, fordern Sie bitte unsere Forschungsbroschüre „Neue Wege finden" an.

Hoechst AG, InfoService, 65926 Frankfurt/Main Rufen Sie gebührenfrei an. Tel.: 0130-3065

können sich deshalb bei der Alzheimer Gesellschaft (Tel.: 089-47 51 85) beraten lassen. Das Augenmerk der Wissenschaftler richtet sich jetzt darauf, den Ursachen der Krankheit auf den Grund zu gehen. Und Substanzen zu entwickeln, die den Ausbruch dieser Demenz verhindern oder ihren Verlauf stoppen.

Hoechst High Chem trägt so dazu bei, daß wir vielleicht eine Therapie entwickeln, die den zerstörerischen Fortgang dieser Krankheit aufhalten kann.

Hoechst

Kunde: Hoechst AG, Frankfurt am Main
Werbeleiter: Karl J. Strohmeier

Werbeagentur: Hildmann, Simon, Rempen & Schmitz/SMS, Düsseldorf
Berater: Andrea Riegel, Rainer Schumann
Creative Director: Gerd Simon
Art Director: Peter Hintz, Frank Lübke, Robert Röhrbein
Texter: Heike Bruhn
Fotograf: Sibylle Fuhrmann, Archive

Wir werben um Vertrauen der Öffentlichkeit. Mit Anzeigen, die nicht nur Information, sondern auch Katalysator sein wollen und zur Auseinandersetzung anregen sollen.

484 Unternehmens-Image Grohe

Servolenkung serienmäßig.

Luxus-Automobile und Badarmaturen der Oberklasse haben ein gemeinsames Komfortmerkmal: die Servolenkung. Damit sie reibungslos funktioniert, haben wir unsere erfolgreichen Einhebelmischer wie den GROHE Europlus mit speziell geschliffenen, gleitfähigen Keramikscheiben im Innern sowie einem ergonomischen Griff ausgestattet. Serienmäßig. Was Sie davon haben, liegt auf der Hand: Wie man es auch dreht und wendet, die Bedienung ist selbst nach jahrelangem Hin und Her wie am ersten Tag. Mehr davon bei Ihrem Sanitär-Fachinstallateur oder in der Fachausstellung Bad.

Bestellen Sie unsere Armaturen-Kataloge für Küche und Bad: Friedrich Grohe AG, Postf. 13 61, W-5870 Hemer 1, 0 23 72/93-0

GROHE

100% Spaß, 50% Sparen.

Es ist zum Aus-der-Haut-Fahren: Dreht man beim Duschen mal so richtig auf, verbraucht man zuviel Wasser. Und will man sparen, kommt zuwenig dabei raus. Genug der ewigen Kompromisse. Jetzt gibt es den neuen GROHE-Thermostat Chiara. Mit einer Spartaste, die ein gleichmäßiges und druckvolles Strahlbild zuläßt, aber dabei nur halb so viel Wasser wie bisher durchläßt. Womit bewiesen wäre, daß der Spaß beim Sparen noch lange nicht aufhören muß. Mehr davon bei Ihrem Sanitär-Fachinstallateur oder in der Fachausstellung Bad.

Bestellen Sie unsere Armaturen-Kataloge für Küche und Bad: Friedrich Grohe AG, Postf. 13 61, 58653 Hemer, 0 23 72/93-0

GROHE

Kunde: Friedrich Grohe AG, Hemer
Vorstand Marketing und Vertrieb:
Peter Körfer-Schün, Volkhard Splittgerber, Dr. Michael Pankow, Raimund Petersen

Werbeagentur: Hildmann, Simon, Rempen & Schmitz/SMS, Düsseldorf
Berater: Hans-Peter Esser, Peter Magner
Creative Director: Gerolf Reichenthaler
Art Director: Katharina Martini
Texter: Harald Breidenbach
Fotograf: Hans Hansen

Die Kampagne soll die Markenbekanntheit, das Image und die Kompetenz von Grohe erhöhen. Die Markenwerte Qualität, Technik und Innovation werden beweisführend an Produkten demonstriert.

REWE-Warenkunde, 127. Folge.
DA GEHT SOGAR DAS KLEINGEDRUCKTE UNTER DIE HAUT.

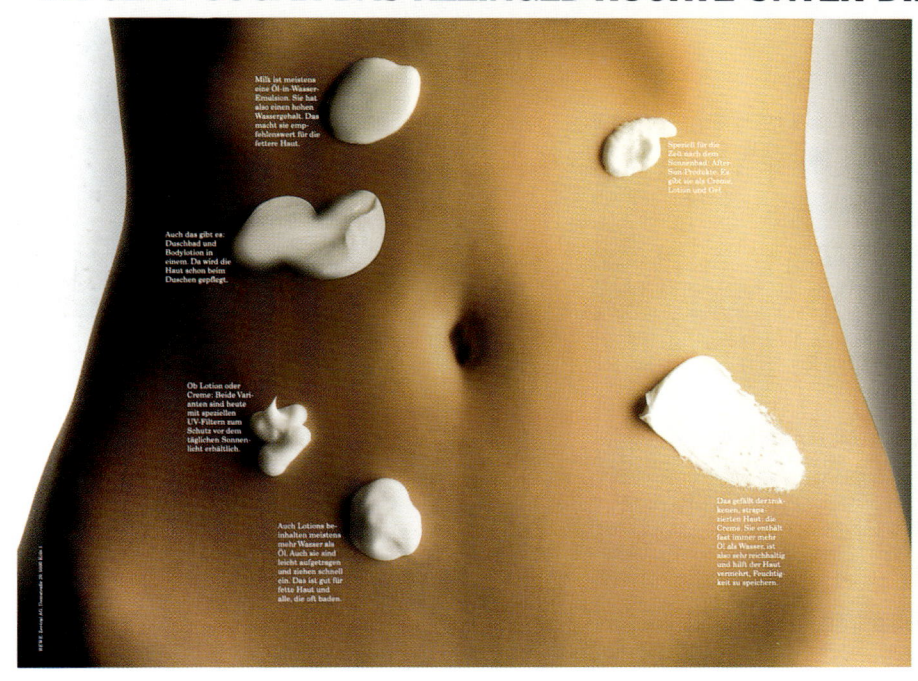

Sie regelt unsere Körpertemperatur, sie schützt uns vor Strahlungen und Verletzungen, sie produziert für uns wichtige Vitamine und Hormone: Die Haut, in der wir stecken. Wir sollten sie also pfleglich behandeln und ihr helfen, wo wir können. Das braucht sie.

Zum einen dann, wenn wir in die Jahre kommen, unsere Haut dünner wird und es etwas schwerer hat, ihren Feuchtigkeitsbedarf selbst zu decken. Zum anderen dann, wenn sie durch häufiges Waschen, kaltes Wetter, scharfen Wind oder pralle Sonne ohnehin stark beansprucht wird.

In beiden Fällen helfen wir unserer Haut am besten, indem wir ihr Feuchtigkeit und Fett geben. Da gibt es reichlich Möglichkeiten und eigentlich für jeden Hauttyp das richtige Mittel: Duschgels, die die Haut schon beim Waschen cremen. Dann Lotions und Milks, die meistens mehr Wasser als Öl enthalten und deshalb schnell einziehen. Sie sind leicht und gut für die etwas fettigere, jüngere Haut. Oder schließlich die Cremes, die neben den Ölen zu den reichhaltigeren Pflegemitteln gehören, weil in ihnen mehr Öl- als Wasseranteile enthalten sind. Sie bilden einen leichten Film, der gerade trockener, strapazierter Haut hilft, Feuchtigkeit zu speichern.

Dabei sind viele der Lotions, Milks und Cremes nicht nur parfümfrei und auf Hautverträglichkeit getestet: Zum Schutz vor der täglichen UV-Strahlung, die so mancher Haut zu schaffen macht, können sie auch noch mit den entsprechenden Filterstoffen aufwarten.

Also: Alles da, was man braucht, um sich in seiner Haut wohlzufühlen. Und wenn Sie noch Fragen dazu haben, wenden Sie sich ruhig an Ihren REWE-Kaufmann. Auch das gehört für den zur Kundenpflege.

REWE
Wir kaufen gut ein, damit Sie gut einkaufen.
Die REWE und ihre Kaufleute.
REWE · R-KAUF · HL-MARKT
GROKA · STÜSSGEN · GLOBUS · PETZ · BRÜCKEN
MINIMAL · KONTRA

REWE-Warenkunde, 126. Folge.
LA DOLCE VITA. ENTSCHÄRFTE VERSION.

Zu den vielen Kleinigkeiten, die einem das Leben versüßen, gehört seit eh und je das Bonbon. Doch der kleine bunte Kindertraum ist zum Elternschreck geworden: Zahnärzte heben mahnend ihren Zeigefinger, und Volksfeind Karies klatscht sich in die Hände.

Denn das Bonbon ist eine wahre Zuckerbombe. Mit viel Kalorien und mit der unangenehmen Eigenschaft, sich mit Hilfe gewöhnlicher Mundbakterien in Säuren zu verwandeln, die dem Zahnschmelz arg zusetzen.

Wer das vermeiden will muß entweder die Finger von den süßen Verführern lassen oder zur zahnfreundlicheren Alternative greifen: Zu den Bonbons, die zwar süß sind, aber ohne den üblichen Zucker auskommen.

Das können sie, weil sie auf synthetisch hergestellte Süßstoffe wie Aspartam, Saccharin oder Acesulfam setzen, die eine extreme Süßkraft und wenig Kalorien verfügen. Oder auf sogenannte Zuckeraustauschstoffe wie Sorbit, Maltit oder Isomalt. Auch sie schmecken wie Zucker, haben aber nur etwa halbsoviel Süßkraft und nur halbsoviel Kalorien. Folglich sind diese Zuckeraustauschstoffe nicht zum Abnehmen, aber für Diabetiker geeignet.

Dabei gilt für alle – ob Süßstoff oder Zuckeraustauschstoff: Süß ja, aber nicht unbedingt auf Kosten der Zähne. Die schonen sie nämlich, weil sie im Mund weniger zahnschädliche Verbindungen mit irgendwelchen Bakterien eingehen.

So oder so, ob Bonbon oder auch Kaugummi: Das süße Leben muß beileibe keine Sünde mehr sein. Man kann auch anders auf den Geschmack kommen: Zuckersüß, zuckerfrei und zahnfreundlich. Und zwar in mehreren Geschmacksrichtungen. Von Ananas bis Pfefferminz. Zum Beispiel beim nächsten REWE-Kaufmann.

REWE
Wir kaufen gut ein, damit Sie gut einkaufen.
Die REWE und ihre Kaufleute.
REWE · R-KAUF · HL-MARKT
GROKA · STÜSSGEN · GLOBUS · PETZ · BRÜCKEN
MINIMAL · KONTRA

Kunde: REWE-Zentral AG, Köln
Werbeleiter: Gisela Schmitt
Werbeagentur: Hildmann, Simon, Rempen & Schmitz/SMS, Düsseldorf
Berater: Rainer Schumann
Creative Director: Ingo Heintzen
Art Director: Ingo Heintzen
Texter: Frank Berger
Fotograf: Hans Hansen

»Wir kaufen gut ein, damit Sie gut einkaufen«: für den gesunden Menschenverstand ab 20 frisch zubereitete Informationshappen mit wertvollen Inhalten. Mit informativer Warenkunde gewinnt die Werbung für die REWE seit über 10 Jahren das Vertrauen der Kunden und trainiert den Handel.

486 Unternehmens-Image Österr. Brau AG

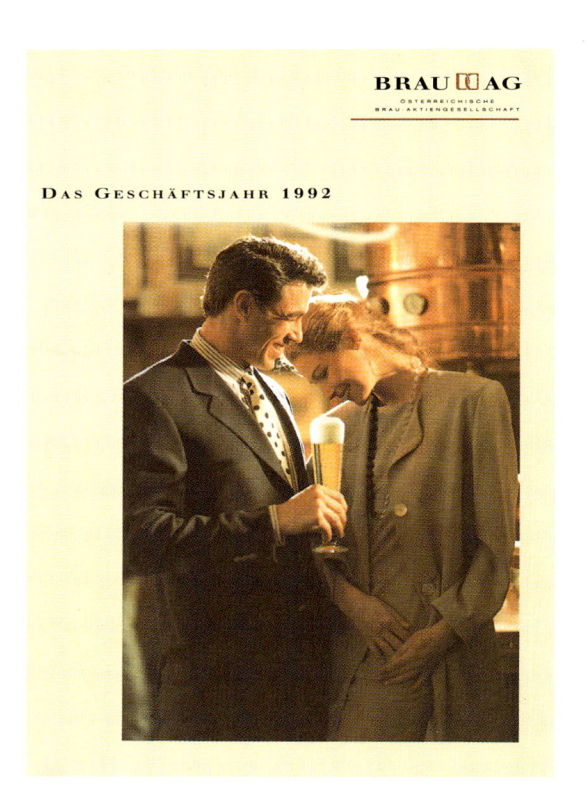

Kunde: Österr. Brau AG, Linz
Werbeleiter: Dr. Doris Bellár

Werbeagentur: MMS Werbeagentur GmbH & Co. KG, Linz
Berater: Willi Hamburger
Konzeption: Willi Hamburger
Creative Director: Willi Hamburger
Art Director: Annemarie Angermann
Texter: Judith Pouget
Grafiker: Annemarie Angermann

Die Brau AG sieht diesen Geschäftsbericht nicht nur als wichtige und notwendige Information zur Finanzlage, sondern auch als wichtigen Träger des Unternehmensimages.

Branchensieger Bürokommunikation

Rotring **497**
  Economia, Hamburg

Bürokommunikation

Commend Communication System (Pappitsch & Wawra, Salzburg) **489**
Drescher (Leonhardt & Kern, Stuttgart) **494**
Kyocera (PerFact, Düsseldorf) **492–493**
Leitz (Die Crew, Stuttgart)* **495**
Rotring (Economia, Hamburg) **497**
Sony (EMS, Pulheim) **490**
Staedtler (Pragma, Heilbronn) **496**
Time/System (Economia, Hamburg)* **498**
Toshiba (Holtkamp, Müller, Kentenich & May, Düsseldorf) **491**

* Europa-/Globalkampagne

Commend Communication Systems — Bürokommunikation

HALLO HIER PORTIER.
Warum ein modernes Sprech- und Leitstandsystem besseren Zugang zur betrieblichen Türsteuerung verspricht.

commend

KOMMUNI-KATION AM LAUFENDEN BAND.
Wie ein modernes Sprech- und Leitstandsystem einen reibungslosen Fertigungsablauf produziert.

commend

SPRECH STUNDEN HILFE.
Ein praxisgerechtes Kommunikations-System als Erfolgsrezept für Ärzte.

commend

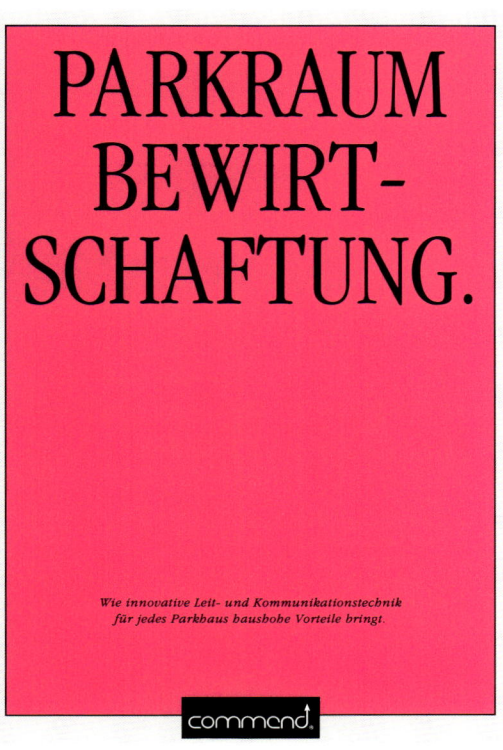

PARKRAUM BEWIRT-SCHAFTUNG.
Wie innovative Leit- und Kommunikationstechnik für jedes Parkhaus haushohe Vorteile bringt.

commend

Kunde: Commend Communication Systems Ges.m.b.H., Salzburg
Product Manager: Volkmar Iro
Marketingleiter: Volkmar Iro
Werbeleiter: Volkmar Iro

Werbeagentur: Pappitsch & Wawra Ges.m.b.H. & Co. KG, Salzburg
Berater: Hans-Peter Wawra
Konzeption: Hans-Peter Wawra, Paul Pappitsch
Creative Director: Hans-Peter Wawra
Art Director: Paul Pappitsch
Texter: Hans-Peter Wawra
Grafiker: Paul Pappitsch

Bewußtsein wecken, Interesse schaffen, Aufmerksamkeit erregen für die zweite Kommunikationsebene im Büro! Anzeigen, Direct-mail-Kampagne mit Tip-on-Karten als Response-Element.

490 Bürokommunikation Sony

SONY — Broadcast & Communication

„...wir bedauern es außerordentlich, daß die Aufnahmen Ihrer neuen Kollektion nicht rechtzeitig zum Redaktionsschluß eingetroffen sind ..."

Wer im heutigen Wirtschaftsumfeld erfolgreich agieren will, muß nicht nur besser, sondern auch schneller sein als der Wettbewerb. Informationsvorsprung ist ein Synonym für Wettbewerbsvorteil. Mit Telefax und schneller Datenübertragung wurden bereits Wege in diese Richtung eingeschlagen. Diese gilt es nun – auch für komplexere Informationen, wie z. B. Fotos, Stand- und Bewegtbilder – fortzusetzen.

Als Pionier der Videokonferenz-Technik haben wir schon früh die Vorteile dieser individuellen Bildkommunikation erkannt. Unser Know-how ist eingeflossen in umfassende Lösungskonzepte. Stationäre und mobile Systeme ermöglichen weltweit und in wenigen Sekunden eine hochaufgelöste Übertragung von reproduktionsfähigen Fotos und Videostandbildern. Die Einsatzbereiche für Bildübertragung reichen von der Medizin über die Fertigungsindustrie und ihre Zulieferer,

Behörden und Verlage bis hin zu Einkaufsabteilungen von Handelshäusern. Neben kompletten Videokonferenzstudios bieten wir ab sofort auch mobile Konferenzeinheiten.

Wir fühlen uns dem Systemgedanken verpflichtet und schaffen integrierte Lösungen für Input, Output und Archivierung der übertragenen Informationen. Elektronische Photografie, Videodrucker, eine Vielzahl an Text- und Bildspeichermedien sowie Systeme für Großbildprojektion runden das Angebotsspektrum ab.

Das Telekonferenz-Mobil ist unser neuestes Beispiel für effiziente Kommunikation. Bis zu 6 Personen lassen sich via ISDN und Euro-ISDN weltweit an einen „Tisch" holen. Und dabei kostet z. B. eine Stunde TV-Conference mit New York nicht einmal DM 250,–. Dem dürfte wohl nichts mehr hinzuzufügen sein.

Wenn Sie mehr wissen wollen: Sony und die Professional Partner vor Ort beraten Sie gerne. Nutzen Sie unsere Fax-Infoline. Wir werden uns sofort melden.

SONY
Sony Deutschland GmbH
Hugo-Eckener-Str. 20
5000 Köln 30
Fax (0 22 38) 8 10 76

SONY — Broadcast & Communication

„... die positive Resonanz auf unsere diesjährige Hauptversammlung war nicht zuletzt auf die gekonnt inszenierte Präsentation zurückzuführen ..."

Informationen zu übermitteln ist keine Kunst, die nur wenigen vorbehalten ist. Und dennoch verlangen gekonnte Präsentationen nach mehr als nur ein paar warmen Worten. Erfolgreiche Präsentationen leben von der Inszenierung, dem richtigen Zusammenspiel von Höhepunkten in Wort und Bild.

Aus diesem Grunde nutzen immer mehr Unternehmen, Behörden und Bildungsinstitutionen professionelle Sony-Systeme für integrierte Sprach- und Bildkommunikation.

Denn nicht nur Produkte und Dienstleistungen, sondern auch Informationen gilt es richtig zu „verkaufen".

Wir bieten wegweisende Konzepte und praxisbewährte Lösungen für alle Bereiche der Unternehmenskommunikation. Die Bandbreite und umfangreiche Erfahrungsschatz als führender Hersteller professioneller Bildaufzeichnungs- und Speichertechnologien bilden unsere Basis für individuelle Problemlösungen der Unternehmenskommunikation. Mit unseren Systemen für

die Großbildprojektion von Bewegt- und Standbildern bringen Sie Leben in Ihre Vorträge und Präsentationen. Unsere Bild- und Datenspeichertechnologien sorgen für sichere Archivierung und punktgenaue Bereitstellung größter Informationsbestände. Bilder, Daten und Sprache integrieren wir zu hocheffiziente, interaktive Lernsysteme. Und unsere modernen Kommunikationsmedien wie Videokonferenz und digitale Standbildübertragung lassen die Welt ein Stück zusammenrücken.

Eindrucksvolle Präsentationen gelingen mit Sony-Großbildprojektionen. Video- und Fernsehbilder sowie Computer-Grafiken lassen sich mit spezieller Heilraumprojektion auch bei normaler Raumbeleuchtung darstellen.

Wenn Sie mehr wissen wollen über Kommunikationstechnik, mit der Sie einiges bewegen können, Sony und seine Professional Partner stehen mit Rat und Tat zu Ihrer Verfügung. Auch in Ihrer Nähe. Nutzen Sie unsere Fax-Infoline. Wir werden uns sofort melden.

SONY
Sony Deutschland GmbH
Hugo-Eckener-Str. 20
5000 Köln 30
Fax (0 22 38) 8 10 76

Kunde: Sony Deutschland GmbH, Köln
Werbeleiter: Hans-Rainer Schuh

Werbeagentur: EMS Marketing Services, Pulheim
Konzeption: Jeanot Pelzer-Melzner
Creative Director: Helmut Engelhardt
Art Director: Daniel Schlotterbeck
Texter: Jeanot Pelzer-Melzner
Fotograf: Rainer Köcher

Die Entscheiderzielgruppen sollen lernen, daß Sony mehr ist als die Consumer Products Group. Die Motive sind produktübergreifend und dennoch spezifisch.

Diese Frau hat allen Grund, mit ihrer Entscheidung rundum zufrieden zu sein. Denn ihr neuer Großkopierer 6550 von Toshiba tut wirklich alles, was sie verlangt, damit die tägliche Arbeit im Büro spürbar produktiver wird. Er kopiert schnell: 65mal in der Minute. Er kopiert lange: mit einem Papiervorrat von 4550 Blatt. Er verfügt außerdem über einen 40-Blatt-Heftsorter, eine Kopierjob-Speicherung sowie eine eigene Kostenkontrolle. Und genügsam ist er auch, dank seiner Stromsparfunktion. Bevor jetzt aber die männlichen Leser von tiefem Neid und Frust ergriffen werden, noch dieses: Der 6550 ist für BEIDE Geschlechter käuflich zu erwerben.

Kopierer 6550

In Touch with Tomorrow

TOSHIBA EUROPA (I.E.) GmbH, Geschäftsbereich Deutschland, Kopierer, Telefax, Computer, Drucker
Hammfelddamm 8, 41460 Neuss, Telefon 02131/158-01, Telefax 02131/158-560

Vom Blauen Engel schwärmen, genügt uns nicht.

Kann sich ein Hersteller leistungsstarker Kopierer heute noch mit raffinierter Technik und dem Blauen Engel 'drauf zufriedengeben? Wir meinen: nein. Deshalb haben wir z.B. den Toshiba Umweltkreislauf für original Toshiba Verbrauchsmaterialien geschaffen: von Toshiba über den Händler zum Kunden und wieder zurück. Dabei werden via Recycling wertvolle Rohstoffe wiederverwertet. Oder es werden im sog. Downcycling-Verfahren Materialien neuen Produktionsprozessen zugeführt. Sie sehen: Es lassen sich auch in Sachen Umwelt neue Maßstäbe setzen, die über Gefordertes hinausgehen. Aber dafür muß auch mehr getan werden als nur zu schwärmen.

Kopierer 1210   Kopierer 1710   Kopierer 5020

In Touch with Tomorrow
TOSHIBA

TOSHIBA EUROPA (I.E.) GmbH, Geschäftsbereich Deutschland, Kopierer, Telefax, Computer, Drucker
Hammfelddamm 8, 41460 Neuss, Telefon 02131/158-01, Telefax 02131/158-560

Kunde: Toshiba Europe (I. E.) GmbH Office Deutschland, Neuss
Marketingleiter: Jochen Schaaf
Werbeleiter: Kirsten Hagmann

Werbeagentur: Holtkamp, Müller, Kentenich & May GmbH, Düsseldorf
Berater: Harald Karlson, Knut Jäncke
Creative Director: Wolfgang Kentenich
Texter: Kurt Eimers
Grafiker: Annegret Koerdt

Motiv 1: »Vom Blauen Engel schwärmen genügt uns nicht.« Diese Anzeige unterstreicht die Umweltkompetenz Toshibas. Motiv 2: »Mein Neuer macht alles, was ich will« beschreibt die Leistungsfähigkeit des neuen Großkopierers. Motiv 3: »Will er Ihr Geld? Ihr Leben? Ihre Sekretärin?« unterstreicht die Toshiba-Kompetenz im gesamten Bereich der Office-Automation: Kopierer, Drucker, Telefaxe.

492 Bürokommunikation   Kyocera

Damit kann man Sandburgen bauen. Oder einen Weltkonzern errichten.

Von Erfindergeist und Weitblick hängt es ab, ob wir aus den Grundstoffen, die die Natur uns zur Verfügung stellt, Sinnvolles schaffen. Ob wir daraus vielseitig verwendbare Werkstoffe fertigen, die dem natürlichen Kreislauf ohne Schaden wieder zugeführt werden können. Wie zum Beispiel Keramik. Ein jahrtausendealter Werkstoff, wiederentdeckt und für High Tech-Zwecke einsetzbar gemacht durch beharrliche Weiterentwicklung der Verfahrenstechnologie. Und zum Fundament eines Weltunternehmens geworden, dessen Begründer 1959 in Kyoto damit begann, Verbesserungen bei der Fertigung feinkeramischer Produkte zu erforschen. Aus Kyoto und „Ceramics" wurde KYOCERA. Seither haben mehr als 30 Jahre kontinuierlicher Forschung und Entwicklung dazu geführt, daß KYOCERA heute weltweit einer der bedeutendsten Anbieter von Komponenten und Systemen in allen Lebensbereichen ist: von der Halbleiter- und elektronischen Industrie, über die Industriekeramik, die optische Industrie bis hin zur Bürokommunikation. Bekannt für Leistungsstärke, innovative Konzepte und intelligente Lösungen. Wie z.B. die Keramiktrommel des FS-1500, die ein ganzes Druckerleben lang hält. Wenn Sie mehr darüber wissen möchten, weshalb wir von KYOCERA seit 6 Jahren europaweit mit unseren Seitendruckern an der Spitze liegen: KYOCERA ELECTRONICS EUROPE GmbH, Mollsfeld 12 W-4005 Meerbusch 2, Telefon (0 21 59) 9 18-0, Fax (0 21 59) 9 18-106.
EINE IDEE VORAUS
KYOCERA

Wir haben keine Umwelt, sondern nur die Erde.

„Umweltbewußtsein" ist als Schlagwort in aller Munde. Daß mit dem weitgefaßten Begriff Umwelt tatsächlich aber ein sehr begrenzter Lebensraum – nämlich unsere Erde – gemeint ist, wird nur allzu leicht verdrängt. Wir von KYOCERA reden nicht nur darüber – wir haben Recyclingkonzepte entwickelt, die zum Schutz der Umwelt beitragen. Entwickler und Fixierer werden ebenso zurückgenommen wie Trommeln, Tonerkassetten, Füllmaterial und Verpackungen. Wobei wir immer mehr Wert darauf legen, Abfall gar nicht erst entstehen zu lassen. Bei unserem neuen 10-Seiten-Drucker FS-1500 beispielsweise lebt die Trommel genauso lange wie das Gerät selbst. Außer dem Toner fallen keine Verbrauchsmaterialien an – eine aufwendige und teure Entsorgung wird damit überflüssig. Dank der extrem harten Trommelbeschichtung des FS-1500 kann sogar Recyclingpapier verarbeitet werden, was bei anderen Druckern zu Verschmutzungen führen kann. Im Mittelpunkt des Themas Umwelt steht bei uns der Mensch. Deshalb legen wir besonderen Wert auf ein gesundes „Betriebsklima". Der FS-1500 hat einen so geringen Ozonausstoß, daß auf einen Ozonfilter komplett verzichtet werden konnte. Und der Geräuschpegel ist bei allen Geräten unserer FS-Serie so niedrig, daß Sie sich voll auf die Arbeit konzentrieren können. Das sind nur einige Beispiele dafür, daß wir nicht nur mitdenken, sondern auch vordenken. Auch weiterhin werden wir nach neuen Lösungen suchen. Lösungen, die der Umwelt und damit uns allen Perspektiven für eine lebenswerte Zukunft geben. Und so erfahren Sie ganz schnell mehr: KYOCERA ELECTRONICS EUROPE GmbH, Mollsfeld 12, W-4005 Meerbusch 2, Telefon (0 21 59) 9 18-0, Fax (0 21 59) 9 18-106.
EINE IDEE VORAUS
KYOCERA

Kunde: Kyocera Electronics Europe GmbH, Meerbusch
Marketingleiter: Ursula Liphardt
Werbeagentur: PerFact Werbeagentur GmbH, Düsseldorf
Konzeption: Rainer Brües
Art Director: Thomas Janzon, Andreas Beckmann
Texter: Dr. Gabriele Berardi
Grafiker: Dagmar Müller
Fotograf: Wolf Henry, Roger Camp, Ammex, Uwe Ziss Paul Kalkbrenner, Andy Caulfield, Curti Willochs, Naoki Okamato, Stephen Frink, Earl Roberge

Wenn Sie das vorher gewußt hätten, würden Sie sich jetzt noch mehr ärgern.

Papier ist geduldig. Auf jeden Fall geduldiger als jeder Computer-Anwender, der es bedrucken will. Und dabei feststellt, daß sein auf dem Papier als Super-Angebot gepriesener Drucker in der Praxis schnell an alle möglichen Grenzen stößt. Weil wir von KYOCERA keinen Wert auf ein schnelles Geschäft legen, sondern auf langfristig zufriedene Kunden, steckt in KYOCERA-Seitendruckern einfach mehr: Mehr Standards, mehr Flexibilität, mehr Lösungen. Die meisten serienmäßig und ohne Aufpreis. Zum Beispiel die unübertroffene Anzahl von Schriften, die Sie über einfache Befehle nutzen können – gleichgültig, mit welchem Programm Sie arbeiten. Oder die vielen Emulationen, durch die sich KYOCERA-Drucker in jede Umgebung integrieren lassen. PRESCRIBE ermöglicht problemlosen Formulardruck. Für mehr Platz im Büro und weniger Kosten für Vordrucke. Barcodes sind so selbstverständlich wie JEIDA-Cards, Dokumentenechtheit und wahlweise face up- oder face down-Ausgabe. Viele KYOCERA-Drucker sind mit so hoher Kapazität ausgestattet, daß Sie nur noch zusätzliche Papierschächte brauchen, um einen perfekten Abteilungsdrucker zu haben. Die neue FS-Serie verfügt über eine modulare Software-Plattform, die Ihren Wünschen keine Grenzen mehr setzt. Und weil Drucker für den Menschen arbeiten sollen und nicht umgekehrt, sind alle KYOCERA-Geräte extrem bedienungs- und wartungsfreundlich. Nehmen Sie uns beim Wort. Und der Ärger hat ein Ende. Ein Anruf genügt: KYOCERA ELECTRONICS EUROPE GmbH, Mollsfeld 12 W-4005 Meerbusch 2, Telefon (0 21 59) 9 18-0, Fax (0 21 59) 9 18-106.

EINE IDEE VORAUS

KYOCERA

Wer glaubt denn heute noch, Verschleiß belebe das Geschäft?

Jedenfalls niemand, der weiter denkt als nur bis morgen. Denn die Zeiten haben sich geändert: langsam aber sicher hat sich die Einsicht durchgesetzt, daß die Wegwerf-Mentalität uns alle viel zu teuer zu stehen kommt – sowohl im Hinblick auf unsere natürlichen Ressourcen, als auch unter dem Aspekt echter Wirtschaftlichkeit. Wer heute noch kurzlebige Billig-Produkte anbietet, hat entweder die Zeichen der Zeit nicht erkannt oder ist an langfristig zufriedenen Kunden nicht interessiert. Und wer heute noch solche Produkte kauft, beweist damit nur, daß er Geld zuviel hat. Wir von KYOCERA haben schon immer auf Qualität gesetzt. Auch, als die Zeit noch gar nicht reif dafür war, haben wir schon Seitendrucker gebaut, die für ihre Zuverlässigkeit und Langlebigkeit bekannt waren. Die zudem durch ihr hohes Potential an Einsatzmöglichkeiten den Menschen den Büro-Alltag leichter machten – und das viele hunderttausend Druckseiten lang. An diesem Prinzip haben wir festgehalten. Und auf der Basis unserer innovativen Technologien weiter geforscht und entwickelt. Die Mühe hat sich gelohnt: Mit dem FS-1500 haben wir einen Seitendrucker entwickelt, der Schluß macht mit den Kompromissen zwischen Wirtschaftlichkeit und Umwelt. Seine extrem harte aSi-Trommel hält ein ganzes Druckerleben lang. Sie bedruckt problemlos sogar Recycling-Papier. Weil der FS-1500 bis auf den Toner ohne Verbrauchsmaterial arbeitet, ist er mit anderthalb Pfennig pro Druckseite so wirtschaftlich, daß er spürbar Ihr Geschäft belebt. Praktisch ohne Verschleiß. Denn davon haben wir noch nie etwas gehalten. Und so erfahren Sie ganz schnell noch mehr: KYOCERA ELECTRONICS EUROPE GmbH, Mollsfeld 12 4005 Meerbusch 2, Telefon (0 21 59)9 18-0, Fax (0 21 59) 9 18-106.

EINE IDEE VORAUS

KYOCERA

Technik ist für den Menschen da und nicht umgekehrt. Mit themenübergreifenden Bildmotiven werden diese Philosophie, das Leistungsspektrum sowie der Qualitätsanspruch des zweitgrößten Seitendruckeranbieters in Deutschland in den Vordergrund gestellt. Gleichzeitig wird über Innovationen informiert, die diesen Namen auch wirklich verdienen.

Drescher

Drescher zum Thema Unternehmensbild-Entwicklung.

Und wo lassen Sie Ihr Unternehmensbild entwickeln?

Nehmen wir einmal an, daß es auch bei Ihnen klick gemacht hat: das Bild, mit dem sich Ihr Unternehmen in der Öffentlichkeit darstellt, gefällt Ihnen nicht mehr. Vielleicht, weil es nur noch unscharf Ihre aktuelle Leistungsstärke im Wettbewerb zeigt. Was tun?

Hören Sie sich doch einfach einmal bei Ihren Unternehmerkollegen um. Mit ziemlicher Sicherheit wird dabei schnell der Name Drescher fallen. Als eine der ersten Adressen für Grafik und Druck in Europa gestalten wir seit über 25 Jahren komplette Unternehmensauftritte zu fairen Preisen.

Für Handwerksbetriebe ebenso wie für Großkonzerne. Mit einem einzigartigen Dienstleistungskonzept. Das nicht die kreative Idee für Ihr neues Firmenzeichen an die erste Stelle setzt. Sondern ausführliche Unternehmensberatung. Das sich in der Übertragung Ihres neuen Corporate Designs auf alle Ihre Geschäftsdrucke nicht erschöpft. Und mit professionellen Vorschlägen für Ihre Außenwerbung und dem Druck Ihrer Werbemittel noch lange nicht am Ende ist. Unser neues »Controlling-System« etwa garantiert Ihnen darüber hinaus, daß Sie sich ganz auf den Ausbau

Drescher ist Europas größter Computerpapier- und Geschäftsdruckhersteller und starker Partner für Direktmarketing-Fullservice, Unternehmensbild-Entwicklung und Geschäftsdruck-Optimierung. Drescher GmbH, D-7255 Rutesheim, Telefon 07152/505110, Telefax 07152/505140.

Ihrer Firma konzentrieren können. Wir kümmern uns derweil darum, daß Ihr Unternehmensbild mit Ihrem Wachstum Schritt hält.

Ein Blick in unsere Leistungsbroschüre »Unternehmensbild-Entwicklung« oder ein Gespräch mit uns – und Sie sind vollends im Bilde.

Drescher.

Drescher zum Thema Ökologie im Büro.

Investieren Sie in die richtigen Papiere!

Wir wissen nicht, welche heißen Tips Ihnen Ihr Broker gibt. Wir jedenfalls können Ihnen hier einige Papiere anbieten, die bei immer mehr Zeitgenossen hoch im Kurs stehen. Interessiert?

Nun, wir meinen die Sorten der umweltfreundlichen Art: Recyclingpapier aus 100% Altpapier. Und Papier aus chlorfrei gebleichtem Zellstoff. Bereits ein Drittel aller Produkte, die wir als eines der größten Unternehmen für Grafik und Druck in Europa herstellen, liefern wir heute auf diesen beiden ökologisch zukunftsweisenden Papiersorten. Beispielsweise Millionen von Geschäftsdrucken auf Recyclingpapier tagtäglich, die den blauen Umweltschutzengel auf Anhieb verliehen bekommen haben. Oder selbstdurchschreibendes, chlorfrei gebleichtes Marken-Computerpapier, das wir nach einem selbst entwickelten Verfahren in geschlossenen Wasserkreisläufen und ohne Lösungsmittel beschichten.

Egal, für welches umweltfreundliche Drescher Produkt Sie sich hier entscheiden – Sie entscheiden sich damit immer auch deutlich und auf eine für Ihr Unternehmen sehr imagefördernde Weise gegen wachsende Müllberge.

Drescher ist Europas größter Computerpapier- und Geschäftsdruckhersteller und starker Partner für Direktmarketing-Fullservice, Unternehmensbild-Entwicklung und Geschäftsdruck-Optimierung. Drescher GmbH, D-7255 Rutesheim, Telefon 07152/505110, Telefax 07152/505140.

Und für die Reduktion von Schadstoffen, die Wasser und Luft belasten können.

Mehr Wissenswertes über die Papiere, die in unseren Augen die besten »Wertpapiere« sind, erzählt Ihnen Ihr Drescher Kundenberater. Oder unsere Leistungsbroschüre zum Thema »Ökologie im Büro«.

Drescher.

Kunde: Drescher GmbH, Rutesheim
Marketingleiter: Hans-Joachim Lattauer

Werbeagentur: Leonhardt & Kern Werbung GmbH, Stuttgart
Berater: Waldemar Meister, Hans Gerd Klein
Konzeption: Waldemar Meister, Hans Gerd Klein

Creative Director: Waldemar Meister, Hans Gerd Klein
Art Director: Niclaus Zöller
Texter: Hans Gerd Klein
Grafiker: Claudia Preker
Fotograf: Günter Pfannmüller

Was längst noch nicht jeder weiß, tut diese Kampagne national kund: Die Drescher GmbH im schwäbischen Rutesheim ist Europas größter Computerpapier- und Geschäftsdruckhersteller und leistungsstarker Partner für Direktmarketing-Full-Service, Unternehmensbildentwicklung und Geschäftsdruckoptimierung.

Kunde: Louis Leitz International GmbH & Co., Stuttgart
Marketingleiter: Horst Sorowka
Werbeleiter: Peter Tuchen

Werbeagentur: Die Crew Werbeagentur GmbH, Stuttgart
Berater: Gerhard Mutter, Volker Lässing
Konzeption: Bernd Faller
Art Director: Karlheinz Kirsch
Texter: Bernd Faller
Fotograf: Andreas Burz, Stuttgart

Weg vom ausschließlichen Ordnerhersteller hin zum Produzenten zeitgemäßer und durchdachter Organisationsmittel. Imagekampagne in Publikums- und Special-Interest-Titeln mit dem Tenor »Spaß am Organisieren«.

Bürokommunikation   **Staedtler**

NA KLAR

Daß Sie gerade bei uns so viele zukunftsweisende Produkte finden, ist kein Zufall.

Weil wir schon seit vielen Jahren unsere ganze Erfahrung konsequent zur Entwicklung innovativer Produkte nutzen, haben wir auch da immer wieder die Nase vorn. Ein leuchtendes Beispiel: Unser Trockentextmarker Topstar Dry, der auch dann noch im Gebrauch bleibt, wenn seine Mine verbraucht ist. Er ist nämlich nachfüllbar und deshalb einfach »öko«. Und gut für problemlosen Abverkauf mit sicherer Rendite. Klarer Fall.

STAEDTLER

NA BITTE

Wer auf den Fachhandel als Partner setzt, steht auf der Seite des Erfolgs.

Wenn's um Vertriebswege geht, verfolgen wir eine ganz konsequente Linie: Auch Verkaufsrenner wie unser Kiddi-Programm, mit dem wir in weniger als drei Jahren eine marktführende Position erreicht haben, gibt es nach wie vor nur im Fachhandel oder in qualifizierten Fachabteilungen von Warenhäusern. Weil wir wissen, wem wir unseren Erfolg verdanken, und weil Partnerschaft für uns unteilbar ist. Bitte sehr!

STAEDTLER

NA KLAR

Je bekannter ein Produkt ist, desto einfacher und besser verkauft es sich.

Was der Kunde kennt, das kauft er. Setzen Sie deshalb bei Ihrem Sortiment auf eine starke Marke. Staedtler Lumocolor zum Beispiel ist ein klarer Fall für schnellen Umschlag und gute Rendite. Denn unser Lumocolor ist seit langem weltweit zum Begriff für Projektionsschreiber geworden – ein guter Ruf, der Ihren Fachverkäufern viel Überzeugungsarbeit erspart und Ihnen viel Umsatz bringt. Alles klar?

STAEDTLER

Kunde: Staedtler-Mars GmbH & Co., Nürnberg
Marketingleiter: Gerhard Winkler
Werbeleiter: Constantin Frodl

Werbeagentur: Pragma Werbung GmbH, Heilbronn
Berater: Klaus D. Flachsbarth
Creative Director: Jochen Vossen
Texter: Peter Schiffer
Fotograf: Archiv

Fachhandelskampagne zur flankierenden Stützung der Kundenbindungsaktivitäten. Adaption der 2/1-Seiten-Kampagne.

Rotring — Bürokommunikation

Kunde: Rotring GmbH, Hamburg
Marketingleiter: Axel Lied
Werbeleiter: Harry Jungblut

Werbeagentur: Economia, Hamburg
Konzeption: Thorsten Michael
Creative Director: Birko Achenbach
Art Director: Holger Käding
Texter: Steffen Maurer
Fotograf: Klaas Bauer

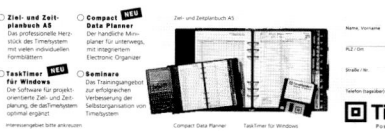

498　Bürokommunikation　　　Time/System

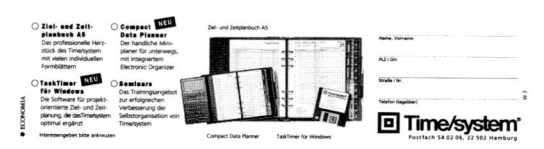

Kunde: Time/System Management Organisation GmbH, Hamburg
Product Manager: Petra Garling
Marketingleiter: Heino Hilbig
Werbeagentur: Economia GmbH & Co. KG, Hamburg
Berater: K. Utermöhle, G. Studt, Eva-Maria Lierhaus
Konzeption: Horst Stampe
Creative Director: Birko Achenbach
Art Director: Holger Käding
Texter: Horst Stampe
Grafiker: Anke Stüber
Fotograf: Jens König

Branchensieger EDV/Computer

Hitachi Europe **503**
 Hiel/BBDO, München

Microsoft **508–509**
 Hildmann, Simon, Rempen & Schmitz, Düsseldorf

EDV/Computer **Inhalt**

Apple (B,T&V Business Communications, Zürich) **501**
AST (PerFact, Düsseldorf) **504–505**
Dell (Huth + Wenzel, Frankfurt am Main) **502**
Hitachi (Hiel & Partner/BBDO, München) **503**
Mensch und Maschine (A,S,M, München) **506**
Micrografx (Gerbert & Mayer, München) **512**
Microsoft (Hildmann, Simon, Rempen & Schmitz, Düsseldorf) **508–509**
RIB (RTS Rieger Team, Leinfelden-Echterdingen)* **510–511**
Unisys (Bozell, Frankfurtam Main) **507**

* Europa-/Globalkampagne

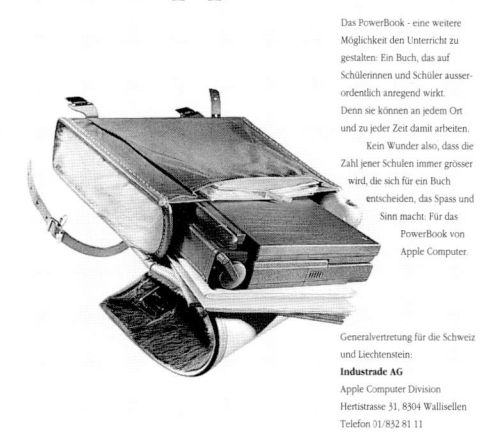

| Apple | EDV/Computer 501 |

Das Schulbuch von Apple.

Das PowerBook - eine weitere Möglichkeit den Unterricht zu gestalten: Ein Buch, das auf Schülerinnen und Schüler ausserordentlich anregend wirkt. Denn sie können an jedem Ort und zu jeder Zeit damit arbeiten.

Kein Wunder also, dass die Zahl jener Schulen immer grösser wird, die sich für ein Buch entscheiden, das Spass und Sinn macht: Für das PowerBook von Apple Computer.

Generalvertretung für die Schweiz und Liechtenstein:
Industrade AG
Apple Computer Division
Hertistrasse 31, 8304 Wallisellen
Telefon 01/832 81 11

Was eine Lehrerin von ihrem Apple Computer hat.

Durch seine unkomplizierte Art erleichtert Ihnen ein Apple Computer die Vorbereitung des Unterrichts ganz erheblich.

Sicher haben Sie keinerlei Probleme, die so gewonnenen Freiräume zu nutzen: Für Ihre Schüler und Schülerinnen, für Elterngespräche und nicht zuletzt für Sie persönlich. So macht das Unterrichten noch mehr Spass. Was sicher einer der Gründe ist, warum die Nr. 1 an den Schweizer Schulen so oft eine 6 bekommt.

Generalvertretung für die Schweiz und Liechtenstein:
Industrade AG
Apple Computer Division
Hertistrasse 31, 8304 Wallisellen
Telefon 01/832 81 11

WG mit Drucker gesucht.

So unkompliziert, wie Apple Computer zu bedienen sind, so mühelos kann die Verbindung zu weiteren Geräten hergestellt werden. Zum Beispiel zum Drucker.

Zur Kontaktnahme genügt bekanntlich ein Kabel. Übrigens auch dann, wenn es sich um Anschlüsse an Produkte anderer Hersteller handelt.

Wer eine Apple-WG findet, hat also ausgesprochen Glück gehabt. Und unter uns: Es gibt immer mehr davon.

Generalvertretung für die Schweiz und Liechtenstein:
Industrade AG
Apple Computer Division
Hertistrasse 31, 8304 Wallisellen
Telefon 01/832 81 11

This book is made for walking.

Mit einem Macintosh-PowerBook ist man unabhängig von Raum, Zeit und Steckdose.

Ein PowerBook ist nicht nur leicht, sondern auch so klein, dass man es problemlos in die Tasche steckt und gerne überall hin mitnimmt.

Man kann seinen Gedanken freien Lauf lassen, oder sie festhalten, wann und wo auch immer.

Darum sind Macintosh-PowerBooks ganz besonders interessant für Leute, die Bewegungsfreiheit brauchen.

Generalvertretung für die Schweiz und Liechtenstein:
Industrade AG
Apple Computer Division
Hertistrasse 31, 8304 Wallisellen
Telefon 01/832 81 11

Kunde: Industrade AG, Wallisellen
Product Manager: Daniella Schori
Marketingleiter: Markus Widmer
Werbeleiter: Corinne Suter

Werbeagentur: B,T&V Business Communications AG BSW, Zürich
Berater: Ralph Schoen
Creative Director: Max Rindlisbacher
Texter: Erich Grasdorf
Fotograf: Roger Schmidt

Der PC erleichtert Schülern und Studenten, Lehrern und Professoren die Arbeit entscheidend.

DAS SCHWÄCHSTE TEIL EINES COMPUTERS IST MEISTENS SEIN HERSTELLER.

Traurig, aber wahr: Viele Computer leben länger als ihre Hersteller; schwermütige Benutzer sitzen nun in den Büros und fragen sich, wie es dazu kommen konnte. Das haben wir uns auch gefragt. Und wir sind überzeugt, daß die entsprechenden Hersteller daran schuld sind: Sie leisten sich eine aufgeblasene Verwaltung. Sie verschlafen wichtige Entwicklungen. Und sie ignorieren den Markt so lange, bis der Markt sie ignoriert.

Aus diesen Fehlern haben wir gelernt. Und zwar, bevor wir angefangen haben. Zum Beispiel leisten wir uns nicht mal ein Händlernetz. Als Pioniere des Direktvertriebs machen wir all das selbst, was wir selbst machen können. Indem wir hervorragende Personal Computer entwickeln, herstellen, testen, ausliefern und betreuen. Und indem wir für unseren Kunden jederzeit erreichbar sind – auf dem Weg, der der schnellste ist: per Telefon, an dem bei uns keine ratlosen, sondern kompetente Mitarbeiter sitzen.

Dieses Konzept hat dazu geführt, daß wir einer der am schnellsten wachsenden PC-Hersteller weltweit geworden sind. So haben wir im 2. Quartal dieses Jahres mit 457,7 Mio. US-Dollar unseren Umsatz um 129 % gegenüber dem Vorjahr gesteigert.

Für unsere Kunden ist dieser Erfolg praktisch eine Versicherung: Sie werden nämlich auch in Zukunft mit uns rechnen können. Für unsere Nicht-Kunden könnte dieser Erfolg der Ansporn sein, uns anzurufen: **01 30/37 60**. Die direkte Beratung ist – wie Sie ja jetzt wissen – eine unserer stärksten Seiten.

DELL

DELL COMPUTER GMBH · MONZASTRASSE 4 · 6070 LANGEN · TELEFON (06103) 701-0 · TELEFAX (06103) 701-701

Kunde: Dell Computer GmbH, Langen
Marketingleiter: Herbert Frohne
Werbeleiter: Sabine Werb

Werbeagentur: Huth + Wenzel GmbH, Frankfurt am Main
Berater: Toni Müller
Creative Director: Kay Henkel, Konrad Wenzel
Art Director: Andreas Klemp
Texter: Heike Knoll

Die entscheidenden Leute in der Wirtschaft sollen erfahren, daß Dell ein ehrgeiziges und erfolgreiches Unternehmen ist, das näher an seinen Kunden dran ist als die schwerfällige Konkurrenz.

Kunde: Hitachi Europe GmbH, Haar bei München
Product Manager: Uwe Freyer
Marketingleiter: Wilfried Heer
Werbeleiter: Susanne Haidacher

Werbeagentur: Hiel/BBDO Werbeagentur GmbH, München
Berater: R. Walter Hiel
Konzeption: R. Walter Hiel
Creative Director: Wolfram Gehring
Art Director: Christine Kaiser
Texter: Bertram Hennig
Fotograf: Derek Pobell

Aufmerksamkeitsstarke und emotional gestaltete Kampagne für die Microcontroller der H8-Serie, um den Bekanntheitsgrad bei Fachzielgruppen zu steigern.

WAS HABEN SIE BISHER IM GESPRÄCH MIT COMPUTERHÄNDLERN VERSTANDEN?

LOGISCH. 0130-866 822

KENNEN SIE DAS VERFALLSDATUM IHRES COMPUTERS?

ALLES FRISCH! 0130-866 822

Kunde: AST-Research Deutschland GmbH, Düsseldorf
Geschäftsführer: Wolfgang Hanitzsch
Marketingleiter: Birgit Bunse

Werbeagentur: PerFact Werbeagentur GmbH, Düsseldorf
Berater: Thorsten Falkenstein
Konzeption: Rainer Brües
Art Director: Andreas Beckmann
Grafiker: Dagmar Müller
Fotograf: Michael Stemprock

Für einen der weltweit größten EDV-Hersteller bedarf es keiner Jagd nach Bits und Bytes. Eine freche Tonality in Wort und Bild profiliert das Markenimage und dokumentiert Souveränität. Eine anwenderorientierte Markenkampagne mit hohem Erinnerungswert auf 18/1 und im Print.

THE TASTE OF POWER.

Notebooks, Desktops, Server, Multiprozessorsysteme, Pen Computer. Und mehr. Telefon 0130-866 822

WARUM TUT MEIN COMPUTER NIE, WAS ICH IHM SAGE?

ERSTE HILFE. 0130-866 822

506 EDV/Computer Mensch und Maschine

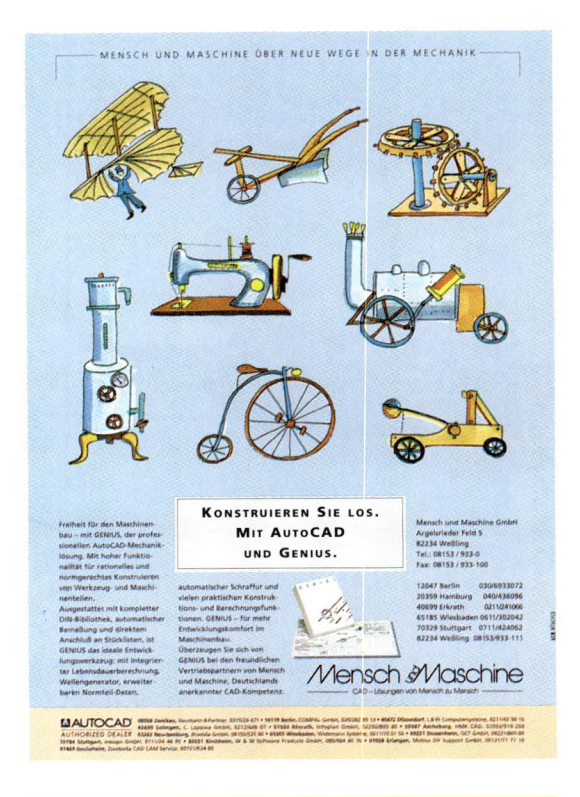

Kunde: Mensch und Maschine Distributions GmbH, Weßling b. München
Marketingleiter: Michael Endres
Werbeleiter: Roswitha Menke
Werbeagentur: A,S,M, Werbeagentur GmbH, München
Berater: Peter Scheer, Andreas S. Müller
Konzeption: Andreas S. Müller, Peter Scheer
Art Director: Jürgen Altmann
Texter: Peter Scheer
Illustrator: Jürgen Altmann
Fotograf: Can Cobanli

Mensch und Maschine GmbH, München, kommuniziert als bedeutendster Distributor des AutoCAD-Herstellers Autodesk Vertriebs-, Beratungs- und Produktkompetenz.

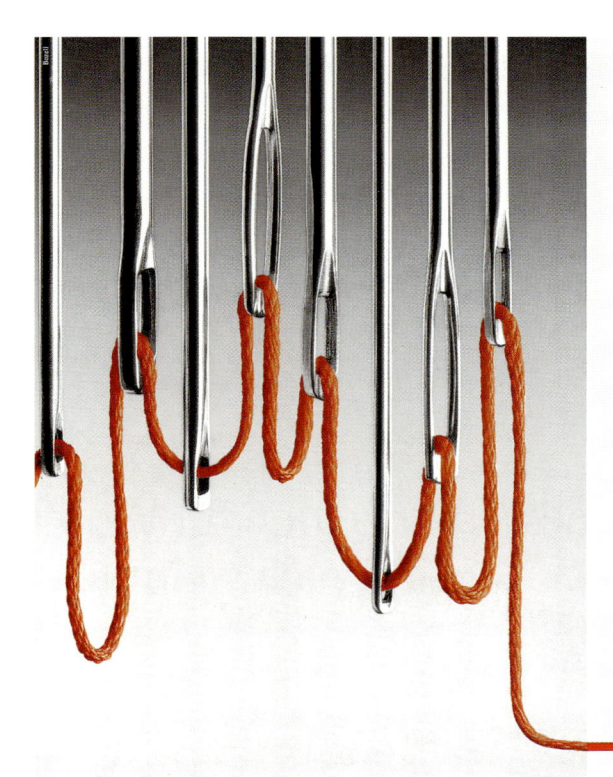

Denn alles hängt mit allem zusammen.

Zu den erfolgsentscheidenden Punkten Ihres Unternehmens gehört der tägliche Umgang mit Ihren Kunden. Wie schnell und zuverlässig können Sie dabei die kundenspezifischen Ansprüche durch Informationssysteme bewältigen? Passen diese Systeme problemlos in Ihr Unternehmen? Unterstützen sie auch die individuellen Zielsetzungen Ihrer Kunden?

Fragen, die wir – die Architekten der Information – mit unserer Unternehmensphilosophie und einem neuen Wort beantworten: Customerize® (siehe nebenstehende Definition).

Von Anfang an denken wir auch an die Kunden unserer Kunden. Unisys stellt die notwendigen Informationen dort zur Verfügung, wo sie gebraucht werden: vor Ort.

Wie ein roter Faden zieht sich Customerize durch Planung, Ausführung und Betreuung der Unisys-Systemlösungen. Zugeschnitten auf die Bedürfnisse von Banken und Versicherungen, Behörden und Fluggesellschaften, Industrie und Handel. Zuverlässig und mit hohen Transaktionsraten lassen Informationslösungen von Unisys auch Systeme verschiedener Größe und Herkunft miteinander reden – wegweisend für die offene Kommunikation der 90er Jahre und darüber hinaus.

Wenn Ihre Kunden zufrieden sind, dann sind Sie zufrieden. Und erst dann sind wir es auch. Denn, so der Kommunikationswissenschaftler Dr. Reinhard Zobel, „alles hängt mit allem zusammen".

Unisys Deutschland GmbH, Postfach 1110, Am Unisys-Park 1, 65843 Sulzbach/Taunus, Tel. (06196) 99 17 69, Fax (06196) 99 18 60.

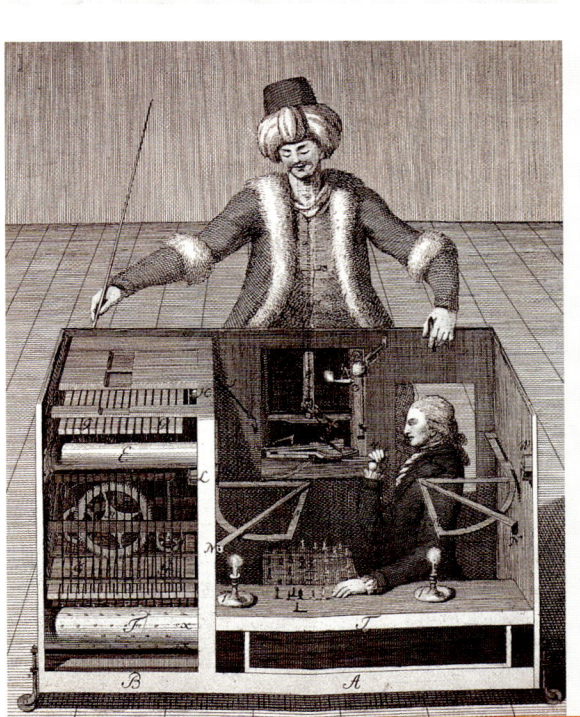

UNISYS
Wir bewegen was.

„So nicht", schloß der Banker seinen Vortrag über Filialautomation.

Die zeitgenössische Illustration zeigt, daß Baron von Kempelen im ausgehenden 18. Jahrhundert seinem Schachautomaten einen leibhaftigen Spieler als Software mitgab. Wir denken heute weiter.

Unisys hat bei der Filialautomation auf Software gesetzt, die sich den ständig wandelnden Ansprüchen im Bankwesen anpaßt. Mit objektorientierter Programmierung und konsequenter Modularität ist der Unisys FBA Navigator eine wegweisende offene Filiallösung für integrierte Client-Server-Systeme.

Egal, welche Hardwareplattform oder welches Betriebssystem Sie verwenden: Von umfangreichen Front-Office-Funktionen bis zu detaillierten Finanzanalysen wird unser FBA Navigator Sie und Ihre Kunden auch in Zukunft zufriedenstellen.

Ein weiterer Beleg dafür, daß wir – die Architekten der Information – von Anfang an die Kunden unserer Kunden berücksichtigen. Mit Customerize® haben wir dies auf einen Begriff gebracht. Nur durch entsprechende Informationssysteme können Sie schnell und aktuell auf die Zielsetzungen Ihrer Kunden reagieren.

Geben wir also unserem Banker eine alte römische Weisheit mit auf den Weg: „Navigare necesse est."

Weitere Informationen erhalten Sie von Eckhard Reimann, Unisys Deutschland GmbH, Am Unisys-Park 1, 65843 Sulzbach/Taunus, Tel. (06196) 99 12 28, Fax (06196) 99 15 70.

UNISYS
Wir bewegen was.

Kunde: Unisys Deutschland GmbH, Sulzbach/Ts.
Leiter Kommunikation und PR: Andreas Willumeit
Leiterin Werbung: Karin Bock-Messerschmidt

Werbeagentur: Bozell GmbH, Frankfurt am Main
Berater: Hermann Jakl, Otto Geißler
Konzeption: Kai Felmy, Dr. Reinald Ullmann
Creative Director: Wolfgang Bloch
Art Director: Kai Felmy
Texter: Dr. Reinald Ullmann
Fotograf: Archiv, Tony Stone, München

Mit ihrem Customerize-Gedanken richtet sich diese Kampagne an Entscheidungsträger bei Banken, Versicherungen, Fluggesellschaften, Behörden in Industrie und Handel. Mit innovativen und ganzheitlichen DV-Lösungen rückt Unisys besonders die Kunden seiner Kunden in den Mittelpunkt.

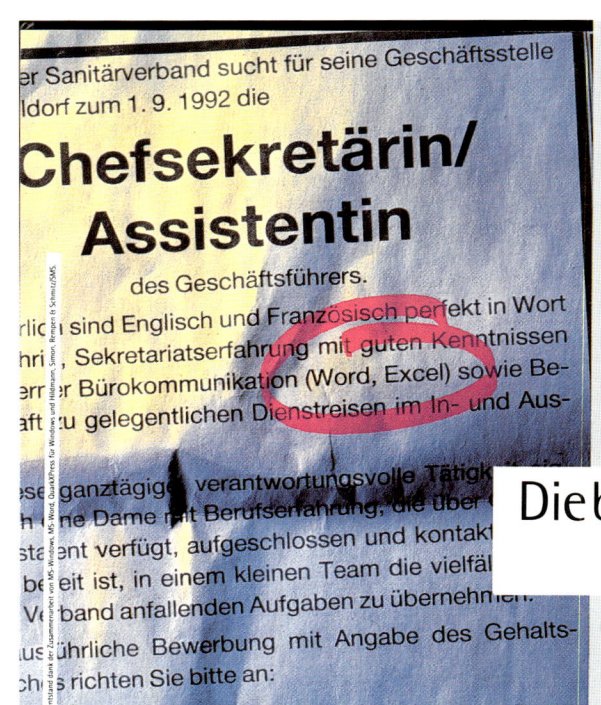

Die besten Anzeigen für Word sind nicht von uns.

Nur um Mißverständnisse zu vermeiden, es sind nicht die besten, weil sie uns nichts kosten. Obwohl uns das natürlich auch freut. Aber noch mehr freut uns, daß hier Leute für unser Produkt Werbung machen, die wirklich Ahnung von der Materie haben, die wahrscheinlich schon seit Jahren mit Word arbeiten und ja offensichtlich auch ganz zufrieden damit sind.

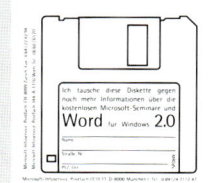

Damit die Zeitungen auch in Zukunft voll des Lobes für die meistgekaufte Textverarbeitung unter Windows sind, lassen wir uns aber auch einige tolle Sachen einfallen.

Word für Windows 2.0 hat zum Beispiel fertige Formularvorlagen, die Ihnen die tägliche Arbeit erleichtern, ein WordArt-Programm, mit dem Sie Überschriften beliebig gestalten können und ein Lernprogramm, das einem sofort zeigt, wo es langgeht.

Aber genug der Details, denn anscheinend brauchen wir ja für Word gar nicht mehr groß zu werben.

Microsoft

An Excel haben 300 Leute mitgearbeitet, die keine Ahnung vom Computer haben.

Na schön, Sie haben uns durchschaut. Wir würden Ihnen das wahrscheinlich nicht so offenherzig unter die Nase reiben, wenn sich dahinter nicht doch etwas Positives verbergen würde.

In diesem Falle ist es etwas, das uns half, Excel zum meistverkauften Tabellenkalkulationsprogramm Deutschlands zu machen: Das Usability Lab, ein Speziallabor, in dem wir alle unsere neuen Programme sowohl von PC-Freaks als auch von blutigen Laien testen lassen.

Jeder Tastendruck wird dabei mit Argusaugen von Projektleitern, Arbeitswissenschaftlern, Psychologen und Videokameras beobachtet.

Dadurch konnten wir aus jedem Fehler lernen und schwierige Aufgaben wie z.B. Programmierung von Makros, Erstellung von Grafiken oder Analysen für jedermann verständlich machen.

Ist es nicht schön, daß so an Excel für Windows 4.0 Fehler entdeckt wurden, die Sie alle jetzt nicht mehr machen können?

Microsoft

Kunde: Microsoft GmbH, München
Leiter Marketing-Communication: Peter W. Hartmann

Werbeagentur: Hildmann, Simon, Rempen & Schmitz/SMS, Düsseldorf
Berater: Detlef Arnold, Bent Rosinski, Rainer Schumann, Bernd Weis
Creative Director Art: Thomas Rempen
Creative Director Text: Stefan Telegdy
Art Director: Rainer Hodde, Frank Lübke, Bärbel Maxisch, Uwe Schlupp

Texter: Olaf Feierfeil, Hans Jörg Knott, Stefan Telegdy, Stefan Vonderstein
Fotograf: Stephan Aust, Franc Enskat, Hans Hansen, Lutz Hilgers, Jürgen Schweikert, Christian Stoll

Microsoft   EDV/Computer 509

Alle Simulanten fliegen.

Morgens kommen Sie zu spät, weil Sie mit der Cessna eine Runde um den Eiffelturm drehen. Die Mittagspause zieht sich, denn Sie ziehen mit dem Business Jet Warteschleifen über Frankfurt. Und abends gehen Sie früher und gleiten durch die Schluchten von Manhattan. Wenn Sie nicht aufpassen, fliegen Sie.

Und zwar mit dem neuen Microsoft Flight Simulator 5. Damit trainieren übrigens auch zukünftige Privat-Piloten in den USA. In originalgetreuen Cockpits simulieren Sie Start und Landung, Nachtflüge und Schlechtwetterfronten. Mit fotorealistischen, auf Satellitenbildern basierenden Darstellungen von Städten und Landschaften, mit Funkverkehr und Sounds. Alles original, bis auf die Abstürze.

Wie gefährlich unsere Simulationsspiele für Ihre Arbeitsmoral werden können, erleben Sie am besten bei Ihrem Fachhändler. Der zeigt Ihnen auch, wie Sie mit Microsoft Golf Ihr Handicap verbessern oder mit Microsoft Space Simulator (ab Frühjahr '94) auf dem Mars landen. Guten Flug.

139,-* Mark und wir dopen Ihren PC.

Nur damit wir uns nicht falsch verstehen: Wir haben was gegen Doping. Aber das nur im Sport. Ansonsten ist uns eigentlich fast jedes legale Mittel recht, um Ihren Computer auf Höchstleistung zu trimmen.

Unseres heißt MS-DOS 6, wird in Disketten verabreicht und hat nur positive Nebenwirkungen. Davon ist die wichtigste, daß aus Ihrem alten DOS Betriebssystem sofort der neue Standard für PCs wird.

Standard ist ab jetzt zum Beispiel, daß sich die Speicherkapazität Ihrer Festplatte verdoppeln kann und daß sich die Zugriffszeiten verkürzen. MS-DOS 6 schützt Sie aber auch vor Viren. Nicht nur vor bekannten, sondern ebenso vor neuen. Und selbst die Bedienung Ihres PCs wird einfacher. Denn MS-DOS 6 arbeitet besonders kollegial mit Windows zusammen.

Wenn Sie mehr über MS-DOS 6 wissen oder es gleich haben wollen, sprinten Sie sportlich bei Ihrem Microsoft-Händler vorbei oder rufen Sie gleich bei unseren Dopingexperten an. Tel. 089/3176-1666. Beide helfen Ihnen gerne weiter.

Und das ganz legal.

*Direktbezugspreis. Einführungspreis bis 30.06.93.

Microsoft

Es gab eine Zeit, da galten PCs als komplizierte Geräte. Das kann nicht an der Software gelegen haben. Und an der Werbung liegt es jetzt auch nicht mehr.

Wir geben Ihren Freihandentwürfen eine neue Dimension

Ihre Entwürfe sollen nicht mehr nur kreativ sein, sondern auch exakt berechnet? Dann realisieren Sie Ihre Arbeiten am besten mit RIBCON®.

Das vielseitige 3D-CAD-System für die Gebäudeplanung ist in der neuen Generation noch leichter zu bedienen, denn es präsentiert sich jetzt unter der Benutzeroberfläche MS-Windows.

RIBCON® ist natürlich auch als 2D-Subset verfügbar und bietet das gleiche breite Leistungsspektrum auf den Betriebssystemen UNIX und MS-DOS.

Vertrauen Sie bei RIBCON® unserer langjährigen Erfahrung in Sachen Bausoftware.

RIB, Albstadtweg 3, 7000 Stuttgart 80, Telefon 07 11/78 73 - 0, Telefax 07 11/78 73 - 119.

RIB BAUSOFTWARE

Kunde: RIB Bausoftware GmbH, Deutschland, Stuttgart
Geschäftsführer: Heinz J. Gollert
Werbeleiter: Marion Lewalski

Werbeagentur: RTS Rieger Team Werbeagentur GmbH, Leinfelden-Echterdingen
Berater: Birgit Lenz
Konzeption: Andrea Haas, Birgit Lenz
Art Director: Andrea Haas
Texter: Birgit Lenz

Die fünf Bereiche des Bausoftwareprogramms von RIB werden der Zielgruppe Architekten, Bauingenieure und Bauunternehmer illustrativ nahegebracht.

RIB Bausoftware

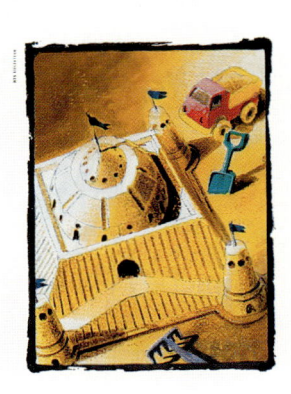

Wir kalkulieren auch außergewöhnliche Bauvorhaben

Drei Bonbons für Katrin und zwei für Lisa. Also Florian findet die Baukosten für seine Sandburg echt übertrieben.

Damit Sie als Bauunternehmer baubetriebliche und kaufmännische Daten in den Griff bekommen, haben wir mit RIB-BAU ein komplettes Programmsystem von der Arbeitsvorbereitung bis zur Projektkontrolle entwickelt.

Durch die Kombination des technischen und kaufmännischen Bereiches wird Mehrfacherfassung überflüssig. Die Einheitlichkeit der Programme vereinfacht das Handling und schaltet Schnittstellenprobleme aus.

Vertrauen Sie bei RIB-BAU auf die 30jährige Erfahrung von RIB, Hersteller des umfassendsten Softwarespektrums für das gesamte Bauwesen.

RIB, Albstadtweg 3, 7000 Stuttgart 80,
Telefon 0711/78 73-0,
Telefax 0711/78 73-119

RIB BAUSOFTWARE

Für Bauplanung und Gebäudeverwaltung haben wir ein ganz einfaches System

Es sind wirklich nicht genug Steine da für das rot-grüne Türmchen hinten links.

Wenn Sie die Wünsche Ihrer Kunden nicht immer im Modell ändern möchten, dann arbeiten Sie einfach mit RIBCON, dem 3D/2D-CAD-System für die Gebäudeplanung. Bauplanung, Verwaltung, Umbau und Renovierung werden so unkompliziert und zeitsparend.

RIBCON erlaubt dreidimensionales Arbeiten in Ansichten und Perspektiven. Dabei werden Änderungen automatisch aktualisiert. Das CAD-System ersetzt ihr Reißbrett.

Mit dem Modul RIBCON-DIAMO lassen sich außerdem photorealistische Bilder in unterschiedlichsten Varianten erstellen.

Vertrauen Sie mit RIBCON einem Pionier im Bereich CAD für die Gebäudeplanung.

RIB, Albstadtweg 3, 7000 Stuttgart 80,
Telefon 07 11/78 73-0,
Telefax 07 11/78 73-119.

RIB BAUSOFTWARE

Wir erstellen Mengenberechnungen für jede Baugrube

So, Ausgang B wäre geschafft. Da kommt ganz schön viel Aushub zusammen.

Wenn Sie wissen wollen, wieviel Aushub Ihre Baugrube hat, rechnen Sie mit STRATIS. Aus DGM oder Querprofilen werden Mengenberechnungen für Baugruben, Erdbauwerke und Landschaftsbau mit automatischer Erkennung von Abtrag und Auftrag erstellt.

Neben grafischer Ausgabe sind auch grafische Kontrollen und die grafisch interaktive Entwurfsbearbeitung möglich.

Die Anpassung an übliche Arbeitsmethoden, die Durchgängigkeit vom Vorentwurf bis zur Abrechnung und gemeinsame Schnittstellen machen STRATIS so komfortabel.

Vertrauen Sie bei STRATIS auf unsere langjährige Erfahrung in Sachen Bausoftware.

RIB, Albstadtweg 3, 7000 Stuttgart 80,
Telefon 07 11/78 73-0,
Telefax 07 11/78 73-119.

RIB BAUSOFTWARE

Kunde: Micrografx Deutschland GmbH, München
Product Manager: Petra Wander
Marketingleiter: Daniel Hammer

Werbeagentur: Gerbert & Mayer Werbung und Marketing-Beratung GmbH, München
Berater: Sonja Bothe

Konzeption: Wilhelm Gerbert, Rainer Michel
Creative Director: Wilhelm Gerbert
Art Director: Rainer Michel
Texter: Wilhelm Gerbert, Anja Schröder
Grafiker: Carola Kurth
Fotograf: Robert Sprang

In der neuen Kampagne stehen nicht mehr einzelne Produkte im Vordergrund – vielmehr wurden ganze »Product-Ranges« in Verkaufslinien zusammengefaßt. Angesichts des stetig steigenden Produktangebotes der Micrografx-Grafik-Software bieten wir so zielgruppenorientierte Lösungen.

Branchensieger Bauwirtschaft

Ceresit **520**
Baums, Mang und Zimmermann, Düsseldorf

Agrob-Buchtal-Keramik (Serviceplan, München) **527**
Baumgartner Türautomatik (B,T&V, Zürich) **533**
Bayer-Silicone (Barten & Barten, Köln) **521**
Bayferrox (Barten & Barten, Köln)* **534**
Bona-Parkettary-Club (MMS, Linz) **516**
Capatect Dämmsysteme (WOB, Viernheim)* **522**
Ceresit (Baums, Mang und Zimmermann, Düsseldorf) **520**
Glamü (Bauer & Geiger, Freiburg) **529**
IGA (Lalakakis & Ehrhart, Düsseldorf) **531**
impralit (WOB, Viernheim) **517**
Mipolam-Bodenbeläge (Struwe & Partner, Düsseldorf) **518–519**
ROTO FRANK (RTS Rieger Team, Leinfelden-Echterdingen) **532**
Steinzeug (Barten & Barten, Köln)* **526**
Steuler (WOB, Viernheim) **528**
Sto (Bauer & Geiger, Freiburg) **523**
Tiger-Farben (Böttger, Meister & Partner, Salzburg) **515**
Werzalit (Pragma, Heilbronn) **525**
WICU (PerFact, Düsseldorf) **530**
Ytong (Wächter & Popp, München) **524**

* Europa-/Globalkampagne

Tiger-Farben **Bauwirtschaft** 515

Kunde: Tigerwerk, Lack- und Farbenfabrik, Wels
Marketingleiter: Gerhard Kokot

Werbeagentur: Böttger & Partner, Ges.m.b.H., Salzburg
Berater: Jörg M. Böttger
Konzeption: Manfred Koch, Fritz Perlega

Creative Director: Fritz Perlega
Art Director: Marion Ebner
Texter/Script: Manfred Koch
Producer FFF: Fritz Perlega
Filmproduktion: Neutor Filmproduktion, Ges.m.b.H., Wien
Regisseur: Erwin Schmölzer
Kamera: Martin Stingl
Musik: Klaus-Peter Sattler
Cutter: Erwin Schmölzer

Die wasserverdünnbaren, umweltfreundlichen neuen Tiger-Farben sollen stärker in das Bewußtsein der Konsumenten gebracht werden, da ab 1996 keine herkömmlichen Lacke mehr verkauft werden dürfen.

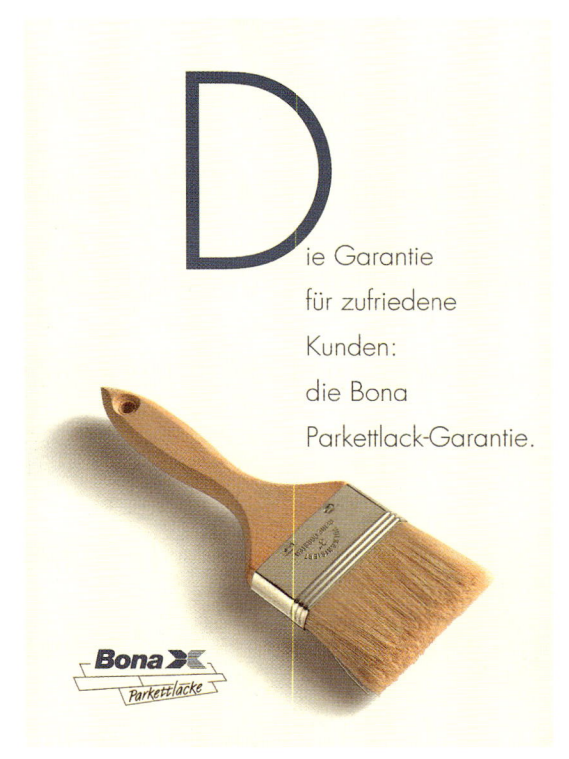

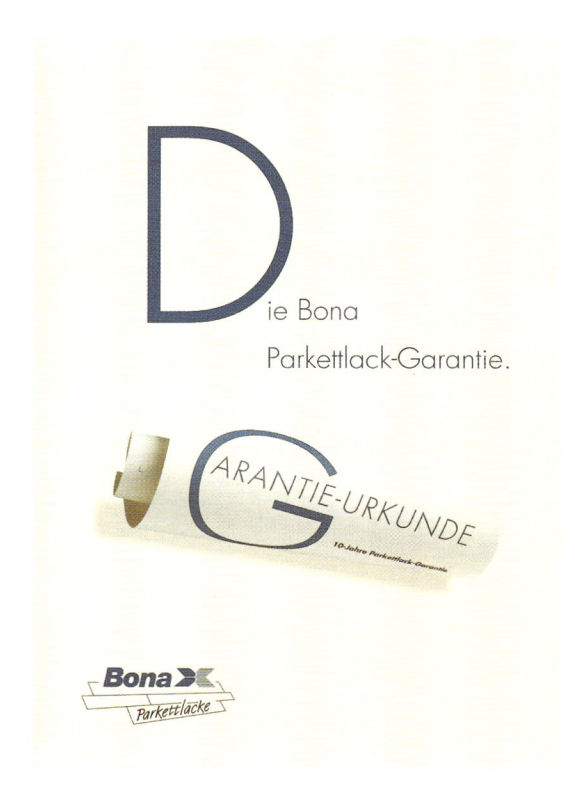

Kunde: Bona Kemi Ges.m.b.H., Salzburg
Product Manager: Erwin Edlinger
Marketingleiter: Enno Kandolf
Werbeleiter: Inge Lindner

Werbeagentur: MMS Werbeagentur GmbH & Co. KG, Linz
Berater: Willi Hamburger, Thomas Schuller
Konzeption: Willi Hamburger
Creative Director: Willi Hamburger
Texter: Klaus Fehrer
Grafiker: Andreas Weitz
Fotograf: Fotostudio Lang

Mit der Gründung des Parkettary-Clubs, für den alle Werbemittel entwickelt wurden, sollen die Parkettverlegeunternehmen stärker an Bona gebunden werden. Alle Clubmitglieder dürfen ihren Kunden auf mit Bona-Produkten behandelte Böden eine 10-Jahres-Garantie geben, was gegenüber den Mitbewerbern eine Alleinstellung bedeutet. Durch diese Aktivitäten soll letztendlich der Absatz von Bona-Produkten forciert werden.

impralit

Bauwirtschaft 517

Der neue impralit-Holzschutz:
Der Umwelt können wir uns nicht verschließen!

Der neue impralit-Holzschutz:
Jetzt kann die Umwelt wieder etwas aufatmen!

Der neue impralit-Holzschutz:
Der Gesetzgebung eine Nasenlänge voraus.

Der neue impralit-Holzschutz:
Beim Holzschutz sehen wir ganz genau hin.

Kunde: Weyl GmbH, Mannheim
Marketingleiter: H. Brunner

Werbeagentur: WOB MarketingKommunikation AG, Viernheim
Berater: Uli Dolde
Konzeption: Frank Merkel, Gerd Teynor
Creative Director: Kurt Klein
Art Director: Uschi Götzger
Texter: Gerd Teynor
Grafiker: Carolin Franz
Fotograf: Matthias Müller

Mit der Produkteinführungskampagne für umweltfreundliche Holzimprägnierungssalze soll den typischen Zielgruppen wie Tränkwerks- oder Kesseldruckanlagenbetreibern deutlich gemacht werden, daß die neue Holzschutzgeneration von Weyl bei gleicher Qualität wesentlich umweltfreundlicher ist.

Bauwirtschaft — **Mipolam-Bodenbeläge**

Unsere neuen Dessins lassen Ihre Fantasie ganz schön blühen.

Der ideale Boden für Ihre Ideen. **mipolam**

Der ständige Nachwuchs von langlebigen Dessins macht MIPOLAM so sympathisch.

Der ideale Boden für Ihre Ideen. **mipolam**

Kunde: Hüls Troisdorf AG, Troisdorf
Marketingleiter: Wolfgang Pohl
Werbeleiter: Gerhard Weber

Werbeagentur: Struwe & Partner, Werbeagentur GmbH, Düsseldorf
Berater: Jörg Struwe
Konzeption: Detlef Blume
Creative Director: Detlef Blume
Texter: Gerd Fehling
Fotograf: Iver Hansen, Düsseldorf

Dramatisierung der vielfältigen Gestaltungs- und Designmöglichkeiten der neuen Mipolam-Kollektion. Ideen zur kreativen Bodengestaltung.

Mipolam-Bodenbeläge **Bauwirtschaft**

Gutes Design setzt sich durch. Kein Wunder, schließlich orientieren sich die modernen Ansprüche an Lebens- und Arbeitsqualität an gestalterischer Qualität. Mit der neuen Collection von MIPOLAM bringen Sie diese auf den Boden. Und zwar mit einer Vielfalt, die ihresgleichen sucht. Ihre MIPOLAM Collection bestellen Sie unter Tel. 02241/85 37 70 bei Hüls Troisdorf AG, Verkauf MIPOLAM, D-5210 Troisdorf 1.

Wir haben beste Nehmer-Qualitäten. Aber das ist nur eine Seite der Medaille.

Der ideale Boden für Ihre Ideen. **mipolam**

Neue Perspektiven für Ihre Bodengestaltung bietet MIPOLAM. Mit Dessins, die ebenso schön wie robust sind. Zudem lassen sich unsere Böden hervorragend verarbeiten. Für welche Perspektive Sie sich auch entscheiden mögen, MIPOLAM bietet die Dessins, die den modernen Ansprüchen an Arbeits- und Lebensqualität gerecht werden. Ihre MIPOLAM Collection bestellen Sie unter Tel. 02241/85 37 70 bei Hüls Troisdorf AG, Verkauf MIPOLAM, D-5210 Troisdorf 1.

Für alle, die uns haltbar, aber unauffällig finden, hier eine völlig neue Perspektive.

Der ideale Boden für Ihre Ideen. **mipolam**

Kunde: Henkel KGaA, Düsseldorf
Product Manager: Uwe Bergmann
Marketingleiter: Rüdiger von Oehsen, ACG
Bereichsdirektor: Tilwiln Lepsius

Werbeagentur: BMZ Werbeagentur GmbH & Co. KG, Düsseldorf
Berater: Gert Feltes, Joachim Tomesch
Creative Director: Wolfgang Fetzer
Art Director: Martina Golembka
Texter: Stefan Oehm, Bernd Grellmann
Junior Art Director: Günter Glass
Fotograf: Stockmaterial

Bayer-Silicone **Bauwirtschaft**

BAYER-SILICONE: DIE UNENDLICHE GESCHICHTE DER ARCHITEKTUR

■ Sicher ist, womit Antoni Gaudi gebaut hätte, wenn er Bayer-Silicone gekannt hätte. Wer zeitgemäß bauen will, kommt an Bayer-Siliconen nicht vorbei.

■ Außen schützen Dehnungsfugen die Fassade vor zudringlicher Nässe. Beim Fenster, im Bad oder in der Küche halten Bayer-Silicone an allen kritischen Stellen dicht. Und geruchsneutrale Dichtstoffsysteme stimmen jeden Anwender freundlich.

■ Ob Alt- oder Neubau, der Schutz wertvoller Substanz ist die Spezialität der Baysilone®-Imprägniermittel. Sie schützen Fassaden sogar vor saurem Regen. Mauerwerke erhalten durch Baysilone eine Horizontalsperre, um aufsteigende Nässe zu stoppen. Und bei Fassadenfarben arbeiten Bayer-Silicone den hydrophoben Zusatznutzen gleich mit ein. Die Nässe bleibt draußen, das Mauerwerk atmungsaktiv.

■ Wer am Bau Bayer-Silicone verwendet, baut auf Qualität und Zuverlässigkeit, und auf erfolgreiche Entwicklungen von Bayer.

Wenn Sie mehr über Bayer-Silicone wissen wollen, schreiben Sie uns, oder rufen Sie uns an: 02 14/30-3 19 22

· BAYER-SILICONE ·
40 JAHRE
— MADE IN GERMANY —

Bayer AG
Geschäftsbereich
Anorganische Chemikalien
Geschäftsfeld Silicone
D-51368 Leverkusen

Bayer

BAYER-SILICONE: DIE UNENDLICHE GESCHICHTE DER DICHTSTOFFE

■ Unsicher ist, wie mancher Bauherr dastehen würde, wenn es die Dichtstoffe auf der Basis von Bayer-Siliconen nicht geben würde. Sicher ist, daß Bayer-Dichtstoffe einen substantiellen Beitrag zur Geschichte der Dichtung geleistet haben.

■ Im Bauwesen schätzt man ihre universellen Fähigkeiten. Viele speziellen Dichtstoffvarianten kommen zum Einsatz. Ein Beispiel dafür ist die Verklebung und Abdichtung von Glaskonstruktionen.

■ Ein Meilenstein sind die von Bayer entwickelten Benzamid-Dichtstoff-Systeme. Völlig geruchlos bieten sie dem Verfuger beste Verarbeitbarkeit und hervorragende Qualität. Als Dichtungsmassen für alle Arten von Fugen helfen unsere Silicone, wertvolle Energie zu sparen.

■ Eigentlich profitiert jeder von der Bayer-Forschung, der Anwendungstechnik und dem Engagement unserer Mitarbeiter.

Wenn Sie mehr über Silicone-Dichtstoffe von Bayer wissen wollen, schreiben Sie uns, oder rufen Sie uns an: 02 14/30-79 08

· BAYER-SILICONE ·
40 JAHRE
— MADE IN GERMANY —

Bayer AG
Geschäftsbereich
Anorganische Chemikalien
Geschäftsfeld Silicone
D-51368 Leverkusen

Bayer

Kunde: Bayer AG, Leverkusen
Werbeleiter: Dieter Ranz, Utz Klages
Werbeagentur: Barten & Barten, Die Agentur GmbH, Köln
Berater: Peter Pochmann, Anette d'Alquen-Schrott
Konzeption: Peter Pochmann
Art Director: Frank Bertram
Texter: Martin Buhl, Herbert Paul

Gegen die Tücken des Objekts!

Wärmedämm-Verbundsysteme: Umfassender Service speziell für Sie!

Die Planung größerer Objekte hat so ihre Tücken. Und der Teufel steckt meistens im Detail. Gut, wenn man sich dann auf ein gut durchdachtes Service-Konzept verlassen kann. Und auf kompetente Berater, die Ihnen vor Ort mit Rat und Tat zur Seite stehen. Mit sicheren, wirtschaftlichen und energiesparenden Lösungen für die Fassadenrenovierung, Sanierung und Neugestaltung. Und mit der Unterstützung durch Computer-Vergleichsberechnungen, Planer-Software mit Ausschreibungstexten, dem „Architektenbrief" und allen technischen Möglichkeiten des Capatect-Farbstudios. Damit sind Sie sicher auf alles gefaßt!

Capatect Dämmsysteme GmbH & Co. Energietechnik KG
6105 Ober-Ramstadt · Tel. 06154/71-0 · Fax 06154/71-549
Ein Unternehmen der Caparol-Firmengruppe

Oft hängt alles am Detail!

Die Sicherheit eines technisch ausgereiften Wärmedämm-Verbundsystems

Unsere Liebe zum Detail hat schon seinen Grund. Denn bei einem perfekten Wärmedämm-Verbundsystem muß selbstverständlich alles stimmen – auch die Kleinigkeiten. Die stimmen wir für Sie sorgfältig aufeinander ab – bis zum Schraubdübel, der einigen unserer Systeme optimalen Halt und Sicherheit gibt. Und Sie brauchen keine Kompromisse zu machen: Technisch ausgereifte System-Qualität, Gestaltungs-Vielfalt und dauerhafte Sicherheit, auf die Sie sich voll und ganz verlassen können. Wir wissen, was für Sie alles davon abhängt.

Capatect Dämmsysteme GmbH & Co. Energietechnik KG
6105 Ober-Ramstadt · Tel. 06154/71-0 · Fax 06154/71-549
Ein Unternehmen der Caparol-Firmengruppe

Kunde: Capatect Dämmsysteme GmbH & Co. Energietechnik KG, Ober-Ramstadt
Marketingleiter: Manfred Dondorf
Werbeleiter: Manfred Heger

Werbeagentur: WOB MarketingKommunikation AG, Viernheim
Berater: Ute Lorbeer
Konzeption: Kurt Klein, Stephan Vogel
Creative Director: Kurt Klein
Art Director: Ute Lorbeer
Texter: Stephan Vogel, Marion Grauting
Grafiker: Dagmar Dinkel
Fotograf: Matthias Müller

Wir wollen innerhalb eines Jahres allen relevanten Zielgruppen (Planern, Architekten und Großverarbeitern) zeigen, daß Capatect die absolute Nr. 1 ist, wenn es um Wärmedämm-Verbundsysteme geht. Der Spezialist mit der breitesten Produktpalette, dem besten Service, einer Riesenerfahrung und dem festen Willen, alles für seine Kunden zu tun.

Sto — Bauwirtschaft

Ein heißes Pflaster für Kältebrücken.

An der Spitze wird die Luft verdammt dünn.

Blütezeit statt Winterschlaf.

Bei Sonderformen wachsen wir über uns hinaus.

Kunde: Sto AG, Stühlingen
Werbeleiter: Karl-Heinz Krohn
Werbeagentur: Bauer & Geiger, Agentur für Wirtschaftskommunikation GmbH, Freiburg
Berater: Bernd Bauer, Klaus Geiger
Creative Director: Klaus Geiger
Art Director: Bruno Kollmer
Texter: Bernd Bauer

Bauwirtschaft — Ytong

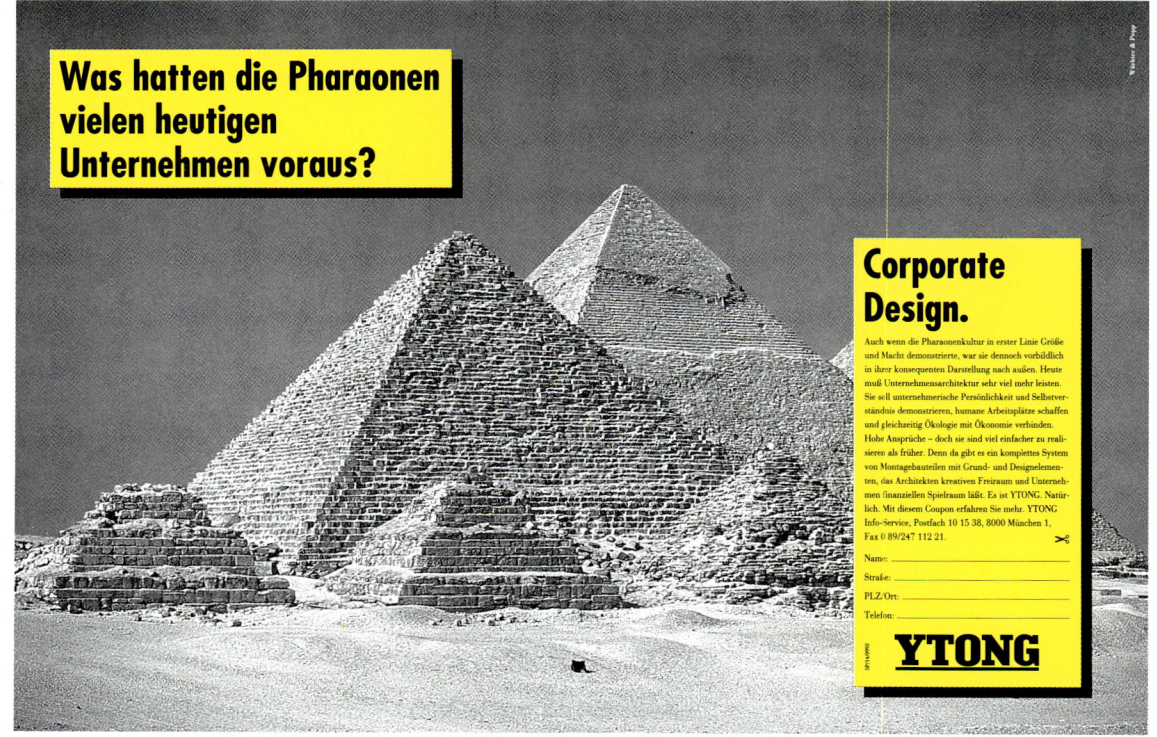

Für uns ist die neue Wärme-schutz-Verordnung von 1994 vor allem eins:

Überholt.

Ab 1994 gibt es neue Grenzwerte für den Energieverbrauch von Gebäuden, um unter anderem die CO_2-Emission zu verringern. Denn sie ist für den Treibhauseffekt, das Waldsterben und die Zerstörung wertvoller Kulturgüter verantwortlich. Es gibt allerdings einen Baustoff, der durch seine hervorragende Wärmedämmung schon heute die CO_2-Emission gegenüber der herkömmlichen Bauweise bis zu 60% reduzieren kann. Und die WSVO bereits heute schon unterschreitet. Es ist YTONG. Natürlich. Mit diesem Coupon erfahren Sie mehr. YTONG Info-Service, Postfach 10 15 38, 8000 München 1, Fax 0 89/247 112 21.

Name:
Straße:
PLZ/Ort:
Telefon:

Mehr zum Thema auf der BAU '93, Halle 18, Stand 1802.

YTONG

Was hatten die Pharaonen vielen heutigen Unternehmen voraus?

Corporate Design.

Auch wenn die Pharaonenkultur in erster Linie Größe und Macht demonstrierte, war sie dennoch vorbildlich in ihrer konsequenten Darstellung nach außen. Heute muß Unternehmensarchitektur sehr viel mehr leisten. Sie soll unternehmerische Persönlichkeit und Selbstverständnis demonstrieren, humane Arbeitsplätze schaffen und gleichzeitig Ökologie mit Ökonomie verbinden. Hohe Ansprüche – doch sie sind viel einfacher zu realisieren als früher. Denn da gibt es ein komplettes System von Montagebauteilen mit Grund- und Designelementen, das Architekten kreativen Freiraum und Unternehmen finanziellen Spielraum läßt. Es ist YTONG. Natürlich. Mit diesem Coupon erfahren Sie mehr. YTONG Info-Service, Postfach 10 15 38, 8000 München 1, Fax 0 89/247 112 21.

Name:
Straße:
PLZ/Ort:
Telefon:

YTONG

Kunde: Ytong AG, München
Marketingleiter: Manfred von Podewils
Werbeleiter: Andrea Schraff

Werbeagentur: Wächter & Popp Werbeagentur GmbH, München
Berater: Ulrike Duttenhofer, Gabi Papst
Konzeption: Manfred Wächter
Creative Director: Hein Popp
Art Director: Renate Mahl
Texter: Ilona Henjes
Grafiker: Christoph Everding
Fotograf: Motiv Pyramide: Alai Choisnet

Die Natürlichkeit und die Umweltverträglichkeit des Markenbaustoffes Ytong und brandaktuelle Themen rund ums Wohnen sind die Kernthemen der neuen Ytong-Kampagne. Themen, die nicht nur den Bauherren, sondern auch die Profis vom Bau immer mehr beschäftigen. Die Kampagne fordert den Leser mit plakativen Bildern und einer emotionalen Sprache heraus, sich mit den zentralen Themen auseinanderzusetzen.

Kunde: Werzalit AG, Oberstenfeld
Werbeleiter: Eckhard Dehn

Werbeagentur: Pragma Werbung GmbH, Heilbronn
Berater: Klaus D. Flachsbarth
Konzeption: Maria-J. Bucher
Art Director: Paul Linn
Texter: Peter Schiffer
Fotograf: Claus Rudolph, Archiv

Einführung eines neuen Balkonprofilprogramms bei Architekten und Verarbeitern per Direct-mailing und Beileger in Fachzeitschriften.

526 Bauwirtschaft												Steinzeug

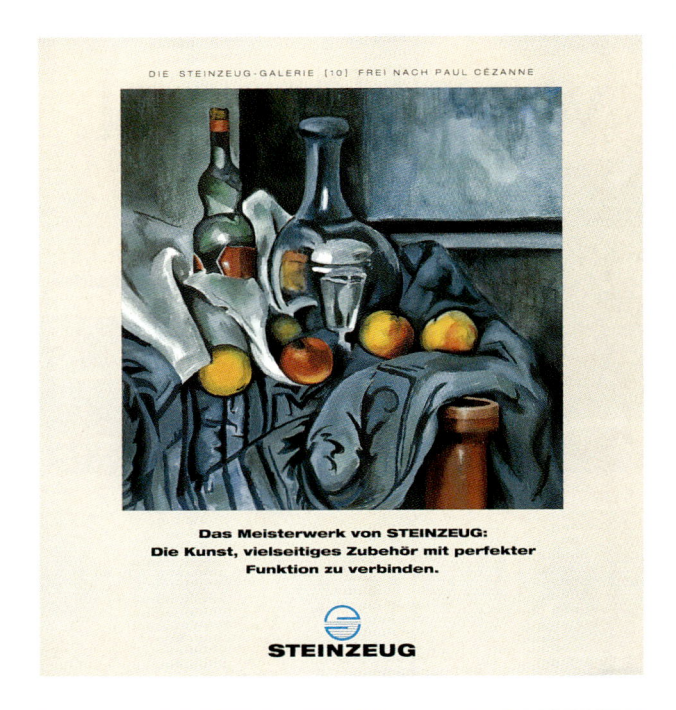

Das Meisterwerk von STEINZEUG:
Die Kunst, vielseitiges Zubehör mit perfekter Funktion zu verbinden.

Das Meisterwerk von STEINZEUG:
Die Kunst, Planung für Morgen mit dem Menschen von heute zu verbinden.

Das Meisterwerk von STEINZEUG:
Die Kunst, umfassenden Service mit hoher Kompetenz zu verbinden.

Kunde: Steinzeug GmbH, Köln-Marsdorf
Marketingleiter: Hella Riedemann

Werbeagentur: Barten & Barten, Die Agentur GmbH, Köln
Berater: Helmut Barten, Susanna Holtgrewe
Konzeption: Helmut Barten, Susanna Holtgrewe
Creative Director: Frank Imkampe
Art Director: Marion Reimers
Texter: Anke Heiser

»Kunst kommt von Können.« Das Können ist bei Deutschlands größtem Kanalrohrproduzenten vorausgesetzt. Umgesetzt mit »kunstvollen« Motiven aus der klassischen Malerei über Pop-art bis zur zeitgenössischen Avantgarde, sichert sich ein technisches Investitionsgut höchste Marktakzeptanz und beste Aufmerksamkeitswerte im harten Wettbewerb des europäischen Marktes.

SCHON GELESEN?

AGROB-BUCHTAL-KERAMIK · BAU '93 · HALLE 21 · STAND 2110

KOMMEN SIE HINTER DIESES GEHEIMNIS!

AGROB-BUCHTAL-KERAMIK · BAU '93 · HALLE 21 · STAND 2110

Kunde: ABK, Agrob-Buchtal-Keramik GmbH, Witterschlick bei Bonn
Marketingleiter: Dieter Frost, Udo Klein, Rudolf Mertens, Hans-Dieter Wider
Werbeagentur: Serviceplan Werbeagentur, München
Berater: Florian Frhr. v. Hornstein, Martina Büscher
Creative Director: Bernd Schöll, Ewald Pusch, Patrick Thiede
Art Director: Tobias Arps
Texter: Winfried Bergmann, Martin Wolf

Aufmerksamkeitsstarke Hieroglyphen auf Plakaten und in Anzeigen geben Rätsel auf. Mit diesem »geheimnisvollen« Auftritt wurde die neue starke Unternehmensgruppe Agrob-Buchtal-Keramik, kurz ABK, im deutschen und europäischen Markt eingeführt. Die Auflösung dieser Teaserkampagne erfolgte in einer breitstreuenden Publikumskampagne, die das Leistungsspektrum des neuen Unternehmensverbundes aufzeigt.

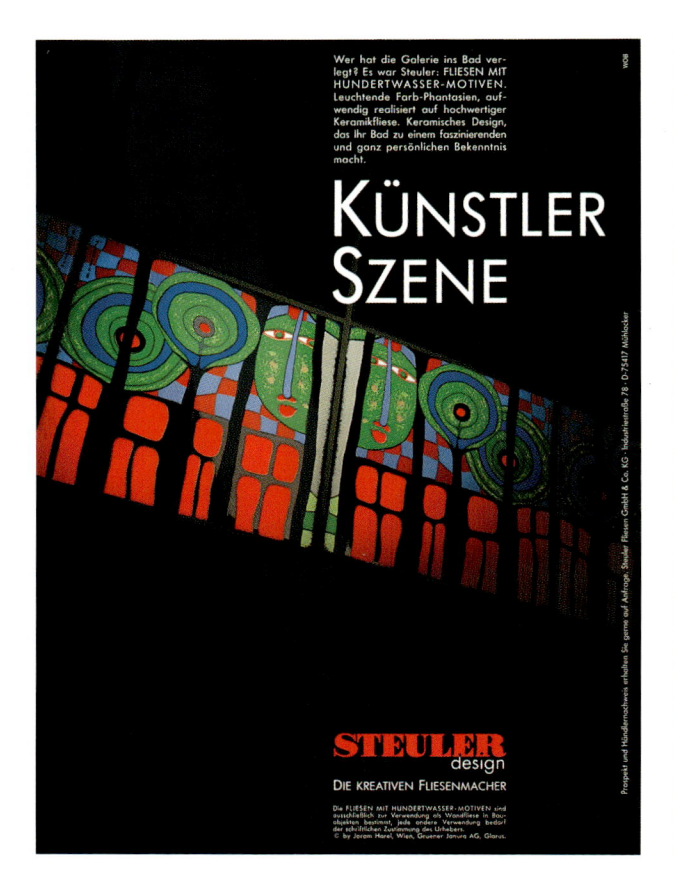

Kunde: Steuler Fliesen GmbH & Co. KG, Mühlacker
Werbeleiter: Hans-Jürgen Fritz

Werbeagentur: WOB MarketingKommunikation AG, Viernheim
Berater: Ellen Gundrum
Creative Director: Walter Hertig
Art Director: Nicole Merkel
Texter: Heike Lauhöfer
Fotograf: Werbefotografie Simianer und Blühdorn

Im Trend des Cocooning: Steuler-Fliesen, hochwertig im Design, Material und in der Verarbeitung, bringen dem Menschen Kunst ins eigene Heim! Hochwertige Fotografie für hochwertige Produkte.

Kunde: Glamü GmbH, Hügelheim
Marketingleiter: Erich Hofer
Werbeagentur: Bauer & Geiger, Agentur für Wirtschaftskommunikation GmbH, Freiburg
Berater: Bernd Bauer, Klaus Geiger
Creative Director: Klaus Geiger
Art Director: Bruno Kollmer
Texter: Bernd Bauer

Bauwirtschaft

WICU

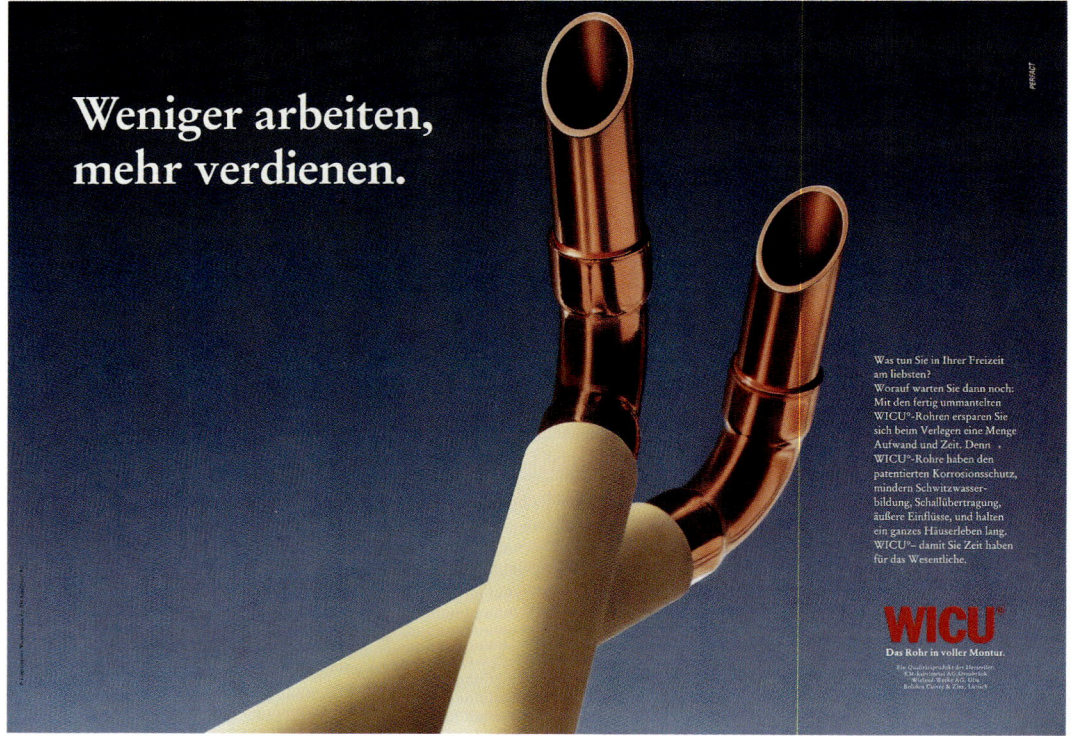

Isolierung auf Zack, Verlegung zack-zack.

Eins, zwei, drei – so können Sie jetzt fachmännisch Rohre verlegen. Denn die korrosionsgeschützten WICU°-Rohre besitzen das gewisse Etwas, das Ihnen viel Mühe und Zeit erspart: Die fertige Isolierung ab Werk. WICU°-Rohrsysteme sind sicher, wirtschaftlich, mindern Schallübertragung und Tauwasserbildung. Und können ruckzuck installiert werden. WICU°– im Handumdrehen in der Wand.

WICU
Das Rohr in voller Montur.

Weniger arbeiten, mehr verdienen.

Was tun Sie in Ihrer Freizeit am liebsten? Worauf warten Sie dann noch: Mit den fertig ummantelten WICU°-Rohren ersparen Sie sich beim Verlegen eine Menge Aufwand und Zeit. Denn WICU°-Rohre haben den patentierten Korrosionsschutz, mindern Schwitzwasserbildung, Schallübertragung, äußere Einflüsse, und halten ein ganzes Häuserleben lang. WICU°– damit Sie Zeit haben für das Wesentliche.

WICU
Das Rohr in voller Montur.

Kunde: Werbegemeinschaft WICU°-Kupferrohre, Osnabrück
Marketingleiter: Hans Günter Hamacher

Werbeagentur: PerFact Werbeagentur GmbH, Düsseldorf
Konzeption: Rainer Brües
Texter: Klaus Wimmer
Grafiker: Dagmar Müller
Fotograf: Franc Enskat

Auf die Installateure können wir nicht verzichten, denn ohne sie läuft nichts mehr. Und wir müssen ihnen bis ins Detail erklären, wie sie mit etwas Umdenken auch und gerade mit WICU° einen guten Schritt machen. Den Installateur nehmen wir als Menschen ernst und sprechen ihn kultiviert an. Mit einer gefälligen Gestaltung, die sich angenehm abhebt vom Umfeld seiner Fachzeitschriften.

Kunde: IGA Architekturbaustoffe GmbH & Co. KG, Heilbronn
Product Manager: Uwe Schoch
Marketingleiter: Dieter Schröder

Werbeagentur: Lalakakis & Ehrhart, Werbeagentur GmbH, Düsseldorf
Berater: Wolfgang Lalakakis
Konzeption: Josef Ehrhart
Creative Director: Heinz Gerblinger
Art Director: Heinz Gerblinger
Texter: Renate Seitz
Grafiker: Christine Walter
Fotograf: Jörg Meuter

Statt Fliesenpalästen zeigt die Kampagne kleine Ausschnitte von möglichen Situationen, die der Leser in seine Wohnsituation übertragen kann. Sie lädt ein in die Ausstellungen der IGA-Fliesenhäuser.

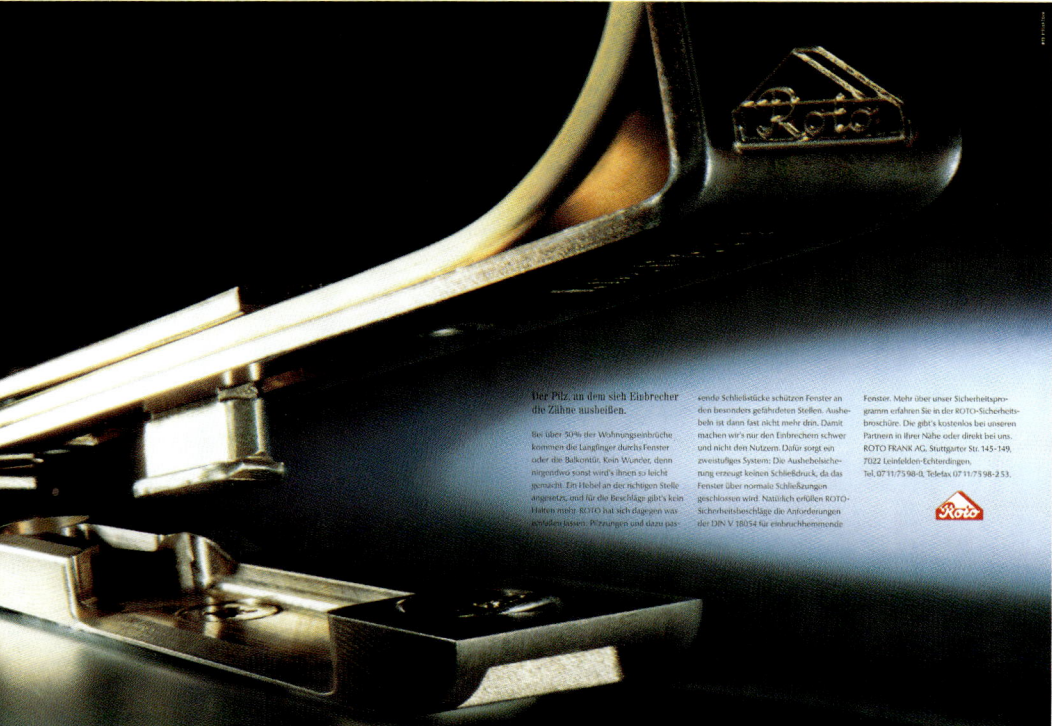

Kunde: ROTO FRANK AG, Leinfelden-Echterdingen
Marketingleiter: Gerd Heuser

Werbeagentur: RTS Rieger Team Werbeagentur GmbH, Leinfelden-Echterdingen
Berater: Jörg Dambacher, Volker Meissner
Konzeption: Jörg Dambacher, Volker Meissner
Art Director: Volker Meissner
Texter: Ekkehard Haug
Grafiker: Michael Schade
Fotograf: Peer-Oliver Brecht

Beschläge sind die funktionsbestimmenden und entscheidenden Bestandteile eines Fensters, die im fertigen Produkt unsichtbar verschwinden. Die Kampagne rückt diese Produkte bei Architekten und sonstigen Planern ins Bewußtsein und zeigt, wie wichtig Beschläge von ROTO für qualitativ hochwertige Fenster sind.

Baumgartner Türautomatik Bauwirtschaft 533

WENN SIE SAGEN DANN UND DANN,
Dass Baumgartner Türen so pünktlich kommen, so einwandfrei funk-
LIEFERN WIR AUCH DANN UND DANN.
tionieren und so budgetfreundlich sind, macht unsere Kunden durch-
UND NICHT DANN UND WANN.
wegs zufrieden. Und unsere Konkurrenten dann und wann recht ärgerlich.

AUS UNSERER PREIS-PHILOSOPHIE:
Baumgartner Türen sind so budgetfreundlich, kommen so
DIE PREISWERTE LÖSUNG IST DIE FOLGE
pünktlich und funktionieren so einwandfrei, dass sie kaum
EINER HERVORRAGENDEN LEISTUNG.
überboten werden können. Ausser natürlich von unserem Service.

DIE QUALITÄT UNSERER TÜREN
Baumgartner Türen funktionieren so einwandfrei, kommen so
IST SO AUFSEHENERREGEND, DASS
pünktlich und sind so budgetfreundlich, dass sie meistens einfach
SIE KAUM AUFSEHEN ERREGEN.
übersehen werden. Was wir erst noch als Kompliment auffassen.

Kunde: Baumgartner Türautomatik AG, Bubikon
Marketingleiter: Helmut E. Küpper

Werbeagentur: B,T&V Werbeagentur AG BSW, Zürich
Berater: Christoph Vogler
Creative Director: Remo Garbini
Texter: René Bucher
Grafiker: Nicolas Vontobel
Fotograf: Michael Reinhard

Architekten, Metallbauern und Bauherren, die die Vorzüge einer Zusammenarbeit mit der Baumgartner Türautomatik AG kommunizieren.

Bayferrox

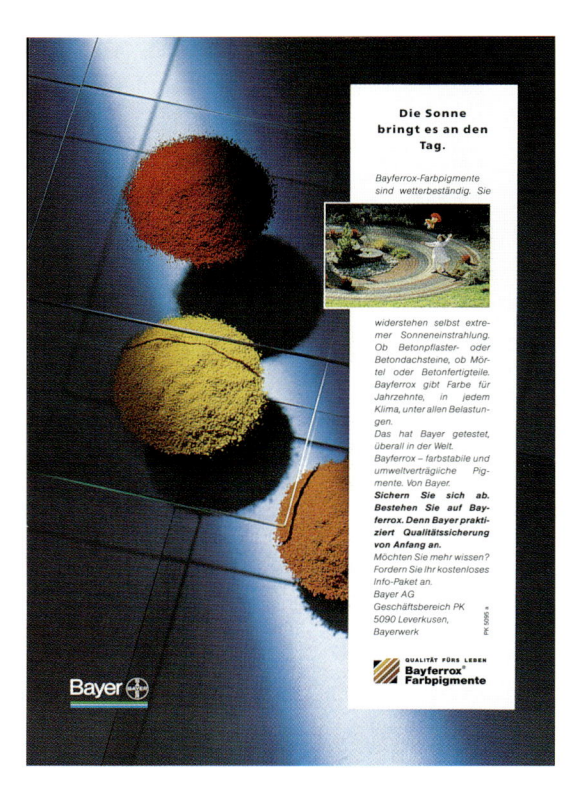

Kunde: Bayer AG, Leverkusen
Marketingleiter: Marinho Theunis
Werbeleiter: Dieter Ranz, Burkhard Sackebier
Werbeagentur: Barten & Barten, Die Agentur GmbH, Köln
Berater: Peter Pochmann, Anette d'Alquen-Schrott
Konzeption: Peter Pochmann
Art Director: Frank Bertram
Texter: Herbert Paul
Fotograf: Andreas Tillmanns

Branchensieger Maschinenbau

KHS Maschinen- und Anlagenbau **542–543**
  Dr. Kampf und Partner, Düsseldorf

Maschinenbau — Inhalt

IWKA (Bläse, Schott + Partner, Stuttgart)* **540**
KHD-Landtechnik (Barten & Barten, Köln)* **537**
KHS (Dr. Kampf und Partner, Düsseldorf) **542–543**
LUTRO Lackieranlagen (Beck, Esslingen) **544**
MAN GHH Logistics (WOB, Viernheim) **538**
Multivac (Schwenkert, Kastenhuber & Partner, Unterföhring)* **541**
Schubert (Bläse, Schott + Partner, Stuttgart)* **539**

* Europa-Globalkampagne

KHD-Landtechnik   Maschinenbau   537

Kunde: Deutz-Fahr Erntesysteme GmbH, Lauingen
Marketingleiter: Ernst Selzle
Werbeleiter: Günther Berger
Werbeagentur: Barten & Barten, Die Agentur GmbH, Köln
Berater: Peter Pochmann, Sabine Eisenmenger
Konzeption: Peter Pochmann
Creative Director: Peter Pochmann
Art Director: Frank Imkampe
Texter: Herbert Paul
Fotograf: Ludger Wunsch

538 Maschinenbau | MAN GHH Logistics

Kunde: MAN GHH Logistics GmbH, Heilbronn
Marketingleiter: Dr. Eckkehard Kleine
Werbeleiter: Hanns-Dieter Paikowsky

Werbeagentur: WOB MarketingKommunikation AG, Viernheim
Berater: Uli Dolde
Konzeption: Uli Dolde
Creative Director: Kurt Klein
Art Director: Uschi Götzger
Texter: Gerd Teynor
Grafiker: Carolin Franz
Fotograf: Frank M. Orel

Kampagne zur Steigerung des Leistungsbekanntheitsgrades von MAN GHH Logistics. Die visuelle Inszenierung demonstriert die hochwertige Technologie. Zielgruppe: das Buying-Center in allen relevanten Industriebetrieben.

Kunde: Gerhard Schubert GmbH, Crailsheim
Werbeleiter: Peter Schneider

Werbeagentur: BSLO Bläse, Schott & Partner GmbH, Stuttgart
Creative Director: Peter Jochen Schott
Art Director: Peter Lorenz
Texter: Reiner Fischer, Tillo Pfeffer-Stojan
Grafiker: Volker Rosenberger
Fotograf: Johannes Pöttgens, Image-Bank

Imagekampagne in der internationalen Fachpresse sowie nationalen Managementtiteln wie manager magazin, TopBusiness etc.

540 **Maschinenbau**   IWKA

Anno 1893.

Anno 1993.

Wir bauten bereits 1893 den ersten Tubenfüller. Und nicht lange nach der Jahrhundertwende die erste Kartoniermaschine. 100 Jahre voller Ideen und innovativer Problemlösungen. Aber auch 100 Jahre voller Vertrauen und partnerschaftlicher Zusammenarbeit. Dafür bedanken wir uns bei unseren Kunden in aller Welt. Ihre Erfordernisse sind nach wie vor unser Maßstab. Ihre Wünsche unsere Herausforderung.

"Fragen wir die IWK" – das gilt auch in Zukunft, wenn es um Tubenfüller, Tubensammelpacker, Kartonierer, Blistermaschinen und komplette Verpackungslinien geht.

Sie können sich auf uns verlassen, auch die nächsten 100 Jahre.

IWK Verpackungstechnik GmbH
Postfach 1151
D-76288 Stutensee bei Karlsruhe
Telefon 0 72 44 / 9 68-0
Telefax 0 72 44 / 9 60 73
Telex 7 826 923

IWKA
Vertrauen in Kompetenz

Kunde: IWKA, IWK-Verpackungstechnik GmbH, Stutensee bei Karlsruhe
Marketingleiter: Hans-Jürgen Reif
Werbeleiter: Andrea Fey

Werbeagentur: BSLO Bläse, Schott & Partner GmbH, Stuttgart
Berater: Peter Jochen Schott, Tillo Pfeffer-Stojan
Texter: Constanze Grabner
Grafiker: Wolfgang Haselsteiner

Internationale Fachkampagne zum hundertjährigen Bestehen.

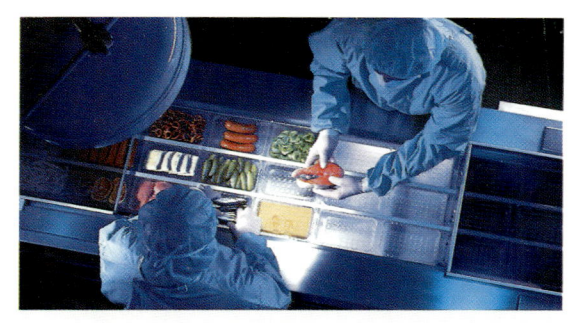

Multivac — Maschinenbau

Bacteria don't stand a chance

The new Thermoforming Packaging Machine R 530. Good Reasons for Stainless Steel.

Whatever your packaging requirements the all-new high-performance Multivac R 530 provides the highest standards of hygiene control. The machine is designed to satisfy EC guidelines in all food packaging applications. All cavities are either hermetically sealed or opened downwards to prevent the accumulation of product waste and cleaning fluids. Stainless steel surfaces are smooth and free from gaps or joints. And where you don't find gaps, you don't find bacteria. The advantages are not limited to hygiene. Shorter maintenance and cleaning times reduce running costs. Improved pneumatic lifting systems require less compressed air and allow much faster cycling speeds. And there's much more... for the complete picture call us today.

MULTIVAC

Less down-time, more production

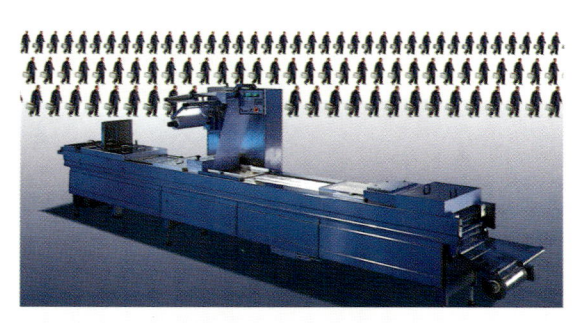

The new Thermoforming Packaging Machine R 530. Good Reasons for Stainless Steel.

The all-new high-performance Multivac R 530 is designed for low maintenance and minimum down-time. Side bearings for the transport chains are self-lubricating; sealed roller bearings are lubricated for life; and the machine features robust, maintenance-free toothed belts. Together with other construction innovations maintenance times are cut to a minimum. The advantages are not limited to low-maintenance. Running costs are reduced through the development of a range of features including improved pneumatic lifting systems which require less compressed air and allow much faster cycling speeds – with reliability. And there's much more... for the complete picture call us today.

MULTIVAC

Einschäumen, abspülen, fertig.

Die neue Tiefzieh-Verpackungsmaschine R 530. Gute Gründe für Edelstahl.

Nicht anders als beim Auto: Reinigung mit Druck und Heißwasser. Washdown der R 530: innen, außen und intensiv. Dafür sorgen die konsequente Ausführung in Edelstahl, glatte Oberflächen, versiegelte Hohlräume und unempfindliche Zahnriemen. Spezielle Reinigungsprogramme schließen und temperieren die Werkzeuge. Selbstschmiereinrichtungen erledigen die Nachsorge. Das Ergebnis: optimale Maschinenhygiene, weniger Aufwand. Klare Pluspunkte gibt es aber nicht nur bei der Reinigung: Die R 530 verbraucht weniger Druckluft, bietet dauerhaft hohe Taktleistung und ist rundum bedienerfreundlich.
Weitere Gründe für die R 530? Fragen Sie uns!

MULTIVAC

20 Jahre Garantie gegen Durchrostung

Die neue Tiefzieh-Verpackungsmaschine R 530. Gute Gründe für Edelstahl.

Unsere Antwort auf aggressive Medien im Verpackungsprozeß: Die Edelstahlmaschine R 530. Durch den konsequenten Einsatz von Edelstahl ist sie dauerhaft korrosionsgeschützt – bis hin zu Schrauben, Muttern und Unterlegscheiben. Qualität aber auch in anderen Details: der verwindungssteife Profilrahmen, extreme Geräuschdämpfung oder die wartungsfreien Gleitlager. Klare Pluspunkte auch bei den Betriebskosten. Die optimierte Pneumatik verbraucht weniger Druckluft, kurze Wartungs- und Reinigungszeiten senken die Nebenkosten.
Weitere Gründe für die R 530? Fragen Sie uns!

MULTIVAC

Kunde: Multivac Sepp Haggenmüller KG, Wolfertschwenden
Kfm. Leiter: Jörg Schif
Werbeleiter: Willibald Sparakowski
Werbeagentur: Schwenkert, Kastenhuber und Partner GmbH, Unterföhring
Berater: Silvia Romann
Konzeption: Stefan Kerscher, Silvia Romann
Creative Director: Stefan Kerscher
Art Director: Anja Schumacher
Texter: Silvia Romann
Fotograf: Bernhard Lehn

Kampagne zur Markteinführung einer neuen TZ-VP-Maschine. Neue Materialien (Edelstahl) erleichtern Verpackungsprozeß, Reinigung und Wartung, außerdem ist sie hoch korrosionsbeständig. Diese Argumente sollten den technischen Entscheidern in der Lebensmittelindustrie verdeutlicht werden.

Über kurz oder lang kommen Sie an uns nicht vorbei.

Wer dem Markt ein hochwertiges Getränk anbieten will, benötigt ein zuverlässiges und fortschrittliches Abfüllverfahren. Doch oft führen unterschiedliche Wege zum Ziel. Zum Beispiel die Methode Bier so abzufüllen, daß es zwar besonders schnell geht, aber weder aus der Flasche ausschäumt, noch mit Sauerstoff in Berührung kommt und eine Konservierung überflüssig macht: das KHS-Dampfdruckverfahren mit langem Füllrohr. Für Getränke mit anderen Eigenschaften, wie etwa Softdrinks, haben wir bei KHS das Kurzrohrfüllverfahren weiterentwickelt, bei dem ein Prozeßrechner das Einströmen der Flüssigkeit an der Flascheninnenseite kontrolliert. So bieten wir für jede Aufgabenstellung die richtige Technologie. Selbstverständlich nicht nur beim Füllen, sondern ebenso beim Reinigen, Verschließen, Etikettieren, Packen und Palettieren. Auch hinsichtlich der Zuverlässigkeit und Wirtschaftlichkeit sind unsere Anlagen ein Angebot, an dem Sie in Zukunft nicht vorbei kommen werden.

■ Lassen Sie sich überzeugen, auf der drinktec interbrau '93 Halle 23 · vom 24.9.93 – 1.10.93 Innovation ist unser Programm.

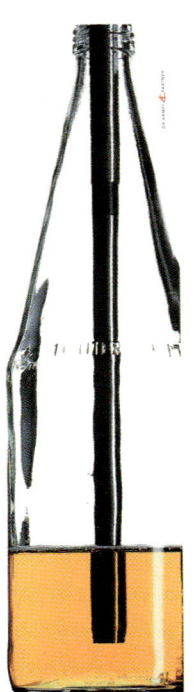

KHS
Klöckner · Holstein · Seitz

Nur jede Zweite geht fremd.

Alle anderen Bier- oder Soft-Drink-Flaschen weltweit werden jedoch auf einer KHS-Maschine oder -Anlage entweder gefüllt, gereinigt oder in sonstiger Weise behandelt. Und das hat einleuchtende Gründe. Erstens hängen der Geschmack und die Haltbarkeit der Getränke im wesentlichen davon ab, wie schonend und qualitätssichernd abgefüllt wird. Zweitens wiederum hängen der Markterfolg und der Preis, der erzielt werden kann, von genau dieser Qualität ab. Und drittens macht sich beim Gewinn entscheidend bemerkbar, daß Risiken möglichst gleich ausgeschlossen bleiben, beim Füllen nichts daneben geht und der Material- und Massefluß gleichbleibt. Wenn also fast die Hälfte eines so anspruchsvollen Marktes auf KHS vertraut, so ist dies der Beweis, daß man mit unseren Anlagen zufrieden ist. Und zwar weltweit.

■ Lassen Sie sich überzeugen, auf der drinktec interbrau '93 Halle 23 · vom 24.9.93 – 1.10.93

KHS
Klöckner · Holstein · Seitz

Kunde: KHS Maschinen u. Anlagenbau AG, Dortmund
Marketing Vorstand: Dr. Wolfgang Schwarz
Marketingleiter: Rainer Carqueville
Werbeleiter: Manfred Rückstein

Werbeagentur: Dr. Kampf & Partner, Düsseldorf
Berater: Dr. Erwin Kampf
Konzeption: Dr. Erwin Kampf, Bernhard Schmitz
Art Director: Bettina Schmidt
Texter: Marianne Voos
Fotograf: Axel Gnad

Ziel der Kampagne ist es, die Innovationskraft und die wirtschaftliche Bedeutung des neuen, aus einer Fusion entstandenen Unternehmens zu kommunizieren.

Wir kümmern uns um Ihre flüssigen Mittel.

Je schonender Sie Ihr Produkt behandeln, desto deutlicher macht sich das auch bei den finanziellen Mitteln bemerkbar. Seit wir beispielsweise ein Verfahren entwickelt haben, Sekt bei 20°C abzufüllen, sind die Abfüllkosten erheblich gesunken, unter Beibehaltung des gewohnt hohen Qualitätsniveaus. Fruchtsäfte „wie die Natur sie liefert" können sowohl heiß als auch kaltsteril, aseptisch abgefüllt werden. Auch Bier bleibt nur so gut, wie es gebraut wurde, wenn das Abfüllsystem garantiert, daß eine kaum meßbare Sauerstoffmenge während der Abfüllung in die Flaschen kommt. Und wer verlustarm und elektronisch maßgefüllt arbeiten kann, spart flüssige Mittel im wahrsten Sinne des Wortes. Deshalb bieten wir nicht nur Technologien zum Füllen, sondern auch zum Reinigen, Inspizieren, Etikettieren, Packen, Palettieren etc. an, die speziell auf Ihre Produkte abgestimmt sind. Denn billigere Verfahren kommen oft teuer zu stehen.

Besuchen Sie uns auf der drinktec interbrau '93 · Halle 23 24.9.93 – 1.10.93 Innovation ist unser Programm.

KHS Klöckner · Holstein · Seitz

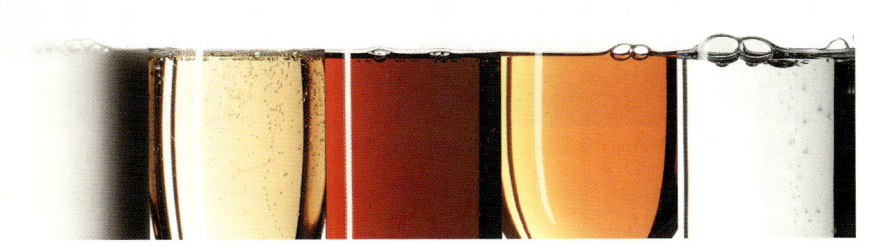

Unsere Art den Dingen auf den Grund zu gehen.

Wenn es darum geht, die Wettbewerbsfähigkeit unserer Kunden zu sichern oder womöglich noch zu steigern, gibt es bei uns keine halbherzigen Kompromisse. Deshalb haben Forschung und Entwicklung bei uns einen enormen Stellenwert: Mehr als 500 Mitarbeiter sind weltweit damit beschäftigt, Abläufe und Methoden zu entwickeln oder zu optimieren, die Wartung zu minimieren und auch den Forderungen des Umweltschutzes ohne Einbußen gerecht zu werden.
Dieser engagierte Einsatz wird Jahr für Jahr mit weltweit annähernd 200 Patenten belohnt. Patenten, die uns und unseren Kunden den technologischen Vorsprung sichern. So ist der größere Teil unserer Maschinen und Anlagen in den letzten zwei Jahren entwickelt bzw. perfektioniert worden. Doch bevor eine Maschine auf den Markt kommt, muß sie nach Durchlaufen vieler Testreihen beweisen, daß sie den Anforderungen des Marktes entspricht.
Wie zum Beispiel unsere neu entwickelte Flaschenvollinspektionsmaschine mit Matriskameratechnologie. Das innovative CCD-Matrixkamerasystem ermöglicht eine absolut verläßliche Kontrolle der Mündungs-, Boden-, Außen-, und Innenseitenwand sowie der Restflüssigkeit.
Oder unsere neue PET-Fremdstoff-Inspektionsmaschine für Mehrwegflaschen, die unerwünschte chemische Substanzen erkennt. Oder die vom Verfahrensablauf her neue Doppelend-Flaschenreinigungsmaschine mit integrierter Entsorgung. Oder die neue Füllmaschine, die eine Befüllung nach Volumen ermöglicht, so daß man sie auf unterschiedliche Füllmengen einstellen kann. Oder die Maschine, die problemlos PET-Flaschen von der Rolle etikettiert.
Denn unser Streben ist es, nicht nur die Schnellsten und Preiswertesten zu sein, sondern immer auch die Gründlichsten und die Besten.

Lassen Sie sich überzeugen auf der drinktec interbrau '93 Halle 23 · vom 23.9.93 – 1.10.93 Innovation ist unser Programm.

KHS Klöckner · Holstein · Seitz

544 Maschinenbau LUTRO Lackieranlagen

Kunde: LUTRO Luft- und Trockentechnik GmbH, Leinfelden-Echterdingen
Werbeagentur: Werbeagentur Beck KG, Esslingen a. N.
Berater: Bernhard Eberle
Konzeption: Bernhard Eberle
Art Director: Bernd Schmitz
Texter: Manfred Lerch
Fotograf: Bildagentur ZEFA, Werbeagentur Beck KG

Branchensieger Pharmazie (Ethische Produkte)

Azu Pharma **548**
    Publicis Vicom, Frankfurt am Main

Pharmazie (Ethische Produkte)

Azu Pharma (Publicis Vicom, Frankfurt am Main)* **548**
Boehringer Mannheim (Publicis Vicom, Frankfurt am Main)* **551**
Engelhard Arzneimittel (Publicis Vicom, Frankfurt am Main) **549**
Fournier Pharma (Publicis Vicom, Frankfurt am Main) **550**
Helsinn Pharma (B,T&V, Zürich) **547**
Hoechst Pharma (Hiel & Partner/BBDO, München) **552**

* Europa-/Globalkampagne

Helsinn   **Pharmazie (Ethische Produkte)**

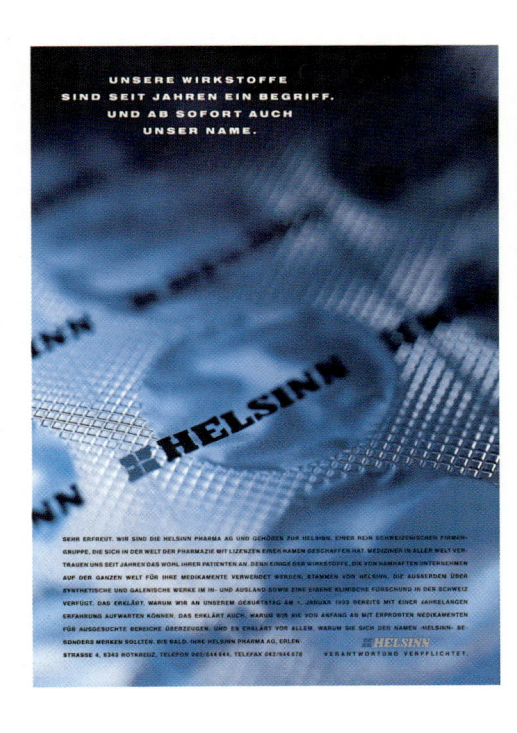

Kunde: Helsinn Pharma AG, Rotkreuz
Marketingleiter: Martin Schroffenegger

Werbeagentur: B,T&V Werbeagentur AG BSW, Zürich
Berater: Christoph Vogler
Creative Director: Remo Garbini
Art Director: Silvia Pedrazzini
Texter: René Bucher
Fotograf: Harry Burst

Die Schweizer Ärzteschaft mit einem Pharmaunternehmen bekannt machen, das erstmals Medikamente (ethische Produkte) unter dem eigenen Namen auf den Markt bringt.

Azu Pharma

Asiens Vermächtnis fürs Gedächtnis.

Vor langer Zeit lebte in China ein weiser Mönch, der aufgrund seines Wissens weithin berühmt war. Nach und nach war er vergeßlich geworden. Das betrübte ihn so sehr, daß er zu weinen begann. Dort, wo seine Tränen hingefallen waren, wuchs ein zarter Sproß aus der Erde. Aus dem Sproß wurde ein Trieb und daraus ein mächtiger Baum. Gleich kleinen, grünen Herzen leuchteten seine Blätter. Der Mönch deutete dies als ein Zeichen und kostete eines der Blätter. Plötzlich fühlte er sich wundersam erquickt, die Erinnerung kehrte zurück und sein Geist war wieder ganz klar.

Nicht vergessen – Ginkodilat®
Ginkgo von AZU

Von führenden Geistern empfohlen.

„Dieses Baumes Blatt, der von Osten
meinem Garten anvertraut,
gibt geheimen Sinn zu kosten,
wie's den Wissenden erbaut!"

(Goethe, West-Östlicher Diwan)

Für diejenigen, die vergessen haben ...

Nicht vergessen – Ginkodilat®
Ginkgo von AZU

Ginkgo, Ginkgo, Ginkgo ...
... und dann spürt Ihr Patient langsam,
wie die Konzentration stärker wird,
die Erinnerung zurückkehrt
und Gestalt annimmt, und
dann sehen Sie es wieder
ganz deutlich. Ginkgo
ganz einfach bei
cerebraler
Insuffizienz

Kunde: Azu Pharma GmbH, Gerlingen
Product Manager: Dr. Waldemar Jess
Marketingleiter: Dr. Dirk Michael Hiltl
Werbeleiter: Walter Zahn

Werbeagentur: Publicis Vicom Werbeagentur GmbH, Frankfurt am Main
Berater: Alfred Ernst
Konzeption: Jiri Skalicky
Creative Director: Jiri Skalicky
Texter: Ulrike Haas

Cerebrale Durchblutungsstörungen äußern sich hauptsächlich durch Vergeßlichkeit. Mit Ginkodilat läßt sich das verhindern. Gleichzeitig wird der Arzt mit dem mehrdeutigen Claim »Nicht vergessen« an die Verordnung erinnert und an die Produktleistung.

Engelhard — Pharmazie (Ethische Produkte) 549

Nicht schlecht. Aber es gibt bessere Methoden, Kinder vom Hustensaft zu überzeugen.

Prospan® schmeckt einfach phantomastisch!

Prospan® lacht den Husten aus.

Was tut(et) man nicht alles, um Kinder vom Hustensaft zu überzeugen.

Prospan® schmeckt auch ohne tätärätätä!

Prospan® lacht den Husten aus.

Kunde: Engelhard Arzneimittel GmbH & Co. KG, Frankfurt am Main
Product Manager: Lintrud Pfeffer
Marketingleiter: Wolfgang Schneider

Werbeagentur: Publicis Vicom Werbeagentur GmbH, Frankfurt am Main
Berater: Dr. Dieter Klein
Konzeption: Detlef Krause
Creative Director: Jiri Skalicky
Texter: Ulrike Haas
Fotograf: Michael Schultes

Der Kinderarzt soll lernen, daß Prospan-Kindersaft nicht nur gut wirkt, sondern auch so gut schmeckt, daß Kinder ihn ganz ohne Ablenkungsmanöver einnehmen.

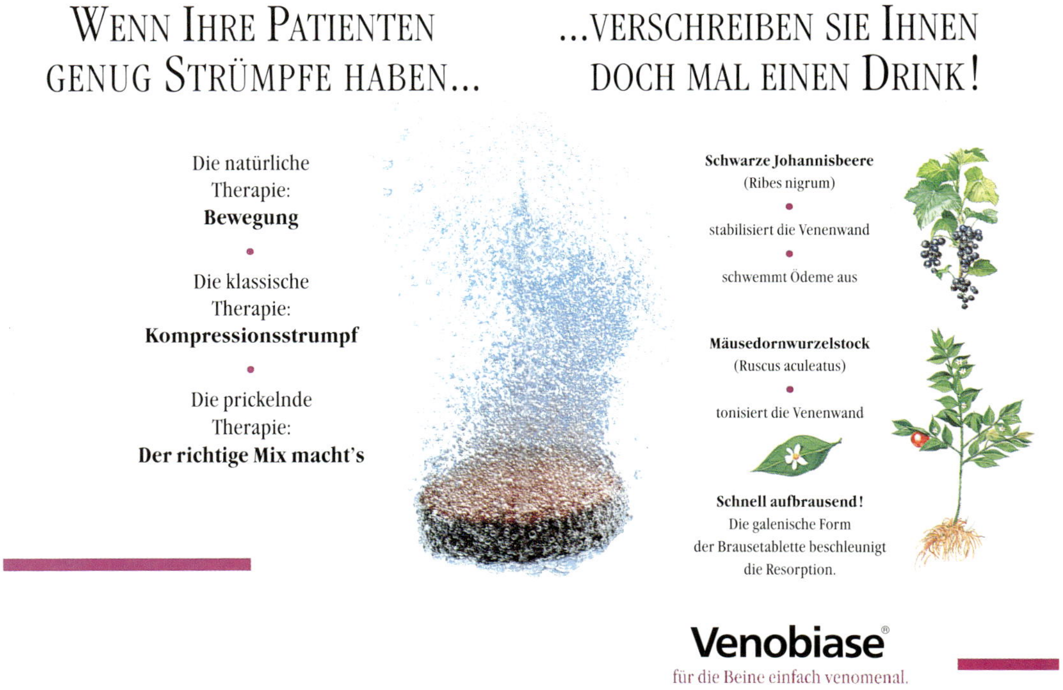

Pharmazie (Ethische Produkte) — Fournier Pharma

DAS PRICKELNDE REZEPT BEI VENÖSER INSUFFIZIENZ:

Rückbildung der Ödeme

Rückgang nächtlicher Wadenkrämpfe

ödemprotektiv

schmerzlindernd

Verbesserung der Mikrozirkulation

Venobiase®
für die Beine einfach venomenal.

VEN-ISSAGE

WENN IHRE PATIENTEN GENUG STRÜMPFE HABEN...

...VERSCHREIBEN SIE IHNEN DOCH MAL EINEN DRINK!

Die natürliche Therapie:
Bewegung

•

Die klassische Therapie:
Kompressionsstrumpf

•

Die prickelnde Therapie:
Der richtige Mix macht's

Schwarze Johannisbeere
(Ribes nigrum)

•

stabilisiert die Venenwand

•

schwemmt Ödeme aus

Mäusedornwurzelstock
(Ruscus aculeatus)

•

tonisiert die Venenwand

Schnell aufbrausend!
Die galenische Form der Brausetablette beschleunigt die Resorption.

Venobiase®
für die Beine einfach venomenal.

Kunde: Fournier Pharma GmbH, Sulzbach/Saar
Product Manager: Bernd Günther

Werbeagentur: Publicis Vicom Werbeagentur GmbH, Frankfurt am Main
Berater: Dr. Dieter Klein
Konzeption: Jiri Skalicky, Ulrike Haas
Creative Director: Jiri Skalicky
Texter: Ulrike Haas
Fotograf: Michael Schultes

Wortspiel und Motiv weisen den Arzt (Praktiker) auf das Produkt (Präparat) und seine Indikation hin.

Boehringer Mannheim   Pharmazie (Ethische Produkte)

Accutrend®
1 strip, 1 drop, 12 seconds

- Measuring range: 1.1 – 33.3 mmol/l (20 – 600 mg/dl)
- Memory function: 50 values with date and time
- Error-free coding – the instrument verifies correct code of strip
- Easy to use: the size of the meter and strips make it easy to handle and carry around
- Easy to read: the large digital display can be read at a glance
- Most handling errors are indicated on the display
- Foolproof: four colour blocks on the vial label provide a quick, visual check for added assurance
- Hygiene: the strip guide disassembles for easy cleaning. Blood can be applied to the strip inside and outside of the meter

Timely solution

diabetes care that fits

Some people can't afford to wait

Busy people have places to go, appointments to keep. That's why they demand accurate results – fast. It is the only way they can make the right decisions. Right away. The same holds true for individuals choosing the blood glucose monitoring device that is best for them.

That is why Boehringer Mannheim's total approach to blood glucose monitoring gives patients and medical professionals a range of systems to choose from.

For dynamic individuals:

For diabetics who ...
- haven't got time to waste
- demand fast, accurate results they can rely on
- want a smart looking instrument with ease of use
- want instant access to an accurate record of their blood glucose values

... Accutrend® is the choice!

Accutrend®

Accuracy in 12 seconds
- Speed – quick reliable results in 12 seconds
- Ease of use – even if you have never measured blood glucose levels before
- Precise recording – stores up to 50 values, including the date and time of each

---

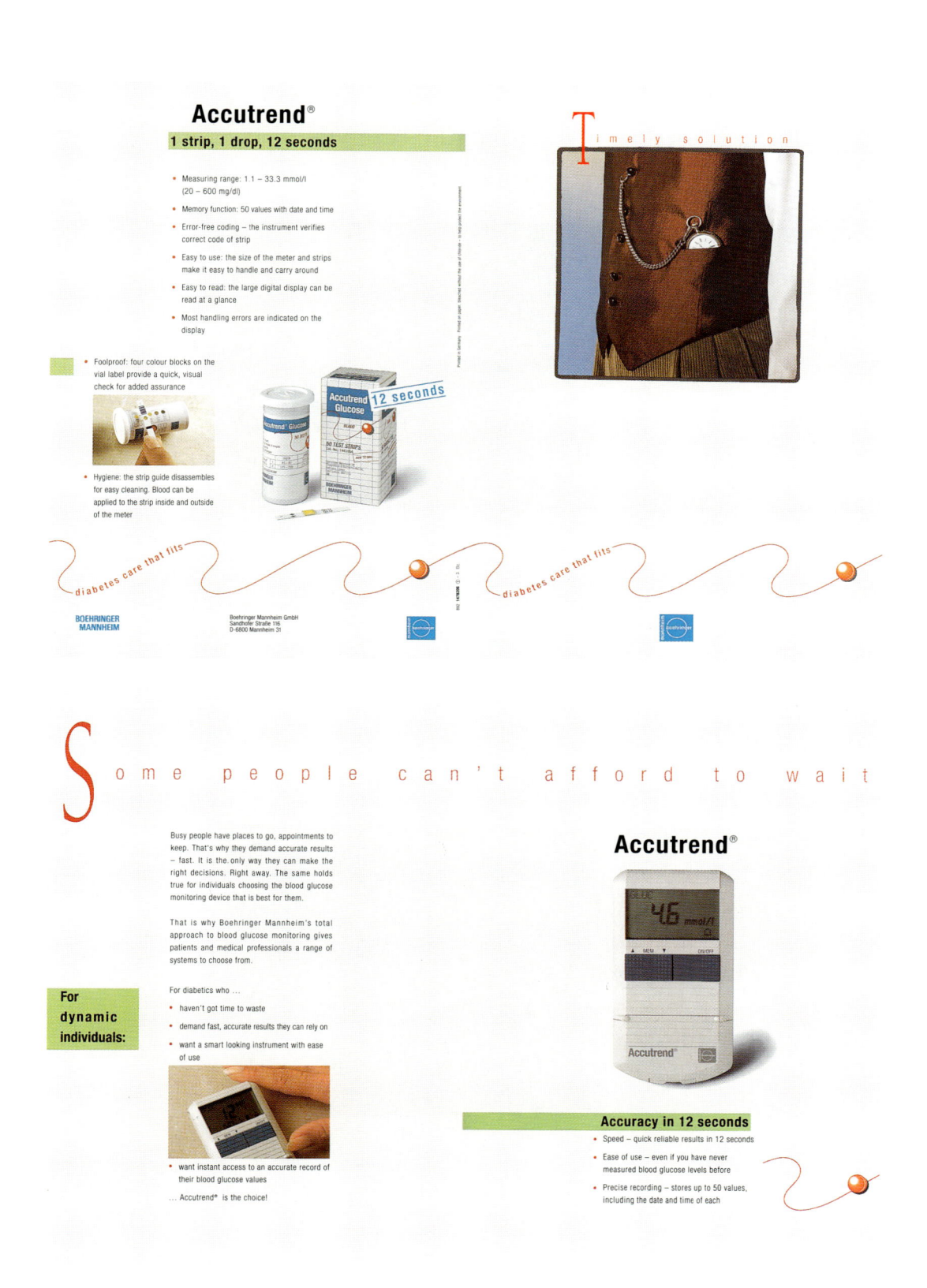

Kunde: Boehringer Mannheim GmbH, Mannheim
Product Manager: Hartmut Kassulke
Werbeleiter: Anke Becker, Renate Kausen

Werbeagentur: Publicis Vicom Werbeagentur GmbH, Frankfurt am Main
Berater: Dr. Dieter Klein
Konzeption: Anke-Eva Gembler, Ralph Hofmann
Art Director: Anke-Eva Gembler
Texter: Bob Fife, Brenda Dunbar
Grafiker: Ralph Hofmann

Fotograf: Michael Schultes, Frank Weinert

Die internationale Kampagne vermittelt dem Arzt, daß die Produktfamilie Accutrend auf die individuellen Bedürfnisse von Diabetikern abgestimmt ist.

Claforan: Die Soforttherapie, die bei gynäkologischen Infektionen große Wirkung erzielt.

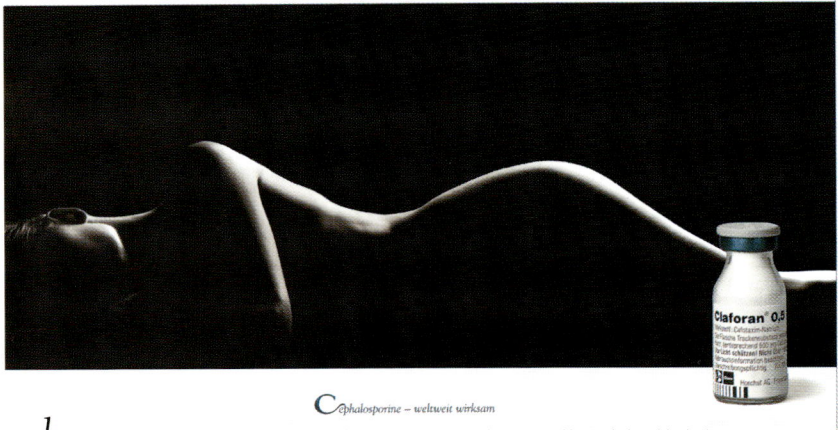

Cephalosporine – weltweit wirksam

Bei der antibakteriellen Therapie von gynäkologischen Infektionen entscheiden nicht nur Wirkungsspektrum und Verträglichkeit über den Einsatz eines Antibiotikums. Wenn rasche Wirksamkeit gefordert ist, sorgen vor allem ein breites antibakterielles Spektrum und günstige Pharmakokinetik für erfolgreiche Therapieergebnisse. Als Leitsubstanz für die modernen Cephalosporine hat Claforan nicht nur weltweit den Standard in der parenteralen Soforttherapie gesetzt, sondern erlaubt auch die Anwendung in der Schwangerschaft und Stillzeit. Mit breitem Spektrum und hoher β-Laktamasestabilität gegenüber den gynäkologisch wichtigen grampositiven und gramnegativen Erregern sorgt Claforan für zuverlässige Wirksamkeit. Dabei werden erfolgreiche Ergebnisse in der Soforttherapie von gynäkologischen Infektionen erzielt. Claforan – Für die parenterale Soforttherapie.

Claforan: Die Soforttherapie, die postoperative Infektionen effizient bekämpft.

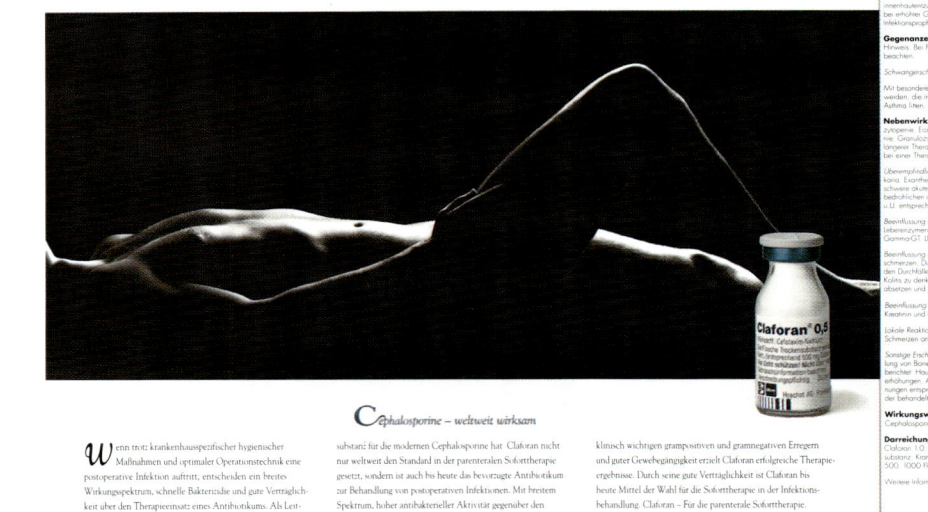

Cephalosporine – weltweit wirksam

Wenn trotz krankenhausspezifischer hygienischer Maßnahmen und optimaler Operationstechnik eine postoperative Infektion auftritt, entscheiden ein breites Wirkungsspektrum, schnelle Bakterizidie und gute Verträglichkeit über den Therapieeinsatz eines Antibiotikums. Als Leitsubstanz für die modernen Cephalosporine hat Claforan nicht nur weltweit den Standard in der parenteralen Soforttherapie gesetzt, sondern ist auch bis heute das bevorzugte Antibiotikum zur Behandlung von postoperativen Infektionen. Mit breitem Spektrum, hoher antibakterieller Aktivität gegenüber den klinisch wichtigen grampositiven und gramnegativen Erregern und guter Gewebegängigkeit erzielt Claforan erfolgreiche Therapieergebnisse. Durch seine gute Verträglichkeit ist Claforan bis heute Mittel der Wahl für die Soforttherapie in der Infektionsbehandlung. Claforan – Für die parenterale Soforttherapie.

Kunde: Hoechst Pharma Deutschland (Hoechst AG), Frankfurt am Main
Marketingleiter: Dr. Herbert Göpfert
Werbeleiter: Oswaldo Ghezzi
Werbeberater: Heinz-Peter Bussilliat
Werbeagentur: Hiel/BBDO Werbeagentur GmbH, München
Berater: R. Walter Hiel
Konzeption: Ivar Våge, Alexandra Lay
Creative Director: Wolfram Gehring
Art Director: Ivar Våge
Texter: Alexandra Lay
Grafiker: Christine Kaiser
Fotograf: Lüdes

Relaunch-Kampagne eines eingeführten und bewährten Antibiotikums mit klarem Fokus auf Zielgruppe und Indikationsbereich.

Branchensieger Investitionsgüter

Papierfabrik Scheufelen **566**
 Papierfabrik Scheufelen, Lenningen

AVL Medical Instruments (B,T&V Business Communications, Zürich)* **559**
Incom Brandschutz (B,T&V Business Communications, Zürich) **563**
TH. Kohl (Imprimatur, Stuttgart) **560–561**
Kone Instruments (Thomas Hülsen, Hamburg) **555**
Leitner (HM&C, Bozen)* **556–557**
Lenzing (MMS, Linz) **558**
Papierfabrik Albbruck (Bauer & Geiger, Freiburg) **565**
Papierfabrik Scheufelen (Papierfabrik Scheufelen, Lenningen) **566**
SIG Positec (RTS Rieger Team, Leinfelden-Echterdingen) **562**
Stora Billerud (Schindler & Parent, Meersburg) **564**

* Europa-/Globalkampagne

Kone Instruments

Investitionsgüter

Unsere Analysenautomaten

Unser Elektrolytmeßplatz

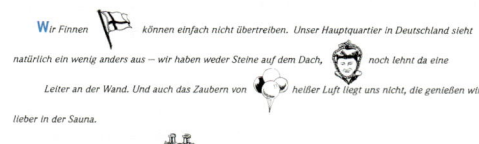

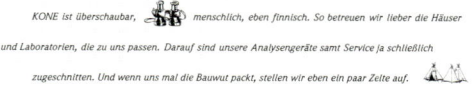

Unser Headquarter

Unser Serviceleiter

Kunde: Kone Instruments GmbH, Norderstedt
Product Manager: Christine Folgmann

Werbeagentur: Thomas Hülsen Marketing Communication, Hamburg
Berater: Thomas Hülsen
Konzeption: Sven Hauschildt
Creative Director: Thomas Hülsen
Art Director: Sven Hauschildt
Texter: Sven Hauschildt
Grafiker: Douglas Bousquet
Illustrationen: Douglas Bousquet

Der selbstironische Auftritt positioniert den Absender sympathisch und eindeutig gegen den austauschbaren Mitbewerber.

556 Investitionsgüter   **Leitner**

Einige europäische Wertzeichen
von Technik, Natur, Sport. Und eine Weltmarke: LEITNER.

Es sind ganz unterschiedliche Motive, die für wert befunden werden, auf einer Briefmarke abgebildet zu werden. Ein beliebtes Thema ist der Reichtum unserer natürlichen Umwelt. Ein zeitgeschichtliches Thema sind große Veranstaltungen und Highlights der Sportgeschichte wie Olympische Spiele oder Weltmeisterschaften. Aber auch die Höhepunkte der Technikgeschichte werden immer wieder auf Postwertzeichen abgebildet.
Aus Anlaß der Weltausstellung EXPO '92 in Sevilla wurde auch die kuppelbare 8-Personen-Kabinenbahn, die die Altstadt mit der Ausstellungsinsel La Cartuja verbindet, auf einer 17-Peseten-Briefmarke verewigt.
Gründe dafür gibt es genug. Denn die im blauen andalusischen Himmel schwebenden Kabinen repräsentieren ein modernes Verkehrsmittel, sichere High-Technology und zeitgemäße Ästhetik, aber auch ökologisches Bewußtsein.
Sie sind so ein umfassendes Symbol für diese zukunftsweisende Veranstaltung.
LEITNER: eine Weltmarke. Aus dem Herzen der Alpen ist das Unternehmen in die Weltmärkte hineingewachsen.
Die spanische Post hat uns für unsere Leistung bei der EXPO '92 ausgezeichnet.
Die meisten Zeichen der Wertschätzung aber erhalten wir von unseren Kunden.

LEITNER
Europäische Spitzentechnologie

Tochterunternehmen und Vertragspartner weltweit. Gerne informieren wir Sie über den LEITNER Partner in Ihrer Nähe.
LEITNER AG, I-39049 Sterzing (BZ), Italy
Tel. 0472-76 57 77 · Telefax 0472-76 48 84

Kunde: Leitner AG, Sterzing/Italien
Marketingleiter: Martin Leitner
Werbeleiter: Wilfried Eisendle

Werbeagentur: HM&C, Bozen
Berater: Hanno Mayr
Konzeption: Dr. Otwin Nothdurfter
Creative Director: Hanno Mayr
Texter: Dr. Otwin Nothdurfter
Grafiker: Manuela Gamper
Fotograf: Augustin Ochsenreiter

Neben klassischer Produktwerbung für Seilförderanlagen, Pistenfahrzeuge und Beschneidungssysteme präsentiert sich das weltweit tätige Unternehmen Leitner mit für die Branche absolut unüblicher Kommunikation. Der wichtige Auftrag für die Expo '92 in Sevilla war auch 1993 ein starkes Thema, das in Anzeigen und Promotions die technologische Kompetenz kreativ kommunizierte.

Leitner   **Investitionsgüter**

Sportliche Höchstleistungen und technologische
Herausforderungen erfordern wahre Meisterschaft.

Denn man gewinnt sie nur mit größtem Einsatz. Strenges Qualitätsbewußtsein und beflügelnde Kreativität sind die treibenden Kräfte. In unserer 100jährigen Unternehmensgeschichte haben wir immer wieder die technologischen Herausforderungen des Wintersports und des Tourismus angenommen. Heute setzen LEITNER Pistenfahrzeuge und -Seilförderanlagen weltweit höchste Leistungsstandards. Unter extremen Bedingungen. In Norwegen, Japan, Argentinien oder Kanada und in den großen Wintersportzentren der Alpen.
Auch 1991 gilt höchster Leistung und umfassender Sicherheit unser ganzer Einsatz. Doch das sollten Sie hier nicht bloß lesen, sondern selbst sehen und erproben. Rufen Sie uns doch einfach an.

LEITNER
Europäische Spitzentechnologie

Tochterunternehmen und Vertragspartner weltweit. Gerne informieren wir Sie über den LEITNER-Partner in Ihrer Nähe.
LEITNER AG, I-39049 Sterzing (BZ) Italy
Tel. 0472/765777 · Telefax 0472/764894

Im tiefsten Winter werden von Mensch und Maschine
oft Höchstleistungen verlangt.

Von unseren Pistenfahrzeugen allerdings können Sie höchste Leistung erwarten, ohne dabei selbst strapaziert zu werden.
Denn erstens sind sie wahre Musterknaben an Komfort, ergonomischer Gestaltung des Arbeitsplatzes und Geräuschdämmung. Zweitens sind sie elektronische Genies, die alle Kontroll- und Steuerungsfunktionen sicher im Griff haben.
Drittens sind sie wahre Kraftpakete, die Sie weder bei üppigem Neuschnee noch beim Schnee von gestern - Eis oder programmierter Beschneiung - jemals im Stich lassen. Vom wendigen LH 250 zum großen LH 420 intercooler: alle sind sie Präzisionsinstrumente zur optimalen Pisten- und Loipenpflege. Dies zu erproben, sollten Sie sich einen Tag frei nehmen. Ein Anruf genügt.

LEITNER
Europäische Spitzentechnologie

Tochterunternehmen und Vertragspartner weltweit. Gerne informieren wir Sie über den LEITNER-Partner in Ihrer Nähe.
LEITNER AG, I-39049 Sterzing (BZ) Italy
Tel. 0472/765777 · Telefax 0472/764894

Kunde: Leitner AG, Sterzing/Italien
Marketingleiter: Martin Leitner
Werbeleiter: Wilfried Eisendle

Werbeagentur: HM&C, Bozen
Berater: Hanno Mayr
Konzeption: Dr. Otwin Nothdurfter
Creative Director: Hanno Mayr
Texter: Dr. Otwin Nothdurfter
Grafiker: Angelika Prosch

Neben klassischer Produktwerbung für Seilförderanlagen, Pistenfahrzeuge und Beschneidungssysteme präsentiert sich das weltweit tätige Unternehmen Leitner in einer internationalen Fachkampagne mit für die Branche absolut unüblichen Sujets und demonstriert damit technologische Kompetenz und Innovation.

Heute überweisen wir 3000 mal "schönen Urlaub".

Über 3000 Löhne und Gehälter überweist die Lenzing AG Monat für Monat - und diesmal sind es um rund 77 Millionen Schilling mehr. Denn in den nächsten Tagen erhält jeder unserer Mitarbeiter sein wohlverdientes Urlaubsgeld, zusammen mit unseren besten Wünschen für erholsame Ferien. Wir freuen uns, daß wir jährlich über 2 Milliarden Schilling zum österreichischen Volkseinkommen beitragen können. Gleichzeitig sind wir uns unserer Verantwortung als einer der größten Arbeitgeber Oberösterreichs bewußt: Wir werden auch in Zukunft alles daransetzen, um möglichst vielen Menschen einen attraktiven Arbeitsplatz zu bieten. Vielleicht hat Sie das ein bißchen neugierig auf unser Unternehmen gemacht. Wenn Sie gerne mehr über die Lenzing AG erfahren möchten, schreiben Sie uns oder rufen Sie einfach an: A-4860 Lenzing, Tel. 076 72/701-3713. Wir freuen uns über Ihr Interesse und senden Ihnen gerne weiteres Informationsmaterial.

LENZING

Lenzing agiert weltweit in den Bereichen: Textilfasern, Papier, Kunststoff-Folien, High Performance Produkte, Maschinenbau, Know-how-Transfer

Manche Entscheidungen tun ziemlich weh.

Verantwortungsvolle Personalpolitik besteht leider auch darin, zum richtigen Zeitpunkt Personal abzubauen. Denn Beschäftigung um jeden Preis hilft weder den Mitarbeitern noch dem Unternehmen. Wir von der Lenzing AG sind heuer gezwungen, unseren Mitarbeiterstand zu reduzieren. Daß dies eine betriebswirtschaftlich richtige Maßnahme ist und wir damit den weitaus größeren Teil der Arbeitsplätze langfristig sichern, ist uns nur ein schwacher Trost. Eines aber versprechen wir: Mitarbeiter werden bei der Lenzing AG nur dann abgebaut, wenn es keine bessere Alternative gibt. Wenn Sie gerne mehr über die Lenzing AG erfahren möchten, schreiben Sie uns oder rufen Sie einfach an: A-4860 Lenzing, Tel. 076 72/701-3713. Wir freuen uns über Ihr Interesse und senden Ihnen gerne weiteres Informationsmaterial.

LENZING

Lenzing agiert weltweit in den Bereichen: Textilfasern, Papier, Kunststoff-Folien, High Performance Produkte, Maschinenbau, Know-how-Transfer

Mit dieser Idee machen wir pro Jahr 8 Milliarden.

Spinnen und Seidenraupen besitzen die Fähigkeit, aus einer Flüssigkeit Fäden herzustellen. Wenn wir in der Lenzing-Gruppe Viskose-Fasern aus Zellulose gewinnen, tun wir im Prinzip nichts anderes - und erwirtschaften mit dieser Idee 8 Milliarden Schilling im Jahr. Die Lenzing-Gruppe ist damit weltweit der größte Viskose-Erzeuger. Davon profitieren vor allem der Bezirk Vöcklabruck und Oberösterreich, wo bereits mehr als 40.000 Menschen direkt oder indirekt von der Lenzing-Gruppe leben. Vielleicht hat Sie das ein bißchen neugierig auf unser Unternehmen gemacht. Wenn Sie gerne mehr über uns erfahren möchten, schreiben Sie uns oder rufen Sie einfach an: A-4860 Lenzing, Tel. 076 72/701-3713. Wir freuen uns über Ihr Interesse und senden Ihnen gerne weiteres Informationsmaterial.

LENZING

Lenzing agiert weltweit in den Bereichen: Textilfasern, Papier, Kunststoff-Folien, High Performance Produkte, Maschinenbau, Know-how-Transfer

Warum wir 4 Milliarden den Bach runterschicken.

4 Milliarden Schilling hat die Lenzing AG in den letzten Jahren in die umweltschonende Produktion investiert. Dazu kommen jährlich über 400 Millionen Betriebskosten, die wir für saubere Luft und reines Wasser ausgeben. Damit schwächen wir unsere Position im internationalen Wettbewerb. Erst wenn auch unsere Konkurrenten in umweltverträgliche Anlagen investieren, wird wieder Chancengleichheit herrschen. Wir sehen diese Umweltausgaben als eine gute Investition in die Zukunft. Doch wir wissen auch: Wir haben die Grenze des wirtschaftlich Vertretbaren erreicht. Noch höhere Kosten in diesem Bereich würden unser Unternehmen ernsthaft gefährden. Wenn Sie gerne mehr über die Lenzing AG erfahren möchten, schreiben Sie uns oder rufen Sie einfach an: A-4860 Lenzing, Telefon 07672/701-3713. Wir freuen uns über Ihr Interesse und senden Ihnen gerne weiteres Informationsmaterial.

LENZING

Lenzing agiert weltweit in den Bereichen: Textilfasern, Papier, Kunststoff-Folien, High Performance Produkte, Maschinenbau, Know-how-Transfer

---

Kunde: Lenzing AG, Lenzing
Werbeleiter: Dr. Rosemarie Schuller
Werbeagentur: MMS Werbeagentur GmbH & Co. KG, Linz
Berater: Willi Mayr, Michaela Hobl
Konzeption: Willi Hamburger
Creative Director: Willi Hamburger
Art Director: Andreas Weitz
Texter: Klaus Fehrer
Grafiker: Andreas Weitz
Fotograf: Sebastian Wagner

Im Mittelpunkt der österreichweit gestreuten Imagekampagne steht das Unternehmen selbst: Symbol und überraschende Headlines sollen auf den weltgrößten Viskosefasererzeuger neugierig machen.

AVL Medical Instruments Investitionsgüter

Kunde: AVL Medical Instruments AG, Schaffhausen
Marketingleiter: Marcus Cajacob

Werbeagentur: B,T&V Business Communications AG BSW, Zürich
Berater: Stefan Vogler
Creative Director: Remo Garbini
Texter: René Bucher
Fotograf: Stuart Schwartz

Meinungsführer, Entscheider und Anwender von medizinischen Analysegeräten mit der AVL-Unternehmensvision »Perfected to your needs« vertraut machen.

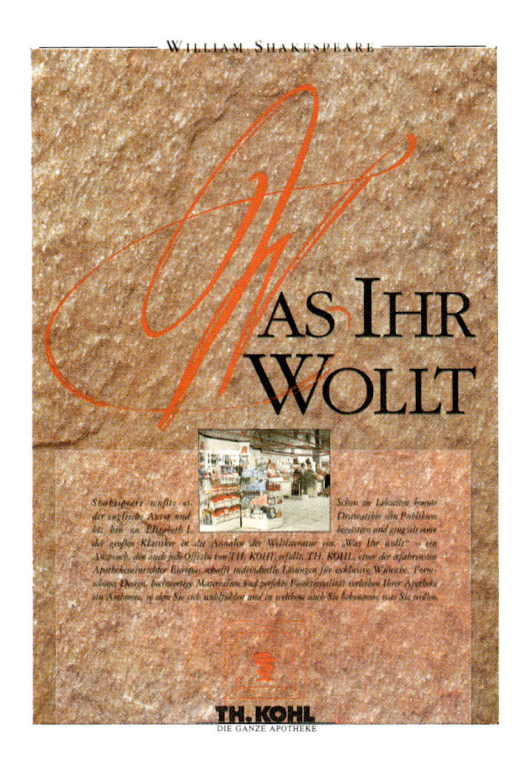

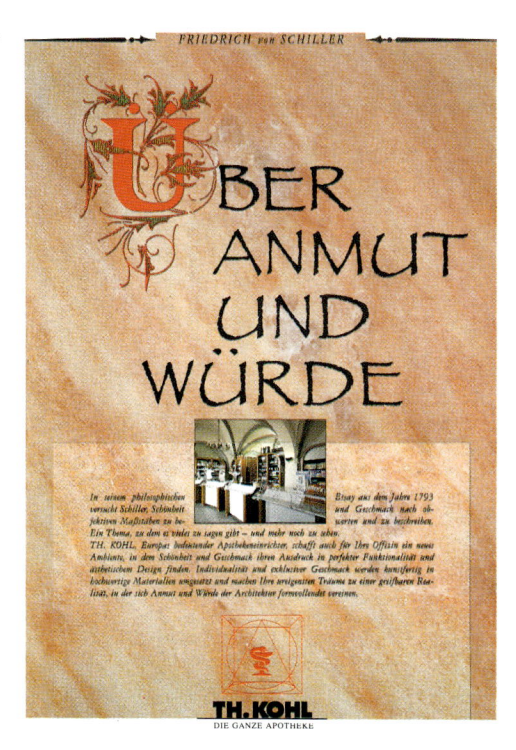

Kunde: Th. Kohl KG, Regensburg
Marketingleiter: Theodor Kohl jun.
Werbeleiter: Anne Tham

Werbeagentur: Imprimatur Consulting GmbH Marketing – Werbung – Public Relations, Stuttgart
Berater: Karoline Keilbach
Konzeption: Karoline Keilbach
Creative Director: Karoline Keilbach
Art Director: Alice Dietrich
Texter: Matthias Siegers
Grafiker: Stefan Fürst, Apostolos Koursoumidis

Apothekeninhaber und andere Entscheidungsträger sollen Informationsmaterial anfordern (Postkarte) und ihre Einrichtungen bei Th. Kohl erwerben. Die Anzeigenkampagne erscheint in der PZ (Pharmazeutischen Zeitung).

ANNUEUS SENECA
VOM INNEREN GLEICHGEWICHT
Gleichgewicht, die Einheit des Ambientes. Dies gilt insbesondere auch für den Arbeitsplatz. An dieser Prämisse orientieren sich unsere Einrichtungssysteme, mit denen wir Ihrer Offizin neue Möglichkeiten der Gestaltung eröffnen. Wir machen das Gleichgewicht zwischen Funktionalität und Schönheit zum Erlebnis. Individuelle Problemlösungen sind dabei unsere ganz besondere Stärke.
TH. KOHL
DIE GANZE APOTHEKE

CHARLES DICKENS
GROSSE ERWAR-TUNGEN
Große Erwartungen an sein Leben hatte Philip Pirrip aus Dickens Spätwerk. Große Erwartungen hat auch derjenige, der sich an TH. KOHL wendet, den Spezialisten für Apothekenbau in Europa. Daß diese Erwartungen erfüllt werden, dafür steht der gute Namen des Unternehmens. Von der ersten Beratung über die Konzeption bis hin zur sorgfältigen Auswahl jedes Details - TH. KOHL versteht es, die Wünsche und Träume seiner Kunden in die Wirklichkeit umzusetzen. Ausgeklügelte Einrichtungssysteme von akzentuierter Eleganz können so auch Ihnen eine Offizin schaffen, welche den Einsatz moderner Verkaufsmethoden unterstützt und gleichzeitig Raum zum Wohlfühlen bietet.
TH. KOHL
DIE GANZE APOTHEKE

EDGAR ALLAN POE
DAS POETISCHE PRINZIP
In seinem Essay aus dem Jahre 1850 legte der amerikanische Dichter und Journalist seine Ansichten über Poetik und lyrische Gestaltung nieder, indem er die Bedeutung einer harmonischen Gesamtkomposition betonte. Kompositionen einer anderen Art zeigt TH. KOHL, der erfolgreiche Apothekeneinrichter in Europa. Mit erstklassigen Materialien und exklusivem Design schafft TH. KOHL ein harmonisches Gesamtkonzept, das in Ihrer Offizin eine Atmosphäre entstehen läßt, in der das poetische Prinzip nach wirkt.
TH. KOHL
DIE GANZE APOTHEKE

SO KOMMT DAS EIS IN DIE TÜTE

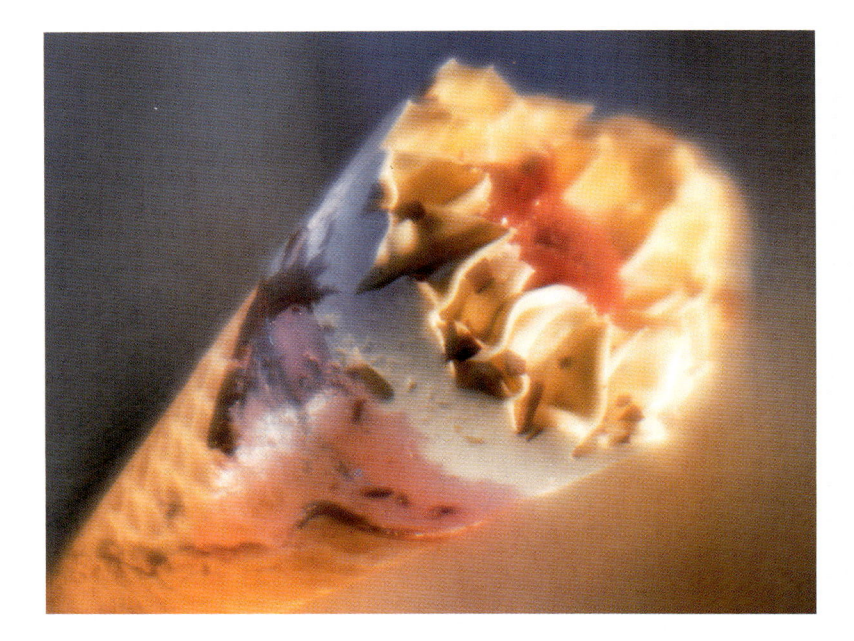

Bei der Eiscreme-Herstellung kommen nur Abfüllsysteme "in die Tüte", die schnell, gleichmäßig und mit geringsten Überfülltoleranzen portionieren. Positioniersysteme von SIG POSITEC steuern hier zum Beispiel den Bewegungsablauf der Fülldüsen. Nicht nur in der Eiscremeproduktion, sondern überall, wo Ware verpackt und der Packstoff vorbereitet wird, sorgen unsere Positionier- und Steuerungssysteme für einen wirtschaftlichen Produktionsbetrieb. Wenn es darum geht, exakt zu dosieren, präzise zuzuschneiden, schnell zu verpacken, zu palettieren, zu sortieren oder Packstoffe sauber zu bedrucken. Als Systempartner bieten wir Ihnen alles von modularen Einzelkomponenten bis hin zu maßgeschneiderten Komplettlösungen inclusive Beratungs-, Engineering- und Serviceleistungen. Damit Sie immer einen kühlen Kopf bewahren können.

SIG POSITEC Antriebe und Automation GmbH
Breslauer Str 7 · 7630 Lahr · Tel. 0 78 21/5 82-02
Die neue Verbindung für Positioniertechnologie

SO KOMMT DER FADEN IN DEN STOFF

Im Stoff laufen alle Fäden zusammen – dafür sorgt Positionier-, Antriebs- und Steuerungstechnik von SIG POSITEC. Sie koordiniert zum Beispiel beim Weben die Zu- und Abführung des Webgutes so, daß die Maschine mit der optimalen Drehzahl anläuft und im Stoff keine unerwünschten "Startmarken" entstehen. Systeme von SIG POSITEC sind bei der Stoff- und Fadenherstellung sowie bei der Stoffverarbeitung und -veredelung weltweit im Einsatz. Sie verbinden höchste Flexibilität mit exakter Reproduzierbarkeit und ermöglichen schnellere Artikelwechsel und kurze Durchlaufzeiten. So wird die Kapazität besser ausgelastet und die Produktivität gesteigert. SIG POSITEC bietet Ihnen alles von modularen Einzelkomponenten bis hin zu individuellen Komplettlösungen mit umfassenden Beratungs-, Engineering- und Serviceleistungen. Genau auf Ihre Anwendung zugeschnitten.

SIG POSITEC Antriebe und Automation GmbH
Breslauer Str 7 · 7630 Lahr · Tel. 0 78 21/5 82-02
Die neue Verbindung für Positioniertechnologie

Kunde: SIG Positec, Antriebe und Automation GmbH, Neuhausen am Rheinfall
Geschäftsführer: Dr. Josef Spichtig, Jürgen Wengert
Marketingleiter: Willi Stotz

Werbeagentur: RTS Rieger Team Werbeagentur GmbH, Stuttgart
Berater: Achim Litschko, Michael Ehret
Konzeption: Achim Litschko, Michael Ehret, Marion Reuther
Art Director: Marion Reuther
Texter: Michael Ehret
Grafiker: Marion Reuther
Fotograf: Peer-Oliver Brecht

Bei der Herstellung vieler Produkte des täglichen Lebens ist Positioniertechnologie von SIG POSITEC im Spiel.

Incom Brandschutz **Investitionsgüter** 563

Sind Sie der Versuchung schon erlegen, die Sicherheit Ihrer Computer nicht teuflisch ernst zu nehmen?

Das neue Objekt-Brandschutzsystem der Incom erkennt das Feuer – die knisternde Gefahr für die Unternehmensdaten – schon in der Anfangsphase. ARAS-2000 verhindert den Informationsinfarkt. Exklusiv bei der Incom Brandschutz AG, Swiss Security, Aarauerstr. 23, CH–5012 Schönenwerd, Tel. 0041/64/41 51 81. Die Schutzengel der Incom. (D: INCOM Brandschutz GmbH, 50 996 Köln, Tel. 0221-35 96 134. A: Reuss GmbH, 4020 Linz, Tel. 0732-670898)

INCOM

Lassen Sie Ihre Produktionsanlagen nicht in der Feuerhölle schmoren.

Funkenlöschsysteme und Explosionsschutzanlagen von Incom reduzieren die Gefahr von Feuer und Explosionen auf ein Minimum. Reden Sie mit uns. Besser, Sie investieren ein paar Minuten, als Ihr Unternehmen zu opfern. Incom Explosionsschutz AG, Swiss Security, Aarauerstr. 23, CH–5012 Schönenwerd, Tel. 0041/64/41 51 81. Die Schutzengel der Incom.

INCOM

Kunde: Incom Brandschutz AG, Schönenwerd
Geschäftsführer: Rudolf Wegmüller

Werbeagentur: B,T&V Business Communications AG BSW, Zürich
Berater: Stefan Vogler
Creative Director: Remo Garbini
Art Director: Silvia Pedrazzini
Texter: René Bucher

Wie sich Betriebe dank Objektbrandschutz oder Explosionsschutz von Incom vor teuren Schadensfällen schützen können.

564 **Investitionsgüter** **Stora Billerud**

Oh, what a white.

Purely versatile.

Totally white, totally bright, totally chlorine free guaranteed. AUROCART

The board of your wishes Chromocard

Kunde: Stora Billerud Division
Carton Board, Baienfurt
Product Manager: Mats Alm
Marketingleiter: Mats Alm
Werbeleiter: Petra Oberhauser

Werbeagentur: Schindler & Parent
Werbeagentur GmbH, Meersburg
Berater: Michael Meier
Konzeption: Michael Meier
Art Director: Uli Krank
Texter: Daniela Bamberg
Grafiker: Hubertus Thylmann
Fotograf: Otto Kasper Studios

Beihefter im Originalkarton transportiert die Produkt- und Verarbeitungseigenschaften. 3D-Prägung, Heißfolie und viel Weißraum lassen das Material wirken. Der Rückseitentext liefert technische Hintergrundinformationen, nimmt aber gleichzeitig das Thema der Vorderseite wieder auf.

Papierfabrik Albbruck Investitionsgüter

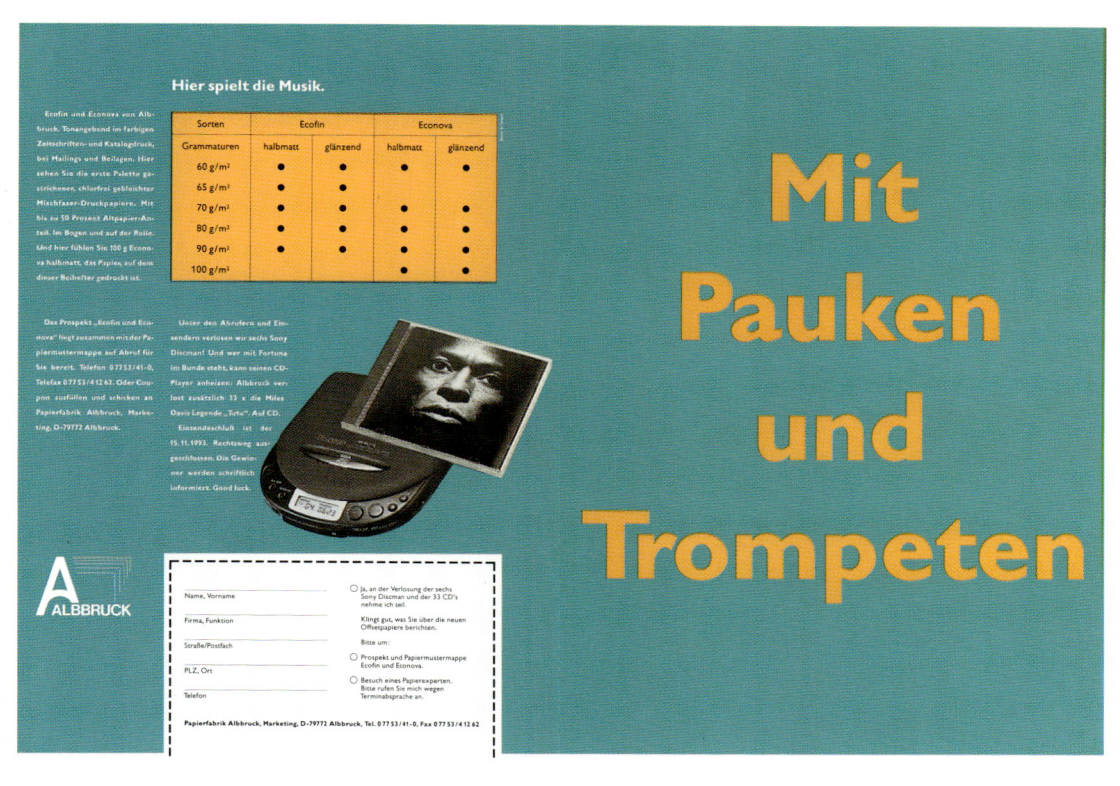

Kunde: Papierfabrik Albbruck, Albbruck
Werbeleiter: Hubert J. Steiert
Werbeagentur: Bauer & Geiger, Agentur für Wirtschaftskommunikation GmbH, Freiburg
Berater: Bernd Bauer, Klaus Geiger
Creative Director: Klaus Geiger
Art Director: Bruno Kollmer
Texter: Bernd Bauer

"...es wird später heute, Liebling,... der neue Geschäftsbericht ist da, Phoenix-Imperial, naturweiß, halbmatt, 100% chlorfrei... Schlaf gut!"

Um Ihnen einen Eindruck von der Qualität unserer Papiere zu geben, dürfen wir Sie bitten, bei Ihrer nächsten Reise im *Baedekers Allianz Reiseführer* zu blättern. *BVS matt, gestrichen Bilderdruck, 100% chlorfrei* Auch sollten Sie sich den *IBM Geschäftsbericht* einmal *Phoenix-Imperial, originalgestrichen Kunstdruck, naturweiß, 100% chlorfrei* genau, am besten unter der Lupe, ansehen. Und wenn Sie die *Documenta-Kataloge* in Händen halten, schließen Sie *Phoenix-Imperial halbmatt, naturweiß, 100% chlorfrei* ruhig einmal die Augen, und lesen Sie mit den Fingern: Papier von Scheufelen. Überall dort, wo die Qualität des Papiers der Qualität des Inhalts entsprechen soll. *Papierfabrik Scheufelen, 7318 Lenningen1*

Scheufelen

"Ein herrliches Buch über Design, gedruckt in leuchtenden Farben auf Phoenix-Imperial, originalgestrichen Kunstdruck, halbmatt, naturweiß und 100% chlorfrei." "Ist das nicht teuer?" "Wieso? Design macht reich!"

Design macht reich: Was Olaf Leu innerhalb von 35 *Phoenix-Imperial, originalgestrichen Kunstdruck, halbmatt, naturweiß, 100% chlorfrei* Jahren Graphic Design Direction schuf, wird auf Papier von Scheufelen brillant wiedergegeben. Auf *Erste deutsche Kunstdruck-Papierfabrik* einem ebenso hohen Niveau bewegt sich Anton Stankowski's Buch *Kunst und Design*. Und nicht *Phoeno-Matt, spezialgestrichen Bilderdruck, holzfrei, weiß* minder konsequent und anspruchsvoll präsentiert sich die *Staatliche Akademie der Bildenden Künste* *Phoeno-Matt, spezialgestrichen Bilderdruck, halbmatt, weiß* *Stuttgart* in ihrer stattlichen Selbstdarstellung. *Papierfabrik Scheufelen, 7318 Lenningen*

Scheufelen

"Ich sehe 1993 Monat für Monat alles in herrlichen Farben ... auf Phoeno-Matt ... 100% chlorfrei"

Ein Objekt, das sich Monat für Monat beweisen muß, verlangt nach zeitloser Papierqualität. So hat sich *Mercedes-Benz* bei seinem *Kalender „An Image of Class"* für Scheufelen *Phoeno-Matt, spezialgestrichen Bilderdruck, halbmatt, weiß, 100% chlorfrei* entschieden. *Kodak* seinerseits läßt die *„Mitternachtssonne"* *BVS matt, gestrichen Bilderdruck, 100% chlorfrei, weiß* zwölfmal ebenfalls auf Scheufelen-Papier aufgehen. Und wen verwundert es da noch, daß auch die Firma *Carl Zeiss* bei ihrem *Jahreskalender „Illusion durch Irritation"* auf *Phoeno-Matt, spezialgestrichen Bilderdruck, halbmatt, weiß* die nicht zu irritierende Perfektion von Scheufelen setzt. *Papierfabrik Scheufelen, 7318 Lenningen1*

Scheufelen

"... Bosch ABS ... keine blockierenden Räder ... lenkstabil in Kurven ... sicherer auf nassen Straßen ..." "... vergessen Sie nicht den Prospekt: 100% chlorfrei!"

Wer sein Automobil bremstechnisch auf den neuesten Stand bringt, wählt *ABS von Bosch* und spürt beim Blättern des *Prospektes*: das Papier ist so *Phoeno-Matt, spezialgestrichen Bilderdruck, halbmatt, 100% chlorfrei* perfekt wie das System. Ähnlich geht es dem Betrachter des *WMF-Interpräsent Kataloges*: die Auswahl *BVS, gestrichen Bilderdruck, glanzend, 100% chlorfrei* ist ebenso faszinierend wie das Papier. Und auch die Begegnung mit der *92er Steiff-Collection* bestätigt, *ORO, gestrichen Rollenoffset, glanzend, 100% chlorfrei* daß ein prächtiger Teddy prächtiges Papier verdient. *Papierfabrik Scheufelen, 7318 Lenningen1*

Scheufelen

Kunde: Papierfabrik Scheufelen GmbH + Co. KG, Lenningen
Marketingleiter: Manfred Grupp
Werbeleiter: Burkhart Garke

Werbeagentur: Rottke Werbung GmbH, Düsseldorf
Konzeption: Manfred Grupp
Art Director: Helmut Rottke
Texter: W. Reinhold
Grafiker: Helmut Rottke

In einer neuen Testimonial-Kampagne für hochwertig gestrichene Druckpapiere wirbt Scheufelen mit Weltfirmen, die Scheufelen-Papiere – auch in der chlorfreien Version – für Geschäftsberichte, Kataloge, Prospekte usw. einsetzen. Einige seien hier zitiert: Allianz, Bosch, IBM, der ADC, der BFF, Steiff und WMF. Die Kampagne nimmt ein ernstes Thema mit Humor und Charme auf. Testimonial-Anzeigen, denen man glaubt.

Branchensieger Messen

Messe Frankfurt **571**
 Heck & Hergert Two's Company, Frankfurt am Main

AMB 94 (Beck, Esslingen) **574**
Marketing Services '93 (Heck + Hergert Two's Company, Frankfurt am Main) **570**
Messe Frankfurt (Heck + Hergert Two's Company, Frankfurt am Main)* **571**
Messe München (Kasper und Wachs, München)* **572**
Systems 93 (Gerbert & Mayer, München) **573**
Ulm-Messe (Schönle, Zimmermann & Partner, Ulm) **569**

* Europa-/Globalkampagne

Kunde: Ulm-Messe GmbH, Ulm
Geschäftsführer: Dieter Schaible

Werbeagentur: Schönle, Zimmermann & Partner GmbH, Die Ulmer Werbeagentur, Ulm
Berater: Michael Zimmermann
Konzeption: Günther Ernst
Creative Director: Günther Ernst
Texter: Susanne Klimpel

Die Imagekampagne hat das Ziel, die Ulm-Messe als junges, modernes Unternehmen zu positionieren. Zielgruppen sind Organisatoren von Veranstaltungen und Ausstellungen.

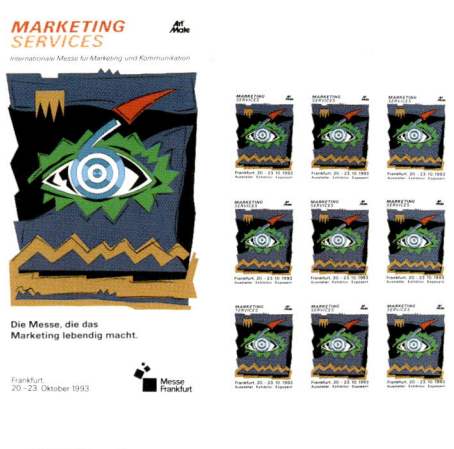

Kunde: Messe Frankfurt GmbH, Frankfurt am Main
Product Manager: Michael Kip
Marketingleiter: Gerhard Gladitsch
Werbeleiter: Yvonne Clemens

Werbeagentur: Heck & Hergert Two's Company GmbH, Frankfurt am Main
Berater: Barbara van den Speulhof
Konzeption: Gudrun Muschalla
Creative Director: Klaus-Jürgen Hergert
Art Director: Gudrun Muschalla
Texter: Dr. Friedhelm Heck

Kunde: Messe Frankfurt GmbH, Frankfurt am Main
Marketingleiter: Bernhard Dresrüsse

Werbeagentur: Heck & Hergert Two's Company GmbH, Frankfurt am Main
Berater: Dr. Friedhelm Heck
Konzeption: Dr. Friedhelm Heck
Creative Director: Klaus-Jürgen Hergert
Art Director: Hans-Jürgen Kämmerer
Texter: Dr. Friedhelm Heck
Fotograf: Eberhard Hock, Alexander Carroux, Carsten Lerp, Mathias Stalter, Archiv

Aufbau eines europaweiten Images für die Messe Frankfurt.

Kunde: Messe München GmbH, München
Product Manager: Karola Koubek
Werbeleiter: Christiane Maier-Diehl

Werbeagentur: Kasper und Wachs, Werbung GmbH, München
Berater: Theresa Stadler
Konzeption: Robert Wachs
Creative Director: Ralf Kasper
Art Director: Ralf Kasper
Texter: Robert Wachs

Weltweite Imageanzeigen in elf Sprachen, die in Wirtschafts- und Meinungsbildungstiteln das Angebot und die Philosophie der Messe München kommunizieren.

Kunde: Messe München GmbH, München
Product Manager: Ernst Kick
Werbeleiterin: Christiane Maier-Diehl
Werbeleiter: Gerhard Stephan

Werbeagentur: Gerbert & Mayer Werbung und Marketing-Beratung GmbH, München
Berater: Wilhelm Gerbert
Konzeption: Wilhelm Gerbert, Michael Mayer
Creative Director: Michael Mayer
Art Director: Bernhard Probst
Texter: Anja Schröder
Grafiker: Carola Kurth
Fotograf: Archiv

Meet Europe and Communichate: Die Systems '93 ist die internationale Fachmesse für die IT-Branche. Come, Meet, Deal, Now... Bewußt setzen wir Englisch als international gültige Sprache für den Bereich Computer, Kommunikation und Anwendungen ein. Zielgruppenspezifisch gilt dabei »Come« für Fachbesucher, »Meet« für Kongreßteilnehmer, »Deal« für die Gruppe der Fachhändler etc.

▶ INTERNATIONALE AUSSTELLUNG FÜR METALLBEARBEITUNG
▶ INTERNATIONAL EXHIBITION FOR METALWORKING

AMB 94

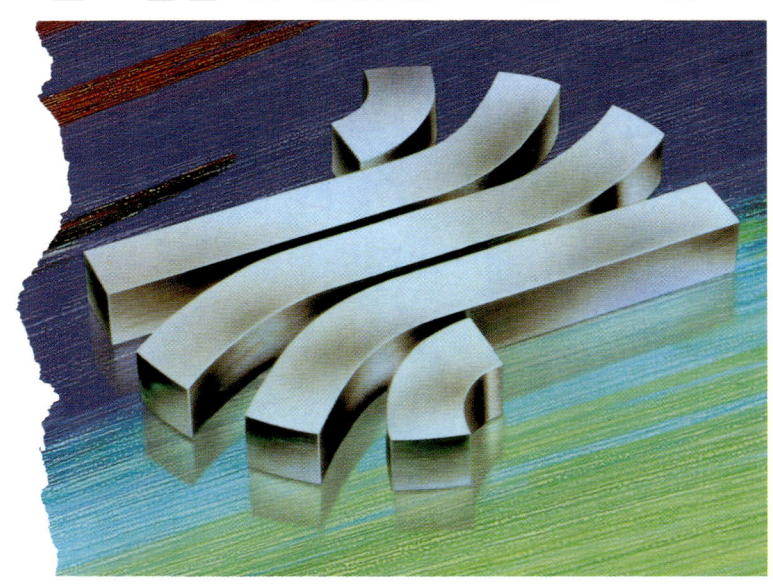

**MESSE STUTTGART
13.–17. 9. 1994**

Messe Stuttgart
INTERNATIONAL

DER MARKT FÜR BEWEGUNG
MARKET FOR MOVEMENT

AUSSTELLEREINLADUNG
INVITATION TO EXHIBITORS

Kunde: Messe Stuttgart International, Stuttgart

Werbeagentur: Werbeagentur Beck KG, Esslingen a. N.
Berater: Kurt A. Beck
Konzeption: Manfred Lerch
Art Director: Bernd Schmitz
Texter: Manfred Lerch
Fotograf: Frank Roy

Dieses neue Erscheinungsbild für eine der führenden Fachmessen im Bereich der Metallbearbeitung wird in allen Maßnahmen der Messe eingesetzt. Vom Plakat über Briefbogen, Anzeigen und Besucherprospekte signalisieren die Grafik und der Text den hervorragenden Standort und das Programm dieser Messe.

Branchensieger Personalwerbung

Deutsche Bundespost Telekom   **578–579**
  (Die Gilde, Hamburg)

Bundeswirtschaftskammer Österreich (Lehninger & Partner, Linz)   **584**
Carl Knauber (Linnig und Partner, Koblenz)   **582**
Commerzbank (PPW, Frankfurt am Main)   **580**
Münchener Rückversicherung (A,S,M, München)   **577**
Polizei Berlin (Dorland, Berlin)   **583**
Sparkasse Ulm (Schönle, Zimmermann & Partner, Ulm)   **581**
Telekom (Die Gilde, Hamburg)   **578–579**

Kunde: Münchener Rückversicherungs-Gesellschaft, München
Personalleitung: Jörg Duffing, Rolf Neumann

Werbeagentur: A,S,M, Werbeagentur GmbH, München
Berater: Andreas S. Müller
Konzeption: Andreas S. Müller
Art Director: Jürgen Altmann
Texter: Hansjörg Zimmermann
Fotograf: Cliff Serna, Archiv

Die Münchener Rückversicherung, ältestes und größtes Rückversicherungsunternehmen der Welt, informiert potentielle Bewerber über die vielfältigen beruflichen Möglichkeiten.

578 **Personalwerbung** **Telekom**

Kunde: Deutsche Bundespost Telekom, Bonn
Werbeleiter: Gundolf Klöckner

Werbeagentur: Die Gilde Werbeagentur GmbH, Hamburg
Berater: Linda Mozham, Bettina Müller
Konzeption: Jan H. Geschke, Andreas Thomsen
Creative Director: Andreas Thomsen
Art Director: Simone Holm, Patricia Finnern

Anzeigen aus der Image-Printkampagne, die die Bekanntheit des Arbeitgebers und Ausbilders Telekom steigern sollen.

Telekom **Personalwerbung** 579

Kunde: Deutsche Bundespost Telekom, Bonn, Personal- und Nachwuchswerbung
Werbeleiter: Gundolf Klöckner

Werbeagentur: Die Gilde Werbeagentur GmbH, Hamburg
Berater: Linda Mozham, Bettina Müller
Konzeption: Jan H. Geschke
Creative Director: Andreas Thomsen
Art Director: Simone Holm
Texter/Script: Jan H. Geschke
Producer FFF: Sabine Lippert

Filmproduktion: What Else GmbH & Co., Hamburg
Regisseur: David McDonald
Musik: Olaf Waitzel

Imagespots, die die Bekanntheit des Arbeitgebers und Ausbilders steigern sollen.

Personalwerbung — **Commerzbank**

Ad 1

Unsere Hierarchie ist klar: Oben steht immer der Kunde.

Es lohnt sich.

"Also darüber habe ich mich richtig gefreut: Mein Kunde hat extra noch mal bei mir angerufen und sich bedankt. Er hätte jetzt ein Konzept, das ihn überzeugt und wirklich alles abdeckt. Seinem Eindruck nach hätte ich dafür einiges auf die Beine gestellt. Solche Erfolgserlebnisse kommen natürlich nicht ganz zufällig. Immerhin tut unsere Bank einiges dafür, damit wir als Berater auf dem neuesten Stand sind: spezielles Training, Seminare, gutes Teamwork. Aber den Ausschlag gibt doch das persönliche Engagement."

Dirk Reinartz, Kundenbetreuer (27)

Wir sind davon überzeugt, daß Aufbau und Pflege guter Beziehungen sehr viel mit unserem Erfolg zu tun haben – bei Kunden und Mitarbeitern. Möchten Sie mehr darüber erfahren? Dann fordern Sie unsere Broschüre „Arbeitsplatz Commerzbank" an. Commerzbank, Zentrale Personal-Abteilung, 60261 Frankfurt am Main.

COMMERZBANK
Die Bank an Ihrer Seite

Ad 2

Unsere Hierarchie ist klar: Oben steht immer der Kunde.

Als Frau habe ich Chancen.

"Eigentlich war das Thema für mich schon lange abgehakt, und wenig Zeit hatte ich auch. Aber ich spürte, daß mit mir gerechnet wurde und sagte zu. Es waren junge Frauen aus der Bank, die wissen wollten, wie das bei mir war mit der Zusammenarbeit zwischen Männern und Frauen. Es war nicht immer einfach, sagte ich. Klar, daß ich mich anstrengen mußte. Heute hängt mein Erfolg davon ab, wie sich meine Filiale entwickelt, und das wiederum hängt von der Zufriedenheit unserer Kunden ab. Und beim Ergebnis fragt keiner, ob's männlich oder weiblich ist."

Birgit Greger, Filialleiterin (44)

Wir sind davon überzeugt, daß Aufbau und Pflege guter Beziehungen sehr viel mit unserem Erfolg zu tun haben – bei Kunden und Mitarbeitern. Möchten Sie mehr darüber erfahren? Dann fordern Sie unsere Broschüre „Arbeitsplatz Commerzbank" an. Commerzbank, Zentrale Personal-Abteilung, 60261 Frankfurt am Main.

COMMERZBANK
Die Bank an Ihrer Seite

Kunde: Commerzbank AG, Frankfurt am Main
Product Manager: Peter Reggentin-Michaelis
Personalmarketingleiterin: Sabine Bolte
Werbeleiter: Dr. Rolf Darmstadt

Werbeagentur: PPW Plan Personal Werbung GmbH, Frankfurt am Main
Konzeption: Hubertus J. Müller
Texter: Hubertus J. Müller
Fotograf: Hubertus J. Müller

Ziel der Kampagne ist es, die Commerzbank als attraktiven Arbeitgeber für kunden- und leistungsorientierte Mitarbeiter zu profilieren.

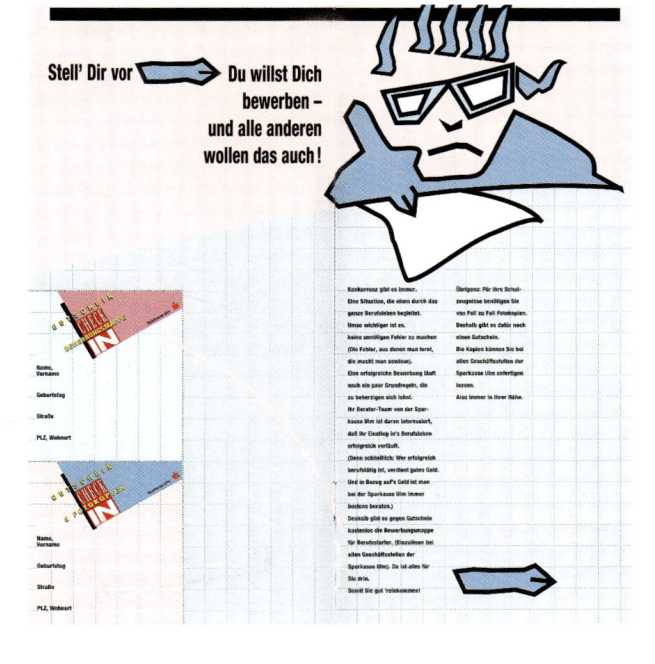

Kunde: Sparkasse Ulm, Ulm
Marketingleiter: Dieter Ströbel
Werbeleiter: Manfred Menz

Werbeagentur: Schönle, Zimmermann & Partner GmbH, Die Ulmer Werbeagentur, Ulm
Berater: Manfred Starzmann
Konzeption: Günther Ernst
Creative Director: Günther Ernst
Texter: Siegfried Galter
Grafiker: Günther Ernst

Die Zielsetzung der Kampagne ist, den Schulabgängern den Einstieg ins Berufsleben zu erleichtern.

582 Personalwerbung   Carl Knauber

KNAUBER
Ihre Ausbildung bei uns: VERANTWORTUNG.

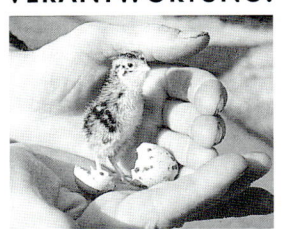

Wo Verantwortung bedeutet, eigenständig Entscheidungen zu treffen und das eigene Aufgabengebiet ideenreich mitgestalten zu können, fängt Ihr Freiraum im Beruf richtig an. Nehmen Sie sich deshalb die Freiheit, und **bewerben Sie sich jetzt als Auszubildende(r) für die Berufe Kaufleute im Groß- und Außenhandel, Bürokaufleute, Datenverarbeitungskaufleute, Fachverkäufer, Kaufleute im Einzelhandel, Schauwerbegestalter, Gas- und Wasser-Installateur sowie Zentralheizungs- und Lüftungsbauer** bei uns. Schriftlich oder telefonisch.
Wir freuen uns auf Sie!
Carl KNAUBER GmbH & Co.
Endenicher Straße 120 - 140
5300 Bonn 1
Telefon 02 28/51 22 47

**Mehr als ein Job:
KNAUBER.
Der feine Unterschied.**

KNAUBER
Ihre Ausbildung bei uns: ZUKUNFTSGESTALTUNG.

Das Selbstbewußtsein, Ihren eigenen Weg konsequent zu gehen, verbindet Sie mit uns. Wo Sie nicht ein Rädchen im Getriebe, sondern mit Ihrer Arbeit die Unternehmens-Idee aktiv mitgestalten, werden auch Ihre ganz persönlichen Vorstellungen von Zukunft Realität.
Setzen Sie deshalb bei der Wahl Ihres Arbeitsplatzes auf eine sichere und perspektivenreiche Zukunft. **Bewerben Sie sich jetzt als Auszubildende(r) für die Berufe Fachverkäufer und Kaufleute im Einzelhandel** bei uns. Schriftlich oder telefonisch.
Wir freuen uns auf Sie!
Carl KNAUBER GmbH & Co.
Endenicher Straße 120 - 140
5300 Bonn 1
Telefon 02 28/51 22 47

**Mehr als ein Job:
KNAUBER.
Der feine Unterschied.**

KNAUBER
Ihre Ausbildung bei uns: ERFOLGSERLEBNIS.

Erfolg macht Freude. Wo der Erfolg des Unternehmens auch zum Erfolg jedes einzelnen Mitarbeiters wird und Ihr persönlicher Einsatz nicht im Alltagsbetrieb untergeht, finden Sie Spaß an der Leistung und Freude am Beruf. Soviel Zukunftsperspektive sollten Sie sich wert sein. **Bewerben Sie sich deshalb jetzt als Auszubildende(r) für die Berufe Kaufleute im Groß- und Außenhandel, Bürokaufleute, Datenverarbeitungskaufleute, Fachverkäufer, Kaufleute im Einzelhandel, Schauwerbegestalter, Gas- und Wasser-Installateur sowie Zentralheizungs- und Lüftungsbauer** bei uns. Schriftlich oder telefonisch.
Wir freuen uns auf Sie!
Carl KNAUBER GmbH & Co.
Endenicher Straße 120 - 140
5300 Bonn 1
Telefon 02 28/51 22 47

**Mehr als ein Job:
KNAUBER.
Der feine Unterschied.**

KNAUBER
Ihre Ausbildung bei uns: V E R T R A U E N.

Menschen brauchen Menschen. Wo Sie in einer Atmosphäre gegenseitigen Vertrauens arbeiten können, werden Sie Ihre Fähigkeiten und Ihre Kreativität voll entfalten können. Vertrauen Sie Ihre Zukunft deshalb KNAUBER an, und **bewerben Sie sich jetzt als Auszubildende(r) für die Berufe Kaufleute im Groß- und Außenhandel, Bürokaufleute, Datenverarbeitungskaufleute, Fachverkäufer, Kaufleute im Einzelhandel, Schauwerbegestalter, Gas- und Wasser-Installateur sowie Zentralheizungs- und Lüftungsbauer** bei uns. Schriftlich oder telefonisch.
Wir freuen uns auf Sie!
Carl KNAUBER GmbH & Co.
Endenicher Straße 120 - 140
5300 Bonn 1
Telefon 02 28/51 22 47

**Mehr als ein Job:
KNAUBER.
Der feine Unterschied.**

Kunde: Carl Knauber GmbH & Co., Bonn
Personalleiter: Klaus A. Zerner
Werbeleiter: Birgit Schulze

Werbeagentur: Linnig und Partner GmbH, Koblenz
Berater: Dr. Thomas Senft
Konzeption: Dr. Thomas Senft
Creative Director: Rainer Linnig, Dr. Thomas Senft
Art Director: Klaudia Werel
Texter: Dr. Thomas Senft
Grafiker: Sonja Hönes
Fotograf: Werner Schäfer

Die Kampagne will dem Problem fehlenden Ausbildungsnachwuchses mit stark emotionalen Bildinhalten und entsprechenden Schlüsselbegriffen begegnen. Ziel ist, besonders motivierte junge Menschen für Knauber zu gewinnen.

Polizei Berlin   **Personalwerbung**   583

Ein Beruf, der nach den Sternen greift.

Jetzt bewerben:
- Charlottenburger Chaussee 67
  13597 Berlin
  Telefon 332 30 03
- Cecilienstraße 92
  12683 Berlin
  Telefon 526 23 40

Das ist Ihre Chance. **Polizei Berlin.**

Ein Beruf, der Signale setzt.

Jetzt bewerben:
- Charlottenburger Chaussee 67
  W-1000 Berlin 20
  Telefon 332 30 03
- Cecilienstraße 92
  O-1141 Berlin
  Telefon 526 23 40

Das ist Ihre Chance. **Polizei Berlin.**

Ein Beruf, bei dem es sofort funkt.

Jetzt bewerben:
- Charlottenburger Chaussee 67
  13597 Berlin
  Telefon 332 30 03
- Cecilienstraße 92
  12683 Berlin
  Telefon 526 23 40

Das ist Ihre Chance. **Polizei Berlin.**

Kunde: Der Polizeipräsident in Berlin, Berlin
Referatsleiter Werbung u. Einstellung: Hilmar Vetter
Gruppenleiter Werbung und Einstellung: Bernd Böttcher

Werbeagentur: Dorland Werbeagentur GmbH, Berlin
Berater: Gregor Lösbrock
Konzeption: Dieter Knoch
Creative Director: Dieter Knoch
Texter: Matthias Weseloh

Schulabgängern und ihren Meinungsbildnern sowie Berufswechslern soll mit Plakaten und TZ-Anzeigen die Attraktivität des Polizeiberufes vermittelt werden. Prägnante Headlines mit direktem Bezug zum Symbol und Response-Elemente provozieren Bewerbungen für einen qualifizierten, anspruchs- und sinnvollen Beruf.

584 **Personalwerbung** — **Bundeswirtschaftskammer Österreich**

Das hat Julia jetzt davon!

KARRIERE mit LEHRE

GENAU! *Eigenes Geld und beste Ausbildung. Und als junge Fachkraft fast eine Job-Garantie. Julia macht* **KARRIERE MIT LEHRE.**

Das hat Oliver jetzt davon!

KARRIERE mit LEHRE

GENAU! *Eigenes Geld und beste Ausbildung. Und als junge Fachkraft fast eine Job-Garantie. Oliver macht* **KARRIERE MIT LEHRE.**

Kunde: Bundeswirtschaftskammer Österreich, Wien
Werbeleiter: Dr. Georg Piskaty

Werbeagentur: Lehninger & Partner Gesellschaft m.b.H., Linz, Wien, Salzburg
Berater: Heinz K. Lehninger
Konzeption: Markus Gull
Creative Director: Heinz K. Lehninger
Art Director: Eva Behavy
Texter: Peter Pichler
Grafiker: Sabine Englputzeder
Fotograf: Elisabeth Krebe

Imagekampagne für Österreichs Lehrlinge. Den jungen Menschen soll symbolisiert werden, daß eine Lehre in der heutigen Zeit sehr viel bringen kann. Sie werden so gezeigt, wie sie sich selbst gerne sehen und wie man auch seine eigenen Kinder und Lehrlinge gerne sieht.

Gesellschaft/Social Marketing — **Kultur/Verbände**

Sonderpreis

Brot für die Welt **601**
  BBDO-Gruppe, Düsseldorf

Bereichssieger Gesellschaft/Social Marketing

Brot für die Welt **601**
  BBDO Düsseldorf

Branchensieger Kultur/Verbände

Kommunalverband Ruhrgebiet **594**
  Euro RSCG, Düsseldorf

»Ihr Bad vom Fachmann« (Hildmann, Simon, Rempen & Schmitz, Düsseldorf) **592**
Dt. Olympische Gesellschaft (Hildmann, Simon, Rempen & Schmitz, Düsseldorf) **589**
Esslinger Kultursommer (Beck, Esslingen) **587**
Internationales Opernforum (.start advertising, München) **588**
Kommunalverband Ruhrgebiet (Euro RSCG, Düsseldorf) **594**
Lobby für Wohnsitzlose und Arme (Michael Conrad & Leo Burnett, Frankfurt am Main) **593**
Sächs. Staatsmin. f. Wirtschaft und Arbeit (Rogge & Partner, Frankfurt am Main) **590–591**

Esslinger Kultursommer Kultur/Verbände 587

Kunde: Stadt Esslingen, Esslingen a. N.

Werbeagentur: Werbeagentur Beck KG, Esslingen a. N.
Berater: Kurt A. Beck, Bernhard Eberle
Konzeption: Bernhard Eberle
Grafiker: Dorothee Krämer

Dieses Erscheinungsbild des Esslinger Kultursommers als offizielles Programm der Leichtathletikweltmeisterschaft 1993 in Stuttgart wurde konsequent für Plakate, Anzeigen, Prospekte, Broschüren usw. eingesetzt. Es besteht aus zwei verschiedenen Elementen – dem Kultursommerlogo und der Grafik als Symbol für 160 kulturelle Veranstaltungen.

Kultur/Verbände **Internationales Opernforum**

Ob wir Olympia bekommen, entscheiden andere. Ob wir Welthauptstadt der Oper werden, entscheiden wir selbst.

Liebe Berliner, eröffnen Sie jetzt eine Opernbühne, die Sie nie schließen müssen.

Neu. Eine Oper, deren Vorstellung beginnt und niemals endet.

Die Oper feiert Geburtstag, Berlin feiert die Oper, und die Welt feiert Berlin.

Kunde: Price Waterhouse GmbH, Berlin
Product Manager: Torben Nielsen
Werbeagentur: .start advertising, München
Berater: Claudia Langer, Gregor Wöltje
Konzeption: Claudia Langer, Gregor Wöltje
Creative Director: Klaus Erwarth, Stefan Kolle
Art Director: Klaus Erwarth (Kampagne), John Warwicker (CI)
Texter: Stefan Kolle
Fotograf: Archiv

Das IOF, ein ambitioniertes Investmentprojekt rund um die Komische Oper, stellt sich den Berlinern als neues Forum für Kultur und Wirtschaft vor.

SPORT VERBINDET.

»SPORT VERBINDET« ist ein Leitmotiv der Deutschen Olympischen Gesellschaft.

SPORT VERBINDET.

»SPORT VERBINDET« ist ein Leitmotiv der Deutschen Olympischen Gesellschaft.

Kunde: Deutsche Olympische Gesellschaft e. V., Frankfurt am Main
Präsident: Detmar Grosse-Leege
Werbeagentur: Hildmann, Simon, Rempen & Schmitz/SMS, Düsseldorf
Berater: Andreas Broch
Creative Director: Jürgen Werth
Art Director: Robert Röhrbein, Jürgen Werth
Texter: Hendrik Rapsch
Fotograf: Bernd Obermann, Bongarts Sportpressefoto

Kultur/Verbände — **Sächs. Staatsmin. f. Wirtschaft u. Arbeit**

Kunde: Sächsisches Staatsministerium für Wirtschaft und Arbeit, Dresden
Marketingleiter: Ulrich Schlicht
Werbeleiter: Dr. Katrin Ihle

Werbeagentur: Rogge & Partner, Agentur für Werbung und Verkaufsförderung GmbH, Frankfurt am Main
Berater: Peter K. Rogge
Konzeption: Susanne R. Müller
Creative Director: Susanne R. Müller
Art Director: Susanne R. Müller, Wolfgang Härle
Texter/Script: Susanne R. Müller, Peter K. Rogge
Producer FFF: Winfried Cujas

Filmproduktion: Sandmann Studio Trickfilm GmbH, Berlin
Regisseur: Harald Serowski
Kamera: Arnim Giessmann
Musik: Peter Tschaikowsky
Cutter: Rita Sgraja

Sächs. Staatsmin. f. Wirtschaft u. Arbeit   Kultur/Verbände   591

Das Erzgebirge und die Weihnachtsfreude

Was nicht nur Kindern glänzende Augen macht.

So ist zum Beispiel die Weihnachtspyramide in ihrer Form dem Göpel nachempfunden – dem Berg, in dem das Erz abgebaut wurde. Durch die aufsteigende Wärme der Kerzen, die das Flügelrad in Bewegung setzt, dreht sich die Pyramide und zaubert die stimmungsvollsten Lichtspiele ins Zimmer. Der Engel hat im Erzgebirge eine besondere Bedeutung. Er ist die Frau des Bergmanns, der Licht in sein Leben bringt. Noch heute ist es im Erzgebirge Brauch, zur Weihnachtszeit so viele Lichterengel in die Fenster zu stellen, wie Mädchen im Haus sind und so viele Leuchter-Bergmänner wie Jungen.

Wie aus der Werkstatt des Weihnachtsmannes sehen sie aus, die witzigen Räuchermännchen, die stolzen Nußknacker, die vielstöckigen, kunstvoll verzierten Weihnachtspyramiden und prächtigen Lichterengel. Und jeder von ihnen hat seine eigene Geschichte, die sich in der Haltung, der Kleidung, den Farben und Formen widerspiegelt.

Die Räuchermännchen dagegen sind moderne Vorläufer des Hausmannes. Sie sorgen für Gemütlichkeit und Geborgenheit und verkörpern die vertrauten Gestalten des Alltags: den Spielzeughändler, den Schäfer, Musiker und andere Volkstypen. Um ihre Pfeife in Gang zu setzen, wird das Oberteil des Männleins abgenommen, ein glimmendes Räucherkerzchen wird hineingesteckt, der Oberkörper wieder aufgesetzt und schon erfüllt weihnachtlicher Duft das Haus.

Und woher kommt die Gestalt des Nußknackers? Ganz einfach. Er steht für die Obrigkeit, der man so manche harte Nuß zu knacken gab. Daher die königliche Ausstattung bzw. das soldatische Aussehen dieser weltberühmten, jahrhundertealten Persönlichkeiten, die auch heute noch kraftvoll zubeißen können. Ein Weihnachten ohne Nußknacker, das ist für viele wie ein Weihnachten ohne Christstollen, Weihnachtsgans oder Tannenbaum: einfach unvorstellbar.

Das Erzgebirge und das Frühlingserwachen

Womit sich der Osterhase nicht zu verstecken braucht.

Wenn im Erzgebirge die Schmelzwasser von den Bergen rinnen, wenn sich die Bäche und Flüsse füllen und auf den Wiesen erste Blumen blühen, dann ist bei den Schnitzern und Drechslern Motivwechsel angesagt. Die Nußknacker sind passé, jetzt grasen die Hasen!

Auch hier können nun die Spielzeugmacher auf einen wahren Schatz an überlieferten Gestalten zurückgreifen. Allein die Musikanten – vom Trompeter-Hasen bis hin zum Hasenkind mit Triangel – machen ein vielköpfiges Orchester aus. Nicht zu reden von den Hasenfamilien und Hasenarbeitern, denen man die unterschiedlichsten Accessoires mitgegeben hat. Dazu gesellen sich die frechen Küken, die süßen Käfer und niedlichen Blumenkinder, von denen es sage und schreibe dreihundert an der Zahl gibt. Alle bis aufs letzte Töpfchen in liebevoller Handarbeit hergestellt und mit dem Charme und Liebreiz der Region ausgestattet. Man merkt es diesen Figürchen an, mit wieviel Freude sie gefertigt wurden. Und diese Freude überträgt sich auch auf den Betrachter und den Besitzer.

Kunde: Sächsisches Staatsministerium für Wirtschaft und Arbeit, Dresden
Marketingleiter: Ulrich Schlicht
Werbeleiter: Dr. Katrin Ihle

Werbeagentur: Rogge & Partner, Agentur für Werbung und Verkaufsförderung GmbH, Frankfurt am Main
Berater: Peter K. Rogge
Konzeption: Heidi Maass, Susanne R. Müller
Creative Director: Heidi Maass, Susanne R. Müller

Art Director: Susanne R. Müller
Texter: Heidi Maass
Grafiker: Helga Gessing
Illustrator: Michael Kohlhaas

»Ihr Bad vom Fachmann«

Wo immer Sie lesen, Sie sollen gut sitzen.

Wo sind Sportfans angesichts der neuesten Ergebnisse ganz aus dem Häuschen? Wo studieren Manager ihre Unterlagen, bevor sie größere Geschäfte abwickeln? Wo sitzen Politiker ihre Krisen aus? Und wo berauschen sich Literaten an ihren Romanhelden? Millionen Menschen ziehen sich täglich auf ein besonders stilles Örtchen zurück, um in aller Ruhe zu lesen: das WC.

Wäre es da nicht angebracht, seinem Allerwertesten besten Komfort zu gönnen? Ergonomische, wassersparende WC's in jeder beliebigen Sitzhöhe, wandhängend oder feststehend, kommen diesem natürlichen Bedürfnis entgegen.

Bei uns können Sie jedes Modell probesitzen. Gehen Sie mit Ihrem Sanitär-Installateur in die Fachausstellung Bad.

Oder schreiben Sie uns: Vereinigung Deutsche Sanitärwirtschaft, Abt. 10, Postfach 38 40, 58038 Hagen. Wir helfen Ihnen gern.

Ihr Bad vom Fachmann
Die gemeinsame Kampagne der Sanitär-Industrie, des Sanitär-Fachgroßhandels und des Sanitär-Handwerks.

Dieser Meister verteidigt täglich seinen Titel.

Schon lange hat sich der deutsche Sanitär-Installateur für den europäischen Wettbewerb qualifiziert – und bereits so manchen Volltreffer gelandet. Ihm gebührt der Meistertitel. Und zwar mit Brief und Siegel.

Bevor er sich in die Arbeit stürzt, hat jeder Meister ein umfangreiches Trainingsprogramm absolviert. Damit alles planmäßig abläuft, wenn er im Bad sein Gastspiel gibt. Da kommt Freude auf, wenn der Meister gekonnt jede Ecke verwandelt. Und die zahlreichen Garantien und Gewährleistungen auf Sanitärteile und handwerkliche Dienste sind auch im Falle eines Falles ein klarer Pluspunkt für ihn.

Verpflichten Sie Ihren Sanitär-Installateur. Und gehen Sie mit ihm in die Fachausstellung Bad.

Oder schreiben Sie uns: Vereinigung Deutsche Sanitärwirtschaft, Abt. 2, Postfach 38 40, 5800 Hagen 1. Wir helfen Ihnen gern.

Ihr Bad vom Fachmann
Die gemeinsame Kampagne der Sanitär-Industrie, des Sanitär-Fachgroßhandels und des Sanitär-Handwerks.

Kunde: Gesellschaft zur Förderung der Sanitärwirtschaft mbH, Hagen
Vorsitzender des Werbeausschusses: Wolfram Wenzel

Werbeagentur: Hildmann, Simon, Rempen & Schmitz/SMS, Düsseldorf
Berater: Hans-Peter Esser, Peter Magner
Creative Director: Frank Berger
Art Director: Katharina Martini
Texter: Harald Breidenbach
Fotograf: Christian von Alvensleben, Bernd Mayer

Bedarfsweckung und Bedarfslenkung ist die Zielsetzung der Gemeinschaftskampagne für die Sanitärindustrie, den Sanitärfachgroßhandel und das Sanitärhandwerk.

Kunde: Lobby für Wohnsitzlose und Arme e. V., Frankfurt am Main
Marketingleiter: Klaus Liesigk, Jochen Meurers

Werbeagentur: Michael Conrad & Leo Burnett GmbH & Co. KG, Frankfurt am Main
Berater: Doris Frauendiener
Konzeption: Christoph Barth, Stefan Karl
Art Director: Christoph Barth
Texter: Stefan Karl
Grafiker: Detlev Schmidt

Im Lobby-Restaurant unterstützen Besserverdienende die sozial Schwachen. Das heißt: Jeden Tag wird nur ein Gericht angeboten, für das Normalverdiener 7,50 DM bezahlen, Studenten 3,50 DM und Arme nur 2,35 DM. All diese Leute sollen die Plakate ansprechen.

594 Kultur/Verbände Kommunalverband Ruhrgebiet

Nix Costa Quanta ... Ruhrgebiet!

Erst Essen, dann spielen.

Kunde: Kommunalverband Ruhrgebiet, Essen
Werbeleiter: Bernhard Rechmann

Werbeagentur: Euro RSCG Werbeagentur GmbH, Düsseldorf
Berater: Jochen Karrer, Rita Fichtner
Creative Director: Silke Niehaus
Texter: Wiltrud Neuber

Die Kampagne zeigt an Beispielen aus Wirtschaft, Kultur, Freizeit, Umwelt, Wissenschaft und Bildung, was im Ruhrgebiet alles getan worden ist und geleistet wird. So wird ein komplexes Imageprofil gestaltet, das die zum Teil noch vorherrschenden Vorurteile und Fehleinschätzungen über das Ruhrgebiet wirksam korrigiert.

Branchensieger Öffentliche und staatliche Institutionen

Brot für die Welt **601**
  BBDO-Gruppe, Düsseldorf

Öffentliche und staatliche Institutionen

Aids-Hilfe Düsseldorf (Hildmann, Simon, Rempen & Schmitz, Düsseldorf) **597**
Aids-Hilfe Köln (Barten & Barten, Köln) **598**
BM für Arbeit und Sozialordnung (Ogilvy & Mather Special, Düsseldorf)* **604**
BM für Familie und Gesundheit (von Mannstein, Solingen) **602**
BM für Verkehr (Die Gilde, Hamburg) **603**
Brot für die Welt (BBDO-Gruppe, Düsseldorf) **601**
Deutsches Rotes Kreuz (von Mannstein, Solingen) **600**
Gemeinde Wien (C.S., Wien) **610**
Initiative Leipzig (Serviceplan, München) **605**
NRW-Stiftung (Bruchmann Schneider Bruchmann, Köln) **606**
Presse- u. Infodienst d. Bundesregierung (von Mannstein, Solingen) **607**
Staatl. Toto-Lotto (Die Crew, Stuttgart) **612**
Suchthilfekoordin. der Stadt Stuttgart (Nantscheff & Lorenz, Filderstadt) **599**
Umweltmin. NRW/Müll-Vermeidungskamp. (Ogilvy & Mather Special, Düsseldorf) **611**
Unicef (Bozell, Frankfurt am Main) **608–609**

* Europa-/Globalkampagne

Kunde: Aids-Hilfe Düsseldorf e. V., Düsseldorf
Referent für Öffentlichkeitsarbeit: Robert Levin

Werbeagentur: Hildmann, Simon, Rempen & Schmitz/SMS, Düsseldorf
Berater: Dirk Eßer
Creative Director: Stefan Telegdy
Art Director: Stefan Baggen
Texter: Harald Breidenbach
Illustrator: Matthias Brucklacker

Wie man die Geldbörsen der Düsseldorfer öffnet: Gegen Aids ist uns jedes Mittel recht.

598 Öffentliche und staatliche Institutionen Aids-Hilfe Köln

POSITIVE ZUSAMMENARBEIT

Die positive Selbsthilfe in der AIDS-Hilfe Köln: Für Frauen und Männer mit HIV und AIDS von Menschen mit HIV und AIDS. Selbstbewußtsein stärken durch Solidarität, denn zusammen erreichen wir mehr.

Zum Beispiel in der offenen Gruppe: gemeinsam diskutieren, Ängste ansprechen, Probleme bewältigen
➤ jeden Dienstag, 19.00 - 21.00 Uhr

Politik und Gesellschaft – oder Klatsch und Tratsch; Erfahrungen austauschen oder gemeinsam Ideen entwickeln; oder einfach nur Freunde im Regenbogen Café treffen
➤ Mo - Do, 14.00 - 17.00 Uhr
➤ jeden Freitag, 15.30 - 18.00 Uhr
➤ immer wieder sonntags, für positive Schwule und deren Freunde, 16.00 bis 18.00 Uhr

Oder durch die Interessenvertretung PAI-Rat (Positiven/AIDS Rat), um Bedürfnisse von Betroffenen in der AIDS-Hilfe einzubringen
➤ mittwochs alle 14 Tage, 18.00 - 21.00 Uhr

Was noch? Hilfe bei gesundheitlichen, seelischen, rechtlichen und finanziellen Problemen; gemeinsame Sportaktivitäten; Workshops; Ferien- und Freizeitprojekte und vieles mehr.

Also: anrufen oder vorbeikommen – wir freuen uns auf eine positive Zusammenarbeit!

Mehr Informationen gibt's in der AIDS-HILFE KÖLN e.V., Beethovenstraße 1, 50674 Köln, oder per Telefon: 02 21/20 20 30.

Gestaltet und gesponsered von: BARTEN & BARTEN, Köln

Kunde: Aids-Hilfe Köln e. V., Köln
Werbeleiter: Patrick Hamm
Werbeagentur: Barten & Barten, Die Agentur GmbH, Köln
Berater: Dirk Büchner, Frank Bertram
Konzeption: Dirk Büchner, Frank Bertram
Creative Director: Dirk Büchner, Frank Bertram
Art Director: Dirk Büchner, Frank Bertram
Texter: Dirk Büchner, Patrick Hamm

Kunde: Suchthilfekoordinator der Landeshauptstadt Stuttgart, Stuttgart
Product Manager: Hans Gross

Werbeagentur: Nantscheff & Lorenz Werbeagentur OHG, Filderstadt
Berater: Mario Nantscheff
Konzeption: Mario Nantscheff, Rainer Lorenz
Creative Director: Rainer Lorenz
Art Director: Daniela Garn
Texter: Mario Nantscheff
Fotograf: Roland Hutzenlaub

Publikum (Jugendliche ab 16 Jahren und Erwachsene) sowie Fachbesucher aus Politik, Bildung und Erziehung in 17 deutschen Städten sollen durch Plakat und Einladungsmailing für einen Ausstellungsbesuch interessiert werden. Die eindrucksvolle Besucherresonanz gab der Werbekonzeption recht.

600 Öffentliche und staatliche Institutionen · Deutsches Rotes Kreuz

Das Lebensretter-Team

Annemarie B.: DRK-Helferin
Stefan K.: Unfallarzt
Xaver H.: Bergwacht-Hundeführer
Andrea C.: Blutspenderin

KOMM MIT! SPENDE BLUT BEIM ROTEN KREUZ

Informationen und Blutspendetermine bei Ihrem Roten Kreuz.

Kunde: Deutsches Rotes Kreuz, Bonn, Generalsekretariat, Abt. Öffentlichkeitsarbeit und Kommunikation
Leiter Öffentlichkeitsarbeit: Rolf Herzbach
Werbeagentur: Von Mannstein Werbeagentur GmbH, Solingen
Berater: Klaus Lukaszczyk, Stephan Echterhoff
Konzeption: Prof. Coordt von Mannstein
Art Director: Erik Hogrefe
Texter: Claudia Paul
Fotograf: Ralf Hillebrand

Kampagne zur Gewinnung von Erstblutspendern.

Brot für die Welt   Öffentliche und staatliche Institutionen

Kunde: Diakonisches Werk e. V. Deutschland, Stuttgart
Marketingleiter: Herbert Hassold

Werbeagentur: BBDO Düsseldorf GmbH, Düsseldorf
Berater: Johannes Röhr
Konzeption: Günter Olbrich
Creative Director: Günter Olbrich
Texter/Script: Hans-Georg Knichel
Producer FFF: Jürgen Heide
Filmproduktion: voss aktiengesellschaft tv-ateliers, Düsseldorf

Regisseur: Richard Huber
Musik: Peter Gabriel

Vor Jahrhunderten brachten Europäer den Segen der Zivilisation in die dritte Welt. Geben wir den Menschen, was sie wirklich brauchen: Hilfe zur Selbsthilfe.

Hannelore Rönsch, Bundesministerin für Familie und Senioren:

„Senioren kennen das Leben."

Hannelore Rönsch, Bundesministerin für Familie und Senioren:

„Senioren sind nicht von gestern."

Kunde: Bundesministerium für Familie und Senioren, Bonn
PR-Leiter: Dorika Seib

Werbeagentur: Von Mannstein Werbeagentur GmbH, Solingen
Berater: Inge Bausch
Konzeption: Prof. Coordt von Mannstein
Creative Director: Johannes Schneider, Alfred Limbach
Art Director: Brigitte Meynen
Texter: Johannes Schneider
Fotograf: Jens König

Mit der Kampagne sollen gängige Vorurteile widerlegt und Diskussionen ausgelöst werden, die ein stärkeres Bewußtsein für die Themenbereiche »Familie und ältere Menschen«, »Zusammenleben der Generationen« und »Veränderung des Altersbildes in der Gesellschaft« bewirken.

BM für Verkehr Öffentliche und staatliche Institutionen

Kunde: Bundesministerium für Verkehr, Bonn
Marketingleiter: Dieter Grupe, Dr. Hubert Schmitt
Werbeleiter: Dr. E. A. Marburger

Werbeagentur: Die Gilde Werbeagentur GmbH, Hamburg
Berater: Hans F. Krabiell
Creative Director: Jan H. Geschke
Art Director: Andreas Thomsen
Texter/Script: Jan H. Geschke
Filmproduktion: Markenfilm GmbH & Co., Wedel

Regisseur: Ray Cook
Kamera: Chris Ashbrook
Musik: Adrian Askew
Cutter: Christine Epp

Ein Film »gegen Alkohol am Steuer« für die Zielgruppe »junge Leute«.

604 Öffentliche und staatliche Institutionen — BM für Arbeit und Sozialordnung

Kunde: Bundesministerium für Arbeit und Sozialordnung/Bundesanstalt für Arbeit, Bonn
Leiter des Referats Öffentlichkeitsarbeit: Günter Ast
Werbeagentur: Ogilvy & Mather Special GmbH, Düsseldorf
Berater: Tim Timm, Ulrich Tillmanns
Konzeption: Michael Heger, Werner Friedhoff
Creative Director: Werner Friedhoff
Art Director: Michael Heger
Texter: Gina Mayer, Rüdiger Müller
Grafiker: Konstantin Sieveneck
Fotograf: Werner Pawlok

Arbeitgeber und Arbeitnehmer davon überzeugen, daß illegale Beschäftigung und Leistungsmißbrauch kein Kavaliersdelikt sind, sondern sozialer Betrug, der hart bestraft wird.

Initiative Leipzig Öffentliche und »staatliche Institutionen«

Kunde: Initiative Leipzig e. V., Leipzig
Marketingleiter: Uwe Hitschfeld
Werbeagentur: Serviceplan Werbeagentur, München
Berater: Bernhard Kani, Christof Meixner
Konzeption: Winfried Bergmann, Bernd Schöll
Creative Director: Hans Fahrnholz
Art Director: Alexander Windhorst
Texter: Joachim Kolberg
Grafiker: Margit Popp
Fotograf: Andreas Huber

Eine Stadt, in der es sich zu leben und zu investieren lohnt. Das ist der Tenor der Kampagne, die die Bürger involviert und Investoren international aktiviert. Mit der Positionierung »Leipzig kommt!« werden Motivation und Vision auf dem Weg zur europäischen Wirtschaftsmetropole dieses idealen Ost-West-Standortes dokumentiert.

Kunde: NRW-Stiftung, Düsseldorf
Geschäftsführung: Hartmut Schulz
Geschäftsführung Förderverein: Martina Grote
Pressereferent: Winfried Raffel

Werbeagentur: Bruchmann, Schneider, Bruchmann, Düsseldorf
Creation: Felix Bruchmann, Stefan Schneider, Jörg Bruchmann
Art Director: Stefan Schneider
Texter: Jörg Bruchmann, Felix Bruchmann
Grafiker: Christian Haß
Fotograf: Rainer Corsten

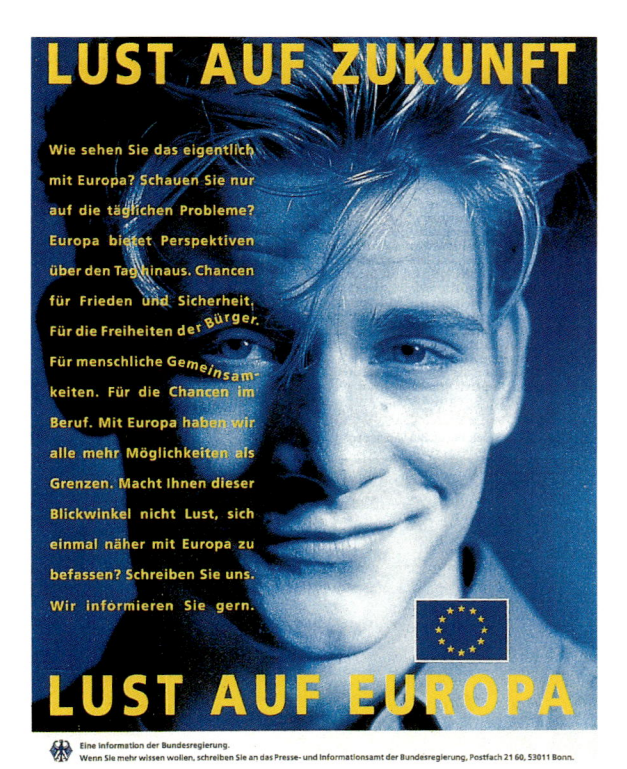

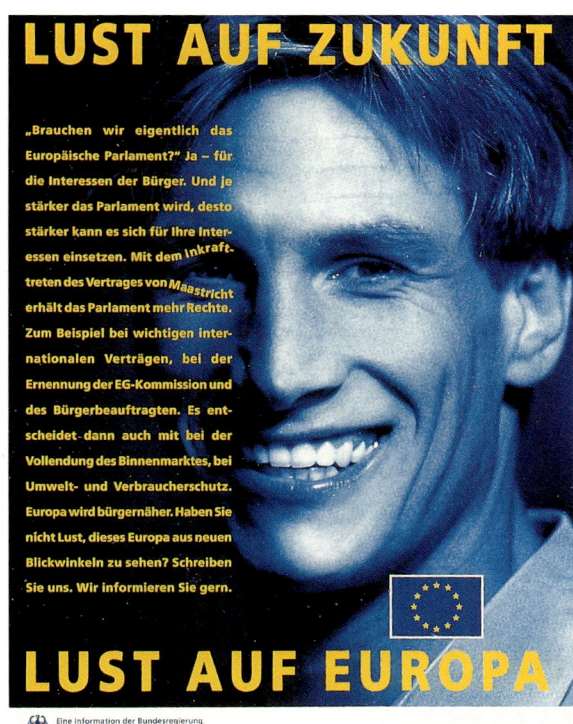

Presse- u. Infodienst d. Bundesregierung — Öffentliche und staatliche Institutionen

Kunde: Presse- und Informationsdienst der Bundesregierung, Bonn
Referatleiter: Eberhard Hofmann (Europareferat)
Werbeagentur: Von Mannstein Werbeagentur GmbH, Solingen
Berater: Inge Bausch, Clemens Berger
Konzeption: Prof. Coordt von Mannstein
Creative Director: Alfred Limbach, Johannes Schneider
Art Director: Thomas Schaarschmidt
Texter: Johannes Schneider
Fotograf: Uwe Blum

Leer?

Gut!

Machen Sie Ihre Pfandflasche zur Spende für die Kinder dieser Welt. Hier.

40 Jahre Unicef Deutschland
unicef
Für Kinder bewegen wir Welten

Kunde: Unicef, Frankfurt am Main/Köln
Büroleiterin: Edith Henze
Werbeleiter: Dieter Pohl

Werbeagentur: Bozell GmbH, Frankfurt am Main
Berater: Ion Nedelcu
Konzeption: Dr. Reinald Ullmann, Kai Felmy
Creative Director: Wolfgang Bloch
Art Director: Kai Felmy
Texter: Dr. Reinald Ullmann

Spendenaufruf in Hessen und Thüringen zum 40. Geburtstag von Unicef für die Kinder dieser Welt.

Unicef Öffentliche und staatliche Institutionen 609

Leer? Gut!

unicef
Für Kinder bewegen wir Welten

Kunde: Unicef, Frankfurt am Main/Köln
Büroleiterin: Edith Henze
Werbeleiter: Dieter Pohl
Werbeagentur: Bozell GmbH, Frankfurt am Main
Berater: Ion Nedelcu
Konzeption: Dr. Reinald Ullmann, Kai Felmy
Creative Director: Wolfgang Bloch
Art Director: Kai Felmy
Texter/Script: Dr. Reinald Ullmann
Producer FFF: Monika Kothe
Filmproduktion: Bildwerk GmbH, Frankfurt am Main

Verpackung macht Mist!

Kauf keinen Mist!

Kunde: Gemeinde Wien, Wien
Werbeleiter: Rudolf Mathias

Werbeagentur: C. S. Werbeagentur, Wien
Berater: Martha Krebich
Konzeption: Gerd Babits
Creative Director: Gerd Babits
Art Director: Gerda Hradil
Texter: Wolfgang Hagmann
Grafiker: Michael Kalb
Fotograf: Suzanne Szasz

Mit Hilfe dieses Sujets werden die Wiener aufgerufen, Verpackung zu vermeiden. Dies ist eine weitere Initiative der Stadt Wien als Umweltstadt.

Umweltm. NRW/Müll-Vermeidungskamp. Öffentliche und staatliche Institutionen

Poster 1: KAUFT WENIGER MÜLL. / DER GIPFEL DER GENÜSSE.
Poster 2: KAUFT WENIGER MÜLL. / AUS DEN AUGEN, AUS DEM SINN.
Poster 3: KAUFT WENIGER MÜLL. / UNHAPPY END.
Poster 4: KAUFT WENIGER MÜLL. / MINDESTENS HALTBAR BIS ENDE 3492.

Kunde: Ministerium für Umwelt, Raumordnung und Landwirtschaft des Landes Nordrhein-Westfalen, Düsseldorf
Marketingleiter: Anneliese Cammerer

Werbeagentur: Ogilvy & Mather Special GmbH, Düsseldorf
Berater: Beate Ratajczak
Konzeption: Martin Tafel, Werner Friedhoff
Creative Director: Werner Friedhoff
Art Director: Martin Tafel
Texter: Werner Friedhoff
Grafiker: Ina Kaufmann
Fotograf: Erich Jütten

Die Kampagne soll die Verbraucher mit dem Slogan »Kauft weniger Müll« dazu bewegen, Abfallprobleme schon beim Einkauf durch Gegenentscheid zu vermeiden.

Staatl. Toto-Lotto

KLEINE SCHEINE, GROSSE WIRKUNG: DAUERLOTTO – IHR URLAUBSABO AUFS GLÜCK.

KLEINE SCHEINE, GROSSE WIRKUNG: SYSTEMLOTTO – MEHR KREUZE, MEHR CHANCEN.

RUBBELSTAR – AUTOS, SPASS UND GELD IN BAR!

Kunde: Staatliche Toto-Lotto GmbH, Stuttgart
Marketingleiter: Werner Tigges
Werbeleiter: Heiner Engel

Werbeagentur: Die Crew Werbeagentur GmbH, Stuttgart
Berater: Holger Bungert, Claus de Ponte
Konzeption: Claus de Ponte, Torsten Schmitz
Art Director: Achim Milkau
Texter: Claus de Ponte, Bernd Faller
Grafiker: Ariane Sohn
Fotograf: Bernd Eidenmüller

Dachkampagne in Publikumszeitschriften, Specials und Tageszeitungen unter Einbeziehung aller relevanten Produkte in Baden-Württemberg.

Welcome in DESigners »Club«

DESIGNERS DIGEST ist das creative Magazin, das wie ein Club funktioniert.

MemberCard
Name: Lucia Lichtenberg, Linsenhausen
Bereich Visuelle Kommunikation Fotodesigner
Mitgliedsnummer: 00123407
M.D.C. Member of DESigner's »Club«

DESIGNERS DIGEST

DESigners Digest – Das creative Magazin arbeitet wie ein »Club« für Designer. Abonnenten haben einzigartige Chancen, Arbeiten zu veröffentlichen, an Events und Aktionen teilzunehmen. Außerdem gibt es umfassenden Service und zahlreiche Vorteile.
6 Nummern im Abo 86 Mark.
Studenten, Assis, Azubis nur 80 Mark.
(Im Ausland zzgl. antlg.Versandkosten),
MemberCard 6 Mark

Hot Line:
TEL 04156 – 7749
FAX 04156 – 7849
DESIGN + TECHNIK
Verlag, Presse- und Werbeservice GmbH,
21493 Schretstaken

1 Sie können stolz auf Ihre Arbeit sein.

DESigners Digest funktioniert wie ein Club. Den Abonnenten, die stolz auf ihre Arbeit sein können, steht das Magazin als Forum für Veröffentlichungen offen. Gerade in einer Zeit, in der nicht alles automatisch läuft, ist intelligente Eigenwerbung für creative Leistungen wichtiger denn je. Dabei kommt es auf ein vernünftiges Preis/Leistungsverhältnis an. Das bietet **DESigners Digest** allen Abonnenten und noch viele Vorteile mehr. **Welcome in DESigners »Club«**.

2 Self-Promotions auf neue Art.

DESigners Digest ist anders als andere Magazine und hat sich deshalb überall dort durchgesetzt, wo es um vorbildliche creativen Leistungen geht. Deshalb machen eine Veröffentlichungen im **DESigners Digest** Sinn. Außerdem ist der »Club« der **DESigners Digest**-Abonnenten eingebunden in permanent laufende Aktionen, Projekte, Wettbewerbe, Ausstellungen und Workshops. Das ist Eigenwerbung, finanziert durch Sponsering – exclusiv für **DESigner Digest**-Abonnenten. **Welcome in DESigner »Club«**.

3 Ein Magazin, ein Jahrbuch, und vieles mehr...

DESigners Digest – (das Magazin) bringt seit nunmehr fünf Jahren erfolgreich das **ART Buyer's HANDBOOK** (das Jahrbuch) heraus. Das ist eine besonders wirkungsvolle Kombination für die Eigenwerbung für den gesamten Arbeitsbereich »visuelle Kommunikation« – und eine, die sich leicht rechnet. Was in **DESigners Digest** Impulse setzt, wird im **ART Buyer's HANDBOOK** mit Langzeitwirkung fortgesetzt. Außerdem gibt es beim DESigerns »Club« viel Service – von der Fachbuchbestellung bis zu technischer Beratung. Infos anfordern. **Welcome in DESigners »Club«**.

Tag und Nacht wurden die Bilder dieses Buches von uns digitalisiert, optimiert und manipuliert: über Scanner, EBV-System, Graphic Paintbox und Mac-Workstation. Am Ende dieser Dienstleistungskette erhalten Sie den perfekten fortdruckgenauen Andruck, den wir auf einer Original-4-Farb-Offset-Auflagenmaschine herstellen.

Nacht und Tag bieten wir Ihnen ab sofort Ihre persönliche Bilddatenbank. Alle von uns verarbeiteten Bilder werden in einer Bilddatenbank organisiert und verwaltet und sind Tag und Nacht abrufbar. Für den direkten Zugriff stehen Ihnen insgesamt mehr als 60.000 Mega-Byte zur Verfügung. Greifen Sie zu: On-line über ISDN oder konventionell über Apple Talk. Guten Morgen!

Kirschbaum Laserscan GmbH – die Erinnerung an die Zukunft.
Gladbacher Straße 74   D-40219 Düsseldorf   Fon: 0211-30 70 69   Fax: 0211-39 82 755   ISDN-Modem: 0211-90 11 3803

Register

Kunden

A
ABB Kommunikation GmbH, Mannheim 479
ABK, Agrob-Buchtal-Keramik GmbH, Witterschlick bei Bonn 527
Aids-Hilfe Düsseldorf e. V., Düsseldorf 597
Aids-Hilfe Köln e. V., Köln 598
Air France, Frankfurt am Main 344–345
Akzo Faser AG, Wuppertal 325
Alcatel STR AG, Zürich 410–411
Allgäuland-Käsereien, Wangen 129
Allianz Versicherungs AG, München 376
Amecke Fruchtsaft GmbH, Menden 170–171
Arthur Andersen AG, Zürich 470
Annapurna s.r.l., Prato/Italien 324
Aral Aktiengesellschaft, Bochum 401
Aral Austria GmbH, Wien 400
Artisana Kranken- und Unfallversicherung, Bern 372
AST-Research Deutschland GmbH, Düsseldorf 504–505
Audi AG, Ingolstadt 222
Austria Tabakwerke, Wien 181
AVL Medical Instruments AG, Schaffhausen 559
Azu Pharma GmbH, Gerlingen 548

B
B.A.T. Cigarettenfabriken GmbH, Hamburg 186
Baier & Schneider GmbH & Co. KG, Heilbronn 293
Bären Batterie GmbH, Feistritz 240–241
Heinrich Bauer Programmzeitschriften Verlag KG, Hamburg 445
Heinrich Bauer Spezialzeitschriften Verlag KG, Hamburg 446
Heinrich Bauer Verlag, Anzeigen + Marketing KG, Hamburg 426, 430
Heinrich Bauer Verlag, Hamburg 447
Baumgartner Türautomatik AG, Bubikon 533
Bausch & Lomb GmbH, Berlin 194
Bayer AG, Leverkusen 521, 534
Bayer Diagnostic GmbH, München 212–213
Bayerische Hypotheken- u. Wechselbank AG, München 363
Bayerische Rückversicherung, München 378
BEGA Gantenbrink-Leuchten GmbH + Co., Menden 270–271
Best Western Hotels Deutschland GmbH, Eschborn 346
Betrix Cosmetic GmbH & Co., Dreieich 200, 201, 202, 203
BHW Bausparkasse AG, Hameln 370
BMW Motorrad GmbH, München 244–245
boco GmbH + Co., Hamburg 476
Boehringer Ingelheim KG, Ingelheim 210
Boehringer Mannheim GmbH, Mannheim 551
Bona Kemi Ges.m.b.H., Salzburg 516
Brauerei Beck & Co., Bremen 149
Brauerei C. & A. Veltins, Meschede 160, 161
Brauerei G. A. Bruch, Saarbrücken 150
Brauerei Max Leibinger GmbH, Ravensburg 159
Brinkmann Niemeyer GmbH, Düsseldorf 182–183
British Tourist Authority, Frankfurt am Main, London 350–351
BT Telecom (Deutschland) GmbH, Eschborn 412–413
Buchhändler-Vereinigung, Frankfurt am Main 467
bulthaup GmbH + Co., Aich 266
Bundesministerium für Arbeit und Sozialordnung, Bonn 604
Bundesministerium für Familie und Senioren, Bonn 602
Bundesministerium für Verkehr, Bonn 603
Bundeswirtschaftskammer Österreich, Wien 584
Burger King GmbH, München 465
BWZ, Düsseldorf 427

C
C & A Mode & Co., Düsseldorf 323
Capatect Dämmsystem GmbH & Co. Energietechnik KG, Ober-Ramstadt 522
Casabiente GmbH, Schloß Weitenburg, Weitenburg 264–265
Centrale Marketinggesellschaft der deutschen Agrarwirtschaft mbH (CMA), Bonn 127, 131
Citroën Deutschland AG, Köln 223
CIVA, Colmar, Frankreich 394
Club Méditerranée Deutschland GmbH, Düsseldorf 347
Commend Communication Systems Ges.m.b.H., Salzburg 489
Commerzbank AG, Frankfurt am Main 580
Conoco Mineraloel GmbH, Hamburg 399
Conva Tec-Division, Bristol-Myers Squibb GmbH, München 214

D
DAB AG, Dortmund 148
Daniels Cosmetic Vertrieb GmbH, Kirchheim 191
Dell Computer GmbH, Langen 502
Deutsche Bank AG, Frankfurt am Main 360, 361
Deutsche Bundesbahn/DEKOM, Frankfurt am Main 339
Deutsche Bundespost Postdienst, Bonn 409
Deutsche Bundespost Telekom, Bonn 578, 579
Deutsche Handelsbank AG, Berlin 367
Deutsche Olympische Gesellschaft e. V., Frankfurt am Main 589
Deutsche Renault AG, Brühl 226, 227, 228, 229
Die Deutschen Bahnen/DEKOM, Frankfurt am Main 340, 341
Deutscher Supplement Verlag, Nürnberg 428, 429
Deutsches Rotes Kreuz, Bonn 600
Deutz-Fahr Erntesysteme GmbH, Lauingen 537
DG Bank, Frankfurt am Main 362
DHL Worldwide Express GmbH, Frankfurt am Main 468
Diakonisches Werk e. V. Deutschland, Stuttgart 601
Doetsch, Grether & Cie AG, Basel 204
DON RODO Fashion GmbH, Schwarzach 321
Dralle-Garnier GmbH, Düsseldorf 198
Drescher GmbH, Rutesheim 494
Dresdner Bank AG, Frankfurt am Main 357, 358–359
M. DuMont-Schauberg, Köln 432

E
EA-Generali, Wien 377
Eastman Kodak Europe, London 336
Eckes AG, Nieder-Olm 168
Carl Edelmann GmbH, Heidenheim 462
Eder's Familienbrauerei GmbH & Co. KG, Großostheim 153
Eisenwerke Düker GmbH & Co., Karlstadt 269
Elbeo Vertriebs GmbH, Augsburg 313
elf oil AG, Berlin 402
Energas AG, Neumarkt 403
Energieversorgung Schwaben AG, Stuttgart 405
Engelhard Arzneimittel GmbH & Co. KG, Frankfurt am Main 549
Equar Electronic GmbH, Dägeling 280
Erdmann Herrenbekleidung, Hannover 389
Ergee Werke, Sonthofen 312
Erismann & Cie. GmbH, Breisach 385
Eschenbach Optik GmbH & Co., Nürnberg 329
Stadt Esslingen, Esslingen a. N. 587

F
Faber-Castell GmbH & Co., Stein/Nürnberg 292
Focus Magazin Verlag GmbH, München 448, 449
Fossil Europe GmbH, Traunstein 286
Fournier Pharma GmbH, Sulzbach/Saar 550
Frankfurter Allgemeine Zeitung GmbH, Frankfurt am Main 452
Frankfurter Sparkasse, Frankfurt am Main 366
Frisco-Findus AG, Rorschach 141
Fuba Hans Kolbe & Co., Hildesheim 424, 425

G
Gaggenau Hausgeräte Vertriebsgesellschaft mbH, Gaggenau 253
Gebiets-Winzergenossenschaft Franken e. G., Kitzingen 145
Gesellschaft zur Förderung der Sanitärwirtschaft mbH, Hagen 592
Don Gil Textilhandelsges.m.b.H., Wien 322
GiroCredit, Wien 364–365
Glamü GmbH, Hügelheim 529
W. Goebel Porzellanfabrik, Rödental 301
Friedrich Grohe AG, Hemer 484

H
Hansa Sicht- und Sonnenschutz GmbH, Hamburg 263

harman deutschland, Heilbronn 275
Hasbro Playskool, Fürth 294, 295, 296, 297, 298
Hasselblad Svenska AB, Göteborg 333
Helsinn Pharma AG, Rotkreuz 547
Henkel Cosmetic GmbH, Düsseldorf 197
Henkel KGaA, Düsseldorf 189, 190, 520
Hepco & Becker GmbH, Höhfröschen 248
Hitachi Europe GmbH, Haar bei München 503
Hoechst AG, Frankfurt am Main 483
Hoechst Pharma Deutschland (Hoechst AG), Frankfurt am Main 552
Holiday Autos, München 354
Hosta Schokolade (international) AG, Neuhausen 140
HUK-Coburg Versicherungsgruppe, Coburg 373
Hüls Troisdorf AG, Troisdorf 518–519
Thomas Hülsen Marketing Communication, Hamburg 474
Hypothekenbank Trentino-Südtirol AG, Trient 368, 369

I
IGA Architekturbaustoffe GmbH & Co. KG, Heilbronn 531
IKEA Deutschland, Wallau 267–268
illycafè Deutschland, München 177
Incom Brandschutz AG, Schönenwerd 563
Industrade AG, Wallisellen 501
Initiative Leipzig e. V., Leipzig 605
IPA-plus Vermittlung für Fernsehwerbung GmbH, Frankfurt am Main 419, 420–421
Irish Dairy Board, Krefeld 125
IWKA, IWK-Verpackungstechnik GmbH, Stutensee bei Karlsruhe 540

J
Jambon d'Aoste, Aoste 132
Joop! Jeans GmbH, Künzelsau 320
Juweliere Ellert GesmbH, Wien 283

K
K+L Ruppert GmbH, Weilheim 388
Alfred Kärcher GmbH & Co., Winnenden 256
Karlsberg Brauerei KG Weber, Homburg 156, 157
Katadyn Produkte AG, Zürich 260
Kawasaki Motoren GmbH, Friedrichsdorf 246–247
Kelly Gesellschaft m.b.H., Wien 135
KHS Maschinen u. Anlagenbau AG, Dortmund 542–543
Kirner Privatbrauerei Ph. & C. Andres, Kirn 158
Klann Verpackungen GmbH & Co., Landshut 460–461
Carl Knauber GmbH & Co., Bonn 582
Th. Kohl KG, Regensburg 560–561
Kommunalverband Ruhrgebiet, Essen 594
Kone Instruments GmbH, Norderstedt 555
König Brauerei, Duisburg 152
Kraft General Foods GmbH, Eschborn 130

Kraft Jacobs Suchard Erzeugnisse GmbH & Co. KG, Bremen 175
Kronen Brauerei Dortmund GmbH & Co. KG, Dortmund 151, 178
Kyocera Electronics Europe GmbH, Meerbusch 492–493

L
L'Oréal GmbH, Düsseldorf 199
C. Josef Lamy GmbH, Heidelberg 290, 291
LBS Münster, Münster 371
Leitner AG, Sterzing/Italien 556, 557
Louis Leitz International GmbH & Co., Stuttgart 495
Lenzing AG, Lenzing 558
Lever GmbH, Hamburg 192
Licher Privatbrauerei, Ihring Melchior KG, Lich 155
Lobby für Wohnsitzlose und Arme e. V., Frankfurt am Main 593
Lorenzini S.p.A., Merate/Italien 314
LTU Lufttransport-Unternehmen GmbH & Co. KG, Düsseldorf 342, 343
Lufthansa Cargo Airlines, Kelsterbach 469
LUTRO Luft- und Trockentechnik GmbH, Leinfelden-Echterdingen 544

M
Magdeburger Verlags- und Druckhaus GmbH, Magdeburg 431
MAN GHH Logistics GmbH, Heilbronn 538
Dr. Mann Pharma, Berlin 211
Mapa GmbH, Zeven 251
Marketingbeirat der Stadt Vöcklabruck, Vöcklabruck 348–349
Mauritius Brauerei GmbH, Zwickau 162–163
McDonald's Dev. Comp. CE, Wien 466
McKinsey & Com., Inc., Stuttgart 471
MCM Klosterfrau, Köln 208
MD-Foods Deutschland 126
Ferdinand Menrad-Gruppe, München 332
Mensch und Maschine Distributions GmbH, Weßling bei München 506
Mercedes-Benz AG, Nutzfahrzeuge, Stuttgart 482
Merck Produkte Vertriebsgesellschaft, Darmstadt 207
Messe Frankfurt GmbH, Frankfurt am Main 570, 571
Messe München GmbH, München 572, 573
Messe Stuttgart International, Stuttgart 574
Micrografx Deutschland GmbH, München 512
Microsoft GmbH, München 508–509
Ministerium für Umwelt, Raumordnung und Landwirtschaft des Landes Nordrhein-Westfalen, Düsseldorf 611
Mittelbacher Textilfabrik GmbH, Mittelbach 311
Mobitare AG, Suhr 382, 383
Philip Morris GmbH, München 184, 185
MT Spot Ltd. Eurosales, Zollikon-Zürich 418

Multivac Sepp Haggenmüller KG, Wolfertschwenden 541
Münchener Rückversicherungs-Gesellschaft, München 577
MVV Mannheimer Versorgungs- und Verkehrsgesellschaft mbH, Mannheim 406

N
Neckarwerke AG, Esslingen 404
Nestlé Deutschland AG, Frankfurt am Main 142
Nielsen-Ballungsraum-Zeitungen, München 433
Niessing GmbH, Vreden 287–289
Nikon GmbH, Düsseldorf 334–335
NRW-Stiftung, Düsseldorf 606
Nürnberger Hercules-Werke, Nürnberg 305

O
Objekt-Entwicklung Troglauer GmbH, Hamburg 390–391
Obst- und Konservenfabrik Siegfried Linkenheil KG 395
Dr. August Oetker Nahrungsmittel KG, Bielefeld 136, 137
H. Olff & Sohn GmbH, Hamburg 396
Optische Werke G. Rodenstock, München 331
Osram GmbH, München 257
Österr. Brau AG, Linz 486
Karl Ostmann GmbH & Co. KG, Bielefeld 134

P
Papierfabrik Albbruck, Albbruck 565
Papierfabrik Scheufelen GmbH + Co. KG, Lenningen 566
Passugger Heilquellen AG, Passugg 174
Peugeot Talbot Deutschland GmbH, Saarbrücken 224, 225
Pieper Saarlouis, Saarlouis 392
Pioneer Electronics Deutschland GmbH, Düsseldorf 276–277
PMN – Verwaltungs-GmbH + Co. KG, München 316
Der Polizeipräsident in Berlin, Berlin 583
Presse- und Informationsdienst der Bundesregierung, Bonn 607
Price Waterhouse GmbH, Berlin 588
PRO 7 Television, München 441
Pro Kennex Germany GmbH, Neu-Isenburg 306
Procter & Gamble, Health & Beauty Care, Schwalbach 209
Provinzial, Düsseldorf 374–375
Publicis Vicom GmbH, Frankfurt am Main 475
Puma AG, Herzogenaurach 326

R
Rabenhorst O. Lauffs GmbH, Unkel 169
A. Racke GmbH & Co., Bingen 164
Radio NRW GmbH, Oberhausen 417
Raleigh. Fahrräder GmbH, Osnabrück 304
Reckitt & Colman Deutschland AG, Hamburg 193
Revell AG, Bünde 299
REWE-Zentral AG, Köln 485

RIB Bausoftware GmbH Deutschland, Stuttgart 510-511
Alfred Ritter GmbH & Co. KG, Waldenbuch 138-139
Rosenberg Mineralbrunnen, Heilbronn 173
Ignaz Rösler's Nachf. HandelsgesmbH., Wien 302-303
ROTO FRANK AG, Leinfelden-Echterdingen 532
Rotring GmbH, Hamburg 497
Rover Deutschland GmbH, Neuss 231
RTL Television Deutschland, Köln 440
Rügenwalder Wurstfabrik Carl Müller GmbH & Co. KG, Bad Zwischenahn 133

S
Sächsisches Staatsministerium für Wirtschaft und Arbeit, Dresden 590, 591
SAT 1 Satelliten Fernsehen GmbH, Mainz 422-423, 442-443
August Schierhölter, Glandorf 166
Schiesser AG, Radolfzell 309, 310
Schilkin GmbH & Co. KG, Berlin 167
Gerhard Schubert GmbH, Crailsheim 539
Friedrich Schwarze GmbH & Co., Oelde 165
Seat Deutschland GmbH, Mörfelden-Walldorf 234-239
Segafredo Zanetti, Salzburg 176
Seiko Deutschland GmbH, Düsseldorf 284, 285
S. Siedle Telefon- und Telegrafenwerke Stiftung & Co., Furtwangen 414
Siemens AG (Siemens ÖN), München 278-279
Siemens AG (Siemens ZWD W), München 480-481
Siemens Electrogeräte GmbH, München 254-255
SIG POSITEC, Antriebe und Automation GmbH, Neuhausen am Rheinfall 562
Sony Deutschland GmbH, Köln 490
Sopexa, Düsseldorf 146, 147
Sparkasse Ulm, Ulm 581
Sport-Bild, Axel Springer Verlag AG, Hamburg 454
Staatliche Toto-Lotto GmbH, Stuttgart 612
Staatliches Mexikanisches Verkehrsamt, Frankfurt am Main 352-353
Staedtler-Mars GmbH & Co., Nürnberg 496
Klaus Steilmann GmbH & Co. KG, Bochum 317
Steinzeug GmbH, Köln-Marsdorf 526
Steuler Fliesen GmbH & Co., Mühlacker 528
Sto AG, Stühlingen 523
Stora Billerud Division Carton Board, Baienfurt 564
Suchthilfekoordinator der Landeshauptstadt Stuttgart, Stuttgart 599
Süddeutsche Zeitung, München 450
Süddeutscher Rundfunk, Stuttgart 444
Suzuki Auto GmbH, Deutschland & Co. KG, Oberschleißheim 232
Daniel Swarovski Corporation AG, Zürich/Feldmeilen 300

T
Die Teppich Galerie, Stuttgart 384
K. Thienemanns Verlag GmbH & Co., Stuttgart 439
Tigerwerk, Lack- und Farbenfabrik, Wels 515
Time/System Management Organisation GmbH, Hamburg 498
Tinz Institut für Produktentwicklung, Stuttgart 472-473
Toshiba Europe (I. E.) GmbH Office Deutschland, Neuss 491
Toyota Deutschland GmbH, Köln 233
Tubex Vertrieb GmbH, Rangendingen 457

U
Ulm-Messe GmbH, Ulm 569
Unicef, Frankfurt am Main/Köln 608, 609
Unisys Deutschland GmbH, Sulzbach/Ts. 507

V
Verlagsgruppe Handelsblatt GmbH, Düsseldorf 453
Villeroy & Boch AG, Mettlach 259
Vittel Mineralwasser GmbH, Frankfurt am Main 172
Völkner Electronic GmbH & Co. KG, Braunschweig 381
Volkswagen AG, Wolfsburg 217, 218-219, 220, 221
VVZ Handelsmarketing GmbH, Lehrte 128

W
Wehrfritz GmbH, Einrichtung und Ausstattung von Kindergarten und Schule, Rodach 272
Weingärtnergenossenschaft, Stuttgart-Untertürkheim 458-459
Wellner Bestecke u. Silberwaren GmbH, Aue 258
Werbegemeinschaft WICU – Kupferrohre, Osnabrück 530
Werzalit AG, Oberstenfeld 525
Weyl GmbH, Mannheim 517
Gemeinde Wien, Wien 610
Windsor Damen- und Herrenbekleidungs GmbH, Bielefeld 318-319
Wöhrl, das Haus der Markenkleidung GmbH, Nürnberg 386, 387
Wolfshöher Privatbrauerei, Neuenkirchen am Sand 154

Y
Ytong AG, München 524

Z
Zanussi IAZ-Elektrogeräte GesmbH, Wien 252
Zeeb & Hornung GmbH, Kirchentellinsfurt 315
Carl Zeiss Stiftung, Aalen 330
Zeitungsgruppe WAZ, Essen 435, 436
Zeitungsgruppe WAZ/Zeitungsgruppe Thüringen, Essen 434
Zeitverlag Gerd Bucerius GmbH & Co., Hamburg 451
Zentrasport, Ohlsdorf 393

Agenturen 621

Dr. Kampf & Partner
Unternehmenskommunikation GmbH
Tussmannstraße 70
40477 Düsseldorf
Telefon 02 11 / 48 40 96
Telefax 02 11 / 48 30 61
394, 542-543

Kasper und Wachs Werbung GmbH
Bismarckstraße 15
80803 München
Telefon 089 / 33 70 07
Telefax 089 / 34 31 07
572

Kempf + Teutsch Werbeagentur GmbH
Franz-Joseph-Straße 40
80801 München
Telefon 089 / 38 01 60-0
Telefax 089 / 38 01 60-18
386-387

Kloss Zechner Werbeges.m.b.H.
Billrothstraße 52
A-1190 Wien
Telefon 01 / 36 70 51
Telefax 01 / 36 31 07
240-241

KM WOLFF & Partner Werbeagentur
GmbH
Domstraße 17 - Zürich-Haus
20095 Hamburg
Telefon 040 / 30 30 00
Telefax 040 / 32 21 64
454

Lalakakis & Ehrhart, Werbeagentur
GmbH
Goethestraße 75
40237 Düsseldorf
Telefon 02 11 / 99 15-0
Telefax 02 11 / 99 15-29
531

Lehninger&Partner Gesellschaft m.b.H.
Werbeagentur - Public Relations
Linz - Wien - Salzburg
Dürrnbergerstraße 3
A-4020 Linz
Telefon 07 32 / 66 83 33
Telefax 07 32 / 65 00 06
584

Leonhardt & Kern Werbung GmbH
Olgastraße 80
70182 Stuttgart
Telefon 07 11 / 21 09 90
Telefax 07 11 / 2 10 99 21
270-271, 290-291, 315, 320, 384, 414, 494

LINNIG UND PARTNER.
Werbeagentur GmbH
Mainzer Straße 49
56068 Koblenz
Telefon 02 61 / 10 00 30
Telefax 02 61 / 1 00 03 24
582

LWP II, Lippert Wilkens Partner
Werbeagentur GmbH
Grafenberger Allee 100
40237 Düsseldorf
Telefon 02 11 / 6 70 07-0
Telefax 02 11 / 6 70 07-49
207

Lohse & Partner
Werbeagentur GmbH
Richard-Wagner-Straße 20
76185 Karlsruhe
Telefon 07 21 / 84 90 31
Telefax 07 21 / 84 90 34
246-247

MANG/DMB&B
Mang/D'Arcy Masius Benton &
Bowles Ges.m.b.H.
Rotenturmstraße 17
A-1010 Wien
Telefon 01 / 5 33 29 46-0
Telefax 01 / 5 33 29 46-33
400

von Mannstein Werbeagentur GmbH
Hackhausen 15
42697 Solingen
Telefon 02 12 / 7 28-0
Telefax 02 12 / 7 28-222
208, 600, 602, 607

MMS Werbeagentur
Gesellschaft m.b.H. & Co KG
Landstraße 18-20
A-4020 Linz
Telefon 07 32 / 77 65 91-0
Telefax 07 32 / 77 65 91-24
252, 393, 486, 516, 558

WERBEAGENTUR MÜLLER GmbH
Seifartshofstraße 8
96450 Coburg
Telefon 0 95 61 / 7 50 71
Telefax 0 95 61 / 7 50 74
373

Nantscheff & Lorenz Werbeagentur OHG
In Hofwiesen 20
70794 Filderstadt
Telefon 0 71 58 / 6 72 44
Telefax 0 71 58 / 6 72 77
599

Next AG für Kommunikation
Werbeagentur
Schützengasse 19a
CH-2500 Biel 3
Telefon 032 / 23 53 18
Telefax 032 / 23 54 53
424-425

Ogilvy & Mather GmbH
Werbeagentur Frankfurt
Hainer Weg 44
60599 Frankfurt am Main
Telefon 069 / 9 62 25-0
Telefax 069 / 9 62 25-555
145, 192, 306, 339-341, 350-351, 389, 428-429, 468

Ogilvy & Mather Direkt GmbH
Geleitsstraße 14
60599 Frankfurt am Main
Telefon 069 / 60 90 00-35
Telefax 069 / 61 80 31
412-413, 419-421, 448

Ogilvy u. Mather Special
Agentur für institutionelle
Kommunikation
Fischerstraße 49
40477 Düsseldorf
Telefon 02 11 / 4 97 00 70
Telefax 02 11 / 4 97 00 71
604, 611

Pappitsch & Wawra Werbeagentur
Ges.m.b.H. & Co KG
Imbergstraße 16
A-5024 Salzburg
Telefon 06 62 / 88 50 50
Telefax 06 62 / 88 51 00
489

P.C.S. Werbeagentur
Ges.m.b.H. & CoKG
Ernst-Grein-Straße 5
A-5026 Salzburg-Aigen
Telefon 06 62 / 64 86 40
Telefax 06 62 / 64 86 40-33
176

PerFact Werbeagentur GmbH
Galeriehaus, Mühlengasse 3
40213 Düsseldorf
Telefon 02 11 / 13 00 10
Telefax 02 11 / 13 43 27
154, 492-493, 504-505, 530

PPW Plan Personal Werbung GmbH
Managementberatung und Spezial-
agentur für Personal, Kommunikation,
Geschäftsentwicklung
Kaiserstraße 8
60311 Frankfurt am Main
Telefon 069 / 2 04 07
Telefax 069 / 2 04 06
580

Pragma Werbung GmbH
Werbeagentur GWA
Oststraße 81
74072 Heilbronn
Telefon 0 71 31 / 62 46-0
Telefax 0 71 31 / 62 46-46 oder 56
173, 248, 496, 525

PUBLICIS-WERBEAGENTUR GMBH
Falkensteiner Straße 75-77
60322 Frankfurt am Main
Telefon 069 / 1 54 02-01
Telefax 069 / 1 54 02-201
140, 172, 198-199, 226-229, 313, 347, 366

Agenturen

Publicis MCD Werbeagentur GmbH
München/Erlangen
Steinerstraße 15
81369 München
Telefon 089 / 7 42 18-177
Telefax 089 / 7 42 18-178
278-279, 480-481

Publicis Vicom Werbeagentur GmbH
Falkensteiner Straße 77
60322 Frankfurt am Main
Telefon 069 / 1 54 02-325
Telefax 069 / 1 54 02-301
475, 548-551

RG WIESMEIER Werbeagentur GmbH
Maximilianstraße 30
80539 München
Telefon 089 / 29 00 89-0
Telefax 089 / 29 18 71
214, 258

Rogge & Partner
Agentur für Werbung und Verkaufsförderung GmbH
Falkensteiner Straße 37
60322 Frankfurt am Main
Telefon 069 / 5 97 50 76
Telefax 069 / 5 97 45 88
292, 590-591

Rottke Werbung GmbH
Dominikanerstraße 19
40545 Düsseldorf
Telefon 02 11 / 58 87 12
Telefax 02 11 / 58 83 38
566

RTS Rieger Team Werbeagentur GmbH
Bunsenstraße 7-9
70771 Leinfelden-Echterdingen
Telefon 07 11 / 97 52-0
Telefax 07 11 / 97 52-181
275, 305, 405, 510-511, 532, 562

Seiler DDB Needham AG
Bühlstraße 2
Ch-8125 Zollikerberg-Zürich
Telefon 01 / 3 95 41 00
Telefax 01 / 3 91 54 40
141

Dr. Juchli AG Zürich Seiler DDB Needham
Bühlstraße 1
Ch-8125 Zollikerberg-Zürich
Telefon 01 / 3 95 41 41
Telefax 01 / 3 92 16 86
410-411

Seiler DDB Needham Basel (W & P Werbung und Promotion AG)
Stiftsgasse 9
Ch-4003 Basel
Telefon 061 / 2 62 02 82
Telefax 061 / 2 62 02 86
372

SERVICEPLAN Marketing GmbH
Werbeagentur KG
Prinzregentenstraße 50
80538 München
Telefon 089 / 2 37 22-0
Telefax 089 / 2 37 22-100
131, 332, 388, 441, 527, 605

Sieghart & Partner
Agentur für Werbung und Verkaufsförderung
Hohenzollernstraße 102
80796 München
Telefon 089 / 3 07 10 49
Telefax 089 / 3 07 19 48
460-461

Spiess Ermisch Abels GmbH
Werbeagentur
Düsseldorfer Straße 70-74
40545 Düsseldorf
Telefon 02 11 / 57 75-204
Telefax 02 11 / 57 75-219
370

Schindler & Parent
Werbeagentur GmbH
Uferpromenade 5
88709 Meersburg
Telefon 0 75 32 / 43 01-0
Telefax 0 75 32 / 43 01-19
159, 564

Schönle, Zimmermann & Partner GmbH
Die Ulmer Werbeagentur
Haßlerstraße 30
89077 Ulm
Telefon 07 31 / 39 77-34
Telefax 07 31 / 39 77 40
569, 581

Scholz & Friends GmbH
Steinhöft 9
20403 Hamburg
Telefon 040 / 37 68 10
Telefax 040 / 36 68 69
360-361

Schwenkert, Kastenhuber und Partner GmbH
Kanalstraße 7
85774 Unterföhring
Telefon 089 / 9 50 03-01
Telefax 089 / 9 50 69 79
541

.start advertising GmbH
Tumblingerstraße 32
80337 München
Telefon 089 / 74 61 36-0
Telefax 089 / 7 21 26 00
152, 312, 354, 588

Klaus J. Stöhlker AG
Unternehmensberatung für Öffentlichkeitsarbeit
Zollikerstraße 114
CH-8702 Zollikon-Zürich
Telefon 01 / 3 91 80 88
Telefax 01 / 3 91 25 45
260

Stöhr Scheer Werbeagentur GmbH
Burghofstraße 40
40223 Düsseldorf
Telefon 02 11 / 93 30-100
Telefax 02 11 / 93 30-111
189, 471

Stoll & Fischbach Communication
Johannes-Kepler-Straße 6
71083 Herrenberg
Telefon 0 70 32 / 3 10 31
Telefax 0 70 32 / 3 10 39
242-243, 311, 321, 329

Struwe & Partner, Werbeagentur GmbH
Grafenberger Allee 235
40237 Düsseldorf
Telefon 02 11 / 9 68 04-0
Telefax 02 11 / 9 68 04-40/41
204, 259, 325, 518-519

Tartsch & Die Zwölf
Marketingberatung Werbeagentur
GWA Aktiengesellschaft
Schloßstraße 16
49074 Osnabrück
Telefon 05 41 / 2 75 87
Telefon 05 41 / 2 67 69
166, 304

TBWA Werbeagentur GmbH
Hansaallee 30-32
60322 Frankfurt am Main
Telefon 069 / 15 21-0
Telefax 069 / 15 21-192
155

Tinz. DCC Tinz. promotion, Agentur für Werbung, Marketing und Kommunikation
Stefanie Tinz
Ferdinand-Lassalle-Straße 16
72770 Reutlingen
Telefon 0 71 21 / 95 88 10
Telefax 0 71 21 / 95 88 16
472-473

Tostmann + Domann
Werbeagentur GmbH
Windmühlstraße 1
60329 Frankfurt am Main
Telefon 069 / 2 73 02-0
Telefax 069 / 2 73 02-100
156-157, 318-319

U5 GmbH
Unternehmen für integrierte Kommunikation
Heerdter Sandberg 30
40549 Düsseldorf
Telefon 02 11 / 55 89 40
Telefax 02 11 / 5 58 06 25
244-245

W.A.F. Werbegesellschaft mbH
Klaus-Groth-Straße 8
14050 Berlin
Telefon 030 / 30 30 05-0
Telefax 030 / 30 30 05-30
367

Wächter & Popp
Werbeagentur GmbH
Elisabethstraße 30
80796 München
Telefon 089 / 24 71 35-0
Telefax 089 / 2 72 57 63
129, 316, 390-391, 524

WEHRFRITZ GmbH
Zentrale Werbeabteilung
August-Grosch-Straße 28-38
96476 Rodach bei Coburg
Telefon 0 95 64 / 9 29-190
Telefax 0 95 64 / 9 29-224
272

WENSAUER DDB NEEDHAM
Worldwide GmbH Werbeagentur
Vagedesstraße 19
40479 Düsseldorf
Telefon 02 11 / 49 61-0
Telefax 02 11 / 49 61-218
126, 217-219

WENSAUER DDB NEEDHAM
Worldwide GmbH
Osterholzallee 76
71636 Ludwigsburg
Telefon 0 71 41 / 40 75-0
Telefax 0 71 41 / 40 75-10 / 40 75-37
149, 331

Wirz & Hafner Werbeberatung
GmbH/GWA
Kennedyallee 51
60596 Frankfurt am Main
Telefon 069 / 63 90 63
Telefax 069 / 63 69 34
346

WOB MarketingKommunikation AG
Werner-Heisenberg-Straße 8-10
68519 Viernheim
Telefon 0 62 04 / 9 70-0
Telefax 0 62 04 / 9 70-123
406, 517, 522, 528, 538

Wündrich-Meissen GmbH
Leonberger Straße 99-101
71229 Leonberg
Telefon 0 71 52 / 60 05 11
Telefax 0 71 52 / 60 05 17
326

Wüschner, Rohwer, Albrecht
Werbeagentur GmbH
Thomas-Wimmer-Ring 11
80539 München
Telefon 089 / 29 00 33-0
Telefax 089 / 29 00 33-13
352-353, 378, 450

Wunderman Cato Johnson Wien
Sterngasse 13
A-1010 Wien
Telefon 01 / 53 35 85 80
Telefax 01 / 5 33 58 58 81
302-303

Young & Rubicam Vienna
Werbegesellschaft m.b.H.
Marc-Aurel-Straße 4
A-1010 Wien
Telefon 01 / 5 33 66 81-0
Telefax 01 / 5 33 45 19
364-365

ZV Werbeagentur GmbH
Hohenzollernring 54
50672 Köln
Telefon 02 21 / 92 57 26-0
Telefax 02 21 / 92 57 26-16
162-163

Zwiener & Partner Werbeagentur GmbH
Schanzstraße 90
71770 Reutlingen
Telefon 0 71 21 / 55 00 37
Telefax 0 71 21 / 5 51 61
264-265, 382-383

Filmproduktionen 625

ANV Productions
20, rue de l'Hotel de Ville
F-92200 Neuilly S/Seine
Telefon 01 / 47 47 77 75
Telefax 01 / 47 45 07 76
198

BEAUMONT Filmproduktion
Ges.m.b.H.
Salztorgasse 1/12
A-1010 Wien
Telefon 01 / 5 32 93 65
Telefax 01 / 5 32 16 31
400

Berry & Coutts Company Ltd.
74 Berwick Street
GB-London W I V 3 PF
Telefon 0 71 / 4 39 61 31
Telefax 0 71 / 4 94 - 30 39
217

Bildwerk GmbH
digitale Bildbearbeitung GmbH
Schmidtstraße 12
60326 Frankfurt am Main
Telefon 0 69 / 9 73 53-0
Telefax 0 69 / 97 35 31 11
609

Tom Bussmann Limited Films
49, Greek Street
GB-London W1 V5 LQ
Telefon 0 71 / 7 17 34 - 48 81
Telefax 0 71 / 7 17 34 - 43 51
189

Camelot
Pozzistraße 7
68167 Mannheim
Telefon 06 21 / 37 63 19
Telefax 06 21 / 33 30 56
243

Cine Point Filmproduktion GmbH
Jägerstraße 51
10117 Berlin
Telefon 0 30 / 2 08 73 40
Telefax 0 30 / 2 08 62 46
211

Cinema Productions I.C.P. GmbH
Flingerstraße 1
40213 Düsseldorf
Telefon 02 11 / 13 50 30
Telefax 02 11 / 32 32 89
148, 168

Clay Coleman Associates GmbH
Stollbergstraße 18
80539 München
Telefon 0 89 / 29 80 80
Telefax 0 89 / 29 33 07
140, 229, 313

Cobblestone Pictures
Holstenstraße 9
22767 Hamburg
Telefon 0 40 / 3 11 69 90
Telefax 0 40 / 31 16 99 30
203

Commercials - Service für Film Funk &
Fernsehen GmbH
Gänsemark 21-23
20354 Hamburg
Telefon 0 40 / 35 38 05
Telefax 0 40 / 34 24 35
451

DoRo Dolezal/Rossacher
FilmproduktionsGesmbH.
Winkelmannstraße 8
A-1150 Wien
Telefon 01 / 83 26 35
Telefax 01 / 83 21 43
181

Downtown Film Productions GmbH
Große Elbstraße 146
22767 Hamburg
Telefon 0 40 / 38 99 11
Telefax 0 40 / 38 48 22
371

Electric Avenue Films
1611 Electric Avenue
USA-Venice, CA 90291
Telefon 0 01 / 31 03 99 78 99
Telefax 0 01 / 31 04 50 89 69
185

Filmhaus München
Film- und Fernsehproduktionen GmbH
Ingolstädter Straße 17
80939 München
Telefon 0 89 / 3 16 15 13
Telefax 0 89 / 3 11 91 62
128, 129, 343

Garret Film GmbH
Mittelweg 31
20148 Hamburg
Telefon 0 40 / 44 60 76
Telefax 0 40 / 44 52 63
381

Glass Film GmbH
Falkenried 74a
20251 Hamburg
Telefon 0 40 / 48 66 13
Telefax 0 40 / 47 58 82
454

Hager Moss Film GmbH
Georgenstraße 9
80799 München
Telefon 0 89 / 39 64 74
Telefax 0 89 / 39 64 66
449

HAMSTER Publicité S. A.
36, Rue de Courcelles
F-75008 Paris
Telefon 01 / 43 59 15 72
Telefax 01 / 45 63 30 07
225

Michael Hospelt Film Company mbH
Barmbeker Straße 5a
22303 Hamburg
Telefon 0 40 / 2 70 93 30
Telefax 0 40 / 27 09 33 10
204

KUK Filmproduktion
Lilienstraße 51
81669 München
Telefon 0 89 / 45 85 51 12
Telefax 0 89 / 45 85 51 15
321, 329

Le Produces
26, rue Rivay
F-92300 Levallois-Perret
Telefon 01 / 47 30 34 56
Telefax 01 / 47 30 46 52
227

Locomotion Kofod Schiller
Nannasgade 28
2200 Kopenhagen N / Dänemark
Telefon 31 83 89 00
Telefax 35 82 17 37
465

MARKENFILM GMBH & Co.
Schulauer Moorweg 25
22880 Wedel
Telefon 0 41 03 / 1 23-0
Telefax 0 41 03 / 1 52 43
125, 137, 164, 190, 193, 197, 207, 209,
251, 445, 603

Neue Sentimental Film GmbH
Hegelstraße 15
60316 Frankfurt am Main
Telefon 0 69 / 44 10 71
Telefax 0 69 / 4 97 03 03
157, 339

Neutor Filmproduktion Ges.m.b.H.
Neutorgasse 13
A-1010 Wien
Telefon 01 / 5 35 98 04
Telefax 01 / 5 33 48 70
135, 515

Norstan Productions
39 Tavisstock Terrace
GB-London N19 4BZ
Telefon 0 71 / 2 72 15 38
Telefax 0 71 / 2 72 15 38
133

Oxford Scientific Films Ltd.
10 Poland Street
GB-London W1V 3 DE
Telefon 0 71 / 4 94 07 20
220

Filmproduktionen

Passion Pictures Ltd.
13-14 Praed Mews, Norfolk Place
GB-London W2 1QY
Telefon 0 71 / 7 06 44 77
Telefax 0 71 / 7 23 81 55
130, 227, 229

Production International mbH
Werbefilmgesellschaft mbH
Deichstraße 48-50
20459 Hamburg
Telefon 0 40 / 37 83 33
Telefax 0 40 / 37 15 00
357

RSA Films Ltd.
6-10 Lexington St.
GB-London W1R 3HS
Telefon 0 71 / 4 37 74 26
Telefax 0 71 / 4 37 79 78
200, 201, 223, 401

Sandmann Studio Trickfilm GmbH
Hultschinerdamm 142-146
12623 Berlin
Telefon 0 30 / 5 27 70 39
Telefax 0 30 / 5 27 70 39
590

Tempomedia Düsseldorf GmbH
Kaistraße 14
40221 Düsseldorf
Telefon 02 11 / 30 82 87
Telefax 02 11 / 30 88 97
138-139

teleMAZ
Große Elbstraße 160
22767 Hamburg
Telefon 0 40 / 3 89 16 90
Telefax 0 40 / 3 89 16 20
284

TV Company Film + Fernsehproduktion
Hans-Sachs-Straße 4
80469 München
Telefon 0 89 / 23 68 90
Telefax 0 89 / 26 81 89
126

Videopix AG
Saatlenstraße 265
Ch-8050 Zürich
Telefon 01 / 3 21 40 77
Telefax 01 / 3 21 02 01
425

Vogelsänger Film GmbH
Oberlöricker Straße 398
40547 Düsseldorf
Telefon 01 / 59 30 44
Telefax 01 / 59 17 45
147

voss aktiengesellschaft tv-ateliers
Königsberger Straße 1
41239 Düsseldorf
Telefon 02 11 / 9 73 80
Telefax 02 11 / 9 73 82 02
294, 295, 296, 297, 298, 601

What Else Film- und Fernsehproduktion
GmbH & Co KG
St.-Benedict-Straße 8
20149 Hamburg
Telefon 0 40 / 44 10 21
Telefax 0 40 / 44 10 27
579

Mitarbeiter 627

A
Abedi, Barbara 197, 251
Abels, Bibiana 294, 295, 296, 297, 298
Abstoß, Axel 233
Achenbach, Birko 134, 263, 333, 497, 498
Adams, Werner 211
Affeldt, Hans-Peter 446
Afferden, Uwe von 422-423
Alber, Martin 162-163
Albershardt, Uwe 149
Albrecht, Hans-Peter 352-353
Allert, Peter 332
Alm, Mats 564
d'Alquen-Schrott, Anette 521, 534
Altmann, Jürgen 506, 577
Altmann, Thorsten 370
Alvensleben, Christian von 592
Amann, Thomas 431
Amecke-Mönnighof, Heinrich 170-171
Andre, Michael 400
Andström, Micke 267-268
Angermann, Annemarie 252, 486
Apitzsch, Thomas 424, 425
Appel, Ulrike 294, 295, 296, 297, 298
Appelhoff, Udo 436
Arandjelovic, Jacqueline 320
Armer, Karl 258
Armstrong-Hooper, Carole 197
Arnold, Detlef 254-255, 508-509
Arps, Tobias 527
Arzel, Pierre-Yves 198
Ascherl, Dr. Albert 336
Ashbrook, Chris 603
Askew, Adrian 603
Ast, Günter 604
Atelier Benz 383
Aufenberg, Ulli 151, 178
Aufischer, Helge 452
Augustin, Lutz 306
Aulitzky, Christine, Berlin 272
Aumann, Gerd 142
Aust, Stephan 508-509
Axster, Benedict 402

B
Baader, Fred 451
Babits, Gerd 322, 610
Baccini, Angela 141, 372
Bacherl, Joachim 145
Bachmann, Bernd 377
Bachmann, Mark 424
Bachmann, Silvia 226, 227
Back, Bernd 192
Baggen, Stefan 597
Bahle, Wolfgang 217, 218-219
Bahlinger, Friederike 417
Bamberg, Daniela 564
Bante, Kerstin 228, 347
Barberis, Gianpaolo 137
Barényi, Stefanie 331
Bargsten, Renate 476
Barni-Galli, Aida 324
Barracchia, Elisabetta 177
Barten, Helmut 526
Barten, Peter 387
Barth, Christoph 593
Bastian, Rolf 412-413
Bätzel, Ingo 168
Bauer, Bernd 385, 523, 529, 565
Bauer, H. A. F. 426, 430
Bauer, Helmut G. 417

Bauer, Klaas 497
Bauer, Schorlika 389
Bauer, Susanne 140, 199, 313
Bauermann, Heiner 360
Baumer, Katinka 264-265, 383
Baumgartl, Nomi 334-335
Baumgartner, Peter 422-423, 442-443
Bausch, Inge 602, 607
Beaumont, Kristen 400
Beaumont, Gerhard 400
Beck, Alexander 318-319
Beck, Alexander 346
Beck, Kurt A. 174, 574, 587
Beck, Thomas 174
Becker, Anke 551
Becker, Jeanne 125, 284, 285
Becker, Stefan 211
Beckmann, Andreas 492-493, 504-505
Beer, Christine 283
Beer, Kurt H. 283
Beger, Wolfgang 208
Behavy, Eva 584
Behrendt, Uwe 366
Beisert, Florian 207, 445
Bell, Garry 220, 401
Bell, Gerry (London) 190
Bellár, Dr. Doris 486
Bender, Gerda 170-171
Bender, Susanne 146, 147
Benke, Klaus G. 173, 248
Bennett, Brian 217
Berardi, Dr. Gabriele 492-493
Béraud-Sudreau, Christian 132
Berg, Jo van den 170-171, 376
Berg, Werner H. 150
Berger, Clemens 607
Berger, Frank 485, 592
Berger, Günther 537
Berger, Manfred 330
Bergmann, Fritz 134
Bergmann, Winfried 332, 527, 605
Bergmann, Uwe 520
Berndt, Hans-Joachim 128, 129, 343
Bernert, Frank 126
Bertho, Gabi 125, 190, 284, 343
Bertram, Frank 521, 534, 598
Besig, Hans Michael 363
Betzler, Raphael 317
Bialas, Chico 164
Bialas, Linde 164
Biallas, Utz 160, 161
Biber, Carola 275
Biddle, Adrian 223
Bielefeldt, Rolf 186
Bienfuß, Helmut 371, 374-375
Bierer, H. 376
Billhardt, Andreas 155
Bindlechner, Michael 126, 193
Bishop, Peter 130
Bitesnich, Andreas 322
Bjelleklang 312
Blesl, Silke 329
Bloch, Wolfgang 177, 507, 608, 609
Blum, Artur 402
Blum, Dietmar 278-279, 480-481
Blum, Dorli 141
Blum, Martin 472-473
Blum, Uwe 607
Blume, Detlef 204, 325, 518-519
Blumberg, Andrea 128
Blunk, Timo 201

Bock-Messerschmidt, Karin 507
Boess, Bernie 466
Bogusat, Birgit 190
Bohnhorst, Petra 276-277
Bök, Wolfgang 136, 137
Bolte, Sabine 580
Bondy, Jean-Charles 199
Bongarts Sportpressefoto 589
Bonzel, Jean 230, 231
Bookbinder, Lester 200, 201
Borhanian, Mohammad 384
Borsum, Gert 454
Bosler, Dan 403
Bosque, Astrid du 185
Bostel, Gerd 339, 340, 341
Bothe, Sonja 512
Böttcher, Bernd 583
Böttcher, Uwe 138-139
Böttger, Jörg M. 135, 515
Bouard, Pierre 394
Bousquet, Douglas 280, 555
Brand, Mathias 275
Brandl, Anton 212-213
Brando, Ute 465
Brandstaedter, Friedhard 259
Brauer, Christine 450
Braun, Detlef 184
Braun, Manfred 445
Braun, Walter 150
Braunberger, Ronnie 156, 157
Braune, Steffen 243
Brecht, Peer-Oliver 275, 305, 532, 562
Breidenbach, Harald 484, 592, 597
Breiner, Martin 400
Breinfalk, Helmut 313
Brenner, Martin 428
Brenner, Thomas 248
Brenner, Tina 223
Brepohl, Michael 299
Bresink, Ulla 378
Broch, Andreas 257, 395, 589
Bröhm, Patricia 444
Brollochs, Robert 243
Bruch, Thomas 150
Bruchmann, Felix 210, 427, 432, 433, 434, 436, 606
Bruchmann, Jörg 210, 427, 432, 433, 434, 436, 606
Brucklacker, Matthias 597
Bruckner, Dr. Gerhard 302-303
Brudniak, Angelika 466
Bruhn, Heike 257, 483
Brunner, Alexandra 145
Brunner, H. 517
Brües, Rainer 154, 492-493, 504-505, 530
Brüggemann, Bert 263, 276-277
Bruß, Fred 367
Buchalla, Sabine 388
Bucher, Maria-J. 525
Bucher, René 418, 470, 533, 547, 559, 563
Buchholz, Bettina von 200, 202
Büchner, Dirk 598
Buchner, Till 388
Buck, Detlev 157
Buhl, Martin 521
Bühner, Hanns 333
Buller, Michael 354
Bulley, Mike 371
Bulthaup, Gerd 266

Bungert, Holger 458–459, 612
Bunse, Birgit 504–505
Burchard, Norbert 242, 243
Burden, Margaret 224, 225, 376
Burdin, Laurent 230, 231
Burdon, Desmond 136
Bürgler, Axel 480–481
Burkhardt, Dieter 305
Burkhardt, Rainer 370
Burst, Harry 547
Burz, Andreas, Stuttgart 253, 324, 495
Busch, Claus 224, 225
Busch, Frank 173, 174
Busch, Michael 133
Büscher, Martina 527
Busshart, Manfred 341
Bussilliat, Heinz-Peter 552
Bussmann, Tom 189
Butter, Georg 450
Buttermilch, Hans 361
Büttner, Jens-Eric 236–237
Bützow, Christine 234–235, 236–237, 238–239

C
Cabalzar, Helen 174
Cajacob, Marcus 559
Calbéto-Henrich, Cristina 227
Cammerer, Anneliese 611
Camp, Roger 492–493
Capellmann, Peter 471
Caric, Thomas 294, 295, 296, 297, 298
Carqueville, Rainer 542–543
Carrié, Bernhard 394
Carroux, Alexander 571
Carstensen, Henrik 350–351
Carton, Libby 367
Caspari, Thomas 138–139
Caspers, Markus 189
Caulfield, Andy 492–493
Chantereau, Marc 225
Choisnet, Alai 524
Christians, Iris 233
Chrzescinski, Stephan 454
Claßen, Veronika 200, 201, 202
Clemens, Yvonne 570
Cliff, Jimmy 401
Cobanli, Can 506
Codoni, Bruno 141
Collin, Claudia 441
Cook, Ray 603
Copeland, Greg 381
Corsten, Rainer 606
Cosmann, Constanze 309, 310
Coss, Ludwig 181
Cottrell, Julian 130
Coutts, Derek 217
Craemer, Ursula 259
Cramer, Sebastian 449
Crone, Jörg 126
Cronenburg, Georges van 199
Croseck, Jörg 175
Cujas, Winfried 590
Cujé, Achim 177
Czernick, Angelika 137

D
Daffertshofer, Gerd 190
Dahan, Alain 225
Dahlhoff, Dr. Dieter 217, 218–219
Daiker, Tina 377
Daller, Horst 346
Dambacher, Jörg 532
Dannerfjord, Henrik 465
Darmstadt, Dr. Rolf 580
Darrel, Peter 220
Datum, Jürgen 168
Daubenberger, Frieder 404
Daul, Christian 399
Davidson, David 125
Decker, Reiner P. 385
Dehn, Eckhard 525
Demarchelier, Patrick 198
Dempsey, Shane 203
Denecke, Monika 474
Deppe, Ulrich 244–245
Deuerling, Iris 399
Dewenter, Reiner 217, 218–219
Diebold-Sattel, Doris 246–247
Dieckhoff, Gertrud 272
Dielenschneider, Rolf 217–219, 220, 221
Dietrich, Alice 560–561
Dietrich, Jürgen 482
Dietrich, Susanne 332
Dietrich, Wolfgang 329
Dietz, Harald 194
Dietzel, Jörg 126
Dillmann, Silke 350–351
Dinkel, Dagmar 522
Dittrich, Manfred 125, 342, 343
Dolde, Uli 517, 538
Dolle, Manfred 341
Domann, Carla 318–319
Dombrowski, Alexander 209
Dondorf, Manfred 522
Dörflinger, Josi 259
Dorst, Marie-Luise 214, 258
Doyé, Ingolf 318–319
Dranaz, Eva 302–303
Drechsler, Ralf 138–139
Drescher, Oliver 422–423, 442–443
Dresrüsse, Bernhard 571
Duda, Anne 267–268
Due Akkord, Mannheim 243
Duffing, Jörg 577
Düllberg, Hans-Jürgen 330
Dumage, Eric 225
Dumpf, Ulrich 472–473
Dunbar, Brenda 551
Dundas, David 251
Durfee, Dale 403
Düster, Theo 208
Duttenhofer, Ulrike 524
Düttmann, Uwe 360, 370
Dwilling, Stefan 130
Dzubilla, Harald 426, 430, 445, 446, 447

E
Ebel, Katja 479
Ebenbeck, Rupert 168
Eberhöh, Rolf 131
Eberle, Bernhard 544, 587
Ebert, Dietrich 161
Ebert, Thomas 479
Ebner, Marion 135, 515
Echterhoff, Stephan 600
Ecke, Oliver 301
Edwards, Brooke, London 190
Eckhoff, Stephanie 396
Edlinger, Erwin 516
Edwards, Adrian 190
Egger, Ernst Roman 362
Eggermont, Jaap 137
Egler, Andrea 136
Ehemann, Johann-Friedrich 373
Ehlers, Fritz 228, 347
Ehni, Gunter 439
Ehret, Michael 562
Ehrhardt, Michael 156, 366
Ehrhardt, Paul 248
Ehrhart, Josef 531
Eichelmann, Dieter 220, 221
Eidenmüller, Bernd 612
Eigler, Frank 164
Eigletsberger, Maximilian 348–349
Eikelpoth, Dieter, Düsseldorf 315, 318–319, 389
Eikenroth, Ralf 358–359
Eimers, Kurt 193, 294, 295, 296, 297, 298, 491
Eisele, Gertrud 270–271, 290, 291
Eisendle, Wilfried 556, 557
Eisenmenger, Sabine 537
Ekcnil, Aivlys 386, 387
Ellerbeck, Andreas 226, 227, 228, 229
Ellwart, Kristina 344–345
Elmers, Karin, Hamburg 316
Elstner, K. H. 278–279
EL-Studio 278–279
Emonts-Pohl, Joseph 155
Emschermann, Veit 362
Endara, Martin 479
Endres, Michael 506
Engbrox, Wilfried 225, 376
Engel, Heiner 612
Engelhardt, Helmut 490
Engelson, Peter 465
Engler, Dr. Norbert 305
Engler, Gabriele 148
Engler, Gene Lee 223, 402
Englputzeder, Sabine 584
Enskat, Franc 508–509, 530
Enzinger, Barbara 466
Epp, Christine 603
Erdmann, Felix 151, 178
Erdmann, Georg 389
Erlenkötter, Heidrun 140, 313, 347
Ernst, Alfred 475, 548
Ernst, Dietrich 342, 343
Ernst, Günther 569, 581
Ernst, Klaus 482
Erwarth, Klaus 588
Eschke, Hanne 476
Eskuche, Gerhard 472–473
Esser, Brigitte 137
Eßer, Dirk 138–139, 165, 597
Esser, Hans-Peter 138–139, 165, 170–171, 395, 484, 592
Ettlin, Gilles 260
Etzel, Andreas 162–163
Evans, Ray 125, 190
Everding, Christoph 524
Exner, Jochen 287, 288–289

F
Fabian, Angelika 246–247
Faehrmann, Tom 128, 129, 343
Fagin, Manfred 453
Fahrnholz, Hans 605
Failenschmid, Jürgen 230, 231
Falk, Norbert 383
Falkenhausen, Alexander von 198, 366
Falkenstein, Thorsten 154, 504–505

Faller, Bernd 458–459, 495, 612
Fammler, Monika 132, 146, 147
Farell, Pat 230, 231
Farrochsad, Gorgin 440
Fearst, Spencer 148
Fehling, Gerd 204, 259, 325, 518–519
Fehrer, Klaus 252, 393, 516, 558
Fehringer, Claudia 212–213
Fehsenfeld, Klaus 367
Feierfeil, Olaf 358–359, 508–509
Feigenspan, Carolin 472–473
Feldbrügge, Thomas 189
Feldmann, Lutz 401
Felmy, Kai 177, 507, 608, 609
Feltes, Gert 284, 285, 520
Feltus, Ross 242
Fennel, Simone 361
Fernandez, Frank 444
Fervers, Kathrin 203
Fesseler, Ernst 159
Fetzer, Wolfgang 128, 284, 285, 342, 381, 417, 422–423, 442–443, 520
Feuerer, Birgit 388
Feuersaenger, Lutz 468
Fey, Andrea 540
Feyl, Gabi 354
Fibich, Karin 174
Fichtner, Rita 594
Fiedler, Hans 400
Fife, Bob 551
Figge, Sabine 155
Figgen, Berthold 201, 203
Fink, Walter 129
Finnern, Patricia 396, 409, 578
Fischbach, Gerhard 242, 243, 311, 321, 329
Fischer, Helmut 326
Fischer, Peter 372
Fischer, Reiner 256, 539
Fischer, Sylke 199
Flachsbarth, Klaus D. 496, 525
Flarup, Barbara 204
Fleischmann, Peter 270–271, 384
Focken, Ronald 131, 441
Folgmann, Christine 555
Forssbaek, Bengt 333
Frahm, Manfred 426
Francke, Dieter 165
Frank, Norbert 436
Franke, Patrice 223
Franklyn, Marvyn 222
Franz, Carolin 517, 538
Franzke, H. J. 145
Fraser, Donald 164
Frauendiener, Doris 593
Frechen, Ernst 207
Fredeke, Dr. Eberhard 404
Frei, Charly 364–365
Frei, Eberhard 406
Freimuth, Ralf 284, 285
Freisens, Uwe 186
French, Eddie 147
Frey, Michael 168, 344–345
Frey, Ursula 389
Freyer, Uwe 503
Frick, Karsten 226, 227, 228, 229, 347
Friebe, Kristof 334–335
Friedhoff, Werner 604, 611
Friedrichs, Jürgen 182–183
Fries, Birgit de 316, 390–391
Frink, Stephen 492–493

Frisch, Ulrich H. 150
Fritsche, Jürgen 299
Fritz, Hans-Jürgen 528
Fritz, Kaja 318–319
Fritz, Rainer 264–265
Frodl, Constantin 496
Froh, Claus A. 253, 266, 314, 324
Frohne, Herbert 502
Fromm, Nicola 267–268
Frost, Dieter 527
Fuchs, Martin 480–481
Fuchs, Sabine 390–391
Fuhrhop, Ursula 136, 137, 453
Fuhrmann, Hans Willi 127
Fuhrmann, Sibylle 483
Fürst, Stefan 560–561
Fußhöller, Andreas 358–359
Fussnegger, Brigitte 315, 320

G
Gabriel, Peter 601
Gallion, Martin 229
Galter, Siegfried 581
Gamper, Dr. Anton 403
Gamper, Manuela 556
Gamper, Peter 155
Ganth, Evelyn 209
Garbini, Remo 418, 470, 533, 547, 559, 563
Gardasević, Oliver 278–279
Garke, Burkhart 566
Garling, Petra 498
Garn, Daniela 599
Gartenbrink, Heiner 270–271
Gast, Christine 344–345
Gathof, Heribert 168
Gayle Grant Editing, Los Angeles 185
Gebele, Birgit 352–353
Gedack, Reinhard 357
Gehrhardt, Ulrich 450
Gehring, Wolfram 212–213, 286, 503, 552
Geibel, Alexander 153
Geiger, Klaus 385, 523, 529, 565
Geis, Franz 414
Geiser, Hadi 184
Geisreiter, Gerhard 286
Geissler, Gabor, München 331, 373
Geißler, Otto 507
Geissler, Werner 200, 201, 202
Geldermann, Henny 363
Geller, Sabine 212–213
Gembler, Anke-Eva 475, 551
Gemelli, Piero 202
Gerber, Peter 325
Gerbert, Wilhelm 512, 573
Gerblinger, Heinz 531
Gerdes, Holger 189
Gerlich, Markus 362
Geschke, Jan H. 396, 578, 579, 603
Gessing, Helga 591
Geyer, Claudia 422–423, 442–443
Geyer, Thomas 393
Ghezzi, Oswaldo 552
Gießer, Siegfried 159
Giessmann, Arnim 590
Gilgen, Rolf 371, 374–375, 401
Gipp, Peter 160, 161
Girardin, Michel 424
Gladitsch, Gerhard 570
Glang, Monika 286
Glaser, Brigitte 378

Gläser, Tom 339
Gläsmer, Gerd 451
Glass, Günter 435, 520
Gleich, Michael 130
Glenz, Carolin 448, 449
Glöckle, Birgit 336
Gnad, Axel 160, 257, 334–335, 336, 395, 542–543
Gnauck, Rolf 136
Gnewuch, Gerd 409
Gnoza, Gerd R. 140
Göbel, Thomas 342
Godenrath, P. 326
Gohlke, Joachim 331
Goldbaum, Detlef 224, 376
Golembka, Martina 435, 520
Gollert, Heinz J. 510–511
Golombek, Dieter 330
Gonka, Peter 482
Goos, Thomas 238–239
Göpfert, Dr. Herbert 552
Göring, Dieter 280
Görlich, Uwe 170–171, 257
Goslar, Alex 130, 209
Goose, Gea 302–303
Gosziejewicz, Frank 424, 425
Göttler, Christine 444
Gottschalk, Hermann 132, 146, 147
Götzger, Uschi 517, 538
Grabarz, Andreas 267–268
Grabner, Constanze 540
Gradiczky, Johannes 388
Gräff, Sigrun 200, 202
Gramlow, Thomas 430, 447
Grandtner, Helma 177
Granzow, Günther 426, 430
Grasdorf, Erich 501
Grauting, Marion 522
Grawe, Werner 286
Greiner, Peter 479
Grellmann, Bernd 520
Grempel, Armin 373
Grentrup, Klaus 284, 285
Grenville, Oliver 126
Greuel, Paulo 427
Greuter, Hans H. 414
Grimberg, Thomas 162–163
Gritzbach, Werner 430, 447
Groll, Dieter 453
Grome, Renato 267–268
Gröpper, Thomas 373
Groß, Gertrud 467
Gross, Hans 599
Groß, Volker 406
Grosse-Leege, Detmar 589
Große-Lochtmann, Andrea 131
Grösser, Peter 454
Grote, Martina 606
Groves, John 198, 445
Gruau, René 161
Grube, Inger 371
Gruhl, Andreas 361
Gründler, Matthias 448
Grundmeier, Herbert 336
Grünwald, Thomas 283
Grupe, Christian 226, 227, 228, 229
Grupe, Dieter 603
Grupp, Manfred 566
Gstöttinger, Harald 393
Guder, Günther 162–163, 173
Gugger, Philippe 424

Gull, Markus 584
Gumpinger, Marion 364–365
Gundrum, Ellen 528
Gunschmann, Klaus 214
Günther, Bernd 550
Gunzert, Wolfgang 256
Gutzmer, Holger 185

H

Haas, Andrea 510–511
Haas, Ulrike 548, 549, 550
Hackmann, Isabell 198
Haessner, Uli 419, 420–421, 448
Hafner, Gerd A. 346
Hagberg, Annika 267–268
Hagmann, Kirsten 491
Hagmann, Wolfgang 610
Hagmeier, Klaus 350–351
Hahn, Anette 326
Hahn, Thomas, Frankfurt a. M. 306
Hahne, Jürgen 182–183
Haidacher, Susanne 503
Hain, Claus 406
Haist, Gabi 201
Hamacher, Hans Günter 530
Hamacher, Jörg G. 468
Hamburger, Willi 252, 393, 486, 516, 558
Hamilius, Jean-Claude 465
Hamilton, David 350–351
Hamm, Patrick 598
Hammer, Daniel 512
Hanft, Christian 136, 137, 453
Hanft, Manfred 373
Hanitzsch, Wolfgang 504–505
Hänsch, Reiner 371
Hansen, Britt 267–268
Hansen, Hans 234–235, 254–255, 484, 485, 508–509
Hansen, Iver, Düsseldorf 518–519
Hansen, Stefan 167, 194, 211
Harlacher, Roger 140
Härle, Wolfgang 292, 590
Harris, Brian 201
Harris, Stuart 147
Harrison, Eva 133
Harrison, Tom 133
Hartmann, Dr. Dietrich 233
Hartmann, Peter W. 508–509
Häseler, Karl-Heinz 309, 310, 317
Haselsteiner, Wolfgang 269, 540
Haß, Christian 210, 427, 433, 436, 606
Hasse, Achim 445
Hassold, Herbert 601
Haug, Ekkehard 532
Haupt, Reinhard 275
Haus, Arno 145, 306, 339, 340, 341
Hausberger, Michael 220, 221, 401, 453
Hauschildt, Sven 474, 555
Hebeisen, Peter 172
Heck, Dr. Friedhelm 142, 467, 469, 570, 571
Heckhoff, Klaus 132, 146, 147
Heer, Wilfried 503
Heger, Manfred 522
Heger, Michael 604
Heide, Jürgen 601
Heide, Rolf 266
Heidemeyer, Bernd 381
Heil, Werner 243
Heilmaier, Hildegard 136
Hein, Ilka 153

Heinecke, Birgit 431
Heinemann, Gerald 361
Heintzen, Ingo 170–171, 257, 485
Heinzel, Andreas 482
Heinzelmann, Andreas 385
Heise, Cornelia 396
Heiser, Anke 526
Heitmann, Matthias 431, 446
Held, Matthias 127
Heller, Susanne 152
Hellhake, Christoph 441
Hellmann, Anke 299
Hellmann, Rainer 221, 401
Hellwig, Hansjürgen 444
Henjes, Ilona 524
Henkel, Kay 153, 482, 502
Henneka, Dietmar 149, 314
Hennemann, Peter 189
Hennig, Bertram 503
Hennig, Herbert 301
Hennig-Lalla, Sabine 175
Henry, Wolf 492–493
Henss, Jürgen 234–235, 236–237, 238–239
Hentz, Anja 402
Henze, Edith 608, 609
Heppener, Jörg 146, 147
Herbrich, Th. 376
Herbst, Angelika 392
Herdt, Claudia 482
Hergert, Klaus-Jürgen 142, 467, 469, 570, 571
Herkner, Rolf 270–271
Herler, Richard 140, 172, 198, 199, 313, 366
Herold, Hildegard 419
Herold, Verena 305, 405
Herrmann, Stefan 228
Hertig, Walter 528
Herzbach, Rolf 600
Herzog, Ulrich 404
Hesse, Daniel 231
Heuel, Ralf 267–268
Heuser, Gerd 532
Hiel, R. Walter 212–213, 286, 503, 552
Hilbig, Heino 498
Hilgers, Lutz 480–481, 508–509
Hillebrand, Ralf 600
Hiltl, Dr. Dirk Michael 548
Hine, Skip 208
Hinrichs, Jörn 217, 218–219
Hinseler, Matthias 233
Hintz, Peter 483
Hintzen, Marcus 150
Hinze, Marcus 228
Hirsch, Alfred 465
Hirschel, Johannes 254–255
Hirschfeld, Petra 450
Hitschfeld, Uwe 605
Höbart, Gustav 142
Hobl, Michaela 252, 558
Hochfellner, Steffi 446
Hochstöger, Dr. Andreas 240–241
Hochtritt, Stefanie 234–235, 236–237, 238–239
Hock, Eberhard 571
Hock-Waibel, Petra 320
Höcke, Udo 334–335
Hodde, Rainer 165, 508–509
Hoever, Hans-Dieter 251, 435

Hofer, Erich 529
Hoff, Günther 374–375
Hoffer, Heide 125, 197
Hoffmann, Heinrich 186
Hoffmann, H. P. 287, 288–289, 323
Hoffmann, Klaus 362
Hofmann, Eberhard 607
Hofmann, Günter 176
Hofmann, Ralph 475, 551
Hofmann, Thomas 374–375
Hogrefe, Erik 600
Holemans, Andrea 223
Hollmann, Christian 158, 191, 232, 363
Holm, Simone 578, 579
Holtgrewe, Susanna 526
Holzapfel, Rüdiger 284
Holzmann, Jan 396
Holzwarth, Werner 156, 157
Homoki, Thomas 389
Hönes, Sonja 582
Hopkins, Paul 185
Hörmann, Manuela 460–461
Hormel, Dieter 189
Hornstein, Florian Frhr. von 131, 441, 527
Hospelt, Michael 204
Hößler, Klaus 439
Hotz, Dr. Constance 159
Hradil, Gerda 322, 610
Hubel, Dr. W. 376
Huber, Andreas 605
Huber, Michael 222
Huber, Richard 601
Hübner, Günter 458–459
Hullmann, Klaus 357, 358–359
Hülsen, Thomas 280, 474, 555
Hümmelchen, Monika 344–345
Hunnek, John 400
Hürlimann, Peter 141
Huschka, Peter 164
Hüsselrath, Jürgen 210
Huth, Heinz 153, 357, 482
Hüttenrauch, Claus 469
Hutzenlaub, Roland 472–473, 599

I

Ibbels, Martina 287, 288–289, 323
Iden, Claus 382, 383
Ihle, Dr. Katrin 590, 591
Illy, F. 177
Image Bank 376, 539
Inkampe, Frank 526, 537
Iro, Volkmar 489
Israel, Laura, Los Angeles 339
Iversen, Fritz 164

J

Jacob, Rainer 167
Jacobi, Oliver 453
Jahn, Joerg 152, 312, 354
Jaing, Werner 151, 178
Jakl, Hermann 507
Jäncke, Knut 491
Jank, Thomas 302–303
Janoschka, Brigitte 371
Jansen, Arno 210
Janzon, Thomas 492–493
Jarausch, Josef 302–303
Jauch, Massimo 449, 465
Jauch, Stephan 140
Jauch, Thomas 140
Jess, Dr. Waldemar 548

Joest, Sabine 294, 295, 296, 297, 298
Johnson, David 198
Johnson-Ohla, Raymond 453
Josimovic, Andreas 181
Jouan, Evelyn 344–345
Juchli, Dr. Fritz 410–411
Jülicher, Christine 203
Jung, Hans 234–235, 236–237, 238–239
Jung, Maria 138–139
Jungblut, Harry 497
Junghanns, Stephan 412–413, 448
Jungnickel, Klaus 311
Jurytko, Christine 162–163
Jütten, Erich 611

K
Käding, Holger 497, 498
Kahlert, Brigitte 347
Kaiser, Christine 503, 552
Kalb, Michael 610
Kalkbrenner, Paul 492–493
Kallen, Wilfried 203
Kamm, Volker 476
Kammerer, Bernd 439
Kammerer, Bernhard G. 191
Kämmerer, Hans-Jürgen 571
Kammerer, Werner 458–459
Kampf, Dr. Erwin 394, 542–543
Kämpfer, Christoph 155
Kandolf, Enno 516
Kani, Bernhard 605
Kannemacher, Richard 394
Kardorff, Peter 189
Karl, Stefan 593
Karlson, Harald 169, 193, 491
Karrer, Jochen 594
Kaspar, Dr. Herbert 364–365
Otto Kasper Studios 564
Kasper, Ralf 572
Kassuba, Rolf 314, 324
Kassulke, Hartmut 551
Kaufmann, G. 363
Kaufmann, Ina 611
Kausen, Renate 551
Keilbach, Karoline 560–561
Keller, Markus 346
Kels, Oli 125
Kemper, Ralf 128, 147, 204, 343
Kempf, Karl 386, 387
Kempski, Jan 401
Kentenich, Wolfgang 230, 231, 294, 295, 296, 297, 298, 491
Kerber, Christian 460–461
Kernbach, Anja 309, 310
Kerscher, Stefan 541
Kessinger, Jens 350–351, 468
Keßler, Susanne 367
Kessler, Wolfgang 244–245
Kestermann, Rolf 339
Keudel, Michael 317
Kick, Ernst 573
Kiefer, Dieter 165
Kiefer, Hartmut 151, 178
Kiehl, Reinhard 471
Kielkopf, Jürgen 482
Kießling, Martin 128, 381, 417, 422–423, 442–443
Kilian, Udo 257
Kilian-Voigt, Elke 184
Kimmich, Cordula 199
Kip, Michael 570

Kirk-Jensen, Ole 226, 228, 229
Kirsch, Karlheinz 293, 495
Kirschfink, Vera 212–213
Kison, Bodo 276–277
Kisters, Stephan 170–171
Kitzmann, Rainer 299
KKM 231
Klaffenbach, Ludwig 189
Klage, Dr. Jan P. 452
Klages, Utz 521
Klaiber, Martin 275
Klein, Dr. Dieter 549, 550, 551
Klein, Elmar 203
Klein, Hans Gerd 290, 291, 494
Klein, Kurt 517, 522, 538
Klein, Udo 527
Klein-Bölting, Udo 440
Kleine, Dr. Eckkehard 538
Kleinschmidt, Konrad 424
Klemann, Hartmut 445
Klemm, Anke 131, 388, 441
Klemm, Horst 234–235, 236–237, 238–239, 440
Klemp, Andreas 482, 502
Klimpel, Susanne 569
Klingele, Fiona 209
Klingemann, Mario 152, 354
Klöckner, Gundolf 578, 579
Klose, Regina 320
Kloss, Niki 240–241
Kloss-Zechner, Mira 240–241
Kluger, Josef 321, 329
Klumski, Olaf 175, 476
Knaubert, Hubert 392
Kneifel, Christian 155
Knevels, Peter 182–183
Knewitz, Angela 200, 202
Knichel, Hans-Georg 453, 601
Knoch, Dieter 194, 211, 583
Knoll, Heike 502
Knoll, Marie 419
Knollmann, Joachim 276–277
Knott, Hans Jörg 336, 508–509
Knust, Ralf Michael 175
Knut, Monika 358–359
Knutinge-Kaas, Björn 127
Koch, Manfred 135, 515
Koch, Michael 412–413, 419, 420–421, 448
Koch, Rainer 217, 218–219
Koch, Sieghart 253, 266, 314, 324
Kochalski, Holdin 263
Kocher, Barbara 125, 417
Köcher, Rainer 490
Koerdt, Annegret 491
Kohl, Theodor jun. 560–561
Kohla, Michael 300
Köhler, Klaus 169
Kohlhaas, Michael 591
Kohlwein, Thomas 400
Kokot, Gerhard 515
Kolberg, Joachim 605
Kolle, Stefan 588
Koller, Cornelia 409
Kollmann, Dr. Maximilian 403
Kollmer, Bruno 523, 529, 565
Kollmer, Hans 311
König, Anna 368, 369, 403
König, Birgit 454
König, Dr. Doris 152
König, Jens 409, 498, 602

König, Raimund 426
Koop, Hamburg 476
Kopitzki, Rainer 251
Kopleck, Hans 374–375
Koppenhofer, Jörg 190
Körfer-Schün, Peter 484
Korfmacher, Wilfried 370
Kormann, Waltraud 125, 343, 417
Körner, Rolf D. 128, 190, 197, 284, 285, 422–423, 442–443
Kornfeld, Gerald 377
Köstel, Brigitte 246–247
Köster, Burkhard 358–359
Köster, Jens 137
Kothe, Monika 609
Kottsieper, Arndt 185
Koubek, Karola 572
Koursoumidis, Apostolos 560–561
Krä, Claudia 340, 341
Krabiell, Hans F. 409, 603
Kraeft, Jochen 439
Kraemer, Manfred 434, 435, 436
Kraewel, Sonny von 242, 243, 311, 321, 329
Kraft, Anette 155
Kraft, Walther 422–423, 442–443
Krainz, Werner 176
Krämer, Dorothee 587
Kramer, Siegfried 358–359
Krank, Uli 564
Kratky, Thomas 364–365
Krause, Delle 428, 429
Krause, Detlef 549
Krause, Georg 352–353
Krause, Stephan 132
Krautwald, Michael 388
Krebe, Elisabeth 584
Krebich, Martha 322, 610
Kreiterling, Peter 432
Kreß, Gabriele 381
Kresse, Ulrich 405
Kretzer, Roman 184
Kreutzer, Karin 400
Kreyssig, Antje 222, 300
Krins, Johannes 170–171
Krohn, Karl-Heinz 523
Krohn, Marion 197, 251
Kronberger, Siegfried 176
Kröncke, Anja 176
Kröschel, Sabine 190
Kruck, Wolfgang 253
Krüger, Lothar 256
Krull, Michael 244–245
Kubicek, Siglinde 203, 225
Kübler, Gerhard 405
Kübler, Horst 173
Kuhlmann, Christina 304
Kuhn, Michael 366
Kühne, Matthias 160, 161, 358–359
Kulessa, Dr. Detlef 384
Kulka, Matthias 231
Kulmert, Klaus-Dieter 134
Kummer, Klaus 204
Kummer, Martin 457
Kuntz, Peter 358–359
Künzel, Marina 381
Kupper, Christoph 156, 157
Küpper, Helmut E. 533
Kurek, Dirk 306
Kurpiers, Franziska 134
Kurth, Carola 512, 573

Kurzawski, Thomas 169, 230
Küster, Klaus Erich 399, 449
Kutscher, Rainer 329
Kutzler, Hannes 252

L
Lachmann, Madeleine 347
Lachner, Dr. Robert 181
Laemmerhold, Susanne 469
Lagergren, Gustav 333
Lahr, Hans E. 233
Lalakakis, Wolfgang 531
Lammers, Rolf 126
Lämmrich, Joachim 272
Lamprecht, Bodo 381
Lang, Angelika 200, 201, 202
Fotostudio Lang 393, 516
Lang, Manfred 140, 313
Lange, Bernd 350-351, 468
Lange, Veronique 225
Langer, Claudia 152, 312, 354, 588
Langheck, Audrey 184
Langthaler, Othmar 240-241
Lässing, Volker 495
Lattauer, Hans-Joachim 494
Laufer, Lothar 126
Lauffer, Boris 465
Lauhöfer, Heike 528
Lauschner-Hagelstein, Sigrid 392
Lavarini, Maria 462
Lavelli, Georgio 192
Lay, Alexandra 552
Lebkücher, Oliver 406
Leckebusch, Manfred 223
Lee, David 185
Lehmann, Verena 426, 430, 445, 446, 447
Lehn, Bernhard 386, 541
Lehninger, Heinz K. 584
Leihener, Wolfgang 399, 449
Leikanger, Stein 312
Leiter, Kai 326
Leithner, Christian 429
Leitner, Dr. Karl 348-349
Leitner, Martin 556, 557
Lemke, Thorsten 167
Lenhard, Jochen 332
Lenz, Birgit 510-511
Leone, Marco 342
Leonhardt, Iris 299
Lepp, Dr. Rüdiger 257
Lepsius, Tilwiln 520
Lerch, Manfred 174, 544, 574
Lerp, Carsten 571
Lessing, Annette 374-375
Levenig, Ulrich 431
Levin, Robert 597
Levine, Simon 168
Lewalski, Marion 510-511
Ley, Michael 374-375
Lezon, Urban 392
Lieb, Anke 189, 471
Lied, Axel 497
Lierhaus, Eva-Maria 263, 498
Liese, Manuela 280
Liesenkötter, Ludwig 275
Liesering, Dr. Hans-Dieter 360, 361
Liesigk, Klaus 593
Limbach, Alfred 602, 607
Lincke, Sylvia 386, 387
Lind, Klaus 220, 401
Lindhof, Norbert 361

Lindner, Inge 516
Linkenheil, Konrad 395
Linn, Paul 173, 525
Linnig, Rainer 582
Linsbauer, Hildegard 364-365
Lintermann, Ellen 432, 434
Liphardt, Ursula 492-493
Lippert, Sabine 579
Lippert, Werner 207
Litschko, Achim 562
Livraghi, Giancarlo 192
Löchter, Ulrich 428, 429
Loerke, Anna 370
Löffler, Ralph 354
Loggen, Heiko 148
Logorhythm 223, 229
Löhr, Jürgen 209
Lohse, Ekkehard 246-247
Lorbeer, Ute 522
Lorenz, Peter 256, 269, 404, 462, 539
Lorenz, Rainer 599
Lörz, Georg 198
Lösbrock, Gregor 583
Löschenkohl, Angela 431
Lübke, Frank 138-139, 334-335, 483, 508-509
Lubnow, Nikolaj 366
Lüdes 552
Lukaszczyk, Klaus 600
Lüke, Günther 371
Lünstroth, Peter 276-277
Lupp, Stefan 185

M
M&S Music 185
Maass, Heidi 292, 591
MacGarlane, Rory 229
Madecki, Monika 209
Magner, Peter 138-139, 484, 592
Mahl, Renate 316, 390-391, 524
Mahne, Oliver 360
Maier-Diehl, Christiane 572, 573
Maisch, Alexander 428, 429
Makinose, Eriko 243
Mammitzsch, Gaby 476
Mang, Christian 400
Mann, Günter 259
Mann, Jörg 422-423, 442-443
Mann, Norbert 392
Mannherz, Wolfram 332
Mannstein, Prof. Coordt von 208, 600, 602, 607
Manthey, Roman 134
Manz, Arthur 425
Manzetti, Jeff 152
Manzi, Monika 278-279
Marburger, Dr. E. A. 603
Marcato, Maurizio, Verona 264-265
Marek, Volker 431
Marinoff, Carolin 388
Marles, John 223, 401
Marquardt, Dr. Detlef 362
Marquardt, Ulrich 482
Marquardt, Uwe 468
Marschall, Klaus 269
Marschall, Volker 132
Martin, Claus 184, 185
Martin, Manfred 155
Martini, Katharina 484, 592
Martinkus, Horst-Dieter 352-353
Maser-Marmillon, Barbara 132

Maskus, M. 376
Mathias, Rudolf 610
Matl, Georg 252
Matsuki, Toshiharu 276-277
Matthecke, Heimo 167
Maule, Wayne 229
Maurer, Steffen 309, 310, 392, 497
Mäuser, Gerd 244-245
Mauve, Carl-Philipp 168
Maxisch, Bärbel 508-509
Mayer, Bernd 592
Mayer, Gina 604
Mayer, Hannes 332
Mayer, Michael 573
Mayer, Nadja 318-319
Mayländer, Michaela 439
Mayr, Hanno 368, 369, 403, 556, 557
Mayr, Willi 252, 558
McDonagh, Pat 125
McIntyne, Anne 193
McDonald, David 579
Meermann, Axel 149
Megerle, Klaus 320
Meiburg, Joschka 160, 161
Meichle, Thomas E. J. 275, 305, 405
Meier, Michael 564
Meinicke, Rolf 184, 185
Meisel, Jay 479
Meißner, Lika 352-353
Meissner, Volker 532
Meister, Waldemar 270-271, 290, 291, 384, 494
Meixner, Christof 605
Menke, Roswitha 506
Menz, Manfred 581
Mergen, Dr. Walter 330
Merkel, Frank 517
Merkel, Nicole 528
Merkle, Monika 131, 441
Mertens, Rudolf 527
Mertl, Christian 181
Merz, Ursula 174
Meske, Yvonne 317
Meßmer, Hansjörg 309, 310
Messow, Clemens 321, 329
Mester, Rita 129
Meszaros, John 217
Metzdorf, Peter 244-245
Meurer, Eberhard 414
Meurers, Jochen 593
Meuter, Jörg 531
Meyer, Beate 130
Meyer, Berthold T. 402
Meyer, Heinz 148
Meyer, Jörg 126
Meyer, Kersten 444
Meyer, Martin 410-411
Meyer, Michael G. 342, 343
Meyer, Niels 434, 436
Meyer, Roland 156, 157
Meynen, Brigitte 208, 602
Michael, Jan 300, 435
Michael, Thorsten 497
Michel, Rainer 512
Michelson, Paul 203
Mick-Kohler, Nicola 149, 331
Milkau, Achim 612
Mill, Axel 208
Minkus, Mathias 409
Mintert-Froh, Reinhard 254-255
Möbus, Harald 155

Moesch, Michael 244-245
Moeschler, Mario 304
Moeser, Bernd 133, 182-183, 465
Molderings, Günter 158
Moll, Ilona 212-213
Möller, Frank 148
Mondwurf-Smid, Petra 360
Moral, Siegfried del 148
Morgan, Patrick 251
Mörgenthaler, Hans-Joachim 386
Morr, Helmut 304
Moser, Peter 400
Moser, Raphael 240-241
Mosner, Boris 197
Mozham, Linda 578, 579
Mühlberger, Sabine 364-365
Mühlen, Dr. Ulrike 342, 343
Mühlenberg, Ludwig 172, 366
Mühlenkamp, E. 376
Mulack, Lothar 373
Müller, Andreas S. 506, 577
Müller, Bernward 169, 193
Müller, Bettina 578, 579
Müller, Dagmar 154, 492-493, 504-505, 530
Müller, Friedrich O. 336
Müller, Gerald 396
Müller, Gert 244-245
Müller, Hubertus J. 580
Müller, Matthias 517, 522
Müller, Peter 410-411
Müller, Rüdiger 604
Müller, Susanne R. 292, 590, 591
Müller, Toni 502
Müller, Ulysses 141, 372, 410-411
Müller, Wolf 344-345
Müller, Wolfgang 373
Müller-Dannhausen, Burghard 346
Müller-Römheld, Martin 231
Müllner, Gudrun 152
Mungo, Jerry 400
Muschalla, Gudrun 142, 570
Mylius, Rolf 175, 476
Murrell, Simon 410-411
Mutter, Gerhard 495

N
Nachtsheim, Ursula 142
Nadir 325
Nagelschmitz, Ulla 361
Nagler, Heiko 392
Nantscheff, Mario 599
Nausch, Kerrin 361
Nebel, Tim 454
Nedelcu, Ion 608, 609
Nehring, Sigurd 451
Neu, Toni 228, 229, 347
Neuber, Wiltrud 316, 594
Neuenhofen, Eva 317
Neuhauser, Dr. Walter 419, 420-421
Neumann, Gerd 226, 227, 228
Neumann, Nils 399
Neumann, Ralf G. 220, 221, 234-235, 236-237, 238-239
Neumann, Rolf 577
Neumann, Ulrike 264-265, 382, 383
Neumayr, Claudius 176
Neyenhuys, Frank 367
Niclaus, Kurt 347
Niehaus, Silke 594
Nielsen, Torben 588

Niemeier, Ingrid 191, 232, 363
Niessner, Ralf 233
Nilson, Jerry 465
Noky, Anja 306
Norton, David 251
Nothdurfter, Dr. Otwin 368, 369, 556, 557
Nowa Studios, London 220
Nüsel, Werner 233

O
Oberhauser, Petra 564
Obermann, Bernd 589
Oberndorfer, Thomas 426
Ochsenreiter, Augustin 368, 556
Oeffelke, Mechthild 136, 137
Oehm, Stefan 435, 520
Oehsen, Rüdiger von 520
Oeldorf, Dirk 275, 305, 405
Oertel, Volker 253
Oesterle, Elke 317
Oevermann, Stefan 214, 258
Ohdate, Satoshi 276-277
Ohling, Manfred 299
Ohnrich, Michael 149, 331
Öhrke, Janine 360, 361
Ohrt, Michael 193
Okamato, Naoki 492-493
Olbing, Andrea 378
Olbrich, Günter 453, 601
Olgeirson, Tom 157
Olive, Tim 369
Orel, Frank M. 538
Ortmeyer, Gregor 336, 395
Ortner, Manfred 346
Osche, Michael 371, 374-375
Otterpohl, Rainer 233
Otto, Hannelore 167
Otto, Helmut 292
Oyne, Ben 417

P
Paikowsky, Hanns-Dieter 538
Pankow, Dr. Michael 484
Panthöfer, Christoph 160, 161, 334-335, 336
Pappitsch, Paul 489
Papst, Gabi 524
Passion Pictures Ltd., London 229
Paul, Claudia 208, 600
Paul, Herbert 521, 534, 537
Pauli, Andreas 326
Pawlok, Werner 604
Pedrazzini, Silvia 547, 563
Peitler, Hans-Dieter 427, 434, 435, 436
Pelt, Harm-Jan van 190
Pelzer, Jörg 198
Pelzer-Melzner, Jeanot 490
Perlega, Fritz 135, 515
Peter, Dr. Ulrich 367
Peters, Wolfgang 169
Petersen, Iver 426, 431
Petersen, Raimund 484
Petri, Edmund 364-365
Pfannmüller, Günter 494
Pfeffer, Lintrud 549
Pfeffer-Stojan, Tillo 457, 539, 540
Pflüger, Hartmut 138-139, 160, 161
Pfuhl, Marc-Norman 325
Phantastische Vier 168
Piazzola, Astor 339
Pichler, Peter 584

Pientka, Anette 149, 331
Pietsch, Andreas 373
Pietz, Käthe 130, 164, 200, 201
Pietzker, Jürgen 446, 447
Pires, Girard 225
Piskaty, Dr. Georg 584
Plitt, Bettina 460-461
Pobell, Derek 390-391, 503
Pochmann, Peter 521, 534, 537
Podewils, Manfred von 524
Poelmeyer, Hans-Jürgen 128
Poelmeyer, Kai 128
Poetzsch, Britta 334-335
Pohl, Dieter 608, 609
Pohl, Wolfgang 518-519
Pokorny, Josef 336
Pollerer, Heinz 450
Pollig, Boris 305, 405
Pompe, Ingolf 405
Ponte, Claus de 293, 612
Popinger, Thomas 300, 364-365
Popp, Hein 129, 316, 390-391, 524
Popp, Margit 605
Porzio, Stanislao 177
Pöttgens, Johannes 256, 269, 462, 539
Pouget, Judith 486
Power, Pamela 223
Prast, Hilger 151, 178
Preiswerk, Michael 326
Preker, Claudia 384, 494
Prell, Tim 251
Preusche, Norbert 360, 361
Priemer, Ulli 270-271
Probst, Bernhard 573
Prosch, Angelika 368, 369, 557
Pudenz, Ansgar 155
Puhlmann, Claudia 482
Publicis Conseil, Paris 193
Pusch, Ewald 131, 388, 441, 527
Puschmann, Simon 426
Putz, Robert 462

Q
Quinzler, Bernd 222

R
Rackers, Wolfgang 166
Radermacher, Hermann 427
Raetzel, Dr. Henner 332
Raffel, Winfried 606
Rakete, Jim 435
Rall, Dr. Wilhelm 471
Ransmayr, Hans-Jörg 176
Ranz, Dieter 521, 534
Rapp, Andreas 431
Rapsch, Hendrik 165, 254-255, 589
Raspe, Jürgen 186
Ratajczak, Beate 611
Raths, Heike 309, 310
Rau, Manfred 336
Rauffus, Christian 133
Rebmann, Achim 293
Rechmann, Bernhard 594
Redfield, Tex 146
Redlin, Sabine 320
Reese, Martina 269, 404
Regensburger, Ben 203
Reggentin-Michaelis, Peter 580
Reichard, Joachim 254-255
Reichardt, Joerg 326
Reichenthaler, Gerolf 484

Reif, Hans-Jürgen 540
Reifetzhammer, Elisabeth 181
Reimers, Karl-Peter 399
Reimers, Marion 526
Reiner, Silke 304
Reinhäckel, Kirsten 197
Reinhard, Dietmar 428, 429
Reinhard, Michael 533
Reinhold, W. 566
Reis, Andrea 193
Reischl, Rudolf Markus 420-421
Reiser, Markus 479
Reisse, Chris 207
Reissig, Astrid 228, 229
Reiter, Peter 148
Rell, Andreas 429
Remfert, Hans Ulrich 299
Rempen, Thomas 508-509
Renaud, Bernard 227
Rentsch, Susanne 146, 147
Repko, Gerrit 142
Repp, Udo 246-247
Rettich, Ewald 148, 168
Reuhl, Inge 251, 435
Reuter, Jörg 177
Reuther, Marion 562
Reyinger, Ingrid 330
Ricci, Claudio 425
Richard, Cliff 217
Richter, Cordula 316
Richter, Hans-Joachim 184, 185
Riedel, Bettina 202
Riedemann, Hella 526
Riegel, Andrea 483
Riegler, Hans 135
Rieker, Manfred 221
Ries, Mike 145, 306, 339, 340, 341
Riese, Peter 168
Rigg, Andy 326
Rindlisbacher, Max 501
Ring, Sybille 153, 482
Robausch, Christoph 322
Roberge, Earl 492-493
Robinson, John 350-351
Rogers, Mike 332
Rogge, Peter K. 292, 590, 591
Röhr, Johannes 601
Röhrbein, Robert 336, 395, 483, 589
Rolli, Wolfgang 242, 243
Romann, Silvia 541
Romatka, Dieter 389
Romeike, Gerd 150
Rönck, Peter 333
Rörtgen, Barbara 190
Rosansky, Thorsten 224, 225
Rösch, Monika 269
Rosen, Michael von 253
Rosenberger, Volker 256, 457, 539
Rosinski, Bent 508-509
Rossa, Svenja 300, 466
Rossacher, Hannes 181
Rossetti, Paolo 177
Rössler, Dominik 312
Rößler, Ingo 469
Roth, André 424
Roth, Helmut 460-461
Rott, Gregor 425
Rottke, Helmut 566
Rottmar, Anette 330
Roulet, Petit 226, 227
Roy, Frank 574

Rückstein, Manfred 542-543
Rudat, Kerstin 125
Rudolph, Claus 525
Rudzewski, Dieter 370
Ruhstorfer, Brigitte 212-213
Ruland, Ulrike 128, 284, 285, 381, 417, 422-423, 442-443
Ruppelt, Christoph 263
Rutka, Steffanie 284, 285

S
Sackebier, Burkhard 534
Sailer, Claudia 159
Salazar, John 276-277
Salein, Kai 444, 449
Sammler, Karin 341
Sand, Ulla van de 172, 199
Sander, Annette 358-359
Sandler, Jeremy 200
Saremba, Karin 214
Sareva, Gino 137
Sartor, Hans 224, 225
Sartori, Dr. Roberto 368, 369
Sattler, Klaus-Peter 135, 515
Sauer, Eberhard 340, 399
Sauer, Volker 315
Sauter, Karola 267-268
Saxer, Hanns-Georg 222, 300, 377
Schaaf, Jochen 491
Schaarschmidt, Thomas 607
Schacht, Roland 231
Schacht, Sylvia 168
Schade, Michael 532
Schaefer, Rolf 309, 310
Schäfer, Bernd 361
Schäfer, Friedrich O. 278-279
Schäfer, Martin 185
Schäfer, Werner 582
Schaffert, Ernst 293
Schaffner, Oliver 260
Schaible, Dieter 569
Schalk, Willi 432
Schanze, Jörg 299
Schätzlein, Helmut 145
Schaub, Ariane 209
Scheer, Peter 506
Scheer, Reinhold 189, 471
Schels, Walter 417
Schenk, Peter 341
Schenkat, Hansjörn 257
Scheppach, Sabine 409
Scherner, Roswitha 451
Scherping, Klaus 317
Scheuer, Chris 127
Scheungrab, Angela 142
Schianchi, Maurizio 141
Schickedanz, Stefan 276-277
Schiebel, Wolfgang 452
Schieler, Hans-Jörg 302-303
Schieren, Bodo 131
Schierholz, Patrick 222, 377
Schif, Jörg 541
Schiffer, Peter 173, 496, 525
Schifferer, Jörg 204
Schiller, Patrik 317
Schimming, Manfred 258
Schindler, Eugen 159
Schindler, Kurt 348-349
Schinkel, Christiane 167
Schippers, Jürgen 331
Schlensok, Reinhold 168

Schlesinger, Alexander 350-351, 468
Schliack, Amos 218-219
Schlicht, Ulrich 590, 591
Schlöder, Hanspeter 214, 258
Schlösser, Tobias 431
Schlotterbeck, Daniel 490
Schlottmann, Susanne 133, 182-183
Schlupp, Uwe 508-509
Schmal, Gerhard 471
Schmid, Marc, Zürich 424
Schmidt, Bettina 394, 542-543
Schmidt, Charly 467
Schmidt, Detlev 184, 593
Schmidt, Erwin 126
Schmidt, Heike 451
Schmidt, Helene 354
Schmidt, Heribert 194
Schmidt, Petra 479
Schmidt, Roger 501
Schmidt, Stefan 145, 306, 341
Schmidt-Burgk, Niko 332, 482
Schmitt, Dr. Hubert 603
Schmitt, Gisela 485
Schmitt, Sabine 428
Schmitt, Wolfgang 317
Schmitz, Barbara 226, 227, 228, 229
Schmitz, Bernd 544, 574
Schmitz, Bernhard 394, 542-543
Schmitz, Corinna 469
Schmitz, Peter 133, 465
Schmitz, Torsten 293, 612
Schmitz, Ulrich 186, 362
Schmitz, Walter 358-359
Schmitzberger, Liana 156, 157
Schmolke, Susanne 332
Schmölzer, Erwin 515
Schmutz, Rudolf 266
Schneider, Alexandra 341
Schneider, Frank 234-235, 236-237, 238-239
Schneider, Frank 299
Schneider, Frank 444, 449
Schneider, Gerhard 381
Schneider, Günther 399, 449
Schneider, H. P. 382, 383
Schneider, Johannes 208, 602, 607
Schneider, Jörg 232
Schneider, Peter 539
Schneider, Stefan 210, 427, 432, 433, 434, 436, 606
Schneider, Wolfgang 549
Schnell, Dorothee 402
Schnider, Beat 470
Schnitzler, Gregor 211
Schoch, Uwe 531
Schoen, Ralph 501
Schöll, Bernd 527, 605
Scholten, Wolfgang 221, 440
Scholz, Klaus 399
Schommler, Natalie 226
Schön, Erhard 360
Schoppe, Manfred 251
Schori, Daniella 501
Schott, Peter Jochen 256, 269, 404, 457, 462, 539, 540
Schöttes, Ronald 226, 227
Schrader, Volker 226, 227
Schraff, Andrea 524
Schraps, H.-D. 321
Schreder, Axl 222
Schreiner, Brigitte 258

Schrepffer, Karin 192
Schröder, Anja 512, 573
Schröder, Dieter 531
Schroffenegger, Martin 547
Schubert, Thomas 148, 376
Schuff, Bettina 412-413
Schuh, Hans-Rainer 490
Schukies, Dr. Gert 409
Schuldes, Klaus 158, 191, 232, 363
Schüle, Heike 439
Schüler, Ute 192
Schuller, Dr. Rosemarie 558
Schüller, Rebecca 189
Schuller, Thomas 393, 516
Schult, Mike 138-139
Schulte, Brigitte 422-423, 442-443
Schulte, Jürgen 370
Schulte-Terbove, Frauke 371
Schultes, Michael 549, 550, 551
Schultheiß, Michael 293
Schulz, Dr. Friedhelm 228
Schulz, Hartmut 606
Schulze, Birgit 582
Schulze, Gabriele 346
Schumacher, Anja 541
Schumacher-de la Cuesta, Anne 352-353
Schumacher, Jacques 309, 310
Schumann, Rainer 160, 161, 254-255, 257, 483, 485, 508-509
Schuster, Ulrich 258
Schütz, Hans-Werner 207
Schwander, Thomas 372
Schwartz, Stuart 559
Schwarz, Birgit 420-421
Schwarz, Dr. Wolfgang 542-543
Schwarz, Ilona 194
Schwarz, Katherine 326
Schwarze, Friedrich 165
Schweikert, Jürgen 508-509
Schweinberger, Michael 388
Schwerbrock, Mathias 321, 329
Schwörer, Verena 275, 405
Sckaer, Tobias 370
Scott, Mark 135
Sebesky, Don 313
Seebaß, Jörg 248
Seebich, Markus 224, 225
Sefranek, Heiner 320
Seger, Ann 159
Sehr, Kai 454
Seib, Dorika 602
Seidel, Andrea 374-375
Seidel, Karin 395
Seitz, Gregor 350-351, 468
Seitz, Renate 531
Seliger, Klaus 210
Sell, Günter 447
Selmi, Renzo 425
Selzle, Ernst 537
Sema, Cliff 577
Semmel, Dr. Marcus 454
Semper, Lorenz 370
Senft, Dr. Thomas 582
Serowski, Harald 590
Servatius, Christoph 312
Sgraja, Rita 590
Sgroi, Silvia 399
Siebenborn, Barbara 207
Siegers, Matthias 560-561
Sieghart, Barbara 460-461

Sieghart, Gernot 460-461
Siemes, Reinhard 390-391
Sieveneck, Konstantin 604
Sievers, Karin 193
Silberer-Klein, Christa 172, 198, 366
Silny, Jürgen 299
Sim, Duncan 468
Werbefotografie Simianer und Blühdorn 528
Simon, Frank 426, 430, 445, 446, 447
Simon, Gerd 483
Simon, Heinz-Joachim 301, 330
Simonis, F. W. Dieter 330
Simpson, Geoffry 229
Skalicky, Jiri 548, 549, 550
Skogland, K. 313
Smith, Laura 161
Sohn, Ariane 612
Sommer, Barbara 198
Sonderegger, Hanna 300
Soormann, Horst 127
Sorowka, Horst 495
Sparakowski, Willibald 541
Spark, Marion 446
Spengler, Dörte 422-423
Speulhof, Barbara van den 142, 570
Spichtig, Dr. Josef 562
Spiegelberg, Eckhard 371
Spielmann, H. 207
Spiess, Britta 440
Spingath, Torsten 420-421
Spirandelli, Rainer 479
Splittgerber, Volkhard 484
Spom, Marianne 364-365
Sponticcia, Martin 197
Sprang, Robert 512
Springer, Stefan 305
Sprung, Frank 454
Staats-Jürgens, Stefanie 304
Stäbler, Udo 158
Stadler, Theresa 572
Staedler, Lance 176
Stalter, Mathias 571
Stampe, Horst 134, 333, 498
Stampe, Philipp 333
Stark, Oskar 330
Starker, Wolfgang 330
Starzmann, Manfred 581
Staubach, Martin 224, 225
Staudinger & Franke 302-303
Stauss, Ute 313
Steger, Alois 164
Steger, Peter 153, 482
Stehle, Alexander 156, 157
Stehli, Dr. Daniel 260
Steiert, Hubert J. 565
Stein, Wolfgang 140, 199, 313
Steinbach, Dieter 377
Steinbom, Jutta 134
Steiner, Christian 348-349
Steiner, Gerhard 342
Steiner, Peter 471
Steinhart, Sonja 332
Steinhaus, Wolfgang 184
Steinmetz, Pit 217, 218-219
Steinwendner, Wolfgang 377
Stembrok, Michael 325
Stemmler, Klaus 280
Stemprock, Michael 504-505
Stephan, Gerhard 573
Stephan, Horst 371, 401

Stern, Thomas 227
Sternagel, Eva-Marie 339, 340, 341
Steup, Carola 352-353
Steuer, Dietmar 177
Steurer, Robert 252
Stiebel, Mike 371
Stiebeling, Peter 339, 340, 341
Stingl, Martin 515
Stöcker, Anne 199
Stöcker, Angela 138-139
Stöcker, Jochen 432
Stodieck, Dr. Ingeborg 396
Stöhlker, Klaus J. 260
Stöhr, Jürgen 189, 471
Stoll, Christian 508-509
Stoll, Heinz 242, 243
Stoll, Ulrich 172
Stoll, Werner 185
Stone, Tony, München 507
Stopfinger, Hans 286
Stotz, Willi 562
Straßer, Jochen 201
Straub, Claudia 450
Strauß, Peter 467
Strecker, Thilo 148, 168, 223
Streich, Norbert 360
Stricker, Udo 366
Striefler, F. 326
Striegl, Robert 348-349
Strohmeier, Karl J. 483
Ströbel, Dieter 581
Ström, Carl-Henrik 312
Strube, Werner 390-391
Struck, Andreas 448, 449
Struwe, Jörg 518-519
Stüber, Anke 498
Stück, Katarina 306
Studt, Gabriele 263
Stürmer, Katrin 357
Susieck, Nicole 406
Szasz, Suzanne 610
Suter, Corinne 501
Sutter, Johann Ulrich 141
Symphonic Orchestra Buenos Aires 339
Szymanski, Achim 129

T
Tafel, Martin 611
Tanzmann, Philipp 203
Tarcis, Rushes, London 229
Teichmann, Tanja 465
Teidler, Natascha 217
Tekniepe, Olli 440
Telegdy, Stefan 138-139, 334-335, 508-509, 597
Tellenbach, Markus 418
Tertelmann, Martin 243, 321, 329
Testa, Anna Maria 177
Teynor, Gerd 406, 517, 538
Teyssier, Bernhard 344-345
Tham, Anne 560-561
Theunis, Marinho 534
Theurer, Ute 301
Thiede, Patrick 441, 527
Thoma, Harald 150
Thomas, Christian 169, 193
Thompson, Martin 224
Thomsen, Andreas 578, 579, 603
Thylmann, Hubertus 564
Tibi, Günther 149, 331
Tiemann, Sonja 419, 420-421

Mitarbeiter

Tiggelkamp, Jürgen 402
Tigges, Werner 612
Tigges, Wilhelm 287, 288–289
Tillmanns, Andreas 534
Tillmanns, Ulrich 604
Timm, Tim 604
Tinz, Bernhard H. 472–473
Tinz, Stefanie 472–473
Tomesch, Joachim 520
Töpfer, Susanne 286
Trautmann, Dieter 386, 387
Trauttmansdorff, Lori 364–365
Trefz, Detlef 285, 292, 417
Troglauer, Peter 390–391
Trommer, Michael 230
Trotter, Werner 264–265, 382, 383
Tschaikowsky, Peter 590
Tschakert, Beate 301
Tuchen, Peter 495
Türk, Michael 175, 476
Turner, L. 376
Tusch, Frank 433

U
Ullako, Jari 222
Ullmann, Dr. Reinald 507, 608, 609
Ungelenk, Gerret 190
Utermöhle, Klaus 263, 498
Uthleb, Hans 166

V
Våge, Ivar 286, 552
Vassdal, Kjell 312
Vaughn, Marc 369
Veigel, Ulrich 186
Verhees, Peter 212–213
Verhoeven, Michael 357
Vetter, Hilmar 583
Viefhaus, Andreas 197
Vliet, Flip van 381
Vogel, Elli 168
Vogel, Stephan 522
Vogelsang, Raimund 131
Vogelsang, Werner 190, 342
Vogelsänger, Manfred 147
Vogler, Christoph 418, 533, 547
Vogler, Stefan 470, 559, 563
Vogt, Klaus 341
Volkenand, Jörg Helge 448, 449
Volkhardt, Petra 412–413, 448
Vollrath, Jörg 162–163
Vonderstein, Stefan 138–139, 508–509
Vontobel, Nicolas 470, 533
Voos, Marianne 542–543
Vorlet, Christophe 470
Vossen, Jochen 173, 248, 496
Vrie, Walter 369
Vuille, Lucien 204

W
Wachenfeld, Dr. Volker 263
Wachs, Robert 572
Wächter, Manfred 316, 390–391, 524
Wagner, David 300, 466
Wagner, Gerd 341
Wagner, Gert 442–443
Wagner, Sebastian 558
Wagner, Till 306, 339, 340, 341

Waitzel, Olaf 579
Wakeford, Andrew 150
Walde, Brigitte 246–247
Waldecker, Axel 290, 291, 414
Walker, Erika 302–303
Walker, Paula 339
Wallenborn, Karen 259
Waller, Anthony 203
Wallis, Jake 482
Waltenberger, Werner 315
Walter, Christine 531
Wandelt, Ralf 431
Wander, Petra 512
Warner Studios, Osnabrück 304
Warwicker, John 588
Wawra, Hans-Peter 489
Weber, Frank 342, 343
Weber, Gerhard 518–519
Weber, Jürgen 414
Weber, Manfred 306
Weber, Stephan 154
Weber, Uli 315, 320
Weber, Wolfgang 290, 291
Weccard, Thomas 301
Wegener, Gisbert 166
Wegmüller, Rudolf 563
Wehner, Sabine 412–413
Weichenmayr, Uta 191
Weicken, Michael 151, 178
Weigert, Michael 361
Weilandt, Michael 454
Weiler, Gabriele 197
Weinberg, Adrian 386
Weinert, Frank 551
Weis, Bernd 138–139, 508–509
Weishaupt, Holger 468
Weiß, Dieter 242, 243
Weiß, Helmut 393
Weiss, Sylvia 340, 341
Weitz, Andreas 516, 558
Welch, Bruce 217
Wellenreuther, A. M. 324
Welting, Natascha 214
Wencek, Peter 133
Wengert, Jürgen 562
Wentworth, Rick 130
Wenzel, Evelyne 136, 137
Wenzel, Konrad 153, 357, 482, 502
Wenzel, Wolfram 592
Werb, Sabine 502
Werdin, Egon 135
Werel, Klaudia 582
Werner, Rita 360
Werth, Jürgen 334–335, 336, 589
Wesche, Silke 451
Weseloh, Matthias 194, 211, 583
Westenberger, Christiane 209, 449
Wetcke, Hans-Hermann 378
Wetzstein, Meike 137
Wichmann, Petra 325
Wider, Hans-Dieter 527
Widmann, Frank 406
Widmer, Markus 501
Wies, Ulf Harald 362
Wiesmeier, Rudolf G. 214
Wilden, Gerd 189
Wilhelm, Bernd 207
Wilhelm, Heinz 259

Will, Rita 127
Will, Stefan 200, 201
Willochs, Curti 492–493
Willumeit, Andreas 507
Wilson, Alexandra 294, 295, 296, 297, 298
Wilson, Rob 284, 285
Wimmer, Klaus 530
Wimmershoff, Heike 192
Wind, Wolfgang 299
Windhorst, Alexander 605
Winiger, Max 424, 425
Winkelmann, Lutz 325
Winkler, Gerhard 496
Winkler, Heinz 292
Winkler, Ulrich 401
Winter, Barbara 167
Winter, Conny 233
Winter, Wolfgang 223, 402
Wirtgen, Helmut 208
Wirth, Susanne 441
Witt, Ulrich 428, 429
Witte, Stefan 285, 417, 422–423, 442–443
Wittgen, Dr. Rudolf 189
Wochner, Ines 160, 161
Wohnrath, Katja 352–353
Wöhrl, Gerhard 386, 387
Wolf, Ewald 361
Wolf, Martin 527
Wolfart, Jochen 126
Wolfram, Rüdiger 266
Woll, Hans-Martin 130
Wollenzien, Ursula 340, 341
Wöltje, Gregor 312, 588
Wrage, Dr. Klaus-Jürgen 409
Wrage, Folker 419
Wulfes, Thomas 233
Wülfing, Ferdinand 414
Wunsch, Ludger 537
Wüschner, Gernot 378, 450

Y
Yo Yo Ma + Bobby McFerin 227

Z
Zähler, Axel 153
Zahn, Walter 548
Zang, Ralf 243, 321, 329
Zapf, Petra 334–335
Zechmeister, Jutta 156, 157, 318–319
Bildagentur ZEFA 479, 544
Zenhäusern, Daniela 260
Zerner, Klaus A. 582
Ziegler, Sabina 419, 420–421
Zilges, Stephan 342, 343
Zilinsky, Burkhard 346
Zimmermann, Claudia 311
Zimmermann, Hansjörg 577
Zimmermann, Karl-Heinrich 233
Zimmermann, Michael 569
Zimmermann, Peter 435
Zipper, Thomas 162–163
Zischeck, Dieter 406
Ziss, Uwe 492–493
Zöller, Niclaus 384, 494
Zollfrank, Werner 133
Zohsel, Horst 479
Zügel, Oliver 466
Zwiener, Hans-Jürgen 264–265, 382, 383

Autoren 637

Georg Baums, Jahrgang 1935, kam 1965 als Kundenberater zu ›Team‹ in Düsseldorf und wurde zwei Jahre später Gesellschafter der Agentur. 1971 war er dann Mitbegründer der Agentur ›Baums, Mang, Zimmermann‹ (BMZ) in Düsseldorf. Als 1990 die Gesellschafter ihre Anteile an ›Publicis/FCB‹ abgaben, wurde Georg Baums Chef der deutschen Gruppe des Networks, und als ›Publicis/FCB‹ 1991 von der ›Siemens AG‹ 50 Prozent der Hausagentur – jetzt ›Publicis MCD‹ – in München und Erlangen übernahm, avancierte er zum Vorsitzenden der Geschäftsführung dieser Agentur. Im 1992 gegründeten europäischen Zweitnetz von ›Publicis‹ – ›BMZ Network‹ – ist er Chairman. Erfahrung hat Georg Baums auch in Verbandsfunktionen: Einst Präsident des ›Agenturverbandes WDW‹ (dessen Fusion mit dem ›GWA‹ er mitbetrieb), 1986 ›GWA‹-Copräsident neben Hans Jürgen Lange, schließlich Vorsitzender der ›Effie‹-Jury, ist er designierter 15. ›GWA‹-Präsident.

Wolfgang Bergmann, Jahrgang 1963, übte schon während des Studiums der Theologie an der Universität Wien, das er 1988 mit dem Magister abschloß, verschiedene Tätigkeiten in den Bereichen Public Relations und Werbung aus, so unter anderem als Pressereferent der Aktion »Geborene für Ungeborene« und als Pressereferent des ›Zentralausschusses der Österreichischen Hochschülerschaft‹. Seit 1988 ist Wolfgang Bergmann Leiter der Abteilung für Öffentlichkeitsarbeit und Information sowie Pressesprecher der Caritas und Chefredakteur der *Caritas ZEITschrift.*

Burckhard Brandes, Jahrgang 1942, trat nach dem Studium der Elektrotechnik als System Engineer bei ›IBM‹ ein. Nach weiteren Berufsstationen bei ›Gruner + Jahr‹ als Distribution Manager und ›Nielsen Neodata‹ als General Manager wechselte er 1985 zur ›A. C. Nielsen Werbeforschung S+P GmbH‹, deren Geschäftsführer er seit 1987 ist.

Hans-Peter Esser, Jahrgang 1948, startete seine berufliche Laufbahn mit einer Lehre als Industriekaufmann bei der International Harvester Company, studierte anschließend Betriebswirtschaft und stieg 1970 by Doyle Dane Bernbach als Assistent der Geschäftsführung in die Werbung ein. 1973 ging er für fünf Jahre zu Troost Campbell Ewald. Seit 1979 ist er bei HSR & S und als Geschäftsführer verantwortlich für die Kundenberatung.

Evelyn C. Froh, Jahrgang 1959, begann im Jahr 1978 als Text-Trainee bei DDB Düsseldorf. 1982 wechselte sie zu Hildmann, Simon, Rempen & Schmitz, der Agentur, der sie – abgesehen von einem kurzen Ausflug zu RSCG, Butter, Rang von 1986 bis 1987 – bis heute treu geblieben ist. Bei HSR&S arbeitete sie zuletzt als Creative Director, seit 1992 widmet sie sich als Erziehungsurlauberin allerdings mehr ihrem Sohn Valentin.

Wolfgang Fürstner, Jahrgang 1944, schloß sein Studium der Rechts- und Wirtschaftswissenschaften – er studierte in Heidelberg, München und Kiel – mit dem Assessorexamen ab und wurde zunächst als Anwalt tätig. Ab 1978 fungierte der gebürtige Breslauer als Justitiar im ›Verband Deutscher Zeitschriftenverleger‹, bevor 1980 die Berufung zum Geschäftsführer der Fachgruppe Publikumszeitschriften und 1985 die Ernennung zum Stellvertretenden Hauptgeschäftsführer erfolgte. 1992 wurde Wolfgang Fürstner neben seiner Geschäftsführertätigkeit zum Vorsitzenden der Fachgruppe Publikumszeitschriften gewählt.

Heidemarie Glück, Jahrgang 1962, war nach dem Studium der Volkswirtschaft, der Publizistik und der Politikwissenschaft (Innsbruck und Wien) als freie Journalistin für mehrere Tages- und Wochenzeitungen tätig und veröffentlichte in dieser Zeit auch mehrere Publikationen, die sich vor allem mit den Themen Politikwissenschaft und Parteiensystem in Österreich auseinandersetzten. Seit 1984 ist die gebürtige Grazerin beim ›Österreichischen Rundfunk‹ im Bereich der Öffentlichkeitsarbeit tätig: 1989 Pressereferentin für den Hörfunk; 1990 Pressereferentin der Informationsintendanz Fernsehen; 1991 Pressereferentin der Programmintendanz Fernsehen. Seit dem Mai 1992 ist Heidemarie Glück als Projektmanagerin und Sprecherin der Aktion »Nachbar in Not« tätig.

Claudia Jaekel, Jahrgang 1955, studierte Politologie, Kommunikationswissenschaften und Theaterwissenschaften in München. Nach einem Voluntariat bei einer Agentur für Zeitschriftenentwicklung und Redaktionsservice arbeitete sie als freie Journalistin vor allem für Fachzeitschriften wie *Sportmarkt, Handel heute, Management Wissen* sowie *werben & verkaufen (w&v)*. Für *w&v* war sie über zehn Jahre als feste Freie tätig und betreute das *w&v*-Supplement *art/work* redaktionell über viele Jahre. Seit 1992 lebt und arbeitet Claudia Jaekel als freie Werbetexterin und Journalistin in Düsseldorf und schreibt inzwischen – ebenfalls als feste Freie – für *Horizont.*

Reinhard Mintert-Froh, Jahrgang 1955, studierte von 1979 bis 1984 Visuelle Kommunikation an der Fachhochschule Düsseldorf, u. a. bei Uwe Loesch, Konstantin Jacoby und Manfred Schwarzer. Seit 1984 arbeitet er als Art Director bei Hildmann, Simon, Rempen & Schmitz/SMS.

Harald Nebel, Jahrgang 1952, war nach seinem Studium der Sozialwissenschaften, der Volkswirtschaft und der Germanistik in Göttingen, das er mit dem Diplom-Sozialwirt abschloß, fünf Jahre als Lehrer für ›Deutsch als Fremdsprache‹ tätig. Nach zwei Jahren Marketing bei der ›Hamburg Messe‹, bei der er verantwortlich für Werbung und Public Relations im Ausland war, wechselte er zu *new business* und ist dort Redakteur.

Dr. Peter Muzik, Jahrgang 1948, studierte zunächst an der Wiener Universität und promovierte dort zum Dr. phil. Seit 1973 ist er journalistisch tätig – zunächst als Freelancer, dann (1973) als Redakteur und schließlich (1982) als Chefredakteur des Wirtschaftsmagazins *trend*. Seit 1986 ist Peter Muzik Lehrbeauftragter am ›Institut für Publizistik und Kommunikationswissenschaft‹ der Universität Salzburg.

Peter Podpera, Jahrgang 1965, war nach der Matura für mehrere Werbedienstleister im audiovisuellen Bereich tätig. Von 1987 bis 1989 zum Fotograf ausgebildet, wechselte Peter Podpera zur Agentursseite, und zwar als Kundenberater bei der Wiener Agentur ›Eggert‹, bei der er unter anderem die österreichische ›Caritas‹ betreut.

Sarah Rieder, Jahrgang 1940, siedelte nach einer kaufmännischen Lehre nach Zürich über. Auf die berufsbegleitende Ausbildung zur Werbeassistentin und Werbeleiterin mit eidgenössischem Diplomabschluß folgten Berufsjahre bei ›McCann-Erickson‹ in London und Genf, wo sie auch Mitglied der Geschäftsleitung war. 1975 wieder in Zürich, arbeitete sie dort in einer PR- und Werbeagentur und bildete sich berufsbegleitend (PR) weiter. 1980 wählte sie als Konzepterin und Publizistin die Selbständigkeit, um dann von 1986 bis 1989 die Position einer Chefredakteurin der Werbefachzeitschrift *idee... à jour* und von 1990 bis 1993 jene der Wochenzeitung »WerbeWoche« anzunehmen. Heute ist Sarah Rieder wieder freiberuflich als Journalistin/Publizistin tätig.

Jürg Schaub, Jahrgang 1934, besuchte zunächst die ›Fachklasse für Gestaltung‹ an der ›Kunstgewerbeschule‹ in Basel, um dann, drei Monate vor Diplomabschluß, mit zwanzig Jahren nach New York überzusiedeln, wo er drei Jahre in verschiedenen Werbeagenturen jobbte. Nach einem einjährigen Aufenthalt in der Schweiz ging er erneut nach Amerika. Dort arbeitete er dann als Art Director bei ›Geigy Pharmaceuticals‹ in Ardsley, N.Y., und als freischaffender Grafiker. Schließlich, 1968, wieder in die Schweiz zurückgekehrt, war Jürg Schaub Mitbegründer der ›cr Werbeagentur AG‹, deren Profil er heute noch zu verbessern sucht.

Willi Schalk, Jahrgang 1940, arbeitete nach einer Ausbildung zum Industriekaufmann im Verkauf- und Produktmanagement von ›Enka Glanzstoff‹ und wurde dort mit 24 Jahren Marketingleiter. 1967 gründete er in Düsseldorf die ›Special Team Werbeagentur‹. Zwei Jahre später wurde er Geschäftsführender Gesellschafter der ›TEAM‹-Gruppe, die er 1971 mit ›BBDO‹ zur ›TEAM/BBDO‹ fusionierte. 1978 siedelte er nach New York über, um von dort als Präsident die ›BBDO International Group‹ zu leiten, behielt jedoch seine Position als Chairman der deutschen ›BBDO‹-Gruppe. 1986 initiierte er den Merger von ›BBDO‹, ›DDB‹ und ›Needham‹ zur ›Omnicom-Group‹, in deren Board er von Anfang an Mitglied war. Im Hauptjob war er dann President und Chief Operating Officer von ›BBDO Worldwide‹, New York. Ende 1989 vollzog er dann den länger geplanten Ausstieg aus der internationalen Werbeszene. Von 1990 bis 1993 war er Vorsitzender der Geschäftsführung bei der Kölner Verlagsgruppe ›M. DuMont Schauberg‹.

Dieter Schweickhardt, Jahrgang 1933, schloß das Studium der Rechts- und Wirtschaftswissenschaften mit dem Diplom-Volkswirt ab. Nach verschiedenen Aufgaben in Verbandswesen und Werbewirtschaft war er seit 1961 bei der ›Gesellschaft Werbeagenturen‹ (›GWA‹) in Frankfurt am Main tätig, bei der er ab 1967 Geschäftsführer, ab 1974 Hauptgeschäftsführer war. Seit November 1986 ist er Hauptgeschäftsführer des ›Gesamtverbandes Werbeagenturen GWA‹ und seit 1988 Mitglied des ›GWA‹-Präsidiums. Dieter Schweickhardt ist außerdem Mitglied in verschiedenen Organisationen der deutschen Werbewirtschaft, ferner der ›Commission on Marketing‹ der ›Internationalen Handelskammer‹ (ICC) sowie Vorstandsmitglied der ›European Association of Advertising Agencies‹ (AAAA) in Brüssel.

Peter Strahlendorf, Jahrgang 1953, studierte von 1972 bis 1977 Betriebswirtschaftslehre an der Universität Hamburg. Anschließend folgten fünf Jahre bei der Werbeagentur ›Lintas:Hamburg‹, danach drei Jahre redaktionelle Tätigkeit beim Informationsdienst *Der Kontakter*. Von 1985 bis 1991 als freiberuflicher Fachjournalist und Berater für die Kommunikationswirtschaft tätig, ist er seit 1991 als Prokurist und Mitglied der Geschäftsleitung beim TV-Sender ›SAT.1‹ für den Bereich Presse- und Öffentlichkeitsarbeit verantwortlich. Mit dem ECON Verlag ist Peter Strahlendorf als Chefredakteur für das *Jahrbuch der Werbung* und als Herausgeber des *Jahrbuchs Sponsoring* verbunden.

Thomas Voigt, Jahrgang 1959, arbeitete nach dem Studium der Kommunikationswissenschaften, der Betriebswirtschaftslehre und der Werbepsychologie als Volontär und Redakteur bei der Werbefachzeitschrift *w&v – werben und verkaufen* sowie als freier Journalist für diverse Publikationen, außerdem als Marketing- und Werbeberater. Zwischen den Jahren 1987 und 1989 gründete und leitete er ein Redaktionsbüro und eine Werbeagentur, von 1989 bis 1993 arbeitete er als Chefredakteur bei der Zeitschrift *werben & verkaufen*, und seit 1993 ist er als Chefredakteur bei HORIZONT tätig.

Dr. Helmut Thoma, Jahrgang 1939, nahm nach dem Besuch des Abendgymnasiums das Jurastudium auf, das er 1962 mit der Promotion abschloß. Danach über vier Jahre sowohl am Gericht als auch in verschiedenen Anwaltskanzleien in Wien tätig, ging er 1966 zum ›Österreichischen Rundfunk‹, bei dem er zwei Jahre später die Leitung der ›ORF‹-Rechtsabteilung übernahm. Ab 1973 bei der ›IPA‹ in Frankfurt am Main, zeichnete er dort für die ›RTL‹-Generalvertretung für Deutschland verantwortlich – zunächst als Prokurist, dann (1975) als Alleingeschäftsführer. Schließlich erfolgte 1982 die Berufung zum Hörfunkdirektor und 1984 die Berufung zum Direktor der ›Deutschen Programme‹ von ›RTL‹ und ›RTL plus‹. Neben zahlreichen Auszeichnungen, Preisen und Ehrungen, die Helmut Thoma – seit September 1986 ist er auch Sprecher der Geschäftsführung von ›RTL plus Deutschland Fernsehen‹ sowie seit 1991 alleiniger Geschäftsführer – bisher erhielt, seien nachfolgend die wichtigsten genannt: als Medienmanager des Jahres 1986 mit dem ›Bronzenen Hermes‹ ausgezeichnet (›*Neue Medien*‹); Orden ›Officier de l'ordre de mérite‹ des Luxemburger Staates, verliehen 1987; 1989 ›Medienmann des Jahres‹; 1990 Verleihung der ›Goldenen Kamera‹ und des ›Bambi‹; 1991 Verleihung ›Das goldene Ehrenzeichen der Stadt Wien‹; 1992 ›Medien-Mensch '92‹.

Markus Zürcher, Jahrgang 1953, ist seit seinem Studienabschluß an der Universität Zürich in der Kommunikationsbranche tätig. Er war unter anderem Mitglied der Geschäftsleitung von ›Wirz Public Relations‹ und Chefredakteur der Kommunikationsfachzeitung *WerbeWoche*. Markus Zürcher arbeitet heute als freier Journalist und Kommunikationsberater in Zürich.